COLLECTION COMPLÈTE

DES PORTRAITS

DE TOUS LES

SOUVERAINS DE L'EUROPE

ET DES

HOMMES ILLUSTRES MODERNES;

Dessinés et Gravés d'après les originaux ou les tableaux les plus ..., et gravés par d'habiles Artistes;

AVEC TEXTE BIOGRAPHIQUE

EN HISTOIRE CIVILE, POLITIQUE, ET MILITAIRE.

OUVRAGE DESTINÉ À PERPÉTUER À LA POSTÉRITÉ
LES TRAITS DES PERSONNAGES CÉLÈBRES DONT LE COURAGE, LES VERTUS, OU LE GÉNIE,
ONT HONORÉ LEUR SIÈCLE.

DÉDIÉ

AUX SOUVERAINS DE L'EUROPE.

Par M. MEYER, Peintre.

ON S'ABONNE

CHEZ L'AUTEUR, RUE DES FRANCS-BOURGEOIS SAINT-MICHEL, Nº 6,
ET CHEZ LES PRINCIPAUX LIBRAIRES DE FRANCE.

A PARIS,

DE L'IMPRIMERIE DE PLASSAN, RUE DE VAUGIRARD, Nº 15.

181 .

AVERTISSEMENT.

***

Messieurs les Souscripteurs sont prévenus que toute la Collection sera terminée en cinquante livraisons, formant deux volumes de vingt-cinq exemplaires chaque.

Tout Souscripteur est tenu de payer à l'Auteur *la Collection entière jusqu'au complément de l'ouvrage.* Les livraisons ne seront acquittées qu'au fur et à mesure de leurs publications.

Toutes les livraisons seront imprimées sur papier vélin, format grand in-4, et publiées par exemplaire de six Portraits.

Prix de l'abonnement, pour un exemplaire:

Papier fin gouaché, maroquiné, et doré sur tranche, 60 fr.
Gouaché, ... 48
Avant la lettre, ... 48
En noir, ... 24

La Liste des Souscripteurs sera imprimée à la fin du premier volume, et adressée à toutes les Puissances de l'Europe. On verra sans doute avec intérêt les noms des Souverains, Princes, Grands-Dignitaires de France, et d'illustres Étrangers, qui ont daigné honorer cet ouvrage de leur bienveillante protection.

AVANT-PROPOS.

Un ouvrage qui aurait pour but de multiplier les grands hommes chez tous les peuples civilisés; de faire germer dans toutes les classes de la société les semences précieuses des vertus et de l'héroïsme; d'élever l'homme au-dessus de lui-même; de ne lui faire attacher de prix à son existence, qu'autant qu'elle est utile à son Roi et à sa Patrie, et de lui apprendre à la leur sacrifier, à la voix du devoir et de l'honneur, serait, à n'en pas douter, digne d'encouragemens, et mériterait quelque succès; tel est celui que nous présentons avec confiance à l'Europe entière; elle y verra les traits de la plupart des hommes qui, depuis si long-temps, occupent les cent bouches de la Renommée, et les images des Souverains auxquels est confié le bonheur de la génération présente; elle lira ce que les premiers ont fait pour s'illustrer, et les seconds, pour se faire chérir; elle reconnaîtra que ces magnanimes Souverains, en permettant que leurs portraits enrichissent cette collection, y ont eux-mêmes applaudi, et qu'en se montrant à la tête des plus distingués d'entre leurs sujets, ils veulent propager, par cet honneur signalé, tous les sentimens généreux, sources fécondes de gloire pour eux-mêmes, de prospérité pour leurs états, et de bonheur pour leurs peuples.

Ces encouragemens, à la vérité, sont moins nécessaires chez les nobles et chez les grands, où les leçons, les exemples et les images domestiques, parlant sans cesse aux sens et à l'imagination, y réveillent et y gravent les plus intéressans souvenirs, tandis que le peuple qui n'a, si j'ose le dire, ni aïeux, ni souvenirs, mais seulement les germes du mérite et des vertus, a besoin qu'on lui mette sous les yeux, des objets capables de les développer, et de les faire fructifier. Et quel ouvrage plus propre à produire ces heureux effets, que celui où il voit de simples citoyens s'associer, en quelque sorte, à leurs Souverains, par l'impulsion de leur génie, l'ascendant de leurs vertus, et la force des événemens, pour aller avec eux exciter l'admiration des siècles à venir. Ainsi les familles plébéiennes auront aussi leurs tableaux et leurs images, sur lesquels elles pourront porter leurs regards, pour s'animer à bien servir leurs Souverains et leur patrie ; ainsi les grands hommes se multiplieront partout; ainsi les Rois seront mieux secondés dans leurs pénibles fonctions. Et, si l'auteur de cette collection pouvait parler d'elle, au milieu de ces grands objets, peut-être lui serait-il permis de s'attribuer, au moins une faible partie de ces précieux avantages. Voilà le point de vue sous lequel cette grande entreprise a été envisagée; voilà ce qui a mérité à l'auteur les nobles encouragemens dont elle s'enorgueillit, et qui soutiendront ses efforts, dans la tâche difficile qu'elle s'est imposée.

AUX
SOUVERAINS DE L'EUROPE.

ILLUSTRES ET MAGNANIMES SOUVERAINS ;

En permettant que vos traits augustes enrichissent cette collection, c'était la recommander à l'Europe entière, c'était lui rendre le témoignage authentique que vous lui reconnaissiez un but utile et moral, c'était faire désirer à tous ceux qui y ont des droits, de voir leurs noms inscrits sur une liste, dont vos noms illustres décorent les premières pages ; et de venir se grouper autour de vos traits chéris. Quelle plus noble récompense, en effet, pour des sujets qui ont combattu pour leurs Souverains sur les champs de bataille, ou qui les ont aidés de leurs lumières, dans les hautes fonctions administratives, judiciaires ou diplomatiques, que celle de vivre dans la postérité, à côté de leurs augustes Maîtres ;

et de s'associer en quelque sorte, aux hommages qu'elle leur rendra! Et dès-lors quel puissant motif d'émulation pour leurs concitoyens! Comme on les verra rivaliser entre eux de zèle et de dévouement! Comme on verra s'allumer dans toutes les ames, ce feu vivifiant, source unique de la gloire et de la prospérité des Nations!

Ces grands résultats, illustres et magnanimes Souverains, seront les fruits nécessaires de l'obligeante protection, que vous avez bien voulu accorder à une entreprise, qui ne tend qu'à honorer la vertu et l'héroïsme, quelque part qu'ils se trouvent, et à opposer aux scènes douloureuses, dont nos yeux ont été si souvent affligés, les tableaux consolans de tout ce que ces derniers temps présentent de plus illustre et de plus héroïque.

Ce sont tous ces motifs réunis, illustres et magnanimes Souverains, qui ont enhardi l'auteur à faire hommage à Vos Majestés, d'un recueil si important et par son objet, et par ses résultats. Mais plus elle est persuadée que votre noble protection, d'autant plus honorable qu'elle est plus éclairée, contribuera à lui mériter la confiance publique, plus ses collaborateurs et elle ont cru devoir redoubler d'efforts, pour ne s'en pas montrer indignes.

J'ose supplier Vos Majestés,

ILLUSTRES ET MAGNANIMES SOUVERAINS,

De vouloir bien agréer mes respectueux hommages.

MEYER, Peintre.

Portraits

De tous les Souverains de l'Europe,

et

des Hommes Illustres Modernes;

Accompagnés d'un Texte Biographique
de leur vie Civile, Politique ou Militaire.

Dessinés d'après Nature ou Tableaux Originaux.
et Gravés par d'habiles Artistes;

Dédiés aux Souverains de l'Europe,

Par M.me MEYER, Peintre.

Mille brillants esprits, au Temple de mémoire,
Inscriront les exploits des modernes Héros;
Bien mieux qu'en leurs écrits, bien mieux que dans l'Histoire,
Tous ces Héros fameux vivront sous mes pinceaux.

A PARIS,
Chez l'Auteur, Rue des Francs-Bourgeois, N.º 6, Faub.º St-Germain.

ALEXANDRE I.ᴇʀ

Empereur de toutes les Russies,

Grand-Croix et Chevalier de plusieurs Ordres.

Né le 23 Décembre 1777.

A Paris, chez l'Auteur, Rue des Francs-Bourgeois, N.º 6, F. S. Germain.

ALEXANDRE. Ier.

Un monarque vraiment digne de ce nom, est celui dont toutes les pensées se dirigent vers un but unique, le bonheur de ses peuples ; qui n'épargne rien pour les élever à un degré de civilisation, propre à leur faire apprécier des institutions libérales ; qui appelle dans ses états les lettres et les arts, pour hâter les progrès de cette raison qu'il veut rendre nationale ; qui donne au commerce la plus grande extension possible, pour procurer à ses sujets l'aisance qui en résulte ; qui a les yeux toujours ouverts sur les peuples, dont la force ou le caractère pourrait compromettre la paix de son pays, mais qui, dès le moment qu'il la voit compromise, n'hésite pas à se présenter sur le champ de bataille, certain que la justice de sa cause, son courage et celui de ses peuples, lui donneront enfin une victoire, dont il ne profitera que pour le bonheur du monde. Celui qui ne reconnaîtrait pas, à ces traits, Alexandre Ier, empereur de toutes les Russies, ne serait point au fait de ce qui se passe depuis quinze ans en Europe. Ajouterai-je, quoiqu'il ne soit pas ordinaire de louer les héros par leurs qualités extérieures, que le jeune Alexandre brilla de tous les avantages naturels et acquis, que possédaient et son auguste mère, et son illustre aïeule ? et l'on sait combien la première se distinguait à la cour de son époux, par les grâces de son esprit et de sa figure ; et toute l'Europe a su que les vues nobles et grandes de la seconde, ses hautes conceptions, ses plans administratifs savamment combinés, enfin ses entreprises, hardies autant que sages, la firent surnommer la Sémiramis du Nord.

Alexandre Paulowitz, empereur de toutes les Russies sous le nom d'Alexandre Ier, fils aîné de Paul Ier et de sa deuxième femme, Sophie-Dorothée-Aug.-Marie Fœdorowna de Wurtemberg-Stuttgard, naquit le 20 décembre 1777, et fut marié le 9 octobre 1793, à Elisabeth Alexiowna, princesse de Baden. Son enfance fut dirigée par Catherine II, et son éducation confiée à M. de Laharpe, colonel suisse. Sa conduite, jusqu'au moment présent, va nous prouver combien il sut profiter des soins de l'une et de l'autre. Alexandre fut nommé empereur le 24 mars 1801, et fut couronné à Moscou le 27 septembre suivant. Une foule de bienfaits signalèrent ce beau jour, et furent comme le présage de tous ceux qui devaient le suivre. Il protégea, en souverain éclairé, les arts et les lettres, donna des preuves de sa munificence, à plusieurs hommes célèbres de l'Europe, et envoya des diamans précieux à Delille, qui lui avait offert la dédicace de sa traduction de l'Enéide. Il s'occupa surtout du gouvernement de ses états ; une nouvelle constitution donnée à la Russie, le changement de l'organisation du sénat et du ministère furent les premiers résultats de ses soins. L'administration de la justice mérita surtout son attention ; il mit un frein à la chicane, et détruisit les abus qui pouvaient peser sur le peuple. Alexandre, jetant aussi ses regards sur les relations extérieures, maintint la paix qu'il trouva établie entre la Russie et la France, en profita pour créer des établissemens utiles, et fonda des universités, des écoles publiques, des séminaires pour les clercs catholiques. Mais ce qui se passait au-dehors l'arracha bientôt à ces soins intérieurs. Le traité d'Amiens venait d'être rompu ; il offrit sa médiation entre la France et l'Angleterre ; mais cette démarche n'ayant eu aucun succès, il rompit ses relations amicales avec la France. En 1805 Alexandre signa, avec la cour de Londres, un traité d'alliance offensive et défensive, auquel accédèrent l'Autriche et la Suède ; son but était de s'opposer à l'agrandissement de la France ; mais Napoléon, dans cet intervalle, s'étant fait couronner roi d'Italie, la guerre devint inévitable. L'Autriche fut la première en campagne ; mais ses troupes, commandées par le général Mack, furent obligées de céder au chef français. Alexandre, arrêté dans sa marche, n'arriva en Autriche que quand l'ennemi était maître de la capitale. De retour à Berlin Alexandre et le roi de Prusse jurèrent de rester unis contre les attaques de la France ; mais, avant que la Prusse fût en mesure, la bataille d'Austerlitz, où l'armée austro-russe fut défaite, changea les dispositions de la cour de Berlin. Alexandre retourna à Pétersbourg ; mais, prévoyant qu'il serait bientôt obligé de rentrer en campagne, il laissa ses troupes sur les frontières de l'Allemagne. En effet, dès l'année suivante, la cour de Prusse, voyant son existence menacée, réclama les secours d'Alexandre. Ce monarque, toujours généreux, reprit les armes ; mais il arriva trop tard pour sauver les Prussiens. Son armée se retira derrière la Vistule, et s'y maintint tout l'hiver. Au printemps de 1807, cette même armée, jointe à celle de Prusse, fut attaquée par les troupes françaises, et, malgré la résistance la plus opiniâtre, perdit la bataille de Friedland, et mit le Niémen entre elle et l'ennemi. Alexandre négocia alors avec Napoléon, eut une entrevue avec lui sur ce fleuve, et signa la paix à Tilsit le 8 juillet 1807. De retour à Pétersbourg, l'empereur de Russie déclara publiquement qu'il renonçait à tout rapport avec l'Angleterre, jusqu'à ce qu'elle réparât l'injustice dont elle s'était rendue coupable, en bombardant Copenhague, et fit la guerre à la Suède, qui conservait des relations avec l'Angleterre. Cette guerre dura deux ans, et fut terminée par la reprise de la Finlande. Vers la fin de 1808 Alexandre se rendit à Erfurt, et y traita des plus grands intérêts avec Napoléon, à qui il fit des concessions dont il se repentit bientôt; de là il alla en Finlande, où il reçut le serment de ses nouveaux sujets. Les hostilités ayant recommencé entre la France et l'Autriche, Alexandre se décida pour la première de ces deux puissances; mais bientôt il se vit trompé et réduit à défendre ses propres états, n'ayant d'autre secours que celui de l'Angleterre. Après la malheureuse issue des batailles de Smolensck et de la Moskowa, dont le succès fut long-temps incertain, il fit sa retraite sur Moskow, pour attirer l'ennemi qui se laissait éblouir par le prestige de ses victoires, et n'abandonna cette ville qu'après avoir livré aux flammes toutes les ressources que les Français avaient cru y trouver : résolution terrible, mais qui n'est pas sans exemple dans les fastes de la guerre! Napoléon, qui aurait dû se hâter de quitter les ruines de Moskow, eut l'imprudence de laisser échapper les momens favorables, et n'effectua sa retraite qu'à l'approche des neiges et du froid le plus excessif. Les Russes n'eurent pas de peine à triompher d'une armée affaiblie par des pertes irréparables, et, après divers combats, ils s'emparèrent de la Pologne. Le 22 février 1813 Alexandre publia à Varsovie une déclaration où, après avoir rendu compte des derniers événemens, après avoir parlé des projets ambitieux du chef des Français, et des sacrifices que lui-même avait toujours faits pour la paix, prenant un ton plein de feu et d'énergie, il engage tous les peuples du Nord à imiter l'élan sublime de l'Espagne, pour secouer le joug d'un insatiable guerrier; promet de tendre une main secourable au Français égaré qui reporterait ses regards vers son Roi légitime, et proclame à Kalesik, de concert avec le roi de Prusse, la dissolution de la confédération du Rhin. Néanmoins Napoléon se trouvait, au mois de mai, au centre de la Saxe. On lui présenta d'inutiles obstacles à Lutzen et à Vurlschen, il poursuivit ses succès jusqu'à Breslau. Alexandre, dans ces deux journées, déploya un courage qui l'exposa aux plus grands dangers, et sut attirer l'ennemi dans un pays ruiné. Cependant, sous prétexte de donner du repos aux troupes, on conclut un armistice, qui n'était qu'un piége dans lequel donna Napoléon. On en profita pour lui enlever tous ses alliés. Sur ces entrefaites arriva le général Moreau. L'empereur de Russie le reçut comme un ami, et presque comme son égal, prévint la visite que le général devait lui faire, l'embrassa en l'abordant, et le nomma major-général de son armée. Les souverains alliés faisaient marcher leurs forces combinées sur Dresde, que Napoléon occupait avec soixante mille hommes. La bataille qui eut lieu, le 27 et le 28 août, ne fut pas favorable aux alliés. Ce fut le 27, vers midi, qu'un boulet, parti d'une batterie française, atteignit Moreau, et lui fracassa les deux jambes. Alexandre ressentit vivement ce coup affreux, prodigua au héros toutes sortes de secours et de consolations, et écrivit ensuite à sa veuve une lettre, où se peignaient la noblesse et la sensibilité de son ame. La bataille de Leipsick décida enfin du sort de Napoléon, et les alliés pénétrèrent en France par la Suisse et l'Allemagne. Alexandre fut comme l'Agamemnon de cette puissante ligue, se montra par tout à la tête de ses troupes, et leur donna souvent l'exemple du courage. Dès le 3 février 1814 il adressa à son sénat deux ukases, datés de Vandœuvres, pour affranchir ses peuples des nouvelles levées qui pesaient encore sur eux, et il n'en pressait pas moins ses succès militaires en France. Le 23 février il donna, à Chaumont, une déclaration par laquelle il s'engageait, de concert avec l'empereur d'Autriche et le roi de Prusse, à garantir l'indépendance de la Suisse. Le 1er mars suivant il signa encore, avec les mêmes souverains, un traité par lequel les parties contractantes s'engageaient à tenir constamment en campagne, cent cinquante mille hommes au complet, et à consacrer toutes les ressources de leurs états respectifs, à la poursuite de la guerre contre la France, jusqu'à la conclusion d'une paix générale. Dans toutes les villes principales, Alexandre se fit admirer par sa magnanimité et la grâce touchante de ses manières. Par tout on lui adressait des réclamations en faveur des Bourbons; mais les souverains voulaient arriver à Paris, et connaître les dispositions de ses habitans, avant de se décider. Ce fut surtout Alexandre qui activa le mouvement qui rendit les armées alliées maîtresses de Paris. Après une attaque, qui dura neuf heures, on signa une capitulation, d'après laquelle la garnison française effectua sa retraite. C'est alors qu'Alexandre se montra surtout grand et généreux; il fit des promesses qui eurent toutes leur effet. A l'entrée des troupes alliées dans la capitale, il fut comblé des bénédictions d'un peuple immense, qui, au milieu des témoignages du plus profond respect et de la plus tendre reconnaissance, se prosternait à ses pieds. Il donna surtout une preuve d'une raison supérieure, en refusant d'habiter les Tuileries. Assuré que le vœu des Parisiens était pour le retour des Bourbons, il publia, au nom des souverains alliés, une déclaration annonçant qu'ils ne traiteraient plus avec Napoléon, ni personne de sa famille, et qu'attendu que, pour la tranquillité de l'Europe, il fallait que la France fût grande et forte, ils respecteraient l'intégrité de l'ancienne France, telle qu'elle avait existé sous ses rois légitimes. Le 2 avril une députation du sénat vint lui annoncer que ce corps avait prononcé la décléance de Napoléon, et nommé un gouvernement provisoire. Alexandre l'accueillit et lui répondit avec bonté, l'assura qu'il protégerait la liberté des décisions du corps auquel elle appartenait, et ajouta, avec la plus touchante émotion, que, pour preuve de l'alliance durable qu'il voulait contracter avec la nation française, il lui rendait, sans rançon, les prisonniers français qui étaient en Russie, et sur-le-champ il fit mettre en liberté quinze cents prisonniers, qu'il avait faits dans les environs de Paris. Il ne se montra pas moins généreux envers Bonaparte et sa famille. Il lui fit proposer de choisir un lieu de retraite. Napoléon choisit l'île d'Elbe, où il devait jouir des honneurs dus aux souverains, et de revenus considérables. Alexandre alla plusieurs fois à la Malmaison, vit l'impératrice Joséphine, et s'intéressa vivement au sort du prince Eugène Beauharnais; daigna accepter un déjeûner chez le maréchal Ney, qui jouissait encore de toute sa gloire; visita tous les établissemens de Paris, vit tous les monumens, causa avec une foule d'artistes, et laissa par tout des souvenirs honorables par des réponses pleines de bonté, d'esprit et de finesse; il assista à une séance de l'académie, près de cent ans après que Pierre le Grand avait honoré de sa présence l'académie des sciences. Alexandre partit de Paris le 1ᵉʳ mai, pour aller au-devant de Sa Majesté Louis XVIII. Les deux monarques se rencontrèrent à Compiègne, et s'embrassèrent affectueusement. Alexandre, vêtu comme un simple particulier, voulut voir le cortége du Roi, faisant son entrée à Paris; la reconnaissance avait gravé ses traits dans tous les cœurs, et il fut reconnu, malgré son déguisement. La paix générale vint enfin couronner l'ouvrage des Souverains-Alliés; le traité fut signé le 30 mai, et, le lendemain, Alexandre dîna, avec le roi de France, au château des Tuileries. Le 1ᵉʳ juin il partit de Paris, avec le Roi de Prusse, pour aller en Angleterre, laissant les Français remplis d'amour et de reconnaissance. Sa réputation l'avait précédé dans cette île, et il y reçut tous les témoignages de la plus touchante admiration. Il assista à une séance du parlement, visita l'arsenal de Portsmouth, vit manœuvrer cent vaisseaux de ligne, et repassa en France comblé d'honneurs et de bénédictions. Il arriva le 28 à Calais, traversa la Belgique et l'Allemagne, et s'arrêta quelques jours à Carlsruhe, où il eut le bonheur de voir l'Impératrice son épouse, dont il était séparé depuis si long-temps, et qui ne désirait pas avec moins d'ardeur de revoir un époux, dont la renommée avait publié tant de merveilles. Il partit bientôt après, pour Saint-Pétersbourg, où il arriva le 25 juillet. Le modeste Empereur, fit arrêter tous les préparatifs, disposés pour célé-

brer son retour, refusa un surnom honorable, que le sénat russe avait solennellement résolu de lui donner, n'attribuant qu'au Tout-Puissant l'heureuse issue de la guerre qui avait ensanglanté l'Europe. Il s'arracha bientôt à l'amour de ses sujets, pour assister au congrès de Vienne; il trouva, à la cour d'Autriche, les Rois de Prusse, de Danemark et de Wurtemberg, et partagea l'heureuse harmonie qui régnait parmi les Souverains. Le 18 octobre, une cérémonie les réunit au Prater. François II, voulant descendre de cheval, cherchait des yeux quelqu'un de sa suite, personne ne se trouvait à sa portée. Alexandre devine son désir, saute à bas de son cheval et vient offrir la main à son ami. Les spectateurs émus applaudirent avec acclamation. Ce prince donna, à Vienne, des preuves de sa munificence : il combla de bienfaits le général Hilles, et son régiment qui lui avait été donné pour sa garde. La diète ne s'ouvrit qu'après un voyage qu'il avait fait en Hongrie; dès-lors il s'occupa assidûment de ses travaux, adhéra au projet d'établir une constitution fédérative de l'Allemagne, et montra, dans le congrès, les principes concilians et généreux que les Français avaient admirés en lui. Il s'intéressa vivement aux affaires de la Suisse, fit réunir, après quelque résistance, une partie de la Pologne à son empire, avec le titre de royaume, et prépara une nouvelle constitution pour ses nouveaux sujets; il fixa surtout son attention sur le sort des paysans, et sur l'organisation civile et militaire de ce pays. Au mois de décembre, il forma l'armée russe en deux corps, pour être plus propre à exécuter les différens mouvemens qu'il se proposait. Cette année d'Alexandre Iᵉʳ, pleine de faits glorieux et d'actions mémorables, fut encore illustrée par la conclusion d'un traité avec le Roi de Perse Fath-Aly-Chah, qui lui envoya, à cette occasion, une ambassade extraordinaire. Par ce traité la Perse cédait à la Russie, huit nouvelles provinces et tout le Daghistan, et renonçait à toutes ses prétentions sur six autres provinces, précédemment annexées à ce vaste empire. Ainsi la mer Caspienne ne voit plus que le pavillon Russe flotter en dominateur, sur ses ondes. La ratification des actes du congrès venait d'être signée, le 9 février 1815, lorsque le bruit se répandit que Bonaparte avait quitté l'île d'Elbe. A cette nouvelle, l'Empereur de Russie prit, de concert avec les augustes Souverains, les mesures qu'exigeait cet événement extraordinaire, et ne s'occupa plus que des préparatifs de cette guerre inattendue. Il passait en revue toutes les troupes qui arrivaient, et assistait à tous les conseils de guerre. Mais, le sort de la Pologne ayant été définitivement fixé, il écrivit au comte Oikowski pour le lui annoncer, et ajouta qu'il voulait faire le bonheur de ce pays, et lui assurer la jouissance paisible de ses droits nationaux. Vers le 15 mai, Alexandre se mit en route pour suivre ses troupes, au nombre de quatre cent mille combattans environ, sous les ordres de différens chefs. Mais la nouvelle de la bataille de Waterloo rendit inutile une partie de ces immenses préparatifs. Le maréchal Barclay fut le seul qui pénétra en France avec son corps d'armée. Alexandre se rendit à Paris, où il arriva trois jours après sa Majesté Louis XVIII. Le soir même il eut une conférence, de trois quarts d'heure, avec ce monarque, et en reçut l'Ordre du Saint-Esprit Le prince, sensible à cette marque de confiance, la regarda comme un nouveau lien qui l'attachait à la France et à son Roi. Les soldats d'Alexandre furent les seuls qui, cette année, n'aggravèrent pas en France le fléau de la guerre. Pour ne point diminuer les ressources des habitans, il tirait de ses magasins la plus grande partie de leurs approvisionnemens. Les soins qu'il donnait à la France, ne lui faisaient point oublier ceux qu'il devait à ses états ; après avoir rappelé au sénat de Pétersbourg ce qui était relatif à la réunion du duché de Varsovie, il prescrivait en quels termes devait être dorénavant conçu le titre impérial. Le 10 septembre, il donna aux Rois qui l'accompagnaient, le magnifique spectacle d'une revue de son armée dans la plaine de Vertu, en Champagne. Le lendemain, après avoir remercié le Toutpuissant, des succès qu'avaient obtenus les Puissances alliées, il félicita ses troupes de la promptitude de leur marche ; leur témoigna sa gratitude pour leur zèle, et l'ordre qu'elles avaient observé dans leurs rangs ; et, en les renvoyant dans leur patrie, fit connaître sa bienveillance à tous les chefs de l'armée, et même aux soldats. Il revint ensuite à Paris, pour terminer les arrangemens définitifs de la pacification ; et partit aussitôt pour Bruxelles, où il arriva en septembre, pour être présent au mariage de sa sœur, avec le prince royal des pays-Bas, et où il fut reçu d'une manière digne des grandes choses qu'il venait d'exécuter. Il alla ensuite visiter les champs de Waterloo, et de-là se rendit à Dijon, pour assister à une revue de l'armée autrichienne. Il en partit bientôt, traversa la Suisse et l'Allemagne, arriva en Pologne, et y prit possession de la partie de ce pays, désormais réunie à l'Empire Russe. Le sénat Polonais lui envoya une députation à laquelle il répondit de la manière la plus affectueuse, et la plus propre à lui gagner tous les cœurs. Après un court séjour, à Varsovie, Alexandre retourna enfin à Pétersbourg, où il entra, au bruit des acclamations de tout un peuple, ivre de joie de revoir son souverain couvert de gloire, chargé des vœux et honoré des bénédictions de toute l'Europe. Il donna alors tous ses soins à l'administration de ses vastes états, et aujourd'hui il passe ses nobles loisirs à exécuter les plans heureux qu'il a formés, pour leur bonheur, au milieu des fatigues pénibles d'une longue guerre. Jusqu'ici nous n'avons vu dans Alexandre, que le monarque et le héros ; nous ne l'avons considéré qu'à la tête des armées ou des conseils, dans des circonstances, où l'homme disparaît sous les dehors étudiés auxquels la représentation soumet le prince. Combien ne serait-il pas, je ne dis pas, plus grand, mais plus intéressant encore, si nous pouvions le montrer seul, pour ainsi dire, abandonné à lui-même et séparé du faste des Rois ? c'est alors qu'on le verrait tel qu'il est, parce qu'on le verrait sans témoins, et que ses paroles, sans apprêt, rendraient fidèlement les émotions de son cœur ; et rien n'est plus touchant que l'expression fidèle d'une belle ame. Nous n'avons pu recueillir de ce monarque, que quelques mots obligeans, que nous nous hâtons de rapporter. J'ai dit que les habitans de Paris, dans l'enthousiasme de la reconnaissance, s'étaient prosternés à ses pieds. De quels sentimens de respect et d'amour, ne durent-ils pas être pénétrés, lorsqu'ils entendirent ce prince généreux prononcer d'une voix émue, à plusieurs reprises, ces paroles touchantes : « Je porte les Français dans « mon cœur ! » Quel est le Français qui n'entende répéter avec orgueil, la réponse que faisait ce prince à un grand personnage, qui lui disait que son arrivée était attendue depuis long-temps ? « N'ac- » cusez de mon retard, disait obligeamment le » monarque, que la valeur française. » Et lorsqu'il répondit à Louis XVIII, de qui il venait de recevoir l'Ordre du Saint-Esprit : « C'est un lien de plus « qui m'attache à votre personne et à la France ; » De quelle sensation délicieuse ne dut pas être remplie l'ame sensible et paternelle de notre bon Roi ? Quelle heureuse certitude ne nous donna-t-il pas de la durée de la paix, qu'il nous avait procurée, lorsqu'à Waterloo, arrivé à l'auberge de *la Belle union*, il s'écria, en lisant ces mots sur la porte : » C'est vraiment la belle union, sous le rapport » des états et des familles ! Puisse-t-elle durer long- » temps ! » Voilà de ces mots qu'on ne prépare pas, qui échappent à l'ame de celui qui les prononce, et qui sont d'autant plus précieux, qu'ils annoncent ses dispositions habituelles. Nous avons été obligés d'abréger cette première partie de l'histoire d'Alexandre : Les bornes de cet ouvrage nous empêchaient de tout dire. L'histoire plus étendue entrera dans tous les détails qu'elle exige, en y joignant les merveilles que promettent de si heureux commencemens.

M. N. Coucué.

ALEXIS-FRÉDÉRIC-CHRETIEN,

DUC REGNANT D'ANHALT BERNBOURG

Lieutenant Gal au service de S. M. l'Empereur de toutes les Russie
Grand Croix et Chevalier de plusieurs Ordres &c.

Né à Ballenstedt le 12 Juin 1767.

à Paris, chez l'Auteur, rue de Touraine, No. 5. Faub. St. Germain.

ALEXIS FRÉDÉRIC CHRÉTIEN,

DUC RÉGNANT D'ANHALT-BERNBOURG.

Lɛs rois et les princes, que le sort a fait naître pour commander aux autres hommes et pour les gouverner, sont entourés, dès leur berceau, de l'éclat des grandeurs, des faveurs de la fortune et de tous ces prestiges qui font l'objet des desirs et de l'ambition de ceux qui les approchent. Si ces rois et ces princes écoutaient les discours et les avis des flatteurs et des courtisans qui les assiègent, ils se croiraient souvent dispensés d'acquérir les connaissances, les talens si nécessaires surtout à ceux dont un coup d'œil, un mot, commandent le respect et l'obéissance; ils oublieraient que si le ciel les a placés au-dessus de leurs semblables, ils doivent l'être également par les qualités de l'âme, du cœur et de l'esprit. Vous êtes né souverain, leur disent ces êtres rampans qui peuplent les cours, à quoi bon vous livrer à ces études, à ces travaux faits pour le commun des hommes? vous êtes roi, vous êtes prince, vous savez tout. Le germe de toutes les vertus est dans leur âme, celui de tous les talens s'y trouve aussi; mais l'étude, mais les conseils d'un mentor sage et éclairé peuvent seuls les développer. Indiquer l'emploi qu'on en peut faire pour le bonheur de tous, c'est ce qu'a pensé et exécuté le prince dont nous allons écrire la vie; le succès le plus complet a couronné ses nobles et généreux efforts; les vœux et les bénédictions des peuples qui vivent sous ses lois en sont la plus douce récompense.

Aʟɛxɪs-Fʀéᴅéʀɪc CHRÉTIEN, duc régnant d'Anhalt-Bernbourg, etc., etc., chevalier des ordres de Saint-André et de Saint-Alexandre-Newski de Russie, et du Lion-d'Or de Hesse, lieutenant-général des armées de S. M. l'empereur de toutes les Russies: né à Ballenstedt le 12 juin 1767.

Le duc d'Anhalt, après la mort de Frédéric-Auguste, prince régnant d'Anhalt-Zerbst, prit possession de la seigneurie de Jever, pour l'impératrice Catherine II. Il épousa, en 1794, la princesse Marie-Frédérique, fille aînée de l'électeur de Hesse, et succéda à son père dans la régence du pays en 1796.

Il aggrandit ses états en héritant d'une partie de la principauté de Zerbst, dont le traité de partage fut conclu en 1798.

L'empereur François II lui conféra, ainsi qu'à ses descendans, la dignité ducale au mois d'avril 1806. Il a été admis dans la haute alliance des puissances coalisées, le 26 novembre 1813. Ses troupes ont pris part à la guerre au commencement de l'année 1814.

Nous allons donner quelques développemens à ce que nous venons d'annoncer, pour faire connaître ce prince.

Le duc d'Anhalt-Bernbourg avait vingt-deux ans à l'époque de la révolution française. Destiné par son rang et par goût à suivre la carrière des armes, il servit dans les troupes de la coalition, et donna une haute opinion de sa bravoure et des talens militaires qui devaient le porter plus tard à un grade éminent digne de sa naissance.

Pendant les diverses invasions des français en Allemagne, en Italie, il se forma au grand art de la guerre, et dans les revers comme dans les succès, on le vit profiter savamment des avantages de la victoire, ou prendre des positions qui empêchaient l'ennemi de le troubler dans les marches retrogrades qu'il était obligé de faire. Dans plusieurs batailles et combats mémorables, il paya de sa personne et donna aux troupes qu'il commandait l'exemple de la bravoure et de l'intrépidité.

Ayant pris du service dans les troupes de S. M. l'empereur de toutes les Russies, il fit les campagnes d'Italie et de Suisse sous le feld-maréchal Souwarow; et il se montra digne de servir sous un tel maître. Si l'issue de cette guerre n'eût pas les suites qu'on en pouvait attendre, si les généraux qui leur étaient opposés eurent des avantages, ils furent assez généreux pour rendre hommage à la bravoure de leurs rivaux de gloire, et le duc d'Anhalt-Bernbourg put prendre sa part de ces éloges.

Les hostilités ayant cessé, il retourna dans ses états, et succéda à son père. Il ne changea rien à ce qui avait été établi, il ne s'occupa que des moyens d'améliorer le sort de ses sujets, en achevant ce que l'auteur de ses jours avait si bien commencé, ou en le continuant d'après les principes de sagesse, de justice et de vertu qui le caractérisaient. Il crut que c'était la meilleure manière d'honorer sa mémoire, et de se rendre digne de l'héritage qu'il lui avait laissé.

La douceur de son gouvernement, la protection spéciale qu'il accordait aux sciences, aux arts, à l'industrie; les encouragemens qu'il donnait à l'agriculture, au commerce, répandaient l'abondance dans toutes les classes de la société, l'artisan dans les villes, le laboureur dans sa chaumière, au sein de l'aisance ou d'une honnête et douce médiocrité, jouissaient du bien-être qu'ils devaient à leur prince, et cette félicité était enviée de leurs voisins; aussi, lorsqu'une partie de la principauté de Zerbst lui échut en partage, en 1798, ses nouveaux sujets se félicitèrent de cet heureux changement, quoiqu'ils n'eussent rien à reprocher à leurs anciens souverains. Mais le prince d'Anhalt-Bernbourg, tout en faisant la guerre, étudiait les mœurs, le caractère, les usages des peuples chez lesquels il se trouvait : en parcourant les campagnes, ses loisirs n'étaient point perdus; et le fruit de ses méditations, de ses réflexions, de ses observations, il les mettait en œuvre, en pratique pour améliorer le sort de ceux avec lesquels il était né, avec lesquels il devait passer ses jours. Si tous les conquérans agissaient ainsi, si tous les favoris de Mars étaient agités de ces sentimens philantropiques, la guerre cesserait d'être un fléau aussi redoutable, la gloire ne serait plus un fardeau pour ceux chez lesquels on va la conquérir, et les lauriers de la victoire ne seraient pas teints aussi souvent du sang de l'habitant paisible ou des larmes d'un sexe faible et de l'innocence.

L'empereur François II, en conférant au prince d'Anhalt la dignité ducale, crut devoir récompenser ainsi ses éminentes qualités, ses talens guerriers et les services qu'il avait rendus à sa patrie.

Il ne prit aucune part à la guerre qui eut lieu entre l'Autriche et la France; mais lorsque la Russie envoya une armée dans les plaines d'Austerlitz, il parut dans ses rangs. Il fut un de ceux qui s'aperçurent, la veille de la bataille, qu'en donnant trop d'étendue à ses deux ailes, l'armée russe affaiblissait son centre, que celle des français étant plus concentrée, pourrait la rompre plus facilement, la séparer, la diviser, l'enfoncer, et les suites de cette bataille mémorable prouvèrent qu'il avait bien jugé.

La Russie vaincue, en voulant secourir l'Autriche, demanda la paix et l'obtint. Les débris de son armée se retirèrent, et furent au sein de ce vaste empire se réorganiser, se recruter, et se remettre de ses fatigues.

Le duc d'Anhalt revint au milieu de ses sujets qui le reçurent comme des enfans reconnaissans, heureux de revoir leur père. Les dangers qu'il avait courus, les craintes qu'ils avaient eues, le rendait encore plus cher à leurs cœurs, ils ne pouvaient se lasser de le contempler, de l'admirer, leur vénération, leur amour, s'étaient accrus. Heureux les princes qui inspirent de tels sentimens à leurs sujets! Voilà leur vraie gloire, la seule conquête dont on puisse s'enorgueillir et être jaloux.

L'empereur de Russie, juste appréciateur du mérite, accorda au prince d'Anhalt plusieurs décorations de ses ordres, dont le prix augmente lorsqu'elles sont décernées par un des premiers souverains de l'Europe, qui ne laisse rien usurper à la faveur, parce qu'il sait qu'elle est presque toujours aveugle, et que la présomption et la nullité orgueilleuse s'en emparent; il lui donna en outre un grade plus élevé dans son armée.

La guerre eut encore lieu sur le continent, la France et la Prusse prirent les armes; mais les autres puissances restèrent spectatrices tranquilles de cette nouvelle lutte. La bataille d'Jena décida du sort de la monarchie prussienne; les suites en sont connues.

Napoléon s'étant rendu l'arbitre de l'Allemagne par la force des armes, la confédération germanique s'établit : il s'en déclara le protecteur, et les souverains, ainsi que les princes de cette portion de l'Europe, en firent partie. Qui eût osé s'y montrer contraire?

La Russie, lassée de la servitude de la Prusse, et de voir la France occuper ses places fortes, sa capitale, et exciter la Pologne à changer de maîtres, mit encore ses armées en campagne, et s'avança pour se venger ainsi que ses alliés. Mais, malgré le courage de ses soldats, l'habilité de ses généraux, elle fut vaincue à Eylau, à Gulimen, à Friedland, et fut obligée de demander la paix et de l'accepter à Tilsit.

Le duc d'Anhalt-Bernbourg donna, dans cette campagne, de nouvelles preuves de ses talens militaires, on le trouvait partout où il y avait des dangers à courir, et de la gloire à acquérir. Les revers sont une excellente école pour les succès, on tire avantage non-seulement de la supériorité momentanée de son ennemi, mais encore de ses propres fautes : c'est ce qui arriva. Le duc d'Anhalt, promu au grade de lieutenant-général, imagina une nouvelle tactique et la mit en pratique dans la campagne de Russie, d'abord si funeste à cet empire, et ensuite si fatale aux Français. Aux batailles de Dresde, de Wachau, de Bautzen, de Leipsick, il se distingua par les savantes manœuvres qu'il fit exécuter aux troupes sous ses ordres, coopéra grandement au succès des armées alliées. Le contingent qu'il avait fourni, était sous ses ordres.

Lorsque les armées alliées entrèrent en France en 1814, le duc d'Anhalt avait un commandement, sa conduite, dans cette campagne, et dans celle qui la suivit, lui mérita l'estime, la considération et les éloges des souverains alliés, et de ses compagnons d'armes. Il fait partie de la sainte-alliance, comme prince souverain de l'empire Germanique.

Maintenant dans ses Etats, au milieu des peuples qu'il gouverne, il y maintient l'ordre et la tranquillité. La prospérité de ces contrées s'augmente chaque jour : heureux du bonheur de ses sujets, il se trouve lui-même au sein de sa famille, en jouissant des plus glorieux souvenirs.

CHARLES-LOUIS-FRÉDÉRIC, (feu)

GRAND-DUC DE BADE,

Duc de Zæhringen, Décoré de la Grand-Croix

de la Légion d'Honneur,

Né le 8 Juin 1786.

à Paris, chez l'Auteur, rue des Francs-Bourgeois, N.º 6, F. S. G.

LE GRAND-DUC DE BADE.

Après avoir combattu comme un vaillant soldat, le prince dont nous offrons l'image sut commander en général habile et bientôt gouverner avec la prudence et la sagesse qui peuvent illustrer un souverain. Sa politique, soumise aux affections de sa belle âme, offrit toujours le sacrifice des intérêts personnels du prince au bonheur du peuple, et sa récompense, couronnant ses travaux, existe enfin dans le cœur de tous ses sujets.

BADE et ZOEHRINGEN (Charles-Louis-Frédéric, duc de), petit-fils du margrave Charles-Frédéric I.er, naquit à Carlsruhe le 8 juin 1786.

Ce prince perdit son père lorsqu'il était à peine âgé de sept ans, et reçut aussitôt le titre de margrave héréditaire, qui ne tarda pas à être changé en celui de grand-duc héréditaire, sa maison ayant obtenu cette nouvelle dignité par l'établissement de la Confédération du Rhin (août 1806). Le prince héréditaire de Bade avait assisté, en 1804, au couronnement de l'empereur Napoléon. Il épousa, le 8 avril 1806, mademoiselle Stéphanie Tascher de la Pagerie, cousine de l'impératrice Joséphine, que Bonaparte, empereur, avait adoptée, en lui donnant les noms de Louise-Adrienne-Stéphanie Napoléon de France.

Le grand-duc héréditaire fit, après son mariage, un séjour de quelques mois à Paris, et il se rendit ensuite avec son épouse à Carlsruhe, d'où il partit, en octobre de la même année, pour aller prendre le commandement du corps auxiliaire badois qui venait de se réunir à l'armée française contre les Prussiens.

Ce prince se trouva ainsi à la bataille d'Jéna, et donna, dans cette glorieuse journée, la plus haute opinion de ses talens et de grandes preuves de sa valeur.

Il fit ensuite la campagne de Pologne avec le quartier-général de Napoléon. Chargé, pendant cette guerre, de la conduite de plusieurs expéditions militaires contre l'armée ennemie, il mérita les éloges de son chef, et les ordres du jour proclamèrent ses actions. Depuis cette époque à celle de 1813, l'empereur des Français ne cessa de montrer beaucoup d'affection pour ce prince, et s'empressa de le lui prouver dans maintes circonstances.

Au siége de Dantzick, le grand-duc de Bade, à la tête d'un corps presque toujours exposé au feu le plus meurtrier des assiégés, et qui éprouva de très-grandes pertes, se distingua lui-même par une intrépidité au-dessus de tout éloge, et par des talens dignes des généraux les plus consommés dans l'art de la guerre. Le grand-duc régnant, pénétré d'admiration pour sa noble conduite, nomma alors son petit-fils général en chef de son infanterie, et le créa chancelier de l'ordre du Mérite militaire qu'il venait d'instituer.

Pendant ce temps, la princesse épouse du duc de Bade était venue joindre l'impératrice Joséphine qui tenait sa cour à Mayence, et elle ne retourna à Carlsruhe qu'au moment où sa cousine revint à Paris. Après la paix de Tilsitt, le prince héréditaire se rendit dans cette capitale avec la grande-duchesse son épouse, et ils y assistèrent l'un et l'autre aux fêtes qui furent célébrées le 15 août 1807, à l'occasion de la paix et de l'anniversaire de la naissance de Napoléon. Les deux époux accompagnèrent l'empereur dans toutes les cérémonies publiques, et le grand-duc héréditaire assista, bientôt après, comme témoin, au mariage du prince Jérôme Bonaparte avec une princesse de Wurtemberg.

Ce prince fit ensuite la campagne de 1809 avec la même distinction qu'il avait fait celle de 1807, et les troupes du grand-duché, animées par l'exemple de leur chef, offrirent l'exemple du plus mâle courage.

Il devint grand-duc régnant en 1810, par la mort de son aïeul, et dès-lors il ne s'éloigna plus de sa capitale; le corps auxiliaire du grand-duché fut commandé par le comte d'Hochberg, son frère, et ce corps, réuni à l'armée française pendant la terrible campagne de Russie, ne cessa d'éprouver des pertes considérables, jusqu'au moment où son souverain, voyant que la fortune abandonnait les armées de Napoléon, et fatigué d'ailleurs des nombreux sacrifices que cet empereur exigeait de ses alliés, crut devoir se rapprocher des puissances coalisées. Ces puissances ayant reconnu tous les titres de possession que la maison de Bade avait acquis récemment, le grand-duc n'hésita pas à changer de politique. Un extrait de la déclaration qu'il publia le 20 novembre 1813 fera connaître les motifs et les principes qui le dirigèrent en cette occasion.

« Conformément à l'exemple de mon illustre aïeul,
» je me suis fait un devoir d'assurer le bien-être de
» mes sujets et la conservation de l'état de Bade. Les
» obligations contractées envers la France par feu le
» grand-duc, lors de l'accession à la Confédération
» du Rhin, m'avaient été transmises, et j'ai dû les
» regarder comme sacrées : j'ai cru pouvoir, en les
» remplissant avec exactitude, assurer le bonheur et
» l'intégrité de mes états; et quoique de telles liaisons
» avec la France aient long-temps privé mes peuples
» de tout commerce, et qu'elles les aient entraînés
» dans une guerre longue et pénible, j'ai toujours
» espéré que la paix mettrait un terme à tant de
» maux. La divine Providence, qui décide de la des-
» tinée des peuples, vient d'arracher la victoire aux
» armées françaises et de la donner aux armées
» alliées, combattant pour la cause de l'Allemagne,
» et elle a jugé à propos de mettre un terme à la
» domination de la France : des bords de l'Elbe à
» ceux du Rhin, les armées alliées marchent de vic-
» toire en victoire, sans interruption. J'ai fait une
» dernière tentative pour le repos et la sûreté de mes
» états, menacés d'être si prochainement le théâtre
» de la guerre, et j'ai demandé à l'empereur des
» Français la neutralité du pays de Bade, espérant
» obtenir le consentement des hautes puissances al-
» liées; mais les résultats ont trompé mon attente.
» N'ayant pu garantir par cette voie la sûreté de mes
» états, je suis contraint de réunir mes efforts à ceux
» des alliés contre la France : le salut de la patrie, la
» liberté et l'indépendance de l'Allemagne sont dé-
» sormais les seuls buts que nous devons attendre,
» de concert avec nos illustres alliés. Je ne puis vous
» dissimuler que notre position géographique et notre
» extrême voisinage de la France réclament de notre
» part les plus grands sacrifices, et que la nécessité
» de défendre vos familles et vos foyers doit vous dé-
» terminer à de plus grands efforts, afin d'arriver à
» la paix générale et à un équilibre qui en assure la
» durée, protège la liberté du commerce, anime
» l'industrie et rende à la nation une prospérité dont
» elle est privée depuis long-temps. .... »

En conséquence de cette délaration, les troupes
badoises qui avaient échappé aux désastres de Moscou
et de Leipsick, se réunirent à la grande armée des
alliés, sous les ordres du prince de Schwartzenberg,
et pénétrèrent en France.

Le grand-duc avait reçu, dans son palais de Carlsruhe, l'empereur de Russie, son beau-frère, dans le
mois de novembre 1813, il eut encore le même bonheur dans le mois de juillet 1814.

Ce prince se rendit ensuite à Vienne pour assister
au congrès des puissances du Nord. Les nouveaux
titres et possessions de sa maison y furent encore une
fois confirmés.

Les indemnités de la Bavière ayant été prises sur
ses états, il obtint en dédommagement le pays de
Deux-Ponts et quelques districts sur la rive gauche
du Rhin, le tout formant une population de cent
soixante-seize mille habitans.

Il fit, dans le même temps, des cessions au Wurtemberg, et fut indemnisé par des cessions sur la
rive gauche.

Ce prince fut, en outre, mis en possession du pays
de Darmstadt, avec les droits réguliers sur Mayence,
et trois cent vingt-cinq mille habitans.

Lors de l'invasion de Bonaparte en France, dans
le mois de mars 1815, il accéda à tous les traités
d'alliance qui furent signés pour lui faire la guerre,
et conclut un traité particulier des subsides avec l'Angleterre pour l'entretien de seize mille hommes. Ces
troupes parurent devant Kell dans le mois d'avril,
et pénétrèrent en France dans le mois de juillet,
tandis que la landwehr faisait le service dans l'intérieur de tous les états de Bade.

Le 5 juin de la même année, le grand-duc se
rendit à Heidelberg pour complimenter les empereurs de Russie et d'Autriche, qui y avaient leur
quartier-général.

Après la bataille de Waterloo, il envoya au duc de
Wellington le grand-cordon de l'ordre de la Fidélité,
avec une boîte garnie de diamans et décorée de son
portrait.

Dans les premiers mois de 1816, ce prince présenta aux députés réunis de ses états, une constitution formée sur les mêmes bases que celle de Wurtemberg : déjà respecté et admiré de ses sujets, ce
bienfait lui mérita leur amour.

Vaillant au combat, sage au conseil et ferme dans
ses principes, le grand-duc de Bade semblait destiné
à porter au plus haut degré d'illustration un nom
déjà célèbre, en accroissant encore le bonheur d'un
peuple qui bénissait sa puissance, lorsque, le 8
décembre 1818, après une maladie longue et douloureuse, la mort vint le frapper au milieu de ses
fidèles serviteurs, qui ne cessent de lui accorder les
tributs des plus justes regrets.

EUGÈNE BEAUHARNAIS,

Prince d'Eichstädt, Duc de Leuchtenberg,

Grand-Croix des Ordres de St. Étienne de Hongrie, de St.

Rubert de Bavière, de la Légion d'Honneur, &c. &c.

Né le 3 Septembre, en 1780.

A Paris, chez L'Auteur, Rue des Francs-Bourgeois St. Michel N°. 6.   Déposé à la Direction.

EUGÈNE BEAUHARNAIS.

A ce nom se joignent les idées de bonté, de douceur et d'humanité, unies à celles de loyauté et de bravoure ; ici, la flatterie et l'exagération deviennent superflues ; ici, l'apologie naît des actions mêmes, et les faits seuls sont des éloges. Cependant l'admiration ne peut se taire, et la vérité, lorsqu'il faut tracer le récit des évènemens mémorables qui illustrèrent les Français, allie le nom d'Eugène aux noms des plus braves, et, confirmant les louanges que lui donnent ses contemporains, les fait passer à la postérité. Elle dit que sa conduite fut estimée dans la paix comme dans la guerre ; qu'il se montra sage administrateur et grand capitaine ; qu'il sut veiller à la tranquillité du peuple qui lui fut confié, et à la sûreté des troupes qu'il commandait ; et cela dans les circonstances les plus difficiles. Car, étranger à ce peuple, il lui fallut pourtant l'assujettir à une domination nouvelle, et la lui faire aimer, et, commandant à ces soldats dans le fort d'une guerre désastreuse, réprimer leurs excès et les préserver d'une destruction totale. Ainsi, comme Germanicus, il sut unir la sagesse à la valeur, et, comme Germanicus, il fut l'idole des citoyens et de l'armée.

Investi d'une grande puissance, quoique très-jeune encore, il fit preuve d'une modération et d'une prudence qui semblent n'appartenir qu'à l'âge mûr. La pureté de ses intentions ne saurait être révoquée en doute ; il montra constamment de la droiture et de la grandeur d'ame ; et, ce qui suffit pour le prouver, c'est qu'il annullait facilement une décision ou un arrêt lorsqu'il en reconnaissait l'injustice. Il sut souvent adoucir la rigueur des mesures qu'il était obligé d'exécuter, et, par des manières généreuses et compatissantes, sut obtenir l'estime générale, et concilier les différens partis, talent rare, mais nécessaire, mais indispensable dans un homme d'état ; résultat heureux que ne saurait obtenir la seule sévérité. Ce qui est remarquable dans ce prince, c'est que, quoiqu'entouré de flatteurs et dans l'âge des passions, on n'ait point à lui reprocher de ces abus de pouvoir, écueil presqu'inévitable des gouvernans.

BEAUHARNAIS (Eugène), prince d'Eichstadt, duc de Leuchtenberg, grand'croix des ordres de Saint-Etienne de Hongrie, de Saint-Hubert de Bavière, de la Légion-d'Honneur, etc., etc., naquit en Bretagne, le 3 septembre 1780, du vicomte de Beauharnais et de Joséphine Tascher de la Pagerie. Il était encore enfant lors de la mort de son père. Il fit les campagnes d'Italie et d'Egypte comme aide-de-camp de Bonaparte, que Joséphine avait épousé. Après le 18 brumaire il devint chef d'escadron des chasseurs à cheval ; et ayant, à la bataille de Marengo, fait preuve de bravoure, et couru de grands dangers, il en fut nommé colonel général. L'année suivante, en 1808, il fut élevé à la dignité de prince français, archi-chancelier d'état, grand-officier de la Légion-d'Honneur. Quelques mois après il reçut la grande croix de l'ordre de Saint-Hubert de Bavière, et le titre de vice-roi d'Italie. Le 13 janvier 1806 il épousa la princesse Auguste Amélie, fille du roi de Bavière, et fut créé prince de Venise ; et les états Vénitiens ayant été réunis à ceux d'Italie, il gouverna les uns et les autres comme vice-roi, avec une sagesse exemplaire, et montra des vertus politiques qui le firent estimer et chérir.

En 1809, la guerre s'étant renouvelée avec l'Autriche, il marcha contre cette puissance et se distingua aux combats de la Piave et de Léoben ; et, s'étant joint à la grande armée française, il entra en Hongrie et gagna la fameuse bataille de Raab contre les archiducs. Ce fut dans ce temps qu'il déploya des talens recommandables, et dont on ne le croyait pas susceptible ; il se fit admirer des militaires par sa bonne contenance et son sang-froid. Quelques détails le prouvèrent. L'archiduc Jean avait une forte armée, le vice-roi n'avait pas plus de seize mille hommes. Ses avant postes avaient été repoussés ; le commandant de l'avant-garde s'était laissé surprendre ; les Autrichiens approchaient d'Udine. Eugène, poursuivi jusqu'à Vérone, n'a que le temps de se retrancher dans la position de Caldiero. Les Autrichiens cependant entraient dans Padoue, et d'un autre côté se portaient sur la hauteur proche de Caldiero pour en tourner les redoutes. Dans une pareille circonstance, le courage et la présence d'esprit doivent être inséparables. Le prince leur dut son salut. Ses troupes le secondèrent par leur intrépidité, et le général Sorbier, son aide-de-camp, qui y périt, déploya un rare dévouement. La position fut conservée.

Après la bataille de Raab les bulletins firent une mention honorable du prince, en disant : « qu'Eugène avait fait preuve de toutes les qualités éminentes qui constituent les plus grands capitaines. » Il se distingua à Wagram par sa valeur et son sang-froid.

Le 3 mars 1810, il fut déclaré successeur du prince primat, comme grand-duc de Francfort, et autorisé à porter la décoration de grand'croix de l'ordre de Saint-Étienne de Hongrie.

A la grande armée de Pologne, en 1812, le vice-roi Eugène commandait le 4ᵉ corps. Dans la campagne de Russie il se couvrit de gloire, non-seulement par sa valeur, mais par sa sollicitude vraiment paternelle pour les malheureux militaires. Certainement, les combats d'Ostrowno et de Mohilow, la bataille de la Moskowa, etc., firent briller son courage et son intrépidité, mais la retraite désastreuse qui s'ensuivit fit éclater son humanité et toutes les vertus de son cœur. Ses soins généreux, ses attentions continuelles, excitaient l'admiration et faisaient naître la reconnaissance des soldats. Sa bonté ne connut pas de bornes, et les récits de ceux qui furent les témoins de ses actions s'accordent tous à dire que rien n'était plus digne d'éloge que sa conduite à cette cruelle époque. C'est à lui que l'on dut l'idée de placer des vedettes de distance en distance, pour recueillir les blessés qui tombaient sur la route ; c'est lui qui, quoique souffrant, partageait les privations et les fatigues des troupes ; c'est lui qui les encourageait par des paroles de douceur et de consolation ; c'est encore lui qui faisait l'arrière-garde à pied, le fusil sur l'épaule, pour veiller lui-même à ce que la retraite se fît dans le meilleur ordre possible ; c'est à lui enfin que l'on doit la conservation des débris de cette valeureuse armée. Il est certain qu'il n'effectua son retour en France que lorsqu'il ne fut plus nécessaire aux siens. Ah ! sans doute, on doit admirer la noblesse des actions guerrières : de beaux faits d'armes enflamment et électrisent les cœurs ; mais les traits d'humanité, de bonté, les intéressent et les attendrissent ; les premiers inspirent à l'ame une sorte de fierté ; mais les seconds la rendent compatissante, et l'on peut juger lequel est préférable.

Nul général, dans cette guerre, ne porta plus loin l'oubli de soi-même que le généreux Eugène. A Pilony il n'avait point de logement. Ce lieu est un mauvais village près du Niémen. Le temps était pluvieux, la disette extrême, et cette pénible situation, qui semblait être le présage de tout ce que l'on devait souffrir par la suite, accablait les plus courageux. Le prince ne s'en plaignait pas. Partout il ne s'occupait que des autres, redoublait de vigilance, et lorsque ses gens devaient camper, tous ses soins ne tendaient qu'à choisir le meilleur emplacement.

Ce fut près du Borysthène que le vice-roi, après avoir fait passer tout son monde, ordonna que des dragons fussent placés sur la route, dont les chemins étaient peu frayés, pour empêcher les hommes isolés de s'égarer ; car souvent des forêts ou des plaines étaient traversées par des sentiers égaux ; les soldats erraient dans ces déserts, et périssaient de faim, ou sous les coups de l'ennemi.

A la bataille de la Moskowa, le 7 septembre 1812, le prince parcourait les rangs au milieu du feu le plus vif, pour encourager les troupes de sa droite, dont les régimens avaient cruellement souffert. « Braves soldats ! disait-il avec émotion, souvenez-» vous qu'à Wagram vous étiez avec moi lorsque » nous enfonçâmes le centre de l'ennemi. Con-» servez, disait-il à un autre régiment, cette bra-» voure qui vous a valu le titre d'invincible ; à un » autre : Songez que votre réputation dépend de » cette journée. » Par ces mots, mais plus encore par son exemple, il excita leur enthousiasme, leur fit oublier leur échec et s'élancer de nouveau sur l'ennemi. Son altesse conduisait l'attaque avec sang-froid, malgré le feu des batteries, qui était effroyable, et ce dévouement ne contribua pas peu à enflammer l'ardeur des soldats. Il est impossible de montrer plus de bravoure, d'être plus infatigable et de mépriser plus le danger, que ne le fit dans cette journée le vice-roi d'Italie ; il resta à cheval depuis quatre heures du matin jusqu'à la nuit, n'eut qu'un médiocre repas pour réparer ses forces, et un caisson pour lit de repos.

A Malo-Jaroslavetz le quatrième corps que commandait le prince se conduisit d'une manière admirable, ce qui attira au chef qui l'avait si bien dirigé ce témoignage de satisfaction : « L'honneur de » cette belle journée vous appartient tout entier. »

Le vice-roi semblait n'avoir d'inquiétude que pour ses soldats ; les privations continuelles rendaient chacun égoïste ; celui qui pouvait se procurer quelque avantage ne s'empressait pas de le partager : lui, au contraire, s'oubliant entièrement, il ne s'informait pas même s'il pourrait avoir un asile ; objet d'autant plus important que la rigueur du froid était extrême, et le rendait aussi indispensable que les alimens. Au village d'Alferéva, les généraux ne purent trouver d'abri ; tout était brûlé. Une grange destinée au prince présentait un aspect si misérable qu'il paraissait impossible de l'habiter. Les bivouacs étaient affreux ; point de bois, souvent une pluie abondante et un vent violent, tout se réunissait pour la destruction des hommes, et le désespoir était à son comble. Sa fermeté ne l'abandonna pas un instant, et son insensibilité pour lui, sa touchante compassion pour les autres, ramenaient dans ces cœurs découragés l'espérance qui leur était si nécessaire.

Il restait presque toujours en arrière pour protéger les défilés de ses troupes, et en retardant ainsi sa marche s'exposait à toute la fureur de l'ennemi.

Mais, impassible au milieu des dangers, son seul but était d'assurer le salut de ses soldats, et rien ne lui coûtait pour y parvenir. Dans les occasions difficiles, dans les positions désespérées, il ne perdit jamais son sang-froid, avantage inappréciable, qui, le faisant juger sainement des circonstances, le mettait à même d'en parer les inconvéniens ; et si l'égalité de son caractère était inaltérable, sa présence d'esprit était surprenante.

A Bukhovchtchina, Eugène en personne surveilla la restauration d'un pont dont le mauvais état rendait le passage impraticable. Pour animer les travailleurs il mit la main à l'œuvre, et ce dévouement, cette abnégation de lui-même, cet intérêt pour le bien de l'armée, enchantait les soldats ; ils se seraient sacrifiés pour lui. « La reconnaissance leur rendait sa personne chère et sacrée. »

En 1813, à la bataille de Lutzen, il commandait la gauche et ajouta encore à sa réputation militaire. Depuis il fut employé en Italie pour diriger les opérations, et battit les Autrichiens à Laybach, dont il s'empara : lorsqu'il mit son armée en mouvement sur l'Illyrie, il fit une proclamation dont on admira l'énergie ; en voici quelques phrases : « Soldats ! votre discipline et votre courage me » sont garans que vous soutiendrez la vieille répu- » tation des corps dont vous faites partie. Pensez » avec orgueil que votre souverain, votre patrie, » vos familles, vous regardent, et chacun de vous » fera son devoir. »

Dans cette guerre comme dans les précédentes, les officiers se plaisent à rendre cette justice au prince : « Son humanité, la bonté de son cœur, ne » se sont jamais démenties. » A Villach, il s'empressa, dès son entrée dans la ville, de faire porter des secours de tous côtés ; il employa son état-major à maintenir l'ordre. Les Italiens le disent eux-mêmes : « Chacun rend justice aux bonnes qualités » du vice-roi. »

Sa présence était le plus puissant mobile de ses troupes ; à sa voix, elles auraient franchi les obstacles les plus multipliés. A San-Pietro, le 9 novembre 1813, les bataillons serrés en colonnes sous le feu de l'ennemi qui tirait à mitraille, ne pouvaient gagner du terrain. Eugène voit qu'ils hésitent, ordonne d'avancer ; alors on se précipite en foule, les généraux, les officiers donnent l'exemple, l'ennemi est repoussé, et sa perte fut considérable. On les poursuivit jusqu'à la fin du jour, et l'on avança de plusieurs lieues. Ce fut à cette affaire qu'un des derniers boulets faillit causer un évènement bien déplorable : il frappa un cheval sur lequel s'appuyait le prince ; à ce coup, l'effroi fut extrême ; lui seul ne parut pas s'émouvoir de cet affreux danger, mais il put juger par l'épouvante générale combien l'attachement que l'on avait pour lui était sincère.

Les revers qu'éprouvèrent l'armée forcèrent le prince à laisser plusieurs provinces qu'il avait vaillamment défendues ; son énergie et sa grandeur d'ame le préservèrent du découragement que pouvaient inspirer des circonstances si pénibles ; il harangua ses troupes, les exhorta à suivre exactement leur devoir, et à ne jamais oublier cette devise, qu'il jurait d'observer sans cesse : Honneur et Fidélité.

Les derniers combats le couvrirent également de gloire ; et l'armée qu'il guida et conduisit avec les plus grands soins jusqu'à son départ pour la Bavière, lui adressa des remercîmens et des adieux honorables et flatteurs ; ils étaient conçus en ces termes :

« Monseigneur, l'armée française, au moment de » se mettre en route pour rentrer au sein de sa » patrie, se fait un devoir de déposer aux pieds » de votre Altesse les sentimens de reconnaissance » et de vénération dont elle est pénétrée pour » votre personne.

» L'armée d'Italie se glorifie toujours de son » chef : avoir servi sous votre Altesse, est devenu » un titre d'honneur.

» Puisse-t-elle jouir de la félicité et de la gloire » qu'elle mérite, pour toutes ses nobles qualités ! » Tel est le vœu de l'armée entière, qui a su les » apprécier, et qui en consacrera pour toujours le » souvenir. »

Ainsi, dit un témoin oculaire, se termina la campagne d'Italie, pendant laquelle le général français, obligé de se retirer devant de nombreux ennemis, les arrêta néanmoins long-temps dans leur marche, en profitant de tous les avantages que pouvaient offrir les temps et les lieux ; déjoua constamment leurs projets ; les battit dans presque toutes les occasions , et suppléa enfin par sa prudence et la plus grande habileté au nombre de ses soldats.

Depuis lors le prince Eugène s'est retiré à Bayreuth avec sa famille ; il y jouit en paix de l'estime et de la gloire qu'il s'est acquises par ses vertus et sa vaillance.

Milan lui doit de grands embellissemens, dans ses promenades et dans plusieurs de ses édifices publics ; le vice-roi favorisa l'établissement de plusieurs manufactures ; et son nom, si souvent couronné par nos victoires, est en Italie un de ceux qui ne sont prononcés qu'avec respect et avec admiration.

BENJAMIN-CONSTANT,

Ex député de la Sarthe,

Né le 25 Octobre 1767, à Lausanne

A Paris chez l'Auteur Rue des Francs Bourgeois N° 6 F. S! G.™   Déposé.

BENJAMIN CONSTANT.

Le personnage dont nous allons retracer les principaux faits, n'a été considéré jusqu'ici que comme un des plus éloquens défenseurs des libertés nationales ; nous le présenterons tour-à-tour, et peut-être pour la première fois, comme publiciste, comme littérateur et comme philosophe.

BENJAMIN CONSTANT naquit à Lausanne, le 25 octobre 1767. Son père descendait d'une des victimes de la persécution religieuse qui força tant d'utiles citoyens à quitter leur patrie. Une branche de sa famille; restée catholique, demeura en France ; mais l'aïeul de Benjamin Constant se réfugia à Genève.

L'Assemblée constituante ayant, par la loi du 22 décembre 1790, rendu les droits de citoyen aux descendans des religionnaires, le père de B. Constant acheta des propriétés en Franche-Comté, où il est mort. Son fils ne tarda pas à profiter, comme lui, de la loi qui le rappelait. Lié par l'amitié la plus tendre et la conformité des opinions et des goûts, avec l'illustre madame de Staël, il vécut long-temps auprès de M. Necker. Rentré en France, il s'y lia de bonne heure avec les hommes les plus célèbres de ce pays, et y rechercha les fondateurs de la liberté, ceux qui avaient voulu en établir le règne sous les auspices des lois, de l'ordre et de l'humanité, restes honorables de l'Assemblée constituante, et débris de cette Gironde, en butte jadis aux poignards et maintenant aux libelles.

Ce fut entre le 9 thermidor et l'époque du 13 vendémiaire, que parurent les premiers écrits de B. Constant, sur les moyens d'éteindre les factions, de réunir les partis. Ils annonçaient un écrivain, un publiciste du rang le plus distingué. La constitution de 1793 fixa un instant les destinées de la République, et le Directoire fut installé. B. Constant désirait sans doute plus de force dans les institutions, un choix plus sévère dans les hommes ; mais il crut à la nécessité de se rallier alors à un gouvernement qui, né entre les divers partis, avait intérêt de les combattre. Il publia une brochure intitulée : *Du Gouvernement actuel, et de la nécessité de s'y rallier*. Elle excita la sensation la plus vive et la plus générale. Cette brochure fut suivie d'une autre dont le but était différent ; elle avait pour titre : *Des réactions politiques, et des effets de la terreur*. La logique pressante de la première, l'énergie et la chaleur de la seconde, enlevèrent les suffrages des hommes de lettres et des hommes d'état. Cependant approchait l'époque critique du 18 fructidor. B. Constant, comme M.ᵐᵉ de Staël et d'autres

personnages supérieurs, exempts néanmoins des erreurs et des violences de la révolution, pensaient que, malgré la faiblesse et les torts du Directoire exécutif, sa chute, dans les circonstances de cette époque, ne pouvait avoir pour résultat que le triomphe complet de l'aristocratie, et la destruction des institutions libérales. Il se rallia donc au Gouvernement existant pour empêcher la contre-révolution imminente. Le Directoire se résolut aux proscriptions de fructidor. Ce n'était pas des mesures violentes et vexatoires que B. Constant avait fait l'apologie ; il s'était au contraire élevé d'avance avec force contre toute illégalité et tout arbitraire. Il demanda le premier, dans une brochure, que la République stipulât la délivrance du général Lafayette, et rappelât dans son sein cet illustre ami de la liberté, contre lequel des républicains ignorans nourrissaient encore d'absurdes préjugés. Ses talens politiques et littéraires jetaient alors un si vif éclat, que Talleyrand, ministre des affaires étrangères, dans une lettre adressée à Bonaparte, général de l'armée d'Italie, l'indiquait comme le plus digne, malgré sa jeunesse, d'être désigné par lui pour proposer les institutions les plus convenables aux nouvelles républiques Italiennes. La révolution militaire du 18 brumaire, opérée par l'épée victorieuse d'un grand capitaine, n'obtint pas son suffrage. Il fut appelé au Tribunat, non par la volonté du premier Consul ; mais, comme d'autres amis de la liberté, par l'influence, encore existante alors, des fondateurs du Sénat conservateur chargés du choix des tribuns, et parmi lesquels siégeaient Sieyes, Cabanis, Garat, Volney, Tracy, Lambrecht, etc. Secondé au Tribunat par Daunou, Chénier, Ginguené, Andrieux, et plusieurs autres, B. Constant fut, comme dans le Sénat, Lanjuinais, Grégoire, Lambrecht, etc., un des plus ardens et habiles adversaires d'un despotisme alors à sa naissance, mais dont les progrès menaçans n'échappaient pas aux regards des patriotes éclairés. Dans des discours admirables, par les aperçus les plus ingénieux, la logique la plus irrésistible et le style le plus élégant, il combattit l'établissement des tribunaux spéciaux, les premiers projets de lois qui furent présentés pour le Code civil, et dans lesquels il demandait des changemens, qui depuis furent accordés; le mode proposé de discussion des lois, et beaucoup d'autres mesures qui tendaient à donner au chef du Gouvernement une puissance sans limites. En faisant entendre, au sujet des exploits du héros et de l'immor-

la justice et de la nécessité, son inflexibilité sur les principes et sur le fond des doctrines éloignait constamment l'idée d'un rapprochement pareil par des voies moins avouées par l'intérêt public.

La réputation dont il jouissait fut encore augmentée par sa réclamation en faveur d'un malheureux, condamné à mort pour un crime dont il ne le croyait pas coupable, pour Wilfrid Regnault. Son éloquente et courageuse défense, fournit à la vie de B. Constant des pages semblables à celles dont la mémoire de Calas et de Sirven ont augmenté la gloire de Voltaire.

Vers la fin de la dernière session, le zèle ardent d'un jeune magistrat, nouvellement nommé procureur général à la cour royale de Poitiers, dans l'instruction du procès du général Berton, fit paraître le nom de B. Constant, avec ceux de plusieurs membres distingués du côté gauche de la Chambre des députés, sur une liste de membres d'un gouvernement provisoire, qu'on supposait devoir être proclamé à Paris, par suite d'une conspiration. On chercha à rattacher ce fait à des troubles que précédemment avait fait éclater à Saumur la présence de B. Constant. Ce député attaqua en calomnie le sous-préfet de Saumur, et M. Mangin, procureur général à la cour royale de Poitiers. Ces plaintes donnèrent lieu à deux procès qui attirèrent l'attention publique, où B. Constant eut l'occasion de développer la supériorité de son talent, et pendant le cours desquels il reçut de nombreux témoignages de l'intérêt public. Précédemment, cet intérêt avait encore été augmenté par un accident fâcheux qui altéra sensiblement sa santé, et par une altercation où il eut occasion de développer un autre genre de courage que celui qu'on était habitué à lui voir montrer dans le cabinet et à la tribune. Les décisions des tribunaux ne furent pas à son égard aussi sévères que l'avait réclamé le ministère public : elles se bornèrent à des condamnations pécuniaires. Depuis, B. Constant est rentré dans la vie privée; mais il pourra encore être utile à la patrie, aux lettres et à l'humanité : à la patrie, en continuant de défendre ses intérêts; aux lettres, en publiant les précieux documens dont son porte-feuille est enrichi, et dont il n'a fait connaître encore que quelques fragmens qui ne sont pas oubliés; à l'humanité, en défendant les principes éternels de la morale et de la justice. Sa gloire et ses succès seront toujours chers à l'amitié, aux lois sacrées de laquelle B. Constant a toujours été attaché.

B....

PIERRE BEURNONVILLE,

COMTE DE RIEL,

Maréchal et Pair de France,
Ministre d'Etat Grand-Croix des Ordres Militaire de St. Louis,
et de la Légion d'Honneur.

Né le 10 May 1752 à Champignolles Dép.t de l'Aube

à Paris chez l'Auteur, rue des Francs-Bourgeois, N.º 6, F.g St. Germain.

BEURNONVILLE,

MARÉCHAL ET PAIR DE FRANCE.

C'est une vérité attestée par l'expérience que ceux qui, par une sorte d'instinct, brisent les liens dont on veut enchaîner leur jeunesse, marchent à pas de géant dans la route qu'ils se tracent eux-mêmes. Il semble que la nature leur révèle les talens dont elle les a secrettement enrichis, et le rôle brillant qu'ils doivent jouer sur la scène du monde; ils arrivent ainsi à des résultats qu'ils étaient loin de prévoir, et dont ils se contentaient de se rendre dignes sans oser les espérer. S'il ne s'était trouvé une foule de ces hommes heureusement audacieux, les fastes des nations nous offriraient beaucoup moins de grands hommes, et surtout de héros. Celui dont nous allons rappeler les actions nous fournira une nouvelle preuve de ce que je viens d'avancer.

BEURNONVILLE (Pierre), marquis de Riel, maréchal et pair de France, grand'croix de la Légion-d'Honneur, commandeur de l'ordre royal et militaire de Saint-Louis, ancien ministre de la guerre, et ancien ambassadeur de France en Espagne, etc., etc., etc., naquit le 10 mai 1752, à Champignolles, département de l'Aube. Il fut dès son enfance destiné à l'état ecclésiastique, et envoyé très-jeune encore dans la capitale pour y suivre un cours de belles-lettres. Mais le jeune Beurnonville, entraîné par son penchant pour les armes, loin de se prêter aux vues de ses parens, s'adonna de préférence aux mathématiques et à la géographie, y fit des progrès assez marqués, et parvint à se faire inscrire comme surnuméraire dans la compagnie des gendarmes de la Reine. Depuis il passa dans l'Inde, y servit d'abord comme soldat, puis comme sergent, devint major de la milice de l'île de Bourbon, se trouva en butte à la haine du commandant, et en fut bientôt injustement destitué. Il revint en France, et acheta une charge d'officier dans la garde suisse de Monsieur, frère du roi, aujourd'hui Louis XVIII, qu'il conserva jusqu'à l'époque de la révolution. Le bouleversement général qui s'annonçait de toutes parts, la monarchie qui s'écroulait par ses fondemens, la

guerre qui devait en être la suite, enflammèrent de nouveau le courage de Beurnonville, et lui montrèrent la route qu'il devait suivre. Il se trouva naturellement lié avec les personnages qui dirigeaient alors les mouvemens qui s'opéraient. L'expérience qu'il avait déjà, le poste qu'il occupait, l'ardeur dont il paraissait animé, lui firent donner le titre de maréchal-de-camp; et ce fut en cette qualité qu'il fut employé, dès le mois d'août 1792, sous les ordres de Dumouriez. Il ne tarda pas à justifier la confiance qu'il avait inspirée, et la bravoure et les talens qu'il manifesta à la bataille de Jemmapes le firent qualifier d'Ajax français, surnom que lui donna le général Dumouriez dans le compte qu'il rendit de cette importante bataille. Beurnonville eut ensuite plusieurs affaires avec les Autrichiens, dans les environs de Trèves, et surtout à Grewenmachen, où il engagea contre eux un combat terrible où ils perdirent beaucoup de monde. Ces différentes affaires attirèrent sur lui l'attention publique, et la convention le fit nommer au ministère de la guerre le 4 février 1793. Il ne conserva pas long-temps ce poste difficile, et dès le 11 mars il donna sa démission, en disant « qu'il se croyait plus propre à ser- » vir la patrie de son épée que de sa plume. » Cette démission inattendue causa d'abord quelques débats dans l'assemblée; mais enfin on céda à ses désirs, et on lui permit de quitter Paris. Il n'en était pas encore parti, lorsque la convention le rappela de nouveau au même département. Il fut presque aussitôt envoyé à Saint-Amand pour y arrêter Dumouriez; mais ce général transfuge le fit arrêter lui-même et conduire au quartier du prince de Cobourg, avec les quatre commissaires de la convention, qui, envoyés par elle pour le même objet, avaient été arrêtés comme lui. Mais au moins le général Beurnonville ne céda qu'à la force : quand il vit que la voiture dans laquelle il était monté prenait la route de Tournai, il voulut se débarrasser de l'escorte qui l'environnait; c'étaient des hussards de Berchigni; il fit des efforts inouïs, mais inutiles, et y reçut même une blessure assez grave. Il fut ensuite transféré dans les prisons d'Olmutz, et y resta jusqu'au 22 novembre 1795, époque à laquelle, après une détention de trente-trois mois, il fut conduit à Bâle, et eut l'inappréciable honneur d'être échangé contre Madame, fille de l'infortuné Louis XVI. Rentré en France, il vécut quelque temps éloigné des affaires, dans une sorte de défaveur. Mais la révolution du 18 fructidor an 5 lui rendit de l'activité : il eut le commandement de l'armée française en Hollande, dont il se démit dès le mois de novembre de la même année. Il disparut pendant quelque temps de la scène politique, et ce ne fut qu'en 1798 que le directoire le nomma inspecteur-général de l'infanterie. Il occupa cette place de confiance jusqu'au 18 brumaire, et fut du nombre des militaires qui, à cette époque, se rangèrent sous les bannières de Bonaparte. Celui-ci, qui avait besoin d'un homme éclairé pour traiter avec le cabinet de Berlin, confia cette ambassade à Beurnonville, qui, après avoir rempli dignement sa mission, revint en France en 1802. C'est à l'occasion de cette ambassade que le ministre de la guerre écrivait, en parlant de ce général : « Il est un de ces » hommes que l'on peut présenter avec une égale » confiance à ses amis et à ses ennemis. » Il fallait alors un ambassadeur à Madrid, et l'on pense bien que les regards des gouvernans se portèrent sur le général Beurnonville. Ce fut en récompense de tant de services rendus à la patrie, qu'il fut nommé sénateur en février 1805. Il avait reçu quelque temps auparavant la décoration de grand-officier de la Légion-d'Honneur. Il fut investi, en 1809, de l'importante sénatorerie de Limoges, et, en 1813, il fut l'un des premiers grand'croix de l'ordre de la Réunion. Il n'est pas étonnant que, réunissant tant d'honneurs sur sa tête, M. de Beurnonville, lorsque le territoire français fut menacé d'être envahi à la fin de cette même année, ait été nommé membre de la commission extraordinaire du sénat pour proposer des levées d'hommes et d'argent. Il fut ensuite envoyé dans les Ardennes, pour prendre telles mesures de salut public qu'il jugerait convenables. Il fit tout ce qu'on pouvait attendre de lui dans des circonstances aussi difficiles ; et, après avoir prescrit des mesures sages et salutaires, instruit de ce qui allait se passer dans la capitale, il se hâta de s'y rendre, et s'y trouva au moment où se prononçait la déchéance de Napoléon et de sa famille. Il se montra alors si opposé aux mesures tyranniques auxquelles la France venait de se soustraire qu'il fut choisi pour faire partie du gouvernement provisoire qui rappela la maison de Bourbon sur le trône. Après le retour du roi en 1814, il devint ministre d'état sans attribution, puis fut créé successivement pair, et grand'croix de la Légion-d'Honneur. L'arrivée de Bonaparte en 1815 n'ébranla point les sentimens qu'il avait voués à ses souverains légitimes : il leur resta fidèle, et s'exila momentanément. Il ne reparut qu'avec S. M. Louis XVIII, qui lui conféra d'abord le titre de membre du conseil privé, et ensuite, le 3 mai 1816, la décoration de commandeur de l'ordre royal et militaire de Saint-Louis. Il fut enfin élevé à la dignité de maréchal de France par ordonnance du roi du 3 juillet suivant.

Nous n'ajouterons ici qu'une simple observation. Si, dans un état tel que la France, il pouvait être offert à notre admiration quelque chose de plus noble que la valeur, et de plus éclatant que l'héroïsme et la gloire des armes, nous dirions de Beurnonville : Il a fixé le bonheur, par ses vertus, chez lui et autour de sa personne ; et sa modestie n'est égalée que par sa rare prudence, et par la sagesse qu'il a toujours montrée dans les jours les plus difficiles.

CHARLES FERDINAND,

DUC DE BERRI

Colonel Général des Chasseurs et Lanciers.

Né le 24 Janvier 1778 à Versailles.

Mort à Paris, le 14 Février, 1820.

Celui qui sut vivre comme Henri quatre
Comme Henri quatre, hélas, vient de mourir.

A Paris, chez l'Auteur, Rue des Francs-Bourgeois, N.º 6, F. S. G. — Déposé au Bureau des Estampes.

CHARLES FERDINAND DE FRANCE,
DUC DE BERRY.

Celui qui sut vivre comme Henri Quatre,
Comme Henri Quatre, hélas! vient de mourir.

« C'est par le cœur que les Princes sont vraiment » Princes, » dit Rollin : Qui jamais mérita mieux le titre de Fils de France, que l'illustre victime dont l'Europe entière déplore aujourd'hui la perte! Digne descendant du Grand-Henri, doué comme son aïeul de l'héroïsme des grandes âmes et de toutes les qualités de l'esprit et du cœur : ainsi que ce Roi chéri, il devait être immolé par un forcéné que l'enfer vomit pour la honte de sa patrie. Mais, que dis-je? sa patrie! elle le repousse de son sein, en le vouant à l'exécration des siècles; la Nation française, toujours grande et généreuse, ne fut jamais associée à cette poignée de scélérats enfantée pour le crime, et qui déshonora la révolution. Elle voyait avec enthousiasme ce digne rejeton d'une si noble tige, concourir chaque jour à sa félicité; elle le voyait avec reconnaissance cicatriser les plaies du malheur, essuyer les larmes de la misère, encourager les arts, protéger l'industrie et lui rendre l'espoir d'un plus heureux avenir.

CHARLES - FERDINAND DE FRANCE (DUC DE BERRY), fils de France, Chevalier de l'ordre du Saint-Esprit et de la Toison-d'Or, grand'croix des ordres royal et militaire de Saint-Louis et de la Légion d'honneur, né à Versailles le 24 janvier 1778.

En 1789, ayant accompagné Monseigneur le Comte d'Artois, son auguste père, à Turin, il y continua ses études avec son frère, sous la direction de M. le duc de Serent, leur commun gouverneur; et après avoir employé près de trois années à se perfectionner dans les arts et les lettres, ainsi que dans la tactique militaire, il fit sa première campagne, en 1792, sous les ordres de l'auteur de ses jours, et combattit à ses côtés avec la valeur de ses glorieux ancêtres. Cependant cette tentative ayant été infructueuse pour la cause royale, ce jeune Prince revint passer quelque temps à la cour du roi de Sardaigne, et alla joindre ensuite l'armée de Condé, où il obtint le commandement d'un corps de gentilhommes. Ses manières franches et loyales, son courage et sa générosité lui obtinrent bientôt la confiance et l'amour des troupes soumises à ses ordres; mais connaissant, ainsi que le Grand Frédéric, que la discipline est l'âme des armées, elle fut toujours l'objet de son attention, comme le besoin de ses subordonnés fut celui de sa sollicitude.

En 1800, il était chef du régiment noble au service de Russie; mais la politique des Souverains le réduisant à l'inaction la plus absolue, il quitta le commandement de ce corps et s'embarqua, en 1801, pour l'Angleterre où déjà résidait Monsieur. Il passa plusieurs années sur les bords de la Tamise, partageant ses loisirs entre les arts et les sciences, et faisant de fréquens voyages au château de Hartwell, séjour de S. M. Louis XVIII.

En 1813, le duc de Berry, informé qu'un bon nombre de Français se trouvait armé sur la côte de Normandie avec l'intention d'y servir la cause royale, apprit aussi qu'on aspirait à marcher sous ses ordres : saisissant cette occasion avec toute l'ardeur d'une âme franche et courageuse, il se disposait à partir, lorsque des gens, trop prudens ou trompés eux-mêmes, lui mandèrent des îles de Jersey et de Gernesey que le premier avis n'était autre chose que l'effet d'un piège inévitable dans lequel on voulait l'entraîner, et, d'après les conseils de son auguste famille, il resta en Angleterre.

Quand les Bourbons, si long-temps exilés, furent rappelés sur le trône de France, S. A. R., qui était à Jersey depuis deux mois, monta sur le navire *l'Eurotas*, et débarqua à Cherbourg le 13 avril. A peine eut-il touché le sol français, qu'entouré de magistrats, d'officiers de toutes armes et de citoyens de toutes les classes, il fut reçu avec les démonstrations de la plus vive allégresse; c'est alors qu'avec une émotion et des larmes qu'il ne pouvait contenir il s'écria : *chère France! en te voyant mon cœur est plein des plus doux sentimens...... mes amis, nous n'apportons que l'oubli du passé, la paix et le désir de concourir à votre bonheur.* Le lendemain il continua sa route par Bayeux; et partout S. A. R. reçut les marques du dévouement le plus absolu et laissa des traces de sa générosité. Nous regrettons que l'espace qui lui est consacré dans ce faible ouvrage ne nous permette pas de rappeler tous les beaux traits et tous les mots heureux qu'on a recueillis de ce brave et bon Prince, pendant ce voyage et jusqu'à son arrivée au château de Tuileries.

Le 21, il entra dans la capitale par la barrière de Clichy. Harangué par les autorités municipales et par les chefs de l'armée, il répondit à leurs félicitations par un discours rempli des expressions les mieux senties, des sentimens les plus généreux, et qu'il termina par ces mots : *Vivent les Français!*

Nous ne pouvons nous priver de citer ce trait du duc de Berry qui, passant une revue à Versailles, sut que des militaires regrettaient de ne plus combattre avec Napoléon. « Que faisait-il donc de si merveilleux, » leur demanda le Duc ? Il nous conduisait à la victoire, répondent les soldats. Je le crois bien, répliqua-t-il vivement, cela était bien difficile avec des hommes tels que vous! »

Nommé colonel - général des chevaux - légers,
chasseurs et lanciers de France, il quitta la capitale
pour aller inspecter les frontières du Nord; mais
pendant ce voyage, où il laissa partout des preuves de
sa munificence envers les malheureux, il accorda ses
devoirs avec les besoins de son cœur, qui le portaient
à protéger tout ce qu'il croyait utile au bien de sa
patrie; tous les établissemens publics, les hospices,
les manufactures furent visités par lui et reçurent
des témoignages de sa puissante protection. Enfin,
après avoir passé en revue les garnisons de Mézières,
d'Avènes, de Metz, de Strasbourg et de Landau, il
revint à Paris, rapportant de ce voyage l'estime et
l'amour de tous les bons français, et les bénédictions des pauvres qu'il n'avait cessé de secourir
sur son passage.

Toujours laborieux, au sein de la capitale, il
s'occupait avec fruit des études stratégiques; et, par
de fréquentes manœuvres qu'il commandait avec
autant de calme que de précision, il était parvenu à
gagner la confiance et le cœur du soldat. Lorsque
Bonaparte revint de l'Ile - d'Elbe, l'armée entière,
séduite de nouveau par l'illusion de la gloire, se
jeta bientôt sous les drapeaux du conquérant. S. M.
Louis XVIII quitta le palais des Tuileries dans la
nuit du 20 au 21 mars, et S. A. le duc de Berry
le suivit à Gand.

Après la bataille de Waterloo, le duc de Berry fut
placé à la tête des troupes dévouées au Roi et des
Français qui l'avait suivi. Arrivé à Saint-Denis, le 8
juillet, il rentra dans Paris à la tête de la maison
du Roi, en recommandant à ces officiers qui devaient
composer le cortége de Sa Majesté, de garder un silence absolu, quand bien même des cris séditieux
ou des signes de rebellion viendraient exciter leur
indignation.

Depuis cette époque, S. A. R. ne négligea aucune
circonstance pour prouver à l'armée et à toute la
France que *l'oubli du passé* n'était point une vaine
phrase sortie de sa bouche. Nommé président du
collége électoral séant à Lille, il ouvrit sa première
séance, le 23 août, par ce discours : « Le plus aimé
» de vos Rois, Henri IV, après de longues guerres
» intestines, rassembla les notables de Rouen, et
» leur demanda des conseils; ainsi que lui, le Roi,
» mon auguste Seigneur et oncle, d'après la consti-
» tution qu'il a lui-même donnée à son peuple,
» s'adresse en ce moment à vous, et me nomme pour
» être son organe auprès du département du Nord.
» Je ne parlerai point de leur fidélité, aux habitans
» d'un pays berceau de la monarchie, je me bornerai
» à vous dire, Messieurs, que le Roi, après vingt-
» six ans de trouble et de malheur, a besoin d'in-
» terroger le cœur de ses sujets. Il vous demande de
» lui adresser, non ceux de vous qu'il aime davan-
» tage, ce choix est impossible, vous y voleriez tous,
» mais ceux qui, dignes interprètes de votre pensée,
» porteront au pied du Trône cet oubli du passé,

» cette connaissance du présent, ce coup-d'œil dans
» l'avenir, ce respect pour la Charte constitutionnelle,
» cet amour pour sa personne, enfin cette abnégation
» de soi-même, qui seule peut assurer le bonheur de
» tous. »

Un événement remarquable de la vie de Mgr.
duc de Berry, et auxquels se rattachaient les plus
hautes espérances, fut sans doute son mariage avec
la Princesse Marie-Thérèse-Caroline, fille aînée du
Prince royal des Deux-Siciles; le Gouvernement proposa aux Chambres de porter à un million la somme
nécessaire aux frais de cette grande cérémonie. Les
Représentans de la Nation, ayant élevé cette somme
à un million cinq cent mille francs, S. A. consacra
cet excédant au soulagement des victimes de la dernière invasion. Cet hymen fut célébré aux acclamations d'allégresse de tout un peuple, le 17 juin
1816. Les fruits desirés de cette noble alliance avaient
déjà fait passer son cœur paternel et tous les Français de la joie la plus douce à la plus vive douleur;
mais enfin, une fille chérie, et l'espoir de voir bientôt
éclore un nouveau rejeton, consolait sa famille et la
France, lorsque le plus horrible attentat vint nous
ravir ce digne héritier du Trône.

Le 13 février 1820, Mgr. le duc de Berry, étant
sorti de l'Opéra pendant le spectacle, pour donner
la main à son auguste épouse jusqu'à sa voiture, la
quittait, en promettant à cette Princesse de la rejoindre bientôt, et se disposait à remonter dans sa
loge, lorsqu'un monstre, nommé *Louvel*, se jette
sur le Prince, le saisit au corps, et lui plonge un
poignard dans le sein droit. S. A. R. retire elle-même
le fer, en disant, *je suis blessé*. Madame la duchesse
s'élance hors de sa voiture, et le sang d'un époux
chéri rejaillit sur cette jeune infortunée. L'assassin
est arrêté, et bientôt après le duc est transporté dans
les appartemens de l'Opéra; tous les secours de l'art
lui sont prodigués, mais en vain; la blessure était
mortelle, et le 14, à six heures et demie du matin,
il expira arrosé des pleurs de son illustre et trop
malheureuse famille, en demandant au Roi *la grâce
de l'homme* qui l'avait frappé.

L'exécrable assassin, interrogé sur son crime, af-
fecte un air calme, et répond : « J'ai conçu seul, et
depuis cinq ans, le projet que je viens de mettre à
exécution, je ne l'ai communiqué à personne; ce
n'est pas la première fois que je tente de l'exécuter. »

C'est ainsi que périt ce brave et vertueux fils de
France, celui qui tant de fois avait exposé sa vie
pour la défense d'une cause légitime, celui qui tant
de fois avait secouru la veuve et l'orphelin, et que
les arts et les lettres regardaient comme leur plus
ferme appui. La France en deuil ne cessera de se
rappeler les précieuses qualités de sa belle âme, et
de garder le souvenir de ses derniers momens, qui
furent à la fois ceux d'un sage et d'un vrai chevalier
chrétien.

ALEXANDRE BERTHIER,

PRINCE DE WAGRAM,

Maréchal et Pair de France, Grand-Croix des Ordres
de Maximilien Joseph de Bavière, de l'Aigle d'Or de Wurtemberg,
de la Couronne et de St Henri de Saxe, de la Fidelité de Bade,
de Besse, de St Joseph de Wurtzbourg, de St Etienne de Hongrie,
de l'Aigle Noir de Prusse, de la Légion d'Honneur,
Commandeur de l'ordre Royal et Militaire de St Louis,

Né en 1763 à Versaille, Dépt. de Seine et Oise,

Mort en 1815, à Bamberg. (Bavière.)

à Paris chez l'Auteur rue des Francs-Bourgeois, N° 6, F. S. G.

BERTHIER,

PRINCE DE NEUCHATEL ET DE WAGRAM.

En reportant nos pensées vers les premiers temps de notre histoire, nous voyons, avec autant de surprise que d'orgueil, qu'une suite non interrompue de héros, jusqu'à nos jours, ne cessa d'illustrer la France et de la faire briller au rang des premières nations du monde. Les malheurs qui accablèrent notre belle patrie, au milieu des dernières factions révolutionnaires, ne servirent encore qu'à mieux faire connaître combien elle était féconde en grands hommes, et pendant vingt-cinq années ses fastes s'augmentèrent chaque jour des triomphes de nouveaux élus. Bien que tous aient des droits à notre reconnaissance et à notre admiration, il est des noms surtout qui se rattachent à de si précieux souvenirs, à tant d'événemens heureux et de brillantes victoires, qu'on ne peut les citer sans les associer en même temps à toutes les époques glorieuses de nos dernières guerres, et sans leur offrir un tribut d'hommages digne des plus hautes vertus humaines.

BERTHIER (Alexandre), Maréchal et Pair de France, Prince de Neuchâtel et de Wagram ; major-général de l'armée, grand-veneur, grand'croix des ordres de Maximilien-Joseph de Bavière, de l'Aigle-d'Or de Wurtemberg, de la Couronne-de-Fer, de la Couronne de Saxe, de Saint-Henri, de la Fidélité de Bade, de Hesse, de Saint-Joseph de Wurtzbourg, de Saint-Etienne de Hongrie, de l'Aigle-Noir de Prusse, de la Légion d'honneur, commandeur de l'ordre royal et militaire de Saint-Louis, capitaine des gardes, etc., etc., etc., né à Versailles le 20 novembre 1753.

Il fut, dès son enfance, destiné à l'état militaire, par son père, adjoint du gouverneur de l'hôtel de la guerre. Après avoir reçu une éducation très-soignée, il obtint d'être placé, comme officier, dans le corps royal du génie; devint, quelque temps après, capitaine de dragons dans le régiment de Lorraine, et passa ensuite en Amérique pour y combattre en faveur de l'indépendance. Ce fut sur les bords de l'Ohio, sous les ordres de M. de La Fayette, qu'il cueillit ses premiers lauriers, et que, par une conduite aussi brillante que courageuse, il finit par mériter le grade de colonel. De retour dans sa patrie, et lors des premiers mouvemens de la révolution, la confiance de ses concitoyens lui valut le grade de major-général de la garde nationale de Versailles. Mais bientôt il reçut l'ordre de se rendre à Metz, où il arriva, en 1791, avec le titre d'adjudant-général. Sous les ordres et dans l'armée du brave Luckner, en qualité de chef d'état-major-général, en 1792, il servit avec distinction, et passa l'année suivante dans la Vendée, où il seconda, de la manière la plus efficace, les travaux de Ronsin dans la levée des plans des pays insurgés. Voulant faire à la fois preuve de talens et de bravoure, les occupations abstraites qui lui étaient confiées ne purent le distraire de l'ardent désir qu'il avait de se signaler au combat, et il ne laissa échapper aucune occasion de se montrer au feu, à côté des plus braves, et là, où le danger lui semblait le plus éminent. A la prise de Saumur, il fit des prodiges de valeur, et eut trois chevaux tués sous lui.

En 1796, envoyé en Italie avec le grade de général de division, personne plus que lui ne contribua au succès de cette campagne : Ceva-Mondovi, le passage du Pô, la bataille de Lodi, le rangèrent parmi les officiers-généraux du premier mérite. Bonaparte le distingua dès-lors de ses autres compagnons d'armes, et se lia avec lui de la manière la plus intime. Reconnaissant en lui, avec les qualités d'un bon capitaine, celles d'un parfait administrateur, le Gouvernement, après le traité de Campo-Formio, lui confia le commandement en chef de l'armée d'Italie, et le chargea d'organiser la république romaine.

Dans les premiers jours de février 1798, il marcha donc contre Rome, y entra à la tête de ses troupes, et s'occupa d'y établir un gouvernement consulaire.

Après avoir rempli cette mission importante, avec autant de fermeté que de prudence, il partit pour l'armée d'Egypte, en qualité de chef d'état-major-général. Toujours lié d'amitié avec Bonaparte, il concourut, avec autant de zèle que de valeur, par ses talens et son épée, à toutes les heureuses journées de cette campagne, et ses conseils contribuèrent partout à la gloire du chef de cette mémorable expédition.

A son retour en France, et après le 18 brumaire, il fut nommé ministre de la guerre. Ce département se ressentit bientôt de l'utilité de ses travaux : les places fortes furent réparées; les arsenaux reçurent de nouvelles munitions, et se remplirent de nouvelles armes; les troupes furent, enfin, couvertes d'uniformes, et la discipline reprit ses droits. Il quitta néanmoins ces dernières fonctions pour aller prendre le commandement de l'armée de réserve, en Italie. Ce fut en qualité de général en chef de cette colonne qu'il se trouva à la bataille de Marengo, où il rendit les plus éminens services par la sagesse et l'ordre de ses savantes manœuvres.

Pendant l'été de 1800, il fut chargé d'organiser le gouvernement provisoire du Piémont, et sut se concilier, dans cette honorable mission, la reconnaissance des Français et l'estime générale des habitans de ces contrées. Envoyé ensuite en Espagne pour y établir des négociations avec la France, il fut bientôt rappelé à Paris pour y reprendre le porte-feuille de la guerre; et son retour fut un nouveau bienfait pour cette administration.

Dès que Napoléon fut proclamé empereur, le général Berthier fut élevé au grade de maréchal d'empire, créé ensuite grand-veneur de France, chef de la première cohorte de la Légion d'honneur, et prince de Neuchâtel, le 31 octobre 1806.

Depuis cette époque, il fut attaché à la fortune de Napoléon, et jouit de sa confiance la plus illimitée. Nommé, le 27 février 1810, ambassadeur extraordinaire de l'Empereur des Français près de S. M. l'Empereur d'Autriche, pour demander, au nom de son maître, la main de S. A. I. l'archiduchesse Marie-Louise, le prince s'acquitta de cette honorable mission avec la dignité qu'exigeait une telle demande; reçut de la cour de Vienne, et particulièrement du prince Charles, l'accueil le plus distingué. Enfin, le prince Berthier ne cessa de donner à son Souverain les preuves du plus grand attachement et d'un dévouement sans bornes. Mais, en 1814, les conseils de ce digne ministre cessèrent d'être suivis; l'ambition du chef de l'Etat le conduisit à sa propre ruine, et de nouveaux malheurs s'appesantirent sur la France. Le prince Berthier, qu'un juste mécontentement aurait pu séparer plutôt de la cause du Souverain, l'assista néanmoins de ses avis jusqu'à l'instant où, ayant abdiqué le pouvoir, il descendit du trône pour se rendre à l'île d'Elbe. Alors, dégagé de ses sermens, quoique se rappelant encore qu'il devait à son ancien ami, son alliance avec la fille du prin Guillaume; beau-frère et cousin du roi de Bavière, les titres de prince de Neuchâtel, de Valengen et de Wagram, et l'épée de vice-connétable de France, il ne put se dispenser de céder aux circonstances impérieuses qui l'obligèrent à donner son adhésion aux décrets du Sénat qui excluaient Bonaparte de la souveraineté.

Desirant être encore utile au service de sa patrie, il protesta de son dévouement pour elle à la maison de Bourbon. Ce fut lui qui, à Compiègne, porta la parole aux noms des Maréchaux qui se présentèrent au Roi pour lui jurer fidélité. Il fut ensuite créé Pair de France par Sa Majesté, et nommé, par elle, capitaine de l'une des compagnies de ses gardes.

Les événemens de 1815 ne changèrent rien, d'abord, aux nouveaux engagemens qu'avait pris le prince Berthier envers le Roi; il suivit même Sa Majesté jusque dans la Belgique : mais tout-à-coup il quitta ce Prince pour se retirer en Bavière, au milieu de la famille de son épouse. On donna alors à sa retraite plusieurs motifs qui, depuis, ont été regardés comme inventés par la malveillance et les partis; il est plus certain que, redoutant à cette époque une guerre civile en France, il voulut éviter le poste qui l'aurait contraint d'y prendre part en portant les armes contre ses concitoyens. Quoi qu'il en soit, fidèle à ses premiers sermens, jusqu'à ce qu'ils lui fussent rendus, il ne fit rien qui puisse faire présumer qu'il songeât à trahir les derniers. Enfin, attaqué d'une fièvre chaude, dans le palais de Bamberg, le premier jour de juin 1815, à la suite d'un accès violent, il se jeta par une des croisées de son appartement, et mourut sur-le-champ de cette chûte. C'est ainsi qu'après plus de vingt-cinq ans de services glorieux, et qu'après avoir échappé à mille dangers au milieu des combats, ce brave Général et ce Ministre célèbre périt, âgé de soixante-deux ans, laissant à sa famille les plus vifs regrets, et à ses compagnons d'armes les précieux souvenirs de ses vertus et de ses nobles travaux.

La pairie héréditaire a été dévolue à son fils aîné.

Deux de ses frères, Victor-Léopold et César Berthier, tous deux lieutenans-généraux au service de France, se distinguèrent également sur les traces du prince de Wagram, et obtinrent des honneurs qui ne s'accordent qu'à la valeur et au vrai mérite. Le premier termina, le 21 mars 1807, son honorable carrière, et le second obtint encore de nouvelles faveurs de la justice du Roi.

HENRI GATIEN BERTRAND,

(COMTE DE)

Lieutenant Général, Grand Maréchal du Palais,
Grand Cordon de la Légion d'Honneur,
Chevalier de la Couronne de Fer &c.

Né le 28 Mars 1773, à Chateauroux, Dépt. de l'Indre.

IL N'Y A PLUS DE DANUBE.

Bataille de Wagram.

LE GÉNÉRAL BERTRAND.

Quel que soit l'homme de qui nous acceptons des bienfaits, la reconnaissance nous y attache; et plus encore entraînés vers lui lorsqu'il est malheureux, nous ne croyons point que les sacrifices les plus grands puissent nous acquitter jamais. Sans doute celui qui a mérité les emplois élevés qu'il accepte chez un grand peuple, ne devrait pas oublier que la patrie a posé des limites aux sentimens les plus généreux; mais, en adoptant ce principe, ne sommes-nous pas dans la nécessité d'excuser aussi toutes les actions que commande la reconnaissance?

Bertrand (Henri - Gatien le Comte), Lieutenant-général, Aide de camp de Napoléon, Grand-Maréchal du Palais, Grand-Cordon de la Légion-d'honneur, Chevalier de la Couronne de Fer, etc., etc., etc., naquit le 28 mars 1773, à Châteauroux, département de l'Indre, d'une famille honorable. Son père était subdélégué, et maître particulier des eaux et forêts dans son bailliage.

Le jeune Bertrand fut élevé au collége de la Flèche, où il reçut une éducation soignée; il s'appliqua surtout aux mathématiques, et fit pressentir dès-lors les grands talens qu'il développa dans la suite. En 1793, il fut le premier admis à l'Ecole du génie; une conduite estimable, des talens supérieurs fixèrent bientôt l'attention de ses chefs et l'affection de ses camarades. A la formation de l'immortelle Ecole polytechnique, il remplaça, pendant quelque temps, M. le professeur Monge. En l'an 4, il accompagna, en qualité d'officier du génie, le général Aubert-Dubayet, ambassadeur à Constantinople; mais les Turcs ne s'occupant point de travaux militaires, et ne faisant point fortifier les Dardanelles, Bertrand revint à l'armée d'Italie, et se fit remarquer par des talens qui se développèrent chaque jour. Lors de la paix de Campo-Formio, il fut nommé membre et secrétaire de la commission chargée d'examiner les élèves destinés au corps du génie de la république Cisalpine. Il fut un de ceux qui accompagnèrent Bonaparte en Egypte, où il fut nommé chef de bataillon sur le champ de bataille des Pyramides. Chargé ensuite des fortifications du Caire, c'est-là que le général Bonaparte sut le juger et l'apprécier. Après la bataille d'Aboukir, Bertrand fut grièvement blessé à la tête en enlevant un drapeau. Il était retenu au lit lorsque le commandant du génie fut tué; il s'agissait alors de s'emparer du fort d'Aboukir. Après la bataille, le général Bonaparte alla trouver Bertrand dans sa tente, lui demanda si sa blessure lui permettrait d'en diriger le siége. Il répondit affirmativement, et, la tête enveloppée, il courut au siége, où il fut de nouveau blessé à la cuisse. Il ne continua pas moins de diriger les travaux, soit de sa tente, soit en s'y faisant

porter, jusqu'à ce que le fort fût enlevé. Nommé général de brigade du génie en l'an 8, à l'âge de 27 ans, il revint d'Egypte avec toute l'armée, et commença vraiment sa réputation militaire au camp devant Saint-Omer en 1804. C'est alors seulement qu'il obtint, de la part de son chef, cette préférence qui ne fit que s'accroître jusqu'aux derniers événemens, préférence qu'il crut devoir reconnaître par le dévouement héroïque auquel il a sacrifié son existence civile et politique; dès ce moment Bertrand ne quitta plus Napoléon; il s'attacha invariablement à sa personne; on le vit constamment à ses côtés se distinguer d'une manière brillante. Inspecteur-général du génie, il commanda au camp de Boulogne, fit construire un pont à Vincereux et un fort en mer: c'est à cette occasion que Napoléon lui dit qu'il avait remporté une victoire sur l'Océan. Il parut se surpasser à la bataille d'Austerlitz; il y fit des traits inouïs de bravoure. Il ajouta encore à sa gloire en ramenant, après l'affaire, une foule de prisonniers et dix-neuf pièces de canon. Le titre d'aide de camp de Napoléon fut la récompense de ses différens faits d'armes dans cette grande journée. En 1806, il fut chargé d'investir la citadelle de Spandau, et s'en empara en peu de jours. L'année suivante, il se fit remarquer par sa valeur, à la bataille de Friedland, contre les Russes, et fut cité, à cette occasion, avec les plus grands éloges; on prétendit même qu'il avait puissamment contribué au gain de cette bataille; peu de jours avant il avait été nommé général de division sur les bords du Niémen. Il reçut de l'empereur Alexandre une boîte ornée de son portrait et enrichie de diamans.

En 1809, il combattit avec Napoléon en Espagne, et dans la même année il fit la campagne contre les Autrichiens, s'y distingua par des talens en quelque sorte supérieurs à ceux qu'il avait montrés jusqu'alors. Mais ce qui mit le comble à sa réputation, et lui attira l'estime de toute l'armée, ce fut la construction de ces beaux ponts sur le Danube qui étonnèrent les Autrichiens eux-mêmes, et qui firent dire à nos soldats: *Il n'y a plus de Danube.* Ce mot rappelle celui de Louis XIV, qui, lors du départ de son petit - fils pour aller occuper le trône d'Espagne, lui dit: *Il n'y a plus de Pyrénées.* C'est sur ces ponts que l'armée française, enfermée aux îles du Danube, parvint à traverser ce fleuve pour se porter à Wagram. Nommé gouverneur général des Provinces Illyriennes en 1811, il les administra avec autant de sagesse que de talent, et emporta les regrets de tous les habitans, qui plus tard lui donnèrent un témoignage bien touchant de leur souvenir, en s'offrant de payer sa rançon, lorsqu'il fut fait prisonnier. Les campagnes en Russie et en Saxe fournirent au général Bertrand de nouvelles occasions de développer ses talens militaires. Ils furent tels, qu'il devint alors le confident intime de Napoléon, et il fut aisé de voir que ce guerrier, devenu nécessaire, et jouissant de toute la faveur de son maître, parviendrait à toutes les dignités qui peuvent récompenser des services importans. Dans la guerre de 1813, il commandait le 4e corps de la grande armée; se fit remarquer à Lutzen et à Weissig, et se signala d'une manière particulière à Bautzen. Cependant il éprouva quelque perte à Donnewitz, où commandait le prince royal de Suède, et à Wattembourg, où les Prussiens, sous les ordres du général Blücher, parvinrent à passer l'Elbe. Le général Bertrand commandait aussi un corps d'armée à la bataille de Leipsick, dont le résultat nous fut si funeste. Il rendit néanmoins un service signalé à nos troupes, en s'emparant de Weissenfeld, et d'un pont sur la Saale. Après la défaite des Bavarois à Hanau, où il fit encore des prodiges de valeur, il fut chargé de couvrir la retraite de l'armée, prit la position de Hochheim, entre Mayence et Francfort, et y resta quelques jours pour donner le temps de repasser le Rhin à ceux de nos soldats qui avaient échappé au désastre de Leipsick; et quand sa présence fut inutile sur ce point, il revint à Paris, où l'attendait la récompense de tant de services éclatans. Il fut nommé, le 18 novembre 1813, Grand-Maréchal du palais, en remplacement du général Duroc, et, au mois de janvier suivant, il fut appelé aux fonctions d'aide-major-général de la garde nationale parisienne. Quelques jours après, la campagne s'ouvrit sur le territoire français. Le Maréchal suivit Napoléon dans les champs de Brienne, de Montmirail, de Champ-Aubert, de Craonne, etc. Il donna partout des preuves d'un courage et d'un dévouement sans exemple, et ne cessa de combattre, que lorsque son chef eut renoncé à une puissance qu'il n'était plus en état de défendre. Napoléon abdiqua donc l'empire, et fut relégué par les puissances alliées à l'île d'Elbe, qu'il s'était choisie pour retraite. Le comte Bertrand n'hésita pas à partager son exil, où il continua à jouir de sa confiance. L'année suivante, il quitta cette île

vers la fin de février avec Napoléon, et débarqua avec lui, sur le sol français dans les premiers jours de mars. Il fut tout le temps de son règne éphémère, comme son premier ministre, signa tous ses ordres, toutes ses proclamations, l'accompagna à l'armée dans les premiers jours de juin, et revint avec lui à Paris, après la bataille de Mont-Saint-Jean. La seconde abdication de Napoléon ne fit que l'attacher plus fortement à sa personne. Il résista aux instances de ses parens et de ses amis, qui le pressaient de s'en séparer; et rien ne put le déterminer à abandonner un homme à qui il semble avoir consacré sa vie entière. Il s'attacha donc à sa fortune, le suivit jusqu'à Rochefort, monta avec lui sur le Bellerophon, et l'accompagna à l'île de Sainte-Hélène. On peut regretter qu'un guerrier comme le comte Bertrand soit perdu pour la France; peu d'hommes depuis la révolution avaient montré un caractère militaire plus estimable. Je ne me hasarderai point à décider jusqu'à quel point Napoléon méritait un dévouement aussi héroïque; mais il est certain que le comte Bertrand a donné un exemple dont l'histoire offre bien peu de modèles; et comme s'il était fait pour inspirer les sentimens qu'il éprouve lui-même, quel que soit le motif qui ait dirigé sa conduite, il a trouvé une épouse qui a fait pour lui ce que lui-même faisait pour un autre : elle le suivit dans ses deux exils, et donna dans cette double circonstance des preuves sublimes d'un inviolable attachement à ses devoirs : ce qui ferait juger que le général Bertrand a d'autres qualités encore que celles qui constituent le guerrier.

Compris par l'ordonnance du 24 juillet au nombre des généraux qui devaient être traduits devant un conseil de guerre, il fut jugé le 7 mai 1816, déclaré coupable et condamné par contumace à la peine de mort.

On éprouve malgré soi un sentiment de douleur lorsqu'on pense que ce guerrier si digne de jouir de sa gloire au milieu de ses concitoyens, est relégué avec sa famille au milieu de l'Océan, dans une île insalubre et presque inhabitée : et ce qui rend ce sentiment plus pénible encore, c'est qu'on ne peut justifier cette intéressante victime de son dévouement.

JEAN-BAPTISTE BESSIERES.

Duc d'Istrie,

MARÉCHAL DE FRANCE.

Né le 6. Août 1769, à Pressac, (Dép.t du Lot.)
Mort le 1er. Mai 1813, à Lutzen, (Saxe.)

À Paris, chez l'Auteur, Rue des Francs Bourgeois St. Michel, N.o 6.

Déposé.

LE MARÉCHAL BESSIÈRES.

Lorsqu'on retrouve dans un héros, dans un guerrier accoutumé à braver la mort au milieu du carnage et des horreurs de la guerre, ces vertus douces, cette bonté touchante, cette bienfaisance active, si rares parmi les hommes qui jouissent d'un grand pouvoir, on se dit : celui-là fut vraiment *aimé des Dieux!* Tout être sensible doit honorer d'une larme et d'une pensée généreuse le héros qui ne fit que passer sur la terre pour y mériter les regrets du pauvre, de l'orphelin, du malheureux, et pour y laisser un grand exemple à suivre.

BESSIÈRES (Jean-Baptiste), duc d'Istrie, maréchal de France, colonel général de la cavalerie de la garde, président à vie du collège électoral de la Haute - Garonne, Grand - Croix de la Légion d'honneur, Commandeur de la Couronne de Fer, Grand-Croix des ordres du Christ de Portugal, de Saint-Henri de Saxe, de l'Aigle d'or de Wurtemberg, de Saint-Léopold d'Autriche, est né à Preisac, département du Lot, le 6 août 1768. Entré en décembre 1791, dans la garde constitutionnelle de Louis XVI, il fut assez heureux, au 10 août, pour pouvoir sauver, au péril de sa vie, plusieurs personnes de la maison de la Reine. Au mois de novembre 1792, il passa en qualité d'adjudant-sous-officier dans les chasseurs à cheval de la légion des Pyrénées, et devint successivement lieutenant et capitaine. Il se fit remarquer à l'armée d'Espagne dans les affaires de Bascara, la Fluvia, et dans les combats qui se livrèrent au milieu des plaines de Figuières. Passé à l'armée d'Italie, il enleva, à la tête de six chasseurs du 22.*, deux canons aux Autrichiens, à la bataille de Roveredo; dans une autre affaire, s'étant précipité sur une batterie ennemie, son cheval est tué; il s'élance alors sur une pièce, les canonniers ennemis le sabrent; deux de ses chasseurs volent vers lui, et, avec leur secours, il prend et enlève le canon. Ces actions d'éclat fixèrent l'attention du général en chef, qui lui donna le commandement de ses guides. Ce corps, qui fut le premier noyau de la garde impériale, commençait alors à acquérir cette haute renommée de bravoure à laquelle il est parvenu, toujours sous les ordres de son digne chef. Colonel des guides pendant l'expédition d'Egypte, Bessières se signala devant Saint-Jean-d'Acre et à la bataille d'Aboukir. A Marengo, le général Bessières, disait le maréchal Berthier, *jaloux de donner à la troupe d'élite qu'il commande, l'honneur de la dernière charge, s'élance sur l'ennemi, le fait plier, et détermine sa retraite générale en portant le trouble et l'effroi dans ses rangs.* Le général Bessières fut compris dans la promotion des maréchaux de l'empire du 19 mai 1804, et élevé à la dignité de duc d'Istrie en 1808. Il fut envoyé cette même année, en qualité d'ambassadeur et ministre plénipotentiaire près la cour de Wurtemberg, à l'occasion du mariage du prince Jérôme. Constamment attaché à la garde impériale, chargé toujours de son commandement, le maréchal y joignit celui d'un corps de cavalerie de l'armée. Pendant la campagne de 1805, en avant de Braun, sur la route d'Olmutz, à la tête de la cavalerie de la garde et de la division des cuirassiers d'Hautpoult, il culbuta et mit en déroute six mille cavaliers russes qui formaient l'arrière-garde de Kutuzow, enfonça la garde noble russe, et perça le centre de l'armée ennemie, qui perdit dans cette charge vingt-sept pièces de canon. Pendant la campagne de 1807, le maréchal, commandant le 2.* corps de cavalerie, composé de cinq divisions, servit de la manière la plus brillante aux fameuses batailles d'Jéna, Heilsberg et Friedland. A Biezun, en avant de Thurn, il enleva aux Prussiens cinq pièces de canon, deux étendards, et fit huit cents prisonniers. A la bataille d'Eylau, la cavalerie de la garde, commandée par le maréchal, jointe aux divisions Milhaud, Klein, Grouchy et d'Hautpoult, avait exécuté sur l'aile droite de l'armée russe une charge terrible qui culbuta vingt mille hommes d'infanterie et leur fit perdre leur artillerie. Le maréchal eut un cheval tué au milieu de cette charge. En 1808, le maréchal Bessières reçut le commandement d'une des armées qui entrèrent en Espagne, et qui prit le nom du 2.* corps. Il établit dès-lors son quartier-général à Burgos. Bientôt, par son activité, ses bonnes dispositions, et surtout par une administration douce et paternelle, il eut calmé ou dissipé les insurrections qui éclataient dans ces provinces. Cependant Cuesta, qui était parvenu à organiser une armée espagnole forte de quarante mille hommes, marchait pour couper la communication de Madrid avec la France, quoique le maréchal n'eut pas plus de treize à quatorze mille hommes, il se porta au-devant de Cuesta, attaqua son armée rangée en bataille sur les hauteurs de Medina-del-Rio-Secco, et défendue par quarante pièces en batterie : les Espagnols furent mis dans une déroute complète, et laissèrent sur le champ de bataille neuf cents hommes tués, six mille prisonniers, leur artillerie, les munitions, etc. Le coup d'œil et les dispositions du maréchal assurèrent cette victoire qui fut successivement disputée : mais la gloire qu'il venait d'acquérir fut complète par les ordres qu'il donna pour sauver des horreurs du pillage une ville qui venait d'être enlevée de vive force. Il poursuivit l'ennemi sur Benavente, Léon, où il prit une quantité considérable de fusils anglais de munitions. On assure qu'à la nouvelle de cette victoire, l'Empereur dit : C'est *une seconde bataille de Villa - Viciosa ; Bessières a mis mon frère Joseph sur le trône d'Espagne.* Le maréchal fit, avec une très-grande activité, la fin de cette campagne de 1808, et, à la tête de la cavalerie, il exécuta des charges très-brillantes à la bataille de Burgos et au combat de Sommo-Siéra. La nature de son service forçait le duc d'Istrie à se transporter successivement sur chacun des théâtres de guerre où se dirigeait Napoléon : et par cela il fut souvent privé des commandemens d'armées agissant isolément, auxquelles il avait acquis de si justes droits. Il fit la campagne d'Allemagne en 1809, comme commandant de la cavalerie de la garde, avec une réerve de troupes de la même arme. Après avoir culbuté un gros corps de cavalerie vers Landshut, il contribua puissamment aux avantages obtenus devant cette ville. L'Empereur le chargea de suivre les 5.e et 6.e corps autrichiens dans leur retraite sur l'Inn , avec deux divisions d'infanterie et la brigade Muralaz. Le général Hillers était supérieur en forces; le maréchal, par des dispositions habiles et une attitude vigoureuse , contint le général ennemi, lui disputa le terrain et le frustra des avantages que sa position et sa supériorité pouvaient lui faire espérer. Le maréchal Bessières contribua également aux succès obtenus par le maréchal Masséna à Abensberg. A la bataille d'Esling , l'archiduc Charles menaçait le centre de l'armée française , à peu près dégarni de troupes : il était de la plus haute importance qu'il ne put y pénétrer. Le maréchal Bessières, à la tête de la cavalerie de la garde et de l'armée, chargea les colonnes autrichiennes; il dut déployer sur ce point le plus brillant courage ; car cette charge était une sorte de dévoûment. Il fallut se précipiter tête baissée sur l'ennemi, et à *tout prix* empêcher qu'il ne s'établît au milieu de notre centre. Le général Despagne, plusieurs colonels, un grand nombre d'officiers y périrent ; mais les Autrichiens furent repoussés et mis dans un tel désordre, qu'ils ne purent recommencer cette attaque. Le maréchal contribua puissamment au succès de la mémorable bataille de Wagram, en chargeant avec toute la cavalerie de l'armée, sur le flanc des colonnes autrichiennes ; au milieu de cette charge, il fut atteint par un boulet qui le renversa de cheval. L'Empereur lui dit : *Bessières, voilà un beau boulet, il a fait pleurer ma garde.* En effet, ces braves n'avaient pu retenir leurs larmes , en voyant tomber un chef qu'ils adoraient. Le duc d'Istrie remplaça le prince de Ponte-Corvo dans le commandement de l'armée du Nord, chargée de reconquérir Flessingue sur les Anglais. Par la sagesse de ses mesures, et par son activité, il hâta le moment de la reddition de cette place. Les affaires d'Espagne réclamaient la présence du maréchal; il y avait laissé de nobles et touchans souvenirs. Il y fut envoyé en 1811, comme gouverneur de la Vieille-Castille et du royaume de Léon et comme commandant en chef l'armée du Nord. Son retour dans ce pays fut un véritable triomphe pour lui, et causa une grande joie aux habitans. Là il put déployer toute la générosité et toute la fermeté·de son caractère, ainsi que la bonté de son cœur et de ses connaissances dans la carrière administrative. Lorsque l'armée anglaise s'approcha de ces contrées, il seconda autant qu'il fut en lui les efforts du maréchal Masséna, et se rendit même auprès de lui pendant la bataille de Fuente. Le duc d'Istrie fit la campagne de Russie avec la garde, et comme commandant en chef un grand corps de cavalerie. La facilité des triomphes obtenus pendant notre marche victorieuse sur Moscou, laissa peu à faire à ce corps d'élite; mais au retour, lorsqu'au milieu des débris de cette armée frappée de tous les fléaux, le maréchal Bessières eut de fréquentes occasions de déployer une force et une activité admirables. A l'ouverture de la campagne de 1813, le duc d'Istrie se trouvait appelé à un commandement qui devait montrer dans tout son jour toutes les ressources de ses talens militaires : il commandait en chef toute la cavalerie de l'armée. Le 1.er mai 1813, la veille de la bataille de Lutzen, le maréchal pressait l'attaque au défilé de Rippach, et se portait, selon sa coutume ,

au plus fort du·danger, à la tête de nos tirailleurs à pied. Au moment où ce défilé était emporté , le maréchal fut frappé dans la poitrine, d'un boulet qui le laissa sans vie. Sa mort fut cachée à l'armée, jusqu'à ce qu'elle eût reçu une sorte de compensation dans l'importante victoire du lendemain.

Le duc d'Istrie, retenu auprès de l'Empereur par son service de colonel-général de la garde, a attaché son nom à tout ce qui s'est fait de grand et de merveilleux dans le temps de nos triomphes. Il porta à la cour les vertus d'un vrai citoyen : il s'y distingua entre ses rivaux de gloire, par sa fidélité, sa franchise, sa loyauté, et surtout par une qualité trop rare, celle d'oser dire la vérité à ceux qu'on cherche toujours à tromper, et de persister dans des conseils sages que le dévoûment inspire quelquefois, mais qu'il ne fait pas toujours pardonner. On admirait dans le duc d'Istrie cette inépuisable bonté, cette simplicité antique et cette douce familiarité avec les héros de cette immortelle garde, d'où il se glorifiait d'être sorti : familiarité touchante qui rendait populaire la plus illustre dignité des armées! Par la douceur et la vigilance de ses soins administratifs, il ne se fit pas moins chérir des peuples vaincus que de ses propres soldats, et à sa mort, au milieu d'une guerre envenimée , l'Espagne en donna une preuve bien honorable pour lui : les villes et les villages des provinces du Nord, non occupées par nos troupes, firent célébrer des services funèbres en son honneur : irrécusables témoignages de sa conduite et de leur reconnaissance. Le maréchal les avait protégés et secourus autant que le permettaient ses devoirs dans le commandement militaire. Dès son arrivée à Valladolid, il avait ouvert les prisons et rendu à la liberté tous ceux que des mesures arbitraires ou trop rigoureuses y retenaient; il avait fait restituer aussi aux familles beaucoup d'objets confisqués. A la suppression des couvens, il avait mis tous ses soins à la conservation de leur argenterie, qui fut déposée dans les autres églises.

Ses diverses campagnes en Prusse, en Autriche, en Pologne, furent toutes marquées par des traits de désintéressement et de bienfaisance. Sa famille en a retrouvé des souvenirs bien profonds dans ces mêmes lieux qu'elle a parcourus depuis. A Moscou, pendant l'incendie, une foule d'habitans mourant de faim, se réfugient dans son palais, sous la protection de sa renommée. Le maréchal était au moment de se mettre à table , touché de tant de misère , il dit à son état-major : *Messieurs! allons chercher à dîner ailleurs?* et il ordonna de faire asseoir à sa table cette foule affamée, en se dérobant à sa reconnaissance. Pendant la retraite de Russie, il sauva la vie à plusieurs personnes. Autant occupé de secourir ses soldats, que de s'opposer aux poursuites de l'ennemi, il se chargea d'un enfant dont la mère venait de mourir au passage de la Bérézina. On cite de lui une foule de traits pareils de bienfaisance : sa modestie les cachait avec une sorte de pudeur : ce n'est que du hasard ou de la reconnaissance qu'on a pu en apprendre quelques-uns. Le duc d'Istrie a laissé une famille sans fortune et accablée de dettes occasionnées par cet appareil de grandeur dans laquelle sa dignité l'obligeait à vivre. Sa veuve est un modèle accompli de toutes les vertus. Son fils a reçu, dans la dignité de pair, une juste récompense de cette gloire que le maréchal avait si noblement et si chèrement acquise.

LE COMTE DE BOIGNE, (Benoît)

Lieut.t Gal au service de S. M. le Roi de Sardaigne;
Mal de Camp des Armées de France;
Grand-Croix des Ordres de St. Maurice & de St. Lazare, Chevalier de
la Légion d'Honneur & de l'Ordre Royal & Militaire de St. Louis.

Né à Chambery, en 1753.

A Paris chez L'Auteur, Rue des Francs Bourgeois, N.o 6. F. St G.   Déposé.

LE GÉNÉRAL DE BOIGNE.

L'INDE, considérée comme le berceau de la civilisation, sous le rapport des sciences et des arts, n'avait encore fait que des progrès lents, jusque vers la fin du dernier siècle, dans leur application aux principes de la guerre, et même jusqu'à cette époque les Indiens n'avaient eu avec les Européens que des engagemens d'une faible importance, et les établissemens de ceux-ci dans cette vaste contrée se bornaient à l'occupation d'un territoire plus ou moins étendu. Les gouvernemens du pays, sous des formes différentes et des castes diverses, parmi lesquelles s'est établi le mahométisme à la suite des conquêtes de *Nadir-Shâh* et de *Auronzgeb*, conservaient encore toute la plénitude de leur indépendance. Elle était garantie par des forces militaires immenses qu'ils pouvaient lever, quoique mal organisées et trop souvent divisées. Mais la rivalité des puissances europééennes entre elles mit en jeu les divisions intestines; elle en suscita de nouvelles, et les unes et les autres se servirent tour à tour des forces du pays comme contrepoids ou comme lévier, soit pour s'aggrandir, soit pour s'affaiblir réciproquement, jusqu'à ce que la plus constante dans ses projets ait exclu ses rivales. Aucune partie du globe, autant que l'Inde, n'excita, au même degré, l'ambition active de l'Europe, et notamment celle de l'Angleterre qui en est enfin devenue la dominatrice.

La guerre de 1778, qui avait pour cause l'indépendance des Etats-Unis, attira tous les vœux vers la France. Il eût été difficile, en effet, de se défendre de l'intérêt qu'inspirait un gouvernement renommé par sa loyauté, qui s'annonçait comme le protecteur et le libérateur des nations opprimées et subjuguées. Si la politique du ministère français s'était promis d'opérer cette révolution morale, elle réussit complètement. Le mouvement fut universel et pour ainsi dire électrique; il se communiqua des esprits les plus élevés à toutes les classes de la société. L'Inde en ressentit la commotion; l'amour de l'indépendance la réveilla de son assoupissement, autant que le bruit du canon qui, retentissant sur ses rives, annonçait son triomphe.

Deux états puissans et rivaux pouvaient concourir, en unissant leurs moyens, à affranchir l'Inde, nonseulement des européens, mais des mahométans. L'un était celui de *Tippoo-Saëb*, musulman, maître du Myssore, et héritier de la haine que *Hyder-Ali* son père, portait à la compagnie anglaise des Indes, et dont la ruine, en 1799, a été le résultat de l'occupation de l'Egypte par les français, sous le commandement de Bonaparte, que cette position rendait déjà redoutable aux anglais; l'autre était la confédération Mahratte, composée de quatre princes ayant chacun des armées plus ou moins considérables, que leur ensemble pouvait porter à quatre cent mille hommes, tirées toutes d'un peuple guerrier, impétueux jusqu'à la turbulence, ayant des mœurs douces et polies. L'un de ces princes était *Madhadji Scindiah*, surnommé le Grand, titre que l'histoire confirmera. Il ajoutait à sa supériorité numérique sur ses compétiteurs, celle qui les remplace toutes, la supériorité que donne un génie vaste, les talens, le courage d'un grand guerrier et d'un homme d'état profond, et ayant une ambition égale aux ressources de son esprit.

La confédération Mahratte, toute militaire, relevait du *Radjah* de Sattharah, espèce de roi enchâssé, borné aux honneurs de l'encens dans les grandes occasions, et avait un chef désigné par le nom de *Pèïchoûà* ou premier ministre, qui réunissait l'autorité souvent même contestée et ambitionnée par les princes feudataires. *Madhadji* aspira à cette place à son retour du Dekhan, en 1791; s'il eût réussi, sa prépondérance eût été plus grande que celle d'aucun empereur à l'apogée de sa puissance (1), ses projets se portaient plus loin. On

---

(1) Voyage chez les Mahrattes, par Tone, colonel d'un régiment d'infanterie Mahratte, publié avec des notes sur l'histoire,

pourrait croire qu'il les étendait à donner à cette contrée une nouvelle forme de gouvernement plus favorable à ses vues. Il sentit d'abord la nécessité de façonner son armée à la discipline et à la tactique européenne, et de préparer peut-être ainsi, par un nouveau système militaire, les changemens qu'il se proposait de faire autant que pouvaient le comporter les usages et les préjugés des peuples. C'est ainsi qu'on a vu la Russie s'avancer aussi rapidement vers la civilisation, par les armes, et l'armée inoculée de l'esprit des nations où elle se porte, y pousser le gouvernement malgré lui.

Telle était la situation morale, politique et militaire de l'Hindoustan à la paix de 1783, qui acquit à la France une si grande influence qu'on l'accuse, dès cette époque, de l'avoir employée à nouer des alliances secrètes avec Tippoo d'un côté et *Madhadji* de l'autre, pour ruiner la puissance de l'Angleterre (1).

C'est à cette époque que *Madhadji* vit M. de Boigne, et saisit avec empressement l'heureuse occasion qui se présentait pour s'attacher cet homme de mérite, et le nommer son général d'infanterie, comme si la fortune eût voulu, par ce moyen, mettre le comble à sa prospérité et à l'exécution de ses profondes combinaisons.

« Car le général de Boigne, continue M. Tone, « réunissait aux talens du premier ordre, comme « militaire, des connaissances profondes en poli- « tique; infatigable dans la poursuite de ses pro- « jets, soit à la guerre, soit dans les négociations, « ses qualités brillantes déployées sur un grand et « noble théâtre, doublèrent l'étendue primitive des « états de *Scindiah*, et lui acquirent à lui-même, « par une longue suite d'heureux et d'honora- « bles travaux, le rang de prince. L'armée levée « par M. de Boigne consista d'abord en deux mille

« hommes environ d'infanterie de ligne, dix mille « *Nezybs* (1), environ trois mille *Trakscouars*, ou « cavalerie disciplinée, et un excellent train d'ar- « tillerie supérieurement monté, le tout bien équipé « et bien payé. Cette armée a rendu *Scindiah* le chef « de l'empire Mahratte, et c'est le seul en effet qui « soit réellement redoutable. »

L'exposé qui précède a paru utile pour expliquer les causes et les effets des événemens qui se sont passés dans l'Inde depuis le traité de paix de 1783 entre la France et l'Angleterre, jusqu'à celui de 1815, événemens peu connus, quoiqu'ils aient opéré une révolution dans les relations politiques de l'Europe avec l'Inde, et dans le système général du commerce. Nous avons puisé les documens aux sources les plus certaines, en consultant les divers auteurs anglais qui ont écrit sur cette matière; ce qui nous a servi de guide pour suivre le général de Boigne dans la part qu'il a prise à ces événemens pour la défense des intérêts qui lui étaient confiés et le chemin qu'il a parcouru pour arriver à l'illustre rang qu'il conservera dans l'histoire.

LEBORGNE DE BOIGNE (Benoit) comte, lieutenant-général au service de Sa Majesté le Roi de Sardaigne, maréchal de camp des armées de France, grand'croix des ordres de Saint-Maurice et de Saint-Lazarre, chevalier de la Légion d'honneur et de l'ordre royal et militaire de Saint-Louis, etc., etc., né à Chambéry en 1753, d'une bonne famille plébéïenne (1). Il fit d'excellentes études pour entrer au barreau. Ses goûts prononcés pour les voyages et l'art militaire le détournèrent de cette carrière que suivait une partie de sa famille, et dans

---

le gouvernement, les mœurs et usages des Mahrattes, et rédigées en forme de glossaire, par M. L. Langlès, conservateur et administrateur des musées orientaux, de la bibliothèque du Roi, etc. Paris, 1820.

(1) Brief remarks on the Mahratte war, and on the rise and progress of the french establishment in Hindostan under the generals de Boigne and Perron. Londres, 1804, par Cadell et Davies. Courtes remarques sur la guerre contre les Mahrattes et sur la levée et les progrès de l'établissement français dans l'Hindoustan sous les généraux de Boigne et Perron, ouvrage non encore traduit.

(1) Les *Nezybs* sont armés de mousquets auxquels le général de Boigne fit ajouter la baïonnette. Ils sont, suivant leurs castes respectives, appelés *Alligoles* ou *Rohyllas*; ils sont composés indistinctement des hautes castes des Hindous et des Mahométans; ils portent aussi un bouclier et une épée. Quand on compare (dit Tone) le mauvais état des fusils dans l'intérieur de l'Inde, avec l'excellente qualité des mousquets (*Matchlock*) de l'invention de M. de Boigne, il ne lui reste aucun doute sur la supériorité des Nezybs.

(2) Son plus jeune frère a constamment été au service de France dans des emplois supérieurs. Il a été membre du conseil des cinq-cents. Il est connu par plusieurs rapports et ouvrages importans, et comme l'un des anciens ordonnateurs des armées, aujourd'hui en retraite.

laquelle brillait un de ses frères par des talens distingués. Il fit le voyage de Paris pour perfectionner son éducation et suivre divers cours. Mais entraîné par sa passion dominante pour les voyages, il s'enrôla dans le régiment de Clare, faisant partie de la brigade irlandaise au service de France. Cette détermination eut surtout pour motif le départ annoncé comme très-prochain de ce régiment pour l'Ile-de-France. Agé de 19 ans, doué par la nature d'un beau physique, l'esprit orné des premiers élémens des sciences, il eut un prompt avancement et le grade de fourrier des grenadiers, avec la promesse d'être fait incessamment officier. De retour en Europe, cette promesse, quoique renouvelée à sa famille, au sein de laquelle il se trouvait, ne s'effectuant pas au gré de son impatience, il obtint, à la faveur de pressantes recommandations, une sous-lieutenance dans les troupes de l'impératrice de Russie. Dans ce poste, il se livra tout entier, pendant trois ans, à acquérir de nouvelles connaissances dans l'art militaire et à se faire distinguer. Mais la fortune est inconstante; elle a ses vues particulières. Il fut fait prisonnier par les turcs, et conduit à l'île de Scio. Il se sauva des prisons ennemies, en bravant les dangers de cette évasion; il gagna l'Egypte, et de là passant l'Isthme de Suez, il arriva à Madras en 1784.

M. Hastings, gouverneur général pour la compagnie, l'accueillit avec la bienveillance que lui inspirait un jeune officier dont il admira l'audacieuse entreprise, et l'admit au service de la compagnie. Mais, présumant que sa qualité d'étranger serait un obstacle à son avancement, M. de Boigne, qui avait fait le voyage par mer d'Europe à l'Ile-de-France, et celui par l'Egypte et l'Isthme de Suez à Madras, conçut le projet de repasser de l'Inde en Russie par Iraun et la mer Caspienne, chemin parcouru depuis par Forster; il se proposait d'en tracer l'itinéraire et d'en relever la carte. Lord Hastings seconda et protégea ce voyage, qu'il considérait comme très-intéressant. M. de Boigne partit..... (1).

Mais en remontant la *Djemnah*, il eut occasion de voir *Madhadji* qui l'invita de s'arrêter à sa cour.

Ces deux hommes parurent se deviner et s'entendre. L'amitié les lia bientôt. *Madhadji* le retint à son service, lui accorda d'immenses avantages et le nomma son général d'infanterie. Dès ce moment, le général de Boigne, à l'âge de trente-deux ans, se trouva placé dans une situation toute nouvelle, seul et isolé sur un terrain qui lui est inconnu. Ce ne sont pas des troupes habituées à la discipline qu'il doit mener aux combats, ce sont des troupes à former, tirées de diverses castes, de divers pays, de mœurs, d'habitudes, de langage différens qu'il faut plier et soumettre à des innovations, contre lesquelles elles s'irriteront peut être. Dans cette position, quel courage ne doit-il pas déployer! quelles ressources son génie n'est-il pas obligé de trouver pour surmonter tant d'obstacles réunis et ceux plus grands encore que lui présentent la rivalité et la jalousie de plusieurs princes! Il parvient néanmoins à les vaincre tous, à se faire aimer, chérir de ses soldats, à convaincre l'Inde que l'infanterie est la première arme pour faire la guerre et à obtenir des pays qu'il a soumis le titre de libérateur.

Le général s'empressa d'appeler sous ses drapeaux des officiers européens de toutes les contrées de l'Inde et des sous-officiers et soldats auxquels il assurait de l'avancement. De même il perfectionna et étendit les fonderies de canons que *Madhadji* avait commencé d'établir à Agra (1). Il n'est pas nécessaire de dire si la compagnie anglaise pouvait voir avec indifférence ces armemens et l'introduction d'une nouvelle tactique militaire qui paraissait la menacer, soupçonnant d'ailleurs qu'elle était l'effet des insinuations de la France (2), quoique l'empereur *Madhadji* et le général de Boigne prissent un soin scrupuleux d'éviter tout ce qui pouvait troubler la paix avec la Grande-Bretagne, et que les opérations se portassent loin de ses frontières.

---

(1) Cette relation de l'arrivée de M. de Boigne dans l'Inde, est rapportée par Cadell dans ses Remarques sur la guerre contre les Mahrattes, ouvrage non traduit, et par W. Francklin, dans l'histoire de Shâh-A'llem, cité par M. Langlès.

(1) L'auteur des Remarques sur la guerre contre les Mahrattes avance que les Français appelés par M. de Boigne eurent tous les avantages, tandis que le peu d'aventuriers anglais qui joignirent ses drapeaux furent réduits à une modique paye, et confinés dans des emplois subalternes.

(2) Le même auteur prétend que c'est un fait positif: mais c'est un auteur passionné contre la France, ainsi qu'on le verra plus loin.

L'armée levée par M. de Boigne reçut progressivement de l'accroissement en raison des avantages qu'elle obtint. On trouve dans l'histoire de *Shâh-A'llem* (1) tout ce qui regarde les opérations et l'organisation de ce corps. Nous en avons tiré le passage suivant. « Après l'établissement du gouvernement à Delhi, *Scindiah* dirigea toute son attention à subjuguer les différens états *Râdje poutes* qui, à la faveur des derniers troubles et des fréquentes révolutions de l'empire, s'étaient rendu presque entièrement indépendans de la cour. C'est ce corps de troupes qui fut chargé d'opérer la conquête et la soumission de ces pays, et qui, à cet effet, fut organisé à l'européenne par les soins et sur le plan de M. de Boigne. Avant la fin de l'année, la première brigade consistait en dix bataillons de sept cent cinquante hommes chacun, dont sept étaient des troupes de ligne appelées *Telingas* dans le pays, habillées à la manière des troupes de la compagnie, et armées comme elles d'un mousquet et d'une baïonnette. Les trois autres étaient Patans, et avaient pour armes des fusils à mèche, d'une invention nouvelle de M. de Boigne, et leur uniforme se modelait sur l'habit persan ; toute la brigade était exercée au commandement par gestes usités dans les armées anglaises. Pour la tenir toujours au complet, il y attacha cinq cents Mahrattes ou soldats irréguliers destinés aux corvées dans l'intérieur du camp, de sorte qu'en toute occasion, la totalité de ses troupes était prête au service actif. Cinq cents hommes de cavalerie furent également attachés à la brigade, ainsi qu'un train d'artillerie de soixante pièces de canon de trois, de six et de neuf livres de balles.

» Dans les années suivantes 1791, 1792 et 1793, la deuxième et la troisième brigade furent levées et organisées, toutes deux à peu près d'une égale force. Mille *Rohyllas* y furent ajoutés, avec la destination particulière de conduire les troupes à l'assaut. Les forces alors sur pied s'élevaient à vingt-quatre mille hommes et cent trente pièces de canon, commandées par des officiers européens et dirigées par le génie entreprenant, par la persévérance sans relâche du général qui les avait créées. Leurs succès dans plu-

sieurs occasions décisives justifièrent les espérances qu'on en avait conçues. *Madhadji-Scindiah* témoigna sa reconnaissance à M. de Boigne, en lui accordant une confiance presque illimitée, et en lui cédant dans le *Dou-Ab* cinquante-deux districts qui devaient être considérés comme un *djaïdar* (1), et affectés à l'entretien des troupes levées par lui. Aidé de ces puissans moyens, non-seulement *Scindiah*, dans l'espace de temps que j'ai désigné, recouvra ses anciennes possessions, mais il finit par étendre sa domination jusqu'aux frontières du *Pendj-Ab*. Par une succession rapide de victoires, il réduisit le Nâbâb *Ismâël-Beyg-Ghôlam-Quadyr-Kân* (2), s'empara des pays d'*Oudéïpour*, de *Djondpour*, et de *Djéinaghar*, et quoiqu'il n'eût pas entièrement dépossédé ce dernier, M. de Boigne le força à payer un tribut annuel à *Scindiah*. »

Les combats ne paraissent être dans ces contrées ni moins meurtriers ni moins décisifs qu'en Europe. La bataille de Patan, donnée le 20 juin 1790, par le général de Boigne, est rapportée comme un fait d'armes des plus mémorables (3). Tout fut emporté à la baïonnette, et la forte ville de Patan, prise d'assaut après trois jours de tranchée, fut rasée. Le *Radjah* qui était dans la citadelle, regardée comme imprenable, capitula et se reconnut le vassal de *Scindiah*. Cent pièces de canon, cinquante éléphans, un nombre prodigieux de chameaux, et deux cents drapeaux, sept bataillons et dix mille hommes de troupes non réglées faits prisonniers, furent le résultat de cette victoire, citée comme une preuve de l'étonnante supériorité de la discipline et de l'habileté du général (4).

____

(1) The history of the reign of Shâh-A'llem, par le capitaine Franklin, officier au service de la compagnie des Indes. Londres, 1798, partie insérée par M. Langlès, extraite de l'ouvrage de Tone.

____

(1) Revenu territorial affecté à l'entretien des troupes. Les courtes remarques sur la guerre mahratte, publiées par T. Cadell et W. Davies, évaluent le revenu de ce ce djaïdar à 1,632,261 liv. 7. 6. ster., et en francs, à 39,174,264.

(2) Fils de Zabytah-Kan et son successeur dans la possession de *Sahrang pour* en 1785 ; jeune homme cruel et même féroce. Il eut une bien funeste influence sur la destinée de l'empire mogol et sur l'infortune de Shâh-A'llem, note de M. Langlès, tirée du voyage de G. Forster dans le Bengale.

(3) Gazette de Calcutta, du 30 juillet 1790, insérée dans l'ouvrage de Tone.

(4) L'armée victorieuse eut sept cents hommes tués ou blessés, elle n'avait que six mille combattans, la cavalerie n'ayant pas donné. La perte de l'ennemi fut de cinq mille hommes, sur un effectif de vingt-cinq mille combattans.

De tels avantages devaient impérieusement donner au général de Boigne et une grande influence et un grand pouvoir. Cadell, dans ses courtes remarques, le présente comme élevé au rang d'un véritable souverain, et ajoute que la mort de *Madhadji-Scindiah*, arrivée en 1793, loin de diminuer la puissance de de Boigne, l'augmenta et la consolida; car *Dowlut-Row Scindiah*, héritier des vastes états de son oncle, ne le devenant pas également de son génie et de ses talens comme homme d'état, quoiqu'il fût aussi ambitieux, de Boigne exerça sur son esprit le même ascendant qu'il avait acquis sur celui de *Madhadji*, mais que s'il se reconnaissait encore vassal, c'était pour ménager ses vues ultérieures. Le même auteur s'abandonnant à ses propres inclinations, présume que le maître de cinquante-deux districts, les plus riches et les plus populeux de l'Hindoustan, de la capitale de Delhi, de la forteresse d'Agra, regardée par les musulmans comme la clef de ce pays, de celle d'Allj-Ghorr, et d'autres places, à la tête de trente mille hommes de troupes disciplinées, et d'un train d'artillerie de cent trente pièces de canon, pouvait tenter en effet de sortir de la sphère limitée d'un sujet et d'un partisan, mais que la Providence vînt heureusement mettre un terme à la carrière de cet ambitieux aventurier qui, affaibli par les fatigues de la guerre, fut obligé, en 1796, de quitter son armée, son royaume, ses états (*djahguirs*), et de repasser en Europe pour rétablir sa santé.

On remarque dans cette opinion un certain esprit de jalousie et de malveillance que repousse la vérité. C'était l'intention de *Madhadji* de former un état à celui qui avait puissamment concouru à reconquérir ses possessions et à les étendre. Le *Diajdar*, comme fief, qu'il avait donné à M. de Boigne, en devenait l'origine. *Scindiah*, son neveu, l'aurait agrandi sans doute d'une partie des conquêtes afin de s'attacher davantage un ami et le personnage le plus considérable de l'empire. On ne peut donc pas dire qu'il se ménageait par lui-même une élévation qui lui était assurée d'une manière légitime. Mais sa santé très-dérangée, le bonheur de revoir sa patrie, et peut-être sa profonde pénétration qui lui faisait juger l'avenir, le portèrent à dédaigner cette grandeur et à la juger peut-être plus difficile à conserver qu'à acquérir: sentimens qui l'ont accompagné en Europe, où il s'est montré avec la même sagesse, ne voulant d'autre éclat que celui de faire du bien à son pays et à l'humanité.

On trouve aussi dans le même écrit de Cadell beaucoup d'autres erreurs nées de son anglicisme, et par-dessus tout une grande animosité envers la France, et tout ce qui s'en rapproche ou s'y rapporte. Il n'a vu que des intrigues tramées par les Français dans toutes les cours de l'Asie contre l'Angleterre. Le Nysam avait admis quelques français à son service, Cadell admire la promptitude avec laquelle le gouverneur-général Wellesley demande et obtient leur licenciement pour y substituer des troupes anglaises. Tippoo succombe et périt en héros le 14 mai 1799 (1), aussitôt il montre les Français, les infatigables Français s'occuper à trouver des alliés plus heureux. Il en veut notamment à l'empire Mahratte, comme plus coupable encore que tous les autres, pour avoir permis la levée des brigades façonnées par de Boigne à la française *et en alliance avec la France*. Cet écrit a surtout pour but de justifier la guerre faite en 1803 aux Mahrattes, par suite de laquelle cette armée, qui y avait introduit l'art militaire, et qui, par cela même, causait à la compagnie de si grandes et de si profondes alarmes, a été dissoute, ou plutôt détruite.

Le prétexte de cette guerre fut l'expédition destinée par la France à prendre possession du stérile morceau de terre, attestant par ses ruines la place où fut autrefois le fort de Pondichéry; mais en secret devant effectuer sa réunion avec l'armée française dans l'Hindoustan (2). On a vu cependant que sa formation n'est due qu'au hazard. Pour donner quelque poids à cette assertion, l'auteur avance que le premier consul fit le général de Boigne son conseiller intime pour les affaires de l'Inde, qu'il le reçut aux Tuileries avec de grandes marques de distinction, et que c'est de concert que le plan fut arrêté, après le traité de paix d'Amiens, d'envoyer cette expédition forte de 1400 hommes, à laquelle fut ajouté 200 jeunes gens de famille élevés dans l'art militaire, devant servir comme officiers dans les corps de cette armée. Rien

---

(1) On voit par cette date que le général de Boigne ne se trouvait plus dans l'Inde lors de la prise de Séringapatam par les Anglais, puisqu'il était parti pour l'Europe en 1796, et par conséquent qu'il n'a pu ni être contraire à Tippoo, ni le servir comme ont pu le supposer quelques personnes peu versées dans la géographie, les événemens et la politique de ce pays, sur lesquels d'ailleurs on espère que cette notice jettera quelques lumières.

(2) C'est toujours Cadell qui parle.

n'est si opposé à la vérité que de faire entrer le général de Boigne dans ce projet ; il a peut-être vu une ou deux fois Napoléon dans son court séjour à Paris, puisqu'il se fixa en Savoie peu de temps après son retour d'Angleterre. Tout se borna pour lui à en recevoir des complimens honorables. Il n'eut aucun rapport avec son gouvernement, et ce qui le prouve, quand ce ne serait pas de notoriété publique, c'est qu'il n'en reçut aucune faveur. C'est seulement en 1814 que Louis XVIII l'a fait maréchal-de-camp, grade qu'il a accepté par respect pour Sa Majesté et par l'honneur de tenir à l'armée française, dans laquelle il avait commencé sa carrière ; car ce grade ne l'assimilait ni au rang ni au titre qu'il avait dans l'Inde, et bien moins encore à l'importance qu'on lui prête dans les intérêts de la France. Mais il fallait à l'auteur cité une cause d'une certaine probabilité hasardée pour montrer combien la guerre contre les Mahrattes était urgente, qu'ils ont justement été asservis, et combien l'Angleterre doit de reconnaissance au gouverneur-général Wellesley d'avoir provoqué ce dénouement tragique qui fait toujours plus regretter et la mort du grand Madhaji et l'éloignement du général de Boigne ; car les divisions parmi les princes Mahrattés préparèrent cette grande catastrophe. Toutefois l'armée dans l'Hindoustan, surnommée française, soutint dignement sa réputation sous le général Perron, quoiqu'il y ait plusieurs versions à son sujet (1), et c'est à elle que *Dowlut Row Scindiah* doit le peu d'existence politique qui lui a été conservée, après s'être vu, par cette même armée, le maître de l'empire. Aujourd'hui, par le renversement de cette puissance, et par la conquête, l'Angleterre voit flotter son pavillon sur la fameuse *Timoor* ; elle réunit sous son sceptre cent vingt-trois millions de sujets dans l'Inde, toute aussi fermée à présent aux européens qu'autrefois l'Amérique méridionale. (*Annual register*, 1822.)

Dans les conférences qui suivirent la bataille de Lassouari, du 1.er novembre 1803, neuf mille hommes d'infanterie des brigades levées par M. de Boigne disputèrent long-temps la victoire à lord Wellington, qui chercha à prouver aux plénipotentiaires Mahrattes qu'il était de leur intérêt d'interdire l'entrée de leur

pays à tous les français, article consenti par les envoyés (1). M. Joseph, profondément pénétré des revers éprouvés par les Mahrattes, quoique dignes d'un plus heureux sort, semble partager l'opinion sur l'origine et le but de l'armée organisée par le général de Boigne, et jugeant ces désastres en homme éclairé et peut-être dans l'exaltation d'esprit d'un bon Français, gémit de la perte irréparable qu'a faite en cette circonstance sa patrie. Il envisage et recherche la conduite du général Perron comme si celui-ci avait commandé des troupes dans une possession française. Toutefois il est juste de dire que cette armée formait une forte et puissante barrière contre l'envahissement de l'Asie, et tels contraires que lui aient été les destins en la voyant pendant quinze ans abandonnée à elle seule par l'Europe, et surtout par la France, on ne peut s'empêcher d'admirer le génie entreprenant et hardi de M. de Boigne qui l'avait établie.

Le général de Boigne, au milieu des embarras du commandement, du faste oriental, des soins obligés de la souveraineté et de son influence, conservait des goûts simples. Il rêvait la jouissance paisible d'un bonheur domestique dont il avait vu des exemples dans sa jeunesse et dans sa famille. En abordant en Europe, cette illusion se reproduit ; il cherche une compagne. Il s'unit à Londres, en 1797, à mademoiselle d'Osmond, fille du marquis et pair de France de ce nom. Pour la première fois, il se trouve heureux de posséder une grande fortune, et de pouvoir, par cette union, adoucir l'exil d'une famille respectable, causé par les troubles de France. Appelé en Savoie par ses vœux et par ceux de ses compatriotes, M. de Boigne va revoir son pays, d'où il est parti bien jeune sous l'égide de son génie et de son épée. Il y fixa sa retraite en 1804. Là, pour lui commence une autre gloire et plus douce et plus durable, dont il fait son unique félicité. Ayant acquis de grandes propriétés, il a introduit le goût des commodités de la vie, de l'embellis-

---

(1) Les courtes remarques disent qu'il fut surpris à Alli-Ghorr, attaqué plutôt qu'il ne s'y attendait, et que la défection du Peïschoùà eut les plus grandes suites.

(1) Des castes de l'Inde, ou lettres sur les Indous à l'occasion de la tragédie du Paria, par Joseph, ancien corsaire ; Paris 1822. Il serait difficile de renfermer plus d'érudition sous un nom plus modeste que n'en renferme celui de cet auteur, d'ailleurs très-versé dans les langues orientales, sur l'histoire et la politique de l'Inde, comme sur ce qui s'est passé en 1803 concernant la guerre contre les Mahrattes.

sement des campagnes par la culture des arbres étrangers et des plantes exotiques. C'est à cet exemple que la Savoie est redevable des plus belles pépinières qui existent en Europe, dont les plants sont d'autant plus recherchés, qu'ils s'identifient parfaitement avec tous les terrains. Ce pays, si pittoresque et riant, offre chaque jour un aspect plus charmant. On remarque surtout près de Chambéry l'habitation de Buisson-Rond, à laquelle le général a donné tous ses soins, qu'il a créée lui-même, que les étrangers visitent comme une résidence de prince, quoique simple et modeste, mais embellie par ses sites, ses eaux et le goût qui a présidé à leur distribution.

Mais le général ne pense pas seulement à lui ; il étend plus particulièrement sa sollicitude sur les autres. La Savoie, si renommée par la loyauté de ses habitans, par ses eaux thermales, exige que sa capitale attire les étrangers, et que ceux-ci, par leur séjour, favorisent l'industrie du pays. Il conçoit alors des projets d'embellissement et d'assainissement qu'il met à exécution. On voit réparer la place du marché et une belle fontaine que le temps avait endommagé, une bibliothèque publique s'élever sous la direction d'un littérateur du premier mérite (1) ; un beau portail et une grille en fer que l'art admire, placés à l'Hôtel-Dieu, refuge qu'il a augmenté d'une aile pour y recevoir un plus grand nombre de malades, en faisant la dotation nécessaire (2). Voilà bien un secours nouveau offert aux malades pauvres. Mais ceux qui, frappés par des revers de fortune, après avoir joui d'une certaine aisance dans la vie, ne peuvent ni n'osent recourir à la charité publique, ont excité un plus haut degré sa sollicitude. Il a fondé pour ce genre d'infortune un établissement unique, en instituant *une maison d'asile de la vieillesse*, sous *son nom patronimique de Saint-Benoît*, où sont admises cinquante personnes des deux sexes parvenues à l'âge de soixante ans, qui se trouvent manquer des moyens d'existence ou en avoir d'insuffisans. Elles jouissent dans cette maison de tous les agrémens et de toutes les aisances de la vie sans inquiétude et sans autre désir que celui d'en jouir long-temps. Le fondateur a pourvu à la dotation de cet hospice de la manière la plus généreuse. La maison est placée dans un endroit charmant, entouré de vastes et beaux jardins, arrosés par les plus belles eaux. M. de Boigne a dressé lui-même et suivi tous les plans et rédigé les règlemens d'admission et d'administration avec sagesse et prévoyance. La maison doit toujours avoir une année de revenus d'avance, afin de pourvoir à tous les besoins, et de l'excédant former une dot pour marier, chaque année, quatre jeunes filles qui auront mérité cette préférence par leur bonne conduite, et subvenir également aux frais d'éducation de six jeunes gens qui se destineront soit à des métiers, soit aux sciences (1). Rien n'est aussi beau que cet établissement, qui n'a point exclu d'autres infortunes, ni le besoin pour le donataire d'étendre sa libéralité sur sa famille et ses amis.

Depuis, il a fait d'autres constructions et établissemens non moins nécessaires et dispendieux qui s'exécutent en ce moment. De ce nombre sont une salle de spectacle dans un genre moderne (2), et des rues entourées de portiques qui conduiront aux promenades, et donneront à l'air plus de circulation. Le général a alloué également un fonds de quinze cent mille francs, affecté à bâtir une belle façade à l'Hôtel-de-Ville, à la répression de la mendicité, et à étendre l'éducation de la jeunesse, sous la direction d'un corps enseignant. Les voyageurs malades, comme ouvriers et autres, n'ont point été oubliés dans la distribution générale de ces bienfaits (3).

Non-seulement tant d'activité et de zèle pour le bien public, car le fondateur dirige tout, ont été couronnés de l'amour et de la vénération qu'il inspire à tant de titres ; mais encore, depuis la restauration du royaume, les deux rois qui se sont succédés, s'associant à la reconnaissance publique, et voulant donner à M. de Boigne des témoignages éclatans de leur satisfaction particulière, l'ont comblé d'honneurs et de dignités, accompagnant ces faveurs d'une bienveillance d'expressions digne du prix décerné par un souverain à un illustre citoyen.

----

(1) M. Bise.

(2) Statistique de la Savoie, par M. Verneuil, préfet.

(1) Extrait du Moniteur du 20 décembre 1820.

(2) Sur les plans et la direction de M. Trivelly, architecte renommé, et de son neveu.

(3) Lettre du général de Boigne aux syndics de la ville de Chambéry, auxquels il présente ces diverses dispositions, imprimée par ordre de la ville, à la suite de laquelle est la réponse des syndics la plus honorable pour un homme.

Créé successivement comte par Victor Emmanuel, Sa Majesté avait donné les ordres de lui élever un buste en marbre dans sa patrie. Cette disposition a été remplie par son auguste frère Charles-Félix, aussitôt son avènement au trône, en la faisant suivre de la promotion de lieutenant-général de ses armées et de celle de grand'croix de l'ordre de Saint-Maurice et de Saint-Lazare. Le buste du général comte de Boigne est d'un travail fini et admiré par tous les connaisseurs (1), il a été érigé par ordre du Roi dans la bibliothèque de Chambéry, et inauguré avec une pompe et une magnificence rares, voulant, par ce monument et cet hommage solennel rendu à M. de Boigne, réunir tous les genres d'illustration sur sa personne et en perpétuer le souvenir (2). Cette

____

(1) Exécuté par M. Spàla, célèbre artiste de Turin.

(2) Journal des Débats du 5 juin 1822.

grande récompense, unique en effet, atteste combien Sa Majesté met d'importance à honorer ceux de ses sujets devenus célèbres par leurs vertus et leurs services, et combien elle se montre sensible à tout ce qui peut en général les intéresser.

M. Tardieu a reproduit le beau modèle du buste dans une gravure que son talent recommande. Et comme tout ce qui est grand, ce qui honore l'humanité semble appeler les arts et les sciences à concourir à lui rendre hommage, on lit au bas de la gravure de M. de Boigne quatre vers de l'auteur de Marius à Minturne, par lesquels nous ne pouvons mieux terminer cette notice.

Chéri pour ses vertus aux deux bouts de la terre,
Il prodigue en bienfaits ce qu'il dut à l'honneur ;
L'Inde vit en lui un défenseur,
La Savoie en lui voit un père.

LE COMTE DE BARCA,

*Ministre et Secrétaire d'État des Affaires Étrangères
du Royaume Uni de Portugal, du Brésil et Algarves.*

Né à Ponte-de-Lima en 1752. Mort à Rio-Janeiro en 1817.

ANTONIO D'ARAUJO D'AZEVEDO,

COMTE DE BARCA.

ANTONIO D'ARAUJO D'AZEVEDO, comte de *Barca*, Ministre et Secrétaire d'État des affaires Étrangères du royaume uni de Portugal, du Brésil, et Algarves, naquit à *Ponte de Lima*, en 1752, dans la province d'*Entre Douro et Minho*, en Portugal. Étant l'aîné de neuf frères et sœurs en bas âge, un oncle, colonel de cavalerie et chef de l'état-major du gouvernement militaire du district de *Porto*, l'appela auprès de lui, pour veiller sur son éducation, dans la seconde ville du royaume, qui, par l'étendue de son commerce, réunit tous les moyens en fait d'institutions, et par le concours d'étrangers de tous les pays, qui pouvaient développer les heureuses dispositions du jeune *Araujo*. En effet, les Oratoriens s'étaient fait une réputation en dirigeant les bonnes études, dont leur élève tira le parti le plus avantageux. Le consul d'Angleterre à Porto possédait une bibliothèque fournie de livres de sciences, et surtout de mathématiques, dont il s'occupait sans cesse; il avait établi dans sa maison un observatoire, près duquel il avait une belle collection d'instrumens, et il attirait chez lui une société choisie, à laquelle fut admis *Araujo*. Il y rencontra des étrangers instruits, dont le commerce lui rendit familières les langues et la littérature moderne française, anglaise et italienne, qui était le sujet favori de leurs réunions. *Araujo*, doué de la mémoire la plus heureuse et d'un esprit pénétrant, ne tarda pas à acquérir des connaissances variées, qu'il a toujours cultivées avec passion. Retournant à *Ponte de Lima*, sa patrie, il y établit la Société économique, qui fut la première, et, jusqu'à présent, la seule de ce genre en Portugal.

Cette association de particuliers, qui se vouaient aux intérêts économiques de leurs concitoyens de *Minho*, fit faire de grands progrès à l'agriculture et à l'art de la filature du lin : ces progrès deviendraient plus importans par la suite, si le fondateur de la Société n'en fût détourné, allant servir l'État à l'étranger; mais, à son entrée au ministère, en 1804, il tâcha d'encourager l'industrie dans sa province natale, et il lui destina une de ses terres pour l'érection d'une manufacture. Les premiers efforts de son patriotisme pour l'avantage des habitans de *Minho* portèrent la réputation d'*Araujo* à la cour, et il ne tarda pas à être nommé un des premiers membres de l'Académie des sciences de Lisbonne, que Marie Ire venait d'établir, en nommant président le duc de *Lfooens*, son oncle. Il embrassa ensuite la carrière diplomatique, pour mieux remplir le but qu'il s'était proposé, de parcourir les différens pays de l'Europe : avant de se rendre en Hollande comme ministre, en 1789, il parcourut toute l'Angleterre en observateur éclairé, remarqua en France le développement et la tendance de la révolution; il en prévit les conséquences de la manière la plus juste. Malgré la neutralité adoptée par le Portugal dans la guerre de la première coalition, et quoiqu'il n'eût agi que par suite de ses anciennes alliances défensives avec l'Angleterre et l'Espagne, ce royaume se trouva impliqué dans la guerre que le traité de Bâle entre la France et l'Espagne venait de terminer. *Araujo* fut nommé, en 1796, pour aller à Paris négocier la paix : ayant arrêté les articles du traité, le Directoire crut dans sa convenance de rompre à la fois les négociations avec lord *Malmesbury* et avec *Araujo*, quoique établies séparément, et n'ayant d'autre rapport commun que le but de la paix générale. Ce même traité, répudié en avril 1797 par le Directoire, en fut agréé au mois d'août de la même année. Ce fut alors qu'*Araujo* éprouva une de ces bizarreries de la fortune, qu'on ne saurait expliquer que par les vicissitudes qui ont marqué la politique européenne dans ses coalitions contre la France, jusqu'à l'époque de 1814. La ratification partielle du traité par la cour de Lisbonne, qui voulait soumettre la partie non ratifiée à une nouvelle négociation, a produit, de la part du Directoire, la violation la plus scandaleuse du droit des gens, dans la personne du négociateur, qui fut enfermé au Temple. Tandis que le gouvernement portugais en exigeait une satisfaction, *hazardée* par la médiation d'Espagne, le prince Régent comblait *Araujo* et sa famille de grâces, qui préludèrent la récompense de ses services par une riche commanderie de l'ordre du Christ, en même temps qu'à Paris les hommes marquans de toutes les classes allaient rendre au prisonnier du Temple l'expression de leur estime. Rendu à la liberté et à son poste en Hollande, il reçut l'ordre de voyager en Allemagne, ce qui lui procura l'occasion d'accroître ses connaissances, de se perfectionner dans la langue allemande, et de se lier avec les plus grands savans de ce pays, qui lui rendirent justice, dont la Correspondance astronomique de M. Zach porte le témoignage. L'ami de Vieland, de Goëthe, d'Herder et de Klopstock, fut également accueilli par le roi et par la reine de Prusse, par le duc de Brunswick, par l'électeur de Saxe, et par les ducs de Saxe-Gotha et de Weimar, en visitant leurs cours. Rappelé en Portugal par les hommes jaloux de sa réputation, le hasard du moment, arrêtant le coup qui allait le frapper, ne ralentit pas cependant l'intrigue qui contrecarrait ses négociations.

Après la paix d'Amiens, qu'il qualifia d'être plutôt une trêve, *Araujo* fut envoyé à Pétersbourg comme ministre, et, en 1803, il fut appelé au ministère des affaires étrangères, qu'il dirigea jusqu'au départ de la cour pour Rio-de-Janeiro, en 1807. Dans une période si courte, et si pleine d'événemens les plus extraordinaires en politique, il fut forcé de louvoyer entre des erremens qui n'étaient pas à lui, et des circonstances impérieuses, et insurmontables à tout homme d'État qui ne peut donner de l'élan à ses idées politiques. Le département de la guerre étant alors réuni à son ministère, il travailla à une meilleure organisation de l'armée et de la discipline militaire ; ce dont le maréchal Béresford a pris connaissance à Rio-de-Janeiro, en parcourant le travail de ce ministre sur un objet si important, qu'il ne lui fut pas même permis d'ébaucher. Au milieu de tracas si amers et si inattendus, *Araujo* n'oublia pas les lettres, les beaux-arts, et l'industrie même de sa province natale ; chacune de ces branches lui a dû la protection qu'il pourait leur faire obtenir d'un prince doué par la Providence du vif désir d'accroître la gloire de la patrie. Enfin, il obtint sa démission au milieu des accusations les plus calomnieuses, mais il leur répondit en établissant chez lui, à Rio-de-Janeiro, un laboratoire de chimie, où il faisait lui-même l'application de cette science aux arts : il rechercha, conjointement avec le baron Echweg et le comte de Napion, les productions naturelles propres à l'économie industrielle du Brésil ; il travailla à l'amélioration des distilleries, encore si arriérées dans ce pays. Ayant apporté l'imprimerie, qu'il avait fait venir d'Angleterre pour son ministère, en même temps qu'il avait abandonné la plupart de sa riche bibliothèque, dont il ne sauva que les articles les plus précieux, il a rendu la première au gouvernement, qui en avait grand besoin, et rendit les débris de l'autre accessibles aux gens studieux. En même temps, il employait ses loisirs à perfectionner les tragédies d'*Osmia* et de *Castro*, et sa traduction des Odes d'Horace. Son ami, l'illustre éditeur du *Camoens*, avait publié, à Hambourg, sa traduction de l'Élégie et quelques Odes de Gray, ainsi que l'Ode de Dryden à sainte Cécile. Un tel foyer de lumières et d'émulation réveilla, à Rio-de-Janeiro, le goût de l'étude, puissamment encouragé par l'exemple d'un ministre infortuné, mais très considéré du public ! Le roi, après l'avoir nommé grand cordon de l'Ordre du Christ, par un décret qui reconnaissait la fidélité et l'importance de ses services, lui conféra le titre de comte *da Barca*, et l'appela de nouveau au ministère ; mais il succomba au bout de quelques mois, en 1817, sous les fatigues et les difficultés que les circonstances et une santé délabrée lui opposaient. Il s'est fait toujours un devoir de protéger les institutions littéraires et les talens ; le Brésil en peut rendre témoignage, mais l'Europe en a vu une preuve éclatante dans la protection soutenue qu'il accorda de son vivant, et même d'après ses dispositions testamentaires, au plus illustre des poëtes portugais, l'abbé *Francisco Manuel do Nanisnento*, exilé de sa patrie, et que les soins généreux de M. d'*Araujo* sauvèrent de l'indigence dans cette France hospitalière, où le nom du premier est justement considéré, et le talent du second non moins apprécié.

G.M.A. BRUNE,

Maréchal de France,

Grand-Croix de la Légion d'Honneur, Chevalier de l'Ordre Royal
et Militaire de St Louis, &c. &c.

Né en 1763 à Brives la Gaillarde, Dépt. de la Corrèze. Assassiné à Avignon le 2 Aout 1815.

A Paris, chez l'Auteur, Rue des Francs Bourgeois No 6. F. S. G.

Déposé au Bureau

LE MARÉCHAL BRUNE.

Quand les hommes seront-ils assez éclairés pour se soustraire à la fureur des partis! Quand pourront-ils concevoir que le bonheur de leur patrie ne peut exister que par le commun sacrifice de leurs intérêts particuliers au bien général; que par ce concours généreux d'actions salutaires dirigées vers un même but, le bien de tous; tant d'illustres victimes sacrifiées au fanatisme de l'opinion. depuis des siècles, ne nous laissent-elles pas d'assez terribles exemples, et ne profitons-nous des leçons du crime que pour l'imiter? O Brune! ces réflexions sans doute agitaient ta grande âme, lorsque tu vins t'offrir aux coups de tes assassins! Pourquoi n'as-tu pas su t'y soustraire? ne savais-tu pas que les vertus et la valeur même ne peuvent rien contre l'arme des lâches?

BRUNE (G.-M.-A.) maréchal de France, grand-croix de la Légion d'honneur, chevalier de l'ordre royal et militaire de Saint-Louis. né à Brives-la-Gaillarde en 1763. Après avoir étudié dans sa ville natale, où son père avait exercé la profession d'avocat, il vint se fixer à Paris. afin de s'y livrer entièrement à son goût pour les lettres; il était déjà connu avantageusement par un bon nombre d'opuscules, lorsque la révolution éclata dans toutes les parties de la France; cette époque mémorable l'enleva bientôt à ses douces habitudes, en lui indiquant le nouvel emploi qu'il devait faire de ses talens et de son courage: il quitta donc la plume pour l'épée, et, en 1791, il entra au service.

En 1797, plusieurs actions d'éclat lui avaient déjà mérité le grade de général; ce fut dans les rangs des grenadiers qui le comparaient au brave Latour-d'Auvergne, qu'il cueillit ses premiers lauriers; on le vit, à Vérone, à la tête de ces mêmes rangs, en qualité de général, combattre encore comme le premier soldat, se jeter, la baïonnette en avant, sur les canons ennemis, et s'emparer de toute l'artillerie qui vomissait la mort sur la 75.ᵉ demi-brigade qu'il commandait : il reçut, en cette occasion, sept balles dans ses habits, et n'eut aucune blessure.

A la bataille de Tarvis, il se signala par de nouveaux exploits, et sut mériter les plus grands éloges des premiers chefs de l'armée. Lorsque le directoire déclara la guerre à la Suisse, il fut chargé du commandement de l'armée française dirigée contre elle: après avoir vaincu les Bernois, il eut le bonheur de s'attacher tous les cantons helvétiques à la cause de la France, il s'occupa de leur nouvelle organisation; et pendant que la France se réjouissait de ses succès, les Suisses bénissaient sa tolérance et son humanité. Envoyé ensuite en Italie, il s'y montra négociateur habile et pacificateur adroit, en appaisant les soulèvemens excités par la malveillance, et en forçant le gouvernement du Piémont à respecter les troupes républicaines : la citadelle de Turin lui fut cédée comme garantie.

Il quitta l'armée d'Italie pour aller commander en chef l'armée de Hollande, en 1799; ses victoires, dans cette campagne, le placèrent au rang des meilleurs et des plus braves généraux de France. Il battit les troupes anglo-russes dans toutes les rencontres, mais avec plus d'énergie encore à *Bergen* et à *Alkmaër*, et força le duc d'Yorck d'accepter une capitulation très-glorieuse pour les troupes françaises.

En janvier 1800, il fut appelé au Conseil d'état, et bientôt après il obtint un commandement de l'armée qui devait purger l'ouest des bandes de chouans qui le ravageaient, et pacifier la Vendée : il y parut, et la paix succéda aux fureurs de la guerre civile. Sur la fin de la même année, Napoléon l'ayant choisi pour commander en Italie, sa présence fut partout le signal des plus brillans succès; il battit les Autrichiens, passa de vive force le *Mincio* et l'*Adige*; le 24 décembre au 4, il avait enlevé à l'ennemi plus de 18.000 prisonniers, 50 pièces de canon, 9 drapeaux et 6 étendards.

En 1803 il se rendit, en qualité d'ambassadeur extraordinaire, à Constantinople, où il reçut les plus grands honneurs du ministère ottoman; mais les difficultés qui s'élevèrent entre les deux puissances, l'obligèrent bientôt à quitter la Turquie. Il revint donc à Paris au mois de mars 1805 : il avait été nommé maréchal de France le 19 mars 1804, et grand-officier de la Légion d'honneur le 1.ᵉʳ février suivant. En 1806, il eut le commandement du camp de Boulogne, et fut nommé, en 1807, gouverneur général des villes anséatiques; remplacé par le prince de Ponte-Corvo, il fut mis à la tête de l'armée d'observation, dans le nord de l'Allemagne. Après avoir remporté tous les succès qu'il pouvait desirer contre S. M. le roi de Suède, en Poméranie, il assiégea Stralsund, et s'en empara le 20 août de la même année. Peu de jours après, il enleva de vive force l'île de *Daneholm*, et signa ensuite une capitulation, par laquelle le roi de Suède lui cédait l'île de *Rugen*, reste des possessions suédoises en Allemagne. Ce fut cette capitulation qui lui causa sa disgrace : on lui reprocha d'avoir omis dans la rédaction de cet acte des formes auxquelles on tenait beaucoup; et cependant, un aide-de-camp de l'empereur Napoléon avait été chargé et de la négociation et de la rédaction de l'acte qui la terminait. Dans le public, on avait attribué sa disgrace au peu d'attention qu'il avait apporté à empêcher le commerce des Anglais dans les ports soumis à sa surveillance; ce qui rompait le système continental adopté par Napoléon. Depuis cette époque, le maréchal Brune vécut dans la retraite, et ne prit aucune part aux campagnes qui suivirent ses exploits et qui précédèrent nos désastres. En 1814, il reçut la croix de Saint-Louis, et resta sans emploi.

Absolument libre de ses actions, en 1815, il eut le vif pressentiment des malheurs qui allaient s'appesantir sur sa patrie, et ne put se résoudre à rester inutile témoin de ses désastres; il accepta le commandement du midi qui lui fut offert par Napoléon;

mais les événemens terribles qui se succédèrent pendant les cent jours, et qui amenèrent la chûte du conquérant, terminèrent aussi la part qu'il devait y prendre, et le maréchal Brune se soumit sans murmure à la force des circonstances. Il venait déposer son autorité aux pieds du souverain légitime, lorsque des avis certains lui apprennent qu'un complot est formé contre lui, et qu'on doit l'assassiner à son passage à Avignon. On lui propose alors d'éviter la capitale du Comtat; mais on lui refuse, à Saint-Andéol, des chevaux de poste pour toute autre route, et le maréchal se résigne.

Arrivé à la porte de l'Oulle, il est arrêté par un poste de gardes nationales : on examine ses papiers, et on lui permet d'entrer à l'hôtel du Palais-Royal, pendant qu'on change les chevaux de sa voiture. Il part ; mais à peine est-il à une portée de fusil près du pont de Bénézeth, que sa voiture est assaillie à coups de pierres, et que des furieux, saisissant les rênes de ses chevaux, l'obligent à revenir à l'hôtel qu'il venait de quitter : les portes en sont fermées sur le champ, des groupes sinistres se forment, la générale bat, et une foule immense demande la tête du maréchal : en vain la gendarmerie veut rétablir le calme, la présence du préfet, du maire et de quelques autres autorités n'est pas plus imposante; cette horde a soif, et c'est le sang du vieux guerrier qu'elle veut boire ; enfin, après quatre heures de résistances de la part des autorités qui, jusque-là, avaient baré la porte de l'hôtel à cette tourbe menaçante, des échelles sont dressées, et l'assaut s'exécute; on force l'appartement du maréchal Brune, et il est accablé d'abord des plus faux comme des plus injurieux reproches ; ce n'est point assez pour les barbares, impatiens de déchirer un cadavre, la foule, demeurée dans la rue, accuse, à grands cris, la lenteur des bourreaux ; des hommes, le bras nu, la manche retroussée, paraissent au balcon et l'appaisent par cette affreuse réponse : Tout-à-l'heure!... nous y sommes !... La populace applaudit, l'heure fatale sonne (quatre heures), un coup de pistolet se fait entendre, les brigands poussent des cris de joie.... Mais le maréchal, toujours calme, avait écarté l'arme de sa poitrine, et sollicitait un instant pour écrire ses dernières volontés : on le lui refuse ; un second coup part, atteint le guerrier à la tête, et celui qui avait mérité cent fois la mort de Turenne, tomba, comme Coligny, sous le fer de l'assassin. Les portes s'ouvrent aussitôt, la foule s'y précipite, tous veulent jouir de l'agonie de la victime, leur rage, pourtant, n'était point assouvie, Brune était mort, ils envièrent à son cadavre les honneurs de la sépulture, ils s'emparèrent de ce corps sanglant, le traînèrent sur le pavé, le brisent, le déchirent à coups de pierres et le jettent dans le Rhône, à la treizième arche du nouveau pont. Quelqu'un grava depuis, sur cette arche, cette inscription : *Cimetière du maréchal Brune*, et ses assassins impunis, peuvent la lire encore !!

Quelle fut la cause de ce crime ? l'opinion. Quelle en fut le prétexte ? une calomnie, on l'accusait d'avoir promené, au bout d'une pique, la tête de la vertueuse Princesse de Lamballe ! Ce mensonge atroce fut sans doute inventé par les monstres qui, eux-mêmes, avaient à se reprocher ce crime abominable.

Avant la publication de cette notice, la Cour d'assises de Riom a vengé la mémoire du maréchal, en condamnant son assassin. Voici un extrait de cet acte de justice.

La lecture de toutes les pièces de la procédure étant terminée, M.* Dupin, avocat de Madame la maréchale Brune, a pris la parole :

Messieurs, madame la maréchale ne vient point exhaler devant vous une plainte envenimée. Bien que douloureusement affectée, ce n'est point aux passions qu'elle veut parler ; elle n'adresse de vœux qu'à la justice. C'est dans son temple qu'elle vient rendre les derniers devoirs à son illustre et malheureux époux; elle ne demande vengeance qu'aux lois; elle l'attend avec confiance de leurs dignes organes, de ces magistrats sur lesquels toute la France a les yeux, et qui les premiers, justifiant la confiance du Prince et l'espoir de la nation, ont dépouillé le crime du titre affreux de *représailles* sous lequel on avait tenté de l'ennoblir, et lui ont enfin restitué ses peines et son infamie.

En entrant dans votre cité, les regards de ma cliente se sont arrêtés avec complaisance sur le monument que les citoyens de Riom ont élevé au général Desaix; elle en a conçu le plus favorable augure. Non, s'est-elle dit, ce n'est pas dans cette ville, qui honore ainsi le courage, que le meurtre d'un brave sera jugé avec indifférence; ce n'est pas dans cette ville qu'on formera des vœux impies en faveur du scélérat qui a tranché la vie glorieuse d'un héros sous les ordres duquel neuf des maréchaux qui nous restent ont eu l'honneur de servir.

Après cet exorde, M.* Dupin rappelle les principaux faits ; l'assassinat du maréchal, le procès-verbal de suicide, imaginé, dit-il, pour *régulariser cet assassinat;* le long silence de l'autorité, les difficultés éprouvées par M.** la maréchale pour se procurer les preuves du crime; sa requête au Roi, suivie d'une plainte judiciaire; il rend compte de la procédure.

Arrivé au fond de l'accusation, il discute le procès-verbal de suicide, en relève les contradictions, en démontre la fausseté.

Après avoir prouvé l'existence du crime, il rassemble et résume les preuves qui s'accumulent sur la tête du coupable; enfin il termine par un beau mouvement d'éloquence, où il retrace la douleur profonde de son infortunée cliente, sa noble conduite, sa persévérance dans la poursuite des assassins, et sa confiance dans la justice des tribunaux.

M. le procureur-général prend ensuite la parole ; il parle avec énergie; il s'élève contre le crime, fait sentir la nécessité de le punir, et d'apprendre au peuple à se défendre des émotions au milieu desquelles on lui fait commettre de pareils attentats, et conclut, contre l'accusé, à la peine de mort.

Après une demi-heure de délibération employée à la rédaction de l'arrêt, la Cour condamne Roquefort à la peine de mort, comme coupable d'assassinat sur la personne du maréchal Brune; et, statuant sur les conclusions civiles, sans s'arrêter ni avoir égard au procès-verbal dressé à Avignon, le 2 août 1815, ordonne qu'en vertu de l'arrêt, il sera procédé à la rectification de tous registres où la mort du maréchal aurait été attribuée à un suicide.

PIERRE JACQUES ETIENNE CAMBRONNE,
(BARON DE)
Maréchal-de-Camp, l'un des Commandans de l'Ordre Royal de
la Légion d'Honneur.
Né le 26 Décembre 1770, à Nantes. Dépt. de la Loire Inférieure.
LA GARDE MEURT, ELLE NE SE REND PAS.
Cambronne.
Déposé à la Direction.   Bataille de Waterloo, 1er Juin 1815.
A Paris, chez l'Auteur, Rue des Francs-Bourgeois St. Michel No 6.

LE BARON CAMBRONNE.

Il y a des noms auxquels sont attachées des idées de noblesse et de grandeur, qu'on ne peut ni prononcer ni entendre, sans éprouver une sorte d'étonnement, et même d'admiration ; qui semblent rappeler ces temps de la chevalerie, que je nommerais volontiers les temps héroïques de notre histoire, où régnaient la bonne foi et la loyauté ; où la valeur la plus audacieuse se trouvait jointe à la plus sensible humanité ; où l'ennemi désarmé et vaincu n'était plus aux yeux de son vainqueur, qu'un homme malheureux, reprenant tous ses droits aux égards et à la pitié. Il ne faut pas toujours que ceux qui portent ces noms heureux, se soyent distingués par des exploits brillans, par des traits de bravoure extraordinaire, qui souvent annoncent moins l'état habituel de l'ame, qu'une exaltation et un enthousiasme momentanés ; il suffit qu'ils ayent rempli avec une scrupuleuse exactitude, le poste où leur génie et les circonstances les avaient élevés ; qu'ils ayent suivi la route de l'honneur, sans jamais dévier de ses principes sévères ; qu'ils ayent mis dans leur conduite cette tenue, cet ordre constant qui marque un caractère ferme, et dirigé par des règles sûres et invariables, et enfin qu'ils ayent toujours eu pour but de servir leur patrie, et de sacrifier leur existence, ou à sa sureté, ou à sa gloire. Telles sont les réflexions que nous suggère le guerrier, dont nous allons esquisser les traits ; telles sont les qualités, que le tableau de la vie entière du baron Cambronne va nous offrir. Ce que je dirai, puisé dans des sources authentiques, justifiera des éloges que l'historien le moins impartial serait forcé de lui donner.

Pierre-Jacques-Etienne CAMBRONNE, Maréchal de camp, Baron, l'un des Commandans de la Légion d'honneur, naquit à Saint-Sébastien, près de Nantes, le 26 décembre 1770, d'un négociant qui tenait un rang distingué dans cette ville, et qui s'était rendu digne de l'estime de ses compatriotes, par sa probité, la franchise et la loyauté de son caractère. Le jeune Cambronne reçut une éducation soignée. Il s'était d'abord destiné au commerce ; mais après la mort de son père, il changea de résolution. Une ame forte et courageuse, une grande chaleur d'imagination le portaient de préférence, à la profession militaire, et l'esprit du temps ne fit que fortifier son inclination naturelle. Ardent et fougueux, il donna dès son enfance des preuves de la plus grande intrépidité, et l'on put reconnaître dans sa conduite première, le germe de cette valeur, qui en fit un des plus braves militaires de France. La révolution ayant éclaté, on organisa des bataillons de volontaires à Nantes. Cambronne

quitta sa famille et s'enrôla, en qualité de grenadier, dans un bataillon de Maine et Loire, d'où il passa ensuite dans la Légion Nantaise. Il fut successivement promu aux grades de sous-officier, d'officier et de capitaine, et chacune de ces promotions fut le prix d'une action distinguée.

Une guerre de parti s'était allumée dans la Vendée, et Cambronne, obligé de combattre des concitoyens, adoucissait par son humanité, ce que son état avait de cruel ; car autant il se distinguait par son courage, sur le champ de bataille, autant il montrait de modération après la victoire. Une foule de traits viennent à l'appui de cette assertion. La petite ville de Paimbœuf, qui était devenue le foyer de l'insurrection vendéenne, ayant été prise par les républicains, ceux-ci y mirent une garnison dont Cambronne faisait partie. Un de ses amis le rencontra une nuit, dormant au pied d'une borne, et lui en témoigna sa surprise. « Les habitans de Paimbœuf » sont déjà assez malheureux, lui répondit Cam- » bronne ; je n'ai pas voulu augmenter leur embar- » ras et leur dépense, en profitant de mon billet de » logement. » Ce trait prouve son humanité, mais surtout la rigueur qu'il exerçait envers lui-même. Il en est d'autres qui compromettaient sa vie, et cette considération ne l'arrêta jamais. On cite surtout la manière noble et généreuse, dont il en usa envers le curé de Ville-l'Évêque, qu'il cacha chez sa mère, pendant deux mois, au péril de sa vie. Etant capitaine dans l'immortelle Légion Nantaise, il sauva de la fureur des révolutionnaires, plusieurs émigrés, pris les armes à la main, dans la malheureuse affaire de Quiberon. Veut-on des traits de simple bravoure ? qu'on le suive sur les champs de bataille, on le verra à la Vendée, après une défaite des siens, résister seul aux ennemis, et apercevant un caisson au milieu d'eux, y voler plus prompt que l'éclair, renverser ou mettre en fuite ceux qui l'entourent, se rendre maître du terrain, et triomphant, amener le caisson à ses compagnons, frappés d'admiration et de terreur. Après la pacification de la Vendée, Cambronne prit du service dans les troupes réglées, et l'expédition d'Irlande lui fournit de nouvelles occasions de signaler sa bravoure, et de déployer ses talens. Il passa ensuite dans un corps qui devint dans la suite le 46e de ligne, avec lequel il fit les campagnes du Rhin. Il se distingua particulièrement à la prise de Zurich, contre les armées russes, en enlevant avec sa compagnie de grenadiers, les pièces russes, braquées contre le bataillon dont il faisait partie. A Paradis, à la tête de quatre-vingts hommes, il parvint à culbuter trois mille Russes. Il serait trop long d'énumérer ici tous les traits de bravoure qui ont signalé ce guerrier ; nous dirons seulement qu'il commandait en 1800, la compagnie dans laquelle servait l'intrépide et modeste *La Tour d'Auvergne*, et que, quand ce héros eut été tué à ses côtés, les grenadiers de l'armée proclamèrent Cambronne, son successeur au titre de *Premier Grenadier de France*, que sa modestie refusa en vain. Nommé chef de bataillon du 88ᵉ régiment, sous le commandement du duc d'Albuféra, à l'époque où la grande armée passait le Rhin, pour faire la campagne d'Austerlitz, son intrépidité et ses talens militaires attirèrent sur lui l'admiration de la division ; et c'est à cette juste réputation qu'après les campagnes de Prusse, de Pologne et le siége de Sarragosse, il dut d'être appelé avec son grade, dans le corps des Chasseurs de la garde de Napoléon. Après la campagne de Wagram, il retourna en Espagne, où il donna de nouveau, des preuves de ses connaissances militaires, dans la guerre de montagne. Ce fut alors seulement que Napoléon, reconnaissant les grandes qualités de Cambronne, lui conféra le grade de colonel, que celui-ci refusa d'abord. Il fallut des ordres réitérés, pour lui faire accepter un honneur, dont il ne se croyait pas digne. En 1813, Cambronne passa en Allemagne, et y fit cette campagne glorieuse et funeste, avec sa valeur accoutumée. A Hanau, il fut distingué par l'intrépidité avec laquelle il chargea l'ennemi, à la tête des Chasseurs à pied de la vieille garde. Napoléon, appréciant de plus en plus cet homme extraordinaire, lui confia les attaques les plus difficiles, pendant la guerre de 1814. Cambronne décida le sort de plusieurs affaires, et reçut quatre blessures, tant à Craonne, que sous les murs de Paris. Mais lorsqu'après les plus nobles efforts et la résistance la plus opiniâtre, l'Empereur vaincu eut été forcé de signer son abdication, Cambronne crut qu'étant chef de l'un des régimens de la vieille garde, dont quatre cents hommes suivaient Napoléon, son honneur et son devoir l'engageaient à ne pas l'abandonner ; il sollicita et obtint la permission de suivre celui, que l'adversité lui rendait plus cher encore. Il se dirigea donc avec lui, vers l'étroite retraite qui lui restait, accepta le gouvernement de Porto-Ferrajo, et, devenu étranger à sa patrie, malgré ce qu'il en coûtait à son cœur, il ne s'occupa plus que de remplir les obligations, qu'il avait contractées. Il revint en France avec son souverain, au mois de mars 1815, et fut promu, par suite de cette invasion, au grade de lieutenant-général. Il refusa cet avancement pour plusieurs motifs, mais surtout parce que, n'ayant sur ses camarades, plus anciens que lui, d'autre avantage, que d'avoir fait le voyage de l'île d'Elbe, la récompense lui paraissait trop au-dessus d'un pareil service. La dignité de comte lui avait été aussi offerte avec celle de pair ; il n'accepta que celle-ci, qu'il lui fut impossible de refuser. Cependant une armée formidable s'avançait, pour repousser l'Europe en armes. Le général Cambronne, qui ne voyait, dans les agresseurs, que les ennemis de son pays, courut à son poste ordinaire, au poste de l'honneur, et se défendit, à la tête d'un régiment des Chasseurs de la garde à pied. On connaît les résultats de la bataille de Waterloo, où la valeur de nos armées leur fut si funeste.

Cambronne soutint, toute la journée, le feu de l'ennemi, et les efforts des masses prussiennes et anglaises. On le pressait de se rendre avec son bataillon qui, disait-on, avait assez fait pour l'honneur. C'est alors que ce brave et malheureux général fit entendre ce cri déchirant et sublime, qui ne pouvait être que l'élan d'une ame profondément émue, ce cri de bravoure et de désespoir : *La Garde meurt.... elle ne se rend pas !* Il tombe bientôt baigné dans son sang, et demeure confondu parmi les morts ; mais il n'était qu'évanoui. Recueilli ensuite avec les blessés, il fut conduit à Bruxelles et de là en Angleterre, où on le traita avec les égards, dus à son rang et à son caractère. Tous les liens qui l'attachaient à Napoléon, étant alors rompus, et le désir si naturel de revoir sa patrie, et surtout sa vieille et bonne mère, comme il l'appelle lui-même, se réveillant dans son cœur, il écrivit au ministre de la guerre, pour le prier de transmettre au Roi de France son acte d'adhésion, et son serment de fidélité à son auguste personne. Bientôt après il eut connaissance de l'ordonnance du Roi du 24 juillet. Libre aux termes du traité de paix, il pouvait, ou s'embarquer pour les Etats-Unis, ou rester en Angleterre ; mais il avait donné son adhésion, il se croyait sujet du Roi, et, fidèle au serment qu'il avait fait, il voulut subir son jugement. Il partit donc d'Angleterre à la paix, débarqua à Calais, vint à Paris suivi d'un seul officier, et se présenta au général Despinois, qui le fit conduire à l'Abbaye. Il fut jugé le 26 avril 1816, et acquitté par le premier conseil de guerre, dont le jugement fut confirmé le 4 mai par le conseil de révision. Le général Cambronne n'était pas sans inquiétude, sur l'issue de son procès : il craignait que ses juges ne lussent pas comme lui dans sa conscience ; mais il attendit son arrêt avec calme et résignation ; et il avait expressément recommandé à son défenseur de ne point appeler du jugement, s'il arrivait qu'il fût condamné. Cependant, à la nouvelle de son absolution, il ne put maîtriser un mouvement de joie : un jugement mémorable venait de déclarer qu'il n'avait pas manqué à l'honneur. Le général Cambronne s'est retiré à Nantes, où il jouit, au milieu de ses concitoyens, de l'estime que lui ont acquise et son courage et ses vertus.   M. N. Coucué.

GEORGES CANNING,

Ministres Secrétaire d'État des Affaires Étrangères du Royaume uni de la Grande Brétagne, &c. &c. &c.

Né en 1770.

M. CANNING.

Qu'un homme, héritier d'un rang élevé, et d'une fortune considérable, arrive au plus haut période de la diplomatie, cet exemple n'est pas rare; mais on doit un tribut d'admiration à celui qui, ne possédant pas ces avantages immenses, s'ouvre lui-même sa carrière, et, fort de ses propres talens, atteint aux premières dignités d'un État.

CANNING (George), né en 1770, descend d'une famille irlandaise. Il était encore au berceau lorsqu'il perdit son père, auteur de plusieurs traités en faveur de la liberté publique. Les soins de son éducation se trouvèrent confiés à un oncle, négociant respectable de Londres, qui l'envoya au collége d'Eton, où il donna des preuves de grandes dispositions. Dès sa plus tendre jeunesse, il se distingua par des articles signés de la lettre B, insérés dans *le Microcosme,* feuille qui paraissait toutes les semaines, et y publia aussi quelques morceaux de poésie, dont le meilleur est une Ode sur l'asservissement de la Grèce. Il termina ses études à Oxford, où il composa des discours et des vers latins qu'on a beaucoup admirés. Le goût de M. Canning l'aurait peut-être poussé à se livrer à la littérature; mais une fortune modique l'obligea de s'adonner à un état plus lucratif : il choisit la carrière du barreau qui, en Angleterre surtout, offre de grands avantages aux hommes doués de talens supérieurs, et qui ambitionnent les suffrages du public. Nommé, à vingt-trois ans, député de Newtown, bourg dans l'île de Wight, il prit son siége dans la chambre des communes, en 1793, où il excita beaucoup d'intérêt, ayant été annoncé par le fameux Shéridan comme possédant de rares talens. Ce ne fut cependant qu'en 1794 qu'il y fit son premier discours en faveur du traité à conclure avec le roi de Sardaigne. Depuis cette époque, il prit part à tous les débats importans, se montra dévoué au parti de Pitt, et ennemi acharné de la France. Toutes les fois qu'il se présentait une question continentale, il employa les personnalités les plus violentes contre Bonaparte, alors Premier Consul. On lui reprocha ces personnalités comme outrées et inipolitiques; mais il défendit sa conduite dans un long discours, pro-

noncé le mois de juillet 1800, dans lequel il déclara qu'il était bien loin de se repentir de la manière dont il s'était exprimé sur le compte de Bonaparte, dont il était l'ennemi le plus implacable. Dans la question de l'abolition de la traite des Nègres, il seconda les efforts de M. Wilberforce qui employait toute son éloquence pour faire cesser un commerce aussi honteux.

Cependant, les victoires de Bonaparte devinrent de jour en jour plus éclatantes. Pitt quitta le porte-feuille, M. Canning et ses amis se retirèrent aussi. Réélu député de la chambre des Communes en 1802, il y attaqua l'administration du chancelier de l'Echiquier (M. Addington). Pitt ayant repris le timon de l'Etat en 1805, M. Canning devint trésorier de la marine; à la mort de M. Pitt, en 1806, il résigna cet emploi.

A la dissolution du parlement, il fut élu de nouveau comme député pour Sligo en Irlande, combattit le plan de défense militaire de M. Windham, et chercha même à tourner en ridicule le célèbre Fox. A la chute du ministère de lord Grenville, et à la formation de l'administration de M. Perceval, il obtint la charge de ministre des affaires étrangères. M. Canning débuta, dans cette carrière, par l'expédition de Copenhague, et prononça au parlement en 1808 un discours pour justifier l'enlèvement de la flotte danoise. En 1809, il quitta Londres afin de diriger l'embarquement des troupes destinées à l'expédition contre Flessingue et l'île de Walcheren. Une discussion qu'il eut, au sujet de cette expédition, avec son collègue lord Castlereagh, amena un combat au pistolet entre ces deux ministres. Après ce duel, dans lequel il fut blessé, M. Canning résigna son emploi. En 1810, il épousa une demoiselle Scott, fille du général Scott, qui lui apporta une fortune considérable. Nommé en 1812 un des représentans de Liverpool, il exerça toutes les ressources de son éloquence pour obtenir l'émancipation des catholiques. Pendant deux ans, il s'occupa de cette cause honorable avec beaucoup de talent et de zèle; mais il trouva trop de résistance pour espérer de réussir. Le 12 mai 1813, il vota contre la motion qui fut faite de rendre les Norvégiens indépendans, et, après avoir parlé de la position du Danemarck et de la Suède, il tâcha de démontrer qu'on ne pourrait donner la liberté à la Norvège qu'en plongeant le Nord dans toutes les horreurs de la guerre civile. En septembre 1814, il fut nommé ambassadeur en Portugal. En revenant de Lisbonne le mois de mai 1816, il passa par la France, et assista, à Bordeaux, à un repas qui lui fut donné par les négocians anglais, établis dans cette ville. Dans ce banquet, il porta la santé du Roi de France, et un toast à la prospérité du commerce de Bordeaux. Il prononça, à cette occasion, un discours éloquent où il démontra que la bonne intelligence entre l'Angleterre et la France était nécessaire à la conservation du nouveau système établi en Europe.

La quatrième réélection de M. Canning à la chambre des Communes, comme député de la ville de Liverpool, fut très-orageuse. Il avait beaucoup d'ennemis : le parti de l'opposition ne lui pardonna pas de s'être réconcilié avec le ministère; il aurait voulu qu'il fît cause commune avec lui, et qu'il eût renoncé à ses principes politiques. Il lui opposa dans cette élection, M. Shepherd. La lutte fut violente, mais, à la fin, M. Shepherd, ne se voyant pas assez appuyé, se retira. M. Leylan, un autre compétiteur, renonça de même à toutes ses prétentions : M. Canning fut réélu, et porté en triomphe par ses partisans. Il fit un discours dans lequel il déclara qu'il n'avait différé d'opinion d'avec les ministres que lorsqu'il regardait leur système comme n'étant pas assez vigoureux, mais qu'il s'est réconcilié avec eux depuis, ayant été convaincu qu'ils n'épargnaient rien pour amener le triomphe de la vraie liberté sur les principes pernicieux de la révolution française. « Je sais, ajouta-t-il, que les « membres de l'opposition qui veulent concentrer « le ministère dans quelques grandes familles, qui, « en se moquant de la légitimité à l'égard des « trônes, prétendent à des talens politiques héré-« ditaires, me traitent d'aventurier. Je ne com-« prends pas ce qu'un semblable reproche peut « signifier dans un pays où toutes les carrières sont « ouvertes à tout le monde : mais j'accepte cette « qualification; elle désigne un homme qui, comme « représentant, ne veut dépendre que de la nation, « et qui, pour servir sa patrie, ne croit pas avoir « besoin de l'appui de cent générations d'illustres « ancêtres. »

Quelques jours après, M. Canning fut présenté au Roi, en qualité de président du bureau des Indes, place très-importante. Il fut nommé, en août 1816, ambassadeur extraordinaire près la fédération hélvétique. A cette nouvelle élévation, il sembla que rien ne manquât à son bonheur; mais la fortune lui réservait une carrière encore plus vaste. A la mort du comte de Londonderry, (lord Castlereagh), M. Canning le remplaça au ministère des affaires étrangères, et fixa alors l'attention de toute l'Europe.

Au moment où nous écrivons, il paraît que M. Canning a l'intention de suivre une politique plus juste et plus libérale que celle de son prédécesseur. La Grèce, autrefois le foyer des arts et des sciences, la Grèce, jadis si féconde en grands génies, combattant aujourd'hui pour son ancienne liberté, et pour reprendre sa place parmi les nations de l'Europe, ne voit pas en lui un adversaire de son indépendance. Les Espagnols, victimes, depuis si long-temps, du despotisme de leur gouvernement, et de l'ineptie barbare de l'inquisition, monstre sanguinaire qui, dans tous les pays qui ont eu le malheur de le connaître, n'a eu pour but que d'étouffer les germes de liberté et de génie, espèrent trouver en lui un appui et un défenseur de leur liberté, et de la constitution courageusement proclamée en 1812 en face les baïonnettes étrangères, et reconnue alors par les Souverains de l'Europe. On ne peut attribuer qu'aux talens de M. Canning l'union qui existe maintenant en Angleterre entre le gouvernement et la nation : il n'y a qu'une voix en faveur des efforts généreux de ces deux peuples. La défense de fournir des munitions à l'Espagne vient d'être levée, et déjà plusieurs bâtimens sont en mer pour en approvisionner la péninsule. Rien ne vient mieux à l'appui de ce que nous venons d'avancer, que la séance de la chambre des Communes du 28 février 1825, dans laquelle M. Canning a réfuté le discours de M. Châteaubriand, prononcé à la Chambre des députés de France, et dans laquelle l'opposition, en reconnaissant sa franchise, lui a accordé des applaudissemens unanimes.

M. Canning est doué d'un extérieur agréable. Il possède un grand fonds d'érudition dont ses discours se ressentent. Sa conversation est pleine de vivacité, et abonde en sarcasmes. Les succès qu'il a obtenus, dans sa carrière politique, lui ont fait beaucoup d'ennemis, mais l'ont élevé au faîte de la puissance ministérielle.

L.RE N.AS M.TE CARNOT,

LIEUTENANT GÉNÉRAL.

Chevalier des Ordres Royal et Militaire

de S.t Louis et de la Légion d'honneur.

Né le 13 Mai 1753, à Nolay Dép.t de la Côte d'Or.

Il a organisé la victoire.

Moniteur An 3, page 1104.

Déposé.

A Paris, chez l'Auteur

CARNOT.

S'il est rare de rencontrer des hommes distingués par un grand talent ou par un grand caractère, il l'est bien plus encore d'en trouver qui aient réuni, à-la-fois, ce grand caractère, et des talens tellement variés que chacun d'eux eût pu suffire à établir une grande réputation : ici le génie fécond et l'ame élevée se sont tellement identifiées qu'il eût été difficile de fixer le genre où ils n'eussent pas excellé.

L'étude des sciences exactes, où tout est démonstration rigoureuse, étouffe ordinairement l'imagination, préoccupe l'esprit, arrête l'activité. Le savant aspire à un genre de gloire qui n'est pas celle du guerrier, ni celle de l'homme d'état, ni celle de l'orateur. Il semble même qu'il y ait, jusqu'à un certain point, une espèce d'incompatibilité entre ces divers genres de gloire. Homère s'est immortalisé en chantant les victoires des héros qu'il n'avait pas l'ambition d'imiter; Démosthène sut toujours mieux parler que combattre; Archimède ne songea pas à quitter son compas pour les armes.... Xénophon et César, hommes à grand caractère, et tout à-la-fois politiques, savans, guerriers, orateurs, ont passé pour des génies extraordinaires. Les temps modernes offrent peu d'exemples semblables.

CARNOT (Lazare-Nicolas-Marguerite), lieutenant-général des armées du Roi, chevalier de l'ordre royal et militaire de Saint-Louis et de la Légion-d'Honneur, naquit à Nolai, au duché de Bourgogne, le 13 mai 1753. Il entra au service le 1er janvier 1771, en qualité de lieutenant, dans le corps royal du génie militaire. Il était parvenu au grade de capitaine par rang d'ancienneté, lorsqu'en 1783 l'académie des sciences, arts et belles-lettres de Dijon, lui décerna un double prix pour son éloge du maréchal de Vauban. En 1784 cette académie le choisit pour l'un de ses membres. Carnot était déjà l'associé et le correspondant de plusieurs sociétés savantes; il fut agrégé depuis à presque toutes celles établies en Europe; deux fois il fut nommé membre de la première classe de l'Institut, et deux fois il en fut exclu par suite des évènemens politiques.

On a de ce savant plusieurs ouvrages sur les hautes mathématiques, et sur l'art de la guerre : son traité de la Défense des places fortes est à sa troisième édition; presque tous ses autres ouvrages ont été plusieurs fois réimprimés et traduits en diverses langues. Son génie sut s'élever et descendre à tous les genres; la poésie vint quelquefois embellir ses loisirs : il reste de lui des pièces charmantes répandues dans différens recueils. Carnot fut nommé député à la première législature, par le département du Pas-de-Calais, en 1791; il fut renommé à la Convention nationale en 1792, et il le fut par quatorze départemens à l'assemblée législative qui remplaça la Convention nationale; il y fut membre du conseil des anciens. A la première législature, il fit partie des comités diplomatique et d'instruction publique; il y fut souvent consulté par le comité militaire. A la Convention nationale, la direction de la guerre lui fut confiée. Tout était alors à créer; tout le fut comme par enchantement, et les quatorze armées qu'il forma obtinrent de prodigieux succès, ce qui fit dire à la tribune de la Convention nationale *qu'il avait organisé la victoire*. Après le 9 thermidor, il fut unanimement reconnu que, loin d'avoir été le partisan du régime de la terreur, il s'était toujours montré l'ennemi le plus implacable de Robespierre et de ses adhérens. Nommé en l'an 4 l'un des membres du directoire exécutif, qu'il présida deux fois, Carnot y reprit la direction de la guerre; ce qui ne l'empêcha pas de mettre tous ses soins à faire oublier les malheurs inséparables d'une grande révolution; et peut-être y serait-il parvenu sans la funeste journée du 18 fructidor, qui amena sa proscription. Retiré dans une ville libre d'Allemagne, Carnot écrivit sur les évènemens de fructidor. Cet écrit porta un coup mortel à ses proscripteurs. Bonaparte n'eût qu'à se présenter, le 18 brumaire, pour les renverser. En rappelant Carnot, Bonaparte ne fit que céder à l'opinion publique; car il n'avait pas, à beaucoup près, été étranger à sa proscription. De retour en France, il fut nommé inspecteur-général aux revues; et à peine l'organisation de ce nouveau corps fut-elle terminée, sous sa présidence, qu'il fut fait ministre de la guerre. Il prépara les moyens de réparer les pertes énormes que la France avait éprouvées depuis sa retraite du directoire; et dans moins de deux mois, tout fut prêt pour entrer en campagne; dans le troisième, fut donnée et gagnée la célèbre bataille de Marengo, qui préludait à de nouvelles victoires. Cependant, contrarié sans cesse dans ses plans, Carnot donna sa démission du ministère, au mois de vendémiaire an 9. En l'an 12, Carnot fut nommé au tribunat par le sénat conservateur. Dans ce nouveau poste son courage fut le même; il s'opposa avec énergie à ce que Bonaparte fût nommé consul à vie, et plus fortement encore à ce qu'il fût promu à l'empire; il fut le seul qui osa se déclarer hautement. Le tribunat dissous en l'an 13, Carnot rentra de nouveau dans la vie privée, sans jouir d'aucune pension civile ni militaire. Cet état de choses dura jusqu'en 1810, que Napoléon lui fit expédier de Schœnbrun un brevet de pension, comme ancien ministre de la guerre. En 1814, la France se trouvant menacée d'une invasion, Carnot offrit ses services à la patrie. La lettre énergique et sévère qu'il écrivit à l'empereur sera recueillie par l'histoire. Napoléon le nomma gouverneur d'Anvers. Après avoir couru mille dangers pour se rendre à sa destination, Carnot arriva dans cette place au moment même que l'on commençait le bombardement. Il ne lui fallut que quelques jours pour se préparer à une sortie vigoureuse; il détruisit de fond en comble les travaux des assiégeans, qui depuis n'osèrent plus rien entreprendre, et se contentèrent de lui écrire des lettres tout à-la-fois flatteuses et insidieuses pour l'engager à remettre la place. Carnot sut y répondre avec dignité, et maintenir l'ordre et la tranquillité dans la ville, malgré tous les élémens de discorde qui s'y trouvaient réunis. Lorsqu'il eut la connaissance officielle de l'entrée du Roi à Paris, et qu'Anvers avait été cédé aux puissances alliées, il quitta cette place après y avoir fait arborer la cocarde et le drapeau blancs. Bientôt après son retour à Paris, croyant s'apercevoir que le gouvernement marchait à sa ruine par l'impéritie de ses agens, Carnot conçut l'espoir de faire cesser cet état de choses, en signalant le danger d'une pareille conduite, et en indiquant les moyens à prendre pour consolider le gouvernement royal. Il composa en conséquence un écrit qu'il destina à ne paraître que sous le voile de l'anonyme. Ce fut cet écrit qui, sous le nom de *Mémoire au Roi*, qui n'était pas son véritable titre, fit tant de bruit lorsque l'auteur en fut connu; mais déja depuis plusieurs mois cet ouvrage était presque oublié, lorsqu'on apprit à Paris! e débarquement de Napoléon. Cette nouvelle y excita la plus grande fermentation; et Carnot s'apercevant que sa maison était surveillée, crut prudent de se mettre à l'abri des évènemens; il ne sortit de sa retraite que le lendemain de l'arrivée de l'empereur à Paris, lorsque déjà le bruit s'était répandu qu'il avait organisé son gouvernement; mais dans la nuit suivante, Carnot reçut l'ordre de prendre le portefeuille de l'intérieur, le seul qui fût alors resté vacant. Cette nomination parut avoir l'assentiment général; Carnot répondit à l'attente de tous par la conduite sage et modérée qu'il tint pendant la courte durée de son ministère. Carnot accorda une protection spéciale à la méthode de l'enseignement mutuel; il s'opposa de tout son pouvoir aux articles additionnels aux constitutions de l'empire; mais il dut s'y soumettre, la situation critique où se trouvait en ce moment la France ne lui permettait pas de donner sa démission. Carnot avait été nommé ministre avec le titre de comte, pair de France, et grand-officier de la Légion-d'Honneur. La bataille de Waterloo, perdue peut être pour n'avoir pas exécuté le plan de campagne que l'on assure avoir été tracé par ce général, et l'empereur ayant été contraint de donner une seconde abdication, Carnot fut le premier nommé l'un des cinq membres de la commission du gouvernement. Ses collègues, qui savaient toute la confiance que l'armée avait en lui, l'y députèrent dans un moment où les esprits s'y trouvaient dans la plus dangereuse fermentation; et sa seule présence fit tout rentrer dans l'ordre. Ce fut par des manœuvres habiles, indiquées par Carnot, que l'on parvint à obtenir des alliés, qui voulaient entrer à Paris de vive force, ou que l'armée se rendît à discrétion, la signature de la convention du 3 juillet. Carnot quitta Paris le 8, et le 24 du même mois il se vit compris sous le n° 2 de l'ordonnance du Roi. Il fit paraître alors un exposé de sa conduite politique, qui fut distribué aux chambres et aux membres du gouvernement; mais déjà l'on avait le pressentiment de ce que tenterait la trop mémorable chambre des députés de 1815. Carnot prit alors le parti de profiter des passeports qui lui avaient été délivrés par ordre de l'empereur de Russie, passeports qui avaient été visés par le ministre de la police générale. Il se rendit à Varsovie, où il passa plusieurs mois, et où il reçut l'accueil le plus distingué de toutes les classes de citoyens. Carnot a fixé depuis son séjour à Magdebourg, où il jouit comme à Varsovie d'une grande considération. Il s'y occupe uniquement de la culture des lettres, et de l'éducation d'un de ses fils qui l'a accompagné dans son exil. C'est à Carnot que l'on doit cette hardie et nouvelle tactique militaire si bien appropriée au génie français, et qui a rendu si souvent nos phalanges victorieuses. Il ne se contentait pas d'établir les plans de campagne; dans maintes occasions il sut payer de sa personne, et joindre l'exemple au précepte. A la bataille de Watignies, qui devait décider du sort de la France, il combattit à pied à la tête des grenadiers, et il enleva à la baïonnette le village qui appuyait la gauche de l'ennemi, ce qui le força de lever précipitamment le blocus de Maubeuge. Pendant tout le temps que dura le bombardement d'Anvers, on le vit toujours aux postes les plus périlleux. Cette ville lui doit la conservation de l'un de ses plus riches et de ses plus vastes faubourgs, dont il jugea la destruction inutile, quoiqu'elle fût ordonnée. Le nom de Carnot, que les Anversois donnèrent à ce faubourg, fut un témoignage éclatant de leur reconnaissance.

Carnot réunit à des connaissances solides, profondes et variées, aux talens militaires, à la science de l'homme d'état, un ardent amour de la patrie, un cœur tout français: modeste dans la prospérité, impassible dans l'adversité, son courage ne l'a jamais abandonné. Peu d'hommes ont été aussi souvent et aussi injustement calomniés; et cependant la seule vengeance qu'il se soit permise a été le silence du mépris; il ne s'est jamais rappelé de ses ennemis que pour les assister dans le malheur, les consoler et les combler de ses bienfaits lorsqu'il a pu leur être utile. Il entre dans ses principes de les sacrifier au besoin pour maintenir le gouvernement établi. Si le génie, l'honneur, le courage, si les services signalés rendus à son pays, si les vertus publiques et privées sont un gage assuré de l'estime publique, qui la mérite mieux que Carnot!

Une délicatesse et un désintéressement à toute épreuve n'honorent pas moins Carnot: il est resté pauvre, malgré tous les moyens qu'il eut d'établir une grande fortune: exemple tout à-la-fois si beau et si rarement imité!....

Théophile Mandar.

ROBERT STEWART,

VICOMTE DE CASTLEREAGH Cᵀᴱ DE LONDONDERRY,

Ministre Secrétaire d'État des Affaires Étrangères
du Royaume uni de la Grande-Brétagne &c. &c. &c.

Né en Irlande en 1769, Mort à Londres, le 22 Août 1822.

A Paris, chez L'Auteur, Rue des Francs Bourgeois, N.º 6. F. S. G.   Déposé

LE COMTE DE LONDONDERRY.

Si la justice ne peut refuser son tribut d'éloges aux talens d'un ministre, l'humanité regrette trop souvent qu'ils n'aient pas été employés pour la défense de sa cause sacrée, et que la diplomatie qui devrait être fondée sur l'équité, et n'avoir pour but que le bonheur des peuples, ne soit guère que l'art de tromper et d'asservir les nations. Ces réflexions ne sauraient mieux s'appliquer qu'à l'élève et au successeur de Pitt : il eut de grands talens, mais qui, bien loin de faire le bonheur de sa patrie, lui furent presque aussi funestes qu'aux autres États.

CASTLEREAGH (Robert - Stewart, vicomte), comte de Londonderry, Secrétaire d'État pour les affaires étrangères, lord-commissaire pour le commerce et les colonies, curateur du musée britannique, commissaire pour les affaires de l'Inde, lord-lieutenant du comté de Londonderry en Irlande, conseiller privé de S. M. Britannique, membre de la société royale de Londres, etc., etc., etc., naquit en Irlande, en 1769. Il fut élevé à Armagh, jusqu'en 1786, et termina ensuite ses études au collège de Saint-Jean à Cambridge. Il n'avait pas encore atteint l'âge de vingt-un ans, lorsqu'il se vit nommé membre de la Chambre des Communes pour le comté de Down, grâce à l'influence et à la fortune de son père, qui distribua à cet effet, pendant le temps que dura l'élection, la somme de 30,000 livres sterling, (750,000 francs). Il y débuta par un discours où il défendit le droit que devait avoir l'Irlande de trafiquer directement avec les Grandes-Indes. Se fiant à ce discours patriotique, le parti de l'opposition espéra trouver, dans ce jeune orateur, un nouvel appui; mais il fut bientôt détrompé. L'attrait du pouvoir, et l'espoir d'y atteindre, le firent se ranger du côté du Ministère; et bientôt le succès couronna ses efforts. A la mort de lord Cambden, il le remplaça dans le gouvernement de l'Irlande, ce malheureux pays que l'Angleterre s'est toujours plu à opprimer. Il ne démentit pas, dans son nouvel emploi, l'espérance de ceux qui l'y avait placé, et l'Irlande vit, dans un de ses enfans, l'ennemi le plus

implacable de ses droits et de sa liberté. A force d'argent, de sévérités les plus atroces, et, il faut l'avouer, de talens, la fameuse réunion de l'Irlande à l'Angleterre eut lieu dans l'année 1800. Après cette réunion, lord Castlereagh fut nommé conseiller privé et président du conseil du contrôle; et lorsque Pitt reprit la direction des affaires, il devint ministre de la guerre. A la mort de Pitt en 1806, lui et ses collègues se retirèrent; mais à la chute du nouveau ministre, lord Castlereagh fit partie de l'administration de M. Perceval, et rentra dans son premier poste, dans lequel il fut remplacé en 1807.

Redevenu, dans la même année, ministre de la guerre, il se battit en duel contre M. Canning, au sujet de l'expédition de Walcheren, dans lequel ce dernier fut blessé, et se retira du ministère.

Ce fut en novembre 1813, qu'on vit le noble lord commencer son rôle de plénipotentiaire. Après la conclusion du traité qui suivit la première déchéance de Napoléon, il arriva à Paris; l'empereur Alexandre voulut qu'il le signât; mais le ministre anglais s'en défendit, et ne donna son sceau à l'article qui conservait à Napoléon le titre d'empereur et un traitement considérable, que lorsqu'il vit qu'on était décidé à s'en passer.

Représentant de l'Angleterre au congrès de Vienne, on vit ce fléau de son pays plaider la cause des nègres, et demander avec instance l'abolition de cet infâme trafic; mais cette proposition rencontra de grands obstacles de la part de plusieurs potentats dont l'humanité était sans doute moins désintéressée que celle de sa seigneurie, qui n'obtint que des promesses d'une abolition graduelle.

Du congrès de Vienne, lord Castlereagh passa par Paris pour retourner en Angleterre, où il éluda, avec son talent accoutumé, les vives attaques de l'opposition relativement à sa mission à Vienne, et à l'évasion soudaine de Napoléon de l'île d'Elbe. A cette époque, malgré les entraves de l'opposition, malgré leurs vœux que la paix ne soit pas interrompue, le ministère anglais vint à bout de faire prendre les mesures les plus rigoureuses contre la France, et d'envoyer, à cet effet, des secours formidables.

Il est bon de faire remarquer ici, que ce que Napoléon a fait insérer dans le Moniteur, que le peuple s'était porté avec fureur devant la maison de lord Castlereagh, n'était pas faux. Les clameurs du peuple contre la guerre furent générales : accablé déjà d'impots, il craignait de voir augmenter ses fardeaux, et éclata avec violence. Il menaçait même d'incendier les maisons des ministres; et on fut obligé, pendant plusieurs jours et plusieurs nuits, de placer des postes militaires dans les principaux quartiers de Londres, afin d'empêcher les excès populaires. Mais rien n'arrêta les projets du ministère.

Au commencement du mois de juillet, lord Castlereagh partit pour Bruxelles, et, après la bataille de Waterloo, se hâta de se rendre à Paris, où bientôt se trouvèrent réunies les grandes puissances européennes. Ce fut là que lord Castlereagh s'occupa à faire rendre au pape les monumens précieux qui, trophées de la gloire française, ornaient alors le musée parisien. En retour de ses services, le ministre protestant reçut du chef de l'église catholique des témoignages de reconnaissance et des présens d'un grand prix. Comblé d'honneurs, élevé jusqu'aux cieux par les journaux ministériels, cet habile diplomate retourna à Londres, après être venu à bout de terminer une guerre sanglante de près de trente ans.

Lors du soulèvement des Grecs contre leurs barbares oppresseurs, lord Castlereagh, fidèle à son système, se garda bien de prêter les mains aux efforts généreux de ce malheureux peuple. Il souffrit que Sir Thomas Maitland, lord-haut-commissaire de S. M. Britannique dans les îles Ioniennes publiât une proclamation des plus despotiques, pour défendre aux Ioniens, sous des peines arbitraires, d'embrasser la cause de leurs frères, ou même de leur fournir les moindres secours. Le changement du gouvernement qui eut lieu à Naples, et les prétentions de la triple alliance au congrès de Laybach, firent craindre à lord Castlereagh que la paix de l'Europe ne soit troublée. Après avoir fait tous ses efforts pour la conserver, il protesta formellement contre le droit que prétendaient avoir les souverains absolus d'intervenir à main armée dans les affaires intérieures des Etats voisins des leurs : cependant il ne jugea pas à propos de s'opposer aux entreprises de l'Autriche sur Naples et le Piémont, et il se contenta de garder la plus stricte neutralité. En avril 1821, la mort de son père lui conféra le titre de comte de Londonderry. Vers les derniers temps de sa vie, ce ministre s'aperçut un peu trop tard, il est vrai, que toutes ses vues politiques, bien loin d'avoir mis l'Angleterre à la tête des nations européennes, n'avaient servi qu'à la placer, pour ainsi dire, à la suite de la sainte alliance : aussi, vit-on un grand changement dans la politique du nouveau lord Londonderry. Il reconnut le blocus imposé par les Grecs dans les îles ioniennes, et envoya Sir William A'Court à Madrid avec des instructions secrettes : le choix d'un tel envoyé prouve assez dans quelle intention.

Depuis quelque temps, il se vit obligé de répondre seul à l'opposition, ses collègues prenant rarement la parole. Un travail perpétuel, le fardeau des affaires publiques, et, peut-être, le regret de se voir joué, produisirent chez lui un ennui mortel, qui altéra sensiblement sa santé : ce diplomate qui avait rempli l'Europe de son nom, mit fin lui-même à son existence, le 12 août 1822.

Lord Londonderry avait une belle taille et des manières nobles, une éloquence facile et gracieuse. Il possédait surtout une impassibilité que les attaques les plus violentes de l'opposition ne lui faisaient jamais perdre, et l'art d'éluder leurs questions en ne laissant jamais dévoiler ce qu'il voulait tenir caché.

Toujours poli, écoutant avec calme les discours les plus forts contre son administration, il fut toujours écouté avec la même attention.

Il aurait été à souhaiter que son caractère public ait toujours été semblable à son caractère privé : sa mort eût été pleurée par son pays aussi bien que par sa famille.

CHARLES PHILIPPE DE FRANCE,

Monsieur, Comte d'Artois,

Né le 9 Octobre 1757, à Versailles, Dép.t de Seine et Oise).

A Paris, chez l'Auteur, Rue des Francs-Bourgeois, N.o 6, F. S. G.   Déposé à la Direction.

LE COMTE D'ARTOIS.

Tous ceux qui, par leur rang ou par leur naissance, influent sur les destinées des hommes, n'ont jamais eu un plus grand besoin des qualités éminentes qui les distinguent, que pendant les 25 ans qui viennent de s'écouler; et ceux-là ont plus particulièrement fait preuve de jugement et de fermeté, qui, supérieurs aux événemens que trop souvent fit naître le hasard plutôt que la sagesse, sont restés invariablement attachés aux principes sacrés sur lesquels se fondent l'honneur des grands, la gloire des trônes et le bonheur des peuples. Si d'ailleurs ils ont montré une ame égale dans l'une et dans l'autre fortune, sans se laisser abattre par les revers, ni exalter par les succès. Tel est le Prince auguste dont nous allons crayonner les traits, tel il parut au milieu des circonstances difficiles où il se trouva, et qu'il sut maîtriser par sa prévoyance, autant que par son courage. Ce Prince aimable possédait surtout le bon ton et les belles manières qui rendaient si recommandables le Français du dernier siècle. Renommé dans sa jeunesse, pour la vivacité de son esprit, sa politesse, son urbanité, et son goût éclairé pour les lettres, il le fut dans un âge mûr, par ses lumières, sa franchise, et la force de son caractère; toujours on reconnut en lui les sentimens d'un vrai Chevalier, d'un grand Prince, et d'un sujet fidèle et loyal. S'il eut un peu quelquefois de l'insouciance de Charles VII, il eut aussi des qualités qu'on admirait dans François Ier, et cette bonté, cette franchise et l'aimable enjouement de Henri IV, qui ne l'ont jamais abandonné. Doué du courage des héros de sa race, il a, comme eux, cette profondeur de vues qui sait disposer un plan avec sagesse, et cette raison supérieure qui prévoit les obstacles et en triomphe; et si son nom ne figure pas parmi ceux des guerriers, c'est que des liens, qu'il lui fut impossible de rompre, ont constamment enchaîné sa valeur. Il protégea les arts, combla de ses bontés le poëte Delille, et fonda plusieurs prix en faveur de quelques sociétés savantes. Mais laissons parler les faits, qui le feront mieux apprécier que nos éloges.

Charles - Philippe comte d'Artois, Monsieur, frère du Roi, Colonel général des gardes nationales de France, né à Versailles, le 9 octobre 1757, fut créé Chevalier du St.-Esprit, le 1er janvier 1771, et marié, le 16 novembre 1773, à Marie Thérèse de Savoie, sœur cadette de l'épouse de Monsieur, Comte de Provence. Cette Princesse, qui lui donna trois enfans, une fille morte en bas âge, et LL. AA. RR. les Ducs d'Angoulême et de Berri, mourut en Angleterre, le 2 juin 1805. Monseigneur le Comte d'Artois était, avant la révolution, Colonel général des Suisses. Au mois de mai 1777, S. A. R. alla visiter les ports de l'Ouest : elle en recueillit par tout les bénédictions des peuples. C'est pendant ce voyage que S. A. R. fit les travaux de cette marine qui devait bientôt disputer aux Anglais l'empire des mers. A Bordeaux, Monseigneur le Comte d'Artois fut si touché des marques d'attachement que lui prodiguèrent les habitans, qu'il leur dit avec émotion, au moment de son départ : «Messieurs, je suis venu cette année » pour moi; l'année prochaine je viendrai pour » vous. » Au mois de septembre 1782, S. A. R. se rendit avec Monseigneur le Duc de Bourbon comme volontaire, au camp de St.-Roch. Il reçut, en venant à Madrid, l'accueil gracieux du Roi d'Espagne, qui ne l'appelait que *son cher neveu*. Arrivé devant Gibraltar, S. A. R. s'empressa d'aller visiter les ouvrages les plus avancés; on voulait modérer l'ardeur du jeune Prince : Que servirait ma » présence ici, dit-il, si je n'encourageais ces » braves travailleurs, en partageant leurs périls?» De retour à Versailles, S. A. R. fut reçue par le Roi, chevalier de St. Louis. Dès le commencement de la révolution, ce Prince en prévit les suites funestes, et se prononça contre les novateurs. Le bureau, qu'il présidait lors de l'assemblée des Notables, fut surnommé le *Comité des Francs*. La harangue qu'il prononça, respirait la loyauté la plus franche et la plus parfaite soumission aux ordres du Roi; mais son bureau ne répondit point à sa noble invitation, et les séances en furent très-orageuses, il se tint toujours en garde contre les dénonciations, et se déclara en faveur de M. de Calonne lorsque son administration fut attaquée par les Notables. Ce Prince chargé, ainsi que son frère, de faire exécuter l'enregistrement de l'édit du timbre et de l'impôt territorial, remplit, sans hésiter, cette dangereuse mission; mais instruit par les dangers qu'il avait courus, de ceux auxquels la monarchie était exposée, il présenta au Roi, conjointement avec les Princes du sang, un mémoire qui détaillait tout ce que l'on avait à craindre des prétentions du tiers-état. Après les événemens du 14 juillet, ayant été informé que sa tête avait été

mise à prix, il se déroba à la fureur de ses ennemis, et se rendit à Turin, avec sa famille, auprès
du Roi de Sardaigne, son beau-père. En 1790, le
Comte d'Artois eut une entrevue à Mantoue avec
l'Empereur Léopold. En 1791, il se rendit à Worms
avec le maréchal de Broglie et le Prince de Condé,
ce qui décida un grand nombre d'officiers à émigrer.
Après avoir séjourné quelque temps près de Bonn,
au château de Buhl, S. A. R. vint à Bruxelles et
de-là se rendit à Vienne, où il reçut de l'Empereur
l'accueil le plus distingué. Ce prince eut ensuite
une entrevue à Pilnitz avec le Roi de Prusse et l'Empereur Léopold, où furent posées les bases de la
première coalition. Mais elle resta sans effet; et les
dispositions de la cour de Vienne changèrent tellement à son égard, qu'elle lui refusa la permission
d'établir un dépôt de recrutement dans les Pays-
Bas. Après l'acceptation de la constitution de 1790,
Louis XVI, par suite des décisions prises par l'assemblée nationale contre les Princes Émigrés, invita le Comte d'Artois à revenir auprès de lui. Ce
Prince, qui arrivait à Coblentz, où il s'était réuni
à son frère Monsieur, répondit au Roi avec respect,
mais avec fermeté, que « convaincu de la captivité
» morale et physique où les ennemis de S. M. osaient
» la retenir, il resterait fidèle à son devoir et aux
» lois de l'honneur, mais qu'il n'obéirait pas à des
» ordres évidemment arrachés par la violence. »
Le parti révolutionnaire ne s'acharna plus à accuser
et à poursuivre le Comte d'Artois, qui retourna à
Turin au commencement de 1792. Lors de l'invasion de la Champagne, S. A. R. commanda un corps
de cavalerie d'émigrés. Après la mort de Louis XVI,
il fut déclaré, par son frère, Lieutenant-général
du royaume de France, et les deux princes publièrent, au château de Ham, en Westphalie, une
déclaration énonçant leurs droits à la régence. Le
Comte d'Artois partit alors pour Pétersbourg, où
Catherine II le reçut avec tous les égards possibles.
On lui avait promis 20,000 Russes, que l'Angleterre devait solder; mais l'exécution de ce projet
éprouva des lenteurs qui le firent échouer. Le
Prince retourna alors à Ham auprès de son frère ;
mais en quittant les bords du Rhin, il écrivit une
lettre flatteuse au maréchal de Broglie, et lui envoya ses diamans, ses médailles et l'épée de son
fils, pour être vendus au profit des émigrés les
plus nécessiteux. S. A. R. s'embarqua le 20 juillet
1795, à Cuxhaven pour l'Angleterre. La mort du
fils de Louis XVI lui permit alors de porter le
titre de Monsieur, qui lui fut donné à la cour de
Londres. Cependant ce Prince prenait des mesures
pour pénétrer en France. Il avait fait passer à l'a-
vance des instructions aux chefs des armées royales
de la Vendée et de la Bretagne, mais les Anglais
firent encore échouer ce projet. Le Comte d'Artois

quitta l'Ile-Dieu, où il avait fait un assez long séjour,
pour retourner en Angleterre. Ce fut à la suite de
ce voyage que S. A. R. se retira à Edimbourg,
dans le château des anciens Rois d'Ecosse. Il conçut
de nouveau l'espoir de rentrer en France, lorsqu'il vit les succès de l'armée de Suwarow; mais
cette armée, forcée bientôt d'évacuer la Suisse,
ruina le plan de la seconde coalition. Monsieur se
logea alors à Londres, pour profiter de toutes les
occasions de reconquérir le patrimoine de ses pères, et passa tout le temps, qui s'écoula jusqu'à ce
moment fortuné, soit en Ecosse, soit en Suède,
soit à Londres, où enfin à Hartwell, paisible retraite que le Roi était venu habiter avec sa famille,
en 1809. Le Comte d'Artois en partit vers le commencement de 1813, pour se rendre en Allemagne,
et les événemens de la guerre lui devenant de plus
en plus favorables, il se rendit à Bâle dans le mois
de février 1814. Bientôt assuré des dispositions du
grand nombre des Français, rien ne put l'empêcher de se montrer à eux. Quelle fut son émotion
en pressant de ses pieds le sol de la France dont
il était éloigné depuis tant d'années! quelles douces
larmes coulaient de ses yeux! rien n'égalait l'enthousiasme des peuples, que les paroles consolantes
qu'il leur adressait. De Vesoul jusqu'à Paris, sa
marche fut une espèce de triomphe : elle n'était
retardée que par l'empressement que l'on mettait
à l'entourer. On l'arrêtait à chaque pas pour le
voir et l'entendre. Cinq cents grenadiers, partis de
Paris pour lui servir d'escorte, étaient transportés
au point qu'ils le serraient dans leurs bras. Monsieur, partageant alors l'enthousiasme qu'il inspirait, fit apporter des pièces de ruban blanc, en
coupa un morceau qu'il mit à sa boutonnière, et
en distribua à tous ces gardes nationaux, en leur
disant : « Messieurs, nous avons tous les mêmes
» sentimens; portons tous la même couleur qui
» est celle du royaume.» Telle fut l'origine de la
décoration du lys. Ce fut le 12 avril que Monsieur
fit son entrée à Paris au milieu des acclamations
de la garde nationale et d'une immense population. Digne précurseur de son auguste frère, ce
ne fut de sa part, jusqu'à l'arrivée du Monarque,
qu'une suite continuelle de bienfaits, de paroles
consolantes, des promesses qu'il ne faisait que
parce qu'il connaissait les dispositions bienveil-
lantes de S. M. On cite une foule de mots impro-
visés qui suffiraient pour donner la juste mesure
de son cœur et de son esprit, si on ne l'eût pas
connue d'ailleurs. On s'étonnait de voir Monsieur
arriver sans gardes. « A travers cette double haie
» de cocardes blanches, répondait le Prince, je
» n'en avais pas besoin. » Dans une autre circonstance, S. A. R. s'écriait : « Je revois enfin la
» France; rien n'est changé; il n'y a qu'un Français

» de plus. » En rentrant aux Tuileries : « Après
» tant de traverses, disait Monsieur, il est doux
» de se reposer dans le palais de ses pères, et sur
» vos lauriers, Messieurs, en se tournant du côté
» des Maréchaux qui l'accompagnaient. » Après un
discours rempli du plus tendre intérêt pour le
bonheur des Français, quelqu'un s'étant écrié :
« Ah! c'est bien le fils de Henri IV ! » Monsieur
reprit : « Son sang coule dans mes veines, je vou-
» drais avoir ses talens, mais je suis sûr d'avoir
» son cœur et son amour pour les Français. » Ainsi,
tant qu'il représenta le Roi, Monsieur charma tous
ceux qui l'approchaient par son affabilité, ses manières franches et nobles, et chaque jour ajoutait
aux sentimens d'amour que son retour avait excités. Et une fois entre autres cédant à la force de ceux
qu'il éprouva lui-même, il laissa échapper ces paroles touchantes : « Que je suis heureux! que je
» suis heureux! » Tel est le spectacle que présenta
constamment Monsieur jusqu'à l'arrivée de Louis-
le-Désiré, spectacle dont l'intérêt ne put que s'accroître par celui qu'offrit à toute la France l'union
intime des membres de l'auguste famille, appelée
par la Providence à faire son bonheur. La plupart
des maux qu'avaient causés l'ancien gouvernement
étaient réparés, et des mesures étaient prises pour
en faire disparaître jusqu'aux moindres vestiges,
lorsque la nouvelle de l'invasion de Napoléon sur
le territoire français, parvint à Paris. C'était le 5
mars. Monsieur partit la nuit suivante et arriva le
8 à Lyon. Il fit tout disposer pour la résistance,
mais malheureusement il ne trouva dans la ville
aucune munition de guerre; on comptait sur la
garnison de Grenoble, et sur les troupes des départemens que Napoléon devait parcourir, mais une
défection inattendue rendit toutes ces espérances
vaines. Monsieur, qui avait montré un courage au-

dessus de tout éloge, n'en fut pas moins forcé d'a-
bandonner Lyon, et partit pour Paris, suivi d'un
seul officier de cavalerie. Le Prince y fit les mêmes
tentatives qu'à Lyon avec aussi peu de succès. Convaincu enfin de l'impossibilité de faire passer aux
autres l'énergie de son ame, il se mit à la tête de
la maison militaire du Roi, avec le Duc de Berri,
et partit du château des Tuileries dans la nuit du
20 mars, une heure après le départ du Roi. Mais
cet orage terrible ne fut que passager. A l'exception de quelques coupables en petit nombre, la
nation française se divisa en deux parts. L'une, et
c'était l'immense majorité, resta fidèle à ses Souverains légitimes; l'autre peu nombreuse, après
avoir montré un instant d'hésitation et de faiblesse,
revint à eux avec un dévouement que rien ne devait plus ébranler. Et lorsque S. A. R. reparut au
milieu d'eux, il les retrouva fidèles, et reconnut
tous les sentimens qu'il leur avait d'abord inspirés.
Les deux faits suivans peignent trop bien la belle
ame de Monsieur, pour qu'il soit permis de les
passer sous silence. Ce Prince visitait l'Hôtel-Dieu.
En passant sur le pont St.-Charles, il aperçut le
château des Tuileries. « Voilà, dit-il, une perspec-
» tive heureuse, il est bien que l'asile des pauvres
» soit ainsi placé sous les yeux du Roi. » Si ce
premier trait prouve la sensibilité de son ame, le
second en montre la délicatesse jointe au sentiment
profond des convenances. On avait proposé, dans
la chambre des pairs, de voter des remerciemens
au Duc d'Angoulême pour sa conduite dans les
départemens méridionaux. Son auguste père les
refusa constamment, en disant que le Duc d'Angoulême étant Français et Prince Français, il ne pouvait oublier « que c'était contre des Français égarés
» qu'il avait été obligé de combattre, ni combien
» cette cruelle nécessité avait coûté à son cœur. »

CHARLES XIV.

Roi de Suède et de Norvège.

Né le 26 Janvier 1764, à Pau en Béarn.

(Le premier qui fut Roi fut un soldat heureux.)

A Paris, chez l'Auteur, Rue des Francs-Bourgeois, N.º 6. F. S. G.   Déposé au Bureau des Estampes.

CHARLES XIV,

ROI DE SUÈDE ET DE NORWÈGE.

Le premier qui fut Roi fut un soldat heureux.
(Voltaire, *Mérope.*)

La fortune, dit-on, dispense aveuglément ses faveurs, et parfois le hasard contribue à l'élévation des hommes presqu'autant que le génie et les vrais talens. Sans détruire les probabilités de cette assertion, il sera toujours facile de distinguer ce qu'il y a d'heureux et de juste dans les honneurs qu'obtient l'homme d'État ou le général d'armée : dans la première acception, il sait rarement soutenir son bonheur et ne peut long-temps captiver la confiance de ceux qui l'observent ; ce qu'il dût aux événemens, d'autres circonstances le lui ravissent, il est le jouet de ce même hasard qui le replace dans la foule d'où il l'avait tiré ; dans la seconde au contraire, c'est alors qu'il parvient au faîte des grandeurs, qu'il montre, avec plus de justesse et d'énergie, combien il était digne d'un pareil sort ; non seulement il sait conserver les droits qui lui sont confiés, mais encore il sait captiver notre estime et notre admiration. Si les qualités de son cœur répondent à celles de son génie, bientôt l'amour de ses semblables éternise ses moindres actions et devient le tribut de leur vive reconnaissance : heureux le souverain qui peut mériter un pareil hommage et compter sur un tel soutien.

CHARLES JEAN (Bernadotte), Roi de Suède et de Norwège, grand'croix de la Légion d'honneur, etc., etc., etc. ; né à Pau (France), département des Basses-Pyrénées, le 26 janvier 1764.

Entré au service comme simple soldat, en 1780, il se trouvait à l'époque de la révolution sergent dans le régiment Royal-marine, dont M. Merle d'Ambert était colonel ; son activité, ses talens, sa bravoure, lui valurent un avancement rapide, et il commandait déjà une demie-brigade lorsque le général Kléber, auquel appartenait le droit de juger du mérite des braves, l'ayant remarqué, l'employa avec succès dans plusieurs expéditions, et le fit nommer général de brigade. Il obtint ensuite le commandement d'une division de l'armée de Sambre et Meuse, à la tête de laquelle il se trouva à la bataille de Fleurus, en 1794.

En 1795, il coopéra puissamment au passage du Rhin, près de Neuwied, et s'empara de la ville d'Altorf. Envoyé à l'armée d'Italie, dans le cours de cette même année, il partagea la gloire de cette fameuse journée qui vit les Français vaincre les flots courroucés du Tagliamento, ainsi que les ennemis nombreux qui s'opposaient à nos succès. Le général Bernadotte, après cette mémorable victoire, prit, en peu de jours, *Palma-nova*, *Lamina*, *Caporetto*, et, enfin, plusieurs positions d'où l'armée obtint les plus grands avantages, et dont la perte paralysa les forces ennemies.

En septembre 1797, il fut nommé commandant de Marseille : mais préférant le poste qui pouvait le placer en face des armées étrangères, il se disposait à retourner à la tête de sa division lorsqu'il fut envoyé comme ambassadeur à la cour de Vienne, où il arriva en janvier 1798.

Une insulte qu'il reçut de la part des habitans, dans une fête, à la suite de laquelle, le palais de France fut forcé, et plusieurs coups de fusils furent dirigés contre lui, le déterminèrent à quitter la capitale de l'Autriche. Arrivé à Paris, il refusa successivement le commandement de la cinquième division militaire et l'ambassade de La Haye.

Après l'espèce de révolution du 30 prairial an 7, qui expulsa Merlin, Treillard et Reveillère-Lépeaux du Directoire, le général Bernadotte fut nommé ministre de la guerre, et donna à ce département une impulsion qui n'avait point existée jusqu'alors. Cependant ses liaisons avec quelques démocrates alarmèrent le Directoire, ou plutôt, la jalousie de quelques révolutionnaires parvint à faire suspecter ses intentions, et il fut remplacé par Millet-Mureau.

L'événement du 18 brumaire, auquel pourtant il s'était opposé, lui valut la place de conseiller d'État et celle de général en chef de l'armée de l'Ouest, dont il remit, l'année suivante, le commandement au général Laborde, sa santé s'étant affaiblie de la manière la plus alarmante. Il échappa cependant à cette maladie, et fut fait maréchal d'Empire en 1804.

Il obtint ensuite le commandement de l'armée de Hanovre, et, quelques mois après, fut nommé chef de la huitième cohorte de la Légion d'honneur, décoré de plusieurs ordres étrangers, enfin créé prince de Ponte-Corvo.

Employé de nouveau dans la guerre contre la Prusse, il rencontra l'ennemi à Halle, battit jusques à sa réserve, s'empara de la ville, et continua, pendant cette campagne et la suivante, à se distinguer par les plus beaux faits d'armes et la plus rare intrépidité.

En 1809, chargé du commandement du neuvième corps, composé en partie de Saxons, il remporta un très-brillant avantage sur les Autrichiens, en avant du pont de Lintz, et concourut, avec succès, à toutes les opérations de cette guerre.

A la nouvelle du débarquement des Anglais dans l'île de Walchren, il quitta précipitamment l'armée où il commandait, et prit la direction des forces destinées à les repousser : leur fuite honteuse lui donna à peine le temps de les combattre, mais ne laissa aucun doute sur la sagesse de ses dispositions et l'heureux effet de ses savantes manœuvres. Après leur départ il revint à Paris; fut proclamé prince royal de Suède par les États-généraux de ce Royaume, le 21 août 1810, et le 1.er novembre de cette même année fit son entrée à Stockolm.

Sa carrière ne cessa pas un instant d'être jonchée des palmes de la victoire; mais en s'applaudissant de celles qu'il moissonna à la tête des armées françaises, il regretta, sans doute plus tard, celles que le malheur des temps et la force des choses lui firent cueillir contre sa patrie : avouons-le pourtant, avec douleur, le Prince royal de Suède avait dû cesser d'être Français.

Après les désastres qui suivirent le séjour des troupes françaises à Moscou, Charles Jean entra ouvertement dans la coalition, se mit à la tête d'un corps suédois, se réunit aux Anglais et aux Prussiens, attaqua les Français sur divers points, et se rendit ensuite à Berlin où, placé bientôt après à la tête de toutes les forces coalisées, il ne cessa de poursuivre l'armée française que lorsqu'elle eut repassé le Rhin. Là parut se borner la part qu'il voulait prendre à la défaite de ses anciens compagnons d'armes, et à la ruine de leur patrie. Il resta, en effet, dans le Brabant hollandais pendant que les alliés marchaient sur Paris, et ne parut dans cette capitale qu'après la chûte de Napoléon et la restauration de la maison de Bourbon.

On prétend même que des motifs politiques lui firent abréger son séjour en France; quoiqu'il en soit, après avoir visité S. M. Louis XVIII à Compiègne, il rejoignit son armée à Lubeck et se prépara à marcher contre la Norwège. Il publia alors un ordre du jour, ainsi conçu : « à l'époque où le Danemarck fournissait » à la France des marins pour ses flottes, la Suède » refusa de s'incliner devant l'idole du jour, et, se » confiant à ses propres forces, refusa de fournir » ceux qu'on lui demandait; elle a fait plus, elle s'est » unie à cette époque, la plus critique dont puissent » faire mention nos annales, au Monarque dont Napoléon avait juré la perte : elle est fière d'avoir devancé, dans cette résolution, toutes les autres » nations. »

Toujours heureux, il prit possession de la Norwège au mois de novembre 1814, et se fit chérir de ses nouveaux sujets. C'est en vain que de nouveaux événemens vinrent encore changer la face du monde politique, et firent descendre une seconde fois du trône l'un des plus anciens camarades de Bernadotte; la fortune du Prince royal de Suède n'en a pas été ébranlée, et tout porte à croire qu'il achèvera sa carrière avec autant de gloire et plus d'honneurs qu'il ne l'a commencée.

Esprit vaste, calme et solide, âme forte et généreuse, intelligence aussi vive qu'éclairée : telles sont les qualités de ce prince destiné à donner des leçons aux peuples, et aux rois des exemples; il sut dans tous les temps concilier l'enthousiasme de l'indépendance avec le respect dû à l'autorité. Grand administrateur : ce fut à l'école des révolutions qu'il devint homme d'état. Appelé, comme nous l'avons exprimé, à l'hérédité de la couronne de Suède, adopté ensuite par le roi Charles XIII, il se montra digne de ce double titre, et par l'énergique justice de son gouvernement et par le tendre dévoûment de sa piété. Appuyé sur le peuple, il ne cessa de soutenir le Roi, son auguste protecteur; de protéger les divers ordres et de déconcerter les factions; il régnait déjà sous le nom de son père adoptif, et n'oublia pas qu'il commandait à une nation libre. Aujourd'hui qu'il est Roi, Charles XIV nous offre un règne qui semble vouloir assurer à jamais la gloire et la sécurité de la Suède par la réunion du pouvoir aux principes d'une sage liberté. Quels moyens a donc pris Charles Jean, pour atteindre à de si grands résultats ? Il a présenté, à son peuple étonné, une dynastie vierge des préjugés de l'erreur, et il s'est fait Suédois.

FRANÇOIS-ATHANASE CHARETTE,

Général en Chef des Armées de la Vendée,

Grande Croix de l'Ordre Royal et Militaire de S.t Louis.

Né le 21 Avril 1763 à Couffé, près d'Ancenis, en Bretagne.

DIEU ET LE ROI.

Déposé à la Direction

A Paris, chez l'Auteur Rue de France-Bourgeois S.t Michel N.o 6.

LE GÉNÉRAL CHARRETTE.

DE toutes les guerres du monde, la guerre civile est constamment la plus injuste et la plus cruelle; elle se forme dans les entrailles des états; elle arme les sujets contre leur prince; elle soulève les enfans contre leur père; elle viole tous les droits de la nature; elle renverse toutes les lois de la religion; elle détruit jusqu'au sentiment de l'humanité. Rien n'en est plus funeste que la victoire, parce que le sang d'une même famille est répandu à grands flots pour deux causes différentes; telle est le tableau fidèle de la malheureuse guerre de la Vendée, où le héros de cette notice a si vaillamment combattu. On peut dire que le brave Charrette fut un des plus zélés défenseurs de la cause royale, et qu'il a sacrifié sa vie pour son Roi et sa patrie.

Dans la cruelle guerre de la Vendée, dans cette lutte funeste qui fit naître tant d'horreur, tant de beaux faits, tant de crimes et tant de fidélité, Charrette s'est acquis un grand nom, et une réputation de bravoure qui ne peut lui être contestée.

CHARRETTE DE LA CONTRIE (FRANÇOIS-ATHANASE), général en chef des armées de la Vendée, grand' croix de l'ordre royal et militaire de Saint-Louis, naquit le 21 avril 1763, à Couffé, près d'Ancenis, en Bretagne, de Louis-Michel Charrette, capitaine d'infanterie, et de Marie-Anne Lagarde de Montjus, tous deux d'une famille noble du comté Nantais. Il fit ses études chez les oratoriens à Angers, et montra pour la science du calcul et pour les mathématiques de très-heureuses dispositions. Dès sa jeunesse il annonça un caractère doux et prévenant, beaucoup d'enjouement et de vivacité dans l'esprit, et un cœur généreux et libéral. Le jeune Charrette fut placé dans le corps de la marine royale comme le plus favorable à son avancement. En 1779, il fut nommé aspirant au dépôt de Brest, et garde-marine en 1781. Il n'avait pas vingt-cinq ans lorsqu'il fut fait lieutenant de vaisseau en 1787, grade qu'une activité continuelle de service lui mérita justement. Dans 9 ans il fit onze campagnes, dont cinq en temps de paix, et six en temps de guerre. En 1781, étant sur l'escadre de M. De la Motte-Picquet, il contribua à la prise d'un convoi anglais richement chargé, et eut cinquante louis pour sa part de prise.

« La témérité de ses résolutions, la constance inébranlable qu'il conservait dans une situation presque désespérée, cet esprit de ressource incapable de découragement, font de lui un grand homme. On n'oubliera jamais que ce général, blessé, poursuivi d'asile en asile, n'ayant pas douze compagnons avec lui, a inspiré encore assez de crainte aux républicains, pour qu'on lui ait fait offrir un million et le libre passage en Angleterre, et qu'il a préféré combattre jusqu'au jour où il a été saisi pour être traîné au supplice.

Tel est le témoignage que lui rend madame la marquise de La Rochejaquelein, que la position où elle s'est trouvée pendant la guerre civile mit à même de bien juger du mérite et de la valeur de chacun des chefs qui se signalèrent à cette triste époque.

L'auteur de la vie de Charrette le représenta, avant sa gloire militaire, aimant les plaisirs, et livré aux goûts les plus frivoles. On pourrait s'étonner qu'un jeune homme si dissipé fût devenu tout-à-coup un guerrier intrépride, faisant succéder le courage à la mollesse, si l'on ne savait qu'un tel contraste est l'essence du caractère français.

Charrette ne le démentit pas. Toujours fidèle à ses devoirs, il déploya de brillantes qualités. Maître de lui-même, il savait réprimer ses passions, et commander à sa colère; malgré les distractions de tout genre dont il était entouré, il se montra exact observateur du culte, et s'acquittait avec respect des pratiques qu'il commande.

Ce fut à Machecoul que Charrette fut nommé et reconnu, à la tête de l'armée des Vendéens, commandant en chef dans tout le cantonnement, formé d'environ quinze à dix-huit communes insurgées. Transporté subitement dans le tumulte et les dangers de la guerre civile, il eut pour maître la nécessité et son génie, n'ayant souvent d'armée que celle du moment; quelquefois pouvant réunir 10,000 hommes, le lendemain en assembler à peine 300; il eut à surmonter des difficultés sans nombre, et néanmoins sut maîtriser long-temps la fortune. Il se montra toujours un des plus zélés défenseurs de la cause royale.

Seul, de tous les généraux vendéens, il a courbé les armes républicaines, les a forcées à saluer ses triomphes, et a contraint les vainqueurs de l'Europe a désirer qu'il signât un traité de paix avec eux.

Le 5 septembre 1794, à l'attaque du camp de la Roulière, l'un des principaux établis par les républicains, Charrette déploya beaucoup de valeur. Ce camp retranché était à quelque distance de Nantes. Les gardes nationales de cette ville, qui le formaient presque en totalité, en sortaient souvent pour ravager les campagnes, enlever les magasins de grains, et détruire les récoltes. Charrette, arrivé sur la Lande de Bouain, rassemble ses soldats, et les harangue pour provoquer leur ardeur. « Amis, leur dit-il, la victoire aujourd'hui sera facile. » Nous n'avons à combattre que des citadins couverts d'or et de » soie; j'abandonne tout le butin aux plus courageux. » Voulant surprendre les républicains, il s'approche en silence, et arrive aux avant-postes sans que sa marche ait été aperçue. Il donne le signal. Les vendéens se précipitent avec fureur sur un poste qu'on leur a montré d'avance. Les avant-postes sont égorgés, les retranchemens forcés; et les républicains n'ayant pas eu le temps de s'armer, sont contraints d'abandonner leurs fusils rangés en faisceaux, dont les vainqueurs s'emparent.

Pendant que les royalistes pillaient le camp, une colonne républicaine arrivait de Montaigu, tombe sur eux, et les met dans le plus grand danger. Chargés de butin, ivres pour la plupart, les vendéens se seraient laissé massacrer dans les retranchemens malgré les exhortations de leurs chefs, si Charrette n'eût accouru avec une nombreuse cavalerie. A cette vue les vendéens se raniment et se défendent avec vigueur. Les républicains sont entre deux feux, et, malgré leur courage, sont saisis et étonnés. Charrette redouble ses efforts pour s'opposer à leur retraite. Réduits au désespoir, les autres rompent leurs rangs, se dispersent, fuient de tous côtés. Les vendéens s'élancent après eux, et le carnage ne cessa qu'aux portes de Nantes, où le peu qui resta des vaincus se hâta de chercher un asile.

Après cette victoire, Charrette fit mettre le feu au camp de la Roulière, ainsi qu'à celui de Freligné, qu'il prit à quelques jours de distance. A cette dernière affaire, les républicains défendirent leur poste avec vigueur. Deux mille hommes bien aguerris répondaient à son attaque par un feu de file qui faisait tomber des rangs entiers de vendéens. Ce camp était entouré de palissades, de fossés, et Charrette y perdit beaucoup d'officiers qui furent précipités dans les retranchemens. Irrité par tant d'obstacles, il s'élance lui-même à l'assaut, tous ses soldats l'imitent; un des chefs républicains est tué, Charrette cherche l'autre pour le combattre, la mêlée devient affreuse, et Charrette eût peut-être été fait prisonnier, si un des vendéens ne fût venu à son secours. Enfin le camp est pris, la mort de leur commandant met la terreur parmi les républicains, qui furent presqu'entièrement détruits. Les royalistes perdirent 400 hommes, ils eurent 8 à 900 blessés.

Dans tous les combats, Charrette s'appliquait surtout à mettre l'ennemi en désordre, à le disperser, à le frapper d'épouvante en l'attaquant à l'improviste; il ne lui laissait pas le temps de se reconnoître, et le poursuivait sans relâche. Ce qui fit dire de ce général, *qu'il avait créé l'art des déroutes.* Il est de fait qu'après avoir perdu leurs premiers capitaines, l'Escure, La Rochejaquelein, Bonchamp, Marigni, etc., etc., les vendéens furent encore long-temps redoutables sous le commandement de Charrette; et qu'après lui, nul autre n'eut assez d'énergie pour soutenir fortement la cause de l'autel et du trône.

Son influence était telle, que la Convention, résolue à terminer cette guerre atroce, lui fit faire des propositions de paix; et sachant l'inimitié qui régnait entre Stofflet, chef des royalistes d'Anjou, et lui, préféra le chef vendéen pour flatter son orgueil, irriter celui de l'autre, et les désunir encore davantage.

Les commissaires conventionnels se rendirent dans le Janais, le 15 février 1795; Charrette se réunit à eux accompagné de tout son état-major. Malgré le mauvais état de ses troupes et le dénuement absolu où il se trouvait, il ne démentit pas sa fierté, et dit en entrant sous la tente destinée aux conférences: « Suis-je appelé pour traiter de la paix ou pour me soumettre à une amnistie? » On lui répondit que l'on désirait une pacification entière et solide; alors les pourparlers commencèrent, et le traité fut conclu.

Cependant les autres chefs vendéens s'étaient indignés de cet accord. Leurs murmures avaient commencé pendant l'entrevue; et lorsque les conditions furent publiques, les reproches éclatèrent. « Charrette nous trahit, criaient-ils aux royalistes: l'or de la Convention l'a corrompu, bientôt il marchera lui-même contre la Vendée. » Les soldats, excités par cette accusation, se livrèrent à toute leur fureur. Habitués à la licence de la guerre, l'idée de déposer leurs armes augmentait leur révolte. « Qu'il vienne, disaient-ils, nous avons su combattre avec lui, nous saurons bien nous battre contre lui. » Quittons-le, disaient d'autres, réunissons-nous à Stofflet, puisque Charrette nous abandonne. »

Charrette, instruit de ce danger, et voyant que la sédition allait augmenter, quitta sur-le-champ la Janais, lieu des conférences, et se transporta à son quartier-général de Belleville. Il se présente au milieu des officiers: *Croyez-vous, Messieurs,* leur dit-il, *que je sois devenu républicain depuis hier?* Sa fermeté les pétrifia, la confusion succéda à l'audace, et ils répondirent qu'ils avaient toujours en lui la même confiance. « Eh bien, répliqua-t-il, croyez donc que je n'ai fait la paix que pour des considérations importantes. Je demanderai à ceux qui prétendent qu'on doit continuer à faire la guerre, à quoi ils s'occupaient quand nous combattions tous les jours?

» Tranquilles dans leurs quartiers, la plupart ne cherchaient dans le sein des plaisirs qu'un honteux repos. Au moment où notre faiblesse et le déploiement de toutes les forces de l'ennemi rendent une plus longue résistance impossible, je trouve dans la paix, ou plutôt dans une trêve, les moyens assurés d'atteindre le but que nous ambitionnons tous. Nous avons de nombreux amis; je ne parle pas des Anglais, dont je connais les desseins cachés sur le trône de France, mais de tant de Français fidèles qui, répandus dans l'intérieur et dans la capitale, obtiendront plus par leur influence et par leur zèle, que nous tous par des efforts imprudens. D'un autre côté, je saurai profiter de la réputation que j'ai acquise parmi les républicains, pour me ménager des intelligences utiles..... Au reste, qu'avons-nous à craindre? Ne sommes-nous pas toujours armés? Et s'il était vrai qu'on ait voulu nous tendre un piège, ne nous trouverions-nous pas en mesure de combattre encore avec plus d'avantage un ennemi perfide! » Puis s'adressant aux soldats: « Camarades, leur dit-il, on vous trompe; la paix est faite, retournez dans vos foyers, et restez-y tranquilles et sans inquiétude. » Alors cette troupe mutinée, dont les vociférations menaçaient son chef, et qui naguères voulait l'abandonner, répondit à ce discours par des acclamations unanimes, et tous renouvelèrent à l'instant le serment de fidélité et d'obéissance.

Deux jours après, Charrette fit une entrée pacifique à Nantes, au milieu d'un brillant cortège, composé des généraux, des commissaires et des soldats républicains, des vendéens et de leurs officiers. Une musique militaire les accompagnait, le peuple les suivait en foule; et les cris de vive la république et vive le roi, vive Charrette, dont les représentans de la nation faisaient retentir l'air, se trouvaient confondus ensemble; et, par une bizarrerie digne de remarque, la cocarde des royalistes et leur panache blanc se voyaient rapprochés des couleurs et des plumets tricolores.

Mais un pareil arrangement ne pouvait durer: des républicains inquiets craignirent l'effet d'un tel spectacle sur les Nantais; et, redoutant une pareille émeute, les conventionnels interdirent aux royalistes de porter des signes de la royauté. Obligé de quitter la couleur chérie des vendéens, Charrette ne put se résoudre à rester plus long-temps à Nantes; et malgré l'accueil et les fêtes dont il était l'objet, il partit pour retourner à son quartier-général de Belleville.

Après que la paix eut été signée avec l'Espagne et quelques-unes des autres puissances, la Convention devint de jour en jour moins scrupuleuse à observer la foi du traité; cette politique fit succéder à un calme si désiré, une nouvelle lutte et de nouveaux crimes. A la vue d'une telle perfidie, Charrette ne voulut voir ni la supériorité du gouvernement français, ni sa véritable position. Il devait succomber, et il succomba en effet. La guerre ayant recommencé avec toutes ses fureurs, Charrette se défendit jusqu'à la dernière extrémité. Il ne put être pris que blessé, et dans un état de souffrance et d'épuisement.

Il fut conduit à Nantes, dans cette ville où il avait fait une entrée si différente peu de temps auparavant. Une commission militaire fut convoquée, et il y fut jugé et condamné à mort le 29 mars 1796.

La France ne pourra jamais oublier la valeur intrépide de Charrette. Il avait été la terreur de la république; et sa perte a été pour son parti le plus grand événement de l'histoire, et la fin des malheurs irréparables d'une guerre civile, si cruelle, si longue et si opiniâtre. THÉOPHILE MANDAR.

CHRISTIAN-FRÉDÉRIC,

PRINCE HÉRÉDITAIRE DE DANEMARCK,

Grand Croix de la Légion d'Honneur,

Né le 18 Septembre 1786.

à Paris, chez l'Auteur, rue des Francs-Bourgeois N.° 6. F.g St Germain.

CHRISTIAN-FRÉDÉRIC,

PRINCE ROYAL DE DANEMARCK.

Rien de plus ordinaire dans les événemens politiques que de voir l'ambition triompher de la prudence, la force remplacer la justice, et le glaive tenir lieu de la raison. C'est ainsi que, sous le prétexte spécieux de servir la patrie, les puissans du monde, afin de briller dans l'histoire, se disputent, en combattant, leur héritage ou les garanties de leurs pouvoirs et de leurs libertés : c'est ainsi que les peuples, livrés à l'orgueil des grands, servent de jouets à leurs caprices, et sont tour-à-tour en butte aux outrages d'un vainqueur ou au despotisme d'un maître. Le souverain paisible et philantrope, qui n'aspire à d'autre célébrité qu'à celle qui peut rejaillir sur lui du bonheur de sa nation, peut devenir l'esclave d'un conquérant ; mais il cesse de l'être en se sacrifiant personnellement au bonheur de ses sujets, il prouve alors combien il était digne de régner sur eux ; c'est avec cette force d'âme que le prince de Danemarck sut renoncer à ses droits sur la Norwège, et obtint sur son rival un avantage qui est rarement le partage du vainqueur : l'amour de tout un pays qu'il sauva des suites et des malheurs d'une longue guerre, et la gloire de s'être vaincu lui-même.

CHRISTIAN-FRÉDÉRIC, prince royal de Danemarck, chevalier des ordres de l'Eléphant et de Danebrog, grand'croix de la Légion d'honneur, etc., etc., etc.; né le 18 septembre 1786.

Ce prince vint, en 1804, à Postdam, pour y assister aux grandes manœuvres ; son goût pour l'art militaire ne lui laissait négliger aucune occasion de s'instruire et de juger par lui-même de la régularité ou des fautes qu'il pouvait remarquer dans les évolutions offertes à sa curiosité, afin d'en tirer de solides et utiles leçons. Il parut ensuite à la cour de Berlin, où il fut reçu avec beaucoup de distinction ; son mérite, et surtout les aimables qualités de son cœur, ne tardèrent pas à lui concilier l'estime et l'attachement des seigneurs de cette cour les plus recommandables par leur rang et leurs vertus, et ce ne fut qu'en recevant les expressions de leurs vifs regrets qu'il quitta la capitale de la prusse.

Il se rendit, de là, à Hambourg, dont il visita les principaux établissemens. Ce prince, fait pour régner, saisissait avec empressement tous les moyens de connaître ce qui pouvait intéresser la gloire ou la prospérité d'un pays ; il pensait que rien ne devait être étranger à ses connaissances, et sa sollicitude, pour l'avenir, embrassait à la fois les différentes branches de l'administration d'une province, comparait les lois et les usages d'une contrée avec une autre, s'identifiait avec tous les genres d'industrie, observait avec une scrupuleuse attention les progrès des arts libéraux, et se livrait aux plus studieuses méditations, lorsqu'en 1807, dans le mois d'octobre, les Anglais attaquèrent Copenhague. Le prince Christian, alors, adressa aux Norwégiens une proclamation très-énergique, et se rendit au milieu d'eux pour les exciter à la défense de la patrie. On sait quelle fut l'issue de cette descente, et que ce fut au courage et aux talens de ce jeune prince que l'on dût, à cette époque, la délivrance d'un pays exposé aux plus grands désastres.

Le 29 février 1809, il fut nommé lieutenant-général des armées danoises : honoré de la confiance de son Roi, il s'occupa de plus en plus à s'en rendre digne, et continua de se livrer à l'étude et aux exercices militaires avec beaucoup de succès. La vivacité de son esprit et l'étendue de ses conceptions le mirent bientôt à même de figurer avec éclat à la tête des armées confiées à ses ordres.

En 1814, lorsque le Prince royal de Suède se disposait à envahir la Norwège, le prince Christian-Frédéric fut appelé à commander les défenseurs de ce territoire, et s'y rendit aussitôt. Il paraît probable que ce fut d'après les instructions de Frédéric VI, Souverain de Danemarck, qu'il se fit alors déclarer Roi de cette contrée, et que, dans le mois de juillet de cette même année, il fit son entrée solennelle à Christiana, aux acclamations du peuple et environné de tous les corps composant la force de l'Etat.

La Norwège était pourvue de tout ce qui était nécessaire à sa défense ; les troupes et les habitans paraissaient décidés à une vigoureuse résistance ; mais plusieurs trahisons se manifestèrent ; la forteresse de Frédéricstadt fut livrée sans être défendue ; les grandes puissances firent connaître qu'elles appuyaient les prétentions de la Suède ; enfin la résistance devint impossible. Le prince Christian se décida alors à abdiquer son nouveau titre ; il assembla, pour cet objet, une diète à Christiana, et il publia à Moss, le 16 août 1814, cètte proclamation où l'on trouve un historique assez exact des événemens : « Norwégiens ! lorsqu'après la dissolution de votre » union avec le Danemarck, nous prîmes sur nous » la direction des affaires de la Norwège, ce fut pour » prévenir votre chère patrie d'être déchirée par une » guerre civile..... Nous apercevions les dangers » qui, dans une lutte inégale, menaçaient vos es- » pérances et les nôtres ; mais il nous fut impossible » de concevoir que les états les plus puissans de » l'Europe combineraient leurs efforts pour opprimer » un peuple généreux et innocent, dont le vœu rai- » sonnable était la liberté, et qui ne prétendait qu'à » l'indépendance. Cependant les puissans alliés de » la Suède nous notifièrent, par leurs envoyés, que » l'union de la Norwège était irrévocablement déci- » dée. Il vous est connu que nous étions prêts à » sacrifier notre heureuse situation personnelle, si » la grande assemblée de la nation l'eût trouvée » utile au bien-être de ce pays mais vous savez aussi » que les conditions sous lesquelles un armistice fut » offert à cette époque, étaient telles que nous ne » pouvions les accepter avant d'avoir au moins essayé » le sort des armes, attendu que ces conditions » étaient contraires aux lois constitutionnelles. Nous » vîmes avec regret l'inutilité de nos sincères ten- » tatives pour éviter une guerre dans le nord. Les » côtes et frontières si étendues de la Norwège » nous obligèrent à diviser nos troupes en plusieurs » corps. La Suède fit les plus grands efforts pour » armer sur différents points. Incertains de celui » qu'elle choisirait pour attaquer, nous dûmes prendre » une position d'où nous pouvions en même temps » couvrir les provinces intérieures et venir au se- » cours des points attaqués. Les bords du Glom- » men présentaient ce double avantage. Informés » que l'ennemi avait commencé son invasion dans » la plaine d'Ida et le Soinesund, nous courûmes » rassembler un corps à Rackestad, afin qu'en l'at- » taquant dans cette direction, nous pussions arrê- » ter ses progrès ; mais la reddition inattendue de » Frédéricstadt nous obligea de reprendre la posi- » tion de Glommen, afin de couvrir la route de » Christiana, qui aurait pu être forcée. L'ennemi, » ayant la supériorité sur mer, avait la facilité de » tourner notre droite, en faisant des débarquemens » derrière nous. Un long blocus par les forces na- » vales anglaises et suédoises, nous avait empêché » de fournir nos magasins d'une manière suffisante : » ils étaient presqu'épuisés ; et le manque des objets » les plus nécessaires allait trahir ce courage que les » forces supérieures de l'ennemi n'avaient pu faire » fléchir. Les députés de la diète ne furent pas reçus » par le ministère anglais, et s'en retournèrent sans » aucune espèce d'assistance ou d'adoucissement des » mesures hostiles de cette puissance. Ce fut dans » ces circonstances que la Suède proposa un armis- » tice : une des deux forteresses dont l'occupation » lui avait été refusée dans les premières négo- » ciations, était déjà en son pouvoir ; l'autre, coupée » de tout secours, était bombardée. La fortune des » armes s'était déclarée contre nous ; et la conti- » nuation de la lutte aurait pu amener la ruine totale » de notre pays. Pour la prévenir, et pour donner » à la nation la facilité d'apprendre la situation du » royaume par la réunion d'une diète, nous renou- » velâmes l'offre de nous retirer de l'heureuse si- » tuation où votre confiance nous avait placé. » L'armistice et la convention du 14 de ce mois furent » signés ; et en conséquence, nous avons, par une » ordonnance adressée aux principaux magistrats, » fait convoquer une diète extraordinaire, qui s'as- » semblera à Christiana, le vendredi 7 octobre pro- » chain. Peuple chéri de Norwège, une impérieuse » nécessité pouvait seule, vous le savez, nous en- » gager à faire une démarche que votre attachement » à notre personne nous rend doublement pénible. » Une seconde proclamation du prince Christian, ter- minée par la phrase suivante, annonça le sort irrévo- cable de la Norwège : « Je suis convaincu que la » Norwège jouira, sous l'autorité paternelle de S. » M. le roi de Suède, des mêmes avantages, privi- » léges et immunités qu'elle s'est donnés par sa cons- » titution, et que S. M., par suite de ses vues » libérales, ne fera de changemens à cette consti- » tution qu'autant que la nation le desirera. »

Marié dans sa jeunesse avec une princesse de Meck- lembourg-Schwérin, il perdit cette première épouse dont il conserva un fils, qui était âgé de neuf ans, lorsqu'en 1815, le 16 mai, il contracta un nouvel hymen avec la princesse de Holstein-Augustembourg. Ce Prince, regretté en Norwège, chéri des sujets de son roi et de ce monarque lui-même, environné des honneurs dus à son rang et à son mérite, con- tinue à faire bénir son influence et à donner l'exemple de toutes les vertus.

LE COMTE DE COMPAN,

Pair de France, Lieutenant Général
Grand-Croix de la Légion d'honneur, Chevalier de
l'Ordre Royal et Militaire de St. Louis.

Né le 26 Juin 1769 à Salies. (Haute Garonne.)

A Paris, chez L'Auteur, Rue des Francs-Bourgeois, N.º 6, F. S. G. —— Déposé à la Direction.

LE GÉNÉRAL COMTE COMPANS.

De longues études, de sages méditations offrent à l'homme laborieux les moyens d'atteindre à la possession de tous les genres de mérite et de talent, l'expérience peut ensuite lui accorder ce degré de supériorité qui distingue le vrai génie; mais c'est surtout dans l'art de la guerre que cette expérience devient indispensable au capitaine jaloux de s'illustrer au champ d'honneur; sa vie féconde en exemples lui présente chaque jour quelque nouveau moyen de s'instruire dans son art : en étudiant la cause d'une défaite, il apprend à fixer la victoire, et trouve dans son triomphe de nouvelles leçons pour l'avenir; ainsi l'adolescence du guerrier et les fautes qu'il peut commettre deviennent parfois le principe de sa gloire. Rien n'est perdu pour quiconque réfléchit, avec la noble ambition de fournir une honorable carrière. Heureux pourtant celui qui n'eut point à souffrir de cruelles épreuves, et dont les premiers pas dans le chemin de la gloire furent marqués par des exploits : tel fut le général français auquel Napoléon lui-même, après la mémorable bataille de Lutzen, se plut à donner le titre de *général de bataille du premier mérite*, et duquel nous allons transcrire les principales actions.

COMPANS (JEAN-DOMINIQUE, comte de) pair de France, lieutenant-général, grand'croix de la Légion d'honneur, chevalier de l'ordre royal et militaire de Saint-Louis, né le 26 juin 1769 à Salies, département de la Haute-Garonne.

Il entra au service en 1791, et prit part aux brillantes campagnes qui suivirent les premières époques de la révolution française. Ce fut les armes à la main qu'en Italie et en Espagne, où il se distingua dans un grand nombre de batailles et de combats, et où il fut blessé deux fois, il parvint, de grade en grade, au rang de général de brigade. Il était employé au camp de Boulogne, lorsque le maréchal Lannes, commandant alors le corps d'élite qui devait servir d'avant-garde à l'armée destinée à une descente en Angleterre, desira l'attacher à son corps, et l'obtint en effet comme chef d'État-major. Le général Compans jouissait depuis long-temps de la confiance et de l'amitié de cet illustre guerrier, sous les ordres duquel il avait servi à l'armée des Pyrénées-Orientales.

En 1805, la guerre ayant éclaté entre la France et l'Autriche, le corps d'élite, dont faisait partie la division de grenadiers aux ordres du général Oudinot, fut réuni à la cavalerie commandée par le grand-duc de Berg pour former l'avant-garde de l'armée, et le général Compans seconda avec ardeur les efforts de son commandant en chef pour assurer la réussite de cette guerre mémorable. On sait quelles furent les belles actions de ce corps pendant toute la campagne; de quel avantage furent les brillantes manœuvres qu'il exécuta avant et après la capitulation d'Ulm; les succès qu'il obtint à Amstetten, à Hollabrünn; on sait aussi que ce fut à la valeur des vieux guerriers qui le composaient qu'on doit, en grande partie, la gloire qui rejaillit sur l'armée française dans les champs d'Austerlitz. Là, le général Compans, dans un de ces momens décisifs, fit exécuter, par deux régimens d'infanterie qu'il avait déjà commandés au camp de Boulogne, une charge à la baïonnette qui eut les plus beaux résultats. En dirigeant cette charge il fut blessé d'un coup de feu à la tête.

Le soir même de cette célèbre journée il allait être nommé général de division, mais des démêlés qui s'élevèrent entre Napoléon et le maréchal Lannes le firent comprendre dans la disgrâce momentanée de son chef et le privèrent encore cette fois d'un avancement auquel son ancienneté et ses services lui donnaient des droits, et que ses chefs avaient souvent sollicité.

En 1806, une nouvelle guerre appela nos phalanges contre la Prusse. Le général Compans nommé chef de l'état-major-général du quatrième corps aux ordres du maréchal Soult, se distingua particulièrement à la bataille d'*Iéna* et à la poursuite du corps de Blücker. Il fut, peu de temps après, promu au grade de général de division.

Dans la campagne suivante, Napoléon lui donna une grande marque de sa confiance en lui ordonnant, sur le champ de bataille d'Eylau, de prendre le commandement du corps du maréchal Augereau qui venait d'être blessé. Il conserva le commandement de ce corps jusqu'à sa dissolution, époque à laquelle il alla reprendre ses fonctions de chef d'état-major auprès du maréchal Soult.

Ses nouveaux services dans cette campagne attirèrent plus particulièrement sur lui l'attention et la bienveillance du chef du gouvernement qui, presqu'en même temps, le nomma comte, grand officier de la Légion d'honneur et lui accorda une dotation considérable.

En 1808, une armée fut laissée en Allemagne sous la dénomination d'armée du Rhin, le commandement en fut donné au maréchal duc d'Auerstadt; le général Compans y fut employé en qualité de chef de l'état-major-général et s'y fit remarquer par son esprit laborieux.

La campagne de 1809 s'ouvrit : l'armée augmentée de nouvelles troupes reçut une autre organisation. Le comte Compans resta en qualité de chef d'état-major auprès du maréchal duc d'Auerstadt qui conserva le commandement de l'infanterie de son armée sous la dénomination du troisième corps. Il ne fallait rien moins que les talens éminens des généraux français employés dans cette nouvelle armée pour vaincre les nombreuses légions que l'Autriche venait de lui opposer. L'histoire de nos guerres fera sans doute mention des nombreux combats, des victoires éclatantes, des traits héroïques qui surent alors immortaliser nos guerriers; nous nous contenterons d'indiquer à la reconnaissance nationale le digne et vaillant Général dont nous esquissons l'histoire, celui qui, en chef d'état-major habile, contribua à préparer les succès de cette campagne, et qui, en guerrier vaillant, y eut une grande part sur le champ de bataille. Ce fut surtout au combat de *Tann*, le 19 avril, qu'il associa son nom à ceux des plus illustres chefs. A la tête du 57.ᵉ et 72.ᵉ régimens de ligne, n'ayant pas d'abord une seule pièce de canon, il arrêta court, au débouché d'un bois, une trentaine de mille hommes aux ordres du prince Charles, et, par cette résistance aussi vigoureuse que prompte, donna à son général en chef le temps de réunir ses forces et d'exécuter les habiles manœuvres qui décidèrent le succès de cette glorieuse journée. Le brave général Saint-Hilaire, de la division duquel les 57.ᵉ et 72.ᵉ de ligne faisaient partie, se trouvait sur un autre point lorsque cette action s'engagea, il accourut aussitôt, et arriva à temps pour jouir du spectacle de leurs courageux et utiles efforts. Pénétré de reconnaissance et d'admiration pour le service éclatant que le général Compans venait de rendre à leur tête dans une conjoncture si difficile; il le pressa dans ses bras en le nommant son frère.

Ce fut encore le général Compans qui, à la bataille d'Eckmühl, dirigeant ce même 72.ᵉ régiment de ligne et le 10.ᵉ d'infanterie légère, prit une grande part à l'enlèvement de la principale position de l'ennemi, défendue par 10,000 hommes et une nombreuse artillerie; position essentielle que le prince Charles avait jugée inexpugnable, et dont la perte entraîna sa défaite.

Devant Ratisbonne, devant Presbourg, aux batailles d'Enzersdorf et de Wagram, où il eut un cheval tué sous lui, il continua à déployer au milieu des périls de rares talens et une énergique constance.

Napoléon, après cette campagne, le gratifia de nouvelles dotations, lui confia, en l'absence du maréchal duc d'Auerstadt, le commandement de l'armée d'Allemagne dont il remplissait en même temps les fonctions de chef d'état-major-général, et le chargea, en qualité de commissaire impérial, de prendre possession de différentes provinces allemandes et de faire la remise de plusieurs cercles à divers Souverains de la Confédération du Rhin. Il le chargea aussi, un peu plus tard, de prendre possession d'une partie du Hanovre et du duché d'Osnabruck pour les réunir à la France. Le comte Compans remplit ces missions importantes avec toute la sagesse et toute la loyauté qu'on pouvait attendre de son bon esprit et de son caractère éprouvé. Des témoignages de satisfaction, plusieurs fois réitérés avec éloge, furent le prix de ces nouveaux services.

Lorsque la guerre de 1812 éclata contre la Russie, il obtint dans le premier corps aux ordres du prince d'Eckmühl, le commandement d'une division composée de vingt bataillons au grand complet et de trente-deux bouches à feu. Au combat de Mohilow, deux régimens de cette division, à la tête desquels combattit ce brave Général, firent des prodiges de valeur si éclatans et manœuvrèrent avec tant d'habileté, qu'en moins d'une heure ils portèrent le désordre dans les rangs ennemis qui disparurent devant eux.

Cette division fut, peu de tems après, réunie à l'avant-garde de cavalerie de l'armée aux ordres du Roi de Naples, et chaque jour fut pour elle un jour de triomphe. L'avant-veille de la terrible bataille de la Moskowa, elle enleva, après un combat des plus acharnés et la résistance la plus opiniâtre, la fameuse redoute qui servait de clef à la position de l'armée russe. Cette redoute, hérissée de gros canons, et soutenue en quelque sorte par toute l'armée ennemie, fut enlevée, ainsi que toute son artillerie, par le général Compans qui, dans cette journée, mit le comble à sa gloire. Les Russes laissèrent sur le champ de bataille plus de deux mille morts, et eurent environ huit mille blessés.

Le surlendemain, jour de la grande bataille, le général Compans fut chargé de commander l'attaque; ce qu'il exécuta avec son intrépidité ordinaire; mais au moment où il enlevait la première redoute, il fut blessé à l'épaule d'un coup de mitraille, et renversé de son cheval. Les officiers qui étaient près de lui, le firent aussitôt transporter hors du champ de bataille; il était sans connaissance. Quelques se-

maines après, bien qu'il ne pût, ni monter à cheval, ni se servir de son bras, la retraite ayant commencé, et sa division étant appelée à soutenir le corps du prince Eugène dans l'attaque de Mirajolowick, il se remit à sa tête et combattit avec son courage ordinaire. Chargé presque journellement de couvrir la retraite de l'armée, tantôt sous les ordres du prince d'Eckmühl, tantôt sous ceux du prince de la Moskowa; il combattit sans cesse à pied, et brava avec une héroïque constance la rigueur du climat, la privation des choses les plus nécessaires à la vie, et les efforts continuels des troupes ennemies. Il eut part à presque toutes les actions importantes qui signalèrent cette mémorable retraite, et montra, en toute occasion, qu'il n'est point d'adversité que ne surmonte une grande âme soutenue par l'amour de ses devoirs.

Arrivé à Mayence, il y trouva l'ordre de prendre le commandement de la première division du 6.ᵉ corps qui s'organisait sur le Rhin, sous les ordres du duc de Raguse. Cette division, dans laquelle se faisaient remarquer deux régimens d'artillerie de la marine, conduite par le général Compans, combattit vaillamment à Lutzen, à Bautzen, à Wurtchen, et s'identifia avec l'héroïsme de son chef. A Lutzen, ce général eut un cheval tué sous lui.

A la bataille de Leipsick, vers la fin de la journée, et tandis qu'il couvrait, avec sa division très-affaiblie, la retraite du 6.ᵉ corps, il eut son cheval tué sous lui et la jambe fracassée d'un même coup de boulet.

Toutefois, en mars 1814, quoiqu'il eût à peine quitté ses béquilles, il sollicita et obtint un commandement contre les alliés, qui déjà s'approchaient de la capitale. Il joignit à Sézanne, le 25 au matin, les troupes qui venaient d'être mises sous ses ordres. Forcé, par le résultat du combat de la Fère champenoise, de faire sa retraite, dès le lendemain, il manœuvra assez habilement pour devancer l'ennemi à la Ferté-Gaucher et à Meaux, où il se réunit à la division du général Ledru et à quelques autres troupes, et soutint un combat très-vif. Pressé par la rapidité des mouvemens de l'armée du maréchal Blucker, il se retira sur Clayes, prit position en arrière du canal de l'Ourcq, combattit vigoureusement toute la journée du 28 entre ce village et celui de Vert-Galant, où il passa la nuit; le 29, après d'assez longs pourparlers, dont l'objet était de retarder la marche de l'ennemi, il continua sa retraite sur Paris, et s'établit en avant de Belleville, où il prit part à la glorieuse journée du 30. Sa brillante conduite dans cette journée restera long-tems dans la mémoire des habitans de la capitale.

En 1814, le Roi le fit chevalier de Saint-Louis et le nomma successivement membre du comité de la guerre et du conseil de la guerre, et inspecteur-général d'infanterie dans les 9.ᵉ et 10.ᵉ divisions militaires.

En 1815, Sa Majesté le nomma grand'croix de l'ordre royal de la Légion d'honneur et Pair de France.

La vie militaire du comte Compans est remplie d'exemples d'humanité, de courage et de traits héroïques, que le court espace qu'il occupe dans cet Ouvrage nous prive de citer; mais qu'il nous soit du moins permis de dire que ce digne général, après avoir couru la plus glorieuse carrière dans les champs de l'honneur, donne aujourd'hui l'exemple de toutes les vertus privées, et peut servir de modèle aux meilleurs citoyens.

PIERRE-ANTOINE-NOEL-BRUNO DARU,

COMTE,

Membre de l'Institut de France, Ancien Ministre-Directeur
de l'administration de la Guerre, Commandeur de l'Ordre de St Henri de
Saxe, Grand-Croix des Ordres de la Réunion de la Légion d'Honneur,
et de l'Aigle Blanc de Pologne etc.

Né le 12 Mars 1767 à Montpellier, Dep.^t de l'Herault

à Paris, chez l'Auteur, rue des Francs-Bourgeois N.º 6. F.^g St Germain.

LE COMTE DARU.

Lᴇs talens et la culture des sciences peuvent nous co duire à tout : l'homme instruit ne reconnaît plus d'obstacles , quelque soit la carrière qu'il veuille parcourir. Les lettres donnent un nouveau prix aux faveurs de la fortune : elles nous font trouver des forces pour supporter l'adversité ; dans la société comme dans la solitude, elles font le charme de la vie. Formons donc notre esprit et notre cœur , et répétons , avec l'un de nos anciens sages :

Ea viatica paranda sunt quæ tecum et naufragio enatant.

DARU (Pɪᴇʀᴇ-Aɴᴛᴏɪɴᴇ-Nᴏᴇʟ-Bʀᴜɴᴏ) , comte, ancien intendant-général et ancien Ministre-directeur de l'administration de la guerre, pair de France, membre de l'Institut , chevalier de l'ordre royal et militaire de Saint-Louis , commandeur de l'ordre de Saint-Henri de Saxe, grand-croix des ordres de la Réunion, de la Légion-d'honneur et de l'Aigle blanc de Pologne , né le 12 mars 1767 , à Montpellier , département de l'Hérault , fit d'excellentes études , et fut bientôt connu par des productions agréables qui annoncèrent ce qu'il serait un jour.

A l'époque de la révolution , il entra dans l'administration militaire , obtint un emploi de commissaire des guerres , et fit plusieurs campagnes en cette qualité.

Devenu ordonnateur en 1799, il prit part aux événemens du 18 brumaire. Nommé chef de division au Ministère de la guerre, il fut ensuite secrétaire-général. Il adressa à cette époque, à Delille, une Epître en vers qui commença sa réputation littéraire. On le compta alors au nombre de nos meilleurs versificateurs, et sa traduction des OEuvres d'Horace lui mérita , à juste titre , une place distinguée sur le Parnasse français.

Il a su rendre en français toute la délicatesse du poëte latin , et s'il n'est pas toujours aussi concis que son modèle , ce défaut est plutôt celui de notre langue que celui du traducteur. Enfin, on y retrouve ce *molle et facetum* , qui distingue éminemment le chantre de Tibur. Les Odes , les Epîtres , les Satires , l'Art poétique , ont en général la couleur convenable, et le monde littéraire doit de la reconnaissance à M. Daru , pour avoir enrichi notre langue d'une traduction aussi élégante des ouvrages qui ont immortalisé le plus agréable des poëtes latins , qui savait si bien allier la gaîté à la philosophie et à la morale.

M. le comte Daru conserva constamment , dans sa carrière politique et administrative , le même amour pour les sciences et les lettres. Appelé au tribunat , il y discuta avec éloquence , méthode et clarté, le projet de loi relatif à l'instruction publique. Nul plus que lui n'en connaissait le prix ; il s'éleva avec force et avantage contre un des membres de ce corps , qui, dans un discours , avait déclaré la guerre aux principes de J.-J. Rousseau ; il était digne de lui de défendre le philosophe de Genève : si cet homme célèbre s'égare quelquefois , s'il indique une marche souvent difficile à suivre , au moins on reconnaît dans ses écrits l'amour du bien et de la vérité. M. le comte Daru lutta avec succès contre son adversaire : il attacha un nouveau fleuron à la couronne que les muses lui avaient déjà décernée et cueillit de nouveaux lauriers.

Décoré du titre de commandant de la Légion d'honneur en 1804, et nommé successivement conseiller d'Etat , intendant de la liste civile en remplacement de M. de Fleurieu , et commissaire-général de la grande armée , ces emplois importans lui firent négliger les lettres ; mais il s'associa à la gloire de nos armées et aux triomphes de nos braves , en secondant les vues des généraux qui les conduisaient à la victoire.

Dans toutes les campagnes il se fit remarquer par son zèle, son activité et son dévouement, et fut nommé intendant-général de l'Autriche , après la prise de Vienne en 1805.

La mort de Colin d'Harleville , de ce poëte aimable qui fit paraître sur la scène des caractères où le bon comique se trouve uni au sentiment, laissa une place vacante à l'Institut. Le comte Daru fut choisi pour succéder à celui que Thalie , et ses nombreux amis , virent , avec regret , descendre dans la tombe ; en la couvrant de quelques fleurs , il fit un éloge mérité de cet homme célèbre dont il honorait , avec la France , les vertus et les talens.

A l'époque de la campagne de Prusse , en 1806 et 1807, M. le comte Daru fut chargé de tout ce qui était relatif à l'administration de ces contrées dont nous avions fait la conquête. Nommé ministre et secrétaire-d'Etat , il remplit avec succès ces fonctions si importantes. Quelques vers échappés à sa plume et à son porte-feuille, et qu'on lisait avec plaisir, rappelaient de temps en temps aux amis des lettres , que le traducteur d'Horace était encore l'ami des Muses.

La campagne de Russie , en 1812 , ouvrit un vaste champ à son activité et à son zèle ; mais l'un et l'autre furent infructueux contre l'âpreté du climat, et il ne put que gémir sur nos désastres et sur la mort de nos braves, sur cette mort qu'ils avaient affrontée tant de fois au champ d'honneur, et qui les frappait impitoyablement sans qu'ils pussent la repousser et s'en venger.

Chargé du porte-feuille de l'administration de la guerre, en 1813, il fit tout ce qu'on pouvait attendre d'un administrateur actif et éclairé, et sut trouver des ressources dans des momens où l'on était presque forcé de renoncer à l'espérance. Fidèle à ses devoirs, il les remplit tous jusqu'au dernier moment.

Décoré de la croix de St.-Louis par Sa Majesté, le 24 août 1814, il ne prit aucune part aux événemens de 1815. Cette conduite fait l'éloge de son cœur et de son caractère. L'envie s'est attachée à lui, la calomnie a voulu le rendre responsable des événemens que la sagesse humaine ne pouvait prévoir ni empêcher. Ces deux ennemies des hommes qui s'élèvent au-dessus des autres par leurs qualités et leurs talens, ne respectent rien. Leur voix devrait être méconnue,

si l'on voulait se donner la peine de réfléchir que la passion ajoute encore au venin que distille leur bouche; mais

> L'homme est de glace aux vérités;
> Il est de feu pour le mensonge.

Celui qui n'a rien à se reprocher, qui est en paix avec sa conscience et son cœur, se rit de leurs coups; il oppose à leur rage le calme de la sagesse et de la raison, et répète avec Horace :

Justum ac tenacem propositi virum...

Sa Majesté le roi de France, protecteur éclairé des lettres et des arts, a, par son ordonnance du 5 mars 1819, nommé M. le comte Daru à la pairie de France. C'est ainsi que ce digne administrateur a trouvé la récompense des nombreux services qu'il a rendu à sa patrie.

JN MARIE · FRS · LE PAIGE DORSENNE

(FEU COMTE.)

Général de Division, Colonel Comandant des Grenadiers à pied
de la vielle Garde, Chambellan, Chevalier des Ordres de la Couronne
de Fer, et du Mérite Militaire de Maximilien Joseph de Bavière,
Grand Officier de la Légion d'Honneur.
Né le 30 Avril 1776, à Ardres, Dép.t du Pas de Calais.

à Paris chez l'Auteur rue des Francs-Bourgeois N.o 6, F. S. G.

Déposé au Bureau des Estampes.

LE GÉNÉRAL Cte. DORSENNE.

LA guerre, ce fléau destructeur, ce mal trop souvent nécessaire, arrache à l'obscurité des hommes qui semblaient y être voués, en développant chez eux des qualités brillantes auxquelles les circonstances seules et ces évènemens qui changent la face des Etats, donnent naissance. Notre révolution nous en a fourni mille exemples frappans. Des grands hommes dans tous les genres sont sortis pour ainsi dire de son sein. Ils ont étonné la France et l'univers ; l'admiration et le respect accompagnent encore ceux qui existent, et ils ont suivi dans la tombe ceux qui n'ont pas survécu à leur gloire. Nous allons en fournir un exemple.

DORSENNE (LE COMTE), général de division, grand-officier de la Légion d'honneur, colonel commandant les grenadiers à pied de la Garde, chambellan, chevalier des ordres de la Couronne de fer, et du Mérite militaire de Maximilien-Joseph de Bavière, etc. etc., né le 30 avril 1776, à Ardres, département du Pas-de-Calais, ne vit point son berceau entouré des prestiges de la naissance et de l'éclat de la fortune. Il entra de bonne heure dans la carrière militaire. Sans appui, sans protecteurs, mais doué d'un physique imposant, et se recommandant lui-même à ses chefs par une exactitude scrupuleuse et un zèle soutenu à remplir ses devoirs, il fixa bientôt leurs regards, et mérita d'en être remarqué. Il obtint ces grades qui devenaient ordinairement l'apanage des soldats qui se distinguaient. La révolution vint lui ouvrir un vaste champ, qu'il put parcourir avec rapidité. Les premières campagnes lui fournirent bientôt les moyens de faire briller sa valeur et son sang-froid. Il se distingua éminemment ; et nos ennemis, en tombant sous ses coups, attestèrent son courage, et offrirent un grand et bel exemple à ses compagnons d'armes et aux soldats qui marchaient à la victoire sous ses ordres.

Colonel du 61e. régiment de ligne en 1804, il devint, en janvier 1805, major des grenadiers à pied de la Garde, de ces phalanges immortelles qui comptaient autant de héros que de guerriers. Il se signala à la bataille d'Austerlitz, dans cette journée mémorable où les armées réunies de l'Autriche et de la Russie éprouvèrent ce que pouvaient le courage et la générosité des Français. Il fut nommé général de brigade, pour reconnaître les services qu'il avait rendus.

Les campagnes de 1806 et 1807, contre les Russes et les Prussiens, ne furent pas moins honorables pour lui : ils retrouvèrent celui qui, dans d'autres temps, avait pénétré dans leurs rangs à la tête de nos braves ; et leur défaite fut encore son ouvrage.

Il passa en Espagne en 1808, où il eut à combattre la chaleur du climat, des ennemis de tous les genres qu'il était souvent difficile d'atteindre ; et la bataille de Burgos lui ayant fourni l'occasion de développer de nouveau son courage et ses talens militaires, il reçut pour récompense la décoration de commandant de la Légion d'honneur. La guerre de la péninsule, dont les résultats furent si funestes à nos armées, par la mésintelligence qui existait entre nos généraux, continua avec le même acharnement, malgré nos succès. Le comte Dorsenne fit tout ce qu'on pouvait attendre de son dévoûment pour son pays ; mais ses efforts furent infructueux, et il reçut une autre destination.

Il fut employé en Autriche, pendant la campagne de 1809, se fit remarquer à Ratisbonne, en forçant les ennemis à la retraite. A Esseling il soutint, avec la garde qu'il commandait, tout l'effort de l'armée ennemie, au moment où le duc de Montebello fut frappé par un boulet. Il en imposa aux Autrichiens, qui ne se doutaient pas que notre mouvement rétrograde était causé par la rupture des ponts sur le Danube, et il protégea la rentrée de notre armée dans l'île de Lobau. Quelques jours après, la bataille de Wagram fit encore briller sa valeur ; à la tête de la vieille

Garde, il sut encore résister aux forces les plus imposantes. Les Autrichiens voulaient s'avancer, mais les braves qu'il commandait étaient un mur d'airain, que rien ne pouvait ébranler ni abattre. Après ces deux batailles, il fut nommé général de division.

En 1811, il retourna en Espagne, et il y prit, dans le mois de juillet, le commandement de l'armée du Nord, qui, sous ses ordres, obtint des succès. Au mois d'août, il battit l'armée de Galice, la dispersa entièrement; il n'en exista plus que quelques bandes isolées, qui se sauvèrent dans les montagnes. Il envoya contre elles des détachemens qui les poursuivirent de rochers en rochers, de cavernes en cavernes; elles n'osèrent plus se montrer, et les communications devinrent plus faciles. Nos convois ne furent plus attaqués; et si les habitans ne nous étaient pas sincèrement attachés, et nous voyaient avec peine, au moins ils n'exerçaient plus contre nous aucune hostilité.

En décembre il parcourut la Navarre et la Biscaye, et reporta ensuite son quartier-général à Valladolid. Il obtint également des succès dans cette suite d'opérations, et chacun se plaisait à lui rendre la justice la plus éclatante.

Tant de travaux altérèrent sa santé. Le climat de l'Espagne pouvait lui être funeste, et il fut contraint de revenir à Paris. C'est en vain que l'on épuisa toutes les ressources de l'art pour conserver ses jours. Il mourut le 24 juillet 1812, à la suite d'une maladie longue et douloureuse. Il emporta avec lui les regrets de tous les braves qui l'avaient toujours vu figurer au premier rang.

Le général Dorsenne, très-versé dans la tactique militaire, commandait souvent la parade sous l'empereur. Il avait des traits remarquables par leur régularité. C'était, dit un historien, la figure d'Adonis et le maintien d'Achille. On le citait pour son sang-froid sur le champ de bataille. Il avait une connaissance approfondie de tout ce qui tenait à l'administration, aux ordonnances et aux réglemens militaires. Il commandait les évolutions avec une facilité peu commune. Dans le combat, il exigeait du soldat la même précision qu'à la parade, et le soldat avait confiance en lui, parce qu'il le voyait le premier au feu, et que le calme dont il donnait l'exemple lui faisait braver les dangers, et le forçait à les envisager sans crainte.

L. Guyon, *officier d'infanterie.*

ANTOINE DROUOT.

(COMTE DE)

Lieutenant Général, Grand-Officier de l'Ordre Royal de la Légion d'Honneur.

Né le 11 Janvier 1771 à Nancy, Dép.t de la Meurthe.

Si on m'avait cru alors, que de malheurs on aurait évités.
(Procès de Drouot.)

A Paris, chez l'Auteur, Rue des Francs-Bourgeois, N.o 6 F. S. G.   Déposé à la Direction.

LE GÉNÉRAL COMTE DROUOT.

Il est des hommes dont les premiers pas, dans la carrière de la vie, annoncent tout ce qu'ils seront un jour; d'autres au contraire ressemblent à ces puissans végétaux qui étendent lentement leurs racines profondes, et élèvent leurs vastes rameaux dans le silence des siècles, jusqu'à ce qu'enfin ils dominent de leur cime altière, les arbres qui les environnent, et qui avaient paru jusqu'alors les protéger. Tel fut le guerrier, dont je vais décrire la vie; tel il parut tout-à-coup dans la maturité du génie et de la gloire, et les yeux en furent d'autant plus éblouis, que rien ne les avait, pour ainsi dire, préparés à cet éclat.

DROUOT (le Comte Antoine) Lieutenant-Général, Grand Officier de la Légion d'Honneur, naquit à Nancy le 11 janvier 1774, de parens estimés, jouissant d'une honnête fortune. Il fit ses études avec succès, dans l'Université de cette ville. Une application constante, qui semblait dérober aux yeux, les grandes dispositions qu'il avait pour les sciences, le distingua dans sa jeunesse: un caractère grave, plein de franchise et de modestie, lui concilia l'affection de ses maîtres et l'estime de ses camarades. Il fut d'abord destiné à l'état ecclésiastique. Sa mère surtout n'omit rien pour décider en lui cette vocation; mais l'ascendant de son génie l'emporta sur tous les soins de la piété d'une mère chérie, et sur toute l'autorité de sa tendresse, et, comme nous aurons plusieurs fois occasion de le remarquer, cette direction qui contrariait ses goûts, les décida plus fortement peut-être, pour les objets auxquels l'avait destiné la nature. Il se voua donc avec passion, à la culture des sciences sérieuses, et surtout aux mathématiques. Deux années lui suffirent pour achever des cours qui demandent ordinairement quatre ans de travail, et encore trouvait-il, au milieu de ces occupations arides, le temps de faire de brillantes humanités, et d'orner son esprit d'un fond de connaissances littéraires, dont il sut faire, dans le besoin, un si brillant usage. Mais il avait une telle modestie, il prenait tant de soins de cacher aux autres, et ses études, et ses succès, qu'ils s'apercevaient à peine qu'un homme peu ordinaire s'élevait au milieu d'eux.

Le jeune Drouot avait seize ans, lorsque, désirant être admis parmi les élèves des écoles de Metz, il se rendit de Nancy à Châlons, pour y subir un examen. Il était à pied et arriva dans l'équipage le plus modeste. Il inspira peu de crainte à ses rivaux, déja parés de l'uniforme, et qui jugeaient de ses talens par son air timide, et ses habits sans luxe et sans élégance. Mais le savant professeur, chargé de faire les examens, ne se laissa pas préoccuper par l'extérieur peu avantageux du jeune candidat; il l'interrogea, et fut frappé de son instruction, de la clarté et de la précision de ses réponses, et, jugeant qu'il avait des connaissances bien supérieures à celles qui étaient rigoureusement exigées, il se plut à multiplier les questions, prolongea l'examen beaucoup au delà du temps prescrit, et le termina, en l'embrassant, et en lui annonçant devant ses camarades, aussi étonnés que lui, qu'il était reçu officier, et le premier de cette nomination.

Le général Drouot fuyait, comme un autre les recherche, les occasions de faire parler de lui, et d'augmenter sa renommée. On connaît peu de choses de sa vie militaire, parce que ses travaux et ses actions d'éclat n'ont été recueillis dans aucune biographie. On sait seulement qu'il entra dans l'artillerie, comme lieutenant, en 1793, qu'il fit toutes les campagnes de la révolution, dans cette arme, notamment celle d'Égypte, et que, parvenu au grade de major, dans l'artillerie à pied de la garde impériale, il occupa ce poste jusqu'en 1809, qu'il devint général de brigade. Il n'était encore que major, lorsqu'à la fameuse retraite de la Trébia, Drouot protégea, par d'habiles manœuvres, une partie de l'armée française: quelques batteries, placées sur les bords de la rivière, retardèrent, un jour entier, la poursuite de l'ennemi, et défendirent l'arrière-garde du général Macdonald. Ce fut encore en qualité de major, que le comte Drouot fit partie d'une expédition navale, et se trouva à la bataille de Trafalgar. Le 7 mars 1813, nommé aide de camp de Napoléon, il prêta serment en cette qualité. Nous n'indiquons ici que les époques de ses principales promotions; les détails nous manquent, sur les différens traits de bravoure qui l'illustrèrent, sur les différentes affaires, où il se fit remarquer par son sang-froid, et la justesse de son coup-d'œil; il est du moins certain que tous les grades, qui séparent le sous-lieutenant du lieutenant-général, lui ont été acquis sur le champ de bataille, et par de grands services rendus.

Son dernier grade lui permettant d'agir sur un plus grand théâtre, et de diriger, comme chef, des opérations plus importantes, on put juger alors de toute l'étendue de ses vues et de ses talens, et les résultats des batailles importantes qui eurent lieu depuis, seront toujours, aux yeux des hommes de l'art, des preuves authentiques de son habileté. Ce fut surtout aux journées de Wagram et de Lutzen, que les secours de son artillerie décidèrent victorieusement de l'avantage des positions. A Wagram, dans un moment d'hésitation de l'armée, il forma, et porta en avant, une batterie de cent pièces, qui jeta le trouble et la mort dans les régimens d'élite autrichiens. Napoléon exprima plusieurs fois, dans la suite, le regret de n'avoir pas, en faisant à chaque général, dans ses bulletins, la part de gloire qui lui revenait de cette mémorable journée, donné à Drouot toute celle qu'il méritait. A Lutzen, il chargea au galop avec l'artillerie légère. De nouvelles preuves de bravoure lui méritèrent à Bautzen, le grade de général de division. A Wachau, où il commandait l'artillerie de réserve, il fut attaqué par la cavalerie ennemie, très-supérieure en nombre; il ordonna aussitôt aux canoniers de former leurs pièces en quarré, et de les charger à mitraille; les commandemens furent donnés et exécutés avec tant de précision, qu'en un instant l'ennemi fût mis en déroute. Il montra la même valeur à Hanau, contre les Bavarois le 30 octobre; à Nangis, le 17 février 1814; et au défilé de Vaucler, qu'il franchit malgré le feu de soixante pièces de canon qui en défendaient le passage. Les officiers Français ne savaient ce qu'ils devaient le plus admirer en lui, de l'étonnante profondeur de ses opérations, de la justesse de ses calculs, ou de l'intrépidité stoïque qu'il portait au milieu des combats. On l'a vu commander trois cents bouches à feu, avec la même assurance que s'il n'avait pas eu dans les mains le sort d'une armée entière, et remplacer, par l'habileté de ses manœuvres, l'infériorité de notre cavalerie. Depuis que l'arme du canon décide presque seule de la victoire, en Europe, la réputation du général Drouot a passé dans les rangs des ennemis que nous avons successivement vaincus; son nom s'est placé le premier parmi ceux des officiers de l'artillerie française.

Cet homme, si terrible à la guerre, et qui se montrait toujours le premier en face de l'ennemi, ne paraissait qu'à regret à la cour, et toujours derrière la foule des courtisans. Il ne sollicitait les faveurs du pouvoir, que pour quelques officiers inconnus, et pour mettre sous ses yeux le mérite inapprécié ; et le plus souvent le nom du bienfaiteur était inconnu au protégé. Il fuyait la cour pour la retraite, et dans la retraite il cultivait, il étendait sans cesse, les connaissances nombreuses qu'il avait acquises dès sa jeunesse. Et il tiendrait un rang distingué, parmi nos savans, si son pays ne le comptait pas déjà parmi ses plus illustres généraux.

Nous venons de voir le comte Drouot, dans son élément, au milieu des batailles, et presque toujours couronné par la victoire ; nous allons le voir dans une position toute différente, et bien nouvelle pour lui ; mais il se montrera toujours grand, toujours semblable à lui-même, parce qu'il ne sera guidé que par le sentiment de ses devoirs, et que, docile à la voix de sa conscience, il n'obéira qu'à ses impulsions.

Après le traité de Fontainebleau, le général Drouot suivit Napoléon à l'île d'Elbe, dont il fut nommé gouverneur militaire. Mais, avant de partir, il ne put s'empêcher de jeter un dernier regard sur sa chère patrie, et d'écrire au ministre de la guerre qu'il répandrait encore jusqu'à la dernière goutte de son sang pour elle. Certain d'avoir perdu la qualité de citoyen Français, il se dévoua, tout entier, au souverain de l'île d'Elbe, et se fit un devoir de partager son sort.

Le 1er mars 1815, il débarqua, avec l'ex-Empereur, au golfe Juan, d'où fut adressée, à l'armée française, une proclamation, revêtue de la signature du général Drouot et des autres officiers, revenus avec Bonaparte. Mais il paraît que celle qu'il signa alors, n'était pas celle qui fut publiée. Il l'a dit dans son procès, et il faut l'en croire : habitué à chercher la gloire au milieu des dangers, il n'eut point déshonoré, par la dissimulation, comme il le dit lui-même, une vie honorable et loyale. Drouot avait fait envisager à son souverain, tous les dangers d'une invasion, et s'y était opposé autant qu'il était en lui ; mais, n'ayant rien gagné sur son esprit, il le suivit, quoiqu'à regret, en sujet fidèle, persuadé qu'il se couvrirait de honte, en l'abandonnant dans un moment de danger. Il continua, près de lui, ses anciennes fonctions d'aide de camp et d'aide-major-général de la garde, jusqu'à Paris. Dans les derniers jours de mai, à la suite d'une discussion avec l'ex-Empereur, il lui offrit sa démission qui ne fut point acceptée, et à laquelle on répondit en le créant pair, par un décret du 2 juin. Drouot partit aussitôt, rejoignit l'armée en Belgique, et combattit à Waterloo avec sa valeur accoutumée ; mais il ne put maîtriser la fortune. Il contribua ensuite à rallier les troupes, sous les murs de Laon. de-là il revint à Paris, se présenta à la chambre des pairs, et fut nommé, le 22 juin, membre de la commission, chargée d'examiner la question de la 2me abdication de Napoléon, et sa déclaration au peuple Français. Et le lendemain il improvisa un discours, conçu avec beaucoup d'art, où il cherchait à rassurer les esprits sur la défaite de Waterloo, et à prouver que, tout n'était pas désespéré. Nommé le même jour, commandant-général de la garde impériale, il partit pour se rendre à son poste, et donna tous ses soins à la défense de Paris. Par suite de la capitulation, il se retira sur la Loire, et empêcha, par sa fermeté, que ses soldats exaspérés ne se portassent à des excès ; et quelque temps après, lorsqu'il s'agit du licenciement de l'armée, il employa tout l'ascendant qu'il avait sur elle, pour la porter à se soumettre au Roi. Redevenu Français par le fait, et aux termes du traité de Fontainebleau, il se félicitait d'avoir rendu à son pays, le plus signalé des services, dans la circonstance la plus difficile,

lorsqu'il eût connaissance de l'ordonnance du 24 juillet. Il pouvait profiter de l'avantage de sa position pour s'y soustraire ; en effet il était sur la Loire, et à la tête de toute la garde ; mais il avait donné l'exemple de la soumission, sa conscience ne lui reprochait rien, et le premier besoin qu'il éprouva, fût celui d'être jugé. Il quitta donc volontairement le commandement de l'ex-garde, et partit du quartier général de Bourges, pour venir à Paris, où il sollicita, pendant dix jours, la faveur de se constituer prisonnier. Un conseil de guerre fut nommé et institué, le 6 avril 1816, pour terminer son procès. Depuis long-temps l'instruction préparatoire en était achevée. La curiosité, l'intérêt public étaient vivement excités par une aussi longue attente ; des vœux que, personne ne cherchait à déguiser, étaient exprimés de toutes parts, pour l'issue favorable de cette importante procédure.

Le général Drouot parut devant ses juges avec une contenance ferme et assurée, sa physionomie annonçait un calme parfait. Il répondit, avec beaucoup de clarté et de précision, à toutes les questions qui lui furent faites, et ses nouvelles réponses étaient parfaitement conformes à celles qu'avait précédemment recueillies M. le rapporteur. De quatre témoins, à décharge, dont trois déposèrent, qu'il était à leur connaissance, que le général Drouot s'était opposé, de tout son pouvoir, à l'invasion de Bonaparte, M. le maréchal duc de Tarente était le seul, dont il eut invoqué le témoignage. Le duc en rendant justice à la vérité, fit le plus bel éloge des talens, de la conduite, des services et du caractère du comte. Celui-ci, pénétré de la plus vive reconnaissance, ne fut plus maître de lui-même ; il s'écria, avec une émotion qui se communiqua à toute l'assemblée : « Tous mes vœux sont exaucés, » puisque je possède l'estime du plus loyal des guerriers de » France. » Dans le discours qu'il prononça, ensuite, il retraça, avec autant de fermeté et de franchise, que de vérité la conduite qu'il avait tenue à l'île d'Elbe, et depuis son retour en France ; il prouva que jamais l'amour de son pays n'avait cessé de l'animer un instant : qu'il avait fermé les yeux, sur ses dangers particuliers, pour n'être point infidèle et parjure. Qu'au reste, si l'on croyait que son sang fût nécessaire à la tranquillité de la France, il aurait du moins, en le répandant, la consolation de penser que ses derniers momens seraient encore utiles à son pays. Ces mots, prononcés d'une voix assurée, et d'un ton pénétré, produisirent la plus vive sensation.

Le conseil de guerre acquitta le général Drouot. Il était neuf heures et demie. Son défenseur, M. Girod de l'Ain, se rendit aussitôt à l'Abbaye, où il était détenu, pour lui apprendre l'heureuse issue de son procès. Il le trouva endormi. Malgré l'émotion de la journée, le prisonnier n'avait rien changé aux habitudes de sa captivité ; et il fallut le réveiller pour lui dire qu'un jugement solennel lui conservait, et l'honneur, et la vie. Le général, toujours modeste, embrassant son défenseur, lui adressa, plutôt qu'il ne reçut pour lui-même, ses félicitations. Mais ce qui mit le comble à sa joie, c'est que le Roi le fit venir le lendemain, lui parla avec ce ton de bonté qui donne un nouveau prix aux choses les plus flatteuses, et lui annonça, en le congédiant, qu'il était libre, et que des ordres étaient donnés, pour qu'il n'y eût point de pourvoi en révision sur son procès. Le comte Drouot s'est retiré à Nancy, où il consacre tous ses momens à ses occupations chéries, les sciences et les belles-lettres.

M. N. Coucué.

LE CHEVALIER DUPONT *(de l'Eure,)*

DÉPUTÉ DE L'EURE,

Officier de la Légion d'Honneur.

Né le 27 Février 1767, au Neubourg.

A Paris, chez l'Auteur, Rue des Francs-Bourgeois, N.º 6, F.S.G.   Déposé au Bureau des Estampes.

LE CHEVALIER DUPONT,

DÉPUTÉ DE L'EURE.

C'est avec amour, c'est avec orgueil que la France peut citer à ses amis comme à ses ennemis, l'homme juste qui, étranger à l'exagération de tous les partis et inaccessible aux instigations de l'intrigue, prit part à toutes les phases d'une longue révolution, sans dévier de la voie de l'honneur et des sages principes que lui imposaient les devoirs les plus sacrés, ceux de défendre le faible contre la puissance; de veiller en sentinelle active au maintien des institutions conquises par vingt-cinq années de travaux et de sacrifices; de porter la lumière la plus pure dans toutes les questions importantes de la législation, et de protéger sa patrie contre les attaques des factions qui tentent de l'asservir.

DUPONT de l'Eure (JACQUES-CHARLES), chevalier, ex-président de la Cour royale de Rouen, officier de l'ordre royal de la Légion d'honneur, législateur, né le 27 février 1767.

Avocat en 1789, il embrassa la cause du peuple contre les priviléges, avec le courage d'un sincère ami de la liberté et la modération d'un homme de bien : il devint successivement juge au tribunal du district de Louviers; substitut près le tribunal civil du département de l'Eure; accusateur public près le tribunal criminel à Evreux, et remplit toutes ces fonctions de manière à mériter l'estime et la reconnaissance de ses concitoyens. Il fut ensuite nommé président de la Cour criminelle; conseiller à la Cour d'appel de Rouen et président de la Chambre; puis proposé comme candidat au Corps législatif où, enfin, il fut appelé le 6 janvier 1813.

En juin 1814, il obtint des suffrages presque unanimes pour les fonctions de vice-président à la Chambre des députés.

Le 13 octobre suivant, il demanda que la Chambre ordonnât le rapport de la commission des pétitions sur une dénonciation du sieur Hellot contre le ministre de la guerre, à l'occasion du marché des vivres passé par lui au sieur Doumerc, et que ce rapport et les pièces fussent déposés à la commission : « L'opinion a été frappée du bruit de cette affaire, dit-il; » elle est d'une haute importance, puisqu'il s'agit » de savoir si c'est par une manœuvre coupable ou » par de justes motifs que la compagnie Doumerc a » obtenu un marché qui priverait l'Etat d'une somme » de cinq millions. »

Le 26 octobre, il présenta à la Chambre une proposition tendant à ce que tous les fonctionnaires civils et militaires fussent tenus de prêter un serment, dont voici la formule : *Je jure obéissance et fidélité au Roi, à la Charte constitutionnelle et aux lois du royaume.*

Dans la session de 1815, il sut se montrer comme le plus courageux et le plus sage de nos représentans, en modifiant la proposition de Garat sur une déclaration patriotique de cette chambre, après la désastreuse bataille de Waterloo; rectifia la rédaction du projet, et fit décréter que la copie en serait portée aux monarques ennemis par une députation législative. Il se vit désigner le premier pour faire partie de cette hasardeuse et honorable ambassade. Nous croyons devoir rappeler les énergiques expressions de cet acte, qui attestent à la fois la sollicitude et l'amour de ce digne législateur pour une nation digne aussi d'un tel mandataire :

« Les troupes des puissances alliées vont occuper
» la capitale.

» La Chambre des représentans n'en continuera
» pas moins de siéger au milieu des habitans de Paris,
» où la volonté expresse du peuple a appelé ses man-
» dataires.

» Mais dans ces graves circonstances, la Chambre
» des représentans se doit à elle-même, elle doit à
» la France, à l'Europe, une déclaration de ses sen-
» timens et de ses principes.

» Elle déclare donc qu'elle fait un appel solennel
» à la fidélité et au patriotisme de la garde nationale
» parisienne, chargée du dépôt de la représentation
» nationale.

» Elle déclare qu'elle se repose avec la plus haute
» confiance sur les principes de morale, d'honneur;
» sur la magnanimité des puissances alliées, et sur
» leur respect pour l'indépendance de la nation, si
» positivement exprimés dans leurs manifestes.

» Elle déclare que le gouvernement de la France,
» quel qu'en puisse être le chef, doit réunir les vœux
» de la nation légalement émis, et se coordonner
» avec les autres gouvernemens, pour devenir un
» lien commun et la garantie de la paix entre la
» France et l'Europe.

» Elle déclare que. . . . .

. . . .

. . . .
» . . . . tout gouverne-
» ment qui n'aurait d'autres titres que dés accla-
» mations et les volontés d'un parti, ou qui serait
» imposé par la force, tout gouvernement qui n'adop-
» terait pas. . . . .
» . . . . :
» La liberté des citoyens ;
» L'égalité des droits civils et politiques ;
» La liberté de la presse ;
» La liberté des cultes ;
» Le système représentatif ;
» Le libre consentement des levées d'hommes et
» d'impôts ;
» La responsabilité des ministres ;
» L'irrévocabilité des ventes de biens nationaux
» de toute origine ;
» L'inviolabilité des propriétés ;
» L'abolition de la dîme. . . . .
» . . . . de la féodalité ;
» L'abolition de toute confiscation des biens ;
» L'entier oubli des opinions et des votes poli-
» tiques émis jusqu'à ce jour ;
» L'institution de la Légion d'honneur ;
» Les récompenses dues aux officiers et aux soldats ;
» Les secours dus aux veuves ;
» L'institution du jury ;
» L'inamovibilité des juges ;
» Le paiement de la dette publique ;
» N'aurait qu'une existence éphémère et n'assu-
» rerait point la tranquillité de la France ni de l'Eu-
» rope.
» Que si les bases énoncées dans cette déclaration
» pouvaient être méconnues ou violées, les repré-
» sentans du peuple Français, s'acquittant aujour-
» d'hui d'un devoir sacré, protestent d'avance, à
» la face du monde entier, contre la violence et
» l'usurpation. Ils confient le maintien des dispo-
» sitions qu'ils proclament à tous les bons Français,
» à tous les cœurs généreux, à tous les esprits éclai-
» rés, à tous les hommes jaloux de leur liberté, enfin,
» aux générations futures. »

Les événemens militaires empêchèrent la commission de remplir sa mission près des Souverains alliés,
et anéantirent ces résolutions par les argumens de la
force et du nombre.

N'ayant pu parvenir à faire triompher ces éternels
principes de droit et de raison publics, Dupont de
l'Eure retourna occuper sa place de président à la
Cour de Rouen.

. . . .
. . . .
. . . .

L'estime de ses concitoyens le porta, dès l'année
1817, au rang de nos députés. Il consacra sa mission
par autant de saines et de courageuses opinions qu'il
eut d'occasion de démasquer les vues des factions
intéressées au bouleversement de notre système représentatif et des droits de la nation. Ainsi on l'a vu
successivement appuyer la loi de recrutement, défendre celle des élections, voter le rappel des bannis,
comme un vœu de la France entière, et réclamer
le renvoi des régimens suisses :

« Est-il juste, s'écriait-il en 1819, de payer le
» traitement intégral de tous les officiers généraux,
» et de laisser dans l'indigence une foule d'officiers
» d'un grade inférieur ? N'eût-il pas été plus à propos
» de venir au secours du pauvre légionnaire, illé-
» galement réduit, depuis cinq années, à la moitié
» de son traitement ? Je demande qu'il soit donné
» connaissance à la Chambre des capitulations faites
» avec les cantons suisses, et j'aime à croire que
» c'est la dernière année que la France verra dans
» les rangs de notre armée d'autres soldats que les
» soldats français. »

Peu de législateurs ont rendu à la magistrature, et
dans nos assemblées délibérantes, d'aussi éminens
services que Dupont de l'Eure ; il n'en est point,
peut-être, qui ait osé manifester ses principes avec
une franchise plus énergique ; il est vrai que jamais
ses généreux efforts n'eurent d'autre but que le maintien de nos institutions, le bonheur et la gloire de
sa patrie ; qu'il ne défendit jamais qu'une saine morale et cette sage liberté qui fut toujours l'objet de
tous ses vœux, comme elle ne cessa de l'être aussi
de tous les hommes éclairés qui l'admirent et qui
ne desirent, ainsi que lui, d'autres récompenses
que la paix et la félicité de la France.

Destitué de ses fonctions de président à la Cour de
Rouen, on ne l'entendit jamais exhaler aucune plainte
contre les auteurs de cette disgrace ; il emportait
l'estime et les regrets de ses concitoyens.

Nous devons espérer que ses compatriotes reconnaissans conserveront long-temps encore, au nombre
des mandataires du peuple, un législateur dont les
lumières et les sages principes ne peuvent que concourir au bien de tous, en éclairant le gouvernement
sur les vœux et les besoins de la France entière, en
signalant les trames de ses ennemis, dévoilant les
abus des dépositaires du pouvoir, et enfin, en lui
conciliant l'amour de tous les Français.

GÉRARD-CHRISTOPHE-MICHEL DUROC,

DUC DE FRIOUL,

Sénateur, Grand Maréchal du palais, Grand Officier de la Couronne,
G.ᵃˡ de div.ⁿ Commandant de l'Ordre Royal de la Couronne de Fer, Grand-
Croix des Ordres de l'Aigle d'Or de Wurtemberg, de la Fidélité de Bade, de
S.ᵗ Joseph de Wurtzbourg, de S.ᵗ Léopold d'Autriche, de l'Aigle Noir de
Prusse, de la Couronne de Saxe, Grand-Croix de la Légion d'Honneur,

Né le 25 Octobre 1772 à Pont-à-Mousson, Dép.ᵗ de la Meurthe,

Mort à la Bataille de Wurschen le 22 Mai 1813

à Paris, chez l'Auteur rue des Francs Bourgeois N.º 6.

LE GÉNÉRAL DUROC.

Parmi les guerriers dont la France en deuil pleure la perte, nous citerons le brave général Duroc, mort au champ d'honneur au printemps de l'âge ; heureux encore le soldat qui succombe sous le fer meurtrier de l'ennemi ; toute son ambition est satisfaite ; il meurt pour son prince et sa patrie !

Duroc (Gérard-Christophe-Michel), Duc de Frioul, Sénateur, Grand-Maréchal du Palais, Grand-Officier de la Couronne, Général de division, l'un des commandans de l'Ordre royal de la Couronne de Fer, Grand-Croix des Ordres de l'Aigle d'Or de Wurtemberg, de la Fidélité de Bade, de Saint-Joseph de Wurtzbourg, de Saint-Léopold d'Autriche, de l'Aigle Noir de Prusse, de la Couronne de Saxe, de la Légion d'honneur, etc., né le 26 octobre 1772 à Pont-à-Mousson, d'un père ancien officier, gentilhomme estimé de toute la ville ; il fit d'excellentes études à l'École militaire, fut admis comme élève à celle d'artillerie de Châlons, nommé lieutenant en 1792 ; fit les campagnes d'Italie en qualité d'aide de camp des généraux d'Espinasse et Andréossy ; au passage de la Brenta il eut un cheval tué sous lui ; se distingua particulièrement le 19 mars 1797, au passage de l'Isônzo ; suivit Bonaparte en Egypte, fut grièvement blessé au siége de Saint-Jean d'Acre ; aux batailles des Pyramides, de Bahmanié, de Chebraisse, de Sédema ; aux combats du Mont-Thabor, d'Aboukir, le nom de Duroc se trouve parmi ceux qui se sont immortalisés.

Envoyé à la cour de Berlin, ses manières aimables et insinuantes lui attirèrent la bienveillance du prince. De retour en Italie, il combattit à Marengo ; au passage du Tésin, il manqua de périr en tombant dans ce fleuve.

Il fut chargé d'aller à Vienne pour négocier la paix de Lunéville. Ce fut encore lui que l'on envoya à Pétersbourg près de l'empereur de Russie, et, malgré sa jeunesse, le maréchal Duroc fit preuve dans ces missions importantes, d'une prudence et d'une maturité de jugement que l'on n'acquiert ordinairement qu'avec l'âge et l'expérience. Ainsi, tour-à-tour ambassadeur et guerrier, il déployait l'audace et la fierté dans les combats, la finesse et la pénétration dans les affaires diplomatiques.

Aux campagnes de 1806 et 1807, il employa de nouveau ses divers talens, et à la paix de Tilsit il fut plénipotentiaire, pour la seconde fois, auprès de l'empereur Alexandre.

Les dernières guerres d'Allemagne soutinrent sa réputation, mais ne purent rien ajouter à sa gloire. Après la bataille de Bautzen, le 22 mai 1813, le maréchal Duroc causait avec le duc de Trévise et le général Kirgener. Ils étaient à pied sur les hauteurs près des avant-postes. Un dernier boulet, tiré par les ennemis, tua Kirgener, et ouvrit le bas-ventre au maréchal. Ainsi, par une fatalité cruelle, la mort, qui l'avait épargné tant de fois au milieu des combats, vint le frapper à l'instant où il avait déposé ses armes ; mais il mourut sur le champ de bataille. Notre histoire recueille ses actions, et transmettra avec un noble orgueil le nom de Duroc à la postérité.

MAURICE JULIEN EMERIAU,

(COMTE DE)

Vice-Amiral, l'un des anciens Inspecteurs-Généraux de la Marine,
Grand-Croix de la Légion d'Honneur, Membre de l'Ordre de
Cincinnatus, Chevalier de l'Ordre Royal et Militaire de St. Louis.

Né le 20 Octobre 1762, à Carhaix, Depart. du Finistère.

À Paris, chez l'Auteur, Rue des Francs-Bourgeois, N.° 6. F.S.G.   Déposé à la Direction.

LE COMTE ÉMERIAU.

O amour de la patrie! ô sainte humanité! tu es la source féconde de tous les sentimens nobles et élevés. C'est toi qui conduis l'homme dans le chemin de l'honneur, qui détermine et fixe nos devoirs. Nous te devons presque toujours la bienveillance du souverain, et l'estime de tous les peuples. Monsieur le Comte Emeriau nous en offre un digne exemple. La France se rappelle avec orgueil les services que sa longue carrière militaire a rendus à notre marine. Mais entrons dans les actions principales de ce héros, qui combattit quarante ans pour l'honneur du pavillon français.

ÉMERIAU (le comte Maurice-Julien), vice-amiral, l'un des anciens inspecteurs-généraux de la marine, grand-croix de la Légion d'honneur, chevalier de l'ordre royal et militaire de Saint-Louis, membre de l'ordre de Cincinnatus, naquit, le 20 octobre 1762, à Carhaix, département du Finistère, d'une famille recommandable. Destiné par ses parens au génie militaire, il se porta de lui-même à la marine, entraîné par un goût irrésistible. Il commença sa carrière à l'âge de treize ans, comme volontaire d'honneur. La guerre d'Amérique lui fournit, en 1778, l'occasion de se distinguer; il prit part à douze combats ou siéges, et fut blessé trois fois. Il se fit particulièrement remarquer du comte d'Estaing, aux siéges et combats de la Grenade et de Savannah, où il sauta l'un des premiers dans la tranchée ennemie, et reçut une blessure grave. Sa courageuse conduite fut récompensée par le grade de lieutenant de frégate, à l'âge de 17 ans, et lui mérita la décoration de l'ordre de Cincinnatus. Je dois observer ici que le Comte Emeriau appartient essentiellement à l'histoire ; que sa vie est pleine de faits; que les bornes que nous nous sommes prescrites ne nous permettent pas de les rapporter tous : je ne citerai donc que ceux qui le recommandent d'une manière plus particulière à la postérité et à la reconnaissance de son pays; mais je dirai que, constamment honoré de l'estime de ses chefs, il fut nommé sous-lieutenant de vaisseau en 1786, et passa au grade de lieutenant en 1791. Alors seulement il agit par lui-même, et ne dut qu'à son génie, et à ses talens, les nombreux succès qui suivirent. Chargé du commandement d'une corvette de la station de Saint-Domingue, il remplit diverses missions, et fut employé à la répression des nègres révoltés. Il fit partie de l'escorte qui conduisit à la Nouvelle-Angleterre, les nombreux bâtimens de commerce qui se trouvaient au Cap-Français. Chargé ensuite de les protéger, et de veiller à leur conservation pendant leur séjour aux Etats-Unis, il eut le commandement supérieur de toutes les forces françaises de cette importante station. Monté sur la frégate l'Ambuscade, il exécuta diverses croisières, fit plusieurs prises, et eut divers engagemens honorables. Il contribua efficacement, par son zèle et sa prévoyance, à ramener en France, sans éprouver la moindre perte, plus de quatre cents bâtimens qui, indépendamment de leur cargaison coloniale, estimée plus de cent millions, apportaient à la France, au milieu de la plus affreuse disette, plus de quatre cent mille barils de farine. La valeur de ce convoi fut encore augmentée, pendant la traversée, par la prise de quarante bâtimens ennemis richement chargés. A son arrivée à Brest, et après le funeste combat du 13 prairial, il fut chargé de reconnaître, avec une division de frégates, la force et la position de l'armée ennemie. On lui confia ensuite le commandement de la station des Pyrénées-Occidentales, où il captura à l'ennemi plusieurs bâtimens, et contribua efficacement aux siéges et prises de plusieurs villes et forteresses. Il fut alors nommé capitaine de vaisseau, et bientôt après promu au grade de chef de division. Il fit ensuite la campagne d'Egypte. Nommé chef de file de l'armée, il entra le premier à Malte, sur le vaisseau le Spartiate. Au combat d'Aboukir, il se distingua par une longue et vigoureuse résistance, contre quatre vaisseaux qui l'avaient attaqué en même-temps, combattit particulièrement celui que montait l'amiral Nelson, reçut deux blessures graves, et ne cessa le combat qu'après avoir été entièrement démâté, avoir vu le corps et la carène de son vaisseau criblés de boulets, ses poudres noyées par neuf pieds d'eau dans la cale, et avoir perdu plus de la moitié de ses officiers et marins. Nommé chef militaire au port de Toulon, il y remplit les fonctions de préfet maritime, fut élevé au grade de contre-amiral, et chargé du commandement d'une division de vaisseaux et frégates, avec la mission importante de transporter à Malte le grand-maître de l'ordre, opération qui fut ajournée. Il fut expédié ensuite pour Saint-Domingue, rétablit l'ordre et les communications dans la partie du Sud, et contribua à sauver la ville du Port-au-Prince, assiégée par Dessalines. De retour en France, il fut appelé au commandement de l'aile droite de la flotille. Il commanda ensuite une nouvelle division de vaisseaux et de frégates, entra dans la rade de l'île Daix, en présence et malgré le blocus de l'escadre anglaise, rallia sa division à l'escadre de l'amiral Villeneuve, au commandement duquel il succéda. En 1805, il fut nommé préfet maritime de Toulon, et, pendant huit ans qu'il administra la préfecture du 6.e arrondissement, il répara, par l'activité qu'il imprima aux constructions et aux armemens, une grande partie des pertes qu'avait éprouvées notre marine; il réforma un grand nombre d'abus, et se fit autant distinguer par la sagesse et la prévoyance de son administration, que par sa probité et ses talens. Nommé à la présidence du collége électoral du département du Var, il y recueillit les témoignages les plus flatteurs de l'estime et de la considération des notables d'un département qui avait été à même d'apprécier ses travaux et ses qualités personnelles. En 1811, il fut appelé au commandement en chef de toutes les forces navales de la Méditerranée, et particuliérement d'une escadre où l'on comptait quinze vaisseaux et dix frégates construits, armés et équipés par ses soins, et vit ainsi son administration récompensée par la plus honorable distinction. Il manœuvra constamment en présence d'une escadre anglaise plus forte que la sienne, eut divers engagemens, dont les résultats lui furent toujours favorables, dirigea et fit exécuter diverses croisières, missions et opérations importantes, protégea essentiellement le commerce, fit entrer à Toulon et à Marseille, et en fit sortir de nombreux convois, et les protégea si efficacement, qu'il ne perdit pas un seul bâtiment pendant les trois ans qu'il fut chargé de cet important commandement. Il avait aussi l'inspection de l'Ecole spéciale de la marine, qui, par la nature de son institution, favorisait simultanément l'instruction théorique et pratique d'un certain nombre de jeunes éléves propres à former une excellente pépinière de bons officiers. Il fut successivement nommé grand officier de la légion d'honneur, grand-croix de l'ordre de la réunion, élevé au grade de vice-amiral, et promu, le 7 avril 1813, à celui d'inspecteur général des côtes. L'amiral Émériau se montra constamment étranger à toute espèce de parti, et ici, comme dans les autres circonstances de sa vie, chaque avancement fut toujours la récompense d'un service rendu. Bloqué, dès le commencement de 1814, par une escadre très-supérieure en forces, qui menaçait Toulon, et avait à sa disposition vingt mille hommes de débarquement; il consentit, d'après les pressantes sollicitations de M. le gouverneur de la 8.e division militaire, à se charger, dans une circonstance aussi difficile, indépendamment des soins qu'exigeaient la conservation de la flotte du commandement supérieur de tous les forts et batteries destinés à couvrir le port, la rade et tout le littoral de Toulon? il renforça les batteries existantes, en créa de nouvelles, éleva des redoutes, forma des camps retranchés, fit placer son escadre dans une bonne ligne d'embossage, et sut inspirer aux officiers, aux marins, et aux troupes sous ses ordres une telle confiance, et organisa si bien et si promptement tous ses moyens de défense, que, malgré l'infériorité de ses forces, il réussit à imposer à l'ennemi et à le contenir. Ce fut donc à sa prévoyance et à son infatigable activité qu'on dût la conservation du port de Toulon, de son arsenal, et de la plus belle moitié de la marine française.

Dès qu'il connut la déchéance de Napoléon, il s'empressa de faire arborer le pavillon blanc, adressa au gouvernement sa soumission et celle des officiers et marins sous ses ordres; fit proclamer et reconnaître l'autorité du roi, et conclut, avec l'amiral Exmouth, une armistice qui assura la libre navigation des bâtimens français, et conserva ainsi à la France, sans éprouver la moindre perte, la superbe flotte qu'il commandait, et l'un des plus importans arsenaux maritimes du royaume. C'est aussi à ses soins qu'est due la prompte délivrance de quatre mille Français détenus prisonniers dans l'île déserte de Cabrara, et qui depuis trois ans étaient exposés à toutes sortes de privations. Appelé à Paris par le ministre de la marine, il fut présenté au roi qui daigna l'accueillir avec bonté, et lui dire des choses flatteuses. Il fut ensuite nommé, par une ordonnance royale du 19 mai 1814, membre de plusieurs commissions qui avaient pour objet l'organisation à donner au corps de la marine, et aux différentes parties de service. Le 9 juin il reçut du roi la croix de St. Louis, et sa majesté le nomma, le 24 août suivant, grand-croix de la légion d'honneur. Il fut, par ordonnance du 14 mars 1815, nommé commandant en second d'une compagnie de gardes royales, destinées à la défense du trône, et composée d'une grande partie des personnes les plus distinguées de la marine. Le roi passa, le 19 mars, la revue de cette compagnie de serviteurs dévoués, et daigna en agréer le contrôle. Compris, par Napoléon, sur la liste des pairs, le comte Émériau ne reçut aucune destination militaire, et fut, après le retour du roi, conservé au nombre des premiers inspecteurs-généraux et vice-amiraux en activité, et admis à la retraite en juillet 1816, après 40 ans d'honorables services, dont un ami du prince et de la patrie ne voit le terme qu'avec regret, quand il sait de combien de qualités diverses se compose un homme de mer, et que la vie la plus longue suffit à peine à acquérir les connaissances qui constituent un chef de marine distingué.

LOUIS-ANTOINE-HENRI DE BOURBON CONDÉ,

Duc d'Enghien;

Né le 2 Août 1772, à Chantilly, Dépt. de l'Oise.

Mort au Château de Vincennes, le 21 Mars 1804.

A Paris, chez l'Auteur, Rue des Francs-Bourgeois N°. 6. F. S. G.

Déposé à la Direction.

LE DUC D'ENGHIEN.

Mânes généreux! ombre magnanime! appaisez-vous; votre sang inhumainement versé, a crié vengeance; sa voix lugubre a retenti jusqu'aux extrémités de l'Europe. Consolez-vous, prince infortuné, le forfait commis sur votre auguste personne, prouve que la vengeance peut être tardive, mais n'en est pas moins certaine. Jetons un coup d'œil d'admiration sur les principales actions de l'infortuné Duc d'Enghien, et, à la douleur que doit nous causer sa mort atroce, se joindront les regrets de voir perdu pour la France cet illustre guerrier.

D'Enghien (Louis-Antoine-Henri de Bourbon-Condé Duc de), naquit, le 3 août 1772, de Louis-Henri-Joseph, Duc de Bourbon, et de Louise-Thérèse-Mathilde, princesse d'Orléans, fille du Duc Louis-Philippe, et sœur de Louis-Philippe-Joseph. Des dangers de toute espèce l'attendaient aux portes de la vie, et il commença par des malheurs une carrière qu'il devait finir par la catastrophe la plus affreuse. A la figure la plus noble et la plus agréable le prince joignait une taille avantageuse, et le goût le plus vif pour tous les exercices du corps. Les qualités de l'esprit et du cœur répondaient à ces dons extérieurs. Il avait reçu une éducation conforme à son illustre naissance. Il parlait bien et facilement, et du ton le plus propre à persuader. En 1788 le Duc d'Enghien vint à Versailles avec son père et son aïeul, pour être reçu chevalier des ordres du Roi, et l'on dit plaisamment, à cet égard, que le père et le fils étaient venus chercher le Saint-Esprit. Nous passerons sous silence quelques faits peu importans, et nous nous transporterons à l'époque du 16 juillet 1789, où le Prince de Condé, le Duc de Bourbon et le Duc d'Enghien, sortirent de France. Celui-ci était loin de s'imaginer alors qu'il n'y rentrerait que pour arroser de son sang sa terre natale. Il fit, en Flandre, sous les ordres de son père, la campagne de 1792; mais le corps que commandait le Duc de Bourbon ayant été licencié, ils vinrent ensemble rejoindre celui de M. le Prince de Condé, dans la forêt Noire, et M. le Duc d'Enghien y resta jusqu'à son licenciement, en 1801. Ce corps se distingua en 1793, et cela n'est pas étonnant : trois héros lui donnaient l'exemple du dévouement et de la valeur. Le combat du 20 août aurait mal fini pour la gloire du Duc d'Enghien, par la faute de celui à qui le prince avait confié son petit-fils; mais le Duc reconnut bientôt son erreur, laissa fuir son guide, vint se mettre à la tête de ses braves, attaqua l'ennemi et le vainquit. Le général Wurmser combla d'éloges la valeur froide et la contenance qu'il montra dans cette affaire, comme dans celles qui lui succédèrent le 12 septembre, le 13 octobre, et le 2 décembre suivans. Dans ces différens combats, il montra le calme d'une grande ame. Dans la dernière action, son cœur éprouva les plus vives alarmes : son père fut grièvement blessé. Il faut connaître l'affection qu'il lui portait, pour juger quelle dut être son inquiétude. Cependant il sut satisfaire à ses devoirs et aux sentimens de la nature. Ce fut alors que ce Prince donna le plus bel exemple d'humanité et de clémence. On sait comment les agens de la convention en usaient envers les soldats du corps de Condé; le Duc d'Enghien, au contraire, fit prendre le plus grand soin des prisonniers blessés, et défendit toute espèce de représailles. Pendant l'hiver qui suivit, il éprouva une maladie grave, causée par les fatigues de la campagne. Les années 1794 et 1795, furent stériles en événemens militaires pour le corps de Condé, et le Duc de Bourbon, au mois de juin 1796, se sépara de son fils pour passer en Angleterre. Combien de pleurs que fit verser cette séparation, auraient été plus amers si le père et le fils avaient pu prévoir alors qu'ils se faisaient un adieu éternel! Ce fut cette même année que le Prince de Condé confia à son petit-fils le commandement de son avant-garde. Celui-ci remplit ce poste important avec sa valeur accoutumée, mais avec des succès variés, qui ne dépendaient ni de son habileté, ni de sa prudence. Dans une fausse alerte, son cheval effrayé le renversa et s'échappa. Une patrouille de reconnaissance le rencontra, et le ramena à son grand-père. Quelle douleur pour le sensible vieillard, qui ne doute point de la mort de son petit-fils! Ici, du moins, il put l'embrasser encore, au lieu que, quelques années plus tard, quand on lui annoncera sa perte, elle sera réelle, et bien plus douloureuse. Mais n'anticipons pas sur les événemens, et voyons ce qui précéda ce dénouement horrible. La campagne de 1797 s'était annoncée de manière à faire croire qu'elle serait très-meurtrière, et le traité de Léoben fit cesser tout-à-coup toutes les hostilités. Le corps où il commandait fut licencié, et lui-même condamné à l'inaction. En 1797, le Prince de Condé ayant reçu l'ordre de défendre le pont de Constance, le Duc d'Enghien, emporté trop loin par sa valeur, fut repoussé dans la ville, et obligé de l'abandonner, après s'être couvert de gloire, en soutenant le combat le plus vif et le plus acharné. Dans la campagne de 1800, le jeune Prince fut séparé du corps que son grand-père commandait, sans qu'il lui fût possible de le rejoindre. Il se soutint néanmoins avec un courage et une habileté dignes des plus grands éloges. La paix de Lunéville vint lui ravir toutes ses espérances, et l'armée du prince de Condé fut licenciée entièrement en 1801. Le Duc d'Enghien revint alors à Etteinheim, oublia tous les rêves flatteurs dont il s'était bercé jusque là, et ne s'occupa plus que de plaisirs simples appropriés à ses goûts, à sa position. Il était bien éloigné de croire qu'il allait réveiller la haine de l'ennemi de sa famille, et qu'aucune considération ne l'empêcherait de la satisfaire. On l'avait averti des projets du chef des Français; mais son ame franche et loyale ne put y croire. Le 15 mars 1804, il venait de se coucher, lorsqu'il entend marcher autour de sa demeure. Il se lève, saisit un fusil, et se prépare à une vigoureuse résistance. Son premier gentilhomme s'oppose à son dessein, lui arrache son arme des mains, et ajoute que toute résistance est inutile, et que d'ailleurs, au besoin, il dira qu'il est le Duc d'Enghien. Le Prince, peu rassuré par cette promesse, et connaissant tout le danger de sa situation, en attend cependant le résultat avec calme. Bientôt des gendarmes entrent; et le premier gentilhomme, loin de tenir parole, garde le plus profond silence. La question : *Qui de vous est le Duc d'Enghien ?* s'étant répétée plusieurs fois, le Duc répondit aux gendarmes : « Si vous venez pour l'arrêter, vous devez avoir son signalement. Cherchez-le. » Comme on ne l'avait pas ce signalement, on enlève tous ceux qui étaient présens; on fait halte dans un moulin où se trouve le bourgmestre d'Etteinheim; on lui fait nommer ceux qu'on lui indique, et le Duc est désigné le troisième. Entrerai-je dans le détail de tout ce qu'eurent de douloureux pour lui, et le peu d'égards qu'on lui témoigna, lorsqu'on l'eut reconnu, et la trahison trop visible de personnes comblées de ses bienfaits, et honorées de sa constante affection ? Parlerai-je du courage héroïque avec lequel il vit tout ce qui se faisait autour de lui contre lui-même ? Non; réservons notre sensibilité pour des circonstances plus déchirantes encore; elles ne se présenteront que trop tôt; et la rage de ses ennemis lui prescrira bientôt le plus pénible des sacrifices, sans que sa grande ame en soit ébranlée. Nous remarquerons cependant qu'un faible rayon d'espoir parut lui sourire à Strasbourg; mais il n'eut

que la durée d'un éclair. Ses yeux se fermaient à peine au sommeil, (il était minuit.) qu'on l'éveille, et qu'on le force à s'habiller à la hâte. Aux refus qu'il éprouve, au petit nombre d'objets qu'on lui dit lui être nécessaires, il sent enfin quel sort lui est réservé. Il fait aussitôt ses dispositions testamentaires, en distribuant à ses gens, dont aucun ne put le suivre, tout ce qu'il sait lui être inutile, et monte dans une chaise de poste, où il est chargé de fers. Son voyage dura cinq jours et cinq nuits, après lesquels il arriva à Paris. Conduit d'abord au Temple, il y trouva des ordres qui le transférèrent à Vincennes, dans ce même lieu où le saint Auteur de sa race, tel qu'un père entouré de ses enfans, rendait jadis la justice à ses peuples, et dictait des arrêts de bienfaisance. Il dut perdre tout espoir, s'il est vrai qu'il en ait pu conserver, quand il se vit jeté dans une chambre, où il n'y avait ni chaise, ni lit, ni table, mais seulement quelques brins de paille répandus sur le plancher, comme une espèce de litière. Après quelques momens de repos, on interrompit son sommeil, pour le conduire devant la commission militaire qui devait le condamner. On lui fit une foule d'inculpations aussi fausses que ridicules, uniquement pour motiver l'horrible sentence depuis long-temps préparée contre cette malheureuse victime de la haine et de l'ambition. Jusqu'au dernier moment, il ignora quel genre de mort lui était réservé; mais, certain de mourir, il s'était coupé les cheveux, et avait demandé pour grâce qu'on les fît passer à la Princesse Charlotte de Rohan-Rochefort, qu'il aimait depuis 1794, et avec laquelle on le croyait marié depuis 1797. Douze heures se passèrent entre la condamnation et l'exécution, et elles durent paraître douze siècles à cet infortuné Prince. Il avait demandé un prêtre qu'on lui accorda. Enfin l'heure fatale sonne; il part à la lueur des flambeaux; il descend un escalier étroit, obscur et tortueux, qui conduit dans le fossé du château. Le jeune Duc, ne sachant encore quel sort l'attend, parut alors se troubler; mais bientôt il arriva au lieu du massacre, et voyant l'appareil militaire, il s'écria : « Ah! grâce au ciel! je mourrai de la mort d'un soldat ! » Cette innocente victime allait pardonner à ses bourreaux, et commençait sa phrase par ces mots : *Mes amis !* .... lorsqu'une voix féroce s'écria, à quelque distance : *Tu n'as pas d'amis ici ! ! !* Je m'arrête..... des larmes coulent de mes yeux..... ma plume se refuse à continuer ce funeste récit... Le Duc d'Enghien n'est plus!

Cet horrible attentat, où les droits de l'humanité furent violés, comme ceux des souverains, ne fit pas plus de bruit que la chute d'une feuille qui se détache de l'arbre. Tout le monde était dans la stupeur. Quelques voix isolées et impuissantes se firent entendre de temps en temps, mais ne produisirent aucun effet. L'Electeur, aujourd'hui Roi de Wurtemberg. voulait que l'on courût aux armes pour venger cet outrage. Le Roi de Suède, Gustave-Adolphe, perdit son trône, pour avoir porté plus loin peut-être qu'il ne convenait aux intérêts de ses peuples, et à ceux des autres souverains, les regrets que lui causait la perte de son ami. Il n'eut d'autre consolation que de posséder l'arme avec laquelle le Duc avait essayé de se défendre, et un de ses chiens de chasse, auquel il fit porter un collier avec cette inscription : *Mon maître fut le Duc d'Enghien !* La princesse de Rohan-Rochefort, cause innocente de sa mort, parce que ce fut elle qui le retint à Etteinheim, expia dans des larmes intarissables cette faute involontaire. Combien la douleur que causa à la France la nouvelle de cet assassinat, eût été plus vive encore, si l'on avait su ce qu'apprit sa correspondance saisie chez lui; qu'il était essentiellement français, qu'il aimait sa patrie, et qu'à chaque nouvelle d'un succès remporté par nos armées, il commençait par s'en enorgueillir, avant de s'en affliger !

FERDINAND IV.

Roi de Naples et des Deux-Siciles,

Né le 12 Janvier, 1751.

FERDINAND IV,
ROI DE NAPLES ET DES DEUX SICILES.

L'Auguste Famille des Bourbons est, de toutes les dynasties régnantes, celle qui, dans les temps modernes, a éprouvé le plus de vicissitudes et a montré le plus de force d'âme dans le malheur, et de générosité lorsque la fortune l'a replacée au rang que devaient lui garantir son ancienneté et son amour de la justice.

Louis XVIII dans l'exil, Ferdinand VII, au pouvoir de son ennemi, Ferdinand IV renversé du trône, fixèrent l'attention de tous les potentats intéressés à leur cause et de tous les peuples étonnés d'une si funeste destinée.

Mais tant de catastrophes politiques ont cessé : l'ordre a reparu dans ce nouveau cahos, et la main puissante de Dieu a replongé dans le néant le génie funeste des révolutions. Louis XVIII règne sur la France pour rendre le calme et le bonheur à cet illustre pays. Ferdinand VII gouverne en père son peuple héroïque; et Ferdinand IV est remonté sur le trône, où deux Souverains se sont assis momentanément, et n'ont laissé aucune trace durable de leur fugitif passage.

Ferdinand IV est né à Naples, le 12 janvier 1751. Son éducation seconda les heureuses dispositions que la nature avait mises en lui, et c'est autant à la bonté de son cœur qu'aux leçons de M. de San Nicandro son gouverneur, qu'il faut attribuer cette excessive bienveillance, qu'il marqua au peuple dès sa plus tendre jeunesse, et qui ne s'altéra pas même dans les circonstances difficiles où, pour venger la dignité royale, il se vit contraint de sévir contre des sujets plutôt égarés qu'ingrats.

Ferdinand n'avait que huit ans lorsque Charles III, son père, fut appelé en 1759 au trône d'Espagne. Ce prince le présenta aux Napolitains comme celui qui devait immédiatement le remplacer sur le trône des deux Siciles. Sa beauté, sa jeunesse, les espérances que ses heureuses dispositions faisaient concevoir, remplirent le peuple d'un enthousiasme difficile à décrire, et des acclamations unanimes annoncèrent le bonheur que les Napolitains éprouvaient d'avance à le reconnaître pour roi. Un conseil était déjà établi; le marquis de Tanucci, parvenu aux premières dignités sous le roi Charles, le présidait. Ce ministre taxé d'ambition, accusé de vouloir régner sous le nom de son maître dont il environnait la jeunesse de toutes les séductions du plaisir, opéra néanmoins de grandes choses : il s'opposa courageusement aux antiques prétentions de la Cour de Rome, affranchit le royaume des droits excessifs que prélevait le Pape, et défendit la prérogative royale contre les attaques du sacerdoce autant que contre celles de l'aristocratie, mesures politiques long-temps établies avant nos révolutions modernes. Par suite de la triple alliance entre l'Autriche, la France et l'Espagne, établie par le traité d'Aix-la-Chapelle, le 7 avril 1768, Marie-Caroline-Louise d'Autriche, devint l'épouse du roi Ferdinand. Cette princesse réunissait aux grâces du corps, celles de l'esprit ; elle avait de l'instruction, un grand caractère, et possédait enfin toutes les qualités propres à séduire un monarque capable de les apprécier; et Ferdinand était fait pour les comprendre et les récompenser par toute sa confiance. Il n'est pas étonnant que d'après cette réunion de rares mérites, la princesse obtint sur son auguste époux, l'empire le plus absolu. Comme Caroline se sentait capable de tenir le sceptre conjointement avec le monarque, elle s'indigna de se voir repoussée du conseil du Prince, par un ministre impérieux. Elle s'en plaignit amèrement et bientôt le ministre, tombé dans la disgrâce, fut remplacé par le marquis de la Sambuca, d'une famille illustre de la Sicile. Celui-ci mit d'abord tous ses soins à seconder les nobles vues de la Reine ; mais comblé de grâces par cette princesse et de toute la faveur du roi, il oublia bientôt ce qu'il devait à ses maîtres; on intercepta même une lettre qu'il adressait à Madrid dans laquelle il parlait avec peu de ménagement de son illustre bienfaitrice ; il fut exilé à Palerme, et remplacé par le chevalier Acton. Le nouveau ministre fit d'abord admettre la reine au conseil, puis travailla, sous sa direction, à changer le système politique de la Cour de Naples. Ce système qui, en rapprochant Naples de l'Autriche et de l'Angleterre, sacrifiait les intérêts de la France, déplut à S. M. le roi d'Espagne qui en fit des reproches à son auguste fils. Ferdinand, jaloux de conserver l'amitié de son père, résolut d'avoir une entrevue avec lui, et l'ambassadeur d'Espagne à qui il en manifesta le desir, ayant fait entrer un vaisseau espagnol dans le port de Naples, le roi et la reine s'y embarquèrent pour la Péninsule. Mais lorsqu'ils furent à Livourne, ils changèrent de résolution et l'on est fondé à croire qu'Acton, dans la crainte de perdre entièrement son crédit, employa toutes les ressources de sa politique pour empêcher cette entrevue : ces événemens se passaient en 1786, et déjà l'indignation publique se manifestait contre le ministre et le comte de Caramanica, membre du conseil, à cause de leurs liaisons avec l'Angleterre. Le roi Ferdinand sentit la nécessité de sacrifier l'un des deux, et ce fut ce dernier qu'il éloigna de sa personne, il le nomma cependant vice-roi de Sicile. Le roi d'Espagne mourut en 1788 ; cette mort laissa respirer le ministre Acton, qui alors agit avec moins de contrainte. La révolution qui éclata en France en 1789, amena par contre-coup tous les malheurs qui pesèrent sur la branche de l'illustre famille des Bourbons établie à Naples. Il serait trop long d'en détailler toutes les circonstances dans lesquelles le roi Ferdinand eut plus d'une fois l'occasion de faire preuve d'un grand caractère. Nous dirons seulement qu'après avoir lutté vainement contre l'introduction des principes révolutionnaires dans ses Etats, il reçut la démission d'Acton, et fit, avec la France, un traité à peu près inexécutable ; il appela les Anglais à son secours, n'en reçut qu'un faible appui qui ne put lui garantir la possession paisible de sa couronne, et fut obligé, au moment où l'armée française envahissait le royaume, de s'embarquer pour la Sicile, avec ses trésors, dans la nuit du 24 septembre 1792. Dom François Pignatelli qu'il avait laissé à Naples en qualité de vice-roi, n'ayant pu défendre cette ville, le général Championnet établit pour gouverner le pays, une commission provisoire; mais bientôt le cardinal Ruffo et quelques chefs de partisans ayant appelé aux armes les habitans de la Calabre, des forces considérables se réunirent, attaquèrent avec succès les troupes républicaines et rétablirent la royauté à Naples. Sa Majesté le Roi Ferdinand rentra dans sa capitale en janvier 1800; Bonaparte était alors Premier consul, et venait, dans un traité avec l'Espagne, de reconnaître l'intégrité du Royaume de Naples. Cependant par le traité de Florence, on força le roi Ferdinand à renoncer à la souveraineté de Porto-Longone dans l'île d'Elbe, et à la principauté de Piombino. En 1803, on fit, sous de précieux prétextes, occuper différens ports napolitains de l'Adriatique par des troupes françaises. Les hostilités ayant été reprises entre la France, l'Autriche et la Russie, un traité de neutralité conclu entre les deux dernières de ces Puissances et Naples, ne fut point exécuté, et 12,000 anglo-russes débarqués à Naples, fournirent à Napoléon l'occasion de placer la couronne napolitaine sur la tête de son frère Joseph qui vint avec une nombreuse armée en prendre possession. Abandonné de ses alliés, mais toujours grand dans l'infortune, le roi Ferdinand fut obligé de retourner en Sicile; il y demeura jusqu'en 1815, époque où la défaite de Murat, qui avait succédé à Joseph Bonaparte, lui fournit les moyens de remonter sur le trône.

Ce prince rentra dans Naples, et beaucoup de rebelles durent encore à sa clémence l'oubli de leurs erreurs. Il fut reçu avec le plus grand enthousiasme par le peuple qui l'a toujours beaucoup aimé. Sa bonté, sa bienfaisance, la droiture de ses intentions, toutes ses vertus ont été l'objet d'une admiration constante. Nous ne rapporterons qu'un trait de sa touchante humanité; il suffira pour faire apprécier cet excellent prince.

Le tremblement de terre qui désola Messine et bouleversa les Calabres, le plongea dans le plus affreux désespoir : son cœur ne put se calmer que lorsqu'il eut la certitude que l'on avait porté des secours à ses malheureux sujets. Beaucoup d'hospices et d'asiles de bienfaisance ont été formés par ses soins. On remarque principalement parmi les établissemens utiles, Saint-Lucio, espèce de colonie où S. M. organisa des manufactures de soie de tout genre, en se servant de plusieurs ouvriers français. S. M. elle-même conçut et rédigea les lois pour la police et l'administration de cette intéressante colonie.

Ce prince, veuf en 1814, a gouverné avec autant de modération que de fermeté. Lors des derniers événemens de Naples, le Roi, se conformant aux circonstances qu'on ne peut pas toujours maîtriser, n'a pas cessé de se conduire avec la plus grande sagesse; et la tranquillité publique rétablie, se livrant à la clémence, le plus doux besoin de son cœur, il en donna les preuves les plus touchantes; la dernière surtout a causé parmi le peuple des transports d'ivresse. Une sentence de mort portée contre trente individus pour crimes politiques, fut présentée au Roi pour être revêtue de la sanction royale; S. M., qui présidait le Conseil d'État, fut vivement émue de l'étendue de la condamnation; n'écoutant que la voix de son cœur, ce prince signa sur-le-champ la grâce de vingt-huit des condamnés à mort.

Sa petite-fille a épousé S. A. R. Mgr. le duc de Berri, dont la plus épouvantable catastrophe l'a rendue veuve, après bien peu d'années de la plus touchante union. Dans sa haute infortune, S. A. R. s'est montrée digne d'appartenir à l'auguste Monarque dont nous venons de tracer l'imparfaite notice. »

FERDINAND VII.

Roi d'Espagne et des Indes,
Né le 13 Octobre 1784.

A Paris, chez l'Auteur, Rue des Francs Bourgeois, N.º 6. F. S. G.   Déposé au Bureau des Estampes.

FERDINAND VII,

ROI D'ESPAGNE.

Ferdinand VII, Roi des Espagnes et des Indes, fils de Charles IV et de Marie-Louise de Parme, naquit à Saint-Ildéphonse le 13 octobre 1784 : à l'âge de six ans il fut proclamé prince des Asturies, non sans quelque opposition de la part des députés de province qui, avant de prêter serment de fidélité, prétendaient obtenir le rétablissement des cortès que Charles IV avaient abolis.

L'éducation du prince des Asturies fut confiée à Escoiquitz et au duc de San-Carlos, tous deux également recommandables par leurs lumières et par leurs vertus. Formé par leurs conseils, Ferdinand fit de rapides progrès dans les sciences, spécialement dans les mathématiques, et il conçut pour Godoï, prince de la Paix, une aversion que ne purent surmonter ni les créatures de ce ministre, ni les sévères réprimandes de ses augustes parens. Godoï s'en aperçut, et ne cessa de contrarier les affections du jeune prince, et d'indisposer contre lui le roi et la reine.

On avait donné à Ferdinand un nouveau gouverneur, le comte d'Alvarèz, qui avait su se concilier l'attachement de son élève; c'en était assez pour que le comte déplût au favori. Celui-ci sollicita le renvoi du gouverneur, sous prétexte que l'austérité de ses principes ne pouvait qu'exaspérer le caractère du prince, déjà naturellement sombre et exalté.

Godoï s'était aussi chargé de négocier le mariage de l'héritier de la couronne d'Espagne avec une princesse d'Angleterre; mais la rupture avec cette puissance ayant fait cesser toutes négociations, on se décida à conclure la double alliance du prince des Asturies avec une princesse de Naples, et d'une infante d'Espagne (quatrième fille de Charles IV), avec le prince des Deux-Siciles. Ces mariages furent célébrés à Barcelone en août 1802. La princesse des Asturies, douée des plus belles qualités et de l'extérieur le plus séduisant, devint bientôt l'objet des hommages des courtisans et des favoris de cette cour. Le roi et la reine ne purent en dissimuler leur jalousie; Godoï lui-même ayant offert à la princesse un genre d'hommage qu'elle devait et qu'elle sut mépriser, réunit bientôt ses efforts à ceux de ses ennemis puissans pour l'abreuver de toutes les peines qu'il était en leur pouvoir de lui faire endurer; enfin, succombant à ses chagrins, elle mourut, en 1806, à l'âge

de 22 ans. De violentes douleurs qu'elle avait éprouvées après avoir pris une tasse de chocolat, donnèrent lieu à des soupçons qui ne furent appuyés d'aucune autre preuve.

Lorsque Napoléon conçut le projet d'envahir les Espagnes, son ambassadeur, M. de Beauharnais, obtint du prince des Asturies plusieurs audiences secrètes qui, dit-on, avaient pour but de traiter de l'alliance de ce prince avec une princesse de la famille de l'empereur des Français (une fille de Lucien). Godoï, toujours empressé à nuire aux intérêts de Ferdinand, en fut informé, et saisit cette occasion pour présenter à Charles IV ces entrevues et la correspondance mystérieuses que son fils venait d'entamer avec Napoléon, comme un acheminement aux plus coupables desseins. Le monarque, influencé par ces insinuations mensongères, et croyant que ce prince se disposait à lui arracher la couronne, le fit arrêter le 29 octobre 1807, et emprisonner à l'Escurial. Le lendemain parut contre lui un décret fulminant, dans lequel il était déclaré traître, lui et ses serviteurs. La nation espagnole reconnut bientôt la manœuvre du ministre, et celui-ci, accusé par la voix publique, ne vit d'autre moyen de conjurer l'orage qu'en s'établissant médiateur entre le prince et le roi son père : il fit donc signer à Ferdinand des lettres de soumission, dans lesquelles il eut soin de glisser quelques expressions équivoques qui devaient un jour fournir de nouvelles armes à ses ennemis; ce qui arriva après l'insurrection d'Aranjuez. Les Français s'avancèrent sur le territoire espagnol; le peuple vit les préparatifs du départ du roi pour l'Andalousie, et crut que sa majesté se disposait également à aller s'établir en Amérique. Godoï fut accusé par la masse de la nation d'avoir inspiré cette résolution au monarque, et l'insurrection éclata contre ce ministre. Charles IV ne voulut plus régner sans son favori, et abdiqua la couronne en faveur de son fils, qui fut proclamé sous le nom de Ferdinand VII.

Le premier acte de son gouvernement fut l'emprisonnement du prince de la Paix; 25,000,000 de francs trouvés en sa disposition furent employés à payer les arrérages dûs aux officiers et aux veuves des pensionnaires. Ensuite il s'occupa de diminuer les impôts, et envoya à Napoléon une députation de trois grands d'Espagne pour lui réitérer les assurances de son amitié. Mais l'empereur des Français leur déclara qu'il ne pouvait reconnaître Ferdinand au préjudice de son allié et ami Charles IV. Néanmoins, le 24 mars 1808, le nouveau roi fit son entrée dans la capitale, et les habitans l'accueillirent comme le sauveur de la nation et de la monarchie.

Quelque temps après, le général Savari, envoyé à Madrid en qualité d'ambassadeur extraordinaire, offrit à Ferdinand VII de se rendre à Bayonne pour traiter lui-même avec Napoléon des intérêts politiques et des relations qui devaient exister à l'avenir entre la France et l'Espagne. Le roi s'y rendit; Charles IV et la reine l'y suivirent bientôt, ainsi que Godoï qui, dans ces entrefaites, avait obtenu sa liberté par l'entremise de Murat.

Après de nombreux débats entre ces souverains, le vieux roi d'Espagne rétracta son abdication, et, le 5 mai, contraignit son fils à lui faire une renonciation absolue, sous peine d'être traité comme usurpateur; à quoi Ferdinand VII se rendit avec tout le respect et la soumission qu'il n'avait cessé d'avoir pour les ordres de sa majesté le roi son père.

Pendant ces circonstances, Murat s'établit président de la junte créée par Ferdinand pour gouverner pendant son absence. Charles IV et la famille royale partit pour Bordeaux, et là, signa une renonciation à la couronne d'Espagne en faveur de Napoléon, qui bientôt investit son frère Joseph de cette puissance. Ferdinand VII fut relegué à Valençay, en Berri, où ce prince vécut jusqu'a l'époque de la restauration en France, ne cessant de donner les meilleurs exemples de piété et de générosité.

L'Europe entière connaît les nobles efforts que fit la nation espagnole pour conserver à son roi légitime (Ferdinand VII) et son trône et ses états. Prêt à rentrer dans sa patrie, sa majesté envoya aux cortès la promesse de les maintenir dans leurs anciennes prérogatives, approuvant d'avance tout ce que cette haute-cour avait fait en son nom; il indiquait une assemblée pour consulter avec eux les besoins et les vœux de ses peuples. Pourtant, avant son arrivée dans la capitale, ces mêmes cortès envoyèrent trois députés à sa majesté pour le prier de signer la nouvelle constitution; ce qu'elle refusa positivement, ne la croyant point en harmonie avec les intérêts du trône et de la nation; les cortès alors voulurent en appeler au peuple espagnol; mais Ferdinand les fit aussitôt dissoudre, en annullant, par différens décrets, tout ce qu'ils avaient établi : réorganisa l'inquisition dans ses droits, et ordonna à tous les moines de rentrer dans leurs couvens.

Après plusieurs actes de sévérité ordonnés par la force des circonstances, après plusieurs années de troubles, il était impossible que le germe de la sédition n'existât pas au sein de l'Espagne. Les nombreux sacrifices de ce peuple pour le soutien de son indépendance, son noble dévouement à la cause de son roi, semblaient l'autoriser à tout attendre de sa majesté; le refus qu'elle fit de signer les constitutions nouvelles, le rétablissement de tous les priviléges anciens, la crainte des vengeances monacales, inspirèrent bientôt à la plus grande partie de la nation espagnole une défiance entière des événemens qui devaient suivre ces premiers effets du pouvoir absolu. En 1820, un corps de troupe arbora le premier l'étendard de la révolte, et refusa de s'embarquer pour la destination qui lui était indiquée, bientôt une partie de l'armée suivit son exemple. Ces différentes troupes s'établirent d'abord dans l'île de Léon, pendant que dans l'intérieur des villes les amis de l'indépendance faisaient retentir les cris de *vivent les constitutions!* bientôt à ces cris, qui s'élevèrent de toutes les parties du royaume, s'unit celui de *vive le roi!* sa majesté accepta les constitutions des cortès, et elles furent publiées dans toutes les dépendances de l'Espagne. Quelques troupes demeurées fidèles à l'ancien état de choses, voulurent faire résistance, et devinrent les victimes de leur opposition. La première assemblée de l'état fut rétablie dans ses droits, l'inquisition fut abolie, les moines furent renvoyés des couvens, où beaucoup n'étaient rentrés que par obéissance, les antiques priviléges furent détruits, enfin la nation reconquit ses droits, et fit éclater son amour pour le souverain qui venait de sacrifier ses intérêts personnels au bonheur de son peuple.

A la fin de leur session de 1820, les cortès ont décrété un emprunt de 50 millions pour les besoins de l'état; les deux maisons de banque de MM. Lafitte et Ardoin, de Paris, offrirent à cette nation généreuse de verser cette somme. Ferdinand, pour reconnaître leur zèle, envoya à Paris le comte de Toreno, leur porter la décoration de l'ordre Charles III.

Dans le moment où nous écrivons cette notice, l'Espagne offre encore l'image d'un pays nouvellement échappé aux malheurs des révolutions : les tribunes retentissent des discussions importantes qui doivent éclairer la législation; néanmoins le commerce, les arts, l'industrie naissent enfin dans ce beau climat, dont l'ignorance semblait vouloir à jamais les exclure, et Ferdinand VII aura la gloire d'élever sa nation au rang des plus grandes et des plus heureuses de l'Europe.

à Paris, chez l'Auteur, rue de Touraine N.o 6 F. S.t Germain.

FOUCHÉ,
DUC D'OTRANTE.

Il en est des grands hommes dans l'administration comme de ces rares effets que nous admirons dans la nature : il faut des siècles tout entiers pour les former ; on dirait que la nature a besoin de se reposer et de prendre haleine, après avoir fait effort en ces sortes de productions ; comme si effectivement elle avait entrepris par-dessus ses forces, et qu'elle se fût épuisée.

FOUCHÉ (Joseph), duc d'Otrante, ancien ministre de la police générale, grand'croix de l'ordre de Saint-Léopold d'Autriche et de l'Aigle-d'Or de Wurtemberg, grand'croix de l'ordre royal de la Légion-d'Honneur, etc., etc., naquit le 29 mai 1763, près de Nantes en Bretagne ; son éducation fut confiée aux pères de l'Oratoire ; il montrait peu de disposition à étudier le rudiment et la grammaire, son esprit ne pouvait s'assujettir à des regles qu'il ne comprenait pas. Destiné à suivre la carrière de son pere, qui était capitaine de vaisseau, il étudiait avec succès les mathématiques. Mais la faiblesse de sa santé fut un obstacle à cette destination ; on le conduisit, au sortir du collége, à l'institution de l'Oratoire à Paris.

Le genre d'étude de cette maison ne lui convenait pas ; il ne put vaincre le dégoût que lui inspirait la lecture de Jansénius et du catéchisme du concile de Trente. Toutefois, dans ses lectures, il donnait la préférence aux livres sérieux ; Massillon, Mallebranche, Tacite, Euclide, formaient toute sa bibliothèque.

Après avoir professé, avec beaucoup de distinction, la morale, la logique, la métaphysique, la physique et les mathématiques, soit à l'académie royale de Juilly, soit à Arras, soit à l'école militaire de Vendôme, il quitta l'Oratoire au commencement de la révolution. Ayant de la répugnance pour l'état ecclésiastique, il se maria ; il avait assez de fortune pour ne pas désirer de changement. D'ailleurs ses mœurs étaient simples et réglées : toujours sobre, toujours tempérant, il n'avait ni le besoin ni le désir des richesses.

Nourri de bonne heure d'idées justes, d'études solides, la révolution ne l'a pas surpris dans le dénuement et dans le vague ; appelé à la convention nationale, il ne chercha point l'éclat ; il s'ensevelit dans le comité d'instruction publique, où il se lia avec Condorcet.

On a été étonné de son vote dans le procès de Louis XVI. Il s'explique cependant : qu'on réfléchisse aux circonstances où il l'a prononcé, au courant, si impétueux, des évènemens qui emportait tous les esprits, à la puissance magique que les mots de tyrannie, de république et de trahison exerçaient sur une jeune tête ; aux contes infâmes et absurdes qu'on répandait contre la cour et contre l'infortuné monarque, que des factieux voulaient immoler ; et le sage dira avec cet ancien ministre : «Que le ciel ne m'a-t-il accordé en naissant la maturité de l'âge !»

Plus habitué à la méditation du cabinet qu'à parler en public, il parut rarement à la tribune ; et fatigué d'être le témoin des divisions de la convention nationale, il accepta des missions dans les départemens, où il a été forcé de paraître souvent ce qu'il n'était pas.

Envoyé à Lyon, il osa attaquer le despotisme du brigandage, et enchaîner l'anarchie. Il rétablissait le calme et la sécurité dans les ames, lorsque Robespierre l'accusa aux jacobins *d'opprimer les patriotes et de transiger avec l'aristocratie*. Si l'accusation de Robespierre ne suffit pas pour rendre manifeste ses intentions secrètes, on peut se souvenir de la manière dont il se conduisit en passant à Troyes pour se rendre à Lyon. La ville de Troyes était cruellement agitée ; la société populaire, qui, là comme ailleurs, faisait alors tout plier sous sa terrible influence, dénonçait en masse les prêtres et les nobles, accusait les autorités, demandait des destitutions, des arrestations et des échafauds. Après avoir entendu les dénonciateurs et les dénoncés, il se rend à la société populaire, feint d'entrer dans ses passions, s'empare de tous les esprits, et entraine la multitude qui croit l'entraîner. La société populaire était nombreuse ; la destruction convenait mieux à son activité que la direction des affaires publiques. Il prend la résolution hardie d'en former une légion, et de l'envoyer combattre l'ennemi. La ville de Troyes se rappelle encore aujourd'hui avec reconnaissance ce trait de courage, de dévouement et de patriotisme. Il en dit plus sur son caractère que les plus longs discours.

Les hommes qui s'étaient le plus avilis devant Robespierre ne trouvaient plus, après sa mort, d'expressions assez violentes pour peindre leur haine. Fouché eut la générosité de le venger de la bassesse et de la calomnie ; dès ce moment le parti qui voulait la réaction, forma le projet de l'éloigner de la convention nationale. Ce n'est qu'après la dissolution de cette assemblée qu'il reparaît sur la scène, et qu'il est envoyé par le directoire en ambassade à Milan, et ensuite à la Haye. Il défend, avec fermeté, l'indépendance de ces deux états, contre la faiblesse de son gouvernement, qui, après avoir promis de la respecter, la sacrifiait à des insinuations étrangères.

Les yeux du directoire s'ouvrirent, mais il n'était plus temps : les armées étrangères s'avançaient en Italie ; les mécontens prenaient de l'audace dans l'intérieur, le désordre s'accroissait ; Fouché est appelé au ministère de la police générale sur la proposition du directeur *Sieyes*. Son premier acte en entrant dans le ministère fut un rapport remarquable contre l'anarchie. (Voyez la Biographie imprimée à Leipsick, chez Brockans.) A la suite de ce rapport il fit fermer toutes les sociétés populaires. La clôture de celle de Paris excita des mécontentemens, il les calma sans oppression ; on ne peut lui reprocher que les entraves qu'il mit dès-lors à la liberté de la presse, et qu'il n'a cessé de maintenir avec rigueur jusqu'à la fin de son long ministère.

Bonaparte, à son arrivée en France, ayant été nommé chef du gouvernement, continua Fouché dans le ministère de la police générale. Mais les idées et les manières de son ministre ne convinrent pas long-temps au but qu'il se proposait ; il le relégua dans le sénat, toutefois en honorant sa retraite par un message où il lui témoignait la plus haute estime.

Bientôt l'opinion fut surmontée par une multitude d'espions qui tous voulaient se faire valoir. Il n'y avait plus de direction, tout marchait au hasard. La police n'avait plus cette activité qui répand et qui cherche la lumière. Partout un faux zèle multipliait les accusations. Le général Moreau est enveloppé dans une conspiration. « Le général Pichegru arrêté est » trouvé mort dans sa prison ; — le capitaine Wirgt se croyait » perdu... Le souvenir de cette époque ne nous permet que » la douleur....» Bonaparte eut le courage et la force d'esprit de rappeler son ancien ministre ; ce rappel apaisa tous les murmures comme par enchantement. Fouché qui était l'ami de Moreau, le détermina à se retirer aux Etats-Unis.

Le second ministère de Fouché va être plus orageux que le premier. Plus le ministre acquérait de popularité, plus Bonaparte devenait ombrageux. Bonaparte, entraîné sans cesse hors de la France par l'esprit de conquêtes, comptait sur son ministre pour la tranquillité de l'intérieur ; et en effet, jamais il n'y eut plus de calme et de sécurité. Lorsque Bonaparte rentrait-il devenait plus exigeant : accoutumé à vaincre au-dehors, il souffrait moins la résistance au-dedans.

Après la paix de Tilsitt, Bonaparte partit pour l'Espagne : ce qui se passa à Bayonne causa une fermentation générale en France. On lui présenta cette fermentation comme un complot ; Bonaparte alarmé prit la route de Paris ; à son arrivée il entendit son ministre, et le fantôme de conspiration disparut. Il part pour le Nord, où une coalition sérieuse se formait contre lui ; sa fortune, qui l'avait contrarié dans le Midi, semble lui préparer de nouveaux obstacles. Ses victoires sont plus sanglantes et se mélangent de revers. Les Anglais font une descente à Walcheren. Fouché, qui était alors chargé du portefeuille de l'intérieur et de la police, fait lever partout une garde nationale nombreuse. « Prouvons à l'Europe, disait- » il, que si le génie de Bonaparte peut donner de l'éclat à la » France par ses victoires, sa présence n'est pas nécessaire pour » repousser nos ennemis. »

Le mouvement imprimé par le courageux patriotisme d'un ministre, se communiqua à toute la nation ; les Anglais se hâtèrent de se rembarquer. Bonaparte fit la paix à Vienne et revint promptement à Paris ; la garde nationale fut licenciée, et le ministre qui avait eu la hardiesse de dire que Bonaparte n'était pas un homme *nécessaire*, fut disgracié. Bonaparte l'avait d'abord nommé gouverneur-général des états romains ; mais, sur le refus qu'il osa faire de remettre au prince de Neufchâtel, envoyé de sa part, les nombreuses lettres qu'il avait reçues de lui, il fut exilé à Aix en Provence. On a fait de nouvelles tentatives pour les avoir, elles ont toujours été vaines, il n'a jamais voulu s'en dessaisir ; on sait qu'un libraire de Londres, qui doit imprimer ses mémoires, lui a offert un très-grand prix de cette correspondance.

Fouché ne tarda pas à être rappelé par Bonaparte. La première entrevue ne fut pas heureuse ; la guerre de Russie n'était pas plus dans les principes de ce ministre, que celle d'Espagne. Il se retira dans sa terre de Ferrières. Bonaparte lui écrivit de Dresde de venir le joindre. Ses idées de modération et de sacrifices pour la paix, ne furent pas accueillies ; Bonaparte lui ordonna de se rendre en Illyrie pour en prendre le gouvernement : il était à peine arrivé, que la guerre éclata. N'ayant aucune force à opposer à l'invasion de l'ennemi, il

revenait en France lorsqu'il reçut de Bonaparte une lettre qui l'engageait à se rendre à Naples. (Voir à ce sujet ses lettres à Bonaparte et au Roi Joachim, dans la Biographie imprimée à Leipsick, chez Brockaus.) Il est intéressant de connaître les conseils qu'il leur donne dans l'état de crise où était l'Europe, et dans la situation critique où se trouvait Bonaparte.

Bonaparte venait d'abdiquer lorsque Fouché arriva à Paris ; on regrettait généralement de ne pas le voir dans le gouvernement provisoire : ses lumières, ses vues positives eussent peut-être prévu bien des maux. On peut juger s'il voyait de loin, par la lettre qu'il écrivit à Bonaparte le 23 avril, au moment où on venait de lui désigner l'île d'Elbe pour retraite. (Voyez encore la Biographie imprimée à Leipsick.)

Les ministres du Roi avaient la plus grande confiance dans les lumières de Fouché, mais ils trouvaient qu'il avait conservé trop de penchant pour le gouvernement de Bonaparte ; en effet rien ne pouvait le convaincre de la nécessité de changer les couleurs de la cocarde et des drapeaux : « La chose n'est » pas bien comprise, disait-il : on ne prévoit pas toutes les » peines qu'on aura à faire fléchir la France devant un éten- » dard qu'elle regarde depuis 25 ans comme l'étendard de la » guerre civile. Cette question n'est frivole qu'en apparence : » elle décidera de tout ; c'est la question de l'étendard sous » lequel la France se ralliera ; cette question paraîtra aux yeux » de la nation le triomphe d'un parti sur elle ; la couleur du » ruban semblera décider de la couleur du règne. Ce sacrifice » sera pour le Roi ce que fut pour Henri IV celui de la messe : » les trois couleurs, au reste, étaient celles de ce prince. »

Fouché, piqué de voir qu'on ne suivait pas ses avis et ses conseils, se retira dans sa terre près Paris. Mr Malouet, ministre de la marine, son ami et son ancien confrère de l'Oratoire, continua ses relations avec lui. On lit dans la Biographie que nous avons déjà citée, plusieurs lettres remarquables de sa correspondance avec les personnes du plus haut rang, notamment une à S. A. R. Mgr. le comte d'Artois, une à S. Exc. Mr le comte de Blacas, une à un ministre du congrès de Vienne, etc.

Comme Fouché avait plusieurs fois répété que la marche des choses préparait une nouvelle secousse en France, et le retour de Bonaparte, ses ennemis en conclurent, lorsqu'il débarqua, que c'était lui qui le ramenait. Il eut à ce sujet plusieurs conférences, la première à son hôtel même, avec S. Exc. le garde-des-sceaux d'Ambray, en présence de Mr. le comte d'Orvilliers, pair de France. « Je conseille au Roi, leur » dit-il, de se retirer à Lille avec ses plus fidèles serviteurs, et » de laisser les évènemens se développer ; Bonaparte n'a rien » préparé pour se maintenir ; s'il n'a aucun point d'appui en » Europe, son nouveau règne ne peut durer trois mois. » La 2me conférence eut lieu avec S. A. R. Mgr. le comte d'Artois, chez Mr. le comte d'Escars, et dura plusieurs heures. On prétend que Fouché s'excusa de ne pouvoir servir le Roi, parce qu'il n'était plus temps. Un ordre fut donné de l'emmener comme otage, dans la crainte qu'il ne prêtât ses moyens à un nouvel ordre de choses ; mais cet ordre ne put être exécuté.

Ceux qui étaient admis chez Fouché à cette époque assurent qu'il était très-opposé à ce que Bonaparte quittât l'île d'Elbe pour faire *un coup de main* sur la France ou sur l'Italie. Il répondait à ceux qui lui en parlaient. *Il veut donc jouer le rôle d'un aventurier ?* On sait d'ailleurs que le Roi Joachim le fit consulter sur ce qu'il devait faire dans le cas de son débarquement en Italie. Sa réponse en date du 8 juillet 1814 sera imprimée en entier dans ses mémoires; on verra qu'il blâme même ses moindres relations avec l'île d'Elbe.

« Vous ne pouvez pas, lui écrit-il, en entretenir aucune qui » ne soit suspecte; il ne suffit pas d'avoir de l'honneur, il » faut y faire croire; vous ne devez pas seulement être honnête » homme, vous devez être honoré. Que la crainte de passer » pour un ingrat aux yeux des gens qui se croient en état de » juger de tout sans avoir réfléchi sur rien, ne vous fasse pas » mériter un reproche plus sévère de la part des hommes » éclairés. Je vous ai détourné dans un temps du parti que » vous avez pris de vous détacher de Bonaparte. Je vous con- » seille aujourd'hui d'y persister parce que c'est votre devoir. » Ceux qui vous disent que votre alliance avec les souverains » vous a déshonoré, voudraient donc vous déshonorer une » seconde fois. Rejetez loin de vous les conseils qu'on ose » vous donner de faire une chose, et de laisser croire l'autre; » il ne s'agit pas pour vous de vous mettre à l'abri des preu- » ves; cette tentative n'approcha jamais d'un grand cœur. » J'écris sur cet objet important à l'empereur Napoléon, et je » vous envoie copie de ma lettre. »

Bonaparte arrivé à Paris, envoya chercher Fouché: « On a » voulu vous enlever, lui dit-il en l'abordant, pour vous em- » pêcher d'être utile à votre pays. Eh bien! je vous offre » l'occasion de lui rendre de nouveaux services. Le moment » est difficile, mais votre courage ainsi que le mien sont » supérieurs à la crise: acceptez encore une fois le ministère » de la police. »

Fouché ne dissimula rien des dangers de la situation de Bo- naparte, s'il n'était au moins soutenu par une grande puis- sance; il accepta le ministère dans la persuasion que Bonaparte ne serait pas seul dans la lutte qui allait s'engager.

Son administration inspira la plus grande sécurité; il ne proposa pas une vaine amnistie; il soutint que Bonaparte doit tout ignorer, et à cet égard il prêche d'exemple: il fait ras- surer ses ennemis, et délivrer des passeports à ceux qui ne pouvaient croire qu'il leur pardonnait le mal qu'ils avaient voulu lui faire.

Tout marchait d'un commun accord entre Bonaparte et son ministre, jusqu'au moment où celui-ci reçut de Vienne une lettre d'un ministre du congrès, qui lui déclarait d'une ma- nière positive que jamais Bonaparte ne serait reconnu, que toutes les puissances étaient unanimes et se disposaient à mar- cher contre lui. Alors Fouché parla à Bonaparte de cette ouverture et lui représenta qu'il était impossible à la France, fatiguée de la guerre, de soutenir le choc de toute l'Europe réunie; qu'il convenait qu'il s'expliquât franchement avec la nation; qu'il s'assurât des dernières intentions des souverains; que s'ils persistaient, il n'y avait pas à balancer, que les intérêts de la patrie et les siens lui faisaient un devoir d'abdiquer et de se retirer aux Etats-Unis.

Le conseil avait de la grandeur et de la sagesse; il eût épar- gné bien des maux, bien des ravages. s'il eût été suivi avec magnanimité; mais il blessa l'orgueil de Bonaparte et ins- pira des soupçons contre celui qui avait eu le courage de le donner.

Les armées alliées avançaient vers les frontières de la France. Bonaparte forma en peu de temps une armée formidable, à la tête de laquelle il marcha vers le Nord. Un revers terrible le ramena à Paris, où il consentit enfin à abdiquer. Il était trop tard pour prévenir des maux dont on était accablé, l'impul- sion était donnée: les soldats étrangers débordaient de toutes parts sur la France comme des torrens.

Fouché fut appelé à la tête du gouvernement. Jamais homme d'état ne s'est trouvé dans une circonstance plus délicate e plus périlleuse. Bonaparte était encore à l'Elysée conservant une grande influence sur l'armée; et cette armée qui ne con- naissait pas ses pertes, qui ne voulait pas calculer le nombre de ses ennemis, demandait à marcher au combat; un parti nombreux et qui avait de la popularité secondait, dans les deux chambres, l'élan de l'armée. Le Moniteur a imprimé les discours, les proclamations et les messages de Fouché; ses lettres au duc de Wellington et au prince Blucher (voyez encore la Biographie imprimée à Leipsick), prouvent que dans le moment de crise où se trouvait la patrie, il a su allier une grande vigueur d'ame, une rare habileté, à la dignité du caractère de sa place et au sentiment des convenances de sa position.

Ceux qui ont le plus parlé de l'indépendance de la France, n'ont rien dit d'aussi fort et d'aussi précis: car les déclamations n'ajoutaient pas à la solidité des argumens et ne remédiaient à rien. La nation française venait d'être vaincue, mais la licence seule était à craindre, puisqu'il n'y a que la licence qui puisse jamais l'asservir.

De graves accusations se sont élevées contre Fouché: son devoir, dit on, était de tenter la voie des armes pour re- pousser les étrangers. Mais ses amis répondent: il y avait deux forces impossibles à surmonter; la force morale que donnait aux souverains la promesse solennelle qu'ils avaient faite de n'entrer en France que pour briser le joug de Bonaparte; leur présence était plutôt désirée que redoutée. Cette force morale était d'ailleurs appuyée sur des armées nombreuses qui péné- traient de toutes parts et qui n'éprouvaient que de légères ré- sistances. Que pouvait Fouché lorsque les maréchaux et les généraux chargés de couvrir Paris, décidaient qu'il n'y avait aucun moyen honorable ou utile de combattre, qu'il fallait se hâter de négocier? Lisez la lettre du maréchal prince d'Eck- mühl et le mémoire du général Carnot sur cette question.

Ici se présente un autre ordre de devoirs à remplir. Puisqu'il ne pouvait pas lutter avec les baïonnettes, et que les souve- rains ne voulaient pas recevoir le plénipotentiaire qu'il leur envoyait, il devait se démettre de son pouvoir. Nous devons encore une fois laisser parler ses amis. « C'est alors, disent-ils, » qu'on eût crié à l'égoïsme, à la trahison et à la lâcheté. » Fouché eût paru reculer en même-temps devant le sacrifice » de ses intérêts personnels, devant ses affections particulières, » devant ses devoirs et devant le péril. Car il y avait encore » espoir qu'il pût faire servir son autorité au bien de son pays. » S'il eût refusé le ministère de la police, on l'accuserait au- » jourd'hui d'avoir abandonné les choses et les hommes de la » révolution à la réaction de toutes les passions du dedans et » du dehors. »

Après avoir eu le courage de démontrer à l'Europe abusée qu'il n'y avait pas eu de conspiration pour faciliter le débar- quement de Bonaparte, on s'étonne qu'il ait consenti à signer une ordonnance qui désigne plusieurs individus comme pou- vant être complices de cette même conspiration. Pour appré- cier cette accusation, il faut se placer au moment de la crise où se trouvait la nation. Les fureurs n'avaient aucune borne: déjà dans le Midi des séditieux bravaient la justice qui était impuissante, on assassinait impunément à Marseille, le corps du maréchal Brune venait d'être déchiré et traîné dans les rues d'Avignon, Paris était menacé des mêmes scènes d'horreurs. On nommait les victimes, on désignait leur domicile : il fallait à tout prix empêcher que les haines ne se fissent justice elles-mêmes ; un simulacre d'enquêtes et de procédure parut nécessaire. L'ordonnance du 24 juillet fut signée ; on ne supposait pas alors que ce qui était fait pour prévenir un plus grand mal et pour ramener la justice, pût devenir la matière d'une loi d'exil.

On peut juger les principes, les opinions et la pensée tout entière de Fouché, dans sa note aux ministres des hautes puissances, et dans ses rapports au Roi. Nous ne partageons pas toutes ses opinions, mais on ne peut s'empêcher d'être frappé de son courage, de ses idées positives et fermes, et de sa prévoyance sur les maux qui pouvaient nous venir du dedans et du dehors.

Les deux rapports ont été répandus dans toute l'Europe avec rapidité, même avant d'être imprimés. Ils ont été attaqués avec violence ; on lui a dit beaucoup d'invectives ; tous les partis ont été mécontens de l'appréciation qu'il a faite de leurs forces respectives. Il écrivait sur les lettres d'injures qu'on lui adressait : « *Le temps en fera justice ; laissons dérouler l'ave-* » *nir, les faits parleront d'eux-mêmes.* » Il répétait à ceux qui prétendaient être les amis exclusifs du Roi : « *Les temps* » *changent et tout change avec eux : usez avec modération de* » *la victoire, tous les excès ont un terme et un châtiment.* » On lui a reproché avec raison d'avoir publié ses rapports ; il s'est peut être cru obligé de chercher dans l'opinion un appui pour défendre le seul système qui lui paraissait propre à donner de la force à la patrie et au trône, contre les dangers qui les menaçaient. « *Mon plan*, disait-il, *mène à un but,* » *la réaction mène à un précipice ; la France sera aigrie et* » *divisée s'il y a des partis protégés et des partis proscrits.* » Une femme de beaucoup d'esprit qui entendoit déclamer contre lui, avec fureur, plusieurs individus qui devaient à Fouché leur fortune et leur sécurité, les calma en leur disant avec son amabilité ordinaire : « Si vous ne voulez pas l'aimer pour le » bien qu'il vous a fait, laissez-nous l'aimer pour le mal qu'il » a empêché qu'on nous fît. »

Personne ne doute aujourd'hui qu'il était dévoué de conscience au Roi, quoiqu'on sache qu'il n'a consenti à le servir que parce que c'était le seul moyen de servir sa patrie. Il n'y a que des gens bornés qui croient qu'il avait à choisir ; la force des choses en a fait un ministre de Louis XVIII. On peut lui reprocher des torts dans la révolution, mais pas un seul manque de foi ; et la manière dont il s'est comporté dans les affaires où il a été le maître, prouve que le bien est de lui et que le mal appartient aux circonstances où il a vécu. Ses ennemis n'ont pu l'accuser d'avoir stipulé pour lui, dans nos derniers évènemens ; ils ne peuvent lui refuser la justice qu'il a préféré d'être proscrit plutôt que de servir un parti que sa conscience réprouvait. « Vous trompez le Roi, disait-il aux » chefs de ce parti, en lui assurant qu'il est assez fort pour » dominer tous les intérêts ; cela n'est pas vrai, mais je réponds » qu'il sera obéi de tous les partis ; il n'a pas besoin d'autre » chose, parce que les factions ne sont rien quand elles ne peu- » vent pas faire voir de résistance. »

Nous terminerons cette notice par quelques réflexions d'un homme de lettres distingué d'Allemagne, qui a publié un mémoire sur la vie politique de Fouché, duc d'Otrante. Ce mémoire est écrit fortement en langue allemande, mais il est très incorrect en langue française ; nous citerons le texte tel qu'il est. L'auteur, après avoir examiné la correspondance avouée du duc d'Otrante depuis le commencement de son ministère jusqu'à la fin, c'est-à-dire, dans l'espace de quinze ans, et réfuté les pièces imprimées dans les journaux, qui n'ont cessé d'être sous la main des gouvernemens qui se sont succédé, conclut qu'ayant été partie pour ou contre lui, selon qu'il a été en faveur ou en disgrâce, leur témoignage ne prouve rien ; puis il ajoute : « Que ses ennemis comparent les » idées qui sont exprimées dans ses premières et dans ses der- » nières lettres, ils seront frappés du ton de conscience, de » vérité, de modération et de dignité qu'on y retrouve. C'est » ce calme de l'ame que nous n'apercevons presque plus que » dans les grands hommes de l'antiquité, qui l'a conduit d'un » pas assuré et tranquille à travers les plus violentes secousses » qui ont fait trembler jusqu'au sol sur lequel il marchait, » mais qui n'ont jamais changé son cœur ni sa volonté. »

« Il a servi Napoléon devant qui pliait la France et presque » toute l'Europe, mais il lui a toujours parlé franchement, et, » sans hésiter, il lui a dévoilé l'avenir. Sa voix sincère n'a pas » été écoutée. Plus d'une fois le duc d'Otrante, éloigné de son » poste, y a été rappelé. Il est resté le même. S'il n'eût été » qu'un instrument on l'aurait jeté ou cassé. S'il n'eût été » ferme et libre que pour lui et non pour le maintien des lois » et pour l'unité de la nation et de l'état, on l'aurait méprisé » et il serait oublié. »

« Ses vues ne sont pas celles de tout le monde, ses princi- » pes ne le sont pas non plus. Mais il ne doit pas craindre de » les reconnaître ; dans un tel homme les erreurs même sont » des leçons pour d'autres. »

« Le duc d'Otrante, jeune au commencement de la révolu- » tion, avait du goût pour la république ; son cœur était ardent » pour les droits des peuples ; mais, en gouvernant, il a été » bientôt amené à reconnaître la nécessité de l'ordre et à maî- » triser les passions de l'anarchie. Il observa tout avec soin et » sut au juste, mieux que tout autre, le jeu caché de chaque » parti : les dépositaires du pouvoir le craignaient, parce que » personne ne se tenait plus ferme et plus libre que lui au » milieu de tous. Dans un moment terrible, c'est lui qui a » sauvé Paris et qui a retenu le bras du désespoir, pour que » la générosité et la justice relevassent la France qui allait » être livrée à la guerre civile ou à toutes les horreurs du terro- » risme d'une dictature militaire. »

C'est ainsi que ce ministre qui a été appelé à la tête des affaires en des temps si orageux, et en des circonstances si difficiles, aux yeux éclairés de ses contemporains, s'est montré impassible au plus fort de la tempête ; grand par sa modération dans l'exercice d'une autorité qui n'avait plus de limites apparentes ; sage et prévoyant quand, de tous les côtés, le désespoir semblait dominer tous les esprits. Nous n'ajouterons qu'un mot : les Rois, si bons juges, et si difficiles à entraîner, lui ont accordé leur estime ; et la France ne pourra bien juger de l'importance des services qui lui ont été rendus par le duc d'Otrante, qu'alors que toutes les haines se trouvant également apaisées, la justice aura établi son règne dans tous les cœurs.

LE COMTE FOY,

DÉPUTÉ DE L'AISNE,

Lieutenant Général, Commandeur de l'Ordre du Croissant,
Grand Officier de la Légion d'Honneur, Chevalier de l'Ordre
Royal et Militaire de St. Louis.

Né le 3 Février 1775, à Ham, (Aisne.)

LE GÉNÉRAL FOY.

Un nom tel que celui que nous allons citer ne peut échapper à la postérité : vingt-cinq ans de gloire militaire, de nombreuses blessures suffisaient peut-être pour l'éterniser, si de nouveaux titres, au moins aussi sacrés, ne venaient encore le signaler à la reconnaissance nationale. Combien est-il d'hommes qui, après les différentes époques de nos troubles révolutionnaires, oseraient se vanter de n'avoir donné aucun accès à la calomnie, en se montrant toujours ferme dans les sentiers du devoir et sourd à la voix des partis; quel est celui qui peut, avec un juste orgueil, s'écrier au milieu de ses concitoyens : J'ai vu les vrais ennemis de la France, pendant vingt-cinq années de ma vie je sus les combattre avec honneur; de retour au sein de mes foyers, j'y trouve ces factieux, ces ennemis intérieurs qui, non moins dangereux que les étrangers, tentent d'asservir un peuple que l'Europe entière reconnut digne de son indépendance, la tribune m'est ouverte au sortir des batailles, et j'ai le bonheur de combattre encore pour le salut de ma patrie, sans que les traits du méchant puissent revendiquer là pureté de mes intentions et la loyauté de mes principes. Telles pourraient être les expressions du brave Général dont l'image pare cet ouvrage, si sa modestie n'étaient encore au-dessus de ses talens et de son mâle courage.

FOY (le comte MAXIMILIEN-JOSEPH), lieutenant-général, grand officier de la Légion d'honneur, chevalier de l'ordre royal et militaire de Saint-Louis, commandeur de l'ordre du Croissant, etc., député du département de l'Aisne; né le 3 février 1775, à Ham (Aisne).

Il se destinait au barreau lorsque, en 1791, les rois coalisés menacèrent la France et ses nouvelles institutions : sa vocation toute guerrière éclata aux cris *de Patrie* qui retentissaient d'un bout de la France à l'autre. Ses connaissances déjà profondes et sa facilité se firent un jeu des examens militaires, ils lui valurent le grade d'officier. Il se distingua à l'armée du Nord : les généraux Dumouriez, Dampierre, Custine, Houchard, Jourdan et Pichegru furent les premiers témoins de sa valeur.

Déjà les bulletins de l'armée proclamaient le mérite et la bravoure précoces du jeune capitaine d'artillerie, qui, citoyen jusque dans les combats, s'était indigné tout haut des excès révolutionnaires. On dénonce son courage, le président Joseph Lebon fait traîner au tribunal de Cambray le capitaine Foy, que les hasards du 9 thermidor arrachèrent aux cachots et à la mort.

Appelé à l'armée du Rhin, il se distingua de nouveau dans la mémorable retraite du général Moreau, et à l'assaut de la tête du pont d'Huningue où il fit des prodiges de valeur.

Au passage du Rhin, à *Dirsheim*, il conquit le grade de chef d'escadron à la pointe de son épée.

L'expédition d'Egypte se préparait. Tout plein de ce sentiment d'indépendance qui devait plus tard lui dicter un vote contraire à l'érection de la monarchie impériale, il refuse le grade d'aide-de-camp du vainqueur de l'Italie. Il préfère à cet honneur le partage des lauriers de Masséna et la gloire de *Zurich*, dont les champs de bataille l'élevèrent au grade d'adjudant-général.

Après la paix d'Amiens sa valeur et ses talens se produisirent avec plus d'éclat encore partout où les périls renaissaient. Rendu à l'arme de l'artillerie où son instruction l'avait d'abord placé, il fit, comme colonel, les campagnes de 1803 à 1806 aux Côtes de l'Océan, en Hollande, en Autriche, dans le Frioul, et ne fit qu'accroître sa brillante réputation.

En 1807, il fut envoyé à Constantinople à la tête de douze cents canonniers que Napoléon offrait au sultan Sélim comme troupes auxiliaires. Il défend t les *Dardanelles* contre les escadres russes et anglaises, et, peu après, il partit avec Junot pour l'expédition de Portugal, où les plus brillans succès devaient le placer au premier rang des héros dont la France s'honore.

Promu au grade de maréchal-de-camp, ce fut lui qui, à la tête d'une faible brigade, défit complètement un corps ennemi dans *Arrago-del-puerco*, et qui, plus tard, nommé lieutenant-général sur le champ de bataille, mit en fuite, près d'*Almeïda*, les corps espagnols qui s'y étaient réunis.

En août 1812, il cueillit de nouveaux lauriers en s'attachant à la poursuite des troupes anglaises qu'il força de rentrer dans le Portugal. Le 23 octobre il attaqua de nouveau ces mêmes troupes, et obtint sur elles les plus grands avantages au moment où, forcé d'abandonner le siége de Burgos, elles durent encore céder à son courage et à l'habileté de ses manœuvres. Le 25, il se rendit maître de *Palencia* et le 29 de *Tardesillas*.

Le 20 janvier 1813, il détruisit totalement les hussards de Caramansel à *Cracos*; le 11 mai, il mit le siége devant la place de *Castro-Urdiall*, et finit par s'en emparer malgré la vigoureuse défense d'une forte garnison; enfin, sa conduite au combat de *Los-Terenia* dût mettre le comble à sa gloire.

Les vieux guerriers de l'armée française ne se rappelleront point sans éprouver le sentiment de la plus vive reconnaissance que ce fut le général Foy qui, après la défaite de Joseph, à Vitoria, arrêta, par l'habile et soudaine centralisation des garnisons et des détachemens perdus ou isolés, une moitié de l'armée anglaise, portugaise et espagnole aux ordres de Graham, et qui, disputant le terrain pied à pied, donna, par sa courageuse résistance, le temps de rallier les débris de l'armée et de préparer la défense des Pyrénées.

En 1815, il inspectait à Nantes quelques régimens d'infanterie lorsque le cri d'alarme et de guerre se fit entendre dans nos villes et dans nos campagnes. Comme en 1792 la France était attaquée par l'Europe coalisée; comme en 1792, le général Foy courut à sa défense. A *Jemmapes* il commandait une batterie, à Waterloo il combattait à la tête d'une division : c'est là qu'il reçut sa quinzième blessure.

Entraîné par les caprices de la guerre chez tant de peuples divers, le général Foy a mis à profit ses excursions et ses campagnes pour approfondir les principes de l'art militaire et pour étudier les lois et les mœurs des pays qu'il a parcourus; il a également appliqué ses méditations à l'étude des sujets d'économie politique et des matières administratives. C'est lorsqu'il s'occupait de préparer à l'histoire quelques notes sur les campagnes trop peu connues du Portugal et de l'Espagne, que les électeurs du département de l'Aisne l'ont appelé à la Chambre des députés.

Déjà le général Foy s'est acquis une grande célébrité à la tribune nationale; ses discours sont empreints de cette noble indépendance dont il fut toujours animé; il se montre en toutes circonstances le digne avocat de ses vieux compagnons d'armes et le courageux défenseur des libertés et des institutions de la France; son éloquence, peut-être moins véhémente que pure, consiste principalement dans une finesse d'expressions, une économie de phrases et une logique qui lui permettent de penser tout haut et de faire retentir la tribune de vérités que des orateurs non moins intrépides craindraient de proclamer. Son style toujours châtié semble s'imposer toutes les chaînes du joug académique, on croirait même qu'il craint de s'en affranchir dans ses repliques improvisées, qui se font remarquer par la vivacité des tours, l'heureux choix de mots et la justesse des pensées.

Parvenu à toute la maturité de l'âge, ce digne général conserve encore l'ardeur et l'énergie de sa première jeunesse; les fatigues de la guerre, un travail assidu et de nombreuses blessures ont altéré son extérieur et n'ont pu atteindre son âme; on voit qu'il a souffert; mais ce sentiment s'efface dans les émotions de gloire que font naître sa physionomie. En campagne il veille toujours; dans les combats son courage va jusqu'à l'audace; éloquent et fier à la tribune publique, il offre dans la vie privée l'image d'un homme de bien qui vit en paix avec sa conscience : tel est le général Foy. Il a vu pendant trente ans se succéder autour de lui l'anarchie, le despotisme, la désertion du trône et la trahison; tout percé des baïonnettes étrangères, il s'est montré invulnérable à ces fléaux politiques, sa conscience est vierge et semble être l'asile que, dans leur exil, ont choisi les vertus civiques.

FRANÇOIS I.ER

Empereur d'Autriche

Roi de Hongrie et de Boheme.

Né à Florence le 12 Février, 1768.

A Paris chez l'Auteur Rue des Francs Bourgeois N.º 6, F. S. G.　　　Déposé a la Direction.

FRANÇOIS IER,
EMPEREUR D'AUTRICHE.

Sans doute il est honorable et glorieux de naître souverain d'un grand empire. Il n'est pas de plus noble fonction que celle de commander à des hommes, et de présider à leur bonheur. Et quand un roi se montre jaloux de remplir une pareille tâche, la récompense ne peut être incertaine; il sait se concilier tous les cœurs. Le peuple voit en lui la sauvegarde de l'état, la confiance n'a point de bornes, et le prince pour faire le bien n'a presque qu'à le vouloir.

Mais il est des époques dans l'histoire des nations, où les circonstances sont difficiles à maîtriser, où l'habileté et la sagacité du prince sont déconcertées, où sa bonne volonté ne suffit pas, où les meilleures mesures deviennent inutiles.

Telle fut la position de François Ier; il vit pendant long-temps la guerre désoler son empire; aimant véritablement ses peuples, son cœur paternel dût souffrir sans doute; et pour mettre fin à tant de maux, il se décida à un grand et pénible sacrifice, qui n'eut pas le résultat qu'il en devait attendre.

Si ses efforts furent inutiles, ses sujets ne lui en sont pas moins redevables, et maintenant que le calme est rétabli, ils doivent se féliciter de posséder un monarque dont la sagesse leur assure pour long-temps la paix et le bonheur.

FRANÇOIS Ier (Joseph-Charles), empereur d'Autriche, fils de Léopold II, et de Marie-Louise, fille du roi d'Espagne Charles III, est né le 12 février 1768. Il succéda à son père le 1er mars 1792, dans l s états héréditaires; fut couronné roi de Hongrie le 6 juin, et roi de Bohême le 5 août suivant. Il avait été élu empereur des romains le 7 juillet. Dans la série des empereurs d'Allemagne, il fut alors nommé François II; mais par une proclamation du 7 décembre 1804, il prit le titre d'empereur héréditaire d'Autriche; et par cette précaution, assura à sa personne et à sa maison sa dignité et son titre. Quand il fut contraint de renoncer en 1806 aux couronnes d'Allemagne et de Rome, ce fut à cette époque qu'il adopta le nom de François Ier. Ce prince reçut sa première éducation sous la surveillance de son père, et son oncle, l'empereur Joseph II, voulut prendre le soin de la perfectionner. Il le fit venir à Vienne, et lui donna les maîtres les plus habiles. Les règnes de Joseph II et de Léopold furent une école pour tous les souverains. Ces princes se laissèrent éblouir par l'éclat des innovations; et, avec d'excellentes intentions, se trompèrent souvent à leur désavantage. C'est dans l'exemple de ces erreurs que François Ier a pris l'éloignement qu'il a toujours montré pour les réformes, et son respect pour les anciennes institutions. Léopold, son père, fut au moment de voir ses peuples se soulever. Les changemens qu'il voulait adopter avaient irrité les Hongrois surtout. Le jeune prince n'oublia pas ces évènemens, et sembla se pénétrer de cette maxime si bien exprimée depuis par Sa Majesté Louis XVIII, « Qu'auprès de l'avantage » d'améliorer, était le danger d'innover. »

François fit ses premières armes à vingt ans dans la guerre contre les Turcs, où il suivit son oncle. L'année suivante, il commanda en chef; dans cette campagne il montra une persévérance remarquable; il mit lui-même le feu au premier canon tiré sur la forteresse de Belgrade, et obligea cette ville à capituler.

Après la mort de Joseph II, son oncle, il dirigea les affaires du gouvernement jusqu'à l'arrivée de son père à Vienne; il présidait le conseil, et fit preuve d'aptitude et de capacité.

Devenu empereur, il déploya de la fermeté; et dans les guerres contre la république française, on put admirer son courage. Dans la Flandre, on le vit paraître sur le champ de bataille pour animer ses troupes; et malgré la défection de tous ses alliés, il continua la guerre avec énergie, l'amour de ses peuples ajoutait à ses forces militaires. Mais après deux ans d'une lutte meurtrière, les pertes continuelles et l'épuisement de ses armées le réduisirent à accepter la paix aux conditions les plus dures.

Ce calme ne fut pas long. Paul Ier, souverain de la Russie, forma une coalition, et n'eut pas de peine à y faire entrer François, qui était encore irrité par ses malheurs, et impatient de les réparer. Quelques avantages obtenus dès le début de la campagne, semblaient promettre d'heureux résultats. Mais la fortune ayant changé, l'empereur François se décida à demander la paix. D'ailleurs les Russes s'étaient retirés après avoir rompu l'accord qui existait entre eux; ils l'avaient laissé soutenir seul tout le poids de la guerre; et le général Moreau, vainqueur à Hohenlinden, allait entrer à Vienne.

Le traité de Lunéville confirma la cession de la Belgique; et l'orgueilleux vainqueur abusant de ses victoires, réduisit l'Autriche au désespoir. Mais en vain son monarque voulut-il la défendre, la défaite du général Mack détruisit toutes ses espérances; et quoiqu'une nouvelle alliance fut formée avec la Russie, les auxiliaires n'étant pas encore arrivés, François fut forcé d'abandonner sa capitale, et de s'en éloigner avec sa famille.

La perte de la bataille d'Austerlitz vint aggraver sa pénible situation. Ce malheureux prince accablé par ce dernier revers, consentit au traité de Presbourg qui fut signé en décembre 1805. De nouvelles concessions achevèrent la ruine de l'empire germanique; et, de retour à Vienne, l'empereur François fut dans la contrainte de déplacer ses ministres les plus fidèles. Quelques années de paix furent le prix de ces sacrifices réitérés; et ce prince croyait avoir enfin assuré le repos de ses sujets, lorsque le traité de Tilsitt vint renouveler ses inquiétudes. Les envahissemens dont ce traité fut suivi ne lui permirent pas de demeurer immobile, et la guerre se ralluma avec fureur entre la France et l'Autriche.

Après la publication d'un manifeste où l'empereur François se plaint du manque de foi de son ennemi, les hostilités recommencèrent pour la quatrième fois; mais, malgré la valeur de l'archiduc Charles, le dévouement et la bravoure des troupes autrichiennes, et la fermeté du monarque, la fatalité qui le poursuivait l'accabla encore, et Wagram le vit éprouver un revers funeste. Alors il lui fallut subir la paix. Le traité de Vienne, d'octobre 1809, fut plus onéreux que ceux qui l'avaient précédé; les Français prirent possession de Trieste, de Fiume, et de toutes les côtes occidentales de l'Adriatique. Une partie considérable de la Gallicie fut cédée à la Russie, et l'autre fut jointe au duché de Varsovie. La dernière condition enfin, stipulait le mariage d'une des princesses filles de l'empereur d'Autriche avec Napoléon.

Cette alliance, qui n'était qu'un sacrifice à la paix, trompa les espérances de François, et l'entraîna dans la fatale guerre de Russie; mais après cette expédition malheureuse, voyant que tout ce qu'il avait fait pour la tranquillité était infructueux, et que son ambitieux allié l'allait jeter dans de nouveaux embarras, il résolut de se joindre aux souverains armés pour leur indépendance. Dans la déclaration qui précéda ces évènemens,

on remarquait les phrases suivantes : « Dans les conjonctures
» critiques où l'état se trouvait après le traité de Vienne,
» une paix de ce genre ne pouvait être obtenue que par une
» résolution extraordinaire : l'empereur le sentit ; il prit cette
» résolution. Sa Majesté donna, par l'intérêt le plus sacré de
» l'humanité, et pour écarter des maux incalculables, comme
» gage d'un meilleur ordre de choses, ce qui était le plus cher
» à son cœur. Ce fut dans ces sentimens élevés, au-dessus des
» considérations ordinaires ; ce fut en s'armant contre les
» fausses interprétations du moment, que l'on serra un nœud,
» qui, après les désastres résultant d'une lutte inégale, devait
» relever la partie faible et souffrante, et porter la partie forte
» et victorieuse à la modération et à la justice... L'empereur
» était d'autant plus fondé à concevoir de pareilles espérances,
» qu'à l'époque où ce lien fut formé, l'empereur Napoléon
» était arrivé à ce point où l'affermissement de ce que l'on a
» acquis, devient plus désirable que des efforts continuels
» pour acquérir encore..... »

Les trois monarques de Russie, d'Autriche et de Prusse, se réunirent alors. Leurs armes ne furent pas heureuses sous les murs de Dresde. Mais la bataille de Leipsick fut plus avantageuse à la coalition.

Le 1er mars 1814, des tentatives furent faites pour engager Napoléon à la pacification générale ; mais leur inutilité détermina les souverains à signer une alliance pour ne pas déposer les armes sans un consentement mutuel.

Les armées russe et prussienne se portèrent vers les provinces de l'est ; les autrichiens occupaient la Franche-Comté, la Bourgogne et Lyon. François Ier suivait les dispositions militaires, et dirigeait les négociations. Les alliés entrèrent à Paris, et le monarque qui se trouvait cependant à Dijon, se rendit incessamment dans la capitale, et y entra le 15 avril 1814. Dans sa réponse au sénat qui vint le visiter, Sa Majesté dit : « Je reçois avec sensibilité l'expression de vos sentimens.
» Le repos et le bonheur de la France sont intimement liés au
» repos et au bonheur de mon peuple. Voisin de la France,
» ses intérêts ne peuvent m'être indifférens. Les époques les
» plus heureuses pour la France et pour l'Autriche ont été
» celles où leurs princes étaient unis par les liens de l'amitié.
» J'ai combattu pendant vingt ans ces principes qui ont désolé
» l'univers. Par le mariage de ma fille j'ai fait, comme souve-
» rain et comme père, un immense sacrifice au désir de mettre
» fin aux malheurs de l'Europe. Le sacrifice a été fait envain ;
» mais je ne regretterai jamais d'avoir fait mon devoir. La
» paix, si récemment impossible, va devenir facile et stable
» sous le gouvernement régulier et paternel rétabli en France.
» Que tous les partis se rallient autour du Roi, qu'un seul
» sentiment anime la nation ; et mes efforts, réunis à ceux de
» mes puissans et généreux alliés, seront couronnés du plus
» grand succès que j'ambitionne. La France sera puissante,
» tranquille et heureuse. »

Pendant le séjour de deux mois qu'il fit à Paris, ce prince visita tous les établissemens importans et utiles, cherchant ainsi à étendre ses connaissances. A la bibliothèque Mazarine, il admira le globe de bronze que Louis XVI fit faire pour s'en servir. Les voyages de l'infortuné La Peyrouse lui inspirèrent beaucoup d'intérêt ; et comme il en lisait avec attention les notes marginales, on lui dit qu'elles étaient écrites par Louis XVI, et qu'elles prouvaient que ce prince possédait une instruction véritable, que cependant ses ennemis avaient eu l'injustice de lui refuser. L'empereur répondit : « Il en est des rois
» comme des autres hommes ; ce ne sont pas ceux qui font le
» plus de bruit qui méritent le plus de renommée ; et souvent
» on ne leur rend justice qu'après leur mort. »

De retour à Vienne, il s'occupa de régler les grands intérêts qui devaient assurer le sort de l'Europe, de concert avec les souverains et les plénipotentiaires qui s'étaient rendus dans sa capitale. Lorsque l'invasion de Napoléon vint interrompre tous

ces accords, les alliés mirent leurs armées en mouvement, et leur marche rapide les ramena bientôt en France. L'empereur d'Autriche se déclara le premier pour Louis XVIII. Le 9 juillet 1815, ayant fait son entrée à Châlons-sur-Marne avec l'empereur de Russie et le roi de Prusse, il dit à la députation municipale : « Le roi de France doit être maintenant sur » son trône ; aimez-le bien ; et oubliez vos dissensions. » Ses troupes furent les seules qui combattirent, dans le département du Gard, les fédérés et les révolutionnaires qui voulaient former des rassemblemens.

Après tous ces orages, François Ier retourna dans ses États, employer tous ses soins à rétablir l'ordre, que des guerres continuelles et malheureuses avaient nécessairement troublé. De sages règlemens pour l'administration, et les meilleurs plans pour les finances, furent adoptés, et réparèrent en peu de temps tout le mal qui avait été fait.

L'année suivante il fit un voyage dans le Tyrol, pour y recevoir les hommages de ses habitans, connus par leur dévouement à la maison d'Autriche. La cérémonie de la prestation du serment eut lieu à Inspruck, et fut attendrissante. L'empereur parla avec beaucoup d'affection à ce peuple qui lui était rendu après six années, et lui promit le bonheur et la tranquillité.

François Ier, par les derniers traités de Paris, a recouvré la Toscane et le duché de Parme ; la plus grande partie de l'Italie est maintenant sous sa domination. Il a obtenu des agrandissemens en Allemagne et en Pologne ; et la maison d'Autriche porte à présent l'étendue de sa population et de son territoire au-delà de ce qu'elle avait possédé depuis Charles-Quint.

François s'est marié quatre fois. Il épousa en premières noces la fille du duc Frédéric-Eugène de Wurtemberg ; elle mourut le 17 janvier 1790. Marie-Thérèse, fille du roi Ferdinand IV de Sicile, fut sa seconde femme ; et lui donna treize enfans, dont sept sont vivans ; l'aînée est l'archiduchesse Marie-Louise ; elle naquit le 12 octobre 1791 ; elle épousa Napoléon le 2 avril 1810 : l'archiduchesse Clémentine a été mariée en 1816 au prince royal de Naples, et l'archiduchesse Léopoldine a épousé le prince royal du Brésil ; le prince impérial, Ferdinand-Charles-Léopold-Joseph-Marcellin, né le 17 avril 1793, est le second fruit de ce mariage. L'impératrice Marie-Thérèse mourut le 13 avril 1807, et l'empereur se maria, le 6 janvier 1808, avec Marie-Louise-Béatrice, la plus jeune des filles de feu l'archiduc Ferdinand, duc de Modene et de Brisgau ; il n'eut pas d'enfant de ce mariage. Cette princesse décéda au commencement de 1816, en Italie, pendant le voyage de l'empereur, qui, vers la fin de l'année, se remaria avec la princesse Charlotte-Auguste, fille du roi de Bavière, née le 8 février 1792.

Il a créé, en janvier 1809, un nouvel ordre de chevalerie, en l'honneur de son père, sous le nom de Saint-Léopold.

Malgré la faiblesse de sa constitution, une frugalité bien entendue l'a tellement fortifié qu'on l'a vu, à la tête de ses troupes, soutenir un froid très-vif, et rester sept à huit heures à cheval. Il se plaît souvent à se mêler parmi le peuple pour l'observer et l'étudier, sans pour cela garder l'incognito. A des jours fixes chacun est admis à réclamer sa protection et sa justice. Enfin, on peut dire de ce prince ce mot usé par les flatteurs, mais parfaitement vrai pour lui : « Il est le père de » son peuple.... »

Un conseil de sages (le conseil aulique) l'environne ; il lui répète les accens de la joie, de l'admiration et de l'amour de ses enfans, qui sont ses sujets ; son trône est partout où il s'élève une plainte, où l'on forme un soupir ; ... il est dans la cabane du pauvre ; il est encore placé dans l'humble chaumière du berger. Il n'a de puissance que pour se montrer bon et pour faire des heureux. La France l'a admiré, et l'Allemagne bénit son règne et chérit son nom.

THÉOPHILE MANDAR.

FRÉDÉRIC VI.

Roi de Danemark,

Grand-Croix et Chevalier de plusieurs Ordres,

Né le 28 Janvier, 1768.

A Paris, chez l'Auteur, Rue de Touraine, N° 5. Faub. S.t Germain.

FRÉDÉRIC VI,
ROI DE DANEMARCK.

Heureux le peuple qui doit la paix dont il jouit, moins à la crainte qu'il inspire qu'à la sagesse de son Roi ! Il peut en espérer la durée ; et c'est sans doute un des plus grands bienfaits du ciel qu'un souverain qui sacrifie au repos, au bonheur de ses sujets son orgueil et son ambition.

Frédéric VI, Roi de Danemarck, fils de Christian VII et de Caroline-Mathilde d'Angleterre, naquit le 28 janvier 1768, et fut élevé par le docteur Saint-Mensée. Il épousa, le 31 juillet 1790, Marie-Sophie-Frédérique de Hesse-Cassel. Deux princesses furent le fruit de ce mariage. Ce prince tint de bonne heure les rênes du gouvernement, une affection mentale obligeant son père à les lui abandonner. Il gouverna sous le titre de Régent les royaumes de Danemarck et de Norwége. Il eut pour principaux conseillers les comtes de Bernstorf père et fils, et il acquit l'estime des partis les plus opposés, par l'esprit de justice et de loyauté qui dirigea constamment sa conduite. Au milieu des violens orages qui agitèrent l'Europe, sa sagesse fit goûter à ses peuples, sans interruption, le bonheur de la paix, jusqu'en 1788, que l'alliance de la Russie força le Danemarck à envoyer des troupes contre la Suède. Mais une convention conclue par l'intervention de la Prusse et de l'Angleterre, ramena bientôt ces heureuses contrées à leur première neutralité, malgré les guerres que la révolution française excita dans presque toute l'Europe. Le commerce florissant que le Danemarck put faire alors, rendit tout son crédit au papier-monnaie émis en 1736, et qui ayant commencé à baisser après la guerre d'Amérique, perdait un quart de sa valeur nominale en 1789.

Cette heureuse situation parut menacée en 1800. Une ligue formée par Paul Ier, Empereur de toutes les Russies, et par Napoléon, dans laquelle entra le Danemarck, ne fut pas favorable à cette dernière puissance. Les forces navales de l'Angleterre, sous les ordres de l'amiral Nelson, lui firent souffrir un échec considérable. Elle recouvra ce qu'elle avait perdu dans les Indes occidentales, mais elle fut contrainte d'évacuer Hambourg. Une démarche du Prince royal, en 1804, donna quelqu'om-

brage au gouvernement français, mais ne l'empêcha pas de jouir de la paix jusqu'en 1807. L'Angleterre, craignant alors les suites d'une ligue renouée par Napoléon, exigeait que le Danemarck lui livrât sa flotte jusqu'à la paix générale. Cette demande ayant été rejetée avec indignation, Copenhague fut attaquée par les forces anglaises. Son commerce fut ruiné, ses magasins incendiés, son arsenal dépouillé, sa flotte entière, composée de quinze vaisseaux de ligne, quatorze frégates et cinq bricks, emmenée dans les ports de l'Angleterre, et des navires chargés de marchandises pour plus de cent millions pris en mer. Ainsi fut perdu pour ce malheureux pays le fruit de dix-sept années de paix et de travaux. Dans ces affreuses circonstances, les soins que le Prince royal était obligé de donner à ses peuples, ne lui firent pas oublier ceux qu'il devait à son père ; il avait tout préparé pour le ramener sur le continent, lorsque ce monarque mourut à Reindsbourg le 13 mars 1808 ; et Frédéric VI, qui depuis long-temps possédait la confiance entière de sa nation, monta sur le trône aux acclamations de tous les partis. Son règne commença sous les auspices les plus heureux. Les succès qu'il obtint contre les Suédois furent si éclatans, et produisirent sur leur esprit une telle impression, qu'on agita à Stockholm si l'on ne placerait pas sur la tête de Frédéric VI le diadème scandinave. Cependant la paix fut signée avec la Suède, et la guerre continua avec la Grande-Bretagne ; mais ce ne fut qu'une guerre de corsaires de la part du Danemarck, qui n'avait point de marine à opposer à son ennemie. Les désastres de Napoléon en Russie obligèrent enfin Frédéric VI à se rapprocher de l'Angleterre ; mais cependant, fidèle à son principe de neutralité, il ne voulut prendre aucune part à la coalition de 1813, et se contenta de faire occuper par ses troupes les villes de Hambourg et de Lubeck. Frédéric, qui avait été forcé de se mesurer de nouveau avec la Suède, sur la fin de 1813, signa enfin un traité de paix définitive avec cette puissance.

A cette époque, Frédéric fit une déclaration dans laquelle il exposa la conduite qu'il avait tenue jusqu'alors, chercha à justifier ses alliances avec la France, et déclara faire partie de la coalition formée contre ce dernier pays.

On voit partout dans cette déclaration un Prince équitable qui cherche à concilier ce qu'il doit à un allié malheureux, dont cependant il n'a pas toujours eu à se louer, avec la sureté de son pays et le bonheur de ses sujets.

Frédéric VI parut au congrès de Vienne avec cette réputation de sagesse que tant d'années d'une administration éclairée lui avaient acquise, et mérita par ses lumières et son caractère l'estime de tous les souverains qui y étaient réunis.

Frédéric VI a fondé plusieurs universités, et s'est constamment montré l'ami des lettres. Le commerce et le crédit public sont sans cesse l'objet de ses soins. L'administration intérieure de son pays pourrait servir de modèle au reste de l'Europe. Sous aucun autre gouvernement la liberté politique et la tolérance religieuse ne sont plus hautement respectées ; en ne souhaitant pour toute récompense de ses travaux que l'amour de ses sujets, Frédéric peut voir combien ses vœux sont exaucés, car il n'est pas de monarque plus chéri de ses peuples que lui.

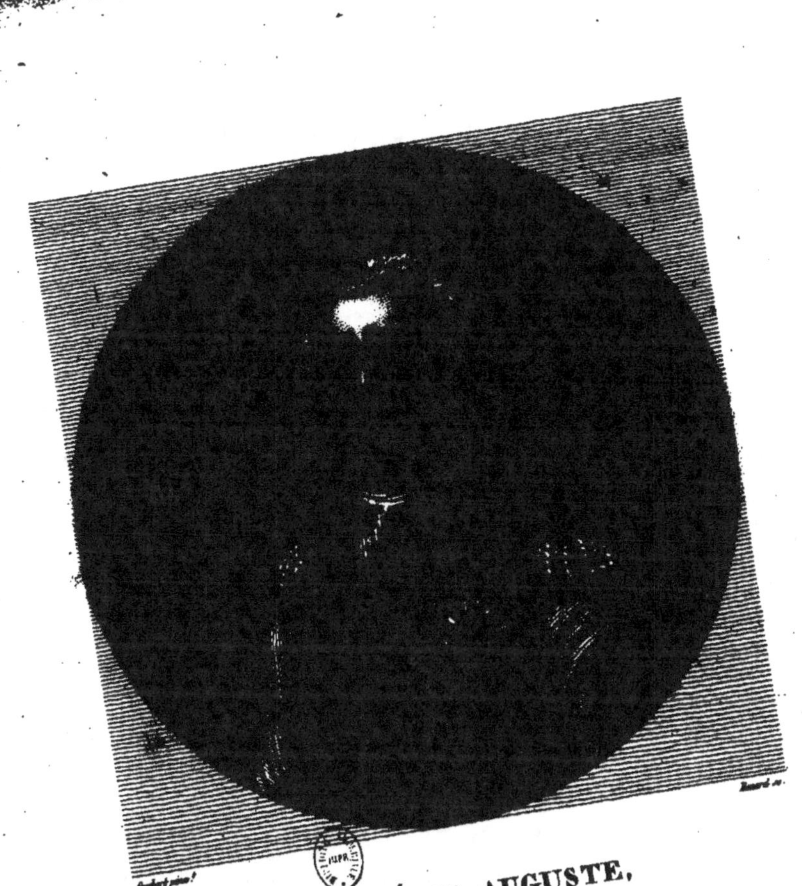

FRÉDÉRIC-AUGUSTE,

ROI DE SAXE.

Né le 23 Décembre 1750.

A Paris, chez l'Auteur, Rue des Francs Bourgeois S.t Michel, N.º 6.

FRÉDÉRIC-AUGUSTE,

ROI DE SAXE.

IL est des peuples dont le caractère primitif ne se perd jamais : la civilisation, les sciences, les arts, peuvent adoucir leurs mœurs, orner leur esprit, les placer dignement au rang des nations éclairées; mais on retrouve toujours quelque chose qui rappelle leur antique origine. Tels sont les Saxons, les descendans de ces fiers compagnons de gloire du célèbre Witikind. Charlemagne put le vaincre, mais jamais l'asservir. La douceur, la persuasion, firent ce que la force des armes n'avait pu opérer. Jamais Charlemagne n'eut d'ennemis plus redoutables, ni d'alliés plus fidèles. Les Saxons d'aujourd'hui ont conservé cette franchise, cette loyauté qui les distinguèrent autrefois. L'auguste monarque qui les gouverne est digne de son peuple : c'est le plus bel éloge qu'il soit possible de faire de ses vertus.

FRÉDÉRIC-AUGUSTE, fils aîné de l'Electeur Frédéric-Christian, né le 23 décembre 1750, monta sur le trône de Saxe en décembre 1806.

A la mort de son père, ce prince n'ayant que treize ans, la régence fut confiée au prince Xavier, son oncle, jusqu'en 1768. Lorsque Frédéric-Auguste prit les rênes du gouvernement, la Saxe avait beaucoup souffert de la guerre de Sept-Ans; mais la sage conduite et l'économie du jeune Electeur, secondées par le talent supérieur de son ministre Gutschund, eurent une heureuse influence sur toutes les parties du gouvernement. Le commerce et l'industrie se rétablirent, et la confiance qu'inspirait le Souverain, produisit des effets si étonnans sur le papier-monnaie, que son cours s'éleva, en peu de jours, au-dessus de sa valeur nominale. En 1769, Frédéric-Auguste épousa la princesse Marie-Amélie-Auguste, sœur du Roi de Bavière. Dix années d'un règne paisible permirent au Souverain de créer une législation plus conforme aux besoins de sa nation et aux lumières du siècle. L'ancien Code saxon, connu par sa sévérité en matière criminelle, fut perfectionné, et la torture entièrement abolie. En 1777, il s'allia contre l'Autriche avec la Prusse. Cette guerre dura peu, le traité de Terchen (10 mai 1779) la termina. D'après les principes de sagesse qui ont toujours dirigé ce monarque, il refusa la couronne de Pologne, qui lui fut offerte, en 1791, au nom de la nation polonaise. Frédéric-Auguste, malgré le désir de monter sur un trône où il était appelé par le vœu d'une nation entière, consulta les Etats de Saxe, et préféra renoncer à gouverner la Pologne, plutôt que de compromettre la tranquillité de son peuple.

Le 27 août 1791, l'Empereur Léopold et le Roi de Prusse eurent une conférence au château de Plinitz, au sujet de la révolution française. Frédéric-Auguste ne pouvait empêcher la guerre; mais il ne consentit que fort tard à entrer dans la coalition contre la France; il ne s'y décida qu'alors seulement que les Français se furent avancés dans les Pays-Bas et sur le Rhin. En 1796, il signa un armistice et plaça sur ses frontières un corps de troupes pour faire observer la neutralité. Au congrès de Rastadt, depuis 1797 jusqu'en 1799, ce Prince fit tous ses efforts pour assurer l'existence de l'Empire germanique; et en 1802 et 1803, chargé de régler les indemnités, son opinion fut toujours conforme aux principes de la justice la plus sévère. En 1805, il n'avait d'abord pris aucune part à la guerre; ensuite il permit aux troupes prussiennes de passer dans ses Etats, et fournit un corps auxiliaire de vingt-deux mille hommes. Après la bataille d'Iéna, les Français entrèrent en Saxe; mais la considération dont jouissait l'Electeur rendit l'occupation moins pénible et moins onéreuse pour le pays. Cependant la Saxe souffrit de quelques réquisitions, et des contributions de guerre furent levées. Frédéric-Auguste soulagea son peuple par tous les sacrifices personnels qui étaient en son pouvoir; il fit des avances considérables, tirées de sa caisse particulière, et chargea ses domaines d'une grande portion des fournitures exigées par l'armée française.

Par suite du traité de paix de Posen, le 11 décembre, la Saxe fut élevée au rang de royaume, et

Frédéric-Auguste donna son accession, en qualité de
Roi, à la Confédération du Rhin. Il céda quelques
provinces au royaume de Westphalie, et reçut en
échange le cercle de Cottbus. Par le traité de Tilsitt,
il obtint encore les provinces méridionales de la
Prusse, la Nouvelle-Prusse orientale et occidentale,
la Nouvelle-Silésie, sous le nom de duché de Varsovie. Ses titres de Roi, de duc de Varsovie et
de membre de la Confédération du Rhin, lui impo-
sèrent l'obligation de tenir sur pied un contingent
de vingt mille hommes. En 1809, on le contraignit
à faire marcher ses troupes contre l'Autriche, et à
publier une proclamation aussi contraire à ses principes de prudence et de modération, qu'à son desir
si souvent manifesté de conserver la paix. Il ne fit
dans cette guerre rien qui outrepassât ses engagemens
avec la France; et lorsqu'il revint dans sa capitale,
qui avait été momentanément conquise par les Autrichiens, sa bienfaisance et ses soins touchans pour
ses sujets, leur firent oublier des maux passagers,
pour ne plus songer qu'au bonheur de revoir leur
Souverain bien-aimé.

Le traité de Vienne, du 14 octobre 1809, agrandit
le duché de Varsovie.

Lorsque le Roi de Saxe vint à Paris, ce Prince,
digne appréciateur des arts, examina avec la plus
grande attention les monumens de cette capitale;
et, pendant son séjour en France, il sut gagner,
par son affabilité, le cœur de tous ceux qui
eurent l'honneur de l'approcher. Il se conduisit
avec une dignité remarquable au mois de juillet 1812, lorsqu'il reçut à Dresde Napoléon,
l'Empereur d'Autriche, le Roi de Prusse et tous les
Souverains de l'Allemagne; et lorsque le premier
revint de Russie après les désastres de son armée, il
eut pour lui les égards qu'il devait à un allié malheureux. Lorsqu'il fut obligé de quitter sa capitale,
le 25 février 1813, il s'adressa ainsi à ses peuples,
pour leur annoncer que les Russes s'avançaient:
« Toujours fidèles à nos traités et à nos engagemens,
« nous comptons encore aujourd'hui avec assurance
« sur l'heureux résultat que nous promettent la
« bravoure éprouvée de nos guerriers. »

Après les batailles de Lutzen et de Bautzen, le Roi
de Saxe revint dans sa capitale. A cette époque, la
Saxe fut livrée à toutes les horreurs de la guerre, le
passage des armées russes et prussiennes avait causé
aux habitans des pertes, et exigé des sacrifices considérables. Le séjour de l'armée française dans la capitale, qui fut de nouveau fortifiée, la bataille de
Grossgorchen, le 2 mai, l'attaque de Dresde par les
alliés, la bataille du 26 août sous les murs de cette
ville, le blocus qu'en firent les Russes et les Prussiens, les suites des batailles des 18 et 19 octobre
sous les murs de Leipzig, aggravèrent encore les
maux de ces malheureuses contrées. Le Roi Frédéric-
Auguste se rendit alors à Berlin; il reçut tous les
honneurs dus à ses vertus et à son rang. Au congrès
de Vienne, on semblait lui reprocher trop fortement
son alliance avec la France; mais cette puissance et
la Prusse devinrent ses appuis. Son malheur l'avait
encore rendu plus respectable aux yeux de ceux qui
savent apprécier la fidélité à tenir ses engagemens.
Les Prussiens, qui avaient promis aux Saxons qu'ils
feraient tous leurs efforts pour remplir les desseins
bienfaisans que leur auguste maître avait conçus pour
leur royaume, occupèrent la Saxe. Le Roi Frédéric-
Auguste protesta, le 4 novembre, contre l'invasion de
ses Etats. Après avoir exposé sa conduite politique, et
rappelé que son éloignement de la Saxe n'avait été
commandé que par des intérêts militaires, il disait:
« Nous manquerions à des devoirs sacrés envers
« notre royale maison et envers notre peuple, si nous
« gardions le silence sur la nouvelle mesure projetée
« contre nos Etats, au moment où nous sommes en
« droit d'en attendre la restitution. L'intention ma-
« nifestée par la Cour royale de Prusse d'occuper
« provisoirement nos Etats de Saxe, nous oblige de
« prémunir, contre une démarche pareille nos droits,
« bien fondés, et de protester solennellement contre
« les conséquences qui pourraient être tirées de cette
« mesure; c'est auprès du Congrès de Vienne et en
« face de toute l'Europe que nous nous acquittons
« de ce devoir, en réitérant publiquement que nous
« ne consentirons jamais à la cession des Etats que
« nous tenons de nos ancètres, et que nous n'accep-
« terons aucun dédommagement ni équivalent qui
« puisse nous être offert. »

Les plénipotentiaires Français appuyèrent d'aussi
justes réclamations. Le Roi se rendit lui-même à
Presbourg. Par le traité et la convention que rati-
fièrent, le 9 février, les Souverains alliés, ses Etats
lui furent remis.

En mai 1814, Frédéric-Auguste se décida à faire
partie de la coalition contre la France, et il fournit
son contingent pour l'armée d'occupation.

Depuis cette époque, cet auguste Prince se livre
entièrement aux soins de son royaume, et s'attache
à réparer, par une sage administration et une sévère
économie, les maux cruels qui ont affligé ses peuples.

FRÉDÉRIC GUILLAUME III,

Roi de Prusse.

Né le 3 Aout 1770.

A Paris, chez l'Auteur, Rue des Francs-Bourgeois St. Michel, N.º 6.   Déposé à la Direction.

FRÉDÉRIC-GUILLAUME III,
ROI DE PRUSSE.

Si les bonnes lois sont le soutien de l'état, les bonnes mœurs en sont la garantie. Ces vérités sont universellement reconnues, et cependant ne sauraient trop se redire. Heureux le peuple qui en est persuadé, et qui sait les mettre en pratique. Les mœurs sont la force d'un empire; si elles se corrompent, il penche vers sa ruine, et la gloire, l'étendue, et la richesse, ne sauraient le *préserver* d'un tel malheur : l'antiquité et les nations modernes en offrent d'éclatans exemples. Il est à remarquer qu'après les orages politiques les peuples qui conservent leurs mœurs réparent le plus facilement leurs désastres; mais un avantage inappréciable, c'est lorsque le chef de l'état donne lui-même l'exemple d'une conduite pure et sans reproche : alors aucun sacrifice ne semble difficile; il peut tout obtenir, et sa puissance est assurée dès qu'il inspire l'estime et le respect. Frédéric-Guillaume en fait l'expérience : il est sur le trône le modèle des vertus privées; il est considéré et chéri de ses sujets. Après les guerres qui désolèrent son royaume, il lui fallut adopter un système réparateur qui pouvait blesser l'amour-propre et froisser les intérêts; il devait trouver des obstacles : mais il était aimé, il voulut, et fut obéi.

FRÉDÉRIC-GUILLAUME III, roi de Prusse, fils de Frédéric-Guillaume II et de Frédérique-Louise de Hesse-Darmstadt, est né le 3 août 1770. Dès sa première jeunesse il développa un caractère énergique qui motiva la prédilection du grand Frédéric pour ce jeune prince. Les goûts militaires sont un apanage de sa famille; il les eut de bonne heure, et ses mœurs simples et austères s'accordent parfaitement avec de telles inclinations.

Etant prince royal, il assista, en 1792, à l'expédition de Champagne, depuis à la prise de Francfort, au siége de Mayence, et au blocus de Landau. A cette époque il commandait un corps d'avant-garde qui se signala en plusieurs occasions. Le 24 décembre 1793, il épousa Louise-Auguste-Wilhelmine-Amélie, princesse de Mecklenbourg-Strélitz, dont l'esprit et la beauté étaient également remarquables. Cette reine, injustement et lâchement calomniée, fut un modèle de bonté et de courage, et mérita constamment l'amour et l'estime de ses sujets et de son époux.

Frédéric-Guillaume devint roi en 1797, le 16 novembre. Son avènement au trône fut marqué par de sages mesures et des actions de vigueur : des intrigans furent bannis de la cour, l'inquisition contre les opinions politiques déclarée nulle, la solde des troupes augmentée; l'économie succéda à la prodigalité; et l'intolérance dont le règne précédent avait tourmenté les consciences, fut totalement proscrite; le roi et la reine donnèrent l'exemple d'une conduite admirable et d'une union parfaite.

Réfléchissant mûrement avant de se décider, mais persévérant dans ses résolutions, Frédéric soutint le système de neutralité adopté par son père; les combats des différentes puissances de l'Europe contre la France, les secours pécuniaires offerts par les Anglais, les menaces des Russes, ne purent l'engager à rompre la paix. Il employa ce temps à surveiller l'administration de son royaume, qu'il agrandit de 18,) milles carrés d'Allemagne et de 494,000 habitans, qu'il obtint en compensation des provinces de la rive gauche du Rhin, cédées à la France par le traité de Bâle.

Il accueillit dans son malheur S. M. le roi Louis XVIII, qui établit sa résidence à Varsovie jusqu'en 1804. L'année suivante, une coalition se forma entre l'Autriche, la Russie, et l'Angleterre. Frédéric resta en repos; mais lorsqu'une armée russe vint sur son territoire pour le forcer à se prononcer contre la France ou à laisser le passage libre, ce prince fut obligé d'agir. Long-temps il garda le rôle de médiateur; cependant ses bonnes intentions demeurèrent infructueuses, et il lui fallut enfin prendre parti dans le mouvement qui agitait toute l'Europe. L'injustice du gouvernement français d'alors révolta Frédéric-Guillaume, qui exposa ses plaintes dans un manifeste daté d'Erfurt le 9 octobre 1806; une proclamation le suivit. Deux mille deux cents Saxons se réunirent aux Prussiens, et dès le lendemain les hostilités commencèrent. Le 10 on eut à regretter la perte du prince Louis de Prusse, tué à la tête de l'avant-garde près de Saalfeld; et, le 14, la bataille d'Iéna décida du sort de la Prusse. Frédéric eut à cette affaire deux chevaux tués sous lui, et reçut une balle dans le bras; ses armées furent défaites, les forteresses tombèrent au pouvoir des Français; des corps d'armée isolés capitulèrent sans se défendre. Tant de malheurs accablèrent le roi, sans lui ôter le courage; il instruisit ses peuples de ses revers, et des moyens qu'il voulait mettre en usage pour les réparer. « Lors de la » guerre de sept ans, dit-il dans sa proclamation, la Prusse » était seule, sans secours considérable d'aucune autre nation, » contre les principales puissances de l'Europe. Dans la guerre » actuelle, nous comptons sur l'alliance du puissant et magna- » nime Alexandre, qui emploiera toutes ses forces en sa fa- » veur. Dans cette grande contestation, la Prusse n'aura qu'un » seul et même intérêt avec la Russie : toutes deux vaincront » ou périront ensemble. »

Lors de l'entrevue de ces deux monarques à Polangen, le 1er avril 1807, ils s'embrassèrent les larmes aux yeux, et restèrent quelque temps sans parler. Leurs armées se réunirent, et soutinrent avec succès les combats de Pultusch et d'Eylau; mais bientôt leur défaite amena le traité de Tilsitt, qui fit perdre au roi de Prusse la moitié de sa population, en le contraignant à renoncer aux principautés de l'Ost-Frise, à Minden-Hildesheim, Paderborn, Munster, Bayreuth, Erfurt et l'Eichsfeld, à l'électorat d'Hanovre, à Osnabruck, aux comtés de la Mark, Ravensberg, Tecklenbourg et Lingen, à la Vieille-Marche et au duché de Magdebourg, à la principauté de Halberstadt, à la Prusse méridionale, à la nouvelle Prusse orientale, à une partie considérable de la Prusse occidentale, etc., etc. Des troupes françaises occupèrent la plupart des provinces prussiennes, notamment Custrin, Stettin, et Glogau. Le roi quitta Kœnigsberg le 27 décembre 1808, et se rendit à Saint-Pétersbourg, accompagné de la reine et de leurs deux fils. Il reçut l'accueil le plus flatteur, et ne rentra dans Berlin qu'un an après, le 23 décembre 1809. Frédéric aimant véritablement son peuple, souffrait des maux qui l'accablaient, et ne trouvait d'adoucissement à ses peines que dans la tendresse de sa famille et dans l'amour que ce même peuple avait pour sa personne. Il s'occupa des moyens capables de soulager et de réparer les désordres, travailla à donner à la monarchie une nouvelle vigueur, et étendit sa surveillance sur toutes les parties de l'administration.

L'année 1810 vint mettre le comble aux chagrins du monarque; il perdit son épouse le 19 juillet. Cette mort prématurée consterna tous les habitans du royaume; la reine fut généralement pleurée, et l'anniversaire de ce cruel évènement est observé exactement dans toute la Prusse, sans qu'aucun acte d'autorité ait jamais commandé ces marques de regret. Ce jour-là le roi se renferme, et ne reçoit personne. Il n'a pu encore se consoler de cette perte.

En 1812, la France et la Russie ayant rallumé les flambeaux de la guerre, les Prussiens se virent exposés à de nouveaux dangers. La nation voyait ses finances dans le plus triste état; le discrédit du trésor et la force des Français obligèrent Frédéric a tâcher de s'allier avec leur chef, et un corps prussien, commandé par le général York, se réunit aux troupes sous les ordres du général Macdonald. Ce corps soutint au siége de Riga des combats meurtriers; mais les désastres de Moscou ayant accablé l'armée française, les Prussiens se séparèrent d'eux. Les Français traversèrent les provinces prussiennes pour effectuer leur retraite.

Cependant le roi se vit dans une pénible situation; et n'ayant pas assez de troupes pour la garde de sa personne, il manqua d'être fait prisonnier par un détachement de gendarmes français. Il transporta sa résidence à Breslau; il établit à Berlin une commission chargée du gouvernement, et recommanda en partant à ses sujets de s'abstenir d'irriter les autorités et les troupes françaises, qui bientôt sortirent de la Prusse et de la Saxe pour se retirer en Franconie.

La campagne de 1813 s'ouvrit; Alexandre et Frédéric-Guillaume ne se quittèrent pas; et leur union, fondée sur une estime réciproque, contribua puissamment au succès de leurs opérations. Ils voulurent, dès-lors engager l'empereur François Iᵉʳ dans leur alliance, mais la cour de Vienne resta indécise, et les batailles de Lutzen et de Bautzen ne furent soutenues que par les armées russes et prussiennes. Obligés de se retirer derrière l'Elbe pendant un armistice de quarante jours, ils essayèrent des négociations tendantes à la paix; elles furent inutiles, et les hostilités recommencèrent. Cette fois l'Autriche leur prêta son assistance, et les combats de Silésie, de Deawitz, et de Leipzig, forcèrent les Français de revenir sur la rive gauche du Rhin. Frédéric-Guillaume créa alors (en décembre 1813) l'ordre de la Croix de Fer pour ceux qui s'étaient signalés, et fit fondre des médailles avec le bronze des canons ennemis, pour tous ceux qui avaient fait la campagne.

Arrivés à Francfort, les alliés proposèrent encore des conditions de paix qui ne furent point écoutées. Alors ils résolurent d'entrer en France. Les Prussiens traversèrent le Rhin, passèrent par la Lorraine, et vinrent en Champagne. Après avoir obtenu quelques avantages à Brienne, ils eurent des échecs nombreux à Champ-Aubert et à Montmirail. Enfin, ils arrivèrent avec leurs alliés près Paris le 30 mars 1814; ils livrèrent un violent combat : la garde royale prussienne, repoussée plusieurs fois, fit des pertes épouvantables. Le roi suivait toutes les opérations, et animait ses soldats par sa présence.

Ils entrèrent dans la capitale le même jour. L'empereur de Russie et Frédéric prirent part aux négociations qui amenèrent le traité de Fontainebleau.

Frédéric-Guillaume séjourna trois mois à Paris; il visita tous les établissemens utiles et curieux à voir, et observa beaucoup de simplicité et de modestie. Par le traité de Paris, les provinces du Bas-Rhin, une partie de la Saxe et de la Pologne, le dédommagèrent de ce qu'il avait été contraint de céder antérieurement. Ce prince quitta la France dans les premiers jours de juin, pour se rendre en Angleterre avec l'empereur Alexandre, et de là à Vienne.

Napoléon étant revenu de l'île d'Elbe, Frédéric protesta, ainsi que les autres puissances, contre cette invasion, et écrivit à S. M. Louis XVIII pour lui faire part de sa détermination. Il publia une proclamation pour appeler ses sujets sous les drapeaux, et promit des récompenses aux volontaires. « La » trahison et le parjure, disait le monarque, ont rompu des » traités que nous avions conclus généreusement, à la suite de » nos glorieux avantages; et à l'espérance d'une paix durable » a succédé, par une étrange perfidie, la nécessité d'une lutte » prochaine. » Les alliés se dirigèrent alors sur la France, et vinrent jusqu'aux frontières.

La bataille de Waterloo décida tout. Le roi de Prusse était à Francfort avec l'empereur de Russie, lorsqu'ils reçurent cette nouvelle : ils partirent sur-le-champ pour Paris, pour être présens à la ratification du traité. Frédéric-Guillaume fit cesser quelques actes arbitraires que ses généraux avaient commis dans les premiers jours, et retourna dans sa capitale au mois de septembre. Depuis ce prince s'est continuellement occupé du bien-être de ses sujets : l'administration des finances a été considérablement améliorée; un conseil composé des personnages les plus éminens en dignités et en mérite surveille les opérations des ministres.

C'est ainsi que ce prince acquitte ses devoirs, et les promesses qu'il a faites à ses peuples, à différentes époques, de fixer enfin une constitution qui assure la puissance du monarque et la tranquillité de la nation.

PHILIBERT FRESSINET,

(BARON DE)

Lieutenant Général, l'un des Commandans de la Légion d'honneur,
Commandeur de l'Ordre de S.t Joseph de Wurtzbourg, Chevalier de
l'Ordre Royal et Militaire de S.t Louis.

Né le 21 Juillet, 1767 à Marcigny, Dép.t de Saône et Loire.

A Paris, chez L'Auteur, Rue des Francs-Bourgeois, N.o 6, Faub.t S.t G.

LE GÉNÉRAL FRESSINET.

Ce dut être un spectacle bien étonnant pour l'œil observateur que celui que présentèrent les armées françaises au commencement de nos troubles civils. Elles étaient désorganisées ; elles avaient perdu la plupart de leurs chefs, depuis l'officier jusqu'au général. Alors commandaient ceux qui jusque-là avaient obéi. Le désordre, fruit de l'inexpérience, dut régner long-temps dans nos phalanges, et les peuples qui voulurent se préserver de notre épidémie politique, durent croire à des succès faciles contre des armées sans discipline, sans munitions et sans généraux. Tout-à-coup les mots magiques de liberté et d'amour de la patrie embrâsèrent tous les cœurs d'un feu nouveau ; c'étaient deux divinités de fraîche date, auxquelles on sacrifiait à l'envi ; mais on rencontrait la victoire, en volant à la mort. Une tactique nouvelle avait mis en défaut les tactiques anciennes, et déconcerté des généraux qui avaient vieilli dans les camps, et vaincu par elles. Il est vrai que des derniers rangs de la milice française s'étaient élevés des hommes capables ; ils avaient vu d'où venaient les revers, et à quoi tenaient les succès. Ils étaient sortis de la foule, étaient montés aux premières places, et avaient trouvé leurs égaux d'autant plus disposés à leur obéir, que, dans de nombreux combats, ils avaient donné plus de preuves de valeur et de talens. Enfin ils menèrent à la victoire ceux dont ils avaient jusque-là partagé les défaites. Tel fut le guerrier dont nous allons rappeler les actions. Il prouvera ce qu'on verra souvent dans nos annales, qu'il n'est rien à quoi ne puisse prétendre un militaire, quand il joint à la bravoure l'intelligence et la bonne conduite.

Fressinet (le Baron Philibert), Lieutenant-général, l'un des Commandans de la Légion-d'honneur, Commandeur de l'Ordre de Saint-Joseph de Wurtzbourg, Chevalier de l'Ordre royal et militaire de Saint-Louis, naquit à Marcigny, département de Saône-et-Loire, le 21 juillet 1767. Il embrassa la carrière militaire à l'âge de 16 ans, et servit, comme dragon, dans un régiment de cette arme, au commencement de la révolution. Il en sortit en octobre 1789, pour entrer dans l'une des compagnies soldées, formées à Paris. En 1791, il passa à Saint-Domingue pour des intérêts particuliers, et se trouva dans cette île lors de la première insurrection des Nègres. Il se mit à la tête de plusieurs braves, et combattit long-temps avec succès dans ce pays. En 1792, il entra comme sous-lieutenant dans le régiment d'Agénois, qui faisait partie de l'armée envoyée au secours de cette colonie. Il y fut fait lieutenant et capitaine, puis chef de bataillon, attaché à l'état-major, et adjudant-général. Revenu en France, et confirmé dans ce grade, en 1797, il fut employé à l'armée d'Allemagne, et à l'armée qui envahit la Suisse ; passa en Italie, et fit la campagne de 1799 avec distinction ; eut la plus grande part à la conquête de la Valteline, et décida la victoire complète remportée à Tauffers sur les Autrichiens, qui furent entièrement défaits sous le général Laudon. Sa belle conduite, dans cette circonstance, lui valut le grade de général de brigade. Il fit la campagne qui eut lieu en Piémont sous le général Championnet ; battit l'ennemi en plusieurs rencontres, notamment à Castelletto et à Montauera, près de Coni, et se trouva sous le général Joubert à la bataille de Novi, où il fut blessé. A l'époque du mémorable siége de Gênes, il se porta sur les hauteurs d'Albissola, contre le général en chef Mélas, qui marchait sur cette ville avec son armée ; il y soutint un combat des plus glorieux, qui eut les plus heureux résultats. Le lendemain, le général Masséna lui ayant confié un corps d'élite, pour aller à travers des montagnes presque inaccessibles, au secours du général Soult, qui, enveloppé de toutes parts, et, manquant de munitions, succombait malgré ses efforts ; il réussit, battit l'ennemi près de Sassello, délivra ce corps qui était de huit mille hommes, et prépara, par ce succès, la gloire de ce siége à jamais mémorable dans nos annales. Il se trouva au passage du Mincio sous le général Brune, et prit une part active, avec sa brigade, aux affaires qui eurent lieu jusqu'au Tagliamento. Il fut de l'expédition envoyée à Saint-Domingue, sous les ordres du général Leclerc, et prit à cet effet le commandement des troupes françaises, embarquées à Flessingue, sur l'escadre hollandaise. Ce fut à lui que Christophe et Toussaint-Louverture, qui l'avaient connu, se rendirent avec confiance, après une négociation qu'il conduisit dignement. Ce service essentiel fut bientôt oublié, et ce général fut disgracié pour avoir blâmé l'arrestation de Toussaint - Louverture. Lorsqu'il revenait en France, il fut fait prisonnier par les Anglais, qui le gardèrent pendant quatorze mois. De retour en France, il eut à lutter contre les abus et la haine du ministère. Sa fermeté et la hardiesse de son langage sur les fautes commises à Saint-Domingue, déplurent ; il fut exilé d'abord à Bordeaux, puis en Italie et à Tours. Sa disgrace dura cinq années, après lesquelles il fut rappelé et employé en Calabre ; autre exil, mais plus mystérieux. En 1812, les troupes françaises qui étaient dans le royaume de Naples ayant eu ordre de se réunir à Véronne, sous le général Garnier, qui y organisa le onzième corps de la grande armée, il y eut un commandement, traversa le Tyrol, l'Allemagne ; arriva à Berlin peu après les désastres de Moscow, et joignit avec ses troupes le prince Eugène aux frontières de la Pologne. Il était avec le général Gérard à Francfort sur l'Oder, lorsque les Prussiens se séparèrent du prince Eugène , qui , dans sa glorieuse retraite, avait déjà quitté Berlin, et fut employé aux opérations qui se firent pour se tirer d'une position aussi critique, et rejoindre l'armée. Ayant reçu le commandement de la 51ᵉ division, il battit le 5 avril 1813 un corps de troupes prussiennes, sur la rive droite de l'Elbe, en avant de Magdebourg, et opéra habilement le 5o, après quelques légers combats , la jonction de l'armée du prince Eugène avec celle de l'empereur, qui eut lieu à Newbourg, et que l'ennemi s'efforçait d'empêcher. Il se signala d'une manière éclatante à la bataille de Lutzen. Le village d'Esdorf, point des plus importans, fortifié par la nature et défendu par un corps nombreux de grenadiers russes, fut attaqué par lui avec des forces inférieures; le succès étant toujours indécis, il donne l'exemple du courage, aborde, franchit tous les obstacles, emporte cette position, et continue de combattre avec le même dévouement et le même bonheur, pour assurer le succès de la journée. Le prince Eugène lui témoigna hautement toute son estime ; et l'empereur, qui jusqu'alors l'avait méconnu, le fit général de division, le nomma baron et le fit commandant de la Légion d'honneur (dont il n'était pas même membre), et lui fit envoyer par le prince Berthier, avec une lettre affectueuse, la croix de commandeur de l'ordre de Saint-Joseph de Wurtzbourg. Les troupes de ce duché avaient glorieusement combattu sous ses ordres , et le grand-duc lui fit aussi l'honneur de lui écrire sur ce sujet une lettre flatteuse. Le passage de l'Elbe, près de Dresde, est encore un des faits d'armes qui honorent le courage et le talent de ce général. Ayant trouvé quelques bateaux que l'ennemi n'avait pas eu le temps de détruire, il se jette, avec une partie de ses troupes, sur la rive droite de ce fleuve, malgré le feu le plus vif d'artillerie et de mousqueterie, et parvient à s'y maintenir pour l'établissement d'un pont. A la bataille de Bautzen, un corps d'armée ayant été repoussé, il marcha avec sa division qui était en réserve, arrêta l'ennemi qui tournait notre droite, et reprit, après un combat des plus opiniâtres, les positions qu'il avait perdues. Au mois d'octobre il reçut l'ordre de se rendre en Italie pour servir à l'armée du prince Eugène; mais la route ayant été interceptée, il se trouva aux batailles de Leipsick , et servit comme aide de camp de l'empereur. En décembre il arriva à Véronne , et y prit le commandement de la 3ᵉ division de l'armée d'Italie. Le 8 février, après la défection de Murat, le prince Eugène conçoit le projet de repasser le Mincio pour attaquer les Autrichiens. Il opère son mouvement par Mantoue et Goito, et marche sur Villa-Franca, laissant à Monzaubano le général Fressinet, qui , ayant peu

de chemin à faire , ne devait déboucher qu'à midi de la tête du pont qu'il gardait; mais, par un hasard des plus rares, le général en chef ennemi conçoit le même projet pour attaquer l'armée française. Dans la même nuit il passe le Mincio à Borghetto, et marche , dès la pointe du jour, avec un corps de dix mille hommes , à la rencontre du général Fressinet, qui déjà allait à la sienne avec sa division, forte au plus de cinq mille hommes et .de seize pièces de canon. L'ennemi s'apercevant que cette petite division était isolée, et en quelque sorte surprise, entreprend de l'écraser et de l'enlever. Le combat s'engagea et devint terrible; l'ennemi fit les plus grands efforts. De son propre aveu il employa jusqu'à dix-huit mille hommes. Ce combat des plus meurtriers dura depuis sept heures du matin jusqu'à deux heures de l'après-midi, que le prince Eugène attaqua l'armée ennemie, et dégagea enfin cette petite division qui, manquant de munitions, se battit souvent corps à corps. La ferme Ricci, qui était la clef de la position , fut prise et reprise trois fois à la bayonnetie. Cette défense peut être mise au nombre des beaux faits d'armes qui honorent la valeur brillante des Français. Elle contribua fortement à la victoire complète que remporta encore le prince Eugène dans cette journée, où l'ennemi perdit environ douze mille hommes, dont quatre mille prisonniers, du canon, etc. En 1814, après le retour de la famille des Bourbons , il fut mis en non activité de service, et le Roi le nomma chevalier de l'Ordre militaire de Saint-Louis. Il se porta d'affection, et par honneur, le défenseur officieux du général Excelmans, qui fut traduit devant un conseil de guerre à Lille. Il y plaida et défendit avec une grande force de raisonnement , et beaucoup de dignité, son ami qui fut acquitté à l'unanimité. Lors de l'invasion de Napoléon en 1815, il fut envoyé à Rouen , puis à Toulouse, et fit dans ces deux villes des proclamations conformes au parti qu'il avait embrassé. Commandant provisoirement cette dernière division militaire, il organisa la 26ᵉ cohorte active , remit ce commandement au général Decaen , et se rendait à l'armée, lorsqu'ayant appris les événemens de Waterloo, il se plaça à l'état-major du maréchal Davoust. Il fut du nombre des généraux qui pensèrent qu'on devait se battre sous Paris, et employa vainement ses facultés pour faire prendre ce parti.

On croit généralement qu'il est l'auteur de l'Adresse de l'armée à la chambre des représentans. Compris, au retour du Roi, dans l'article 2 de l'ordonnance du 24 juillet, il sortit de France avant celle du 7 janvier 1816, et se retira en Belgique.

GEORGES IV.

ROI D'ANGLETERRE,

Né le 12 Août 1762.

A Paris, chez l'Auteur, Rue des Francs-Bourgeois, N.º 6. F. S. G.   Déposé au Bureau des Estampes.

GEORGES IV,

ROI D'ANGLETERRE.

GEORGES (Frédéric-Auguste), Prince de Galles, ensuite Régent et Roi de la Grande-Bretagne, naquit le 12 août 1762, et reçut, peu de jours après sa naissance, le premier de ces titres. S. A. R., en cette qualité, devint duc de Cornouailles, et fut mise dès-lors en possession de tout le revenu de ce duché. Comme héritier présomptif du trône, il avait également les titres de Grand-Maître héréditaire d'Ecosse, de Duc de Rothesay, de Comte de Chester, de Carrick, et de Baron de Renfrew. S. A. R. fut reçue Chevalier de la Jarretière en 1765, et installée à Windsor le 25 juillet 1771. Son éducation fut d'abord confiée au docteur Marcham, archevêque d'York, et au docteur Jakson, ensuite (depuis 1776) au docteur Hurd, évêque de Worcester, et à M. Arnold, curateur du collège de Saint-Jean à Cambridge. Cette éducation fut excessivement sévère; aussi ce Prince regarda-t-il son émancipation comme le terme d'une sorte de captivité. A l'âge de 19 ans, il contracta un attachement très-vif pour Mistriss Robinson, qui a publié un mémoire sur ses relations, le 12 août 1783, époque de sa majorité. Le Roi invita, par un message, les deux Chambres à s'occuper de l'établissement du Prince son fils. D'après les intentions de Sa Majesté, qui voulut absolument introduire une grande économie dans les finances, le Prince de Galles fut traité avec beaucoup de parcimonie; il lui fut alloué un revenu de 50,000 livres sterlings; et pour son établissement, une somme de 60,000 livres sterlings, une fois payée, tandis que ses prédécesseurs, sous plusieurs règnes, avaient joui d'un revenu annuel de 100,000 livres sterlings.

Le 11 novembre 1783, le Prince royal assista, pour la première fois, aux séances du Parlement; cette session fut une des plus importantes du règne de George III. Fox, à la tête du parti des *Whigs*, y fit adopter l'*indiabill*; le Prince de Galles ne prit aucune part aux discussions sur cette matière; on remarqua pourtant que, parmi les hommes célèbres, quoique bien opposés entre eux par leurs opinions, qui formaient la société du Prince à cette époque, on pouvait distinguer comme bien reçus, Fox,

Shéridan et Burke; lord Moira, lord Hugh-Seymour et le contre-amiral Payne, furent honorés par lui d'une amitié plus intime.

Le Prince de Galles, après avoir rompu ses relations avec mistriss Robinson, contracta, en 1786, un engagement plus sérieux avec mistriss Fitz-Herbert, jeune veuve d'une grande beauté et appartenant à une famille irlandaise catholique fort considérée. Cette nouvelle liaison occasionna un grand refroidissement entre le Prince et le Roi son père. Bientôt le bruit s'accrédita que mistriss Fitz-Herbert, ayant embrassé la religion anglicane, était secrètement mariée à S. A. R.

Trois ans s'étaient à peine écoulés depuis la majorité du Prince de Galles, lorsqu'il fut obligé de s'adresser au Roi, pour prier S. M. d'acquitter une dette de 2 à 300,000 livres sterlings qu'il avait contractée. Le Roi, après avoir fait examiner la situation des affaires de son fils, refusa d'intervenir. Le Prince prit alors la résolution de diminuer ses dépenses; de vendre à l'enchère une partie de son mobilier, et d'épargner annuellement sur son revenu une somme de 40,000 livres sterlings pour la liquidation de ses dettes. Il se soumit effectivement pendant neuf mois à ce plan d'économie; mais le revenu qui lui restait après ces généreux retranchemens, n'était pas suffisant pour subvenir aux dépenses qu'exigeait sa dignité. Il s'adressa, dans cette circonstance, au Parlement, par l'organe de l'aldermann Newnham. Une motion faite le 20 avril 1787, sur la situation du Prince de Galles, fut débattue, mais bientôt retirée, après une entrevue entre le Prince et le ministre Pitt. Quinze jours après, le Roi, par un message, annonça au Parlement qu'il venait d'allouer au Prince de Galles, hors la liste civile, une somme annuelle de 10,000 livres sterlings, qui serait ajoutée à son revenu. La Chambre des communes vota alors une adresse au Roi, pour prier Sa Majesté de vouloir bien accorder au Prince royal un supplément de 160,000 livres sterlings pour l'entière extinction de ses dettes.

Vers la fin de l'année 1788, la maladie de Georges III

obligea les ministres à s'occuper d'une régence; Pitt proposa, le 10 décembre, dans la Chambre des communes, de nommer un comité pour examiner de quelle manière on avait procédé dans des cas semblables. Cette motion faite dans l'intention de gagner du temps, fut vivement combattue par Fox, qui soutint que la régence appartenait de droit, et sans restriction, au Prince de Galles; cependant, ce principe étant contraire à la constitution anglaise, les efforts de Fox furent sans succès, et le ministère l'emporta.

Le Prince de Galles avait toujours résisté à toutes les propositions de mariage, lorsqu'en 1795, des raisons d'état l'engagèrent d'épouser, contre son inclination, Caroline-Amélie-Elisabeth, seconde fille du duc de Brunswick, et le mariage fut célébré le 8 avril de cette même année.

L'Angleterre fut menacée par Napoléon en 1805 : l'enthousiasme militaire s'empara de tous les esprits : le Prince de Galles saisit cette occasion pour demander dans l'armée un grade plus élevé que celui de colonel d'un régiment de dragons qu'il avait eu jusqu'alors, bien qu'il eût déjà plusieurs fois sollicité de l'avancement; mais Sa Majesté répondit à cette dernière demande, que son opinion étant fixée, elle desirait qu'il ne lui fût plus parlé de ce sujet. Deux lettres du Prince au Roi son père suivirent cette réponse; et quoique les termes en fussent aussi respectueux qu'énergiques, elles ne changèrent rien à la résolution du monarque anglais.

Vers la fin de 1810, en conséquence de la maladie du Roi, le Prince de Galles fut investi de la régence. La maison du Roi et les soins de sa personne furent confiés à la Reine, et un conseil lui fut adjoint pour l'assister. La loi de la régence fut enregistrée pour un an : il y fut stipulé que si Sa Majesté ne se rétablissait pas avant cette époque, le Prince exercerait la souveraineté pleine et entière. L'affection mentale de Georges III étant restée la même, le Prince de Galles conserva la régence.

La politique du Prince régent parvint bientôt à cimenter l'union de l'Angleterre avec toutes les puissances du Continent, et à les réunir contre la France. En 1813, l'Empereur de Russie lui donna le grand-cordon de Saint-Alexandre-Newski et de Sainte-Anne. L'Empereur d'Allemagne lui accorda, l'année suivante, le grade de feld-maréchal de ses armées.

En 1814 et en 1815, quoique n'ayant pu accéder au traité de sainte alliance, il déploya néanmoins toutes les forces de la Grande-Bretagne contre la France et Napoléon.

En 1816, il adressa au Parlement un message pour l'informer du mariage de la Princesse-Charlotte-Auguste sa fille, avec le Prince Léopold de Saxe-Cobourg-Saalfeld.

Toujours en butte aux efforts du parti de l'opposition par suite du système adopté contre la France, et des guerres continuelles qu'il fit entreprendre à la nation anglaise, on essaya de jeter sur ce parti l'odieux d'une tentative d'assassinat dirigée contre le Prince, par une troupe de furieux appostés sur son passage, lorsqu'en 1817, il fut à Westminster pour y faire l'ouverture du Parlement. Un coup de fusil à vent cassa les glaces de sa voiture; heureusement Son Altesse n'en fut pas atteinte, et prononça son discours sans émotion apparente.

La mort de Georges III survenue en 1820, établit son droit de succession au trône d'Angleterre, et le Prince régent prit, dès-lors, le titre de Georges IV.

Pendant la régence, et depuis l'avènement au trône de S. M. Georges IV, des troubles nombreux éclatèrent dans plusieurs contrées de ses états; la fermeté de son gouvernement, la sagesse de son caractère, parvinrent à les réprimer, et tout porte à croire que son règne ne fera qu'augmenter le bonheur et la gloire de la Grande-Bretagne.

ANTOINE GRUYER,

(BARON,)

Maréchal de Camp, Commandeur de la Légion d'Honneur,
Chevalier de l'Ordre Royal et Militaire de St. Louis,
&c. &c.

Né le 15 Mars 1774, à St. Germain, Dép.t de la Haute-Saône.

A Paris, chez l'Auteur, Rue des Francs-Bourgeois St. Michel, N.o 6.   Déposé à la Direction.

LE GÉNÉRAL GRUYER.

Lorsque nous parlons des hommes appelés à jouir de la reconnaissance nationale, soit par leurs vertus privées, soit par d'éminens services rendus à la patrie, ou par leur amour pour l'humanité, il n'en est aucun dont l'éloge soit plus facile et en même tems plus vrai que celui qui se rattache à la vie d'un militaire. Ce n'est plus aux charmes de l'éloquence qu'il est nécessaire d'avoir recours pour établir son panégyrique, les actions seules de celui qui en est l'objet doivent parler à notre âme. Nous suivons notre héros au milieu des périls, et nous admirons son intrépidité; nous aimons surtout à retrouver en lui, après la victoire, cette douce sensibilité inséparable des grands cœurs, mais plus touchante encore dans les lieux consacrés au carnage; enfin, jusque dans l'adversité, il nous offre le précieux exemple de cette mâle énergie, fruit heureux d'une conscience qui ne nous reproche rien.

Le baron GRUYER (Antoine), maréchal-de-camp, commandeur de l'ordre royal de la Légion d'honneur, chevalier de l'ordre royal et militaire de Saint-Louis, etc., est né à Saint-Germain, département de la Haute-Saône, le 15 mars 1774.

Il faisait sa philosophie au collége de Besançon (Doubs), lorsque la révolution vint lui présenter l'occasion d'embrasser une carrière de son choix. Nommé par ses compatriotes, dès son entrée au service, capitaine dans le 6ᵐᵉ bataillon de la Haute-Saône, il fit ces premières campagnes, à jamais mémorables dans les fastes de la gloire française, et qui décidèrent alors des grands intérêts que nos armées avaient à défendre.

Depuis 1792, le baron Gruyer fit toutes les guerres de la Moselle et du Rhin, et partagea les exploits de l'armée d'Italie, où, simple capitaine, il sut associer son nom à ceux des plus braves chefs de cette armée.

Par suite de sa conduite distinguée dans ce grade, il obtint bientôt celui de chef de bataillon dans le 43ᵉ régiment de ligne, fut nommé officier de la Légion d'honneur après la bataille d'Austerlitz et appelé dans la garde impériale.

Sa valeur, et les hautes connaissances qu'il avait acquises dans l'art militaire, le firent remarquer du prince *Camille Borghèse*, qui témoigna à l'Empereur le désir d'attacher à son état-major un officier aussi distingué, et le baron Gruyer fut nommé colonel aide-de-camp de ce Prince.

L'espace ne nous permettant de rapporter ici toutes les actions qui ont honoré M. le baron Gruyer dans les différens postes où ses talens et son courage le portèrent, nous passerons légèrement sur celles qui suivirent sa nomination de maréchal-de-camp, qui eut lieu le 23 février 1813, notre intention, d'ailleurs, n'étant nullement de faire une apologie trop étendue de la vie d'un militaire qui se trouve placé au dessus de la louange par ses actions les plus ordinaires et par la franchise et la modestie qui le caractérisent.

A la bataille d'*Interbroch* (Toeplitz), le 6 septembre 1813, il fut chargé d'enlever ce village qui devait, disait-on, décider le succès de cette journée. Après un combat de quatre heures, pendant lequel il eut deux chevaux tués sous lui, il s'en rendit maître et y établit sa brigade. En ce même instant, les 4.ᵉ, 7.ᵉ et 11.ᵉ corps de notre armée sont mis en pleine retraite sans avoir été battus; le général Gruyer était encore dans Interbroch, que les trois corps d'armée avaient déjà parcouru trois lieues en arrière de leurs positions primitives; ce qui avait facilité l'arrivée de 40,000 ennemis sur le terrain qui séparait la brigade Gruyer des trois corps français; il ne pouvait donc espérer aucun ordre du général en chef, et jamais la vie de 4000 hommes qu'il commandait n'avait été plus compromise. A deux heures de l'après-midi il commença sa retraite; malgré ses sages dispositions et le parti qu'il sut tirer des incidens de terrain, il fut, pendant six heures de tems, mitraillé par l'artillerie ennemie et sommé de se rendre plusieurs fois par 6000 hommes de cavalerie qui le harcelaient, le forçaient de marcher en carré et de s'arrêter de cent pas en cent pas pour repousser ses charges; enfin il se trouva bientôt cerné de toutes parts; un troisième cheval venait d'être abattu sous lui, ses troupes manquaient de munition et paraissaient disposées à céder à l'ennemi qui leur criait de se rendre; alors le général Gruyer, saisissant un drapeau : *Mes enfans*, leur dit-il, *nous ne périrons pas tant que nous conserverons ce drapeau, il est le signe de votre honneur; ne l'abandonnez pas, les braves ne meurent pas entièrement.* Il perdit dans cette affaire 1800 soldats, 62 officiers; traversa l'armée suédoise et arriva à tems pour recevoir les ordres du maréchal Oudinot, qui lui enjoignit de défendre l'*Elster* et de couvrir le ralliement de l'armée qui faisait sa retraite sur *Torgau*.

Tous les officiers distingués qui ont été à même de juger des difficultés de cette belle action, assurent qu'il n'appartenaient qu'à la persévérance infatigable, au courage toujours croissant du général Gruyer, et à celui qu'il inspirait à ses soldats, de sauver sa brigade d'une perte qui paraissait inévitable.

Blessé à Leipsick en 1813, il fut transféré à Mayence où sa brigade devait concourir à la défense de la place; mais trop affaibli pour commander, il se fit conduire au sein de sa famille. A peine y était-il arrivé, que les alliés entrent en France par Dôle et pénètrent jusqu'à Lure, où il était encore dans son lit accablé des douleurs que lui causait sa blessure : chéri de ses concitoyens, et pressé par eux de se confier à leur amitié, tous voulaient se charger de le dérober à là vue des étrangers; mais, dans la crainte de les voir devenir victimes de leur générosité, il préféra se rendre à Paris, où il arriva peu de jours après. On lui offrit de suite le commandement d'une brigade; il accepta; *heureux*, disait-il, *de consacrer à la*

patrie le peu de vie qu'il avait réchappé des
combats.

Il se signala de nouveau aux batailles de *Montmirail*, de *Château-Thierry*, de *Champ-Aubert*
et de *Montereau*. Après cette dernière affaire, l'armée se porta sur *Troyes*. Arrivée au village de
Chartre, elle dût prendre position sur ce point,
parce qu'elle ne pouvait continuer son mouvement
sans avoir rejeté sur la rive droite de la Seine un
corps de 10,000 Russes qui était maître du pont de
Mery. Le baron Gruyer reçut ordre de les attaquer
dans cette ville, seulement avec sa brigade; il marcha
donc sur Mery, quoiqu'il souffrît encore beaucoup
de sa blessure; et, malgré les difficultés que lui présentaient les flancs boisés d'une route étroite, un
terrain marécageux et des obstacles sans nombre qui
le forçaient de marcher sur une seule colonne, et lui
ôtaient les moyens d'utiliser toutes ses forces, il parvint, sous le feu le plus meurtrier, jusqu'aux premières batteries ennemies, qu'il culbuta, et qui
restèrent en son pouvoir. Ce ne fut qu'après ce premier succès qu'il lui fut permis de disposer ses troupes
de manière à faire tête à l'ennemi; ce qu'il fit avec
toute l'habileté et le talent d'un général consommé
dans son art; il s'empara bientôt des rues, et enfin
de toutes les issues qui pouvaient contribuer à forcer
les Russes à la retraite. Mais le combat n'en fut pas
moins terrible, chaque maison pour eux était une
place dont il fallait faire le siége, et qu'ils brûlaient
en là quittant: les granges, les jardins, le moindre
fossé, la plus petite barricade, étaient autant d'incidens saisis, défendus, et qu'il fallait enlever à la
baïonnette. Ce carnage dura depuis sept heures du
matin jusqu'à cinq heures de l'après-midi. A deux
heures, le général Gruyer était maître de la portion
de cette ville qui se trouve sur la rive gauche de la
Seine, et sa tâche était remplie; mais, en homme
qui sait profiter de la victoire, et voyant que l'ennemi, avant de commencer sa retraite, avait mis le
feu au pont, il tire deux cents hommes des compagnies, à la tête desquels il abat les poutres enflammées
dans la rivière, afin de s'en servir pour suivre l'ennemi sur la rive droite, et de s'assurer du son point
de retraite. En ce moment l'Empereur arriva à Mery,
tout y était en feu. Il fit appeler le général Gruyer, et
lui dit : *Vous appréciez les circonstances, elles
sont difficiles, elles méritent les beaux efforts que
vous venez de faire ici, et vous en êtes déjà récompensé par la bonne besogne que vous avez faite.*

Après ce témoignage honorable, il fit passer deux
bataillons sur les poutres qu'il avait sauvées des flammes; malgré la mousqueterie et la mitraille de
l'ennemi, il parvint jusque dans le faubourg, sur la
rive droite de la Seine, dont il fallut encore assiéger
chaque maison. Là il reçut, d'une croisée, un coup
de feu qui lui fracassa le bras droit à hauteur de
l'aisselle. Il ordonna alors la charge de toutes parts,
et dit aux soldats : *En avant! l'Empereur m'a
chargé de vous dire que vous avez fait de la bonne
besogne: achevez votre ouvrage.*

M. Larey fut chargé par l'Empereur de penser ce
digne général, et trente grenadiers reçurent l'ordre
de le transporter sur un brancard jusque dans la capitale, où M. de Chabrol, alors préf.t de Paris, le
reçut chez lui et lui prodigua, pendant onze mois que
dura sa maladie, les soins les plus généreux et les plus
touchans.

Après la rentrée du Roi, il fut chargé de commander dans le département de la Haute-Saône, où
il était parvenu, sans beaucoup d'efforts, à se concilier l'estime et la confiance générales : il y était
encore lors du débarquement de Bonaparte. Des proclamations étaient déjà répandues dans les environs,
et y produisaient tout l'effet qu'on en devait craindre.

Dans ces circonstances difficiles, le général Gruyer
crut devoir tempérer, autant que possible, l'exaltation qui se manifestait dans la classe la plus nombreuse des habitans. Il fut bientôt entièrement livré
à lui-même; le maréchal *Ney* venait de proclamer
que la cause des Bourbons était perdue; le *comte de
Bourmont* lui avait retiré les troupes qu'il commandait pour les conduire sous les drapeaux de Napoléon......; enfin il ne lui restait aucun moyen de s'opposer ni de concourir à la réaction qui s'opérait dans
toute la France. Il rassembla les autorités, et leur fit
connaître que ses intentions, en cette pénible occur-
rence, se borneraient à maintenir l'ordre et à faire
respecter toutes les classes de citoyens, ne voulant
d'ailleurs reprendre les armes que lorsque les puissances alliées menaceraient le sol de la patrie.

C'est par suite d'une conduite aussi sage qu'il fut
arrêté dans la nuit du 31 décembre 1815, jeté dans les
prisons de Strasbourg, et condamné à mort le 17
mai 1816. Il demeura vingt-huit mois dans cette prison. Pendant sa captivité, les habitans de cette ville,
loin de le confondre avec ces hommes que l'égoïsme
seul conduit au-devant des événemens, et qui, selon
les occasions, deviennent dévoués ou parjures; loin,
dis-je, de le confondre avec de tels hommes, lui donnèrent sans cesse les marques du plus vif intérêt. Son
épouse, nouvelle *Eponine*, voulut partager sa captivité, et lui donna un fils dont elle accoucha dans
la prison même qu'elle n'avait point voulu quitter,
malgré les dangers de sa position et l'insuffisance des
soins qu'on pouvait lui offrir en un pareil séjour.

En terminant cette notice, qu'il nous soit permis
d'assurer, d'après le rapport des personnes les plus
recommandables qui ont pu suivre le général Gruyer
dans les principales actions de sa vie, que cet officier
supérieur ne possédait pas seulement les qualités
essentielles de son état, mais qu'il apportait aussi,
dans la vie privée, toutes les vertus qui caractérisent
l'homme de bien : généreux, sensible, bienfaisant,
ce ne fut jamais en vain que la veuve et l'orphelin lui
firent entendre leurs plaintes, et souvent il prévint
leurs besoins: désintéressé pour lui-même, il ne songea, jusqu'à ce jour, qu'au bien et à la prospérité de
sa Patrie; et quoiqu'il fût souvent victime de sa confiance et de sa loyauté, rien encore n'a pu éteindre
dans son cœur l'amour de ses semblables. Compris
aujourd'hui dans le cadre des généraux disponibles du
corps royal de l'état-major, il passe ses instans au
milieu d'une famille nombreuse avec laquelle il partage sa modique existence, coulant ainsi ses jours
entre la bienfaisance et l'étude, jusqu'à ce que son
pays réclame de nouveau ses services, comme ceux
de l'un des plus dignes soutiens de sa gloire et de
l'honneur de ses armes.

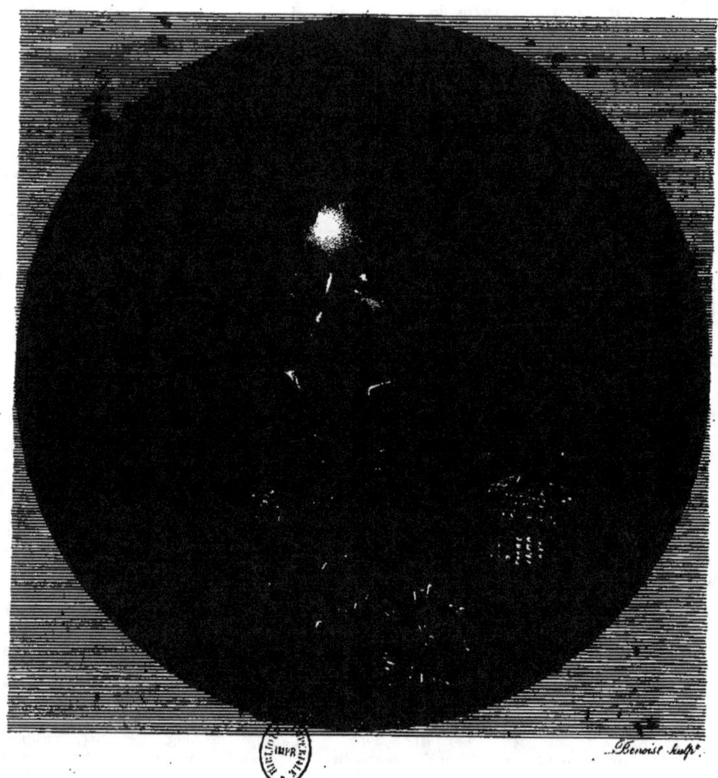

GUILLAUME,

Roi de Wurtemberg,

Né le 27 Septembre 1781.

A Paris chez l'Auteur, Rue des Francs Bourgeois St Michel, N° 6.   Déposé.

GUILLAUME,
ROI DE WURTEMBERG.

Guillaume de Wurtemberg, né le 27 septembre 1781, montra de bonne heure une énergie de caractère et une modération de principes bien propres à lui concilier l'amour des peuples qu'il devait un jour gouverner. Le roi Frédéric voyait avec peine son fils et son successeur imbu de maximes contraires à celles qu'il se faisait gloire de professer. En échangeant, en 1806, le titre de duc qu'avaient porté ses ancêtres, contre celui de Roi que lui donna Napoléon, avec les Etats de plusieurs princes médiatisés, il détruisit la constitution de son pays, et exerça sur ses sujets un pouvoir absolu qu'ils avaient toujours repoussé. En effet, depuis le seizième siècle, les Wurtembergeois passaient, avec raison, pour le seul peuple libre de l'Allemagne ; les ducs n'y étaient guère que des Stathouders ; ils ne pouvaient lever de troupes sans le consentement d'une représentation, formée d'éléments démocratiques. Aussi Fox disait-il que ce pays était le seul avec l'Angleterre qui jouît d'une véritable constitution. Plusieurs princes avaient essayé de la renverser, Frédéric seul y était parvenu à l'aide du bras de fer de Napoléon. Après l'abdication de l'empereur, il s'était flatté de conserver le pouvoir qu'il en avait reçu avec la couronne ; mais les Wurtembergeois réclamèrent fortement contre l'usurpation de leurs libertés. Deux partis opposés, formant une majorité imposante, se réunissent : l'un, composé des souverains médiatisés qui n'avaient cédé qu'à la force, demandait à grands cris la restitution de ses priviléges ; l'autre, composé de libéraux, exigeait le rétablissement de l'ancienne constitution, prétendant qu'elle n'avait point été légalement abolie. C'est au milieu des travaux d'une charte, dans laquelle il se proposait de réunir tous les partis, que mourut Frédéric, le 30 octobre 1816.

Un des premiers événements de la vie de Guillaume de Wurtemberg donna une haute idée de la fermeté de caractère qu'il déploya dans la suite. En 1810, Napoléon, tout-puissant en Allemagne, exigea qu'il épousât la princesse Charlotte de Bavière. Le prince avait d'autres vues. Craignant néanmoins de nuire aux intérêts de son père, il consentit à la célébration du mariage ; mais il instruisit la princesse de ses desseins, et ils firent ensemble un acte par lequel ils protestaient contre la violence dont ils étaient victimes. A peine Napoléon eut-il abdiqué que Guillaume et la princesse Charlotte, faisant valoir l'arrangement qu'ils avaient pris, obtinrent facilement la dissolution d'un mariage qui se trouvait nul de fait. Cette action annonçait une énergie dont les souverains de cette époque ne fournirent pas d'exemple.

Le prince Guillaume prit part aux événements de 1814, et parut sur les champs de bataille à la tête des Wurtembergeois ; il se distingua dans une foule de circonstances, et notamment à la bataille de Montmirail. Libre bientôt de tous soins étrangers à son bonheur et à celui de son peuple, il forma les liens pour lesquels il s'était réservé, et qui causèrent en Europe une surprise générale, parce que peu de personnes étaient dans le secret du mariage qu'il avait feint de contracter. Après avoir épousé la princesse Catherine Paulowna, sœur de l'empereur de Russie, veuve du prince de Holstein-Oldenbourg, il monta sur le trône devenu vacant par la mort de son père. Jamais événement n'excita une joie plus vive. La conduite qu'il avait tenue, les opinions qu'il avait manifestées, les services qu'il avait rendus, tout présageait à ses peuples le plus heureux avenir. Le Roi se flatta peut-être de combler tous les vœux. Il crut atteindre ce but en proposant un autre projet de constitution qui confondait les anciens et les nouveaux intérêts ; mais les deux partis le repoussèrent unanimement, comme ils avaient repoussé celui de son prédécesseur. Les Etats-généraux présentèrent, pendant plusieurs mois, le spectacle de discussions aussi violentes qu'infructueuses. De part et d'autre on voulait une seule chambre de représentants, un comité permanent d'une session à l'autre, le pouvoir de surveiller l'administration des finances, des ministres qui n'assisteraient point aux délibérations des Etats, des assemblées électorales qui ne seraient pas présidées par les baillis, etc. etc. L'opposition réclamait pour les Etats le droit de remplacer à leur gré les députés sortants. Ces prétentions étaient trop exagérées pour être admises. Guillaume avait fait plusieurs concessions ; mais la noblesse, peu sensible aux avantages qui lui étaient offerts, opposait aux intentions du monarque une résistance opiniâtre; le peuple, irrité de cette résistance, s'était déjà porté à quelques excès, et en faisait craindre de plus grands encore, lorsque le Roi proposa son *ultimatum*, qui fut rejeté dans la séance du 2 juin 1817. Alors, par deux rescrits des 4 et 5 juin, il se décida à dissoudre l'assemblée des États et à renvoyer l'examen de son plan de constitution aux assemblées particulières des bailliages, par lesquelles il remplaça provisoirement l'assemblée générale. Cet acte, d'une vigueur nécessaire, rendit au trône sa dignité, au gouvernement son action, et assura au peuple une constitution basée sur des principes de sagesse et de liberté. Dès ce moment, Guillaume se livra tout entier à l'administration de son royaume. L'armée réclamait ses premiers soins; il fit une levée de 3,496 hommes, et fixa, en attendant une loi, la durée du service à 6 ans; il détruisit l'arbitraire, adoucit la sévérité de la discipline allemande, et ne laissa subsister les punitions corporelles que pour des cas extrêmement graves. Au commencement du mois de janvier 1819, les suites d'une attaque d'épilepsie enlevèrent au roi son épouse, Catherine Paulowna. Malgré la douleur que lui causa cette perte, il n'en poursuivit pas ses travaux avec moins d'ardeur; la justice et l'administration subirent, dans le même mois, des réformes utiles, et il posa les bases de la réorganisation du commerce, persuadé que dans l'état actuel des sociétés, il est la source principale de la prospérité des empires. Au milieu de tous ces changements, Guillaume ne perdait pas de vue le travail de la constitution. A peine fut-il terminé, qu'il convoqua les États pour le leur soumettre. L'assemblée se tint à Louisbourg, le 13 juillet; elle ne se composait que de sages et vrais libéraux qui, à quelques modifications près, acceptèrent la constitution avec mille témoignages de reconnaissance. Ils la signèrent le 25 septembre 1819. Elle a complétement rempli les vœux du peuple; elle est sans contredit la plus libérale de l'Allemagne, et peut-être de l'Europe : l'égalité des droits politiques et civils y est mieux établie; la liberté des personnes, des cultes et de la presse mieux garantie que partout ailleurs. Cette charte, franchement exécutée depuis quatre ans, et le caractère du prince long-temps éprouvé, donnent l'assurance que, grâce à la manière large et solide dont ce pacte a établi les véritables principes du gouvernement représentatif dans les intérêts du trône et de la liberté, il fera long-temps le bonheur de la nation Wurtembergeoise; et si, par la suite, quelques modifications plus ou moins essentielles ou réglemen-

taires étaient jugées nécessaires, ces modifications, proposées et consenties de bonne foi, ne serviront jamais de prétexte à des altérations fondamentales et par conséquent funestes. Elle excita dans le royaume un enthousiasme général qu'affaiblirent bientôt les résolutions de la diète de Francfort; on craignit que le monarque ne fût forcé de restreindre la liberté qu'il avait accordée. Guillaume partageait cette inquiétude; il savait, par les obstacles que les rois ses voisins avaient apportés à son système, combien il leur faisait ombrage, et il ne doutait pas qu'ils ne missent tout en œuvre pour le renverser; il appréhendait surtout qu'ils ne prévinssent l'empereur de Russie, et ne le portassent à se déclarer contre la forme du gouvernement Wurtembergeois. Les moments étaient précieux; l'empereur se trouvait à Varsovie; Guillaume n'hésita pas à se rendre près de lui. Il plaida avec tant d'éloquence la cause de son peuple et la sienne, qu'il obtint de sa démarche tout le succès qu'il en attendait. Il revint avec la certitude qu'il ne serait fait aucun changement à la constitution. Honneur au prince qui, pour conserver intact le traité solennel qui le lie à ses sujets, brave tous les périls, et se soumet à tous les sacrifices. Le Wurtemberg, qui tient si peu de place en Europe, figurera plus avantageusement dans les fastes du dix-neuvième siècle, que tant de vastes États dont le pouvoir colossal effraie tout ce qui l'environne.

Le roi Guillaume, veuf de la princesse Paulowna, épousa la princesse Pauline, sa cousine, et entreprit bientôt avec la nouvelle reine, un voyage en Italie, traversant la France par Strasbourg et par Lyon. Quelques mois après, ils étaient de retour dans leurs États, et la fécondité de la reine ajoutait déjà les espérances de l'avenir à la douce réalité du présent : elle mit successivement au monde trois princesses. Enfin, le 6 mars 1823, un prince royal, Charles-Frédéric-Alexandre, naquit pour le bonheur du peuple Wurtembergeois.

Le nom de Guillaume sera cité avec éclat dans l'heureux et prochain avénir où les idées et les principes, qu'il a été un des premiers à embrasser, seront devenus la propriété commune de tous les souverains et de tous les peuples civilisés; et, dans l'ère des monarchies représentatives, il tiendra la place qu'occupent aux premiers temps du christianisme, les monarques et les grands de la terre qui, au milieu des prospérités encore puissantes du polythéisme et de l'idolâtrie, embrassèrent avec magnanimité l'étendard de la croyance nouvelle qui bientôt devait devenir celle du monde.

H.

GUILLAUME GEORGE FRÉDÉRIC,

ROI DES PAYS-BAS,

Grand-Croix et chevalier de plusieurs Ordres.

Né le 24 Août 1772.

À Paris chez l'Auteur rue de Tournaire N.o 6 Faub. St. Germain.

GUILLAUME-FRÉDÉRIC,
ROI DES PAYS-BAS.

Après des orages et des secousses politiques, après une désorganisation totale, le premier devoir d'un gouvernant est de rétablir les institutions et de faire reprendre aux choses leur cours ordinaire. La nécessité s'accorde avec l'intérêt du prince : mais pour parvenir à ce résultat il faut joindre la fermeté à la douceur, et l'énergie à la constance ; il faut réunir les partis différens, étouffer les semences de division, éteindre les ressentimens. Telle est la tâche difficile qu'il s'impose, tel est le plan qu'il doit suivre Si nous en admirons l'exécution dans le monarque bienfaisant qui nous gouverne, nous devons en féliciter les autres souverains, et leur annoncer qu'une pareille conduite leur assure des louanges pour le présent et de la gloire pour l'avenir. C'est ainsi que nous voyons Guillaume-Frédéric de Nassau, roi des Pays-Bas. Dans le bouleversement qui troubla toute l'Europe, il fut dépossédé du trône de son père, et contraint d'errer de contrée en contrée. L'adversité l'instruisit : s'il se montra grand et courageux dans les revers, il est noble et ferme dans la prospérité ; et sa vigilance a rétabli l'ordre sur tous les points de son royaume.

GUILLAUME-FRÉDÉRIC, roi des Pays-Bas, prince d'Orange-Nassau, et grand-duc de Luxembourg, naquit à la Haye le 24 août 1772 ; fils aîné de Guillaume V, prince d'Orange, stathouder de Hollande, il en devint l'unique héritier à la mort de George-Frédéric, son frère, qui se signala sous les drapeaux de l'Autriche au commencement de la révolution française, et qui périt à Pavie en 1799.

Guillaume-Frédéric avait épousé, en 1791, Frédérique-Louise de Prusse, sœur du roi régnant ; il commandait en 1793 et 94 les troupes hollandaises, et en dirigeait l'aile droite à la bataille de Fleurus. En 1795, lors de la conquête de la Hollande, le général Pichegru attaqua le stathouder dans son palais ; ce prince eut à peine le temps de s'échapper, accompagné de son fils Guillaume-Frédéric.

Ils s'embarquèrent avec trois hommes seulement, ne sauvant que quelques objets de valeur, et se réfugièrent en Angleterre. Ces princes revinrent après plusieurs années sur le continent ; et, ayant obtenu les principautés de Nassau-Dietz et de Fulde par le traité de Lunéville, ils s'y fixèrent.

Au mois d'août 1806, le stathouder mourut. Son fils réunit ces deux principautés ; mais il en fut dépouillé par de nouvelles usurpations territoriales de la part de Napoléon. Alors Guillaume-Frédéric se rendit à Berlin, séjourna quelque temps à la cour sous le titre de lieutenant-général autrichien, ensuite retourna en Angleterre, où il resta jusqu'en 1813. Les évènemens de ce temps lui ayant préparé l'entrée de sa patrie, il y revint, et prit le titre de Prince Souverain que les Hollandais lui conférèrent.

La Belgique et la Hollande étant réunies sous le nom de royaume des Pays-Bas par décision du congrès de Vienne, Guillaume-Frédéric en fut déclaré roi.

En 1815, lors de l'invasion, ce prince contribua aux opérations des armées alliées, et fit preuve d'énergie et de fermeté.

En décembre de la même année, il annonça aux états-généraux le mariage de son fils, Guillaume-George-Frédéric, avec la princesse Anne-Paulowna, grande-duchesse de Russie, sœur de l'empereur Alexandre ; et demanda la coopération qu'exige la loi fondamentale de l'état de la part de cette assemblée pour les alliances des princes qui peuvent être appelés au trône. « L'union projetée, est-il dit » dans le message, m'a paru désirable sous le point » de vue politique : elle doit consolider et resserrer » encore les liens d'attachement et de vénération » qui m'unissent depuis long-temps à l'empereur » Alexandre ; elle offre un nouvel appui aux intérêts que la partie commerçante de la nation doit » cultiver dans le nord de l'Europe ; enfin, elle garantit au royaume entier la bienveillance durable

» d'une cour qui a si puissamment contribué à
» l'œuvre de sa fondation. »

En 1816, ce prince présenta à la seconde chambre des états-généraux un projet de loi pour l'admission, dans tout le royaume, d'un système mo-
nétaire régulier, basé sur le calcul décimal, et destiné au remplacement des vieilles monnaies.

Des libellistes s'étant permis des attaques incon-
venantes contre plusieurs gouvernemens étrangers,
il rendit une ordonnance très-sévère pour la pu-
nition de ce délit, et donna des ordres pour réprimer à l'avenir une pareille audace. Par un autre
décret, il établit une commission composée de membres attachés au culte catholique, pour régler ce
qui concerne le dogme et la discipline, et lui
adresser les observations relatives à cet important
objet. Il pourvut ainsi à la tranquillité de conscience
de ses sujets.

Lors de l'ouverture des états-généraux à la session de 1816, après avoir examiné la position intérieure et extérieure du royaume, Guillaume-Frédéric termina cet aperçu par les phrases suivantes:
« Persévérance pour atteindre le but, franchise
» pour concerter les moyens, application constante
» à faire germer dans tous les cœurs des sentimens
» de concorde, de confiance et de bienveillance,
» voilà ce que la nation belge attend de nous; et ni
» son roi ni ses représentans ne tromperont une si
» juste attente. »

Si, parmi les rois, et aux yeux éblouis des peuples libres, il pouvait exister quelque chose de plus
élevé que la naissance, de plus estimé que la gloire
des armes, et de plus sacré que la justice, ce serait
peut-être l'honneur d'être issu du sang des princes
d'Orange; de ces princes qui se sont acquis une
gloire si éclatante et si belle, pendant la lutte si
longue de leur patrie opprimée, contre Philippe II.

La renommée de la maison d'Orange se trouve
essentiellement liée à tout ce que nos histoires, depuis plus de trois siècles révolus, peuvent nous présenter de traits d'héroïsme, de grandeur d'ame, et
de sagesse. Dignes émules des plus grands hommes
de l'ancienne Grèce et de Rome, les princes d'O-
range n'ont brillé sur le trône et à la tête des affaires en Hollande, que couronnés des lauriers de la
victoire et de la liberté !

Que ne doit-on pas espérer de ce prince, depuis
qu'il est assis sur un trône agrandi encore et con-
solidé par le vœu de deux nations nobles, riches,
et puissantes?

Théophile Mandar.

JEAN VI.

Roi de Portugal, du Brésil et des Algarves.

Né le 13 Mai 1767.

Déposé a la Direction.

A Paris chez l'Auteur Rue des Francs Bourgeois S.t Michel N.o 6.

JEAN VI,
ROI DU ROYAUME UNI DE PORTUGAL,
DU BRÉSIL ET DES ALGARVES.

Heureux un état limité, où l'œil paternel du maître peut tout voir par lui-même, où un malheureux ne peut gémir sans que son cri retentisse jusqu'aux oreilles, et jusqu'au cœur du souverain....., qui, par sa bonté, sa grandeur d'ame, et surtout par son extrême humanité se fait admirer de toutes les nations. Telles sont les qualités qui distinguent l'auguste prince dont nous nous occupons dans cette courte notice; et nous pouvons dire avec les peuples d'Europe et d'Amérique qu'il gouverne, que ce bon roi est le bras allié de la bonté divine.

JEAN VI (Marie-Joseph-Louis), roi du royaume-uni de Portugal, du Brésil et des Algarves, né le 13 mai 1767, de don Pierre, roi de Portugal, et de Marie-Françoise-Elisabeth, fille de son prédécesseur, épousa en 1785 Charlotte Joachime, fille de Charles IV, roi d'Espagne : il se déclara régent du royaume, le 10 mars 1792, à cause de la maladie mentale de sa mère. Il ne prit d'abord aucune part à la guerre de la révolution, et fournit seulement à l'Espagne le corps de troupes auxiliaires, stipulé par l'alliance défensive contractée avec cette puissance long-temps avant la révolution française. Par un résultat assez ordinaire de cette modération envers la France, et de cette coopération de bon voisinage pour l'Espagne, le prince-régent se vit, lors du traité de 1797, en butte à l'inimitié de ces deux puissances, et fut obligé de signer plus tard les traités de Badajoz (en 1801) et de Madrid, par lesquels le Portugal cédait à l'Espagne le district et la place d'Olivença, et cédait aussi à la France une partie de la Guyane portugaise. Après la rupture du traité d'Amiens, le prince-régent acheta la promesse de neutralité que Bonaparte a violée depuis le traité de Tilsitt avec la Russie, exigeant la clôture des ports aux Anglais, la confiscation de leurs propriétés, et leur emprisonnement. Cette sommation notifiée dans un délai de trois semaines, et avec la menace qu'une armée française marcherait sur Lisbonne, avec le consentement et le concours de l'Espagne, n'a produit d'autre effet que la clôture des ports aux Anglais, ce qui mécontenta la France et l'Angleterre. De là une armée franco-espagnole pénétra en Portugal, tandis que Lisbonne était bloquée par la flotte anglaise. Le prince-régent pressa alors les préparatifs d'une retraite au Brésil, où il avait été question d'envoyer son fils le prince de Beira, et prit de lui-même la seule détermination qui pût mettre sa personne en sûreté. Les considérations de haute politique changèrent naturellement l'attitude de l'Angleterre envers le Portugal; et le prince-régent par un décret publié le 26 novembre 1807, annonça son intention de se retirer jusqu'à la signature d'une paix générale dans la ville de Rio-Janeiro, et nomma une junte de régence pour administrer les affaires du royaume pendant son absence. Il mit à la voile avec sa famille dans la matinée du 29 novembre, sur une flotte composée de huit vaisseaux de ligne, quatre frégates, trois bricks et plusieurs transports, et quitta le Tage dans la même journée. La flotte, quoique assaillie quelques jours après par une tempête violente, arriva heureusement à Rio-Janeiro. Ce prompt départ dérouta entièrement le général Junot, qui des hauteurs de Lisbonne vit la flotte portugaise s'échapper vers l'Amérique avec les destinées de la monarchie dans le Nouveau-Monde. Par un manifeste, daté de Rio-Janeiro le 1er mai 1808, le prince-régent déclara nuls et non avenus tous les traités conclus avec l'empereur des Français, nommément ceux de Madrid de 1801, celui de neutralité de 1804, ajoutant qu'il ne poserait pas les armes, que d'accord avec son ami et fidèle allié le roi de la Grande-Bretagne, et ne consentirait, en aucun cas, à la cession du Portugal, qui forme la plus ancienne partie de l'héritage et des droits de la maison de Bragance. Les succès de ses armes depuis la victoire de *Vimeiro* contre les armées françaises en Portugal, en Espagne et en France, jusqu'au mois d'avril de 1814, donnèrent le démenti le plus formel à Bonaparte qui, après le partage du Portugal convenu avec l'Espagne à Fontainebleau, avait déclaré *que la maison de Bragance avait cessé de régner.* Malgré le ressentiment d'une pareille conduite de la part d'une cour voisine et parente, le prince-régent a accordé sa protection pour le maintien des droits de la princesse son épouse, et de son neveu l'infant don Pedro Carlos de Bourbon et de Bragance, qui l'avait suivi au Brésil, à la couronne d'Espagne usurpée par Bonaparte, s'engageant à coopérer de tout son pouvoir au triomphe de ses droits. En effet, l'armée anglo-portugaise, commandée par le duc de Wellington, accomplit cet engagement de la manière la plus heureuse. Tandis que le Portugal, depuis la restauration de 1808, est resté toujours sous la domination du prince-régent, le Brésil a éprouvé tous les avantages de son gouvernement pour la prospérité de l'agriculture et du commerce, malgré la faiblesse comparative de la population et l'état d'imperfection des sciences et des arts dans un empire si vaste. Après avoir émancipé le Brésil de l'état de colonie, en ouvrant ses ports au commerce de tous les pays, ce prince éclairé a proclamé les principes de tolérance religieuse; il a adouci l'esclavage des nègres, et accordé des concessions, des terres, des instrumens et des priviléges aux cultivateurs, artistes et ouvriers de tout genre qui viennent de l'Europe pour s'établir dans les villes, ou sur les terres incultes de ses états. Non content de faire acclimater les plantes et les épiceries de l'Inde, en disséminant la culture dans le Brésil, le prince-régent fit venir une colonie de chinois pour introduire la culture de l'arbre à thé, qu'il a établie dans le domaine de *Santa-Cruz*, où commence à prospérer la culture de cette plante si nécessaire aux Européens.

L'état inquiétant des colonies espagnoles limitrophes du Brésil ayant été suivi d'hostilités et de provocations insurrectionnelles de la part du chef Artigas, qui se révolta aussi contre Buénos-Ayres, il a fallu lui opposer des forces respectables pour le chasser au-delà de la frontière brésilienne, et occuper le pays jusqu'à la Plata. Malgré toutes les déclarations faites à l'Espagne sur la nécessité de cette mesure militaire, qui ne compromettait aucunement les droits du roi catholique, il s'en alarma au point de recourir aux cours d'Autriche, d'Angleterre, de Prusse et de Russie, demandant leur médiation pour obtenir la restitution des pays occupés par les troupes portugaises. La médiation fut agréée par lesdites cours dans une note signée à Paris le 16 mars 1817, de leurs ministres respectifs, à laquelle on répondit avec dignité en acceptant leur intervention pour une négociation qui s'est ouverte à Paris entre le comte de Palmella et les ministres des cours médiatrices. Dans la même année il éclata à Fernambouc une insurrection, dont était chef un nommé *Martins*, proclamant la république, et destituant le gouvernement et les gens du roi : mais celui-ci déploya beaucoup de fermeté pour étouffer l'insurrection dans son berceau ; il fit presser Fernambouc par terre et par mer avec une telle rapidité, que les insurgés ayant été forcés de sortir de la place pour aller au-devant des troupes envoyées de Bahia, l'escadre qui bloquait le port profita de leur absence pour s'emparer de la ville : Martins et les autres chefs furent pris et fusillés. Le roi envoya à Fernambouc une commission d'enquête ; mais en février 1818, il la fit fermer par un décret, amnistiant ceux qui eussent été accusés de complicité après la date du même décret. A la fin de mai 1817, on découvrit à Lisbonne une conspiration, dont le but paraissait être l'érection d'une république sur les ruines de l'autorité royale ; et les moyens pour y arriver, le meurtre des chefs civils et militaires. Le même succès signala ici le triomphe du roi par l'arrestation d'un grand nombre de conjurés, dont les principaux subirent le supplice. En 1815, le prince-régent conclut avec la cour d'Espagne, le double mariage de deux princesses ses filles avec Ferdinand VII, et son frère l'infant don Carlos. Dans l'année de 1817, Jean VI conclut, par le ministère du marquis de Marialva, son ambassadeur à Vienne, le mariage de son fils le prince royal avec l'archiduchesse Léopoldine, fille de l'empereur d'Autriche : cette princesse fit voile du port de Livourne pour Rio-Janeiro, dans le mois d'août de la même année. Le 17 décembre 1815 le Brésil a été érigé en royaume, et la monarchie portugaise prit le titre de royaume-uni de Portugal, du Brésil et des Algarves. L'ancien ordre de la Tour et de l'Épée, créé par Alphonse V, a été rétabli aussitôt après l'arrivée de la cour au Brésil.

Jean VI a été couronné roi à Rio-Janeiro le 6 février 1818 ; et le même jour il a créé l'ordre de la *Conceipao*, sous laquelle invocation la vierge est la patrone du royaume. A cette même occasion, il ordonna la distribution d'une médaille aux officiers et soldats de l'armée Luso-britannique, portant le nombre des actions dans lesquelles ils s'étaient distingués dans la dernière guerre.

FRANÇOIS CHRISTOPHE KELLERMANN,

DUC DE VALMY,
Maréchal et Pair de France,
Grand Croix des Ordres de la Fidélité de Bade
et de l'Aigle d'Or de Wurtemberg, Grand Cordon de la Légion d'Honneur,
Grand Croix de l'Ordre Royal et Militaire de S.t Louis,
Né le 23 Mai 1786 à Strasbourg, Dép.t du Bas Rhin

à Paris, chez l'Auteur, rue de Tourraine N.o 5 Faub. S.t Germain.

LE MARÉCHAL KELLERMANN,

DUC DE VALMY.

La patrie de Kléber, féconde en héros, placera, sans doute, au premier rang de ceux qu'elle peut citer avec orgueil, celui qui, par ses vertus, sa constance et son courage, sut mériter les récompenses les plus glorieuses que puisse envier un guerrier : tous les titres à la reconnaissance des braves qu'il sut conduire à la victoire, et à l'amour de la France entière.

KELLERMANN (François Christophe), duc de Valmy, maréchal et pair de France, grand cordon de la Légion d'honneur, grand'croix de l'Ordre royal et militaire de Saint-Louis, des Ordres de la Fidélité de Bade et de l'Aigle d'or de Wurtemberg; né à Strasbourg, le 13 mai 1735.

En 1752, il entra au service en qualité de cadet dans le régiment de Lœwendal, devint, en 1753, enseigne dans Royal-Bavière ; en 1756, lieutenant dans les volontaires d'Alsace, et, en 1758, capitaine en second dans ce même corps. La bravoure avec laquelle il se comporta, et les talens qu'il sut déployer pendant les campagnes qui se succédèrent, en Allemagne, jusqu'en 1762, lui obtinrent la croix de Saint-Louis, bien qu'il n'eût point encore le nombre d'années de service requis pour prétendre à cette faveur. Nommé capitaine de hussards, en 1771, il sollicita et obtint la permission d'offrir ses services aux confédérés de Pologne. Après avoir donné des preuves éclatantes de son courage à la prise du château de Cracovie, il fut successivement nommé aux grades de colonel, en 1772, de brigadier des armées, en 1784, et de maréchal de camp en 1788. Chacune de ces dignités fut le prix des services les plus éminens, et marque une époque glorieuse dans la carrière militaire du maréchal Kellermann.

Lorsqu'en 1792 les frontières de France furent menacées, il obtint, tour-à-tour, le commandement du Haut et du Bas-Rhin, et s'illustra de nouveau par les mesures énergiques qu'il prit pour la défense de Neuf-Brisac, de Strasbourg et de Landau. Nommé lieutenant-général, dans la même année, il reçut le commandement en chef de l'armée de la Sarre ; à la tête d'un petit corps, à peine fort de dix mille hommes, il sut protéger le Bas-Rhin et la Lorraine contre une armée ennemie quatre fois plus nombreuse, qui avait passé le Rhin à Spire, et qu'il ne cessa de harceler.

Kellermann, dans ces circonstances, sut prouver à la fois les talens, la valeur et la sagesse d'un général aussi brave qu'expérimenté : alors le gouvernement lui conféra le titre de général d'armée, et réunit à son commandement en chef, celui de l'armée du Rhin. Plus tard, ayant donné de nouvelles preuves de sa haute capacité et de la confiance qu'il inspirait aux soldats français, il fut appelé à commander en chef l'armée du centre ; après quoi, se portant rapidement sur Metz et sur Thionville, il disposa ses plans à la plus rigoureuse défense, se mit à la tête de 22,000 hommes et se porta à marche forcée sur Vitry, d'où il était à portée de voler au secours du général Dumourier, d'observer tous les mouvemens de l'ennemi, de les devancer à Châlons par la rive gauche de la Marne, et de les arrêter dans leur marche sur Paris.

Le roi de Prusse, assisté du duc de Brunswick, du prince de Hohenlohe et du maréchal Clairfait, commandait en personne l'armée ennemie, composée de de 138,000 combattans, et se trouvait en face de Dumourier. Ce général, avec des forces bien inférieures, devait craindre d'être attaqué avant d'avoir pu se faire appuyer par Kellermann : celui-ci, prévenu, arrive, le 19 septembre, à la position qu'on lui avait assignée, mais qu'il reconnaît bientôt vicieuse et comme devant gêner toutes ses manœuvres en cas d'attaque, lui ôtant même les moyens d'opérer sa jonction avec le corps principal en cas de retraite. Il se disposait donc à choisir un champ de bataille plus avantageux, lorsque l'ennemi dirigea ses forces sur lui, près de Valmy, et entrava l'exécution de son plan. Dans cet instant critique, il trouva dans son courage et son génie des ressources assez grandes pour communiquer à ses troupes ce noble enthousiasme de la gloire qui décide du succès : trois colonnes prussiennes se portèrent deux fois en masse sur sa petite armée, et furent deux fois repoussées avec une vigueur qui leur occasionna les plus grandes pertes, et laissa au Général français l'honneur d'une double victoire. Le 21, au matin, l'ennemi, ne voyant d'autres moyens de réparer sa défaite, voulut s'établir sur les hauteurs importantes de Dampierre et de Valmont, et s'y portait avec célérité : mais sa surprise et sa consternation furent au comble lorsqu'il aperçut le corps d'armée de Kellermann occupant cette position, et dans un ordre de bataille qui déjouait toutes ses entreprises. La rapidité avec laquelle il avait opéré ce mouvement, dans la nuit du 20 21, et ses excellentes dispositions forcèrent les Prussiens à la plus prompte retraite, sauvèrent la France et immortalisèrent ce brave Général en attachant, plus tard, à son nom, celui de cette mémorable journée.

En 1793, commandant en chef l'armée des Alpes, il eut à lutter contre toutes les adversités : à la tête d'une petite armée, manquant de tout; opposé à des forces considérables et sans espoir de secours, son infatigable activité semblait suppléer, en quelque sorte, au défaut de moyens, et parvenait déjà à faire trembler ceux qui naguère se proposaient d'envahir le sol de la France, lorsqu'il fut appelé à la barre par la Convention, et accusé par les Représentans du peuple. Il ne lui fut pas difficile de réfuter les calomnies qui furent l'objet de son accusation : la réparation fut éclatante, et on lui remit alors, avec le commandement en chef de l'armée des Alpes, celui de l'armée d'Italie.

Les plus savantes dispositions signalèrent sa conduite à la tête de ses deux armées, et cependant, toujours contrarié dans ses opérations par les Représentans, les forces qu'il avait envoyées devant Toulon ne purent arriver assez tôt pour défendre cette ville contre les Anglais, qui s'en emparèrent à cette époque.

Les habitans de Lyon, exaspérés par les vexations de ces mêmes Représentans, s'étaient déclarés rebelles aux décrets de la Convention, qui ordonna au général Kellermann de les soumettre par la force. Ce général cédant, quoique avec répugnance, à ces ordres positifs, tenta d'abord tous les moyens de persuasion; mais ce fut en vain, on avait trop abusé de la crédulité des habitans, et ils se préparaient à la résistance la plus opiniâtre; ils comptaient d'ailleurs sur les Piémontais qui, en effet, agissaient dans leurs intérêts. Forcé alors de partager ses soins entre la défense de la frontière et les opérations d'un siége, il prit de telles mesures, que, le 1.er septembre, l'armée des Alpes, forte de 8000 hommes, ayant repris l'offensive, attaqua, sous ses ordres, un corps de 25,000, le força sur tous les points à se retirer avec une perte considérable, forcé d'abandonner 17 pièces de canon et tous ses équipages au pouvoir du vainqueur. Cette victoire décida de la reddition de Lyon.

On pensait que cette victoire appaiserait la jalousie de ses ennemis intérieurs; mais ceux-ci, impatiens d'assouvir leur vengeance sur les victimes du siége, l'accusèrent une seconde fois de lenteur dans ses opérations, et un nouvel ordre d'arrestation fut dirigé contre lui le 4 septembre 1793. Il se disposait à aller prendre le commandement du siége de Toulon, lorsqu'il fut arrêté et conduit à Paris. Fouquier-Tainville, pour la première fois, peut-être, ne voulut point s'associer aux crimes de Robespierre, et persista à ne point condamner ce général, qui, après l'expiation des forfaits du dictateur sanguinaire, reprit le commandement des armées des Alpes et d'Italie.

Il trouva ces armées dans l'état le plus déplorable, affaiblies par la désertion, occupant des positions désavantageuses, privées de vivres et opposées à un ennemi quatre fois supérieur en nombre; néanmoins il concentra ses forces, se replia sur *Borgheto*, soutint avec énergie tous les combats que lui livrèrent les corps ennemis, et les tint en échec pendant quatre mois sans perdre un pouce de terrain.

Bonaparte ayant pris le commandement de l'armée d'Italie, le général Kellermann continua à diriger celle des Alpes. En 1797, de retour à Paris, il fut chargé de mettre la ville de Lyon en état de siége et d'organiser la gendarmerie de France; fut ensuite nommé inspecteur-général et membre du bureau militaire établi par le Directoire.

Parvenu au consulat, Bonaparte crut devoir reconnaître les services signalés que le général Kellermann avait rendus à la patrie, et le nomma d'abord membre du Sénat-conservateur, ensuite président, le 1.er août 1801; lui déféra le grand-cordon de la Légion d'honneur; bientôt après le créa maréchal d'Empire, le pourvut de la sénatorerie de Colmar, et joignit à ses titres celui de duc de Valmy.

C'est lui qui, en 1805, organisa les gardes nationales du Haut-Rhin, qui, pendant la campagne de Prusse, forma les régimens provisoires à Mayence, et qui, dans la guerre de 1809 contre l'Autriche, commanda le corps d'observation de l'Elbe; président du collège électoral du Haut-Rhin depuis 1811; le 30 octobre 1813, il prit le commandement de toutes les réserves à Metz; enfin, le 1.er avril 1814, il vota la création du gouvernement provisoire et la déchéance de Napoléon. N'ayant pris aucune part aux événemens de 1815, ce brave Maréchal, au retour du Roi, a repris sa place à la chambre des Pairs.

JEAN-BAPTISTE KLÉBER,

Général en Chef de l'Armée Française en Egypte.

Né en 1753 à Strasbourg, Dép.t du Bas Rhin.

Assasiné au Caire le 14 Juin 1800.

(Il est de ces mortels favorisés des Cieux,
Qui sont tous par eux même et rien par leurs aïeux.)
VOLTAIRE.

A Paris, chez l'Editeur, Rue des Francs-Bourgeois, N.º 6. Déposé à la Direction de l'Est.re

LE GÉNÉRAL KLÉBER.

Il est de ces mortels favorisés des cieux,
Qui font tout par eux-mèmes et rien par leurs aïeux.
VOLTAIRE.

Tel est l'homme que nous allons offrir à nos lecteurs, comme un modèle d'héroïsme, de vertu, de sagesse et de patriotisme.

KLÉBER (Jean-Baptiste), général en chef de l'armée française en Egypte, naquit à Strasbourg en 1753. Ayant perdu son père dans sa première jeunesse, sa mère s'étant remariée, son beau-père le destinait à une profession mécanique ou au commerce, et il le retira d'un régiment où il avait pris du service. Kléber consentit à aller étudier l'architecture à Paris, sous l'habile architecte Chalgrin ; mais il ne résista pas à son penchant, qui, secondé par sa haute taille et sa forte constitution, l'entraîna dans la carrière militaire. Etant parvenu à se faire recevoir élève dans l'Ecole militaire de Munich, il y fut remarqué par le fils du prince de Kaunitz, qui, après un court entretien avec lui, ayant été frappé de ses talens, de son énergie et de son air martial, le fit entrer au service de l'Autriche, et en fit son aide-de-camp. Cette bienveillance fait autant d'honneur à l'âme du prince, que sa pénétration en fit à son esprit. Il est glorieux, il est doux dé deviner un grand homme, de prescrire ainsi à la génération qui croît avec lui, l'estime qu'elle en doit faire, et de devancer les hommages de la postérité.

Il resta depuis 1776 jusqu'en 1783, au service de l'Autriche. Kléber quitta Luxembourg où il était en garnison, pour voir sa famille à Strasbourg, et fut chargé de la direction et de la surveillance de plusieurs bâtimens et travaux publics dans la Haute-Alsace.

A l'époque de la révolution, il fut nommé chef du bataillon du Haut-Rhin, et employé, en 1793, à Mayence, où il se distingua. On sut bientôt apprécier ses talens militaires ; il fut élevé au grade d'adjudant-général, et se fit admirer dans toutes les circonstances, par son intrépidité et la force de son caractère. Nommé ensuite général de brigade, il déploya les qualités les plus brillantes unies à la plus rare valeur ; il savait l'inspirer à ses soldats. Rien n'était beau comme Kléber un jour de bataille ; on l'eût pris pour un de ces héros qu'Homère a si bien peints. Dans une affaire où il s'agissait d'attaquer un corps ennemi, les soldats qu'il commandait lui ayant dit : *Mais nous n'avons pas de canons. — Les ennemis en ont*, répondit-il, *allons les prendre ;* et les canons furent pris. Il se distingua dans la Vendée, y cueillit des lauriers qui n'avaient pas autant de prix à ses yeux ; il combattait des Français !

Employé aux armées du Nord et de Sambre-et-Meuse, il partagea la gloire de la victoire de Fleurus, où il commandait l'aile gauche de l'armée française. Ses habiles manœuvres pendant toute la campagne de 1794, le placèrent au rang de nos meilleurs généraux, et il continua de servir à la même armée en 1795.

Après la première retraite de Jourdan et de Pichegru, Kléber refusa le commandement de ce dernier, qui lui fut offert par le gouvernement. Il contribua puissamment, en 1796, aux succès qu'obtint le général Jourdan à l'ouverture de la campagne ; il commanda un instant en chef toute l'armée pendant les premiers jours d'août, et passa, après le traité de Campo-Formio, à l'armée d'Angleterre.

Une nouvelle carrière de gloire s'ouvrit bientôt pour le général Kléber ; et le 28 mai 1798, il s'embarqua sur la flotte qui devait conduire l'armée française en Egypte. Le premier juillet, la flotte française était dans la rade d'Alexandrie ; le débarquement s'opéra, et Kléber, à la tête d'une division, marcha sur Alexandrie. Arrivé au pied des murailles, Kléber en mesurait des yeux la hauteur, lorsqu'il fut blessé ; il n'en donna pas moins des ordres pour monter à l'assaut, lorsque la ville se rendit et ouvrit ses portes. Le 21 juillet, à la bataille des Pyramides, il emporta, avec sa division, le village d'Embabé, et passa au fil de l'épée tout ce qui osa lui résister. Il marcha en Syrie toujours à la tête de sa division ; et l'ayant embarquée sur un nombre suffisant de chaloupes à Boulac, il se rendit de Damiette à Katiech, sur le fleuve Menzaleh.

Lorsque l'armée marchait contre Djezzar pacha, Kléber se porta sur Caïffa, et s'en empara. Nous avancions sur Saint-Jean-d'Acre ; l'ennemi voulut nous arrêter, et Kléber le força à battre en retraite, et à se réfugier sous Damas.

Pendant le siége de Saint-Jean-d'Acre, les Maugrabins nous inquiétaient ; Kléber, avec un corps d'observation, marcha contre eux, et sut les contenir. Il battit ensuite l'ennemi dans les plaines d'Esdrelon, et mit les Arabes en déroute dans le village de Fouli.

Après la levée du siége de Saint-Jean-d'Acre, le général Kléber resta à l'arrière-garde, et assura la marche de l'armée. Les Turcs s'étaient emparés des forts d'Aboukir. Il se porta sur Rosette, pour les empêcher d'attaquer Alexandrie : il partit ensuite de Damiette, et suivit le mouvement de l'armée, pour la seconder dans ses opérations. Le 25 juillet, on résolut d'attaquer le fort d'Aboukir, dont les Turcs s'étaient rendus maîtres. Le général Kléber forma la réserve avec sa division, et contribua puissamment à la victoire décisive que nous remportâmes. Vingt mille Turcs périrent dans les flots ou sous le fer de nos braves. Le gain de cette bataille ayant mis l'ennemi hors d'état de faire aucune tentative, et la tranquillité étant rétablie, le général en chef résolut de revenir en France, et laissa à Kléber le commandement de l'armée.

Nous allons bientôt le voir unir aux talens d'un général consommé, les plus vastes connaissances administratives. Bonaparte estimait les hautes qualités de Kléber, mais il redoutait sa franchise. Il partit sans lui donner communication de ses projets, et en lui laissant une lettre qu'il ne devait décacheter que vingt-quatre heures après l'avoir reçue. Il lui laissait la liberté de faire la paix ou la guerre, et de traiter comme bon lui semblerait, d'après les circonstances, en lui donnant tous les renseignemens nécessaires sur la situation de l'armée, et les ressources qu'il pouvait tirer du pays qu'il occupait.

Kléber sentit tout le poids des obligations qu'il contractait en prenant le commandement de l'armée et l'administration de l'Egypte. Il écrivit au gouvernement français, et demanda des secours de toute espèce ; il en fit sentir la nécessité, l'armée manquant des choses les plus essentielles. Il annonçait en outre qu'une armée de vingt mille hommes était prête à marcher contre lui, et qu'il pouvait tout au plus lui opposer sept à huit mille hommes.

La nouvelle du départ du général en chef sema l'alarme dans tout le camp; le soldat fit entendre des murmures ; l'ordre et la confiance ne se rétablirent que lorsqu'on apprit quel était son successeur.

La grande réputation de Kléber, et son mérite reconnu, calmèrent toutes les inquiétudes.

Kléber ne voyant arriver de France aucunes nouvelles, aucuns secours, tenta plusieurs fois d'ouvrir des négociations. Ayant été attaqué par huit mille janissaires, ils furent anéantis au moment où ils débarquaient à la côte de Damiette, près de la tour du Bougasse, et cet avantage lui fournit l'occasion de conclure et de signer la convention d'El-Arich, avec le commodore Sydney-Smith. Kléber devait évacuer l'Egypte dans un temps limité, et il donna pour garantie de ses promesses, les forts de Kathié et de Sahahié, et même les retranchemens occupés près le Caire. Mais bientôt les Anglais refusèrent d'exécuter le traité, lorsqu'ils virent que nos troupes avaient quitté la ligne qu'elles occupaient. Kléber mit à l'ordre de l'armée la lettre du commandant de la flotte anglaise, et écrivit au-dessous ces mots : *Soldats ! on ne répond à de telles insolences que par la victoire ! préparez-vous à combattre.* Après de vaines tentatives pour négocier, Kléber se disposa à livrer bataille devant les ruines d'Héliopolis, et il écrivit au Visir, pour lui faire connaître les motifs de sa conduite.

Toute la nuit fut employée aux préparatifs du combat qu'on devait livrer le lendemain. Le général Kléber se rendit dans la plaine de Lacoubé, où l'armée était rangée en bataille ; les soldats étaient pleins de gaîté et d'espoir : le général

compta sur le succès. L'armée fut disposée par carrés, l'infanterie sur les ailes ; la cavalerie et l'artillerie au centre.

Les Turcs étaient rassemblés entre El-Hanka et Albouzabel, au nombre de soixante mille hommes sous les ordres du Visir. A trois heures notre armée se mit en marche, les attaqua près d'Héliopolis, et les mit dans la plus affreuse déroute; drapeaux, artillerie, queues de pacha, effets de campement, tout tomba en notre pouvoir, et le champ de bataille resta couvert des cadavres de l'ennemi.

C'est au moment où le général Kléber allait recueillir le fruit de tant de soins et de tant de peines qu'il périt, atteint par le poignard d'un fanatique. Un jeune Syrien, nommé *Souleyman-El-Api*, le frappa mortellement le 14 juin 1800, lorsqu'il se promenait dans son jardin au Caire. L'assassin fut condamné à être empalé ; il soutint le supplice avec courage et fermeté.

Ainsi périt, loin des combats, celui que la mort avait tant de fois respecté sur le champ de bataille.

Kléber, doué de toutes les qualités qui distinguent un bon général, avait une âme ardente ; mais jamais il ne poussa la bravoure jusqu'à la témérité : il réunissait à la vigueur d'un jeune officier, toute cette expérience militaire qu'on ne possède qu'après avoir vieilli dans les camps.

La France regretta dans Kléber l'un de ses plus zélés défenseurs ; et l'ennemi, en se félicitant d'une mort qui mettait fin à ses longues inquiétudes, honora, par de justes éloges, la mémoire de ce général. La dépouille mortelle du vainqueur d'Héliopolis fut transportée en France.

Les habitans de Strasbourg, glorieux de posséder un dépôt aussi précieux, ont rendu les plus grands honneurs aux restes du brave et illustre Kléber. Le 7 septembre dernier, le cercueil de ce guerrier a été remis à la mairie de Strasbourg, et placé dans un caveau de la cathédrale, en attendant l'érection du monument que le conseil municipal a voté dans sa séance du 24 août 1818. Les travaux seront confiés au célèbre sculpteur Ohmacht, qui a déjà exécuté le tombeau du brave Desaix, mort le même jour que Kléber.

Une souscription a été ouverte pour élever ce monument funèbre. Les noms les plus illustres figurent déjà sur cette liste. Non-seulement les généraux et officiers de tout grade s'empressent de souscrire, mais encore un grand nombre de militaires de l'ancienne armée qui ont servi sous ses ordres, qui chérissent et revèrent sa mémoire.

L. GUYON, *officier d'infanterie.*

F.E.F.H. DE KLEIST,

COMTE DE NOLLENDORFF,

Gal. d'Infanterie au service de S. M. le Roi de Prusse,
Grand Croix et Chevalier de plusieurs Ordres
Né le 4 avril 1763. à Berlin, Prusse.

à Paris chez l'Auteur rue de Touraine Nº 6 Faub. St. Germain.

LE GÉNÉRAL KLEIST,

COMTE DE NOLLENDORFF.

Chaque peuple a ses fastes et ses héros; mais l'orgueil national semble ne vouloir nous entretenir que des hauts faits qui ont illustré nos concitoyens, nous dédaignons même, parfois, les preuves qui nous sont offertes, qu'il existe ailleurs que dans notre patrie des actions également glorieuses pour une nation, des braves dignes de combattre nos plus intrépides défenseurs, et nous pensons que ces derniers seuls ont des droits à l'admiration de leurs siècles. L'erreur de pareils jugemens peut naître de trop d'amour pour son propre pays, et pourtant n'est pas moins injurieuse pour nos guerriers qu'injuste envers leurs adversaires; en effet, quel serait le mérite attaché à cette longue suite de victoires qui sut honorer nos armes si nous n'eussions vaincu que des hommes sans énergie, dénués de talens militaires, et de ce noble enthousiasme qui nous conduit aux grandes actions en nous inspirant le mépris du péril? Il faut avoir figuré sur le théâtre de la guerre, être à l'abri de l'influence des passions et juger sans partialité, pour se pénétrer de la difficulté des différentes entreprises, des ressources des différens chefs, et accorder à chacun d'eux, et selon les époques, la portion de gloire qui lui est justement acquise. Alors on reconnaîtra qu'il est partout des hommes accessibles aux élans du génie, aux inspirations de la vertu et au dévouement de la valeur. Le guerrier dont nous allons esquisser l'histoire, peut, avec autant de justice que d'éclat, figurer parmi ceux qui ont illustré la nation prussienne.

KLEIST (F. E. F. H.), comte de Nollendorff, général d'infanterie au service de S. M. le roi de Prusse, grand'croix des ordres de l'Aigle noir et rouge de Prusse, chevalier de l'ordre pour le mérite de la Croix de Fer de première classe, grand'croix des ordres de Saint-Alexandre-Newski et de Sainte-Anne, chevalier de l'ordre militaire de Saint-Georges et de Saint-Wladimir de seconde classe, commandant de l'ordre militaire de Marie-Thérèse d'Autriche, chevalier de l'ordre de Saint-Jean de Jérusalem et de la Légion d'honneur, né le 4 avril 1763 à Berlin.

Il servait depuis long-temps avec honneur, lorsqu'en 1793 il fut employé plus activement en qualité de colonel de hussards de son nom, et envoyé sur les bords du Rhin. Son habileté et son courage lui acquirent bientôt un rang distingué parmi les troupes qui menaçaient la France, et le rendirent plus d'une fois redoutable à celles qui la défendaient; il se fit particulièrement remarquer au siège de Mayence, le 30 juin, à l'affaire de *Monbach*, et le 13 juillet 1794 à la bataille de *Lautern*, où il fut grièvement blessé après avoir fait des prodiges de valeur.

Chargé, plus tard, du commandement d'un corps contre les Polonais, il contribua puissamment à tous les succès de cette campagne, et, après la prise de Varsovie, dissipa les restes de leur armée. Enfin, depuis cette époque, le général Kleist fut toujours employé d'une manière honorable et plus ou moins active, mais toujours utile au bien de sa patrie, toujours digne des éloges de son Souverain et de la reconnaissance de ses compatriotes.

Au mois de juillet 1812, ce brave Général fut employé avec les Français contre les Russes, et se montra digne de combattre à côté de ceux qui, déjà vingt fois, réduits à leurs propres forces et à leur seule intrépidité, avaient su vaincre l'Europe coalisée contr'eux.

Après la défection du général d'Yorck, il fut nommé par le roi de Prusse pour le remplacer dans son commandement, en qualité de lieutenant-général, et placé sous les ordres du roi de Naples (Murat). Les malheurs de l'armée française furent partagés par le général Kleist, et il ne tint pas à lui qu'un meilleur sort se rattachât à ses armes; dans toutes les circonstances, et jusqu'à ce qu'il soit rappelé par les ordres de son roi, son zèle et sa valeur ne cessèrent d'offrir à la cause qu'il servait les preuves du dévouement le plus absolu.

Un nouveau système fit prendre au cabinet de Berlin de nouvelles dispositions, et le général Kleist fut appelé à défendre une autre cause : il fit donc, avec son courage habituel, la campagne de 1813, et se distingua spécialement le 20 mai, sur les hauteurs de Burg. Le 29, il se rendit avec le général russe Schouvaloff à Pleiwitz, près des avant-postes français, pour y continuer les négociations d'un armistice qu'il conclut le 4 juin avec le général Caulaincourt, et par lequel les hostilités furent suspendues jusqu'au 8 juillet.

Le 27 août, au matin, après s'être préparé par d'excellentes dispositions, il dirigea une attaque contre les jardins de la ville de Dresde : toujours au fort du danger, il animait ses troupes par le plus glorieux exemple, et, malgré la difficulté des retranchemens naturels que lui offrait ce terrain, son intrépidité lui faisait entrevoir l'espérance du succès, lorsque ses troupes, forcées par la mousquetterie française, se replièrent d'elles mêmes, diminuées par une perte considérable et n'emportant de cette tentative que le souvenir du danger qu'elles avaient couru. Kleist, cependant, connaissant l'importance de cette position, ne pouvait renoncer au courageux dessein qu'il avait conçu, et, ralliant ses soldats dans un nouvel ordre, assisté par le comte Wittgenstein, à 4 heures du soir il recommença l'attaque; mais le sort trahit encore sa vaillance, et cette nouvelle opération, aussi infructueuse que la première, ne lui laissa que l'honneur de l'avoir entreprise.

Le général Barclay-de-Tolly ayant attaqué Vandamme sur les hauteurs de Culm, le comte Kleist se porta sur ses derrieres, au village de *Nollendorff*, après s'y être fait autoriser par un espèce de conseil composé des principaux officiers de son corps d'armée. On connaît la noble résistance du général français, et cela doit suffire à l'éloge du brave Kleist, qui contribua le plus puissamment à sa défaite. C'est à la suite de cette victoire qu'il obtint de son roi le titre de comte de Nollendorff.

Le 16 octobre il prit encore une part fort active à l'affaire de Leipsick, où il commandait dans la 2.e colonne d'attaque, sous les ordres du général en chef Barclay-de-Tolly.

Après la bataille de *Hanau*, il se rendit devant *Erfurt*, et fit bombarder le fort de *Saint-Cyprien* et la citadelle de *Pétersberg*; il somma ensuite le commandant et lui accorda une suspension d'armes.

Après ces journées il se porta sur le Rhin, passa ce fleuve le 1.er janvier 1814, à la tête de l'armée de Silésie, et se dirigea sur Thionville. Le 9 mars, au combat de Laon, il combattit avec sa valeur accoutumée, et y exécuta les plus savantes manœuvres; le 21 il poursuivit les maréchaux Marmont et Mortier jusqu'à *Culchy*; le 26 il s'empara de *La Ferté-Gaucher*, et obtint, ensuite, de nouveaux avantages entre *Sezanne* et *Coulommiers*; le 28, au matin, il attaqua Claye, et, après un combat qui dura jusqu'à la nuit, il enleva *Villeparisis* et *Montsaigle*; enfin, le 30 mars, le général Kleist reçut l'ordre de former la principale attaque de Paris : il déboucha par Saint-Denis, et s'avança contre les villages de *La Villette* et de *La Chapelle*; ce fut alors que la capitulation fit cesser les hostilités.

Le roi de Prusse, après cette campagne, prodigua les plus glorieux éloges au général Kleist, et lui confia le commandement en chef d'un corps d'armée. Il était encore en possession de ce poste honorable en 1816, sur la rive gauche du Rhin, lorsqu'il fut appelé à la dignité de gouverneur du duché de Berg; quittant alors la ville de Mayence, où se trouvait son quartier-général, il se rendit à sa destination.

Chaque instant de la vie militaire du comte Kleist fut marqué par des traits qui, à la fois, honorent son courage et son humanité; enthousiaste de la gloire, il savait qu'on ne pouvait la captiver à la guerre qu'en maintenant une exacte discipline parmi les troupes, et en protégeant les habitans victimes des querelles des souverains et de l'ambition des hommes; sa sollicitude pour eux égalait les soins qu'il prenait de ses soldats et de sa propre réputation qui ne cessa d'être celle d'un brave et d'un homme d'honneur.

B.G. ETIENNE DE LA VILLE SUR-ILLON,
COMTE DE LACÉPÈDE,
An.en Ministre d'Etat Senateur Grand-Chancelier,
Grand-Croix de la Légion d'Honneur,
Né le 26 Décembre 1756 à Agen Département de Lot et Garonne,

à Paris chez l'Auteur rue des Francs Bourgeois S.t Michel N.o 6.

LE COMTE DE LACÉPÈDE.

La nature a peuplé la terre de merveilles qui nous commandent l'admiration et le respect pour son auteur. Le globe est un grand livre dans lequel il n'est pas donné à tout le monde de savoir lire. Il faut être doué d'une grande pénétration, d'un esprit vaste, d'un génie extraordinaire pour en découvrir les mystères, en approfondir les secrets. Heureux les hommes assez favorisés du sort, pour se livrer avec succès à l'étude des sciences naturelles, et en étendre le domaine par les plus utiles découvertes.

LACÉPÈDE (Bernard-Germain de la Ville sur Illon, comte DE), membre de plusieurs académies ou sociétés savantes et littéraires de France ou Etrangères, avant 1777.

Présenté au Roi et à la famille royale en 1778.

Nommé la même année colonel des troupes du cercle de Westphalie, avec l'agrément du roi.

Attaché au cabinet du roi avec Buffon et d'Aubenton en 1785.

Collaborateur et continuateur de Buffon.

Président de l'assemblée électorale du département de la Seine en 1790 et 1791.

Membre du conseil général du même. département.

Député à la première assemblée législative, et l'un des présidens de cette assemblée.

Membre de l'Institut, dès sa formation.

Sénateur dès la création de ce premier corps de l'état, qu'il présida plusieurs fois.

Grand Chancelier de la Légion-d'Honneur, lors de son institution Grand'-Croix de cet ordre.

Ministre d'état avant 1814.

Membre des Académies ou sociétés royales de Londres, de Gottingue, de Berlin, de Stockholm, de Moscou, d'Italie, de Lisbonne, de Philadelphie, et de presque toutes les autres sociétés littéraires ou savantes, françaises ou étrangères.

Membre des sociétés philomatique, philotechnique, d'histoire naturelle, et des enfans d'Apollon; depuis, professeur de zoologie, des reptiles, et des poissons, au Jardin des Plantes.

Né à Agen le 26 décembre 1756; fit des progrès très-rapides dans l'étude des sciences; doué des plus heureuses dispositions, il sut les mettre à profit, et bientôt on le cita comme un modèle. Naturaliste, presqu'en naissant, cette science fut celle à l'étude de laquelle il se livra plus particu-lièrement. Il était en correspondance avec Buffon dès 1775, et leur liaison commença par l'envoi qu'il lui fit de plusieurs observations. Il vint à Paris en 1777, où il connut d'Aubenton.

Ces deux illustres savans accueillirent le jeune Lacépède, avec cette bienveillance qui caractérise le génie. Ils reconnurent bientôt qu'il était digne de tout l'intérêt qu'ils lui portaient. Ils l'admirent dans leur intimité, lui développèrent la théorie des sciences naturelles. Leur élève sut mettre à profit leurs leçons, et bientôt on le compta au nombre de nos savans; émule de ceux qu'il avait pris pour modèles, il marcha sur leurs traces, s'associa à leurs travaux, en partagea la gloire; et lorsque Buffon et d'Aubenton moururent, après avoir assuré pour jamais leur réputation par les plus étonnantes découvertes, leurs immortels ouvrages et l'établissement du Jardin et de ce Cabinet, qui contient et renferme tout ce que l'univers produit de plus rare et de plus curieux, tant dans le règne animal, que dans le règne végétal et minéral : M. de Lacépède diminua par ses succès, les regrets que causèrent dans toute l'Europe la perte de ses maîtres qui avaient porté un nouveau jour dans tout ce qui tient à l'histoire naturelle de l'homme et des animaux. Devenu garde des Cabinets du roi, au Jardin des Plantes, et membre de plusieurs académies, il avait déjà donné un Traité des Reptiles, lorsque la révolution arriva.

Cet ouvrage qui donnait des aperçus neufs sur une partie de l'histoire naturelle, jusqu'alors peu connue, prouva que son auteur possédait au dernier degré, le talent de l'observation, et le style annonça en même-temps un littérateur distingué, qui savait attacher et prêter un nouveau charme à une matière qui ne pouvait intéresser que les savans et les gens de l'art, et que M. de Lacépède sut mettre à la portée de tout le monde, par la clarté et la précision avec lesquelles il développait ses principes.

Un homme tel que lui ne pouvait rester dans l'obscurité de son cabinet, à l'époque où les lumières étaient nécessaires pour guider le peuple dans les premiers pas qu'il faisait vers la liberté. Il fut nommé membre du département de la Seine, et devint un de ses députés à l'assemblée législative en 1791.

Son talent et son éloquence qui savaient se ployer

à tout, le montrèrent à la tribune un orateur savant et un législateur profond; il fut successivement secrétaire et président de l'assemblée, et justifia le choix et la confiance des hommes qui la composaient, et parmi lesquels on comptait ceux qui dans les circonstances critiques de la révolution ont illustré le nom français.

Les évènemens glorieux dont la France a pu s'enorgueillir dans plusieurs circonstances, lui fournirent l'occasion d'en parler, et de les célébrer dignement, sans qu'on puisse lui reprocher un enthousiasme qui toucherait à la flatterie.

M. de Lacépède a passé tous les orages de la révolution sans avoir pris part à aucun des actes qui ont pu être reprochés à ceux qui en furent les auteurs. Dès qu'il ne fut plus chargé de fonctions publiques, il consacra son temps et ses veilles à la culture des sciences et des beaux arts. Nommé membre de l'Institut, récompense flatteuse et méritée de son savoir et de ses talens, il donna un nouvel ouvrage sur les poissons, qui ajouta encore à sa réputation; il semblait que l'Océan l'avait laissé pénétrer dans ses grottes profondes pour lui laisser observer cette multitude d'habitans qui peuplent ses vastes flancs. A quelles études, à quelles méditations, à quelles observations il a fallu se livrer pour parvenir à de si utiles et si savantes découvertes, et les mettre ensuite au jour, en reculant les bornes du savoir et de l'intelligence humaine! Que d'obligations n'avons-nous pas à ceux qui, comme M. de Lacépède, consacrent leur existence pour nous instruire! que de gloire leur revient en y ajoutant notre reconnaissance! Nommé membre du sénat-conservateur, par le gouvernement qui crut lui devoir cette distinction honorable, il en fut le président en 1811.

Nommé ensuite grand chancelier de la Légion-d'Honneur, il sut faire droit avec autant de justice que d'impartialité à toutes les réclamations de ceux qui méritaient cette honorable distinction, soit pour avoir brillé au champ d'honneur, soit pour avoir rendu des services dans la partie civile: il accueillait les demandes avec cette aménité, cette bienveillance qui sont l'apanage d'un homme dont la supériorité et les talens sont reconnus généralement, et qui n'a d'autre ambition que celle de faire le bien.

Pourvu de la sénatorerie de Paris, décoré du grand cordon de la légion, et chargé des fonctions les plus importantes, les sciences et ses travaux littéraires étaient encore l'objet de ses occupations, et de ses délassemens. Professeur de zoologie au Jardin des Plantes depuis 1795, ses nombreux élèves suivaient ses cours avec autant d'assiduité qu'il y mettait lui-même de zèle, et il leur aplanissait les difficultés qu'il avait su vaincre avec ce talent consommé, dont il a toujours donné les preuves les plus éclatantes.

Lorsqu'il fut l'organe des premiers corps de l'état, ce fut toujours dans des termes dignes du peuple français, et de ceux qu'il représentait; et si, parfois on a voulu envenimer ses discours, et leur donner une direction, ou une interprétation contraire à ses sentimens, c'est que l'envie et la jalousie n'épargnent personne, et les plus grands talens ne sont point un rempart inexpugnable contre la calomnie.

Les changemens survenus dans la face du gouvernement, et l'époque de la restauration l'ont toujours trouvé fidèle aux principes. Le bonheur dont jouit la France, a, nous en sommes certains, augmenté le sien. La considération dont il jouissait l'accompagne toujours; la tranquillité de notre patrie, le calme qui règne dans tous les esprits, lui donnent les moyens de se livrer à ses doctes occupations.

Pacem amant Carminæ.

Bientôt, nous n'en doutons point, nous verrons paraître quelque ouvrage sorti de sa plume, qui, en ajoutant à sa réputation, et en couvrant son front de palmes nouvelles, illustrera et son auteur et la France qui applaudira à ses succès.

Il cultive avec la même distinction toutes les sciences, la littérature et les arts. La musique lui fournit un délassement qui pourrait faire la réputation d'un artiste. On nous saura gré, sans doute, de donner ici la nomenclature des ouvrages dont cet homme célèbre est l'auteur.

Mémoires sur la physique, Essais sur l'électricité, 2 vol. — *Physique générale et particulière*, 2 vol. — *De la poétique.* — *De la musique.* — *Essai sur l'enseignement public.* — *Eloges du prince Léopold de Brunswick, de Wandermonde, de d'Aubenton, de Dolomieu.* — *L'histoire naturelle des quadrupèdes, ovipares, des serpens, des poissons, et des cétacées.* — *Plusieurs Discours d'ouverture et de clôture des cours d'histoire naturelle au Jardin du Roi.* — *Différens autres Discours sur plusieurs sujets.* — *Tableaux méthodiques des quadrupèdes et des oiseaux.* — *Plusieurs Romans.* — *Symphonies ou sonates gravées; soixante sextuors, et plusieurs opéras manuscrits.*

L. Guyon, *officier d'infanterie.*

GILBERT MOTTIÉ LAFAYETTE,
(MARQUIS DE)

Lieutenant Général, Chevalier de l'Ordre Royal et
Militaire de S.t Louis.

Né le 6. Septembre 1757.

Ami de Washington digne Emule de sa Gloire .
Campagne d'Amerique de 1777.8.e

Déposé a la Direction .   A Paris, chez l'Auteur, Rue des Francs-Bourgeois S.t Michel, N.o 6 .

LE GÉNÉRAL LA FAYETTE.

La nature, trop souvent avare de ses dons pour la plupart des hommes, est parfois d'une prodigalité plus étonnante encore. Il est des êtres privilégiés qu'elle accable pour ainsi dire de ses faveurs. En rapprochant tous les extrêmes, une seule de ces qualités, un seul de ces talens, qu'elle dispense, suffiraient pour illustrer un homme ; mais lorsqu'on le voit nous rappeler en même temps ce qui caractérisait Alcibiade, y joindre ce que les siècles passés respectaient chez Aristide, Épaminondas, Miltiade, Thémistocle, Cincinnatus ; et de nos jours chez Turenne, Luxembourg, Villars, Catinat, Montesquieu, Washington et Franklin, étonnante réunion du patriotisme spartiate, de la grandeur romaine, de la candeur américaine, et de l'urbanité française, on ne peut se lasser d'admirer, on se demande ensuite comment il est possible de jouir avec modestie de tant de gloire : telle est la réflexion que fait naître celui dont nous allons essayer de tracer la carrière militaire et politique.

LA FAYETTE (Gilbert-Mottié, marquis de), lieutenant-général, chevalier de l'ordre royal et militaire de Saint-Louis, député aux états-généraux, naquit en Auvergne le 6 septembre 1757, d'une des plus anciennes familles de cette province, qui s'était illustrée dans les armes et dans les sciences. Jeune, jouissant d'une grande fortune, chéri dans sa patrie, il renonça à tous ces avantages pour aller au-delà des mers fonder la liberté d'un peuple valeureux, et cet amour pour la liberté a eu une influence marquée sur toute sa vie. Élève de Washington et son émule, ces deux généreux amis de l'humanité se sont distingués par le même enthousiasme, le même désintéressement, et la même persévérance dans les opinions.

Ses travaux militaires, et la gloire qu'il acquit dans le Nouveau-Monde, le placent honorablement dans l'histoire. La capitulation de Lord Cornwalis, qu'il fit prisonnier avec toute son armée, et qui fut le résultat des marches les plus savantes et des plus hautes combinaisons, attestera à jamais la valeur et les talens de M. de La Fayette, et le classe parmi nos plus illustres généraux. De retour dans sa patrie avec le grade de maréchal-de-camp, plein des idées de liberté et de révolution dont il venait de voir un heureux exemple, indifférent pour toutes les vanités de sa classe, qui auraient pu troubler une autre tête que la sienne, la puissance, dont l'effet est toujours si grand en France, n'avait aucun ascendant sur lui. Nommé député aux états-généraux en 1789, il défendit avec chaleur les intérêts du peuple, et prit la plus grande part à toutes les discussions qui intéressaient la liberté. Il est peu d'élémens libéraux auxquels n'ait touché La Fayette : la responsabilité des ministres, l'abolition de la noblesse héréditaire, l'institution du jury, la liberté de la presse, et l'affranchissement des hommes de couleurs, etc., etc.

Commandant de la garde nationale parisienne le 15 juillet 1789, il ne fit usage de l'ascendant qu'il avait sur l'esprit de ce corps nombreux et respectable, que pour maintenir le bon ordre et en imposer aux factieux. S'il ne put paralyser entièrement leurs efforts les 5 et 6 octobre, à Versailles, il sut leur en imposer assez pour qu'ils ne se portassent pas aux plus cruels attentats, et c'est à la fermeté qu'il développa dans cette circonstance qu'il dut la haine et l'acharnement avec lesquels ses nombreux ennemis le poursuivirent alors. Il vota dans l'assemblée en faveur des institutions les plus libérales, et combattit tous les factieux, quelle que fût la bannière sous laquelle ils s'étaient rangés.

A l'époque de la déclaration de guerre, il quitta la place de commandant de la garde nationale, et se rendit à Metz pour se mettre à la tête de l'armée du centre, destinée à défendre la frontière des Ardennes. L'élève et le digne ami du héros de l'indépendance américaine était sans doute appelé à jouer un rôle brillant dans nos premières campagnes, puisque dans ces temps de désorganisation il ne désespéra point de la chose publique. Il donna de sages conseils, et ne fut point assez écouté. On lui dut alors l'introduction de l'artillerie légère dans l'armée. L'ennemi ayant fait un mouvement, il quitta son camp retranché de Givet pour se porter sur Maubeuge, d'où il avança un de ses corps jusqu'à Glisuelle.

Ce fut à Glisuelle que les hostilités recommencèrent. Le général Gouvion fut attaqué par le général Clairfait ; il se battait avec courage, lorsqu'il fut frappé à mort par un boulet de canon. Le général La Fayette, dont il commandait l'avant-garde, vint à son secours, et nous conservâmes notre position. Tandis qu'il arrêtait l'ennemi sur la frontière, ses regards se reportaient vers l'intérieur de la France ; ami passionné de la liberté, et sincère défenseur de la constitution, il voyait avec douleur que les premiers efforts de la nation n'avaient tourné qu'à l'avantage d'une multitude de factieux et d'intrigans ; il s'effrayait de l'avenir ; il écrivit de son camp, à l'assemblée, une lettre où il s'efforçait de la faire rougir des atteintes portées à la constitution ; il parlait avec mépris et avec menace des factieux. Son armée, disait-il, s'indignait des malheurs et de l'opprobre qu'ils répandaient sur la nation ; elle était déterminée à les châtier si l'assemblée ne se délivrait pas de leur joug. Cette lettre les étonna sans les intimider, et ils donnèrent suite à leurs audacieuses entreprises. Alors il se hâta de se rendre à Paris, et se présenta à la barre de l'assemblée. « Je viens seul ici, dit-il, vous exprimer le sentiment commun de tous : déjà plusieurs de mes compagnons d'armes demandent si c'est la cause de la liberté qu'ils défendent. Il est temps de garantir la constitution de toutes les atteintes qu'on pourrait lui porter, d'assurer la liberté de l'assemblée nationale et du roi, leur indépendance et leur dignité. » Ce discours courageux produisit quelque effet : les bons Français l'entendirent ; mais il était seul, et les factieux étaient les maîtres. Le général La Fayette offrit ses services au roi. On fit suspecter ses intentions : il fut repoussé. Ce noble dévouement n'eut d'autre résultat que de hâter sa propre perte. Mais au moins il ne fut pas perdu pour sa gloire ; et dans son honorable vieillesse, il a pu voir que les Français n'avaient point oublié qu'il s'était montré le véritable ami de la liberté.

De retour au milieu de son armée, il tenta encore d'être utile à la France et à son prince ; il se porta auprès de Sedan pour faire face aux Prussiens qui commençaient à déboucher vers la Moselle. Mais, bientôt convaincu qu'il ne pouvait plus rien pour l'avantage de sa malheureuse patrie, il prit avec douleur le parti de la fuir : il avait cru long-temps pouvoir nous arracher aux malheurs qui nous menaçaient. Plus habile, mais plus malheureux que le consul Varron, il devint, par sa confiance même, l'objet spécial des persécutions de l'ignorance et de l'intrigue. Avant de quitter son armée, ce général, vraiment patriote, ne négligea rien pour la sûreté des corps qui la composaient. Il répondit ainsi par un bienfait, aux mesures injustes que la calomnie faisait prendre contre lui.

Accompagné d'un petit nombre d'officiers qui partageaient ses périls, il se réfugia le 19 août à Bouillon, d'où il écrivit à la municipalité de Sedan, pour faire connaître les motifs de sa conduite. Arrivé aux avant-postes autrichiens, il fut arrêté comme si l'on eût voulu punir en lui tous les braves qui préféraient la mort à la honte de voir l'ennemi en France. Conduit à Luxembourg, où il fut abreuvé d'humiliation comme un des premiers auteurs de la révolution, on le livra ensuite au roi de Prusse, qui le fit transférer à Wezel, puis à Magdebourg, où il resta un an dans les cachots.

Lorsque Frédéric-Guillaume eut fait sa paix avec la France, il rendit son prisonnier aux Autrichiens, qui le renfermèrent à Olmutz, où il fut traité avec plus de cruauté qu'à Magdebourg. Il tomba malade; on fut contraint d'avoir pour lui un peu plus d'humanité; deux Américains formèrent le projet de briser les fers de celui auquel ils devaient la liberté; ils voulaient acquitter la dette de leur patrie; ils réussirent à l'enlever; mais il fut arrêté à huit lieues d'Olmutz, et l'on riva de nouveau ses chaînes. Sa maladie devint plus grave; on poussa la barbarie au point de le laisser sans secours, sans lumière et sans linge, pendant le rude hiver de 1794. Enfin, après une captivité *de cinq ans et un mois*, il obtint sa liberté en 1797, sur les instances réitérées du gouvernement français; et sa captivité n'eût peut être fini qu'avec sa vie, si nos succès et nos victoires n'eussent brisé ses chaînes.

Il se retira d'abord à Hambourg, et revint en France après le 18 brumaire. Bonaparte, avec lequel il eut plusieurs conférences, lui offrit la place de sénateur. Il la refusa, vota contre le consulat à vie, et, nouveau Cincinnatus, vécut paisiblement dans ses propriétés, absolument étranger aux affaires publiques.

Vice-président de la Chambre des députés en 1815, lorsqu'après la bataille de Waterloo on craignait que Bonaparte, qui semblait aspirer à la dictature, ne voulût dissoudre le corps législatif, il prononça un discours où l'on retrouva son âme ardente et son civisme aussi pur qu'éclairé. Il proposa de déclarer traître à la patrie quiconque appuyerait les projets des ennemis de la liberté.

Chargé ensuite de traiter avec les alliés, il se rendit inutilement auprès d'eux, et les Anglais retrouvèrent sur les bords de la Seine celui qui les avait vaincus autrefois sur les rives de la Chesapeack. Ses propositions et ses démarches furent infructueuses. Il signa, ainsi qu'un grand nombre de ses collègues, une déclaration portant que la dissolution de l'assemblée dont il faisait partie, était l'ouvrage de la force, et retourna dans ses terres, jouir, à l'ombre des lauriers, au sein de sa famille, et loin des affaires, d'un repos auquel il ne s'était arraché que pour s'occuper du bonheur de sa patrie.

Le général La Fayette a constamment été un grand exemple pour ses contemporains, et la postérité le verra du même œil. Ses opinions ont toujours été pour lui le mobile de ses actions, et il leur a sacrifié sa fortune avec une généreuse indifférence. Prisonnier à Olmutz, comme au faîte des grandeurs, ses principes ont été les mêmes. Il n'a jamais dévié de ceux auxquels il est attaché. Sa franchise et sa loyauté sont telles, que qui le voit un instant peut juger ce qu'il sera toute sa vie.

Les haines, les jalousies, les persécutions n'ont pu aigrir son caractère : c'est une égalité d'âme parfaite; il est tellement persuadé du triomphe de la liberté, que cette opinion est chez lui l'égale de ce sentiment consolateur qui nous annonce l'immortalité de l'âme.

Le général La Fayette est un phénomène créé par le génie du bien; et depuis le jour où il s'exposa aux flots de l'Océan pour combattre dans les rangs des Américains, jusques à celui où nous arrivons, ses actions, ses discours, ont toujours été dans la même ligne, sans qu'on puisse y découvrir la moindre nuance d'intérêt personnel.

S'il eût voulu songer à lui, les succès les plus brillans eussent couronné ses généreux efforts. Des fers et l'injustice en furent la récompense. La calomnie le poursuivit avec acharnement, et l'atteignit sans le blesser; en paix avec lui-même, et sans reproche, son grand cœur plaignait ses ennemis, dont l'aveuglement et les passions agitaient notre patrie, et reculaient son bonheur.

Le général La Fayette est donc l'homme que les Français peuvent *montrer avec orgueil à leurs amis et à leurs ennemis.*

Heureux le peuple qui peut lui confier ses intérêts pour les défendre, et faire valoir ses droits! Heureux ceux qui peuvent s'honorer d'un pareil choix! heureux enfin ceux qui le prendront pour modèle! Le surpasser serait impossible; l'égaler, serait une tâche très-difficile à remplir; le suivre de loin, est encore assez glorieux, et peut satisfaire une louable et noble ambition.

Après lui dans ce champ il est beau de glaner.

L. G.

LOUIS ALEXANDRE ANDRAULT,

COMTE DE LANGERON,

Général d'Infanterie au service de sa Majesté
l'Empereur de toutes les Russies,
Grand Croix et Chevalier de plusieurs Ordres &.

Né le 13 Janvier 1763 à Paris, Dépt. de la Seine.

à Paris, chez l'Auteur, rue de Touraine, No. 6, Faub. St. Germain.

LE GÉNÉRAL
COMTE DE LANGERON.

Il est des guerriers à qui la nature semble prodiguer les forces de l'ame et du corps, pour les rendre propres à remplir, d'une manière distinguée, les nobles et terribles fonctions attachées à ce titre, et à qui la fortune, d'accord avec la première, semble fournir les occasions de les mettre en usage. Tel est celui dont nous retraçons ici les exploits. Il s'est trouvé à tant de siéges et de combats, qu'on est tenté de demander à combien de généraux appartiennent tant de faits éclatans, ou, s'ils n'appartiennent qu'à un seul, combien il a vécu de siècles. L'auteur, pour les renfermer dans les limites qu'il s'était prescrites, a dû se borner à une simple nomenclature. Ils n'ont pas besoin des prestiges de l'éloquence, pour être appréciés des lecteurs.

Louis-Alexandre AUDRAULT, de LANGERON, Comte de l'Empire Russe, Général d'infanterie au service de Russie, attaché à la suite de l'Empereur; Chevalier des Ordres de Saint-André, de Saint-Alexandre, avec l'Étoile en diamans, de la Grande Croix de Saint-Georges de la seconde classe, de la Grande Croix de Saint-Waladimir de première classe, de Sainte-Anne de la première classe, de Malthe, de l'ordre militaire de Marie-Thérèse de la troisième classe, de l'ordre royal et militaire de Saint-Louis, de l'ordre de l'Aigle noir et de l'Aigle rouge de Prusse de la première classe; Grand-Croix de la première classe de l'ordre de l'épée de Suède, de Cincinnatus, ayant l'épée d'or de Russie avec l'inscription à la bravoure, la médaille d'or de l'assaut d'Ismaël, la médaille de la campagne de 1812, et la décoration du lys; commandant le quatrième corps de l'armée Russe etc., né à Paris le 13 janvier 1763, a commencé à servir en France en 1777, comme enseigne dans les gardes françaises, et ensuite comme sous-lieutenant dans les régimens de Limousin et de Bourbonnais infanterie.

A fait, dans les États-Unis de l'Amérique-Septentrionale, dans le continent de l'Amérique-Méridionale, à Curaçao et à Saint-Domingue, les campagnes de 1782 et 1783; s'est trouvé à plusieurs combats de mer, et entre autres, de la frégate l'Aigle contre le vaisseau anglais l'Hector, et, de la même frégate contre le vaisseau le Lion et le Warwick. En 1786 a été nommé capitaine à la suite du régiment de Condé dragons; en 1786, colonel en second du régiment de Médoc infanterie, et en 1788, colonel à la suite du régiment d'Armagnac infanterie.

En 1790 il est entré au service de Russie, en qualité de colonel, dans le régiment de Moscow grenadiers. Il a commandé sous les ordres de M. l'amiral prince de Nassau, une division de chaloupes canonières de la flotille russe, dans la mer Baltique, dans la guerre contre la Suède. S'est trouvé aux batailles de Rogel et de Rochensalm, et aux combats de Biork et de Korgesori.

Dans la même année 1790, il a servi contre les Turcs, dans la flotille russe de la mer noire, et s'est trouvé à trois combats dans le Danube, au siége et à l'assaut d'Ismaël. Employé dans le corps d'armée du général en chef comte Suwarow-Rimnistki, qui faisait partie de la grande armée russe, sous les ordres du feld-maréchal prince Potemkin. En 1792 s'est trouvé à la bataille de Matchin près de Brailow, sous les ordres du général en chef prince Repnin.

En 1792 envoyé par sa Majesté impériale l'Impératrice de Russie, Catherine seconde, dans l'armée des coalisés Autrichiens, Prussiens, Anglais et Hollandais; a servi dans l'état-major de l'armée autrichienne, sous les ordres de sa Majesté le Roi de Prusse, de sa Majesté impériale l'Empereur François second, de son altesse Monseigneur le duc de Brunswick, du feld-maréchal prince de Cobourg et du général d'artillerie comte de Clairfait; a fait en Champagne, dans les Pays-Bas et sur le Rhin, les campagnes de 1792, 1793 et 1794, et s'est trouvé aux batailles de Maubeuge, de Catillon, de Landrecies, de Launoy, de Tournai et de Fleurus; aux combats de la Grisicelle, de Thionville, de Scy, du camp de César, de Giffeld, de l'Efférinkouk, de Bozeudall, de la Forêt de Mormal, de Wattignies, de Charleroi, de Maëstricht, de Juliers, de Waterloo, etc.; aux siéges de Valenciennes, du Quesnoy, de Dunkerque, de Maubeuge et de Landrecies, à l'assaut du chemin-couvert et de l'ouvrage à corne de Valenciennes, au bombardement de Dusseldorff.

Retourné en Russie en 1795, a été fait successivement colonel du régiment de la Petite-Russie en 1795, et brigadier en 1796; général-major et chef du régiment d'Oufimski en 1797; lieutenant-général, en 1798; quartier-maitre-général du corps d'armée Russe de la Samogitie, sous les ordres de M. le général d'infanterie baron Bekendorff, et ensuite commandant du même corps en 1799; chef du régiment de Baysk, et inspecteur de la division d'infanterie de Brest-Litewski, sous les ordres de son altesse impériale, Monseigneur le grand duc Constantin en 1800.

En 1805, a fait la campagne de Moravie contre Napoléon, et s'est trouvé à la bataille d'Austerlitz, où il commandait la seconde colonne, sous les ordres du général d'infanterie Kutusow. En 1806 et 1807, a commandé un corps d'infanterie, en Bessarabie, contre les Turcs, dans les armées russes, commandées par les généraux d'infanterie Michelson et baron Mayendorff, et s'est trouvé aux combats de Karakourt, de Babilé et au siège d'Ismaël. En 1808, pendant l'armistice, a commandé en Bessarabie, la gauche de l'armée russe, sous les ordres du feld-maréchal prince Prosorouski; en 1809, a commandé l'armée de réserve en Valachie, sous les ordres du général d'infanterie prince Bagration; a battu, à Fracina (entre Bukarest et Giurgewo), l'avant-garde du grand Visir, et l'a empêché, par ce succès, de s'avancer en Valachie; ensuite a eu la direction du blocus de Silistrie, où il a repoussé deux sorties de la garnison; et dans l'hiver, a commandé à Yahy et dans la Moldavie. En 1810, a commandé un des corps de l'armée russe, sous les ordres du général d'infanterie comte Kamenski second; a pris Silistrie après sept jours de tranchée ouverte; a soutenu, à Deicku, près de Schumla, avec deux mille huit cents hommes, une attaque de toute l'armée du grand Visir; a fait une expédition à Dyumaya et dans les monts Hœmus; a commandé les siéges de Rudschuck et de Giurgewo, qui se sont rendus par capitulation, et dans l'hiver, a commandé à Jassy, dans la Moldavie et la Bessarabie.

En 1811, a reçu le commandement en chef de l'armée russe de la Moldavie, pendant la maladie du comte Kamenski, et, après sa mort, a commandé un corps de cette armée, sous les ordres du général d'infanterie Kutusow, et s'est trouvé au combat et à la bataille de Ruschuk.

Avancé, pour cette bataille, au grade de général d'infanterie, a commandé l'armée russe, sous le général Kutusow, après le passage du Danube, exécuté par l'armée turque, sous les ordres du grand Visir; il s'est trouvé à quatre combats et à trois engagemens généraux, contre cette armée, qui s'est rendue par capitulation, dans le mois de décembre, après quatre-vingt dix-neuf jours de bivouac, en présence, et à portée du canon, et a reçu le commandement de cette armée turque prisonnière, répartie dans des quartiers d'hiver, en Valachie.

En 1812, après la conclusion de la paix avec les Turcs, a commandé un des corps de l'armée russe, sous les ordres de l'amiral Tchitchagow, a marché en Volhynie, contre l'armée autrichienne, commandée par le feld-maréchal prince Charles Schwarzenberg; s'est trouvé aux combats de Gra-

hova, de Lubouel sur le Boug, de la Lezna près de Brest-Léteuwski, et ensuite ayant marché en Lithuanie, contre la grande armée de Napoléon, s'est trouvé aux combats de Boriskow, de la Bérézinne, de Stakow, de Brill et à la poursuite de l'armée de Napoléon jusqu'au Niémen.

Au commencement de 1813, a bloqué la ville de Thorn, sur la Vistule; en a fait le siége au mois de mars, sous les ordres du général d'infanterie Barclai de Tolli, et l'a prise après sept jours de tranchée ouverte; a marché ensuite en Lusace. Il s'est trouvé au combat de Kœnigs-Warta, où il a pris cinq canons, quatre généraux et douze cents prisonniers, aux batailles de Bautzen et à la retraite en Sélésie jusqu'à Sweidnitz.

Dans le mois d'août, après la rupture de l'armistice, a reçu le commandement d'un corps d'armée de 50 mille hommes, qui faisaient partie de l'armée de Silésie, sous les ordres du général de cavalerie Blücher. Il s'est trouvé au combat de Sceben-Cichen, aux batailles de Lawenberg, de Goldberg, de la Katzbath, où il a pris vingt-huit canons et trois mille prisonniers; aux combats de Scében Eichen, de Goldberg, où les troupes, sous ses ordres, ont pris deux canons et douze cents prisonniers ; de Plagwitz, où il a pris le général Puthot avec toute la division, seize canons et trois aigles; de Hartau, de Bëscholfs-Werda ; au passage de l'Elbe, au combat de Wartembourg ; à la bataille de Miérkern , près Leipsic , où son corps d'armée a pris treize canons et un drapeau; à la bataille de Leipsic, où il a emporté le village de Schœufeld; à la prise de Leipsic, où son corps d'armée, joint à celui du général d'infanterie Russe, baron de Saken, a forcé l'entrée de la ville , et pris cinquante-sept canons; au combat de Weisseuselds et à la poursuite de l'armée de Napoléon jusqu'au Rhin.

Dans les mois de novembre et de décembre 1813, a bloqué Cassel vis-à-vis Mayence.

Au mois de janvier 1814, a passé le Rhin à Caub, a pris Bingen, a cerné et bloqué Mayence, jusqu'au mois de février, ensuite a marché en France, a rejoint l'armée de M. le feld-maréchal Blücher près de Soissons; s'est trouvé à la défense de cette ville, contre une partie de l'armée de Napoléon, aux batailles de Craonne et de Laon, au combat de Grassy et à la bataille de Paris, où son corps d'armée a enlevé d'assaut les hauteurs de Montmartre, pris vingt-neuf canons et occupé la ville de Saint-Denis par capitulation.

Après la conclusion de la paix et le rétablissement de Sa Majesté Louis XVIII sur le trône de France, il a reçu le commandement du quatrième corps d'armée russe, pour retourner en Russie.

M. N. Couché.

JACQUES LANNES,

Duc de Montebello,

*Maréchal de France, Grand-Croix des Ordres
de S.t André & de la Légion d'Honneur.*

Né en 1771, à Lectour (Dép.t du Gers) Mort le 22 Mai 1809

La Victoire en pleurant, veille sur son tombeau.

A Paris, chez l'Auteur, Rue des Francs Bourgeois, N.o 6. F. S. G.   Déposé au Bureau.

LE MARÉCHAL LANNES,
DUC DE MONTEBELLO.

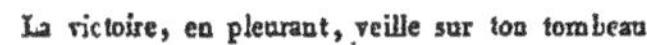

Lorsqu'animé par l'amour de la gloire, l'homme peut réunir la justesse de l'esprit à beaucoup de caractère ; lorsque, sans cesse étayé d'une conscience pure, il peut franchement proclamer ses intentions et résister avec courage aux insinuations du despotisme qui voudrait s'en créer un soutien ; lorsqu'enfin il ne désire atteindre aux honneurs, aux dignités que par de bonnes actions, ou ne veut les recevoir qu'au prix du sang qu'il a versé pour sa patrie, un tel homme, dis-je, peut, avec le juste orgueil de soi-même, marcher vers le temple de mémoire et s'y placer sans crainte, à côté, sinon des plus illustres, du moins des plus rares mortels qui aient honoré l'humanité : mais lorsqu'à tant de vertus il joint encore cette ferme intrépidité et ces hautes conceptions qui font les grands capitaines ; cette âme de feu qui sait en même temps embrasser l'ensemble d'une action, concevoir les difficultés et les vaincre ; ce cœur qui sait également honorer les braves après la victoire, et compatir aux malheurs d'un ennemi terrassé ; alors ce digne modèle des justes et des guerriers a droit à tous les hommages pendant le cours de sa glorieuse existence, et lorsqu'il succombe les pleurs de ses concitoyens arrosent encore les lauriers qui croissent sur sa tombe.

LANNES (Jacques), duc de Monte-bello, maréchal de France, grand'croix des ordres de Saint-André de Russie et de la Légion d'honneur, colonel-général des Suisses, etc. , etc. , etc. ; né à Lectoure, (Gers) en 1771, mort le 22 mai 1809, âgé de 37 ans.

Dès 1791, les étrangers ayant souillé de leur présence le territoire français, les gardes nationales se réunirent de toutes parts pour les chasser de leur patrie, et le jeune Lannes se fit soldat ; sa bravoure et son intelligence devait promptement l'élever aux grades supérieurs : effectivement, ce fut sur la cime des Pyrénées qu'il fit ses premières armes, et, à chaque victoire ayant acquis un grade, ce fut avec celui de chef de brigade qu'il quitta le premier théâtre de sa gloire militaire.

La campagne d'Italie, en 1796, était sur le point de s'ouvrir : Lannes y suivit Bonaparte, et la fit d'abord comme chef de brigade, mais ses talens et son intrépidité lui réservaient un emploi plus digne de ses vastes conceptions, et le grade de général devait couronner ses nombreux exploits. La seule énumération de ses faits d'armes, pendant cette guerre, suffit pour éterniser son nom.

A *Millésimo*, où il remplissait les fonctions d'officier d'Etat-major, il rendit de tels services qu'il mérita le titre de Colonel et qu'il fut placé à la tête du 29.ᵉ régiment de ligne.

A *Bassano*, il enleva, lui seul, deux drapeaux à l'ennemi.

A *Dégo*, où il fut fait adjudant-général, il rallia nos colonnes un instant repoussées, puis, les ramenant à la charge, il ranime nos soldats par ses discours et sa noble contenance, porte dans tous les rangs la confiance qui l'anime, et, par une manœuvre aussi prompte que bien conçue, décide enfin la victoire à se ranger sous nos étendarts.

Au *passage du Pô*, il attaque, avec autant d'intelligence que de valeur, 10,000 Autrichiens retranchés à Fambio ; culbute tout ce qui s'oppose à son passage ; met ses ennemis en fuite ; s'empare de toute leur artillerie, de leurs bagages, et leur fait 200 prisonniers.

A *Lodi*, il se précipitait à la tête de nos colonnes lorsqu'il fut blessé assez grièvement ; cependant il ne quitta pas le poste d'honneur qui lui était confié, et contribua puissamment au succès de cette mémorable journée.

A *Pavie*, ville qu'un grand nombre de révoltés voulait défendre, il rétablit le calme, après avoir battu les ennemis à *Bagnasco* et avoir enlevé la ville d'assaut, sans qu'elle fut livrée aux excès qui suivent ordinairement cette action décisive et souvent nécessaire. Sa clémence envers plusieurs habitans qui n'étaient égarés que par les coupables moteurs de cette révolte, sa sévérité même envers ces derniers, lui concilièrent l'estime et la reconnaissance générale, et lui valurent le grade de général de brigade.

Au siège de *Mantoue*, ce fut lui qui, à la tête de six cents grenadiers, se porta sur le faubourg Saint-Georges, et enleva à la baïonnette la tête du pont de cette ville.

A *Governolo*, il fut blessé ; mais loin de cesser de combattre, il cacha cet événement aux troupes qu'il commandait, jusqu'à ce que la victoire fut entièrement décidée.

A la première journée d'*Arcole*, il avait reçue une nouvelle blessure. Le lendemain, retenu dans son lit de douleurs, les cris des combattans parvinrent jusqu'à lui : gémissant de ne pouvoir partager leur gloire et leurs périls, il apprend bientôt que la victoire, vivement disputée, pourrait échapper à nos braves, et que Bonaparte se portait à la tête d'une colonne pour essayer de franchir la muraille de feu qui nous arrêtait : dès lors ses forces renaissent, il s'élance hors de son lit, demande son cheval, ordonne qu'on le lie dessus, et, malgré les représentations de ceux qui l'entourent, part et vole au poste d'honneur; il gagne la tête d'une colonne, se présente aux soldats étonnés et leur crie : « *Allons, amis, la victoire ou la mort !* » Il se dirige vers le pont, y arrive et tombe blessé d'une balle et d'un coup de mitraille.

Guéri de ses blessures, il est chargé de combattre les troupes papales qui se sont réunies à celles de la coalition; et il triomphe encore à *Imola*, à *Forli* et sur le *Levia*.

En 1797, il obtint le commandement des départemens de la Drôme, de l'Isère, de l'Ardèche et du Gard, où il laissa les plus précieux souvenirs de sa justice et de sa loyauté.

En 1798, il fut appelé à faire partie de l'expédition d'Egypte et de celle de Syrie : à *Malte*, à *Alexandrie*, aux *Pyramides*, il prouva combien il était digne du grade de général de division qu'il venait d'obtenir. Ce fut lui qui fut chargé de poursuivre Ibrahim Bey.

Après s'être distingué en Syrie, il revint en Egypte où de nouvelles victoires l'attendaient. Il combattit avec sa bravoure accoutumée à la fameuse bataille d'Aboukir, investit le fort de ce nom, qu'il enleva après une attaque très-vive et la plus vigoureuse résistance; mais blessé dangereusement à ce dernier combat, il fut contraint de revenir en France pour y rétablir sa santé.

Au 18 brumaire, il commandait au château des Tuileries. Dans les jours suivans il fut envoyé dans les neuvième et dixième divisions militaires, et bientôt après il fut fait commandant-inspecteur de la garde des Consuls.

Au mois d'avril 1800, il prit le commandement de l'avant-garde qui franchit le Saint-Bernard; à *Chatillon*, à *Ivrée*, il prélude par des succès à la brillante campagne de Marengo; mais sa conduite mâle et courageuse, ses manœuvres savantes et sa valeur soutenue près de *Montebello* méritèrent que le nom de cette mémorable journée ennoblit son nom déjà célèbre dans les fastes de la gloire. Enfin, sur les bords de la *Chiusella*, au *passage du Pô* et à *Stradella* il sait encore vaincre, ou opposer à l'ennemi une résistance au-dessus des plus grands éloges.

En 1801, il fut nommé à l'ambassade de Portugal, et reçut à Lisbonne sa nomination de maréchal de France. L'année suivante il pénétra en Bavière et en Autriche à la tête de l'armée française; *Wertingen*, *Ulm*, *Hollabrünn* et *Austerlitz* furent témoins de sa brillante conduite.

Lannes manifesta hautement son opinion et s'opposa de tout son pouvoir à la guerre d'Espagne, usant du droit que son ancienne amitié et ses longs services lui accordaient; il adressa à cette occasion de dures vérités à l'Empereur, mais qui ne purent le détourner de son projet. Ce brave se retira donc de l'armée, et ce ne fut qu'après la capitulation du général Dupont qu'il revint offrir ses services à Napoléon. Il l'avait fui dans la prospérité : malheureux, il venait lui rendre un ancien compagnon d'armes et son plus digne ami.

Iéna, en 1806; *Eylau*, en 1807; l'*Espagne entière* en 1808; et notamment au commencement de 1809, la prise de la ville de *Sarragosse*, dont l'étonnante défense passera à la postérité; enfin du Guadalquivir aux rives du *Niémen*, tout retentit de ses nombreux exploits. En 1809, la guerre rallumée en Allemagne offrait de nouveaux dangers et de nouveaux lauriers à celui qui passait généralement pour un des plus braves chefs de l'armée; mais les palmes immortelles qu'il recueillit à *Esling* furent celles qui devaient ombrager son cercueil: déjà couvert de vingt-six coups de feu, il eut la cuisse emportée par un boulet, et mourut, le 22 mai 1809, dans les bras de Napoléon qu'il avait si fidèlement et si vaillamment servi, et auquel, avant d'expirer, il adressa des vérités sévères et les sages conseils de l'expérience et de l'amitié.

Napoléon ordonna que les plus grands honneurs lui fussent rendus, et l'armée entière parut vouloir concourir à la pompe de cette auguste et triste cérémonie. Les restes révérés de ce grand capitaine furent d'abord déposés dans l'église des Invalides, dont l'enceinte était tendue de voiles funèbres sur lesquels étaient tracés le nom de ses victoires; l'instant de son convoi représentait en quelque sorte l'image d'un siège par le nombreux concours d'officiers et de soldats de toutes armes, de canons et de machines de guerre qui suivaient son cortège. Le clergé, les autorités civiles, les pauvres, les enfans, les vieillards offraient encore le spectacle le plus touchant des regrets que laissait à la France la perte d'un de ses plus généreux défenseurs. Arrivé au Panthéon, le corps de ce brave fut descendu dans l'un des caveaux par des grenadiers blessés à cette même bataille qui nous l'avait ravi, et un maréchal de France lui adressa les derniers adieux.

Le maréchal Lannes a laissé cinq enfans qui déjà font concevoir les plus hautes espérances. S. M. Louis XVIII a créé le premier pair de France, et tout porte à croire qu'il sera digne un jour de succéder à son illustre père.

JEAN-AMBROISE BASTON-DE-LARIBOISSIÈRE,

COMTE

Général de Division, Chambellan, premier Inspecteur
G.ᵃˡ de l'artillerie, Chevalier de l'Ordre de S.ᵗ Henri de Saxe,
Grand-Dignitaire de la Couronne de Fer, Grand-Croix
de l'Ordre Militaire de Charles-Frédéric de Bade,
Grand-Officier de la Légion d'Honneur,
Né en Août 1759 à Fougères, Dep.ᵗ d'Ile et Vilaine,
Décédé le 2-1 Décembre 1812, à Koenigsberg, Royaume de Prusse,

à Paris chez l'Auteur rue des Francs-Bourgeois, N.º 6. F. S. G.

LE GÉNÉRAL C^{TE}. LARIBOISSIÈRE.

On aime à trouver dans un guerrier, la bravoure, le sang-froid, l'intrépidité et ce coup-d'œil rapide et sûr qui décident du gain d'une bataille. Mais ces qualités brillantes qui commandent l'admiration, entourent celui qui en est doué du respect et de la considération, lorsqu'il y réunit le génie, les talens, et cette sensibilité qui ouvre son cœur aux plus douces affections. Tel fut celui qui ne vécut pas assez pour la gloire de sa patrie, et pour ceux qui furent ses amis.

LARIBOISSIÈRE (LE COMTE), général de division, premier inspecteur-général de l'artillerie, grand-officier de la Légion d'honneur, grand-croix de l'Ordre impérial de la Couronne de fer, grand-croix de l'ordre militaire de Charles-Frédéric de Bade, etc. etc., né en août 1759, à Fougères, département d'Ille-et-Vilaine, était déjà un officier du plus rare mérite à l'époque de la révolution. Le succès qu'obtint notre artillerie en combattant sous ses ordres dans les premières campagnes, le firent remarquer, et il parvint rapidement au grade de général de brigade. Sa belle conduite, sa bravoure, les services qu'il rendit dans la campagne de 1805, lui méritèrent le grade de général de division, et le commandement de l'artillerie de siége à Dantzik. Cette place, malgré toutes les ressources de l'art, une garnison nombreuse et aguerrie, des fortifications hérissées de canons, ne put résister long-temps au feu que dirigeait contre elle le général Lariboissière ; et le succès qui nous rendit maîtres de cette ville, le seul port que la Prusse eût sur la Baltique, fut en partie son ouvrage.

En 1809, il dirigeait cette formidable artillerie de la Garde, qui, à Esseling, arrêta l'armée autrichienne, comprima tous ses efforts, et les rendit nuls en portant la mort et l'épouvante dans ses rangs, lorsque notre armée se trouvait dans la position la plus critique par la rupture des ponts sur le Danube qui interceptait les communications avec l'île de Lobau, força une division entière à rester de l'autre côté du fleuve ; et nous privait en même temps de l'artillerie légère et de notre grosse cavalerie.

Il se couvrit également de gloire à la bataille de Wagram, et à la tête de l'artillerie de la Garde, qui, forte de cent pièces de canon, s'élança au grand galop avec lui, vers le centre de la ligne. Il écrasa les colonnes ennemies qui se trouvèrent exposées au feu qu'il dirigea avec autant de succès que d'habileté.

Nommé, en 1811, premier inspecteur-général de l'artillerie de France, le général Lariboissière s'occupa dès-lors de préparer celle qui, dans la campagne de 1812, devait nous étonner par de nouveaux prodiges de valeur et de gloire. Tous les combats, toutes les batailles qui se livrèrent depuis les bords de la Vistule jusqu'à Moskou, furent un vaste champ où le général Lariboissière cueillit de nouveaux lauriers.

La bataille de la Moscowa, si glorieuse pour nos armes, devint un jour de deuil pour lui. Son fils, digne d'un tel père, et qui marchait sur ses traces, fut tué sous ses yeux. Quel coup pour son cœur ! il eût fallu plus que du stoïcisme pour ne pas être ébranlé. Il vit fuir l'ennemi qui lui avait arraché son fils. Il hâta sa défaite par le feu de la redoutable artillerie dont il dirigeait les foudres, et ses larmes arrosèrent la tombe de ce fils chéri, et les lauriers des vainqueurs.

Le général Lariboissière devint bientôt en proie à une mélancolie profonde : il n'en remplissait pas moins ses devoirs. Nos revers, la mort qui moissonnait nos guerriers, en glaçant dans leurs veines les sources de la vie, accrurent encore ses chagrins. Son âme avait perdu toute son énergie, la douleur en était le seul aliment. Bientôt une maladie grave vint ajouter à tant de maux qui s'étaient accumulés sur sa tête, et porta dans son sein le germe de la destruction. Le général Lariboissière vit approcher avec calme et sang-froid le terme de son existence : il expira avant d'avoir repassé le Niémen, et le nom de son fils fut le dernier mot qu'il prononça. Il vécut en sage, il mourut en philosophe, le 22 décembre 1812, à Kœnigsberg (Prusse).

Les regrets de ses compagnons d'armes le suivirent dans la tombe, et les braves prononcent toujours son nom avec respect et attendrissement. Mânes généreux, souffrez que la voix de tous les Français sensibles à la gloire, rendent hommage à vos cendres ! Père infortuné ! fils trop tôt ravi à son amour, vous êtes maintenant réunis dans un meilleur monde, pour ne plus vous séparer ! Vous avez assez vécu, puisque vos noms passent sans tache à la postérité, et qu'ils s'allient à la gloire des Français ! Le Temps, qui détruit tout, dont la faux redoutable pulvérise les monumens les plus solides, ne pourra rien contre cette gloire, et ses efforts viendront se briser sur ce colosse impérissable.

O ma patrie ! que tu dois être fière d'avoir donné naissance à tant de héros ! Sol privilégié, terre sacrée, ce n'est qu'avec un respect religieux qu'on doit parler de toi et de tous les prodiges dont tes enfans te permettent de t'enorgueillir ! Ah ! si jamais l'ordre de la nature était interverti, si ce monde venait à cesser d'être, et qu'il se formât de nouveau pour être habité par les différentes nations qui le peuplent dans ce moment, il n'est pas un homme qui en fait partie, qui ne voulût dire en renaissant : *Je fus Français !*

On pardonnera cet enthousiasme, disons même cette idolâtrie, à ceux qui, sans avoir fait de grandes choses, savent les apprécier, et dont le cœur palpite au récit d'une belle action. C'est pour entretenir ce feu sacré, cette passion du bien, que nous nous faisons un devoir de tracer pour la postérité les traits de ceux qui sont dignes de lui être offerts comme des modèles.

L. GUYON, *officier d'infanterie.*

LE MARQUIS DE LAURISTON,

Maréchal et Pair de France,

Né à Pondichéry en 1768.

A Paris, chez L'Auteur, Rue des Francs Bourgeois St Michel, Nº 6.

LE MARQUIS DE LAURISTON,

MARÉCHAL DE FRANCE.

Iᴌ est des hommes qui, par la profondeur et l'élévation de leurs doctrines, agissent d'une manière salutaire ou pernicieuse sur les phénomènes de l'organisation sociale, et qui, par leurs actions ou leur conduite, exercent une grande influence sur les événements politiques et sur les destinées des états. Il en est d'autres dont les talents positifs, le courage, l'instruction, la franchise et la fidélité, sont utilement et honorablement consacrés à toutes les phases de l'existence d'une société, d'un corps politique ; et, toujours dévoués au monarque, en qui résident la gloire et la prospérité de leur pays, ils méritent la reconnaissance publique en éclairant une autorité tutélaire des lumières de leur sagesse, en la défendant par leur vaillance et leur capacité, et en se rendant les organes et les dispensateurs de ses bienfaits et de sa justice. Tel fut dans sa longue et glorieuse carrière M. le marquis de Lauriston, qu'on a vu successivement guerrier illustre, diplomate expérimenté, juge intègre et loyal, administrateur sage et désintéressé, sujet fidèle, ministre éclairé, protecteur des lettres et des arts. Nous allons esquisser rapidement les faits les plus mémorables de sa vie.

LAURISTON (Jacques-Alexandre-Bernard Law, marquis de), fils du gouverneur général des établissements français au-delà du cap de Bonne-Espérance, et petit-neveu du fameux Law, dont le système financier pendant la régence fut si fatal à une foule de Français qu'avait séduits l'appât d'une grande fortune, est né à Pondichéry, en 1768. Destiné à la profession des armes, il entra à 16 ans au corps royal d'artillerie, s'éleva bientôt aux grades supérieurs, et fit les premières campagnes de la révolution en qualité de colonel d'artillerie. Bonaparte, devenu premier consul, apprécia M. de Lauriston, le nomma son aide-de-camp, et le chargea de plusieurs missions, entre autres de se rendre à Copenhague, pour y coopérer à la défense de cette ville, que les Anglais se préparaient à bombarder. Il l'envoya aussi en 1801 en Angleterre, pour y porter les préliminaires de la paix d'Amiens. Cette mission fut remarquable en ce que le peuple détela les chevaux de sa voiture, et le conduisit en triomphe jusqu'à l'hôtel du premier ministre, accueillant avec enthousiasme

une paix qui devait être rompue un an après par le cabinet britannique. Nommé, en 1804, commandant de l'armée expéditionnaire destinée à ravitailler les colonies françaises, il s'embarqua sur la flotte de Toulon, aux ordres de l'amiral Villeneuve, et remplit heureusement ce but. L'escadre qu'il montait, ayant rencontré, à son retour en Europe, la flotte anglaise, commandée par le contre-amiral sir Robert Calder, elle lui livra bataille et entra dans les eaux de Cadix. A peine débarqué il courut vers l'empereur, qui l'appelait près de lui (1). Pendant la campagne de 1805 il fut chargé de fortifier et défendre Braunau contre l'archiduc Charles, qui pouvait déboucher du Tyrol, et, en peu de jours, il mit cette place sur un pied de défense respectable. Par suite de la victoire d'Austerlitz, il reçut, en qualité de commissaire impérial, la mission de prendre possession de Venise, de la Dalmatie et des Bouches du Cataro ; mais cette opération rencontrant des obstacles, il se borna à la défense de Raguse. Il y fut bientôt attaqué par 1500 Russes et 3000 Monténégrins ; et, quoiqu'il n'eût que 1500 hommes à leur opposer, il lutta contre eux pendant vingt-cinq jours, et défendit le terrain pied à pied pour s'approvisionner d'eau. Ce n'étaient jusque-là que des combats partiels ; mais ses ennemis s'étant accrus au nombre de 12,000, tant Russes que Monténégrins, Morlachs et Turcs, ils dirigèrent contre lui une attaque générale, qu'il sut rendre inutile à force de bravoure et d'habileté. Trop faible néanmoins pour tenir la campagne, malgré un renfort de 600 hommes qu'il avait reçu, il s'enferma dans la ville, et repoussa les efforts d'une armée huit fois plus nombreuse que la sienne, secondée par 6 vaisseaux de ligne russes, 3 frégates et 18 bricks ou chaloupes canonnières. M. de Lauriston se trouvait ainsi attaqué par mer et par terre. L'île de Croma, qui commande la ville de Raguse, était un point important à conserver : pour le mettre à l'abri d'un coup de main, le général français y établit des retranchements en pierres sèches, et ce fut contre ces faibles remparts que vinrent échouer les attaques redoublées des

(1) Il ne put donc se trouver, comme on l'a dit par erreur dans plusieurs Biographies, au combat de Trafalgar, qui eut lieu trois semaines après son départ de Cadix.

ennemis. Pendant trois semaines que dura le bombardement, le général ne cessa de faire des sorties, de ruiner les ouvrages des assiégeants, et de les harceler jusque sur les montagnes. Cependant Raguse n'était plus qu'un monceau de cendres, et les assiégés avaient résolu de s'ensevelir sous les ruines de cette malheureuse cité; mais le général Molitor, sur le bruit de cette défense héroïque, vint de lui-même au secours des Français, et força l'ennemi à se retirer. Napoléon, qui connaissait toute l'importance du point militaire occupé par M. de Lauriston, lui laissa le double soin, même pendant la guerre de Prusse, de se maintenir dans la Dalmatie et d'arrêter les progrès des Turcs. Celui-ci, après la paix de Tilsitt, prit possession des Bouches du Cataro, qui étaient restées au pouvoir des Russes, et fut promu presque aussitôt au gouvernement de Venise. Il fit le bonheur de ces contrées jusqu'en 1808, époque à laquelle il fut désigné pour l'un des deux aides-de-camp qui devaient accompagner l'empereur à Erfurt. De là il passa en Espagne, et l'année suivante en Allemagne: il s'y distingua à l'affaire de Landshutt, et fut cité de la manière la plus honorable, à celle de Zeimmeringberg, où il attaqua et dispersa un corps considérable d'Autrichiens. Il opéra au-delà du Zeimmeringberg la jonction de la grande-armée avec l'armée d'Italie. Il entre aussitôt en Hongrie par Holdembourg, réunit son corps à celui du prince Eugène, prend part à la bataille de Raab, et forme le siége de cette place. Le succès offrait de grandes difficultés: la ville, régulièrement fortifiée, était défendue par 3000 hommes de troupes d'élite, par 30 ingénieurs, chargés de former un camp retranché, et enfin par un fossé de dix pieds d'eau. M. de Lauriston n'avait à sa disposition que 1800 hommes de troupes badoises, quelques obusiers et deux pièces de 18, qu'il ne put mettre en batterie que la veille du jour même où la ville fut prise. Malgré la faiblesse de ces moyens, il avait en trois jours poussé la tranchée jusqu'à l'escarpe, et, le dixième jour, la place se rendit. L'empereur semblait attendre la prise de Raab pour rappeler près de lui M. de Lauriston, et lui donner le commandement de l'artillerie de sa garde; il justifia sa confiance à Wagram, où cette *arme héroïque*, selon les propres expressions de Napoléon, se couvrit de gloire: au moment décisif, elle tomba au galop sur l'armée autrichienne, la foudroya à portée de pistolet, et l'empêcha de suivre le mouvement du feld-maréchal Bellegrade, ce qui entraîna la perte de la bataille. Des fonctions pacifiques succédèrent au tumulte des armes. La campagne terminée, M. de Lauriston fut envoyé à Vienne, et, six mois après, il accompagna en France l'archiduchesse Marie-Louise. Une guerre malheureuse venait de renverser le trône de François II, un mariage inespéré, en le relevant, lui rendit toute sa splendeur et sembla unir d'un lien éternel deux peuples ennemis; mais nous verrons bientôt le monarque autrichien faire partie d'une coalition formée pour détrôner son gendre, et rompre l'union qu'il se félicitait d'avoir formée. M. de Lauriston partit ensuite pour la Russie en qualité d'ambassadeur, y resta jusqu'à ce que la guerre fût déclarée entre cette puissance et la France, et alla rejoindre la grande-armée à Smolensk. Parvenu à Moscou, Napoléon, qui avait cru y trouver des envoyés d'Alexandre pour traiter de la paix, se voyant trompé dans son attente, lui dépêcha M. de Lauriston au quartier-général du général russe Kutusow pour lui remettre une lettre de sa main. Ayant rempli sa mission, M. de Lauriston retourna à Moscou, continua la campagne jusqu'après le départ de Napoléon, vint le trouver à Paris, et en partit aussitôt pour se rendre à Magdebourg comme général en chef du corps d'observation sur l'Elbe, à la tête duquel il se montra de nouveau avec éclat. Le jour même où se donna la bataille de Lützen, il entra dans Leipsick. Ayant rencontré à Wassig les Russes et les Prussiens, il battit les uns et les autres, et le lendemain, commandant à Bautzen l'extrême gauche de l'armée, il parvint à déborder l'ennemi, et profita de cette circonstance pour l'obliger à la retraite. Par suite des mouvements qui venaient de s'opérer, se trouvant former l'avant-garde des Français, il se porta sur Breslaw, livra un combat très vif en avant de cette ville, et y entra le lendemain. Après l'armistice, réunissant au 5ᵉ corps, qu'il commandait, le 11ᵉ, momentanément sans chef, il attaqua et battit, le 18 août, le feld-maréchal Blucher sur les hauteurs de Goldeberg; il passa le Bober le 21 du même mois, sortit avec avantage des combats de Jauer et de Wachau, et se défendit vaillamment à Dresde et à Leipsick. Le jour même de la prise de cette dernière ville, il se retirait par le pont de Lindenau; le trouvant rompu, il se trouva enveloppé, et fut fait prisonnier. Conduit à Berlin, il ne revit sa patrie qu'après la restauration.

Ici commence pour M. de Lauriston une nouvelle carrière. Il avait acquis toutes les sortes de gloire, il obtiendra bientôt toutes les sortes d'honneurs: jamais le mérite ne fut apprécié plus dignement, ni plus noblement récompensé. Le comte de Lauriston rentra en France, le 1er juin 1814. Dans l'espace de deux mois, il fut nommé chevalier de Saint-Louis, grand'croix de la légion-d'honneur, et, le 21 février 1815, capitaine-lieutenant des mousquetaires gris, à la place du comte Nansouty, décédé. Les cent jours, temps d'épreuves pour les militaires français, n'ébranlèrent pas sa fidélité : il se retira dans ses terres, et y vécut tranquille lorsque tout s'agitait autour de lui. À la seconde rentrée du Roi, il devint pair de France, président du collége électoral de l'Aisne, commandant de la première division d'infanterie de la garde royale, et membre de la commission chargée d'examiner la conduite des officiers qui avaient servi depuis le 20 mars jusqu'au 8 juillet. Le 3 mai 1816, il fut nommé commandeur de Saint-Louis, et président des conseils de guerre qui devaient juger le contre-amiral Linois, le colonel Boyer de Peyreleau : la justice la plus impartiale fut la règle de sa conduite. Enfin, M. le marquis de Lauriston joignit à tous les titres qu'il possédait, celui de ministre de la maison du Roi. L'exercice de cette dernière fonction lui offrit l'occasion de donner aux hommes de lettres, aux artistes, aux hommes instruits de tous les genres, des témoignages d'une protection, d'une bienveillance qui a laissé dans le cœur d'un grand nombre d'entre eux des souvenirs d'une reconnaissance aussi profonde que légitime.

La guerre avec l'Espagne ayant éclaté en 1823, il semblait que le nouveau poste de M. le marquis de Lauriston dût le fixer auprès du Roi ; mais, par une ordonnance du 6 juin, il fut nommé maréchal de France, en remplacement du prince d'Eckmulh, décédé, et, le même jour, une autre ordonnance le nomma commandant en chef du 2e corps de réserve de l'armée française en Espagne. Le 2 juillet, il partit pour Bayonne, où il arriva le 6, et, par une ordonnance du 16, le 2e corps de réserve prit le nom de 5e corps de l'armée des Pyrénées. Le 3 août, il alla établir son quartier-général à Tolosa. Le 3 septembre, M. le maréchal de Lauriston fit attaquer les faubourgs de Pampelune, dont il s'empara, le 10, à 6 heures du soir, et fit ouvrir la tranchée devant la citadelle. Le 16, après un feu très vif, le gouverneur demanda à capituler ; le 17, la capitulation fut signée ; la garnison, prisonnière de guerre, s'élevait à 3800 hommes. Le maréchal, après avoir déployé sa bravoure, fit voir son humanité, en protégeant les prisonniers contre l'exaspération des volontaires royalistes et des habitants. Le 9 octobre, une ordonnance du Roi nomma le maréchal de Lauriston chevalier de ses ordres. Le 16 du même mois, il

arriva devant Lérida ; le 17 il somma la ville de se rendre, et le 18 il fut convenu que la place et les châteaux lui seraient remis le 30, si les événements que l'on disait avoir eu lieu à Cadix se vérifiaient. Au moment même un officier français et un officier de la garnison se rendirent à Madrid pour s'assurer de leur réalité. Le 30 octobre, Lérida ouvrit ses portes, et les Français en prirent possession. Tandis que ceci se passait, Mina, comme gouverneur général de la Catalogne, capitulait avec le maréchal Moncey, et Tarragone ayant été comprise dans la capitulation, le maréchal de Lauriston dut renoncer au projet de se porter sur cette place. Avant de quitter l'Espagne, il avait été nommé par S. M. C. grand'croix de l'ordre de Charles III. Il est arrivé à Paris le 18 novembre 1823, un peu plus de quatre mois après son départ de cette capitale.

La guerre d'Espagne, sagement conduite et promptement terminée, n'était pas nécessaire pour la gloire militaire du maréchal de Lauriston ; mais elle a mis dans le plus grand jour ses principes d'humanité, par le soin qu'il prit constamment de sauver de leurs propres fureurs des citoyens armés les uns contre les autres, et de leur épargner les horreurs des représailles, suites funestes et trop ordinaires des guerres civiles.

Au mois de février 1824, le roi Ferdinand VII envoya en France pour M. le maréchal de Lauriston une épée magnifique, donnée par la ville de Pampelune, en priant S. M. Louis XVIII de la lui faire remettre par une main auguste qui pût ajouter à ce don un plus grand prix encore. Il reçut ce glorieux témoignage d'estime avec une reconnaissance proportionnée à l'importance qu'il devait y attacher.

Tant de travaux et de fatigues réclamaient un repos glorieux pour le maréchal marquis de Lauriston. En quittant le porte-feuille du ministère de la maison du Roi, où il est remplacé par un de nos plus illustres pairs de France, M. le duc de Doudeauville, il a emporté les regrets, l'estime et la reconnaissance de tous ceux qui, dans cette haute fonction ont eu des rapports avez lui, et obtenu un titre nouveau, celui de grand-veneur, gage solennel de la bienveillance et de la satisfaction de son auguste souverain.

Telle a été la carrière militaire et politique de M. le maréchal marquis de Lauriston. Peu d'hommes se sont honorés, dans des circonstances plus mémorables, par un plus grand nombre de faits glorieux, de services signalés, et de titres aux suffrages de la postérité.

LE COMTE DE LAVALLETTE.

A Paris, chez l'Auteur, Rue des Francs-Bourgeois, N.º 6.F.S.G. Déposé au Bureau des Estampes

LE COMTE DE LAVALETTE.

Lᴇ sage doit déplorer l'aveuglement de la plupart des hommes qu'une ambition toujours croissante entraîne sur la scène politique : que deviendrait cet amour des dignités et des honneurs achetés par tant de tourmens, si l'on pouvait acquérir la pénible certitude qu'une seule faute, une seule erreur peut et doit, selon les lois humaines, effacer le souvenir de vingt-cinq ans d'une conduite irréprochable, et nous ravir en un instant, avec les biens du passé, toutes les illusions de l'avenir. Telle est pourtant la cruelle condition de l'homme qui se destine aux emplois, qu'après avoir éprouvé toutes les peines attachées aux études nécessaires à sa carrière, il n'y entre que pour avoir à combattre les plus terribles écueils, et n'en sort souvent que vaincu par eux.

LAVALETTE (Marie-Chamans, comte de), Conseiller d'état, Directeur général des postes aux lettres et postes-relais de France, Grand-Officier de la Légion d'honneur, Commandeur de l'ordre de la Réunion, Pair de France en 1815, né à Paris en 1769.

Il se destinait au barreau et étudiait encore en droit en 1789, lors des premières émeutes de la révolution : guidé par son amour pour le bien public, on l'entendit hautement se prononcer contre les excès des auteurs de nos troubles civils, et bientôt il se fit remarquer dans la garde nationale, en combattant, le 10 août, la faction qui attaquait le château des Tuileries. Pénétré des suites que devaient entraîner les premiers malheurs dont il avait été le témoin, il fit tous ses efforts pour affermir la digue qu'on voulait opposer au torrent révolutionnaire, et signa les pétitions des *huit mille* et *vingt mille*, dirigées contre les républicains. Ces fameuses pétitions étant devenues, entre les mains des prétendus patriotes de cette époque, des tables de proscriptions pour leurs signataires, le jeune Lavalette n'eut plus qu'à se soustraire aux persécutions qui étaient dirigées contre lui, et ce fut dans les rangs de nos braves, en exposant sa vie pour la défense de son pays, qu'il sut se garantir des menaces de ses ennemis, et leur épargner un nouveau crime.

Il prit d'abord du service dans la légion des Alpes, se distingua sous Custine, à l'armée du Rhin, et ensuite à l'armée d'Italie; ses talens et son courage lui obtinrent bientôt le grade d'officier, et il le reçut sur le champ de bataille.

Il devint ensuite aide-de-camp du général Baragney-d'Hilliers; combattit comme tel à la bataille d'Arcole, où ses exploits furent remarqués par Bonaparte, alors général en chef, qui parvint à l'attacher à son état-major. Chargé long-temps de la correspondance de son général, ce dernier crut devoir récompenser ses talens et sa discrétion, en l'unissant à lui par des nœuds plus intimes, et lui fit obtenir en mariage M.ˡˡᵉ de Beauharnais, nièce de son épouse, fille de M. François de Beauharnais, pair de France.

Il fit la campagne d'Égypte, pendant laquelle ses lumières, son zèle et son courage fixèrent de plus en plus la bienveillance de son protecteur; et, après le 18 brumaire, M. de Lavalette obtint le titre de Commissaire, et ensuite celui de Directeur général de l'administration des postes, et de Conseiller d'état. Son habile surveillance, et l'ordre qu'il sut mettre dans l'administration qui lui était confiée, lui méritèrent enfin de nouvelles faveurs du gouvernement. En 1813, il fut créé comte de l'empire, et reçut le cordon de grand-officier de la Légion d'honneur.

Lorsque les troupes alliées occupèrent Paris, en 1814, le comte de Lavalette suivit le gouvernement à Blois, et fut remplacé dans son emploi par M. Ferrand, après la déchéance de Napoléon. Néanmoins son successeur, appréciant ses connaissances dans cette partie, ne cessa, pendant sa courte gestion, de le consulter avec une entière confiance sur tous les objets importans de son service.

Il reprit la direction générale des postes le 20 mars 1815. Nommé pair de France le 2 juin de la même année; il ne parla qu'une seule fois à la tribune, dans la séance du 22 juin, et ce fut pour demander que les lois extraordinaires relatives à l'abdication de Napoléon et à la création d'un gouvernement provisoire, fussent envoyées par des courriers exprès, et offrit ses services à cet égard.

M. de Lavalette continua de remplir les fonctions de directeur général jusqu'au retour de Sa Majesté Louis XVIII, en juillet de la même année, et fut compris dans l'ordonnance du 24 de ce mois.

Il fut arrêté par les soins du préfet de police, et traduit, en novembre 1815, devant la Cour d'assises du département de la Seine.

Ses accusateurs prétendaient qu'à peine la nouvelle du départ du Roi commençait-elle à se répandre dans Paris, que, sans attendre l'arrivée de Bonaparte, M. de Lavalette, accompagné du général Sébastiani, s'était présenté dans les bureaux des postes, et s'y était proclamé directeur général de la part de Napoléon; qu'à l'instant même il avait donné des ordres pour arrêter le départ des journaux, celui des dépêches ministérielles et des lettres du préfet de la Seine; qu'il avait fait la défense de délivrer des chevaux à aucun voyageur sans un ordre signé de lui, d'un des ministres de l'empereur ou du général Excelmans; qu'il avait en même temps fait expédier un courrier à Napoléon et fait répandre dans diverses directions une circulaire dont le but était de faire connaître aux départemens la situation de la capitale. Quoiqu'il en soit, le tribunal le condamna, le 21 novembre, à la peine de mort, comme « coupable » de complicité dans l'attentat commis par Bona- » parte contre l'autorité royale et la sûreté de l'État. » Pour détruire les bases de ce jugement, son avocat, M. Tripier, avait établi que M. de Lavalette « n'avait » point agi pour que Bonaparte entrât, mais parce qu'il était impossible qu'il n'entrât pas. » L'accusé lui-même, prit la parole pour éclairer les juges et défendre sa cause; rien ne put alléger le poids de sa condamnation. Il entendit prononcer sa sentence, et l'entendit avec le même calme qu'il avait montré dans les débats. « Que voulez-vous, dit-il à son avocat, c'est un coup de canon qui m'a frappé. » Et saluant de la main les nombreux employés des postes, dont la plupart avaient figuré dans le procès comme témoins à charge : « Adieu, dit-il, messieurs de la poste. »

Son pourvoi en cassation et sa demande en grâce ayant été rejetés, tout se disposait pour son exécution, fixée au jeudi 21 décembre, lorsque le 20, sur la permission qu'elle en avait obtenue de M. le procureur général, madame de Lavalette se fit transporter à la prison en chaise à porteur, selon son habitude, et vint dîner avec son mari, accompagnée de sa fille âgée de douze ans, et de sa bonne, la veuve Dutoit, âgée de soixante-dix ans. Vers les sept heures, ces deux dernières se présentèrent à la grille; et demandèrent qu'on les laissât sortir; elles paraissaient soutenir madame de Lavalette enveloppée dans sa fourrure, ayant la tête couverte d'un chapeau et tenant son mouchoir sur ses yeux. Quelques minutes après, le concierge Roquette étant allé dans la chambre du condamné, n'y trouva plus que madame de Lavalette restée à la place de son époux. Ce fut en vain qu'il mit aussitôt tous ses gardiens et ses porte-clefs à la poursuite du fugitif, toutes leurs perquisitions n'aboutirent qu'à s'emparer de la chaise à porteur de madame de Lavalette, où sa jeune fille remplaçait son père, qui avait disparu aux yeux des porteurs, sur le quai des Orfèvres.

Pendant que, sur les premiers bruits de cette évasion, on destituait le concierge, qu'on fermait les barrières de la capitale, et qu'on faisait partir sur toutes les routes des estafettes chargées du signalement du condamné, celui-ci s'était ménagé une retraite qui le déroba pendant quinze jours à la surveillance et aux recherches de la police, et du fond de laquelle il chercha les moyens les plus sûrs pour franchir la frontière du royaume. Il eut recours, dans cette situation, à l'assistance de trois officiers anglais, MM. Bruce, Hutchinson et Wilson, tous trois connus par leurs sentimens d'indépendance et leur philantropie. Touchés de la position de M. de Lavalette, et pleins d'admiration pour la noble conduite de son épouse, ils ne balancèrent pas un instant à lui prêter leur appui. Revêtu de l'uniforme d'un général anglais, M. de Lavalette se rendit, le 7 janvier, à neuf heures et demie du soir, au logement du capitaine Hutchinson, rue du Helder, et le lendemain, à sept heures du matin, il monta en cabriolet avec le général Wilson, dé-

passa les barrières sans être connu, et arriva dès le lendemain à Mons, où son guide prit congé de lui. De là il prit la route de Munich, où il a, dit-on, trouvé un asile et des protecteurs puissans. Madame de Lavalette, aussitôt après l'évasion du comte, fut arrêtée et interrogée sur les circonstances de la fuite de son époux; elle ne chercha point à dissimuler qu'elle seule était l'auteur du plan et de l'exécution de l'entreprise qu'elle venait enfin de faire réussir. Remise provisoirement en liberté, elle eut le bonheur d'apprendre que son mari était hors de tout danger, et glorieuse des suites de son courageux dévoûment, quelles qu'elles puissent être, elle attendit avec résignation l'arrêt du tribunal qui devait la juger.

En mars 1816, elle fut, ainsi que les accusés de complicité dans cette évasion, traduite devant la Cour royale de Paris : la vivacité de son esprit lui fournit mille moyens de faire tomber sur elle seule tout le poids de l'accusation et d'en alléger les trois officiers anglais qui avaient si généreusement secondé ses desseins; néanmoins elle ne put échapper à la douleur de les voir condamner à trois mois de détention, à la Force; par le même jugement, un gardien de la Conciergerie, nommé Eberle qui, par sa négligence, avait favorisé la fuite du comte, fut aussi condamné à deux années d'emprisonnement et à rester dix ans sous la surveillance de la haute police. Madame de Lavalette, ainsi que la veuve Dutoit, fut renvoyée de la prévention de complicité.

Bruce, qui avait pris la plus grande part à cet événement, et qui n'avait consulté que son cœur, dans cette circonstance, en s'avouant intérieurement coupable aux yeux de la loi, se crut toujours acquitté envers la morale par les motifs d'une conduite qu'il disait tracée et justifiée par ces deux vers de La Fontaine :

> Dans ce monde il se faut l'un l'autre secourir;
> Il se faut entr'aider : c'est la loi de nature.

Wilson et Hutchinson se résignèrent également sans murmure; et de retour dans leur patrie, l'estime de leurs concitoyens, qui se manifesta par l'accueil le plus flatteur, fut pour eux la plus précieuse récompense.

M. le comte de Lavalette, qui n'eut d'autres torts que ceux de l'état où de malheureuses circonstances l'avaient placé, vit encore éloigné de sa famille, dans l'espoir qu'un jour la clémence infinie du Roi pourra s'étendre jusqu'à lui; le souvenir d'une carrière honorable et du bien qu'il a pu faire, ouvre son cœur à cette flatteuse espérance, d'embrasser encore sa libératrice, et de bénir la bonté d'un Monarque qui, en bon père, sait punir et pardonner.

LOUIS-MARIE DELESCURE,

(MARQUIS,)

Général des Armées de la Vendée,

Né à Paris le 13 Octobre 1766 ;

Mort des suites de Blessures, le 4 Novembre 1794.

Quand une Armée en Bataille s'avancerait

Contre-moi, mon cœur ne craindrait rien.

Citation de David P. S. 26.

À Paris, chez l'Auteur, Rue des Francs-Bourgeois St Michel N.º 6.   Déposé à la Direction.

DE LESCURE.

*S*i le guerrier a besoin d'un sang-froid à l'épreuve de tous les périls, il doit y allier l'ardeur qui sait les vaincre, la patience qui lui fait supporter de longues fatigues, et l'impétuosité qui seule peut lui assurer la victoire. La clémence doit succéder à l'emportement; car un vrai héros n'est ni farouche ni sanguinaire, et il sait tendre à l'ennemi vaincu la même main qui sut le désarmer : tel fut l'immortel de Lescure. Il joignit à ces rares vertus une piété pure; et l'image de ce héros de la cause royale, qui mourut en versant son sang pour la famille auguste des Bourbons, sera dans tous les temps l'admiration des vrais amis du trône.

LESCURE (Louis-Marie, marquis de) naquit à Paris le 13 octobre 1766. Dès sa jeunesse il se faisait remarquer par une grande régularité de mœurs; et depuis, la fréquentation des camps n'altéra nullement ses vertus. Il unissait à des connaissances fort étendues, une parfaite modestie. Quoique né avec des passions très-vives, son humeur était égale et douce; et sa dévotion, qui n'avait rien d'âpre ni de rebutant, le préservait des dangers de la cour et du monde. La fermeté de son caractère le faisait tenir fortement à ses goûts et à ses sentimens, qui étaient ceux d'un homme vertueux et d'un sujet fidèle. Dans ces circonstances critiques où la majesté du trône fut outragée, où les dangers le minaient de toutes parts, M. de Lescure donna des preuves de l'attachement le plus sincère, et d'un dévouement sans bornes.

Les troubles augmentaient journellement; le peuple était en révolution, et la noblesse fuyait la France. M. de Lescure, émigré dès 1791, était rentré à cause de l'état de maladie de sa respectable grand-mère. Il allait retourner dans les Pays-Bas, mais il reçut de la reine l'ordre de rester a Paris; et comme on venait de rendre le décret qui séquestrait les biens des émigrés, et qu'après avoir annoncé son départ il restait sans pouvoir en dire les raisons, la reine ayant commandé le plus profond secret, on l'attribua à la loi, et il en reçut des reproches. Dans cette perplexité ayant fait consulter la reine, Sa Majesté lui fit cette réponse : «C'est a M. de Lescure à suivre » sa conscience, son devoir. son honneur; mais il doit son- » ger que les défenseurs du trône sont toujours à leur place » quand ils sont auprès du Roi. » Ces paroles le décidèrent sur-le-champ. «Je serais vil à mes yeux, dit-il aussitôt, si je pouvais balancer un instant entre ma réputation et mon devoir. Je dois avant tout obéir au roi : peut-être aurai-je à en souffrir, mais du moins je n'aurai rien à me reprocher. J'estime trop les émigrés pour ne pas croire que chacun d'eux se conduirait comme moi, s'ils étaient à ma place. J'espère que je pourrai prouver que si je reste, ce n'est ni par crainte ni par avarice, et que j'aurai à me battre ici autant qu'eux là bas. Si je n'en ai pas l'occasion, si les ordres que j'ai reçus restent inconnus du public, j'aurai sacrifié au Roi jusqu'à l'honneur; mais je n'aurai fait que mon devoir. » Ces sentimens guidèrent sa conduite. Veillant autant qu'il lui était possible près du château des Tuileries, il allait, venait, s'informait et se glissait même parmi le peuple, en se déguisant, pour juger de l'esprit qui le dirigeait. On était au mois d'août 1792; déjà quelques provinces se soulevaient, la fermentation gagnait avec une vitesse alarmante; mais Paris était au comble de l'insurrection. Le château allait être envahi. M. de Lescure se désespérait; enfin le 10 on attaqua. Ce fut en vain qu'aidé de M. Marigni, il essaya de s'introduire près du roi : toutes les issues étaient interceptées, et leurs tentatives furent infructueuses.

Quelques jours après M. de Lescure sortit de Paris avec sa famille, et se rendit dans ses terres près Bressuire. Mis en prison dans cette ville au commencement de l'insurrection des Vendéens, puis délivré par eux le 2 mai, toutes les paroisses des environs qui connaissaient ses grandes qualités, le proclamèrent leur chef; il était à peine âgé de vingt-cinq ans. Son humanité était extrême; elle le faisait généralement chérir et respecter. Dans une guerre si cruelle, où l'on se battait avec fureur, il donnait l'exemple d'une bonté inouïe. Un jour, un républicain voulut tirer sur lui à bout portant; il détourna le fusil, et dit : «Emmenez ce prisonnier. » Les paysans, indignés contre cet homme, le massacrèrent derrière M. de Lescure, qui se retourna et se mit dans une colère terrible, ce qui ne lui était jamais arrivé. Il gémissait sur tant de maux. Sa modération sauva la vie à un grand nombre de personnes, et tous les partis ont honoré sa mémoire. Sans ambition, sans vanité, le zèle le plus pur l'animait pour son Dieu et son roi, et ses désirs ne tendaient qu'à faire triompher la plus belle cause.

Au milieu du pont de Vrine, près de Thouars, on le vit arriver et braver les balles et la mitraille. Nul des siens ne le suivait; il retourne vers eux, les appelle, les exhorte et leur dit : *quand une armée en bataille s'avancerait contre moi, mon cœur ne craindrait rien*; il revient sur le pont. Il est encore seul à cette seconde fois. Ses habits étaient percés de balles. Voulant décider quelqu'un à cette importante entreprise, il fait une troisième tentative. Enfin il vient du renfort; alors les paysans s'élancent à-la-fois. M. de Lescure saute le retranchement, et le passage est forcé.

A Fontenay, il montra une bravoure éclatante : les soldats hésitaient; il s'avança seul à trente pas d'eux, et cria *vive le Roi*. Une batterie de six canons fit sur lui un feu de mitraille, ses habits furent criblés, son éperon gauche emporté, sa botte droite déchirée; mais il ne fut pas blessé. Il retourna aux paysans, en disant : *Les bleus ne savent pas viser*; et les décida. Les républicains mis en fuite, on entra dans Fontenay. M. de Lescure se porta vers la prison, et délivra tous les Vendéens qui s'y trouvaient, et qui, ayant été jugés la veille, allaient être exécutés. Puis il continua à poursuivre l'ennemi.

A Vihiers, il eut son cheval blessé. Au pont Fouchard, près Saumur, une balle l'atteignit au bras, et le blessa grièvement. Ses gens se déconcertèrent, et la déroute eût été complette; mais M. de Lescure fit serrer son bras avec des mouchoirs pour arrêter le sang, et parvint à les ramener; il passa sept heures entières à cheval. La souffrance et la fatigue lui donnèrent la fièvre; mais il fallait rassurer ses soldats que son danger décourageait entièrement.

A Châtillon, il commandait l'avant-garde; et comme il poursuivait les fuyards, il ordonna, en passant, d'enfermer quelques centaines de prisonniers. Les paysans, que l'incendie du village d'Amaillou avait exaspérés, ne voulurent leur faire aucune grâce, et se mirent à les égorger. M. Delbée et d'autres chefs vendéens ayant tenté de s'opposer à ces cruelles représailles, furent mis en joue par ces furieux. M. de Lescure fut averti : il court à la prison, entouré d'autres prisonniers qu'il venait de prendre, et qui s'attachaient à lui et à son cheval en lui demandant la vie; il s'indigne contre les soldats, qui le respectaient trop pour ne pas l'écouter. Le tumulte

cessa ; mais un des Vendéens s'approcha, en criant : « Retire-
» toi, que je tue ces monstres, ils ont brûlé ton château. »
Alors M. de Lescure déclara que si l'on poursuivait, il défen-
drait les prisonniers lui-même, et par ces mots généreux
arrêta le massacre.

Sans cesse on le voyait aux affaires les plus périlleuses, quoiqu'il souffrit beaucoup de sa blessure, que les fatigues,
les privations, et la chaleur irritaient encore. Mais son courage
soutenu, sa rare intrépidité, son sang-froid inaltérable le rendaient nécessaire, et il dédaignait le repos. Dans différentes
affaires il se signala d'une manière brillante, et à celle de
Luçon, entre autres, où il eut encore un cheval blessé.

Rien n'égalait sa fermeté et sa constance, si ce n'est sa bonté
dans les retraites, où, pour sauver plus promptement les malades, il aidait à transporter les brancards ; ce qu'il faisait fré-
quemment ainsi que d'autres officiers.

Il échappa souvent aux attaques les plus dangereuses, que
malgré son calme et sa prudence il provoquait quelquefois. Les
paysans Vendéens, braves, mais indisciplinés, déployaient
d'abord un grand courage. Le succès paraissait-il douteux, ils
s'épouvantaient alors sans mesure, et l'on avait peine à les retenir. M. de Lescure, dans ces instans désespérés, se dévouait
entièrement pour les rallier et leur rendre l'assurance, et n'y
parvenait qu'après des efforts multipliés. Une fois, ayant vu
les soldats en déroute, méconnaissant la voix de leurs officiers,
il mit pied à terre en s'écriant : « Y a-t-il quatre cents hommes
» assez braves pour venir mourir avec moi ? » Frappés de son
air et de son action, Oui, M. le marquis, nous vous suivrons
où vous voudrez, répondirent tous les paysans. Ces scènes se
renouvelaient, et offraient presque toujours les mêmes résultats : tant il est vrai que l'estime et la confiance qu'inspire le
chef, est pour cette foule armée les plus puissans mobiles, et
que pour lui inspirer le mépris du danger il faut savoir le braver soi-même !

Une autre fois, accompagné de deux officiers, M. de Lescure s'était tellement avancé en poursuivant les ennemis, qu'à
dix heures du soir il se trouva séparé des siens. Des soldats
postés derrière des haies tirèrent sur lui. Croyant qu'ils étaient
Vendéens, il s'en approcha en disant : « Ne tirez pas, ce sont
vos généraux. » Ils recommencèrent ; mais leurs armes n'é-
taient chargées que de plomb de chasse. Cependant les habits
du général furent criblés, et un des officiers blessé à la main.

Les républicains attaquèrent le moulin aux Chèvres. Étant
supérieurs en force, ils prirent cette position, firent fuir les
Vendéens, et se mirent à les poursuivre. On devait perdre
beaucoup de monde ; mais MM. de Lescure, de Larochejaquelein et d'autres s'étant nommés aux vainqueurs, les attirèrent sur leurs traces, et les ayant harassés et détournés pendant deux heures, ils délivrèrent ainsi leurs soldats, et leur
donnèrent le temps de s'échapper. A la suite de cette généreuse action, un des généraux fut gravement blessé, un autre
près d'être atteint, et le brave Lescure eut la main effleurée
d'une balle.

Mais le hasard, qui l'avait si bien servi, cessa de lui être favorable. A Clollet, étant à observer un poste, il fut frappé d'un
coup de feu ; la balle entra au-dessus de l'œil gauche, et sortit
derrière l'oreille. Il tomba sans connaissance. D'abord les
paysans ne le virent pas, et passèrent sur lui en courant aux

ennemis, qu'ils firent reculer avec vitesse. Mais sitôt que l'affreux évènement fut connu, l'alarme et le désespoir les accablèrent, et ils perdirent leurs avantages. On releva le malheureux
général qui perdait beaucoup de sang ; on l'attacha sur un
cheval, des soldats le soutenaient, et il fut transporté avec une
peine incroyable à travers la déroute jusqu'à Beaupréau. Ceux
qui l'entouraient, poursuivis sans relâche, le portaient dans
un lit, de canton en canton, et le soignaient autant qu'il leur
était possible ; car ses douleurs étaient cruelles. L'inquiétude
que lui donnait le désordre de l'armée, et la situation de sa
femme, alors enceinte, augmentaient encore ses maux.

Mais lorsqu'il fallut passer la Loire, son chagrin fut au comble ; cependant il se ranima, et assura qu'il voulait mourir
dans la Vendée. Abandonner son pays qu'il avait jusqu'alors si
vaillamment défendu, lui paraissait plus désolant que la mort.
On lui représenta que la situation était désespérée, que l'armée
républicaine s'avançait d'heure en heure, et que c'était exposer
inutilement une foule de malheureux aux flammes et à la destruction. Alors il consentit, le passage s'effectua, et la rive
droite reçut ces infortunés, dignes d'un meilleur sort !

Lorsque la rivière fut passée, des soldats portèrent le général
à un quart de lieue sur un fauteuil, en mettant des piques des-
sous. Arrivés à Varades, les ennemis s'étaient fait entendre. Il
fallut le transporter dans un bois où le froid et le vent le faisaient
tellement souffrir, qu'il eût désiré qu'on l'achevât. Ces continuels changemens de lieux le mettaient à l'agonie ; les moyens
de transport étaient très-difficiles et dangereux, et lui faisaient
jeter des cris de douleur. Point de chirurgiens pour le panser ;
des privations de toutes espèces aigrirent son mal, et firent
désespérer de lui. Ses dernières journées furent cruelles. Ne
s'en imposant pas sur sa situation, il avait fait nommer un général en chef, et toute l'armée avait désigné Henri de la Rochejaquelein. Plus rassuré alors sur le sort des Vendéens,
M. de Lescure ne songea plus qu'à mourir ; mais sa sollicitude
pour tout ce qui se passait le tourmentait, et son agitation était
extrême. Le bruit du canon, les combats qui se succédaient
continuellement, et dont on ne pouvait cacher les funestes
suites, rendirent ses derniers instans très pénibles. Sa jeune
épouse, qui ne le quittait pas, lui avait laissé ignorer la fin déplorable de la reine. Quelqu'un vint imprudemment lui en
donner les détails : « Ah, les monstres ! s'écria-t-il, ils l'ont donc
tuée ! Je me battais pour la délivrer ; si je vis, ce sera pour la
venger ! Plus de grâce. » Il parla sans cesse de ce crime, et mourut le surlendemain, 4 novembre 1794, avec le calme d'un
homme qui a toujours vécu en parfait chrétien. Les paysans
l'appelaient le saint du Poitou. Ce fut dans le moment où la
troupe fugitive des Vendéens était poursuivie par l'armée révolutionnaire, et qu'elle cherchait à gagner les bords de l'O-
céan, que, pour ne pas retarder sa marche, la dépouille mortelle de M. le marquis de Lescure fut enlevée à sa veuve, et
qu'elle fut inhumée à la hâte, sans qu'elle en fût instruite, sur
le territoire d'Avranches.

Il serait à désirer que les restes de M. le marquis de Lescure,
et des deux frères Larochejaquelein, fussent réunis ; ces reliques
de l'héroïsme, dans un temple expiatoire, satisferaient les vœux
et la piété des peuples du Bocage, dont ces trois victimes méritent les honorables et religieux regrets !

LOUIS XVIII.

Roi de France et de Navarre,

Né à Versailles, le 27 Novembre, 1755.

A Paris, chez l'Auteur, Rue des Francs-Bourgeois, N.º 6. F. S. G.   Déposé à la Direction.

LOUIS XVIII.

Louis-Stanislas-Xavier, ROI de FRANCE et
de NAVARRE, Grand-Croix des Ordres d'Angleterre, Chevalier de la Toison-d'Or d'Espagne,
Grand-Maître des Ordres du Saint-Esprit et de
Saint-Michel, Protecteur de l'Ordre militaire et hospitalier de Saint-Lazare, et de celui de Notre-Dame
du Mont-Carmel Réunis, Chef Souverain et Grand-
Maître de la Légion d'Honneur, et de l'Ordre
Royal et militaire de Saint-Louis, etc. naquit à
Versailles le 17 novembre 1755 de Louis Dauphin de
France, fils de Louis XV, et de Marie-Joséphine
de Saxe, fille de Frédéric Auguste II, Roi de Pologne. Son auguste père surveilla lui-même son
éducation, et lui inspira le goût des connaissances
utiles et des belles lettres, qu'il cultiva avec succès,
et qui firent le charme de toute sa vie. Ce prince
épousa, le 14 mai 1771, Marie-Joséphine-Louise
de Savoie, fille de Victor-Amédée III, Roi de Sardaigne; mais le ciel ne féconda pas cette union.
L'an 1777, trois ans après que son auguste frère
fut monté sur le trône, il résolut de visiter, en
qualité de comte de Provence, cette belle partie de
la France, dont il portait le nom, pour connaître
les besoins des peuples. Ce fut dans ce voyage
qu'il put recueillir les assurances d'amour et de fidélité, qui n'ont cessé d'animer les habitans du
midi, et dont ils ont donné, en tout temps, de si
grandes preuves. Accompagné seulement des officiers intimes de sa maison, il refusa toujours les
escortes d'honneur qu'on lui offrait. A Avignon,
étant logé à l'hôtel de Crillon : « Un fils de
France, dit-il, logé chez un Crillon, n'a pas besoin
de gardes. » Et par une tendre réciprocité, lorsque
les transports publics remplissaient son cœur d'une
douce joie, sa bienfaisance laissait par tout des
traces de son passage. S'il est vrai que le plus beau
spectacle, que puisse offrir un grand homme, est de
le voir aux prises avec l'adversité, qui fut plus digne
des regards des hommes, que Louis XVIII. Il fut
grand, mais sans ostentation, parce que la religion
était son guide, et ce Roi, formé à l'école de l'adversité, semble avoir médité, dans sa retraite, tout
le bien qu'il pourrait faire un jour : sa tendresse
pour son peuple, sa sollicitude vraiment paternelle en est la preuve irrécusable.

Dans une longue suite d'infortunes, nous le
voyons toujours grand, toujours résigné, et tirant
toutes ses consolations, de sa soumission aux ordres
de la Providence. Après le coup horrible qui mit
l'Europe en deuil, et dont la France gémit encore,
un sort jaloux sembla poursuivre ce noble fils de
Saint-Louis : proscrit, errant de cour en cour, en
proie à toutes les sortes de privations, il sembla renaître au bonheur lorsqu'il pût presser dans ses bras
sa nièce chérie; il la reçut comme le précieux legs
d'un frère infortuné. Elle devint, dès ce moment,
son enfant adoptive, et elle ne cessa depuis, de procurer à ce père adoré, tous les soins d'une fille tendre. Son alliance avec son altesse royale le duc
d'Angoulême, ne fit que resserrer les liens qui l'u-
nissaient au monarque. Certaine de ne jamais le
quitter, nouvelle Antigone, elle s'attacha pour jamais à son sort; ni l'exil, ni les privations, ni les
intempéries d'une saison rigoureuse ne purent abattre son courage, ni la séparer de son Roi qui, près
d'elle alors, goûtait une consolation à ses peines,
et qui, sans elle aujourd'hui, trouverait sa prospérité
incomplète. Le 19 juillet 1796, le Roi se trouvant
à Dillingen, en Allemagne, se mit, vers le soir, à
une croisée de son appartement; les lumières de
l'intérieur éclairaient sa tête, un coup de carabine,
parti d'une arcade voisine, vint frapper de terreur
les gentilshommes de service; les ducs de Grammont, de Fleury et d'Avrai accourent; le prince
était couvert de sang. « rassurez-vous, leur dit-il
» tranquillement, vous voyez bien que je suis resté
» debout, quoique le coup soit à la tête. » Il ne se
trouvait pas là de chirurgien; il fallut couper les
cheveux, pour juger de la blessure; la balle effectivement avait porté à la partie supérieure de la tête,
en décrivant une ligne demi-circulaire, mais n'a-
vait heureusement enlevé que l'épiderme. « O,
» mon maître! s'écria le duc de Grammont, si le
» misérable vous avait atteint une ligne plus bas!... »
» Hé bien! mon ami, répondit le monarque, une
» ligne plus bas, le Roi de France s'appelait Char-
» les X. »

Lorsque le Roi fut sollicité de renoncer à la couronne de France, il repoussa avec indignation une
proposition si inconvenante. « On se trompe, dit-
» il, si l'on croit m'engager à renoncer à mes
» droits.... J'ignore les desseins de Dieu sur moi et
» sur mon peuple, mais je connais les obligations
» qu'il m'a imposées. Chrétien, j'en remplirai les
» devoirs jusqu'à mon dernier soupir; fils de Saint-
» Louis, je saurai, comme lui, me faire respecter
» dans les fers; successeur de François Iᵉʳ, je veux
» toujours pouvoir dire avec lui : Tout est perdu,
» hors l'honneur. » Après cette noble réponse, il
protesta sans cesse contre tous les actes d'une autorité étrangère, et prouva ainsi à l'Europe entière,
qu'il ne renonçait pas à l'espoir de faire un jour
notre bonheur.

Étant en Angleterre, un coup affreux vint encore
éprouver son cœur, la reine mourut à l'âge de cinquante-sept ans, en 1810. Cette vertueuse princesse

emporta les regrets d'un époux, dont elle était si digne, et tous ceux qui eurent le bonheur de l'approcher, bénissent sans cesse sa mémoire.

Au château d'Aartwel, Louis, auprès de sa chère consolatrice, partageait son temps entre l'amitié, l'étude et les soins affectueux qu'il prodiguait aux Français, que le hasard de la guerre amenait en Angleterre. Sa sollicitude pour ses sujets, s'étendait sur ceux qui étaient prisonniers en Russie. Il écrivait à l'Empereur Alexandre : « Le sort des armes a fait » tomber dans les mains de votre Majesté, plus de » cent-cinquante mille prisonniers ; ils sont pour la » plupart Français ; peu importe sous quels drapeaux ils ont servi, il sont malheureux ; je ne » vois parmi eux, que mes enfans. Je les recommande à la bonté de votre Majesté impériale. « Qu'elle daigne considérer, combien un grand » nombre d'entre eux a déjà souffert, et adoucir » la rigueur de leur sort. Puissent-ils apprendre que » leur vainqueur est l'ami de leur père ! Votre Majesté impériale ne peut me donner une preuve » plus touchante de ses sentimens pour moi. »

Tel est celui qu'un déplorable aveuglement tint éloigné de nous, pendant vingt cinq années.

Cependant les Français portèrent leurs armes au fond des contrées du nord, mais des revers inouïs les frappèrent au milieu de leurs prospérités, anéantirent leurs armées, et firent entrevoir au monarque, si long-temps éprouvé, la fin de ses maux, et la récompense de sa sublime résignation. En effet bientôt tous les vœux des Français se reportèrent vers l'auguste monarque, que leurs dissentions civiles avaient écarté du trône. Louis XVIII, de la terre hospitalière qui l'avait accueilli, entendit ces vœux qui le rappelaient à l'héritage de ses pères, et vint les combler, en débarquant à Calais le 24 avril. L'enthousiasme qu'il y avait excité, se communiqua bientôt à Paris : tout le monde y était affamé de voir un Roi. Louis y fit son entrée le 2 mai 1814, au milieu des acclamations d'un peuple nombreux, ivre de joie de voir, enfin ses maux terminés, et le plus heureux avenir s'ouvrir devant lui. Le monarque s'occupait du bonheur des Français, en leur donnant cette Charte immortelle, qui devait le consolider à jamais, lorsque des bruits sinistres, partis de Lyon, répandent par tout la stupeur et l'effroi. C'était un orage terrible, auquel le Roi pouvait résister ; mais il aurait fait périr des Français de la main même des Français ; il aima mieux céder aux circonstances : et cette affreuse tourmente ne dura qu'un instant. Le Roi vint bientôt rassurer la capitale, flottant entre la crainte et l'espérance. Il récompensa ses fidèles sujets, pardonna à ceux qui n'étaient qu'égarés, s'occupa de la félicité de tous, et s'acquit, par cette conduite pleine de modération, une gloire, et plus réelle, et plus durable. Puisse l'amour de ses sujets le récompenser dignement ! Puisse notre reconnaissance égaler ses bienfaits ! Puisse-t il enfin être le plus heureux des rois, comme il en est le plus juste !

M. N. Coucué.

LOUIS PHILIPPE D'ORLÉANS,

Duc d'Orléans.

Né le 6 Octobre 1773, à Paris, Dépt. de la Seine.

A Paris, chez l'Auteur, Rue des Francs-Bourgeois, N.º 6. F. S. G.   Déposé à la Direction.

M. LE DUC D'ORLÉANS.

S'il est vrai que le malheur éprouvé rende sensible à celui des autres, il est peu de personnes dont l'ame doive plus s'ouvrir aux sentimens d'une pitié compatissante, que l'illustre personnage dont nous allons esquisser la vie. Aussi en est-il bien peu dont les actes de bienfaisance soient plus multipliés. Et si cet adage moral *haud ignara mali*, etc., avait encore besoin d'être prouvé, il le serait par la conduite constante d'un prince, dont la main est toujours ouverte au malheureux, et qui semble se rappeler sans cesse qu'il eut aussi quelquefois besoin de secours étrangers, qu'il ne rougit pas de réclamer, au prix d'un travail honorable. Après avoir pris part aux premières guerres de la révolution, il quitta un état, où ses succès brillans lui avaient fait un nom distingué. Mais n'anticipons pas sur les événemens, ils se développeront successivement, dans le narré des faits, que je vais offrir au lecteur.

Louis-Philippe d'ORLÉANS, Duc d'ORLÉANS, premier Prince du sang, nommé d'abord Duc de Chartres, Chevalier de l'ordre du Roi, Grand-Croix de l'ordre royal et militaire de Saint-Louis, etc., etc., naquit le 6 octobre 1773, de Louis-Philippe, Duc d'Orléans, et de Marie-Adélaïde Bourbon-Penthièvre. Il eut une éducation distinguée, et propre à lui faire remplir dignement le rôle éminent, auquel sa naissance le destinait. Ses dispositions naturelles secondant le soin qu'on prit de l'instruire, il acquit bientôt ce jugement prématuré, et cette prudence hâtive qui le dirigèrent dans les circonstances difficiles, où il se trouva, qualités que ne montrèrent pas toujours des hommes d'un âge mûr. M. le duc de Chartres était à peine sorti de l'enfance, et n'avait pas seize ans, lorsque les troubles révolutionnaires commencèrent à agiter la France. Il avait alors deux frères, le duc de Montpensier, et le comte de Beaujolais, âgés, à la même époque, le premier de quatorze ans environ, et le deuxième de onze. Une amitié tendre ne cessa de les unir; elle était fondée sur l'innocence des cœurs, et sur la conformité des principes. La diversité des goûts et des caractères ne put jamais l'affaiblir. Comme la vie de ces deux princes se trouve un instant liée à celle de leur frère aîné, nous en reparlerons quand l'ordre des temps les ramènera sur la scène. Aussitôt que M. le duc d'Orléans fut en évidence, il se montra tel qu'il fut toujours; et si une valeur brillante, une intelligence rare, un sang-froid imperturbable, une bonne conduite donnent des droits à l'estime, personne n'en fut plus digne que ce prince. C'est le témoignage que lui rendent les vétérans de l'armée, et certes il n'est pas suspect. Il

fit ses premières armes en Flandres et en Champagne, d'abord en qualité de colonel de son régiment de dragons, et ensuite de maréchal de camp; et en septembre 1792 il fut nommé lieutenant-général à son rang d'ancienneté. A l'affaire de Valmy, ce prince commanda la défense du moulin de ce nom. Vers la fin du mois suivant, il eut sous ses ordres, en Flandres, la moitié du centre, consistant en 48 bataillons d'infanterie. Le 6 novembre, à Jemmapes, le désordre se met dans l'infanterie; elle cède, recule, et les rangs se dispersent. Le prince, à la tête d'un escadron de chasseurs du troisième régiment, arrête les fuyards, et les rallie. Il forma le bataillon qu'on appela de Mons, et réunit les officiers et les soldats dispersés, sous cinq drapeaux de volontaires. Après le gain de cette bataille, où Dumouriez commandait en chef, le duc de Chartres continua à marcher avec l'armée, par Bruxelles et Varoux. Il s'y battit le 17, commandant l'aile droite de l'armée, jusqu'à Liège, où les troupes entrèrent le 28, se préparant à prendre des quartiers d'hiver. Le duc de Montpensier prit part à tous ces succès, comme aide de camp de son frère. Il donna des preuves de valeur à Valmy, et ensuite à Jemmapes, où il était placé à l'avant-garde, aida puissamment son frère à rallier les fuyards, et contribua ainsi au gain de la bataille. Après la campagne, le duc de Montpensier fut envoyé à l'armée du Var, sous le général duc de Biron. Dans ces temps désastreux, où les belles actions étaient souvent des crimes, on ne sera pas surpris de voir ce prince partager le malheur général. Il fut donc arrêté, au commencement d'avril 1793, et conduit à Marseille. Retenu quelque temps au fort Saint-Nicolas, il fut bientôt transféré au fort Saint-Jean, et réuni au comte de Beaujolais, son frère, qu'on avait arraché du Palais-royal, au moment où son instituteur lui donnait une leçon, pour le conduire dans les prisons de Marseille. Le duc de Chartres profita du temps, où les troupes étaient en quartier d'hiver, pour soustraire la princesse, sa sœur, aux dangers qui la menaçaient : il avait appris qu'on voulait la traiter en émigrée. Il l'emmena à Tournai au commencement de décembre, et passa deux mois avec elle, sans retourner à l'armée. La Convention nationale se signalait alors par l'extravagance de ses mesures, leur injustice et leur effrayante barbarie. Le prince vit, d'un coup-d'œil, tous les dangers, dont le menaçaient le présent et l'avenir; mais ce furent surtout ceux du Roi qui l'occupèrent; et comme il avait une ame forte et des intentions pures, il ne craignit pas d'écrire avec énergie, sur le sort malheureux de ce prince, fit tous ses efforts pour prévenir sa mort funeste, et, n'ayant pu réussir, il témoigna hautement l'horreur que lui inspirait cette effroyable catastrophe. Cependant Dumouriez ayant attiré le prince à Anvers, pour lui communiquer un plan de guerre et de politique, qui avait pour but de renverser la république, et de proclamer Roi, le malheureux Louis XVII, qui vivait encore ; le duc de Chartres se laissa séduire par une perspective brillante, et par une entreprise aussi noble que glorieuse, et consentit à retourner à l'armée. Il seconda les opérations de son général, sur la rive gauche de la Meuse, prit le commandement de la division, qui bloquait Maestricht de ce côté, commença les opérations régulières du siége, monta intrépidement à l'assaut, repoussa les assiégés dans deux sorties, et couvrit la retraite de l'armée, lorsqu'il fallut lever le siége. Le 18 mars, le duc de Chartres, étant à la tête de sa division, attaqua vigoureusement le village de Nerwinde, que les impériaux venaient de nous enlever. Il s'en était presqu'entièrement rendu maître, lorsque des cris de *sauve qui peut* se firent entendre de toutes parts : une terreur panique mit le désordre dans nos rangs, et dans un instant le village fut évacué. Mais, toujours de sang froid, et maître de lui-même, le prince fit une chaine, comme à Jemmapes, pour arrêter les fuyards, et tandis que le général Valence opposait sa cavalerie à la cavalerie autrichienne, le duc de Chartres, avec trois bataillons, couvrait la troupe désorganisée qui venait de sortir de Nerwinde ; il en réunissait les débris, et rétablissait l'ordre, malgré la présence de l'ennemi. Bientôt les Autrichiens ayant forcé le passage, ce prince attendit de pied ferme la première ligne de leur cavalerie, ordonnant à ses trois bataillons de ne point tirer qu'elle ne fut très-proche. Alors il fit faire sur l'ennemi, un feu de mousqueterie et de mitraille si bien nourri, que cette première ligne plia, et que la deuxième intimidée n'osa pas donner. Cet échec détruisit tous les projets de Dumouriez, et lui ôta les moyens de servir son jeune Roi. Il se borna à faire arrêter les commissaires, que la Convention avait envoyés, pour s'assurer de sa personne, et se sauva, presque seul, dans les rangs ennemis. Le duc de Chartres, obligé de le suivre, se réfugia à Tournai, auprès du général Autrichien, comte de Clairfait. Ce fut alors que commencèrent les grands voyages du duc de Chartres. Leur détail pourrait être une source féconde d'instruction ; nous nous bornerons à indiquer les lieux qu'il parcourut, et où il puisa la sagesse des nations, et cette expérience qui lui donna, jeune encore, la maturité de l'âge. Il se rendit d'abord en Suisse, où il mit sa sœur dans un couvent, sous la protection de la princesse de Conti, sa tante. Il passa ensuite

et repassa les Alpes, sur différens points. L'argent lui manquant tout-à-fait, il ne se manqua pas à lui-même, et ne crut pas qu'il fut indigne de lui de profiter de ses talens acquis, pour subsister ; il prit donc un nom supposé, fut admis au collége de Coire, et y donna avec succès des leçons de mathématiques. Mais le prince, réfléchissant bientôt qu'il lui était plus utile de s'instruire, que d'instruire les autres, renonça à des fonctions si nouvelles pour lui, et ayant reçu de Hambourg, une modique somme d'argent, il s'achemina vers le nord de l'Allemagne, et visita, presque toujours à pied, le Danemarck, la Laponie, la Norwége, pénétra jusqu'au Cap-Nord, et revint par la Suède. Le directoire, qui le croyait occupé à conspirer contre lui, promit à sa mère la liberté de ses deux autres enfans, si l'aîné voulait aller les attendre aux Etats-Unis d'Amérique. Le prince se rendit à Philadelphie, au mois de septembre 1795, et il y vit arriver ses deux frères quelques mois après. Ils allèrent ensemble visiter les bords de l'Ohio, les environs des grands lacs du nord-ouest, et même les Tribus des Sauvages. A leur retour ils apprirent que leur mère avait été déportée en Espagne, et sollicitèrent vainement, du gouvernement espagnol, la liberté de se rendre auprès d'elle. Alors un navire les ayant transportés à Halifax, dans la nouvelle Ecosse, ils en partirent bientôt pour l'Angleterre, où ils arrivèrent au mois de février 1800. L'accueil que le duc reçut du Roi d'Angleterre, du gouvernement et des princes, les bontés dont Monsieur, frère de Louis XVIII, le combla, enfin les lettres, pleines de bienveillance, que lui écrivit le Roi lui-même, le dédommagèrent amplement de tant de courses fatigantes, et lui firent presque oublier cette longue suite d'infortunes, qu'il n'avait pas cessé d'éprouver. De-là jusqu'en 1808, la vie de M. le duc d'Orléans ne fut marquée par aucun événement important. Il fit de vains efforts pour voir sa mère chérie, et ne put y parvenir. A cette époque il conduisit à Malte, pour cause de santé, le comte de Beaujolais, son frère, et eut la douleur de le voir mourir. Il avait perdu, l'année précédente, le duc de Montpensier, dans une campagne qu'il habitait près de Londres. Cependant la nation espagnole s'était soulevée tout entière, contre les vexations de Buonaparte ; elle avait besoin d'un chef qui présidât ses conseils. Le Roi Ferdinand IV, lui envoya son fils Léopold, avec le duc d'Orléans; mais des causes imprévues, inséparables des révolutions, rendirent inutiles ces sages mesures, et cette noble démarche n'eut aucun résultat. Une junte centrale avait remplacé, en Espagne, toutes les juntes des provinces. Cet événement, sans rien changer à la position du duc d'Orléans, lui procura du moins l'inestimable avantage d'embrasser la plus tendre et la plus chérie des mères, qui voulut bien l'accompagner à Palerme, où elle fut présente à son mariage, avec Marie-Amélie, fille de Ferdinand IV, Roi des deux Siciles, qui fut célébré le 3 décembre 1809. Le conseil de régence, qui avait succédé, en Espagne, à la junte centrale, offrit alors au duc d'Orléans, le commandement d'une armée, et le supplia de prêter à la nation espagnole, le secours de son bras et de son nom. Le prince s'arracha, sans hésiter, d'auprès de sa jeune épouse, et se trouva, quinze jours après, devant Tarragonne. Sa présence électrisa tous les cœurs ; on le reçut avec enthousiasme, et les plus grands honneurs lui furent prodigués ; mais cette ardeur se rallentit bientôt. La régence, intimidée, trompée et victime d'intrigues, ennemies du bien public, ne tint pas ses engagemens. Il sollicita en vain, pendant plusieurs mois, l'exécution des promesses qui lui avaient été faites, et offrit le secours de son épée, de son expérience et de ses talens militaires ; il ne recueillit d'autre fruit de sa longue patience, que l'estime et l'affection de ce peuple malheureux. Et les Cortès, s'étant réunis en tumulte près de Cadix, et ayant pris pour modèles, nos plus violentes assemblées, franchirent toutes les bornes du devoir, se laissèrent entraîner à l'esprit de parti et à une ambition démesurée, et portèrent le conseil de régence à inviter le duc d'Orléans à retourner en Sicile, pour ne point gêner, par sa présence, leurs délibérations. Ce prince se réunit alors à son épouse chérie, dont le ciel récompensa les vertus par une heureuse fécondité, et vécut heureux, au sein de sa famille, jusqu'à l'époque fortunée, où des événemens imprévus rendirent à la France, ses princes légitimes.

M. N. Coucré.

HENRI DELAROCHEJAQUELEIN,

Général des Armées de la Vendée.

Né le 3o Aout 1772, à St Aubin de Bobigné près Chatillon sur Sèvres,
tué le 4 Mars 1794.

Si j'avance suivez-moi, si je recule tuez-moi,
si je meurs vengez-moi.

Henri Delarochejaquelein.

A Paris, chez l'Auteur, Rue des Francs-Bourgeois St Michel, N.º6. ———— Déposé à la Direction.

HENRI

DE LA ROCHEJAQUELEIN.

Sı les enfans de Mars avaient besoin de leçons de valeur et d'intrépidité, si le courage et l'héroïsme français avaient besoin de modèles, les plus admirables à suivre, sans doute, seraient ceux qu'offre la famille la Rochejaquelein, dont chaque membre fut un brave soldat, un capitaine expérimenté, et surtout un sujet fidèle. Ces guerriers généreux répandirent tout leur sang pour leur Roi; et si de pareils efforts ne furent pas constamment suivis de succès; si la fortune trahit d'aussi nobles désirs, l'honneur d'avoir défendu cette belle cause s'attache à leurs noms, que la gloire environne et que la postérité ne pourra désormais prononcer sans admiration.

Cette illustre famille donna naissance à notre jeune héros; à peine parvenu à cet âge où les sentimens sont déjà des passions, il ne connut que celle de la générosité; joignant à un courage fougueux une fermeté noble, une volonté tranquille, et toujours soumise à la raison; si cet homme unissait à ce sens supérieur qui devance les années et supplée l'expérience, un esprit aimable, éclairé, des mœurs simples et faciles, une modestie complette, surtout une ame profondément sensible, essentiellement noble et religieuse, une ame que les périls personnels n'ébranlèrent jamais, que les douleurs de l'humanité affectèrent toujours; cet homme, dont les vertus auraient dû désarmer les partis, ne mériterait-il pas que, réunis sur sa tombe, les partis, abjurant de sanglans lauriers, confondissent dans un fraternel embrassement leurs sentimens, leurs intérêts, leur admiration et leurs larmes?

Tel fut Henri de la Rochejaquelein, et tels devraient être tous les Français célébrant sa mémoire.

Dans cette courte notice que je lui consacre, les faits vont le montrer comme je l'ai peint: puissent tous les Français, écartant des opinions rivales, ne s'occuper que de ses vertus!

Henri, fils du Marquis de la Rochejaquelein, naquit le 30 août 1772, à Saint-Aubin-de-Babigné, près Châtillon, département des Deux-Sèvres. Les sensations de bravoure, les idées d'héroïsme, entourèrent son berceau; et ce fut de son père, colonel du régiment de Royal-Pologne, qu'il prit les premières leçons de l'art militaire.

Entré, par dévouement à ses Souverains, dans la garde constitutionnelle, il demeura à Paris après le licenciement de cette garde, barrière du trône, que les révolutionnaires se hâtèrent de renverser; il y demeura par respect, par amour pour le bon Roi Louis XVI; et courut, en se défendant au 10 août 1792, d'imminens dangers. Peu après cette cruelle époque, il se retira en Poitou, chez le Marquis de Lescure, son parent et son ami, où il vécut tranquille et ignoré, jusqu'au décret fameux qui prescrivait une levée de trois cent mille hommes. C'était en mars 1793.

De ce décret et de cette époque date la naissance de l'insurrection célèbre connue sous le nom de Vendée. Déjà les premiers symptômes en avaient transpiré, lors des évènemens d'août 1792; ceux de l'année suivante réalisèrent ces symptômes: la prétention d'armer, en faveur de la révolution, une jeunesse qui la détestait, les fit éclater avec violence. Henri de la Rochejaquelein les vit, avec satisfaction, se développer et s'étendre : il pensa même les seconder par sa présence; et, réuni au Marquis de Lescure, à MM. de Donnissan et de Marigny, il se préparait à défendre le château de Clisson, qu'on disait attaqué par la force armée de Bressuire, quand cette attaque différée lui fit ajourner aussi sa défense.

L'Anjou, insurgé sans moyens, après des succès surprenans, avait perdu trois affaires. Henri avait vu perdre le troisième combat; les Angevins n'avaient plus de poudre; l'insurrection était presque perdue. Il arrive à Saint-Aubin une troupe de paysans poitevins, sans chef, qui venaient aussi d'être dispersés par le général Quétineau. Henri les réunit par l'espérance, les console d'un échec récent par la certitude du succès, et déconcerte les manœuvres du général Quétineau, prêt à consolider les siens par sa jonction avec les républicains d'Anjou. C'est à cette première et mémorable époque que Henri de la Rochejaquelein prononça cette harangue dont l'histoire éternisera le laconisme énergique, qui exprime avec tant de vérité l'ardeur qui animait notre jeune héros. « Mes amis, si mon père était ici, vous auriez » confiance en lui. Pour moi, je ne suis qu'un en- » fant ; mais, par mon courage, je me montrerai » digne de vous commander : *Si j'avance, suivez-* » *moi ; si je recule, tuez-moi ; si je meurs, ven-* » *gez-moi.* » Un inexprimable enthousiasme s'alluma au feu de cette éloquence ; des efforts inouïs suivirent cet enthousiasme, et un succès complet couronna ces efforts. Quétineau, intelligent, brave et victorieux, fut battu par ces paysans, la veille si découragés, aujourd'hui si valeureux. C'est qu'il fallait une ame pour donner la vie à cette masse inerte : cette ame fut la Rochejaquelein.

Ses premières affections avaient décidé son entreprise ; ses premiers succès décidèrent ses nouveaux efforts. Dès-lors, toute son existence fut consacrée à une cause qui lui dut la meilleure partie de sa gloire, et qu'il embrassa de toute sa vertu. Vainqueur aux Aubiers, il s'empresse de partager avec les royalistes de l'Anjou les produits de sa victoire. Une estime mutuelle lie bientôt les chefs des deux insurrections, Henri de la Rochejaquelein et M. de Bonchamp, Catelinau, d'Elbée et Stofflet. Le premier rejoint sa division ; et, manœuvrant de concert avec eux, il marche sur Argenton-le-Château, s'en empare, et se dirige sur Bressuire. C'est en avant de cette ville, déjà évacuée par le général Quétineau ; c'est proche le château de Clisson, qu'après une séparation assez longue, la Rochejaquelein et Lescure, qui se cherchaient, se rencontrent, s'embrassent, et, aux cris de *vive le Roi !* animent, de tout le courage qui les transporte, leurs soldats victorieux.

Un théâtre plus vaste s'ouvrit aux talens, à la bravoure, au dévouement de Henri. A la prise de Thouars, il se signala par des prodiges : le passage du pont de Vrines, le combat des moulins, la prise de la ville même, attesteront à jamais l'intrépidité de son caractère, et les ressources de son esprit. Aux préceptes belliqueux joignant l'héroïsme de l'exemple, il tente une escalade : monté sur les épaules du brave Tessier, il démolit d'une main, et fait respecter son attaque en tirant de l'autre. Il pénétrait dans Thouras par la brèche, à la tête de deux mille hommes, quand le général Quétineau souscrivait une honorable capitulation. Les deux chefs se donnèrent des preuves d'une considération réciproque : le dévouement à leur pays était le même ; et chacun d'eux, en le servant d'une manière différente, faisait, au milieu de la lutte sanglante des partis, triompher deux vertus que les partis eux-

mêmes respectent, et dont ils profitent : le courage et l'humanité.

La bouillante valeur de Henri était déjà célèbre ; sa prodigieuse activité ne la devint pas moins, et les rencontres d'Airvault, de Partenay, de la Châtaigneraye, en offrent d'éclatans témoignages. Toutefois ces belles et constantes moissons de gloire ne purent empêcher sa déroute de Fontenay, attaqué par délibération du conseil supérieur ; déroute dans laquelle cependant de la Rochejaquelein sauva une partie de ses canons. Dix jours ne se passèrent pas que ce revers ne fût réparé. Un combat opiniâtre rendit la ville aux royalistes, et dans ce combat, dû presqu'entièrement à Henri, il força la renommée à reconnaître la prudence parmi ses vertus. La cavalerie républicaine fuyait devant la sienne : remarquant que l'infanterie demeurait inébranlable, il bride, pour ainsi dire, son ardeur ; et, afin de mieux assurer la victoire de la journée, il suspend le succès du moment. Toutes ses forces sont tournées vers cette infanterie redoutable qui portait la terreur par tout et en rapportait le triomphe. Il ose l'attaquer cependant, il la presse, il l'enfonce et la met en fuite. Ce trait révèle la pénétration d'un génie qui sait vaincre, et la force d'un héros qui peut s'arrêter.

La bataille de Fontenay avait livré aux armées royales une grande étendue de pays ; les affaires partielles, et souvent reproduites, de Vihiers, de Doué, de Concourson, de Montreuil, perpétuèrent et consolidèrent leurs succès. Mais les républicains occupaient Saumur ; c'était de Saumur qu'il fallait les chasser. Seize mille hommes, dont onze de troupes fraîches, des fortifications respectables, d'abondantes munitions, semblaient garantir cette ville, le plus formidable boulevart de cette belle partie de la Loire. Un camp fortifié la protégeait. La Rochejaquelein l'attaque d'abord avec impétuosité, puis avec acharnement, et fait aux murailles une brèche assez large pour ouvrir aux assaillans une entrée glorieuse. Henri lance son chapeau, en s'écriant : *Qui vient le chercher avec moi ?* On le suit en foule, on se précipite : le camp est forcé, et la garnison, rentrée dans la ville, reflue vers le fort d'où sortait aussi la garnison, qui y entre avec elle. La Rochejaquelein, poursuivant ses succès, tire seul sur les fuyards, qui ne ripostent point, et, par la rupture des ponts, leur interdit tout espoir de retour. Maître de Saumur, où son ami de Lescure venait d'être blessé, il vole avec d'Elbée et de Marigny, force l'ennemi d'évacuer les redoutes de Bourman, et entre au château par capitulation.

Saumur était aux royalistes ; mais le point important et le plus difficile était de le conserver. Comment retenir des paysans tout de feu pour un.

coup de main, refroidis et découragés lorsqu'il était porté? On espéra qu'en leur donnant pour chef le jeune héros qu'ils idolâtraient, on enchaînerait leur mobilité à ses destins : vains calculs ! Jamais Henri ne put les persuader, dans leurs propres intérêts, de tenir la garnison de Saumur, ni leur démontrer qu'une conquête qu'on abandonne est une défaite qu'on se prépare. Avec quatre-vingts hommes qui lui demeurèrent, il se vit obligé d'effectuer sa retraite, et il rentra dans le Bocage en même temps que l'armée qui avait marché sur Nantes.

Ce fut peu de temps après qu'il eut l'occasion de se mesurer deux fois, lui et de Lescure, son digne frère d'armes, contre le général Westermann, et qu'il parvint à le battre : il prit part aux affaires de Vihiers et Martigné, aux deux batailles de Luçons. Dans la dernière, la Rochejaquelein donna du sang-froid, qui tempéra toujours son ardeur, une preuve bien remarquable : l'armée républicaine chassait devant elle les royalistes éperdus, devant lesquels la seule issue qui pût les garantir était le pont de Bessé, encombré de canons et de caissons renversés. Henri, malgré le danger croissant d'instans en instans, fait déblayer le pont, disparaître l'obstacle, voit défiler l'armée, et ne passe qu'après. Je passe rapidement plusieurs affaires, entre autres celle de la Roche-Derigué, où Henri eut le pouce de la main droite fracassé, pour arriver à la fameuse bataille de Chollet.

La terrible garnison de Mayence venait d'arriver en poste, afin de réparer les pertes de l'armée républicaine ; partout elle laissait des traces d'un courage qui ressemblait à la vengeance ; et les Vendéens, non moins irrités, brûlaient d'exercer contre elle de sanglantes représailles. Déjà victorieux à la Tremblaye, Westermann engagea à Chollet une affaire qui faillit lui devenir fatale ; car, au moment où d'Elbée et Bonchamp repoussaient ses ailes, Henri de la Rochejaquelein pénétrait dans son centre. Les deux premiers étant mortellement blessés, la chance du combat tourna ; l'action prit une face contraire, et Henri n'échappa qu'avec peine aux coups qui venaient de faire tomber ses deux illustres compagnons. De Lescure avait été blessé la veille.

Après le passage de la Loire, Henri de la Rochejaquelein, nommé général en chef de l'armée vendéenne, eut à vaincre sa répugnance pour le conseil, sa défiance en ses propres ressources, sa haine pour les honneurs. On le vit pleurer amèrement en recevant sa nomination, et il ne s'en consola que dans l'espoir de la remettre bientôt à M. de Lescure.

Alors, contre une armée de soixante mille républicains, dont la garnison de Mayence était le noyau et la force, fut livrée la célèbre bataille de Laval. Elle dura quatorze heures, pendant lesquelles se développa successivement ou à la fois, un grand nombre d'actions partielles, recommandables, dans l'un et l'autre parti, par la bravoure, la constance et les talens. Les soldats de la république perdirent peu-à-peu leurs positions, leurs bagages, leur artillerie. Craon, Mayence, Erné, Fougère, Pontorson, Avranches, tombèrent au pouvoir des soldats du Roi. Mais Henri échoua dans l'attaque de Granville, où les vents empêchèrent l'escadre anglaise de le seconder.

Ville-Dieu pris, il prétendit hiverner dans la presqu'île de Normandie ; mais les clameurs des paysans, qui demandaient à retourner dans la Vendée, le contraignirent à une marche rétrograde. Vingt victoires signalèrent cette belle retraite. On citera éternellement celle de Pontorson, les deux batailles de Dol ; la dernière surtout, où Henri, par les dispositions les plus savantes, poussa également l'ennemi sur les deux routes, et où périt une partie de ces intrépides Mayençais ; dont la victoire avait presque toujours couronné la valeur. A la vue d'Angers, où arriva l'armée royaliste, les murailles l'intimidèrent ; et cette armée, déjà rebutée par l'inutile attaque de Granville, se dispersa. De la Rochejaquelein, contraint à la retraite, se dirige par Baugé sur la Flèche, dont il s'empara à la faveur d'une manœuvre aussi habile que hardie. Pour entrer à la Flèche, il fallait passer la rivière, et le pont était coupé. Une chaussée reconnue offre au général un moyen de surprise ; il marche avec quatre cents hommes déterminés ; et pendant que le reste de l'armée soutenait le feu, il passe en présence de douze cents hommes, qu'il mit en déroute, et s'empara de la place.

La déroute du Mans est célèbre : après des efforts incroyables, l'armée des royalistes, trois fois enfoncée par toutes les forces réunies de l'armée républicaine, éprouva un échec général et complet. Henri de la Rochejaquelein, abandonné au milieu des camps ennemis, n'échappa que par une sorte de miracle à cet imminent danger. Il rassembla, il consola, il réorganisa les débris de son armée ; mais, arrivé à Ancenis, et voulant s'emparer de trois gabares qui étaient sur l'autre rive, et dans lesquelles il eût pu sauver ceux qui l'avaient suivi, il se jeta, lui quatrième, dans une barque, passa la rivière, et croyait renaître à un meilleur sort, lorsqu'une chaloupe canonnière vint aggraver, et combla l'horreur du sien, en le séparant pour jamais de ceux auxquels il avait consacré sa vie.

Les derniers momens de cette vie furent tout entiers pour son prince et pour l'humanité. Au sein d'un revers, qui était sans remède, il sembla retremper son courage et puiser de nouveaux talens. Les républicains, comme les royalistes, n'oublieront jamais, quoiqu'à des titres différens, les mémorables effets des uns et des autres ; mais i's oublieront encore moins que sous la cuirasse du héros palpitait le cœur d'un homme.

« Enfin, dit la Marquise de la Rochejaquelein, dans ses intéressans *Mémoires*, le mercredi des cendres, 4 mars 1794, en se portant de Trémentine sur Nouaillé, où il avait remporté un léger avantage, il aperçut deux grenadiers républicains; on voulut tomber sur eux. Non, dit-il, je veux les faire parler. Il courut, en criant : « Rendez-vous; je vous fais grâce. » L'un des grenadiers se retourna, tira sur lui à bout portant : la balle le frappe au front, et ce héros n'est plus. Le grenadier se mit en devoir de lui arracher sa carabine, pour tirer un second coup à M. de Laville de Baugé et quelques autres qui arrivaient précipitamment. Mais ils le sabrèrent; et, pénétrés de douleur, ils creusèrent une fosse où l'on ensevelit, à la hâte, Henri et son ennemi.... »

Ainsi finit, avant l'âge de vingt-deux ans, celui des chefs de la Vendée dont la carrière a été des plus brillantes; il était l'idole de son armée. Encore à présent, quand les anciens Vendéens se rappellent l'ardeur et l'éclat de son courage, sa modestie, sa facilité, et ce caractère de héros et *de bon enfant*, ils parlent de lui avec fierté et avec amour. Il n'est pas un paysan dont on ne voie le regard s'animer quand il raconte comment il a servi sous M. Henri.

Ses dépouilles mortelles ont été retrouvées près de Nouaillé, où il fut tué; on a fait les funérailles à Chollet, le 7 mai 1817, en présence d'un concours immense de Vendéens, qui vinrent payer à leur ancien chef le tribut de leurs éloges et de leurs larmes. M. l'abbé Jagault, ancien secrétaire général des conseils supérieurs du Roi dans la province insurgée, prononça l'oraison funèbre; le corps a été transporté à Saint-Aubin-de-Baubigné, et mis dans le caveau du Marquis de la Rochejaquelein, son frère, mort en 1815, dans le même pays, et pour la même cause.

Nous terminerons cette Notice par une observation relative au beau tableau que le Roi a fait faire de ce jeune héros, et que nous devons au savant pinceau de M. Guérin.

Quelques personnes auraient aimé à retrouver, en le voyant, cet air aimable, plein de candeur, qui caractérisait toutes ses actions. Nous leur répondrons : ici, la bonté se trouve dominée par un sentiment héroïque; ici, le bon Henri n'est présenté que sous les traits d'un héros intrépide et terrible!....

J. E. J. A. MACDONALD

DUC DE TARENTE,

Maréchal et Pair de France,
Chevalier des Ordres du Roi, Grand-Chancelier de la
Légion d'Honneur, Grand-Croix de l'Ordre Royal
et Militaire de St Louis.

Né le 17 Novembre 1765 à Sedan. (Ardennes.)

A Paris, Chez l'Auteur, Rue des Francs-Bourgeois, N.º 6, F. S. G.   Déposé au Bureau des Estampes.

LE MARÉCHAL MACDONALD.

Parmi les héros que la France peut citer avec orgueil, celui qu'une longue suite de travaux glorieux vient placer au premier rang de nos guerriers, celui qui toujours docile à la voix de l'honneur, ne dévia jamais un instant de ses principes , doit être au-dessus de tout éloge ; et le fidèle récit des principales actions suffit aux .races futures pour leur servir d'exemples , comme pour graver son nom au temple de l'immortalité.

MACDONALD (Jacques-Étienne-Joseph-Alexandre), duc de Tarente, maréchal et pair de France , chevalier des ordres du Roi, ministre d'état, membre du Conseil privé du Roi, grand'croix et grand chancelier de l'ordre royal de la Légion d'honneur, grand'croix de l'ordre royal et militaire de Saint-Louis, major-général de la garde royale, gouverneur de la 21° division militaire, etc., etc. ; né à Sédan le 17 novembre 1765.

Issu d'une famille illustre d'Ecosse, établie depuis long-temps en France, le jeune Macdonald , dès ses premières années, fut destiné à la carrière des armes. Ses aïeux lui laissaient d'assez nobles exemples pour qu'il tentât de soutenir l'éclat de son nom ; et il prouva bientôt qu'il était digne de s'élever au rang où leur courage et leurs vertus les avaient placés.

Entré fort jeune au service , il fut commissionné lieutenant de la légion de Maillebois que l'on destinait à soutenir, en Hollande, le parti *anti-stathoudérien* en 1784. Rentré en France, en 1786, il passa cadet au régiment de Dillon: passa successivement par les grades inférieurs: devint capitaine en 1792, lieu-tenant-colonel dans Hesse-Darmstadt, et colonel de Picardie en février 1793.

Il seconda Hédouville et Bern; leurs efforts réunis valurent une victoire complète aux armées françaises, et la république reconnaissante éleva Macdonald au grade de général de brigade.

Ce fut après les combats de Lescines , Warwick, Commines et Moucron qu'il fut élevé au grade d'of-ficier-général. Il commanda une brigade de la division Souham, il prit et reprit Menin plusieurs fois, décida la bataille d'Houghlege contre l'armée austro-Anglaise et Hanovrienne, dont la capitulation d'Ypres fut la suite glorieuse; il fut nommé général de division après le siège de Heil-le-Duc et la prise de Ni-mègue. C'est lui qui franchit le Waal glacé, Athiel, Nimègues et Kesserdorn avec deux divisions; après un sanglant combat, il mit en fuite les Austro-anglais-hanovriens, prit plusieurs pièces de canon, resta maître de la rive droite et s'étendit dans les provinces d'Arnheim, d'Utrecht, d'Over-Issel qui dé-cidèrent de la capitulation entière de la Hollande, et, détaché par le général en chef, il poursuivit les débris de l'armée du duc d'York jusques sur les bords de l'Ems.

Il fit cette brillante campagne de 1794, qui nous soumit la Flandre, la Belgique et la Hollande. *Va-lenciennes* , *Condé* , *Landrecies* , *Lequesnoy* virent leur défense abrégée par son indomptable activité; et à *Tureving*, *Tournay* la promptitude de ses ma-nœuvres décida la vitoire, après avoir contri' defaite du duc d'York.

Il commanda à Dusseldorf et à Cologne, puis en-suite combattit avec les armées du Rhin et de Sambre et Meuse. Envoyé au-delà des Alpes, en 1797, et commandant des troupes françaises dans les Etats romains pendant les années suivantes, il battit les révoltés qui s'étaient rassemblés à *Faventino* et à *Frosinova*. Vengeant la mort du brave Leduc, indi-gnement assassiné, il emporta d'assaut *Terracine*, le 24 vendémiaire an 7, et entra triomphant dans Rome. Ce fut lui qui, à cette époque, gouverna avec autant de fermeté que de sagesse les Etats de l'église et qui dirigea le nouveau consulat romain.

Forcé momentanément d'évacuer la capitale du monde chrétien devant toutes les forces de Mack, général en chef napolitain, il ne tarda pas à re-prendre l'offensive, et le chassa à son tour de cette ville, attaqua et défit ses ennemis à *Civetta-Castel-lana* : 23 pièces de canon, 45 caissons , 900 chevaux et 2000 prisonniers furent les trophées de cette jour-née ; bientôt après 500 Napolitains, à Calvi , sont cernés par la division qu'il commande, les officiers demandent à capituler : *La colonne prisonnière, ou passée au fil de l'épée, voilà mon ultimatum*, ré-pond Macdonald; les Napolitains posent les armes, le général français rentre dans Rome et vole à de nouvelles victoires, qui assurent celles de Cham-pionnet dans les états de Naples.

Au commencement de mars 1799, il prit le com-mandement en chef de l'armée : *Capoue*, *Bénévent*, *Andria*, *Castellamare*, *Voltri* furent témoins de son courage. Les talens qu'il déploya dans ces journées assurèrent sa réputation militaire; mais celles qui les suivirent durent y mettre le comble.

Schérer qui avait sous ses ordres l'armée de Naples, écrivit , au commencement d'avril , au général Mac-donald d'opérer sa retraite et de venir le rejoindre ; celui-ci , qui apprend les succès de Kray , sent qu'il doit se hâter s'il veut trouver le passage libre , et après avoir pris les meilleures dispositions, com-mence son mouvement rétrograde. Attaqué à *Sa-lerne* , à *Voltry* , à *Castellamare* par les Napolitans qui augmentent leurs forces de quelques partis An-glais , son arrière-garde leur oppose une vigoureuse résistance, et pendant ce tems il fait filer son artillerie et ses bagages. Il repasse le Volturne, force le passage étroit des Appenins que les insurgés lui disputent, parvient en Toscane, rallie les généraux Mont-Richard, Vignolles , Gauthier et Miollis ; bat les Autrichiens à *Parzanne* et à *Pontremoli* , rétablit ses communi-cations avec Gênes, et concerte un plan d'attaque avec Moreau. Du haut des Appenins , il se précipite alors sur l'aile gauche des Autrichiens, leur enlève Modène après un rude combat où il est blessé. Dans le mouvement important qu'il exécute , il ne peut confier à personne le salut de son armée, malgré ses vives douleurs on le voit toujours à sa tête et au fort du danger. Il se dirige vers le Pô et parvient au lieu où il est convenu que Moreau doit le joindre afin de marcher ensemble contre les Austro-Russes, pour les rejetter au-delà du Pô, tandis que de nouvelles armées accourent de France sur les frontières et en Italie. Dans l'exécution de cette audacieuse manœuvre, Moreau hésita et Macdonald seul se rendit au point de jonction. Cependant Melas et Suuwarow accourent, réunissent leurs forces et se présentent à Macdonald qui est seul pour soutenir leur choc. Le 17 juin il prit position sur les bords de la *Trebia* pour y attendre le général Moreau qu'il ne vit point paraître. Macdonald eut alors à lutter contre des forces bien supérieures et conserva long-temps l'avantage dans cette bataille qui fut l'une des plus sanglantes dont l'histoire ait gardé le souvenir. Après trois jours de carnage, ce général voyant que même une victoire éclatante n'aurait plus pour l'armée les conséquences qui scraient résultées de l'arrivée du général Moreau quitta le lieu du combat. Le deuxième de ces jours mémorables Souwarow s'était écrié *encore une bataille comme celle-là et les Français sont à Vienne.*

Le 20 juin il se décida à la retraite après avoir masqué son mouvement par un rideau de postes ; attaqué au passage de la *Nera* et vivement poursuivi il allait avoir à repousser de nouvelles forces, lorsqu'enfin une diversion tardive de Moreau attira l'attention de Suwarow et lui permit d'opérer son mouvement sur l'état de Gênes. Il s'empara de nouveau de Modène, où il battit l'ennemi ainsi qu'à Suffur ; il manœuvra ensuite pour tromper les corps ennemis qui l'observaient, rentra dans les Appenins, la Toscane, embarqua son artillerie à Arici, et vers la fin de juillet entra dans Gênes à la tête de 17000 hommes, en commençant son mouvement, au-delà des Appenins il en avait 28000.

. Telle fut cette campagne que d'habiles tacticiens ont mise au premier rang des expéditions qui honorent les armées Françaises. Le général Macdonald revint alors en France, et y obtint successivement plusieurs commandemens honorables. A l'époque du 18 brumaire, il avait celui de Versailles.

En 1801, il fut placé à la tête de l'armée des Grisons, chassa les Autrichiens de cette vallée, franchit le *Splugen* et pénétra dans le Tyrol. Bientôt après il fut nommé ministre plénipotentiaire en Danemarck, revint en France en 1801, et ne reparut plus à la tête des troupes jusqu'en 1809. On pensa que ses liaisons avec Moreau étaient la cause de cette inactivité que l'on nomma disgrace. Enfin replacé à la tête d'un corps d'armée en Italie, il passa la *Piava* et prit une grande part à la bataille de ce nom. Détaché par le prince Eugène, commandant en chef, il bloqua Pal-

ma-nova, passa Lysonzo, prit Trieste, força les gorges d'Edria, les hauteurs de Prewald, investit ses forts ainsi que Leybach et son camp retranché qui capitulèrent successivement, traversa la Suave, la Dranne, l'Amhure, entra dans Gratz et opéra sa jonction avec le général en chef après avoir fait dix mille prisonniers, pris plus de cent bouches à feu et des magasins d'approvisionnement immenses. Il eut la plus grande part au succès, et à Wagram, marchant au pas de charge à la tête des troupes de son corps d'armée, il enfonça le centre de l'armée ennemie, et décida la victoire. Ce fut sur le champ de bataille qu'il reçut le bâton de maréchal de France.

En 1810, il fut envoyé en Espagne, et s'empara de Figuières par capitulation.

En 1812, il commanda le dixième corps de l'armée de Russie, marcha sur Riga avec les Prussiens, se retira en bon ordre, battit les Russes près de Tilsitt, et, après la défection, continua sa marche sans être entouré jusqu'à Dantzick, et soutint avec éclat sa haute réputation à *Marbourg*, à *Lutzen* et à *Bautzen* au commencement de la campagne suivante à la tête du onzième corps.

Nommé commandant en chef des corps stationnés en Silésie, il fit des prodiges de valeur pour opérer sa retraite ; il se distingua surtout à *Vachau*, à *Leipsick*, et après la rupture du pont de Lindenau, il franchit l'Elster, qui engloutit Poniatowski, et livra Lauriston aux Russes. A *Hanau*, il combattit les Bavarois, et, après avoir repassé le *Rhin*, il se retira vers la Belgique. Il revint ensuite combattre les alliés dans les plaines de la Champagne, et de nouveaux exploits signalèrent son courage à Nangis.

Après la capitulation de Paris, il négocia avec les alliés pour la sûreté de Napoléon et obtint pour lui la retraite de l'Isle d'Elbe ; fut ensuite un de ceux qui le décidèrent à abdiquer ; et libre enfin de ses sermens, il donna son adhésion au rappel des Bourbons. Créé pair de France en 1814, il se retira dans ses terres en 1815, et fut au retour du Roi, nommé grand chancelier de la légion d'honneur et commandant de l'armée qu'il fut chargé de licencier au-delà de la Loire.

Ainsi qu'à toutes les époques de sa vie, depuis ces événemens, le maréchal Macdonald ne cessa de donner à la France et à son Roi, des preuves de cette loyauté qui fut toujours la base de toutes ses actions, et sut prouver dans maintes circonstances, que toujours fidèle aux principes de l'honneur, sa sagesse et sa fermeté pouvaient triompher des factions, comme sa valeur et son génie avaient su vaincre les ennemis de son pays.

MANUEL,

Député de la Vendée,

Né le 10 Décembre 1775, à Barcelonnette (Basses Alpes.)

A Paris chez l'Auteur Rue des Francs Bourgeois N.º 6. F. S.ᵗ G.ⁿ

MANUEL,
DÉPUTÉ DE LA VENDÉE.

Parmi les hommes marquans qui ont paru sur notre scène politique, depuis que la chute de Napoléon et le retour de la Famille royale ont amené une nouvelle série d'événemens, non moins intéressans que ceux du commencement de la Révolution française, M. Manuel est un de ceux qui ont le plus attiré l'attention publique par leurs talens et leur caractère. Nous allons tracer une esquisse rapide de sa vie et de ses actions.

M. MANUEL est né, le 10 décembre 1775, à Barcelonnette, département des Basses-Alpes. Son père y remplissait les fonctions de notaire, et obtint de la confiance de ses concitoyens la charge municipale de *premier consul*, une de celles auxquelles pouvaient aspirer les plébéiens dans l'ancien ordre de choses. Il perdit de bonne heure ses parens, qui lui laissèrent une fortune médiocre, mais une mémoire respectée. Après avoir fait à Nismes, au collége royal des Doctrinaires, d'excellentes études, et qui furent terminées à l'âge de treize ans et demi, il s'enrôla à dix-sept ans dans ces immortels bataillons de volontaires nationaux, au sein desquels s'élancèrent, à cette époque, tout ce qu'il y avait dans la jeunesse française de plus énergique, de plus courageux, et en partie de plus éclairé. Là, marchaient inconnus, Pichegru, Hoche, Jourdan, Moreau, Desaix, Drouot et beaucoup de citoyens distingués qui, de retour dans leurs foyers, développèrent, dans des carrières diverses, après des études qui avaient élevé leur esprit, une activité éclairée, inspirée par l'habitude de remplir des devoirs qui demandent le mépris des dangers : de ce nombre fut M. Manuel. Ce fut après le traité de paix de Campo-Formio qu'il revint dans son pays.

La paix conquise par la France, une maladie grave, et les vœux de ses parens, le déterminèrent à quitter l'état militaire où il était parvenu au grade de capitaine. Il se livra au barreau en l'an VII, à une époque où aucune étude spéciale, aucune formalité n'étaient exigées de la part de ceux qui voulaient suivre cette carrière. Ce fut d'abord devant le tribunal civil de son département, établi à Digne, qu'il plaida avec succès. Mais ce tribunal se trouvant supprimé, en l'an VIII, par une nouvelle organisation judiciaire, M. Manuel alla prendre place au barreau de la cour d'appel établi à Aix, où il occupa bientôt la place la plus distinguée, par la supériorité de son talent et la noble indépendance de son caractère. La première fois qu'il parut devant elle, la cour, dont il était tout-à-fait inconnu, s'étant retirée pour délibérer, son président fut chargé par elle, après la prononciation de l'arrêt, de lui dire qu'elle se félicitait de voir à sa barre un avocat qui débutait avec un ton et des formes aussi convenables, et un talent aussi distingué. Il ne pensa nullement à quitter l'honorable carrière dans laquelle il était entré, et qui lui offrait à-la-fois une source de considération et de fortune, pour rechercher des fonctions publiques, d'autant plus que les formes du gouvernement représentatif, assez faiblement conservées sous le Consulat, disparurent presque entièrement sous l'Empire.

On se rappelle que lorsque Fouché, duc d'Otrante, quitta pour la seconde fois le ministère de la police, il alla passer quelque temps dans sa Sénatorerie d'Aix. La renommée de M. Manuel engagea le ministre disgracié à le rechercher et à lui faire souvent l'accueil le plus distingué.

La position de M. Manuel ne changea pas sous la première restauration ; mais lorsque au retour de Bonaparte de l'île d'Elbe, celui-ci se décida à convoquer une représentation nationale, l'attention des habitans de ces contrées se portèrent de toutes parts sur lui. Les électeurs de l'arrondissement d'Aix se proposaient de le nommer à l'unanimité ; mais, n'ayant ni ambition personnelle, ni la conviction de pouvoir être utile à son pays dans une assemblée législative, il refusa leurs suffrages et les pria de les porter sur M. Fabry, son ami, alors fixé à Paris. Immédiatement après, il se rendit dans la capitale qu'il n'avait pas encore vue. Le moment lui paraissait favorable ; la marche de la justice était interrompue, et l'inactivité de la cour d'Aix, par l'effet d'une commotion politique, plus sentie en Provence qu'en beaucoup d'autres lieux, lui offrait les moyens de s'absenter, sans inconvéniens, de son cabinet. Peu de jours après son arrivée, il apprend sa double nomination par deux colléges électoraux du département qui l'avait vu naître. Il hésita un instant ; mais la gravité des circonstances, les conseils des amis, dont il se trouva entouré, le décidèrent à accepter. Il prit ainsi place dans la Chambre des représentans.

On sait de quelle manière fut composée cette assemblée célèbre, si remarquable dans nos annales. D'illustres réputations patriotiques y reparurent avec un nouvel éclat ; quelques hommes, qui s'étaient fait connaître sous de bien moins heureux auspices, vinrent se placer en petit nombre à côté d'eux ; enfin, des réputations toutes nouvelles devaient s'y établir aussi. A l'assemblée constituante on avait vu les noms, jusqu'alors inconnus, des Barnave, des Chapelier, des Thouret, venir se ranger avec distinction à côté de ceux déjà célèbres depuis les dernières années qui précédèrent la révolution, des Mirabeau, des Target, des Lafayette. Il était à présumer que de même, pendant l'époque de l'abaissement des institutions libérales sous un brillant despotisme, de nouveaux talens, perfectionnés par les inspirations du patriotisme, s'étaient mûris en silence, et viendraient ainsi prendre place au milieu des réputations depuis long-temps consacrées, des vétérans d'une sage liberté. Parmi ces hommes, il devait s'en trouver un fait pour attirer promptement sur lui l'estime et l'attention publiques, par l'heureuse union d'un beau talent et d'un grand caractère, et cet homme, c'était M. Manuel.

Pour que sa conduite à la Chambre des représentans puisse être appréciée avec justice, par les hommes qui aiment à lui rester fidèles dans leur jugement, quelles que soient leurs opinions personnelles, il faut se rappeler la position dans laquelle il s'était trouvé avant de paraître dans cette assemblée. L'auguste famille des Bourbons avait déjà cessé de régner en France au moment où M. Manuel, après avoir terminé ses études, embrassa la carrière des armes. La restauration de 1814 le trouva et le laissa dans l'exercice de la profession d'avocat. C'est à la Chambre de 1815 qu'il parut, pour la première fois, comme homme public, et qu'il eut des devoirs politiques à remplir.

Avant la catastrophe de Waterloo, il n'avait pris la parole que pour présenter à l'assemblée quelques réflexions motivées par les circonstances, et dont l'objet était de faire sentir le besoin d'établir un ordre convenable dans la marche des discussions et le travail de la Chambre; déjà cependant on le désignait, plutôt qu'on ne le connaissait encore, comme un des membres les plus marquans, et il fut porté, à une très-grande majorité, à la commission centrale qui, avant le départ de Napoléon pour l'armée, avait été nommée pour revoir les constitutions de l'Empire et les fondre dans un seul tout. Mais le danger éminent auquel allait se trouver exposée l'indépendance nationale, donna une vaste carrière à ses talens et à son patriotisme. La Chambre des représentans venait d'obtenir l'abdication de Napoléon. M. Manuel n'était pas parmi les députés qui, dans la situation où se trouvait alors la France, avaient eu la conviction de l'utilité immédiate de cette mesure si importante; mais lorsqu'elle fut consommée, il voulut qu'on se mît dans une position à en recueillir tous les fruits.

Un coup d'œil sur la position des partis est ici nécessaire. Dans ces graves circonstances, deux opinions prononcées se partageaient l'immense majorité de cette Chambre. Les uns, attachés, soit par reconnaissance, soit par leur intérêt, leurs habitudes et leurs opinions, à la famille du Prince à qui le sceptre venait de tomber une dernière fois des mains avec la victoire, ne voyaient de salut pour la patrie que dans le nom de ce conquérant déchu, dont les souvenirs leur paraissaient encore puissans sur l'ame et l'imagination d'une armée valeureuse et dévouée. Les autres avaient conservé une honorable indignation contre les fautes que la liberté, la raison publique, et l'esprit du siècle avaient à reprocher à l'homme extraordinaire à qui la Patrie, au sortir des troubles qui l'avaient déchirée, confia ses destinées; et en voyant que la gloire des armes avait trahi celui qui opprima la liberté, l'établissement d'un gouvernement qui ne rappelât aucun de ses souvenirs leur parut une condition nécessaire pour l'établissement de cette même liberté, et un dédommagement offert a la France des dangers où se trouvait son indépendance extérieure. Entre ces deux opinions (car les circonstances, dans lesquelles la Chambre des représentans fut convoquée, ne permirent pas que la respectable opinion des hommes également dévoués à la monarchie des Bourbons et à la liberté de la France, y eût plus qu'un très-petit nombre de partisans), une troisième demandait à se former, et, pour acquérir de la prepondérance, avait besoin d'un organe propre à faire une impression prompte et rapide sur toutes les consciences droites et les raisons supérieures. Il s'agissait de convaincre les esprits de l'égale nécessité de renoncer aux plus honorables attachemens, aux aversions les plus dignes d'éloges par leurs motifs, et, dans le grand désastre qui menaçait la patrie commune, de ne tenir qu'à la conservation des grands et généreux principes pour lesquels, depuis trente ans, on avait fait tant d'efforts et de sacrifices, de ne repousser aucun moyen de salut, et d'accepter tous ceux qui se présenteraient pour garantir l'indépendance au-dehors, la liberté au dedans.

Ceux qui partageaient cette opinion obtinrent d'abord, sans beaucoup de peine, l'établissement d'un gouvernement provisoire, qui put traiter des intérêts de la France uniquement dans ses intérêts, sans les subordonner à ceux de tout autre gouvernement, dans lequel, par conséquent, les Napoléons ne devaient avoir et n'eurent en effet aucune place. Ce parti fut pris sans réclamation, sans doute parce qu'il parut à tous commandé par la nécessité; mais, dès le lendemain, les choses semblèrent prendre un autre aspect, et un ministre d'état vint brusquement demander la proclamation de Napoléon II. Cette demande imprévue jeta aussitôt la Chambre dans la plus grande agitation. Vivement appuyée par les uns, elle était pour les autres un sujet d'effroi. Déjà la plus violente discorde éclatait dans l'assemblée, et il était évident pour tous que ce trouble intérieur allait en provoquer de plus terribles au milieu de la population de la capitale et des troupes qui l'entouraient ou la traversaient. C'est dans de telles circonstances que M. Manuel monta à la tribune pour essayer de calmer et de réconcilier les deux partis qui s'entrechoquaient, en leur proposant une mesure capable de donner à l'un et à l'autre une satisfaction raisonnable, et que chacun d'eux pût préférer aux chances et aux conséquences de la lutte qui venait de s'établir. Cette mesure était de passer à l'ordre du jour sur la motion, par le double motif, d'une part, que les constitutions de l'Empire rendaient la proclamation inutile, et de l'autre, que la Chambre ne voulait ni ne devait revenir sur la résolution par laquelle elle avait confié le pouvoir exécutif à un gouvernement provisoire. La force, l'habileté et la raison que M. Manuel développa dans ce discours, improvisé avec un talent supérieur, eurent tout le succès qu'il devait en attendre : l'ordre du jour fut adopté à l'unanimité et avec acclamation, motivé comme il l'avait désiré. Jamais orateur n'avait eu, dans une assemblée publique, un triomphe plus complet. Des hommes, peu d'instans avant divisés d'intérêts et de passions, lui surent également gré et de sa proposition et du succès qu'il avait obtenu; et en descendant de la tribune, à peine connu de quatre ou cinq de ses collègues, il fut accueilli par les félicitations et les embrassemens de tous.

Peu de jours après, cependant, le parti napoléonien tenta un dernier effort. M. Manuel ayant été chargé de présenter, au nom d'une commission, un projet d'adresse par les Chambres au Peuple français, ce projet fut vivement attaqué par quelques orateurs de la partie de la Chambre qui avaient demandé la proclamation de Napoléon II. Ils se plaignirent que son nom n'y fut pas prononcé, crurent voir, dans cette omission et dans le soin du rédacteur à ne parler qu'au nom de la France, une arrière-pensée et les projets de favoriser les prétentions d'une autre dynastie. Cette discussion menaçait encore une fois la Chambre du trouble qu'avait fait naître la précédente.

En repoussant avec franchise et énergie les reproches qui lui étaient adressés, M. Manuel défendit le projet d'adresse comme la conséquence naturelle de la résolution prise unanimement par la Chambre quelques jours auparavant, et ce projet fut adopté en effet. C'est dans cette occasion, et à la suite d'une vive interruption, qu'il dit ces mots remarquables : *J'ai un avantage sur ceux qui suspectent ici mes intentions, c'est que je ne suspecte pas les leurs.*

La Chambre des représentans, pendant que les armées ennemies approchaient de la capitale, entendit le rapport de la commission qu'elle avait nommée pour lui proposer un projet de constitution qui, en garantissant les bases fondamentales de l'organisation sociale, laissaient à l'avenir, à la Providence, le soin de choisir ses instrumens. On connaît le projet qui fut présenté, et dont une partie seulement put être discutée. M. Manuel, nommé rapporteur de cette commission, prit une grande part dans les discussions et dans tout ce qui tient à la division des pouvoirs, aux grands intérêts de la morale et de la société, il y développa ces principes sages et lumineux, cette maturité de doctrine et d'expérience qui, à l'époque où l'on était parvenu, distinguaient déjà ceux qu'essayent si injustement de flétrir du nom de révolutionnaires les hommes qui veulent priver la génération actuelle d'une longue suite de méditations et de travaux. L'hérédité de la Chambre des pairs, dans l'intérêt combiné du trône et du peuple ; le droit de faire grâce, attribué au Souverain ; l'importance des croyances religieuses et de la considération de leurs ministres, à côté des dangers d'une religion dominante et trop favorisée, furent défendus par M. Manuel, contre des objections spécieuses, avec le talent d'un orateur plein d'habileté, et d'un homme formé par l'étude approfondie de nos écrivains comme de nos publicistes les plus distingués.

Enfin les événemens accomplirent leurs cours. Le gouvernement provisoire annonça à la Chambre qu'il avait été forcé de se dissoudre par la présence des troupes ennemies. Dans ce moment décisif, M. Manuel prononça un discours plein d'éloquence et de courage, dont un souvenir illustre pouvait diminuer l'intérêt sans en diminuer le mérite, et qui rallia à lui tous ceux de ses collègues qui, par leur caractère et leur position, avaient été empêchés de donner à la prudence et à la sagesse de ses démarches précédentes une adhésion aussi complète. Il fit en même temps une profession de foi qui put paraître téméraire dans un moment pareil ; mais qui prouva du moins qu'il n'hésitait pas à sacrifier sa sûreté personnelle au désir de faire éclater la franchise de son caractère et de ses paroles. Ensuite, il rentra dans la vie privée ; mais ne retourna pas dans ses foyers, que depuis lors il n'a pas revus.

Les sages et paternelles intentions avec lesquelles Louis XVIII était remonté sur le trône de ses pères, et qu'il avait manifestées avant sa rentrée dans la capitale, avaient été trop violemment contrariées par les fureurs des partis, pour qu'après un rôle tel que celui que M. Manuel avait joué, il put trouver le repos dans des contrées où, plus qu'ailleurs, la discorde avait allumé ses flambeaux. Il fit vendre une maison et un bien rural qu'il possédait en Provence ; il acquit une maison à Paris et y fixa son domicile, avec l'intention de s'attacher au barreau de cette capitale ; mais ses opinions politiques, malgré la sagesse et la modération qu'il avait mises dans leur expression, et bien que les hommes équitables des partis les plus opposés lui eussent rendu justice au moment où il les avait prononcées, furent jugées, dans ce moment d'effervescence générale, par le conseil de discipline des avocats de Paris, comme un motif suffisant pour refuser de l'admettre. Ce refus, qui portait une si grave atteinte à l'indépendance de la profession d'avocat, produisit un grand éclat et attira encore davantage l'attention publique sur M. Manuel.

Lorsque la loi du 5 février fut pour la première fois mise à exécution dans la capitale, il fut porté d'abord, conjointement avec MM. Lafitte, Casimir Périer, Delessert, député de Paris, en 1817 ; et ensuite, en 1818, avec MM. Lafayette et B. Constant, par le suffrage d'un très-grand nombre d'électeurs ; mais, pendant que ce dernier scrutin s'achevait, on apprit que la Vendée et le Finistère l'avaient élu pour leur représentant. Il opta pour le premier de ces départemens, où les intérêts aristocratiques avaient été autrefois courageusement défendus par les classes les plus riches et les plus pauvres de la société, et où les intérêts constitutionnels le sont maintenant avec force par les classes intermédiaires. Il prit place dans la Chambre des députés, et reparut sur le même théâtre où, quelques années auparavant, dans des circonstances si différentes, il s'était montré avec tant de distinction. Quelque grande que fut la réputation qui le précéda, il sut la justifier complètement. Si deux ou trois députés, parmi ceux qui défendent avec le plus de talent l'opinion poli-

tique dont M. Manuel est devenu un des plus célèbres soutiens, se sont rangés, par la profondeur et l'étendue des idées qui caractérisent leurs discours, au nombre de nos publicistes, de nos écrivains et de nos penseurs les plus illustres, personne ne peut être préféré à M. Manuel, pour la grâce, la facilité, la prodigieuse abondance de l'improvisation, et très-peu, sous ce rapport, peuvent lui être comparés, soit dans la Chambre des députés, soit même dans toutes nos précédentes assemblées politiques. Son langage, ordinairement clair, simple, plein de raison et de justesse, s'élève quelquefois, porté par la gravité des circonstances et par des résistances inattendues et hostiles, jusqu'au ton de l'éloquence la plus énergique. Sentinelle avancée et vigilante des doctrines constitutionnelles, il est toujours prêt à leur payer spontanément le tribut de ses lumières et de son courage. Nul n'a tiré plus d'avantages de la brillante faculté de l'improvisation. Il n'est personne aussi qui, par là, ait plus souvent fourni à ses adversaires l'occasion d'exercer leurs ressentimens, et plus d'une fois ses expressions furent interprétées par des hommes prévenus ou exaltés (avant que des développemens eussent fait connaître ses véritables intentions), d'une manière toute contraire à ce que devait faire présumer la modération de ses sentimens et de son caractère. Il faut ajouter aussi que toujours ses réponses promptes et énergiques, donnèrent à l'expression de ses sentimens une nouvelle force et de nouveaux moyens de triomphe. Pendant tout le cours des sessions, depuis 1818 jusqu'en 1822, il ne cessa d'occuper l'attention publique, en parlant sur les matières les plus importantes, de finance, de législation, d'administration et de politique.

L'époque de l'expiration de ses pouvoirs législatifs étant arrivée, la nouvelle loi des élections, qui venait d'être substituée à celle du 5 février, et les efforts naturels de l'autorité, semblaient rendre sa réélection impossible. Elle eut cependant lieu dans deux arrondissemens de ce même département de la Vendée, qui l'avait déjà élu une première fois. Cet événement causa la sensation la plus vive et la plus générale.

Lorsque M. Manuel rentra dans la Chambre des députés, il y fut l'objet des plus violentes préventions de la part des membres qui siégeaient sur les bancs opposés aux siens. Dans un discours remarquable, et le premier qu'il prononça dans cette session, ayant cherché à réfuter l'opinion de M. le ministre des affaires étrangères au sujet de la guerre d'Espagne, il voulut démontrer, par les funestes exemples de la révolution française, les dangers auxquels l'intervention armée allaient exposer, selon lui, la monarchie espagnole et le Monarque lui-même. Ses paroles, dont le développement fut rendu impossible par les cris qui se prolongèrent pendant plusieurs heures, furent regardées comme l'apologie d'une catastrophe déplorable que M. Manuel ne tarda pas à démontrer n'avoir jamais eu l'intention de faire. Au bas de la tribune, et au milieu du désordre de l'assemblée, il avait écrit avec le plus grand calme au président, une lettre qui expliquait ses véritables intentions ; mais il lui fut impossible d'obtenir la parole, ni même la lecture de sa lettre. Son exclusion fut proposée par un membre, et ensuite par ce même membre au nom d'une commission à qui la proposition avait été renvoyée. Une discussion mémorable, par les talens qui y furent développés, eut lieu à ce sujet.

Dans deux discours qui sont entre les mains de tous ceux qui n'ont pu rester indifférens à un événement aussi remarquable, après avoir, dans le premier, expliqué ses véritables intentions ; dans le second où il s'agissait de prononcer sur la demande en expulsion, M. Manuel se borna à protester qu'il ne reconnaissait point à la Chambre le droit de le condamner, et termina sa protestation par ces mots : « *Appelé dans cette enceinte par la volonté de ceux qui avaient le droit de m'y envoyer, je n'en sortirai que par la violence de ceux qui n'ont pas le droit de m'en exclure; et, si cette résolution de ma part doit appeler sur ma tête les plus graves dangers, je me dis que le champ de la liberté a quelquefois été fécondé par un sang généreux.* »

La Chambre des députés prononça l'exclusion de M. Manuel, pendant la durée de la session. En effet, il se présenta le lendemain dans l'enceinte de la représentation nationale, entouré des collègues qui siégeaient avec lui, et avec lesquels il était entré, malgré l'injonction des huissiers de la Chambre, qui n'osèrent pas employer la force. Le président lui ordonna de sortir de la salle. Il répondit : « *Hier, je déclarai que je ne céderais qu'à la violence; aujourd'hui, je viens tenir ma parole.* » Le même ordre ayant été donné à l'officier du poste de la garde nationale, et celui-ci l'ayant transmis au sergent Mercier, auquel cette circonstance donna une célébrité si inattendue, ce citoyen refusa d'obéir; enfin, le colonel de gendarmerie, M. de Foucault, ayant été introduit dans la salle à la tête d'une compagnie, commanda d'*empoigner* M. Manuel. Contraint de céder, celui-ci quitta alors la salle de son propre mouvement, accompagné de tous ses collègues du côté et du centre gauche. Les premiers firent paraître, peu après, une protestation énergique et ne parurent plus dans l'enceinte législative. Les députés du centre gauche ne reparurent non plus que très-rarement et sans prendre part aux délibérations. M. Manuel devint ensuite, plus que jamais, l'objet de l'attention publique. Les éloges des uns, les injures des autres, lui furent prodigués avec abondance. Des habitans de la capitale, du département qui l'avait choisi pour député, de plusieurs des principales villes du royaume, lui donnèrent d'éclatantes marques de considération, et son image fut reproduite dans tous les lieux. On se tromperait cependant si l'on croyait qu'une célébrité aussi extraordinaire fût dans les goûts de M. Manuel; simple, modeste, modéré dans ses desirs, l'étude, la retraite et l'amitié, ont plus de charmes pour lui que l'éclat d'un rôle brillant et d'une haute considération qu'il doit à des circonstances qu'il n'avait pu ni désirer, ni prévoir, et au milieu desquelles une conviction profonde de ce qu'il regardait comme ses devoirs de citoyen et de député, paraît, à tous ceux qui ont eu occasion de l'apprécier, comme ayant été le seul mobile de ses discours et de ses actions.

B...

LE BARON MARANSIN.

Lieutenant-Général, l'un des Commandeurs de la Légion d'honneur, Chevalier de l'Ordre Royal & Militaire de St. Louis.

Né le 20 Mars 1770, à Tarbes (Hautes Pyrénnées.)

A Paris, chez l'Auteur, Rue des Francs Bourgeois, N.º 6. F. S. G.

Déposé

LE GÉNÉRAL MARANSIN.

Voici un homme dont l'existence entière nous rappelle les citoyens de l'ancienne Rome. Après avoir glorieusement défendu la patrie pendant vingt-cinq ans, couvert de blessures, il se retire paisiblement dans l'héritage délabré de ses pères. D'aussi nobles caractères doivent consoler la France d'avoir vu dans son sein ces misérables, dont les noms retracent les crimes et les malheurs qui l'ont couverte de deuil. Dans ces temps de catastrophes épouvantables, signalés par les excès les plus honteux, on aime à rencontrer de beaux et fréquens exemples de la plus brillante vertu.

Jean-Pierre MARANSIN, né à Tarbes, dans le département des Hautes-Pyrénées, d'un négociant estimable, était un de ces hommes que la nature destine à des succès dans quelque carrière qu'ils se présentent. Il terminait ses études à Bordeaux, et rien encore n'avait décidé son choix, lorsque le péril de la France vint l'arracher à sa famille pour le faire soldat et fixer son sort.

La nécessité de repousser les forces d'une puissante coalition qui menaçait de détruire le nouvel ordre de choses créé par la révolution pénétrait alors tous les cœurs, enflammait tous les courages, et armait de tous côtés sur le sol français de nombreux bataillons de volontaires. Les Hautes-Pyrénées étaient en retard d'offrir leur tribut; Maransin, frappé du besoin d'acquitter cette dette, élève la voix au milieu de son département dans une adresse si remarquable que les magistrats en ordonnèrent eux-mêmes l'impression et la publication. Les sentimens qu'elle renferme et l'énergie avec laquelle ils sont exprimés produisent un effet prompt et utile et se communiquent à ses jeunes concitoyens, qui accourent auprès de lui se former en deux bataillons. Bientôt leur confiance et leur affection l'élevèrent, de simple volontaire, au grade de capitaine. Peu après, ils le portèrent à celui de chef de bataillon; mais comme la seule ambition de défendre son pays lui avait mis les armes à la main, il refusa un honneur qu'il croyait n'avoir pas encore mérité : il préféra rester le compagnon d'armes du brave Latour-d'Auvergne, capitaine des grenadiers, et rivaliser de courage et de dévouement avec lui.

A l'armée des Pyrénées, le 13 septembre 1793, suivi de cinq compagnies, Maransin repousse le régiment d'Affrica, qui attaquait le camp d'Aynhoün, et va s'emparer du village d'Urdach et des approvisionnemens qu'il renferme.

Le chef de bataillon du Peyron, qui commandait la colonne chargée de l'attaque d'Yrati, ayant été tué, Maransin prend sa place, pénètre dans le fort, brûle des magasins de marine, et fait éprouver à l'ennemi une perte de plus de 4,000,000.

Le premier messidor an 2, il enlève, malgré une résistance des plus opiniâtres, le camp de la légion de Saint-Simon, saisit la caisse et la remet au général d'Igonet.

En vendémiaire an 4, avec cinq compagnies de grenadiers, il parvient à faire entrer dans Léger un convoi de grains attaqué par 4000 hommes, ayant Charette à leur tête.

De nouveaux succès l'attendaient à l'armée du Rhin. Le 14 frimaire an 4, il traverse la Kinsik, suivi de deux bataillons d'infanterie légère, et s'empare de la ligne de circonvallation qu'avait établie l'ennemi autour de Kehl; et le 15 nivose suivant, il défend avec 200 hommes les ouvrages d'Herlering attaqués par quatre bataillons de grenadiers hongrois.

A l'armée du Danube, le 4 floréal an 7, il soutient avec sa compagnie et quelques fuyards qu'il avait ralliés les charges d'une nombreuse cavalerie, sauve les débris de la division du général Férino, mise en déroute, et reprend 6 pièces de canon. Ce fut alors qu'il accepta le grade de chef de bataillon.

Le 5 vendémiaire an 8, avec son bataillon et trois compagnies de carabiniers, il passe le premier la Limath et culbute les Russes des positions qu'ils occupaient. Le général en chef Masséna lui adressa, à cette occasion, la lettre la plus honorable. «Vous avez « acquitté votre dette envers la patrie, lui écrivait-« il; c'est à moi de remplir la sienne envers vous..... «Vos chefs vous ont distingué au milieu de vos braves « camarades, et ils ont apprécié vos travaux..... »

Ce fut encore Maransin qui, le premier, traversa le Rhin quelque temps après, et s'empara de Schaffhausen.

Le 15 floréal an 8, à la bataille de Moeskirch, il protège les débris de la division dont il faisait partie, et, cinq jours après, enveloppé et attaqué à Memmingen par le général Kray, il lui fait tête pendant deux heures avec son seul bataillon qu'il parvient à sauver.

Une occasion d'une autre nature se présente de prouver son dévouement à sa patrie : sortant des rangs des soldats, il dut, comme citoyen, émettre son vœu sur une proposition d'une haute importance, et n'hésita pas à le manifester presque seul contre celui qui, monté au pouvoir suprême, tenait entre ses mains le sort des militaires. Son opinion ne fut pas conforme à celle de la majorité; mais il sut se conformer à la volonté générale de la nation, qui n'a pas eu, sous le consulat à vie et sous l'empire de Napoléon Bonaparte, un citoyen plus soumis aux lois et un plus dévoué défenseur.

Ses succès militaires l'élevèrent successivement aux rangs de major et de colonel.

C'est surtout à l'armée de Portugal et dans ce dernier grade qu'il se distingua davantage. A la tête d'un nombre d'hommes assez considérable pour agir séparément et par lui-même, faisant la guerre dans un pays où souvent il ne pouvait compter que sur ses propres ressources, il montra les talens du général, joints au courage du soldat.

Il se trouvait à Mirtola, dans l'Alentéjo, province entièrement révoltée, à quarante-cinq lieues de Lisbonne, où était le quartier-général, et ne pouvant réunir plus de 1600 hommes. Le général Spencer, avec 5000 anglais, avait soulevé les Algarves et s'avançait sur lui ; Béja, ville considérable de la province, dont les remparts étaient en bon état, ayant chassé sa garnison et reçu 4000 miliciens, s'opposait à sa retraite. Dans cette position désespérée, Maransin ne songe qu'à résister; il s'adresse à ses soldats, leur communique le courage qui l'anime, marche sur Béja, l'emporte d'assaut sans artillerie, et en passe les défenseurs au fil de l'épée. La prise de cette ville imposa à l'ennemi, pacifia la province, et protégea la marche sur Lisbonne. Ce fut à cette occasion que ses soldats l'élevèrent sur le pavois en le nommant leur libérateur et le sauveur de l'honneur français, et Maransin a plusieurs fois avoué que jamais aucune distinction, aucun témoignage de faveur reçus du chef de son pays ne lui avaient paru une récompense plus douce et plus honorable que la preuve d'estime et d'affection qu'il reçut alors des compagnons de sa gloire.

Le général Junot lui témoigna sa satisfaction en le nommant gouverneur d'Elvas, dont il confia la défense aux troupes qui s'étaient si glorieusement distinguées dans l'Alentéjo; mais le débarquement des anglais changea cette disposition, et celui que Junot appelait le *brave des braves* fut désigné pour commander les grenadiers réunis. Il se montra digne de cet honneur à la bataille de Vimeyro.

Il venait d'être élevé au rang de général de brigade, lorsque le duc de Dalmatie le chargea d'une expédition dans la Serania de Ronda, où il prit de vive force Abodonalez, Grazalema, Ville-Longe et Cortez; il défait complètement, sous Gaucin, le général espagnol Gonzalès.

Au combat de Trigueros il déloge la division du général Ballesteros des fortes positions qu'elle occupait, la met en déroute, et oblige ses débris à se réfugier en Portugal.

Au siège de Badajoz, il commandait la tranchée le jour où capitula cette place importante, défendue par 270 pièces d'artillerie et par une garnison plus nombreuse d'un tiers que les assiégeans.

Le général Maransin eut bientôt une autre occasion de déployer ses talens militaires. Zayas venait de débarquer près de Muguer avec 5000 espagnols, tandis que le général en chef Black, avec les mêmes forces, était en vue de Huelba, et que Ballesteros arrivait sur l'Odieb avec sa division. Il fallait couvrir l'Andalousie et empêcher la jonction de ces corps.

Maransin part de San-Lucas; en deux marches forcées, il joint les troupes de Zayas, les met en fuite
et les oblige à regagner précipitamment la mer. C'est
à cette affaire que le beau corps de cavalerie des
Cortez fut détruit. Le général Maransin se porte
aussitôt sur Huelba; mais la défaite de Zayas avait
prouvé au général en chef l'inutilité d'une tentative;
il leva l'ancre, et retourna à Cadix avec les
troupes qu'il y avait embarquées. A l'approche des
Français, Ballesteros se dirige vers les montagnes
de Frégénal; mais Maransin le suit, le chasse de
ses positions, et le force à se retirer au-delà de
Zerès de Los Cabelleros.

A la bataille d'Albuera, il soutient avec la 2.⁵ division le choc de l'armée anglo - portugaise qui
avait mis du désordre dans la première division;
il rétablit le combat, et par une charge à la baïonnette, décide le glorieux résultat de cette journée
où il reçut une blessure grave.

Il fut chargé du commandement de la province
de Malaga, et, avec le 58.⁵ de ligne et le 21.⁵ de
dragons, la défendit contre 7000 hommes d'infanterie et 900 chevaux, sous les ordres de Ballesteros. Au
combat de Cartana, qu'il soutint avec moins de 1800
hommes contre toutes les forces de ce général, il
reçut un coup de feu au travers du corps. Il repoussa
ensuite, avec le 58.⁵ et quelques français établis dans
Malaga et organisés en gardes nationaux, l'attaque
dirigée contre cette ville.

L'administration de Maransin a laissé dans cette
province, l'une des plus importantes et des plus
riches de l'Espagne, d'honorables souvenirs qu'il
doit à la justice et à l'intégrité de sa conduite. Il
préféra l'estime des habitans aux richesses qu'il est
toujours facile à un gouverneur d'acquérir en pays
conquis, et sut faire également aimer et respecter
l'autorité française.

Nommé général de division, il commandait l'avant-
garde à la bataille de Vittoria. Depuis cinq heures
du matin jusqu'à trois heures de l'après-midi, il se
maintint dans la position qu'il occupait, malgré les
efforts de l'ennemi, et se trouva enveloppé par deux
de ses lignes, dans un état presque désespéré; mais
le danger accroît son courage, il contient le mouvement du général Hill, rompt la ligne qui s'opposait
à sa retraite, et rejoint l'armée avec son artillerie.

Au col de Maya, il eut encore à combattre le gé-

néral Hill; il le culbute à la baïonnette et lui prend
cinq pièces de canon et 700 hommes. Il défendit
encore contre lui les approches du faubourg Saint-
Cyprien, lors de la bataille de Toulouse.

Indépendant par caractère, n'ayant pris les armes
que pour racheter par son sang les horreurs qui
couvraient sa terre natale et pour fuir des crimes
auxquels il aurait fallu qu'il s'associât ou qu'il suc-
combât, Maransin a toujours dédaigné de se livrer
aveuglément aux chefs des gouvernemens qui se sont
succédés et refusé de leur sacrifier ses opinions :
bien différent de ces âmes incapables de s'élever à
des sentimens nobles à qui un amour désintéressé
de la patrie ne présente aucun moyen de satisfaire
leur ambition, son seul désir, sa seule pensée, ont
toujours été de lui être utile. Cet attachement lui a
paru plus louable et plus digne d'un esprit libre
qu'un dévouement absolu à des hommes qui, ayant
d'abord justifié notre estime par de belles actions,
et venant ensuite à s'égarer et à détruire ce qu'ils
semblaient protéger d'abord, nous forcent à partager
leurs erreurs ou à chercher un nouvel objet plus
digne de notre encens.

Avec de tels principes, et s'attachant, si l'on peut
dire, plus aux choses qu'aux hommes, Maransin
devait moins regretter la chûte de Napoléon qu'espérer d'un gouvernement nouveau, témoin d'immenses
revers, et que l'expérience semblait devoir garantir
des fautes qui avaient amené la ruine de ceux qui
l'avaient précédé. Aussi, ayant été appelé au commandement de la 2.⁵ subdivision de la 10.⁵ division
militaire, il ne s'attacha qu'à appaiser quelques
troubles élevés par le recrutement, et à faire exécuter
exactement les lois : il y servit le Roi, car il se rendit
utile au département du Gers.

Bientôt Bonaparte vint ressaisir un pouvoir qui
avait disparu dans ses mains, parce qu'il avait osé
méconnaître la force de la volonté générale, seule
capable de soutenir un trône. S. A. R. le duc d'Angoulême, ayant rassemblé quelques troupes, voulut
tenter de se maintenir dans le Midi : le général
Maransin exécuta ponctuellement les ordres qu'il
reçut à cet égard, pressa le départ des volontaires
royaux, et fit, jusqu'au moment où le second gouvernement de Bonaparte fut reconnu de toute la
France, les dispositions que lui prescrivait son devoir. Sa conduite dans ces circonstances est une
preuve que le bien de la patrie a toujours été le
mobile de ses actions. L'ambition lui conseillait peut-

être d'entretenir la guerre dans quelques départemens, et d'ouvrir aux étrangers les Pyrénées, afin de s'assurer des protecteurs dans la nouvelle cour. Il pouvait puiser dans les caisses publiques, et lever des contributions au nom du Roi. Au moindre revers, l'Espagne lui offrait une retraite assurée; mais il aurait fallu allumer la torche des discordes civiles, s'armer contre ses concitoyens et tremper son épée dans le sang français : il s'arrête devant ces pensées : Bordeaux et Toulouse avaient arboré le drapeau tricolore, il dut recevoir les ordres des ministres du nouveau gouvernement.

L'Europe de nouveau conjurée contre la France, Maransin s'arme pour la France contre l'Europe. Chargé d'un commandement important à l'armée des Alpes, il y défend le passage des Fossilles et fait éprouver aux Autrichiens une perte considérable. Une bataille décide du sort de la France ; après une résistance aussi courte qu'honorable, Paris est occupé ; l'armée se retire au-delà de la Loire. Mais cette armée était encore dangereuse au milieu de son territoire; elle pouvait entretenir de longues et sans doute inutiles résistances qui n'eussent servi qu'à prolonger nos désastres. Maransin comprit la nécessité de licencier des troupes que des traités rendaient superflues, et rejeta l'idée de s'en servir pour continuer la guerre. Ce démembrement lui-même était une opération extrêmement difficile. On ne détruit une force qu'au moyen d'une force plus grande, et cette force fut l'influence des généraux sur les soldats. Maransin commandait la 19.e division militaire; il employa tout son crédit pour licencier plusieurs régimens et pour faire rentrer dans le devoir deux escadrons de chasseurs à cheval qui avaient méconnu l'autorité à Bourganeuf : il réussit également à contenir les habitans divisés d'opinions.

Il venait d'être remplacé dans ce gouvernement, et vingt-cinq ans de guerres continuelles, et plusieurs blessures, dont deux avaient traversé son corps, lui faisaient désirer une vie paisible au sein de sa terre natale : l'héritage de ses pères l'attendait. Tout-à-coup il est enlevé de son domicile et conduit prisonnier à Tarbes, sans pouvoir connaître quelle accusation s'élevait contre lui : on semble chercher à l'outrager, d'autant plus qu'il a plus de gloire ; mais cette injustice l'afflige sans l'irriter, et fier de toute son existence, il en fait courageusement le récit au ministre de la police générale. La lettre qu'il lui adressa de sa prison est remarquable par la noble fermeté qui y règne. Après quatre mois de persécution, il fut rendu à la liberté.

Mais un nouveau danger, plus terrible que ceux de la guerre, vint bientôt après le menacer d'une mort honteuse. Une trame infâme avait été préparée pour le compromettre dans l'affaire de Lyon en 1817, en le présentant comme l'un des chefs d'un prétendu complot (1). Un misérable avait osé affirmer qu'il l'avait vu conspirer avec plusieurs anciens officiers. Le mensonge et la perfidie de ce scélérat ont été aisément reconnus, et l'homme qui voulait compromettre Maransin, et qui, sa tête à la main, fut sans doute venu demander le prix de son crime, est demeuré impuni.

Quelle conspiration, en effet, quelle trame pouvait ourdir un citoyen qui avait tant de fois prouvé son attachement à son pays? Que pouvait-il alors, isolé et sans moyens au milieu de son département, lui qui avait repoussé, en 1815, ces insinuations et l'occasion qui, pour la deuxième fois, s'offraient à lui, d'allumer la guerre civile et de s'enrichir bien plus sûrement, lorsqu'à l'armée, derrière la Loire, il pouvait rassembler les troupes qui l'environnaient, et dont il possédait toute la confiance. Son nom et sa réputation eussent encore attiré auprès de lui tous ses anciens compagnons d'armes. C'était alors qu'il pouvait, s'il l'eût voulu, conspirer avec quelques chances de succès; mais maintenant ce désir était impuissant.

Tel est le lieutenant-général baron Maransin, commandant de l'ordre royal de la Légion d'honneur, chevalier de Saint-Louis. Comme militaire, il a sa part de la gloire de nos armes depuis la révolution ; comme administrateur, il s'est montré intègre et juste, et il a su se conserver intact au milieu de la séduction de fonder sa fortune sans danger, mais non sans crime; comme citoyen, il a rempli ses devoirs envers sa patrie, et il a prouvé qu'aucune considération n'était capable de l'en détourner.

----

(1) Voir les Mémoires de M. le colonel Fabvier, sur la conspiration de Lyon, en 1817.

LE BARON MARTIN (DE GRAY.)

Député de la Haute Saône.

A Paris, chez l'Auteur, Rue des Francs-Bourgeois, N°6, F.S.G. —— Déposé au Bureau des Estampes.

MARTIN DE GRAY,

DÉPUTÉ DE LA HAUTE-SAONE.

Combien une nation ne doit-elle pas s'applaudir du progrès de ses lumières quand, exposée à devenir l'esclave d'une faction, elle est assez éclairée sur ses propres intérêts pour se choisir des mandataires dignes de soutenir ses droits au conseil avec la même vigueur que ses guerriers défendirent son territoire des approches d'un ennemi ; mais aussi quelle doit être la gloire de ces représentans qui, assez généreux pour se sacrifier au bien de tous, ont su justifier le choix du peuple et mériter son éternelle reconnaissance ? Athènes leur eût dressé des autels comme aux dieux protecteurs.

MARTIN DE GRAY (Alexandre, baron), né à Besançon, département du Doubs, en 1774.

Après avoir fait d'excellentes études, et destiné à parcourir la carrière législative, Martin de Gray, dès ses premiers pas dans le monde, témoin des horreurs de la révolution, en 93, eut encore la douleur de voir son père indignement emprisonné pour avoir prouvé sa sagesse dans ses principes et son énergie à l'assemblée constituante dont il était membre. Ce vertueux citoyen, après quatorze mois de captivité, allait être conduit au tribunal révolutionnaire lorsque les événemens du 9 thermidor le rendirent à l'amour de sa famille et de ses compatriotes ; il devint alors maire de la ville de Gray (Haute-Saône), dont il avait été député. Martin de Gray, quelques années plus tard, remplaça son père dans ses fonctions et sut, ainsi que lui, par la loyauté de ses principes et sa bonne administration, mériter au plus haut degré la confiance et l'estime de ses concitoyens.

En 1807, il fut nommé Membre du Corps législatif, et bien que pendant ses cinq années il fit preuve de ses hautes conceptions dans le poste honorable qui lui était confié, il ne put être réélu, n'ayant point encore l'âge de quarante ans qui fut alors exigé.

Depuis cette époque, éloigné des affaires, mais toujours livré à l'étude des lois, il semblait avoir renoncé à toute espèce d'emploi lorsque, pendant les cent jours, il céda au vœu unanime de ses anciens administrés en se chargeant, dans ces circonstances orageuses, des fonctions de maire de la ville de Gray. Au moment de l'invasion de ce territoire par les alliés, le préfet du département quitte le chef-lieu pour se retirer à Gray ; à son arrivée à l'hôtel-de-ville, une violente sédition éclate soudain, les habitans furieux de l'approche des troupes étrangères, et pénétrés de la fausse idée que ce préfet favorisait leur dessein et trahissait le gouvernement, s'arment de toutes parts de fusils et de faulx, accourent de plusieurs communes de l'arrondissement au bruit du tocsin, et demandent à grands cris la tête de celui qu'ils appellent un traître ; la garde nationale est forcée, et la multitude égarée s'empare de l'hôtel-de-ville, le maire lutte plusieurs heures contre elle, couvre le préfet de son corps, offre sa tête au fer des furieux et jure qu'il aura cessé de vivre avant qu'un pareil crime ait souillé la ville dont l'administration lui est confiée, ou qu'une seule goutte du sang de ses concitoyens puisse être répandue. Enfin soixante grenadiers nationaux s'unissent à lui, et le préfet, sauvé des outrages du peuple, est conduit dans un espèce de château fort où sa demeure était préparée, et dans lequel ces grenadiers-citoyens, sous la conduite de leur capitaine et de leur maire, le garantirent à force de soins, et pendant trois jours, des nouvelles insultes dont on voulait l'accabler. Cependant, Martin de Gray, avec autant de prudence que de fermeté, se porta au milieu des rassemblemens, les harangua et réussit à calmer leur fureur, qui, avec le préfet, menaçait tous ceux qu'ils accusaient injustement du crime d'avoir vu sans peine l'arrivée des légions ennemies. On ne peut se dissimuler qu'en cette circonstance son courage et son dévouement à la chose publique sauvèrent sa province des plus grands malheurs. Ce fut aussi ce digne Maire qui reconduisit le préfet au chef-lieu du département.

Après l'ordonnance du 5 septembre, les habitans de la haute-Saône crurent trouver une heureuse occasion de lui prouver leur reconnaissance et leur estime en le nommant leur député. Ses premières expressions à la tribune décelèrent l'ami de la France et de ses institutions : dans la séance du 11 décembre 1817, ouvrant la discussion sur le projet de loi relatif

à la liberté de la presse : « le droit de publier ses
» opinions, dit-il, est un droit naturel, car la servi-
» tude de la pensée suppose toutes les autres servi-
» tudes. Il est garanti par la Charte ; il est inhérent
» au gouvernement représentatif. » L'orateur en présente ensuite la violation comme manifeste, et par
la loi du 9 novembre 1815 et par les doctrines du
ministère public dans ses poursuites contre plusieurs
écrivains : « On a vu, disait-il, des tribunaux con-
» firmer cette jurisprudence digne des inquisitions de
» Madrid et de Goa. On a vu le ministère public
» abreuver les accusés d'outrages, et tous les impri-
» meurs de la Capitale refuser d'imprimer la défense
» d'un accusé. » Combattant, après, l'article qui attri-
buait aux tribunaux de police correctionnelle la connaissance des délits de la presse, il s'exprime en ces
termes : « Des tribunaux subalternes jugeraient la
» pensée, le génie, l'opinion cette reine du monde,
» comme ils jugent les mendians et les vagabons !
» c'est à des tribunaux de police que vous remettriez
» les limites de la pensée, que vous donneriez le droit
» de dire à l'intelligence humaine : Tu n'iras pas plus
» loin. »

Son opinion sur le nouveau concordat qu'il signala
comme détruisant toutes les libertés de l'église et de
l'état, la mâle et vigoureuse éloquence avec laquelle
il attaqua l'ultramontanisme et tous les abus religieux, ne font pas moins l'éloge du citoyen que celui
de l'orateur.

En 1818, une maladie grave faillit lui faire perdre
la vue, mais elle ne put ralentir son zèle pour la
défense de nos institutions ; les tempes brûlées par le
moxa, en proie aux plus cruelles souffrances, il
monta le premier à la tribune pour combattre la résolution de la Chambre des pairs contre la loi des
élections : « Le tort des élections, dit-il, en se
» tournant du côté gauche, c'est de vous avoir
» nommé ; le votre, messieurs, c'est de vouloir l'exé-
» cution entière de la Charte. » Il termina ainsi son
discours : « Ah ! si la liberté doit périr, puissent mes
» yeux n'être pas témoins d'un tel malheur ! puissent
» mes yeux, à demi éteints, se fermer pour jamais !
» mais non, messieurs, la liberté est impérissable :
» la nation veut la Charte : tout peuple qui a voulu
» la liberté a toujours été libre ! — Représentans d'une

» nation qui pour défendre et assurer ses droits a
» fait de si grands sacrifices, vous ne la trahirez pas,
» et en sauvant la loi des élections, vous sauverez la
» liberté, la paix publique, la monarchie constitu-
» tionnelle. »

Dans la session de 1819, malgré l'affaiblissement
de sa santé, il combattit, avec autant de talent que
d'énergie, les lois d'exceptions proposées aux
Chambres, et démontra, en signalant les vices de
notre système d'instruction criminelle, que la loi
suspensive de la liberté individuelle était inutile au
gouvernement et ne pouvait que le rendre odieux.

Il repoussa la nouvelle loi d'élection par un discours véhément, et, prouvant qu'elle bouleversait
entièrement le système constitutionnel, il ne craignit
pas d'énoncer avec la plus grande franchise les suites
dangereuses que pouvait avoir un tel changement.
C'est avec la même loyauté de principes que repoussant ensuite les inculpations des ministres, il leur
dit : « Si quelque complot existe, si une faction s'est
» emparée des colléges électoraux, sévissez donc
» contre les factieux ; poursuivez-les, livrez-les à la
» vengeance des lois, ou vous resterez sous le poids
» d'une épouvantable calomnie ; nous demandons que
» les faits soient mis au grand jour, nous demandons
» une enquête….. » Nous la demandons nous-mêmes,
on la fera, répondirent plusieurs membres du côté
droit. « Non, vous ne la ferez pas, reprit Martin
» de Gray, pas plus que vous n'en avez fait sur les
» horribles évènemens qui ont ensanglanté Lyon et
» Grenoble ; vous ne la ferez point, parce que vous y
» trouveriez votre condamnation. »

Ami de la gloire et du repos de son pays, si parfois
cet Orateur employa sa mâle éloquence à s'opposer
aux changemens qu'on voulait introduire dans notre
législation, ce ne fut jamais lorsqu'ils devaient concourir au maintien de la paix, ni lorsqu'ils devaient
garantir les droits d'un souverain constitutionnel et
ceux d'une nation digne de jouir des bienfaits d'une
sage liberté. Invariable dans ses principes, on ne le
vit jamais devier du chemin de l'honneur ; ferme dans
ses résolutions, il n'a d'autres vues que le bonheur
de ses concitoyens, et jamais non plus aucun intérêt
personnel ne put le ravir aux devoirs qu'il s'imposait
comme leur mendataire et comme Français.

ANDRÉ MASSENA,

Prince d'Esling Duc de Rivoli,

MARÉCHAL DE FRANCE,

Grand-Croix des Ordres de Hesse, S.ᵗ Étienne, de la Fidélité,
de S.ᵗ Hubert; de la Couronne de Fer; de la Légion d'Honneur;
Commandeur de l'Ordre Royal et Militaire de S.ᵗ Louis, &c. &c. &c.

Né à Nice en 1755. Mort à Paris, le 7 Avril 1817.

Il fut l'Enfant chéri de la Victoire.

À Paris chez l'Auteur, Rue des Francs Bourgeois S.ᵗ Michel N.º 6.   *Déposé au Bureau.*

LE MARÉCHAL MASSÉNA,

PRINCE D'ESLING.

On vit en France la discorde agiter son flambeau parmi les représentans d'un peuple auquel on parlait de liberté, en le chargeant de nouvelles chaînes; on vit une poignée de misérables, flétris par tous les crimes, s'emparer de la souveraine puissance, régir à leur gré les intérêts d'une nation victime de leurs désordres et de leur atrocité, sacrifier à leurs funestes penchans tout ce que la morale et la religion pouvaient avoir de plus sacré, et n'offrir au monde entier qu'un spectacle d'horreurs et les plus terribles leçons; mais tandis qu'au dedans, la France, courbée sous le joug de la terreur, gémissait de ses troubles et déplorait sa misère, elle voyait avec orgueil de jeunes guerriers s'instruire à l'école de la victoire, et défendre courageusement ses droits et ses frontières contre l'Europe armée pour les envahir. Ce fut à cette époque, à la fois glorieuse et cruelle pour la patrie, qu'on vit sortir des rangs ceux qui un jour devaient servir de modèles aux plus vaillans capitaines, et faire trembler, à leur seule approche, les peuples ennemis de leur gloire et de leurs concitoyens.

MASSENA (André), duc de Rivoli, prince d'Esling, maréchal de France, grand-croix des ordres de Saint-Etienne de Hongrie, de la Fidélité de Bade, de Saint-Hubert de Bavière, de la Couronne de Fer, de la Légion d'honneur, commandeur de l'ordre royal et militaire de Saint-Louis, etc. etc., né à Nice en 1755.

Il était sous-officier au régiment royal Italien, avant la révolution : lorsque de nombreux bataillons volontaires vinrent grossir les rangs des défenseurs de notre mère commune, on avait besoin de soldats expérimentés pour les conduire ; Massena se présenta : on le fit officier ; il conduisit ses soldats à la victoire, et devint officier supérieur. Enfin, en 1793, lors de la conquête du Piémont, après s'être particulièrement distingué à *Tende*, à *Cairo* et à *Dego*, il fut nommé général de brigade. Les services qu'il rendit pendant cette campagne et la suivante, l'élevèrent bientôt au rang de divisionnaire ; alors il prit le commandement de l'aile droite de l'armée d'Italie, et se montra partout aussi brave soldat que bon général, *Vado, Saint-Jacques* et le *Petit-Gibraltar* ; en 1796, les champs de batailles de *Montenotte*, de *Millesimo*, de *Lodi*, de *Borghetto*, de *Rivoli* et d'*Arcole*, retentirent de ses brillans exploits, et c'est après ces glorieuses journées qu'il fut surnommé par Bonaparte : *l'enfant chéri de la victoire*, nom qu'il avait su mériter, et par lequel l'armée entière ne cessa de le désigner dans la suite.

En 1797, il poursuivit l'archiduc Charles dans le Tyrol et en Carinthie ; malgré les efforts d'un aussi digne adversaire, il marchait à grands pas sur Vienne lorsque les préliminaires de Léoben vinrent arrêter son essor; à cette époque, il fut choisi par Bonaparte pour porter au Directoire la ratification de l'Empereur d'Autriche aux préliminaires de ce traité. De retour en Italie, le général en chef lui remit provisoirement le commandement, qu'il quitta peu de temps après pour aller à Rome, où il remplaça Berthier.

Une coalition nouvelle s'élève contre la France, et tandis qu'on proteste à Rastadt du desir de voir régner la paix, les légions de la Germanie se disposent à porter le ravage et la mort sur le sol français ; le cabinet de Saint-James verse l'or et parvient à réunir l'Aigle de Russie à l'Aigle d'Autriche : la France seule doit encore arrêter leur vol audacieux et rendre leurs armes impuissantes. Trois armées sont organisées sur les bords du Rhin, Massena prend le commandement de celle qui est en Suisse: jusqu'alors il n'avait combattu que comme général subordonné, il lui restait à prouver ses talens comme général en chef, et l'ouverture de cette campagne, qu'il commença de la manière la plus brillante, et qu'il termina par les plus beaux faits d'armes, fixa l'opinion sur son compte.

Au commencement de mars 1799, Massena franchit le Rhin, pénètre dans les Grisons, enlève *Luciesteig* et fait prisonnier le général Auffemberg ; mais Jourdan ayant été forcé sur le Danube, Massena, qui voit son flanc gauche à découvert, est obligé de suivre son mouvement de retraite, et, après de glorieux combats, il évacue Zurich, disputant pied à pied chaque position qu'il doit laisser à l'ennemi, ayant partout à combattre un ennemi doublement plus fort par le nombre, et opérant toutes ces manœuvres avec le plus grand ordre et la plus rigoureuse précision ; les deux armées pourtant avaient un égal besoin de repos, et restent quelques jours en présence, sans en venir aux mains. Ce fut après ce calme instantané, que Massena, s'apercevant d'une faute du général russe, et saisissant avec habileté le moment où le prince Charles était attiré vers le haut Rhin par une colonne française qui devait opérer cette diversion, attaqua avec impétuosité la ligne ennemie, remporta une première victoire, et vit enfin, après trois jours de combat, Korsakow totalement défait et en pleine déroute. Hotzo resta parmi les morts, et Suwarow n'arriva que pour être témoin de la perte de ses compatriotes et être ensuite battu lui-même. Trois armées dispersées, 20,000 prisonniers ; 10,000 morts ou blessés, 100 pièces de canon, tous les bagages, neuf généraux pris ou tués, l'Helvétie conquise, le Bas-Rhin dégagé, le prestige de l'invincibilité des Russes détruit, tel fut le résultat de cette fameuse campagne dont toute la gloire appartient au général Massena.

La France, victorieuse en Suisse, éprouvait des revers en Italie ; le vainqueur de Zurich fut chargé d'y rappeler la victoire sous nos drapeaux ; il succéda à Championnet dans le commandement de quelques débris de troupes qui ne méritaient plus le nom d'armée. la plupart des soldats découragés, malades, sans vêtemens, sans discipline, n'étaient plus sensibles à l'aiguillon de la gloire, demandaient du pain quand il s'agissait de combattre, et tournaient leurs regards vers la France quand il fallait marcher à l'ennemi. Massena arrive, et déjà le courage commence à renaître, l'ordre remplace la disette, et le talent cherche à réparer les défaites qui ont éteint le courage. Cependant le général autrichien Mélas multipliait ses attaques, et Massena lui disputant le terrain, avait obtenu de glorieux succès à *Monte-Faccio*, à *Saint-Alberto*, à *Monte-Cornua* ; mais tandis que ses forces diminuent par ses victoires, son ennemi reçoit de nouveaux renforts, et les Français sont contraints de se renfermer dans Gênes. Enfin, après avoir repoussé les plus vigoureuses attaques, et supporté la famine la plus horrible, Massena consentit à une capitulation honorable : *Vous valez à vous seul vingt mille hommes*, lui écrivait l'amiral Keit

pendant la négociation ; au moment de signer, le général Massena rappela qu'il avait demandé que 8000 hommes rentrassent en France par terre, tandis que le reste serait embarqué ; on lui refusait cette clause ; il quitta alors la salle de conférence : *Vous ne le voulez pas, dit-il, eh bien! messieurs, à demain.* L'amiral Keit l'arrêtant aussitôt, lui dit : *Monsieur le général, votre défense est trop belle pour qu'on puisse vous refuser rien ;* et on signa.

Il serait trop long de détailler, dans cette faible esquisse, tous les faits d'armes qui ont illustré le général Massena : après de nouvelles victoires en Italie, après s'être couvert de gloire à *Marengo*, il fut fait maréchal d'Empire en 1804, et vint, en 1805, cueillir de nouveaux lauriers sur les bords de la *Piave* et du *Tagliamento* ; en 1807, commandant le 5.ᵉ corps d'armée en Pologne, et devenu duc de Rivoli, il continua de rendre à l'armée et à la France les plus signalés services ; enfin, après avoir vaincu, en 1809, les légions autrichiennes à *Esling ;* après avoir mérité qu'on joignît à son nom celui de cette journée trop mémorable, ainsi que le titre de Prince, il sut encore, à *Enzersdorff* et à *Wagram*, combattre avec l'intrépidité du plus vaillant soldat, et diriger ses troupes avec la prudence d'un général consommé dans son art. Dans cette dernière action, atteint de plusieurs blessures, il se fit porter au centre du combat, et continua à donner des ordres jusqu'à ce qu'il fût terminé.

En 1810, il passa en Espagne : vainqueur à *Ciudad-Rodrigo* et à *Coimbre*, il pouvait espérer se voir avant peu maître du Portugal, lorsque des revers éclatans vinrent, pour la première fois, démentir son nom glorieux, sans offenser sa gloire : cependant il évacua ces contrées, et, rentré en France comme en disgrace, il obtint néanmoins le commandement de Toulon. Il y était encore en 1815, lors du débarquement de Bonaparte, et fut bientôt accusé d'avoir tenu, en cette circonstance, une conduite équivoque, mais il parvint à confondre ses délateurs.

Nommé pair de France le 23 juin, il prit le commandement de la garde nationale de Paris, et, au milieu des inquiétudes qui précédèrent le second retour du Roi, sut maintenir l'ordre le plus parfait dans le sein de la capitale, ensuite il cessa de s'occuper des affaires publiques. Au commencement de 1817, attaqué d'une maladie douloureuse, il succomba le 7 avril, et ses anciens compagnons d'armes lui rendirent les derniers devoirs, avec l'expression des plus vifs regrets.

MAXIMILIEN JOSEPH,

Roi de Bavière,

Grand-Croix et Chevalier de plusieurs Ordres.

Né le 27 Mai 1756.

A Paris, chez l'Auteur, Rue des Francs-Bourgeois, N.º 6. F. S. G.

MAXIMILIEN JOSEPH,
ROI DE BAVIÈRE.

Le plus beau présent que la Providence puisse faire à un peuple, c'est un bon roi. Nous ne chercherons point à établir les qualités qui le constituent. Les bénédictions des sujets heureux et reconnaissans sont plus éloquentes que les phrases les plus harmonieuses. Ce doux concert est la récompense que peut ambitionner un monarque, et c'est celui que font entendre les Bavarois à leur auguste souverain.

Avant que de parler du roi régnant, nous pensons qu'on ne sera pas fâché de connaître les illustres aïeux de ce prince, qui remontent à la plus haute antiquité, et dont la gloire, l'honneur et les vertus furent toujours le partage.

Dans un champ de mai tenu en 759, Tarsillon, duc de Bavière, fit hommage de ses états à Pépin, roi de France, dont il était le neveu, étant fils de sa sœur, et il resta quelque temps à la cour de Pépin avec les seigneurs bavarois qui l'avient accompagné. Il retourna dans ses états, où l'appelaient les grands de son duché, et il y eut une négociation entre lui et Pépin pour qu'il ne formât point d'alliance avec Didier, roi des Lombards, et Goiffre, duc d'Aquitaine, qui étaient sur le point de faire la guerre à Pépin. Sous Charlemagne, Tarsillon, général de Didier, avait formé le projet de lui fournir des secours pour continuer la guerre contre le roi de France. Le roi de France, qui en fut instruit, paralysa tous ses projets. Pendant une longue suite d'années, il n'y eut aucun mouvement remarquable en Bavière. Mais en 1635, Maximilien Ier, électeur de Bavière, de la branche cadette de la maison palatine, premier électeur de sa branche, s'étant attaché au parti de l'empereur d'Allemagne qui l'avait investi d'une partie du palatinat, vit ses états envahis par Gustave Adolphe, roi de Suède, qui voulait se venger du refus que l'électeur avait fait d'accéder à son alliance.

Sous la régence de la reine Anne d'Autriche, il fut encore sur le point de perdre ses états par les manœuvres habiles de Turenne, dont l'armée était réunie à celle du général Wrangel ; mais il eut le bon esprit de faire agréer sa neutralité à la régente, et il échappa au plus grand danger. Turenne abandonna ces contrées ; l'électeur reprit ses anciennes liaisons, et oublia ses engagemens. Turenne et Wrangel se réunirent de nouveau, et se portèrent sur le Danube. Ils battirent tous les généraux qui leur étaient opposés, et la Bavière fut bientôt à la discrétion des vainqueurs. L'électeur, âgé de 78 ans, quitta Munich, et s'enfuit à Saltzbourg, d'où il pressa l'empereur de faire la paix, qui, ayant éprouvé des pertes de son côté, prit le parti d'y consentir.

Maximilien Emmanuel, son petit-fils et successeur, descendit en Italie avec une armée, en 1690, pour secourir le duc de Savoie, et força les Français à repasser les Alpes. Il se porta ensuite vers Namur, dont Luxembourg couvrait le siége ; mais ce dernier le força, ainsi que le roi Guillaume, de rentrer dans l'inaction avec une armée de cent mille hommes. Les hostilités continuèrent en Flandre ; l'électeur de Bavière voulut attaquer les lignes du maréchal de Villeroy, et fut repoussé ; mais il finit par s'emparer de Namur. La France voulant détacher l'électeur de Bavière de l'alliance qu'il avait formée avec l'empereur, on lui promit le gouvernement héréditaire des Pays-Bas, de l'électorat de Cologne, de la Savoie ; et quoiqu'il négociât avec l'empereur, il rompit définitivement avec lui, et s'unit à la France par la concession qu'on lui fit des Pays-Bas ; il battit les généraux de l'empereur, fit sa jonction avec Villars. La mésintelligence qui survint entre eux, nuisit aux opérations. Il s'empara cependant du Tyrol, et fut obligé de le quitter. Réuni à Villars, ils battirent les Autrichiens à Hochstaedt, et il y fut vaincu ensuite par Marlbourough et Eugène. Ses états furent envahis ; il fut obligé de quitter l'Allemagne : vaincu de nouveau à Ramillies avec Villeroy, il s'opposa sur le Rhin aux opérations du prince Eugène ; mais celui-ci trompa sa surveillance, se réunit à Marlbourough ; et quoique l'électeur de Bavière eût fait une diversion sur Bruxelles, il ne put arrêter les progrès des ennemis, et le prince Eugène paralysa tous ses mouvemens et ses efforts en protégeant l'élection de l'archiduc Charles à l'empire.

Joseph-Ferdinand-Léopold, son fils et son successeur, obtint par le traité de La Haye la couronne d'Espagne ; Charles II l'institua son héritier. Charles Albert, électeur de Bavière, frère du précédent, entra en Autriche, en 1741, par la Bohême, où il se fit couronner. Elu empereur à Francfort, il n'en fut pas moins forcé d'abandonner sa capitale ; pour terminer tous ces démêlés, il finit par traiter avec Marie-Thérèse, renonça à ses prétentions sur l'Autriche, et prit l'engagement de demeurer neutre. Rentré dans Munich, sa capitale, il y mourut peu de temps après.

Maximilien Joseph, son fils, éclairé par les événemens dont son père venait d'être la victime, et renonçant à toutes les illusions que pouvait faire naître l'éclat du diadême, fit sa paix avec Marie-Thérèse, lui promit sa voix pour le grand-duc, et reconnut la légitimité du reste de la Bohême, que la force avait rejetée lors de l'élection de Charles VII.

Nous arrivons à l'époque la plus fortunée pour la Bavière, celle où le prince dont nous retraçons les traits, va paraître sur la scène politique, et se placer sur le trône de ses ancêtres, dont il en sut soutenir l'éclat et la dignité, autant par sa prudence que son courage, et sa science profonde dans le grand art de régner.

MAXIMILIEN (Joseph), né le 27 mai 1756, électeur, ensuite roi de Bavière en 1806, succéda à l'électeur palatin, Charles Théodore, qui, à la mort de l'électeur de Bavière, Maximilien Joseph, le dernier de la branche cadette de cette maison, fut appelé à sa succession. Il réunit les possessions des deux branches séparées depuis 500 ans. Mais déjà l'empereur, en vertu de titres peu concluans, formait des prétentions sur cet héritage. Il obtint de l'électeur, effrayé, une reconnaissance de ses prétendus droits, et les appuya par des bataillons qui prirent possession de l'électorat.

Les états de Bavière, et comme le plus proche agnat de l'électeur, le duc Maximilien des Deux-Ponts, le même que nous voyons aujourd'hui roi de Bavière, appelèrent de cette voie de fait, et trouvèrent dans le roi de Prusse un protecteur de leurs droits, et un défenseur des lois de l'empire. A ce titre, Frédéric fit passer une armée en Saxe, et une autre en Silésie. L'empereur réclame aussi de son côté les secours de la France, stipulés par le traité de 1756, et l'embrasement de l'Allemagne dépendait du cabinet de Versailles. Sa réponse fut que l'empereur ayant été l'attaquant par l'occupation de la Bavière, il n'y avait pas ouverture au cas de l'assistance promise par le traité. Dans le même temps l'impératrice de Russie, quitte, par la médiation de la France, de ses nouveaux démêlés avec la Porte, au sujet de l'élection du Kan de Crimée, signifie à la cour de Vienne qu'elle sera dans la nécessité de satisfaire à ses engagemens avec la Prusse, si l'empereur persiste dans ses prétentions. Celui-ci se détermine dès-lors à des négociations plus sérieuses que celles qui avaient accompagné jusqu'alors les escarmouches entre les deux armées. Aucune action notable n'avait heureusement eu lieu entre elles. Les hostilités étaient sur le point de commencer ; mais grâce à la médiation de la France et de la Russie, la paix se fit entre les deux puissances. L'héritage de la Bavière fut confirmé à l'électeur palatin et aux princes de sa maison, par le traité de Teschen, signé le 3 mai 1779 ; et l'honneur impérial fut sauvé par la cession du cercle de Berghausen, à la droite de l'Inn et de la Salza.

Avant de monter sur le trône, S. M. le roi de Bavière était connu en France sous le nom du prince Max, colonel du régiment d'Alsace. Il se fit adorer dans la province de ce nom, où il séjourna long-témps. C'était un heureux augure pour l'avenir, lorsqu'il viendrait à hériter du pouvoir suprême ; et de nos jours encore, les habitans de Strasbourg ne parlent jamais du prince Max sans attendrissement, et sans y joindre des expressions qui attestent leur amour, leur respect et leur reconnaissance.

Dans les différentes circonstances où les événemens ont placé Sa Majesté depuis l'époque de la révolution, elle a toujours développé le plus grand caractère, et prouvé que lors même qu'elle ne sortirait pas du plus illustre sang, ses qualités personnelles l'eussent rendue digne du trône.

Comme Sa Majesté avait passé une partie de sa jeunesse en France, ceux qui furent contraints de l'abandonner, soit par opinion, ou pour échapper aux proscriptions, et qui se réfugièrent dans ses états, trouvèrent toujours dans ce prince un protecteur aussi puissant que juste et éclairé. Les courtisans en conçurent de la jalousie contre les Français, et ils employèrent tous les moyens possibles pour les forcer à quitter Munich, sous prétexte que les Français allaient envahir la Bavière. Le roi, trompé par ces rapports, quitta sa capitale, et la régence ordonna que les étrangers de tout âge et de tout sexe eussent à quitter la ville dans le délai de trois jours. Les Français, que cet ordre frappait, adressèrent une requête à ce prince ; et pour concilier l'autorité et les droits de la régence avec ceux que l'humanité avait sur son cœur, il trouva un moyen dilatoire par lequel les réclamans furent autorisés à rester. On voulut profiter de l'arrivée du général Moreau, qui, à la tête de 20,000 hommes, s'empara de Munich, pour faire revivre le décret de la régence. Mais non moins humain que le roi, le général qui ne connaissait d'ennemis que sur le champ de bataille, s'y refusa avec la plus grande énergie ; et comme ce n'était plus le temps de cette effervescence atroce qui ne respirait que le carnage, les réfugiés français trouvèrent dans les officiers et les soldats qui composaient l'armée, des compatriotes uniquement occupés à leur offrir les services les plus obligeans.

Le général Moreau, et le général Dessoles, son chef-d'état major, secondant les intentions bienfaisantes de Sa Majesté, s'empressèrent d'accorder des passeports pour la Suisse à tous ceux qui en demandaient, pour se rapprocher de la France, dans l'espoir de trouver des ressources pour y rentrer.

Héritier du courage de ses ancêtres, Sa Majesté fut un des favoris de la gloire ; ses armées luttèrent avec avantage contre tous ceux qui l'attaquèrent, et qui voulurent troubler la tranquillité de ses états. On reconnut constamment dans les combats les guerriers qui balancèrent la puissance de la maison d'Autriche, et furent plus d'une fois à la veille de l'anéantir.

Lorsque les Bavarois nous furent opposés, nous trouvâmes nos adversaires dignes de nous ; lorsqu'ils parurent dans nos rangs, ils marchèrent d'un pas égal à la victoire, et ils cueillirent leur bonne part de ces lauriers qui décorant nos bannières, en immortalisant les héros français.

Si, depuis, le gouvernement bavarois a suivi une autre impulsion, c'est peut-être moins sa faute et la nôtre, que celle des évènemens et de la fatalité ; mais deux nations qui se sont connues sous des rapports aussi avantageux, ne cesseront jamais de s'estimer.

Sa Majesté le roi de Bavière jouit au sein de son auguste famille et au milieu de ses peuples dont il est aussi le père, du bonheur qu'il dispense à tous. Nous voyons auprès de lui un de nos plus illustres guerriers ; il a daigné accorder le beau nom de fils à celui qu'un grand souverain honora du titre *de Bayard du siècle*.

L. Guyon, officier d'infanterie.

NICOLAS-FRANÇOIS MOLLIEN,

COMTE Pair de France.

Anc.ⁿ Ministre du trésor Public, Grand-Croix
des Ordres de la Réunion et de l'Éléphant de Danemarck,
Grand-Croix de la Légion d'honneur,

Né en Février 1769 à Rouen, Dép.ᵗ de la Seine Inférieure.

à Paris chez l'Auteur rue des Francs Bourgeois N.° 6. F.ᵍ St Germain.

LE COMTE MOLLIEN.

Des guerriers braves et nombreux, des généraux expérimentés et fidèles, et l'esprit de conquêtes, furent, pendant longtems en France, les plus puissans moteurs de toutes nos actions, et semblaient concourir seuls à la gloire nationale; on paraissait ignorer que de sages et judicieux administrateurs avaient su donner à l'industrie, cet essor qui lui obtient, aujourd'hui, tant de supériorité sur celle des autres peuples; au commerce, cette étendue qui portait l'abondance dans nos ports; aux arts libéraux, ce degré de perfection qui rappelait les beaux jours de la Grèce et de Rome; à la finance, cette économie raisonnée qui conservait à l'État les plus grandes ressources, tout en satisfaisant à d'énormes besoins; enfin, à la magistrature, ces codes précieux qui feront l'admiration de la postérité. Grâces soient donc rendues à ces généreux citoyens qui, dans le silence du cabinet, méditaient sur les grands intérêts de leur patrie, et lui donnaient, chaque jour, des preuves éclatantes de leur amour pour elle; ils ont, ainsi que nos guerriers, droit à notre reconnaissance, et leurs noms doivent s'associer à ceux des héros. Leur carrière d'ailleurs n'a-t-elle pas ses périls? l'honneur est-il moins cher que la vie? Et, bien que nos militaires eussent l'un et l'autre à défendre; étaient-ils exposés aux perfides inductions des courtisans, à la séduction qui peut naître des intérêts et des ressources qui nous sont confiés? faut-il moins de courage pour braver l'envie que pour affronter le fer d'un ennemi qui s'offre à nos regards? Non. L'homme en place qui sut résister aux attaques de l'erreur, je le répète, mérite aussi sa part des tributs de nos cœurs.

MOLLIEN (le comte, François-Nicolas), pair de France, ancien ministre du trésor public, grand'croix de l'ordre royal de la Légion d'honneur, chevalier grand'croix de l'ordre de l'Éléphant de Danemarck, né à Rouen, en 1758.

Une éducation soignée et des études suivies le portèrent de bonne heure au centre de la carrière qu'il devait parcourir. Avant la révolution, il s'était déjà rendu recommandable dans la partie administrative des finances; ses connaissances et son activité lui avaient obtenu l'emploi de chef de bureau des fermes générales : il l'exerçait avec honneur, lorsque la fureur des partis vint porter le trouble et le désordre dans toute espèce de gestion dépendante du gouvernement. Tranquille au milieu de l'orage, le comte Mollien ne prit aucune part aux premiers événemens, ce ne fut même qu'assez tard, et lorsque les maux qui accablaient la France semblaient être irréparables, qu'il parut et devint directeur-général de la caisse d'amortissement; personne mieux que lui n'était digne d'occuper cet important emploi, et les suites de sa direction en devinrent la preuve la plus évidente; on peut même préjuger que s'il n'obtint pas plutôt un rang au-dessus de celui qu'il occupait alors dans les affaires publiques, il ne dût ce retard qu'à la nécessité absolue de ses talens à la tête de cette administration; néanmoins, le 9 novembre 1799, après le 18 brumaire, il fut nommé conseiller d'état et conservé dans son emploi.

En janvier 1816, M. le comte Mollien fut appelé au ministère du trésor public, en remplacement de M. Barbé de Marbois, et fit alors à l'Empereur un rapport sur la situation de ce trésor, appuyé de pièces authentiques et de tableaux justificatifs.

Il apportait à l'exercice d'une place aussi importante les connaissances les plus étendues en comptabilité, un esprit d'ordre et d'économie dont on pouvait tout attendre; mais il ne trouva pas, à son entrée au ministère, les finances en aussi bon état qu'il aurait dû l'espérer. Il avait à combler un déficit considérable occasionné par une opération précédente et qui avait eu de malheureux résultats; enfin, à force de travaux il y réussit, et sa longue gestion justifia la sagesse de ses vues, en même tems qu'elle prouva ses talens en administration.

On lui doit, entr'autres changemens heureux qu'il introduisit dans le département de ce ministère; l'établissement de la caisse de service, qui, par ses rapports directs avec les receveurs-généraux, faisait rentrer, par anticipation, le produit de ses revenus aux conditions les plus avantageuses pour l'État; le trésor cessa, dès-lors, de compter au nombre de ses ressources, dès obligations qui, jusque-là, s'étaient négociées à deux et demi pour cent de perte, par mois ; et par suite de cette conséquence, cessa aussi de payer les frais énormes qu'occasionnaient ces négociations. Tel était le fruit des spéculations de ce Ministre, que jamais les finances n'avaient mieux satisfait aux besoins toujours récents d'un gouvernement militaire, que de trop nombreuses armées menaçaient sans cesse d'une ruine totale : aussi laborieux qu'éclairé, M. le comte Mollien ne disposait de ces instans que pour le bien de la chose publique : affable et rempli d'aménité, ses subordonnés trouvaient toujours vers lui cet accès facile qui dispose à la confiance et qui leur permettait d'émettre leur avis en toutes circonstances sur les opérations soumises à son autorité : indulgent et juste, il se complaisait à entretenir l'harmonie entre ceux qui lui étaient soumis et à récompenser leurs travaux d'après leur utilité ; mais rien, au reste, ne prouve mieux le mérite et les qualités de M. le comte de Mollien que la longueur du tems qu'il conserva le porte-feuille, et les regrets que tous les vrais amis de l'ordre témoignèrent lorsque les circonstances le contraignirent à le quitter ; sa conduite avait eue dans tous les tems l'approbation des hommes de bien, et l'envie même, au moment de sa défaveur, ne put trouver les moyens, non-seulement d'y adapter de justes causes, mais encore d'y en attacher de plausibles ; ce n'est donc absolument qu'au nouvel état de choses qu'on dut attribuer sa retraite forcée, et à la chûte de Bonaparte, au gouvernement duquel il avait rendu les plus signalés services. Demeuré sans fonctions, on ne l'entendit point se plaindre de la perte de ses dignités ; son âme généreuse trouvait une douce compensation dans l'idée que sa patrie pourrait enfin jouir d'une tranquillité nécessaire, et que son sol ne serait plus souillé par les hordes étrangères.

Sans regret comme sans envie, M. le comte Mollien se disposait à passer le reste de ses jours dans un repos studieux et éloigné des embarras politiques, lorsqu'en 1815, le vingt mars, il fut tout-à-la-fois rappelé au ministère du trésor public, par Bonaparte, et replacé à la chambre des pairs dont il faisait partie

de sa création ; bien que l'état d'incertitude où était alors la France entière sur les événemens, ne lui permit pas de s'aveugler sur les suites de la réaction qui s'était opérée, il ne considéra que l'utilité des services qu'il pourrait rendre encore à la patrie, et travailla de nouveau à s'acquérir des droits à sa reconnaissance ; mais les changemens subits qui survinrent après les cent jours, et qui exclurent des emplois presque tous ceux qui les avaient conservés pendant ce laps de tems, rendit M. le comte Mollien à la vie privée, sans que cette espèce de disgrace prévalût sur l'estime de ses concitoyens, et sur la réputation d'intégrité qu'il s'était si justement acquise.

D'après les services qu'il rendait, et la confiance qui lui était accordée sous le gouvernement de Napoléon, on est surpris que M. le comte Mollien n'ait point une fortune plus considérable que celle qu'il possède, qui ne peut être que le résultat de son patrimoine et de quelques légères économies ; on n'est pas moins étonné qu'il n'ait jamais tenté d'élever sa famille jusqu'aux honneurs des grands emplois ; ce qui prouve qu'il n'avait pas moins de discrétion que de mérite. Un autre Mollien, pourtant son parent, propriétaire à Ménil-sur-Blangy, avant la révolution, et élu en 1789 député du tiers-état du bailliage de Rouen, devint, sous le régime impérial, sous-préfet de Pont-l'Évêque, où il remplit avec distinction les devoirs de sa place.

Aussi bon époux que digne ministre et bon citoyen, le comte Mollien donna également l'exemple des vertus conjugales ; son épouse, dame du palais de l'Impératrice Marie-Louise, fut sans cesse l'objet de ses plus douces attentions et des soins les plus touchans. Unissant toutes les qualités du cœur, aux plus hautes connaissances, on ne le vit jamais prendre de part active dans aucune espèce d'événement politique, ni défendre un parti dont le système pouvait blesser les intérêts de la nation ; modéré dans ses vues, actif dans ses travaux, simple dans ses goûts, généreux et sage dans toutes les actions de sa vie, tel fut toujours, et sera sans doute encore, cet excellent administrateur.

J.ᴬⁿ P.ˢ BACHASSON MONTALIVET

(COMTE)

Pair de France, Ancien Ministre de l'Intérieur

Grand Officier de la Légion d'Honneur

Chevalier de l'Ordre Royal de l'Éléphant de Danemarck

Né le 5 Juillet 1766 à Sarreguemines, Dép.ᵗ de la Moselle.

A Paris, chez l'Auteur, Rue des Francs-Bourgeois, N.º 6, F. S. G.   Déposé.

LE COMTE DE MONTALIVET.

Un jour le génie de l'histoire doit transmettre à la postérité les exploits des braves qui ont illustré notre siècle; mais son immortel burin, consacré à tous les genres de gloire, ne laissera point tomber dans l'oubli les actions de ces hommes d'état, de ces administrateurs distingués qui, dans leur carrière si féconde en écueils, sont parvenus, sans les secours de l'intrigue, à se frayer un passage vers les honneurs qui ne doivent appartenir qu'au vrai mérite. Nos neveux apprendront alors qu'il est plus d'un sentier à suivre pour arriver au temple de mémoire et peut-être, ainsi que leurs dignes modèles, parviendront-ils, par leur constance en de nobles travaux, à mériter l'amour de leurs concitoyens et à se créer des droits à la reconnaissance nationale.

MONTALIVET (*jean pierre* Bachasson, comte de) conseiller d'état, préfet, directeur général des ponts et chaussées, ministre de l'intérieur, grand officier de la légion d'honneur, grand-croix de l'ordre de la réunion, pair de France, etc., est né le 5 juillet 1766, d'un maréchal de camp aussi distingué par ses connaissances que par son courage.

Des talens qui annonçaient déjà ce qu'il pouvait être un jour, lui obtinrent, jeune encore, le titre de conseiller au parlement de Grenoble, et avant la révolution il avait, à juste titre, mérité l'estime de ses compatriotes par ses lumières et la sagesse avec laquelle il exerçait les prérogatives de sa charge; un champ plus vaste devait être offert à son amour pour le travail et lui acquérir de nouveaux droits à la considération publique.

Jusqu'à l'époque mémorable du 18 brumaire an VIII, et depuis les sociétés populaires de 1791, la France n'avait cessé d'être en proie à l'anarchie des gouvernemens arbitraires, dont les factions se succédaient pour s'entre-détruire et s'élever, tour à tour, sur les ruines de celles qui succombaient au milieu des fureurs de leurs partis.

Les deux conseils venaient de prononcer la dissolution du Directoire et de créer une nouvelle constitution qui donnait à la France un gouvernement consulaire; l'ordre et la tranquillité furent bientôt rétablis dans l'état; l'administration devait aussi reprendre une nouvelle vigueur, ce fut alors, que le comte de Montalivet parut sur la scène politique.

Bonaparte, auquel on ne peut refuser d'avoir su deviner le mérite des hommes, avait remarqué le comte, dans un séjour qu'il avait fait à Valence et l'un des premiers actes de son pouvoir fut de lui donner la préfecture de la Manche.

M. le comte de Montalivet se rendit dans ce département, et c'est là qu'il donna les premières preuves de ses talens et de ses hautes connaissances en administration. Ses soins s'étendirent d'abord sur la classe indigente de ces contrées et sa sollicitude pour elle n'omit rien de ce qui pouvait contribuer à adoucir ses besoins. Connaissant toutes les ressources que lui présentait son gouvernement, il en usa avec tant de sagesse que, malgré leur modicité, il parvint à trouver, en elles, les moyens d'encourager les arts et l'industrie, et de donner au commerce une extension qui répandit bientôt la prospérité et l'abondance autour de ses administrés; les regrets qu'ils témoignèrent lorsqu'il dût les quitter, prouvent bien que de tels succès avaient été couronnés de la plus vive reconnaissance.

En mai 1804, il passa à la préfecture de Seine-et-Oise: les premiers pas qu'il avait fait dans la carrière, lui assuraient d'avance l'estime des habitans de son nouveau département, où les plus heureuses espérances précédèrent son arrivée; elles ne furent point déçues, mais son mérite même et l'étendue de ses connaissances le privèrent d'y demeurer assez long-tems pour exécuter tous les projets que lui inspirait sa philantropie. Il fut, peu de tems après, nommé successivement conseiller-d'état, commandant de la légion d'honneur, et enfin directeur-général des ponts et chaussées. M. le comte de Montalivet, loin de s'énorgueillir de ces nouvelles dignités, ne vit en elles que des encouragemens qui devaient augmenter encore son zèle pour le bien public et son plus ardent desir fut de connaître tout ce qui pouvait y contribuer; aussi ne s'aperçut-on point que ses nouvelles fonctions dussent être étrangères aux sciences qu'il avait cultivé jusqu'alors. Cette branche si essentielle de l'administration à la tête de laquelle il venait d'être placé, acquit, par ses soins, une nouvelle perfectibilité, et rien n'échappa à la justesse du coup-d'œil sévère qu'il porta dans toutes ses parties.

La justice, l'ordre et l'économie qu'il avait apporté dans ses travaux, lui méritèrent l'estime générale ainsi quela reconnaissance du chef du gouvernement, qui crut lui prouver sa gratitude en l'appelant au ministère de l'intérieur le premier octobre 1809. A la fin de cette même année, le nouveau ministre fit, au corps législatif, un rapport sur la situation de la France, qu'il représenta comme étant, alors, dans l'état le plus florissant et le plus formidable. En effet, à cette époque, presque toute l'Europe était devenue tributaire de notre belle patrie, et les peuples semblaient voir en elle l'arbitre de leur destinées ; ses ressources étaient telles qu'on pouvait les supposer inépuisables ; ses manufactures offraient chaque jour de nouvelles preuves de la rapidité de leurs progrès dans tous les genres d'industrie ; l'agriculture se perfectionnait dans toute son étendue, et nos armées étaient au comble de la gloire.

En 1814, le gouvernement subit un changement, et l'on eut, alors, à regretter le comte de Montalivet au département des affaires dont il avait eu le portefeuille. Cet homme d'état, qui n'avait employé ses veilles que pour le bien et la prospérité de son pays, et dont aucune injustice n'entachait la carrière, resta sans fonctions; il fut le premier à oublier quels étaient ses droits à la reconnaissance publique, et se soumit sans murmurer à la force des circonstances ; les services qu'il avait rendus à sa patrie lui laissaient d'assez précieux souvenirs pour compenser les ennuis qui auraient pu suivre sa disgrâce, et son âme généreuse était satisfaite d'une récompense qu'elle trouvait en elle-même, lorsque les événemens de 1815 le placèrent à l'intendance de la couronne. Il n'avait point sollicité ce poste, peut-être ne l'avait-il pas même desiré ; mais il crut entrevoir, en l'acceptant, le moyen de pouvoir être encore utile à la France ; là se bornait toute son ambition et toutes ses espérances. Ce fut à cette époque qu'il fut appelé, pour la première fois, à la dignité de pair de France.

Les changemens survenus après les cent jours, rendirent le comte de Montalivet aux douceurs de la vie privée : heureux de la pureté de sa conscience, il ne vit dans l'antique dynastie qui recouvrait l'héritage de ses pères, qu'une nouvelle garantie contre toute atteinte à la tranquillité nationale. La paix, qui depuis longtems était l'objet de ses vœux, lui rendit l'espérance de voir les Français jouir enfin d'une sécurité chèrement acquise, mais qui ne serait plus troublée. Cette pensée le consolait de ne pouvoir plus concourir au bien général.

La philosophie lui avait fait envisager les dignités et les honneurs sous leur véritable point de vue, et il n'en fut jamais aveuglé ; placé dans un rang élevé, il les considérait plutôt comme l'apanage de l'état de l'homme dans la société, qu'il ne les voyait comme la récompense du vrai mérite ; il savait même qu'à défaut d'autres qualités, les titres et les hochets de l'orgueil pouvaient servir pour en imposer à la portion la plus nombreuse du peuple, qui souvent mesure ses respects sur les dehors brillans qui se rattachent à la grandeur ; mais c'est par son zèle à remplir ses devoirs, par son amour pour ses concitoyens, et par la pureté de ses mœurs qu'il fut toujours digne des emplois qui lui étaient confiés, et qu'il sut maîtriser l'opinion.

Les hommes en état de juger les actions des grands rendront sans cesse une justice éclatante au comte de Montalivet ; ils le verront constamment dévoué à ses fonctions ; oubliant tout ce qui pouvait toucher ses propres intérêts, pour ne songer qu'aux besoins de son pays ; ils ne supposeront pas méchamment qu'une affection personnelle fut jamais le moteur de sa conduite, et que ce soit à des actes suggérés par le despotisme qu'il dût les faveurs dont il fut comblé.

Nous pouvons donc l'affirmer, sans crainte d'être démenti, jamais M. le comte de Montalivet ne s'est rendu coupable d'aucun acte répréhensible : toutes les ordonnances, qui sont émanées de lui, sont dictées par la tolérance, la sagesse et la justice; les habitans des départemens de la Manche et de Seine-et-Oise conserveront éternellement le souvenir de son amour pour l'humanité et de la sollicitude vraiment paternelle avec laquelle il sut régir leurs intérêts. Ses rivaux même, en lui succédant, n'ont pu lui refuser la justice qui lui était due, et jamais la jalousie ne put s'élever jusqu'à déprécier sa conduite.

Tant de constance et de mérite ne pouvaient rester dans l'oubli à une époque où la bonté royale semble vouloir s'entourer de tout ce que la France a d'hommes recommandables par les talens et les vertus : la nomination de Pair de France, acceptée par M. le comte de Montalivet, en 1815, n'ayant eu aucun effet, S. M. Louis XVIII, par son ordonnance du 5 mars 1819, vient de lui déférer de nouveau cette dignité, et nous aimons à penser qu'il ne sera pas un de ceux qui honoreront le moins la respectable chambre.

LOUIS-PIERRE DE MONTBRUN,

(COMTE,)

G.^{al} de division, Grand'Croix de l'Ordre du Mérite Militaire de Wurtemberg, Chevalier des Ordres de la Couronne de Fer et des Deux-Siciles, Grand-Officier de la Légion-d'Honneur,

Né le 30 mars 1771, à Florensac, Dép.^t de l'Hérault.

Mort à la bataille de la Moskowa, le 7 7.bre 1812.

à Paris chez l'Auteur rue des Francs-Bourgeois St Michel, N.º 6.

LE GÉNÉRAL MONTBRUN.

La tombe est l'écueil des titres, des dignités; c'est là que tout s'ensevelit à jamais. Les vertus, le courage, la grandeur d'âme, nous arrachent seuls à l'oubli. C'est pour vivre encore dans l'histoire que l'écrivain veille et travaille, que le guerrier affronte la mort au champ d'honneur; s'il rencontre le trépas, son cœur palpite encore avec une certaine ivresse, et il exhale sans regret son dernier soupir dans les bras de la gloire.

MONTBRUN (Louis-Pierre, comte de), lieutenant-général au service de France, grand'croix de l'ordre du Mérite militaire de Wurtemberg, chevalier des ordres de la Couronne de Fer et des Deux-Siciles, grand-officier de la Légion d'honneur, etc., etc., naquit le 30 mars 1771, à Florensac, département de l'Hérault. Issu d'une famille distinguée du Midi, après avoir reçu une éducation soignée qui développa les talens dont l'avait doué la nature, il embrassa, jeune encore, la carrière des armes. Il s'y fit bientôt remarquer par les plus brillantes qualités, et obtint successivement, par son mérite, les différens grades qui le conduisirent à celui de colonel du premier régiment de chasseurs à cheval. Il fit, à la tête de ce brave régiment, la campagne de 1805 contre l'Autriche. A la bataille d'Austerlitz, il chargea l'ennemi avec cette rare intrépidité qui le caractérisait, et tailla en pièces plusieurs régimens russes. Il mérita, par sa conduite dans cette mémorable journée, le grade de général de brigade. Il commanda aussi un corps de cavalerie dans les campagnes de 1806, 1807 et 1809, contre les Prussiens, les Russes et les Autrichiens : partout où il se présenta, la terreur et la mort passaient dans les rangs ennemis. A Iéna, il dispersa la cavalerie ennemie, et couvrit le champ de bataille de ces soldats qui, sous le grand Frédéric, avaient acquis tant de réputation. A Eylau, il guidait aussi nos guerriers dans ces charges brillantes qui nous assurèrent une victoire si long-temps disputée. A Friedland, les Russes le retrouvèrent encore tel qu'ils l'avaient vu dans vingt combats, unissant le sang-froid de l'expérience à la valeur. A Raab, il soutint sa réputation; et dans la fleur de l'âge, il avait déjà vécu long-temps pour la gloire.

Nommé général de division, titre acheté et mérité par une suite de succès, il fut envoyé en Espagne, dans ces contrées où l'on avait à combattre un ciel brûlant, un terrain difficile, des monts escarpés, et les habitans qui voulaient, au prix de leur sang, conserver leur souverain et leurs lois. Dans toutes les rencontres qu'il eut avec l'ennemi, souvent plus nombreux que lui, et protégé par les localités, il sut le contenir, le battre souvent et le forcer à la retraite. Il cueillit de nouveaux lauriers à la bataille d'Alméida, en couvrant la retraite de l'armée et en empêchant l'ennemi d'avancer, quoiqu'il fût en forces supérieures. A Ciudad-Rodrigo, il chargea l'arrière-garde anglaise, mit le désordre et la confusion dans ses rangs, et la poursuivit jusqu'au camp de Fuente-Guinaldo. Le général en chef Marmont le détacha de son armée avec trois divisions, pour coopérer à l'entreprise du général Suchet sur Valence. Le général Montbrun étant arrivé trop tard, ne put prendre aucune part à la conquête de cette ville. Ne voulant point avoir fait une course inutile, il se présenta devant Almanza, et y fit jeter quelques bombes, pour déterminer le gouverneur à se rendre; mais celui-ci, voyant qu'on n'avait aucun moyen de faire le siège de la place, tint ferme. Le général Montbrun se retira, et alla de nouveau rejoindre le général Marmont. Son absence avait affaibli l'armée principale; aussi le général Wellington en profita pour attaquer Ciudad-Rodrigo avec toutes ses forces, et il s'en rendit maître par escalade, avant le retour du général Montbrun. Pendant toute cette campagne, où les succès furent balancés de part et d'autre, il se montra dans tous les endroits où il y avait quelque danger à courir, quelque gloire à acquérir. La confiance qu'il avait su inspirer aux troupes sous ses ordres les rendit invincibles. Comment ne se seraient-elles pas distinguées en marchant sur les traces d'un guerrier qui leur donnait sans cesse l'exemple du courage et de l'intrépidité! Il fut rappelé à la fin de la campagne de 1811 : il quitta l'Espagne, et rentra en France pour prendre un nouveau commandement et marcher à de nouveaux triomphes.

L'expédition de Russie devait ouvrir la campagne de 1812. Le général Montbrun fut désigné pour en faire partie. Il commandait un corps de cavalerie de ces 600,000 braves qui, fiers de leurs succès passés, marchaient pour cueillir de nouveaux lauriers, et couvrir leurs drapeaux d'une gloire immortelle. Cette campagne commença sous les plus heureux auspices. Les ennemis nous opposèrent la plus vive résistance; en vain mirent-ils tout en usage pour arrêter notre marche victorieuse : les villes qu'ils regardaient comme un rempart inexpugnable tombaient en notre pouvoir, après avoir été foudroyées par notre artillerie ou escaladées par nos braves. Le général Montbrun, à la tête de son corps de cavalerie, était toujours le même : et nous ne pouvons parler de lui sans répéter les éloges que nous lui avons déjà donnés. La prise de Smolensko, qui fut la suite d'une bataille livrée sous ses murs, où l'ennemi fut complétement battu, honora tous les corps de l'armée, et le général Montbrun eut sa bonne part de cette gloire dont il fut toujours avide.

L'armée manœuvrait depuis quelques jours pour forcer l'ennemi à accepter la bataille qu'on lui présentait en vain : il sentait sa faiblesse, et savait par expérience que la plus opiniâtre résistance échouait sous le fer de nos braves. Enfin, après les marches les mieux combinées, les Russes ne purent se dispenser de combattre, et la bataille de Mojaïckz fut le résultat des savantes dispositions de nos généraux. L'armée ennemie avait couvert son front de plusieurs redoutes hérissées d'une artillerie formidable; les Russes, en bataille derrière leurs retranchemens, animés, excités par la présence et les discours de leurs chefs, avaient pris la résolution de vendre chèrement leur vie, et de nous faire marcher sur leurs cadavres avant qu'il nous fût possible de nous diriger sur Moskou; ces projets s'évanouirent comme un vain songe : les Français bravèrent tout, surmontèrent tous les obstacles; les retranchemens furent emportés sans coup férir; les nombreux bataillons qui les défendaient furent écrasés, dispersés : tout ce qui échappa au fer de nos guerriers prit la fuite. Le général Montbrun, après avoir fait des prodiges de valeur, fut emporté par un boulet de canon, le 7 septembre 1812. Il tomba, mais avec gloire, et fut honoré des regrets de toute l'armée.

Jeune et vaillant guerrier, ta mort fut une calamité pour la France, tes frères d'armes, tes amis, les soldats qui furent sous tes ordres, ont versé des larmes sur ton cercueil, ombragé des lauriers qu'ils cueillirent avec toi; ta mort fut digne d'envie, peut-être fut-elle un bienfait : tu n'as point été le témoin des calamités, des maux, qui affligèrent nos braves; ils furent vaincus par les élémens, et ceux que n'avait pu atteindre le fer ennemi succombèrent sous l'âpreté du climat. Les glaces du Nord anéantirent ceux que les sables du désert et le sol brûlant de l'Arabie n'avaient pu abattre. Combien tu aurais gémi de voir les compagnons de tes glorieux travaux moissonnés ainsi! Tes yeux se sont fermés sans avoir vu les désastres de la France; des cris de victoire frappèrent ton oreille à l'heure de ton trépas,

« Et tes derniers regards ont vu fuir l'ennemi. »

Tu laisses à ceux qui suivent encore la carrière des armes, et qui t'ont survécu, un bel exemple à suivre. Puissent tes mânes être sensibles à nos plaintes! Si tes cendres ne reposent point dans ta patrie, aux lieux qui t'ont vu naître, ton souvenir vit à jamais dans nos cœurs; on ne prononcera jamais le nom des braves sans y joindre le tien; tu seras placé au premier rang de ceux que les fastes de notre histoire proclameront pour être voués à l'immortalité, et la France sera toujours fière de t'avoir donné le jour.

LE GÉNÉRAL MONTBRUN.

La tombe est l'écueil des titres, des dignités; c'est là que tout s'ensevelit à jamais. Les vertus, le courage, la grandeur d'ame, nous arrachent seuls à l'oubli. C'est pour vivre encore dans l'histoire que l'écrivain veille et travaille, que le guerrier affronte la mort au champ d'honneur. S'il rencontre le trépas, son cœur palpite encore avec une certaine ivresse, et il exhale sans regret son dernier soupir dans les bras de la gloire.

MONTBRUN (Louis-Pierre, comte de), lieutenant-général au service de France, grand'croix de l'ordre du Mérite-Militaire de Wurtemberg, chevalier des ordres de la couronne de Fer et des Deux-Siciles, grand-officier de la Légion-d'Honneur, etc., etc., naquit le 30 mars 1771, à Florensac, département de l'Hérault. Issu d'une famille distinguée du Midi, après avoir reçu une éducation soignée qui développa les talens dont l'avait doté la nature, il embrassa jeune encore la carrière des armes. Il s'y fit bientôt remarquer par les plus brillantes qualités, et obtint successivement, par son mérite, les différens grades qui le conduisirent à celui de colonel du premier régiment de chasseurs à cheval. Il fit, à la tête de ce brave régiment, la campagne de 1805, contre l'Autriche. A la bataille d'Austerlitz, il chargea l'ennemi avec cette rare intrépidité qui le caractérisait, et tailla en pièces plusieurs régimens russes. Il mérita, par sa conduite dans cette mémorable journée, le grade de général de brigade. Il commanda aussi un corps de cavalerie dans les campagnes de 1806, 1807 et 1809, contre les Prussiens, les Russes et les Autrichiens; partout où il se présenta la terreur et la mort passaient dans les rangs ennemis. A Iéna, il dispersa la cavalerie ennemie, et couvrit le champ de bataille de ces soldats qui, sous le grand Frédéric, avaient acquis tant de réputation. A Eylau il guidait aussi nos guerriers dans ces charges brillantes qui nous assurèrent une victoire si long-temps disputée. A Friedland, les Russes le retrouvèrent encore tel qu'ils l'avaient vu dans vingt combats, unissant le sang-froid de l'expérience à la valeur. A Raab, il soutint sa réputation; et dans la fleur de l'âge il avait déjà vécu long-temps pour la gloire.

Nommé général de division, titre acheté et mérité par une suite de succès, il fut envoyé en Espagne, dans ces contrées où l'on avait à combattre un ciel brûlant, un terrain difficile, des monts escarpés, et les habitans, qui voulaient, au prix de leur sang, conserver leur souverain et leurs lois. Dans toutes les rencontres qu'il eut avec l'ennemi, souvent plus nombreux que lui, et protégé par les localités, il sut le contenir, le battre souvent, et le forcer à la retraite. Il cueillit de nouveaux lauriers à la bataille d'Alméida, en couvrant la retraite de l'armée, et en empêchant l'ennemi d'avancer, quoiqu'il fût en forces supérieures. A Ciudad-Rodrigo, il chargea l'arrière-garde anglaise, mit le désordre et la confusion dans ses rangs, et la poursuivit jusqu'au camp de Fuente-Guinaldo. Le général en chef Marmont le détacha de son armée avec trois divisions, pour coopérer à l'entreprise du général Suchet sur Valence. Le général Montbrun étant arrivé trop tard, ne put prendre aucune part à la conquête de cette ville. Ne voulant point avoir fait une course inutile, il se présenta devant Almanza, et y fit jeter quelques bombes, pour déterminer le gouverneur à se rendre; mais celui-ci, voyant qu'on n'avait aucun moyen de faire le siége de la place, tint ferme. Le général Montbrun se retira, et alla de nouveau rejoindre le général Marmont. Son absence avait affaibli l'armée principale; aussi le général Wellington en profita pour attaquer Ciudad-Rodrigo avec toutes ses forces, et il s'en rendit maître par escalade, avant le retour du général Montbrun. Pendant toute cette campagne, où les succès furent balancés de part et d'autre, il se montra dans tous les endroits où il y avait quelque danger à courir, quelque gloire à acquérir. La confiance qu'il avait su inspirer aux troupes sous ses ordres les rendait invincibles. Comment ne se seraient-elles pas distinguées en marchant sur les traces d'un guerrier qui leur donnait sans cesse l'exemple du courage et de l'intrépidité! Il fut rappelé à la fin de la campagne de 1811; il quitta l'Espagne et rentra en France, pour prendre un nouveau commandement et marcher à de nouveaux triomphes.

L'expédition de Russie devait ouvrir la campagne de 1812. Le général Montbrun fut désigné pour en faire partie. Il commandait un corps de cavalerie de ces 600,000 braves qui, fiers de leurs succès passés, marchaient pour cueillir de nouveaux lauriers, et couvrir leurs drapeaux d'une gloire immortelle. Cette campagne commença sous les plus heureux auspices. Les ennemis nous opposèrent la plus vive résistance; en vain mirent-ils tout en usage pour arrêter notre marche victorieuse: les villes qu'ils regardaient comme un rempart inexpugnable tombaient en notre pouvoir, après avoir été foudroyées par notre artillerie ou escaladées par nos braves. Le général Montbrun, à la tête de son corps de cavalerie, était toujours le même; et nous ne pouvons parler de lui sans répéter les éloges que nous lui avons déjà donnés. La prise de Smolensko, qui fut la suite d'une bataille livrée sous ses murs, où l'ennemi fut complètement battu, honora tous les corps de l'armée, et le général Montbrun eut sa bonne part de cette gloire dont il fut toujours avide.

L'armée manœuvrait depuis quelques jours pour forcer l'ennemi à accepter la bataille qu'on lui présentait en vain ; il sentait sa faiblesse, et savait par expérience que la plus opiniâtre résistance échouait sous le fer de nos braves. Enfin, après les marches les mieux combinées, les Russes ne purent se dispenser de combattre, et la bataille de Mojaickz fut le résultat des savantes dispositions de nos généraux. L'armée ennemie avait couvert son front de plusieurs redoutes hérissées d'une artillerie formidable ; les Russes, en bataille derrière leurs retranchemens, animés, excités par la présence et les discours de leurs chefs, avaient pris la résolution de vendre chèrement leur vie, et de nous faire marcher sur leurs cadavres avant qu'il nous fût possible de nous diriger sur Moskou ; ces projets s'évanouirent comme un vain songe : les Français bravèrent tout, surmontèrent tous les obstacles ; les retranchemens furent emportés sans coup férir ; les nombreux bataillons qui les défendaient furent écrasés, dispersés ; tout ce qui échappa au fer de nos guerriers prit la fuite. Le général Montbrun, après avoir fait des prodiges de valeur, fut emporté par un boulet de canon, le 7 septembre 1812. Il tomba, mais avec gloire, et fut honoré des regrets de toute l'armée.

Jeune et vaillant guerrier, ta mort fut une calamité pour la France ; tes frères d'armes, tes amis, les soldats qui furent sous tes ordres, ont versé des larmes sur ton cercueil, ombragé des lauriers qu'ils cueillirent avec toi. Ta mort fut digne d'envie ; peut-être fut-elle un bienfait : tu n'as point été le témoin des calamités, des maux, qui affligèrent nos braves ; ils furent vaincus par les élémens ; et ceux que n'avait pu atteindre le fer ennemi, succombèrent sous l'âpreté du climat. Les glaces du Nord anéantirent ceux que les sables du Désert et le sol brûlant de l'Arabie n'avaient pu abattre. Combien tu aurais gémi de voir les compagnons de tes glorieux travaux moissonnés ainsi ! Tes yeux se sont fermés sans avoir vu les désastres de la France ; des cris de victoire frappèrent ton oreille à l'heure de ton trépas,

« Et tes derniers regards ont vu fuir l'ennemi. »

Tu laisses à ceux qui suivent encore la carrière des armes et qui t'ont survécu, un bel exemple à suivre.

Puissent tes mânes être sensibles à nos plaintes ! Si tes cendres ne reposent point dans ta patrie, aux lieux qui t'ont vu naître, ton souvenir vit à jamais dans nos cœurs ; on ne prononcera jamais le nom des braves sans y joindre le tien. Tu seras placé au premier rang de ceux que les fastes de notre histoire proclameront pour être voués à l'immortalité ; et la France sera toujours fière de t'avoir donné le jour.

L. Guyon, officier d'infanterie.

LE MARÉCHAL MOREAU.

A Paris, chez l'Auteur, Rue des France Bourgeois St Michel N° 6.

Déposé au Bureau.

LE GÉNÉRAL MOREAU.

CÉLÈBRE par son courage et non moins célèbre par ses malheurs, le guerrier dont nous allons rappeler les belles actions est digne de l'admiration de tous les braves. Dans les camps il fut le modèle du soldat et du capitaine; dans la vie privée il fut celui de l'honnête homme; et cependant la faiblesse de son caractère l'a placé dans des situations telles, qu'il ne peut être jugé sans partialité par ses contemporains. Qu'il le soit donc par la postérité : elle oublie les erreurs et les fautes pour ne voir que les grandes actions : heureux ceux qui ont les titres du général Moreau, pour fixer l'attention de cette postérité si juste et si équitable!

MOREAU (JEAN-VICTOR), l'un des plus anciens et des premiers généraux de la République française, naquit, le 11 août 1763, à Morlaix, département du Finistère, d'une famille dont le chef était jurisconsulte. Destiné à suivre la carrière que son père lui avait ouverte, le jeune Moreau se livra à l'étude du Droit, y fit des progrès; mais il résistait en vain à sa vocation pour les armes; elle l'entraînait malgré lui, et il s'enrôla avant d'avoir atteint sa 18.ᵉ année. Le père du jeune Moreau, mécontent d'une détermination qui contrariait ses vues, obtint que l'engagement serait annullé. De retour à l'école de Droit, à Rennes, Moreau devint prévôt de cette école à l'époque des troubles qui précédèrent la révolution; l'influence que ce titre lui donnait sur ses camarades, ses qualités personnelles et déjà l'ascendant de son génie guerrier, le mirent dès-lors dans la situation de jouer un rôle assez important; les étudians le placèrent à leur tête au moment où le cardinal de Brienne essaya d'opérer, dans la magistrature une révolution complète.

Dans cette singulière guerre, le *général du Parlement* (tel est le titre qui fut donné à Moreau) fit pressentir par son intelligence, sa prudence et son courage, ce qu'il devait être un jour. Un de ses nombreux historiens prétend qu'il montra dès-lors un caractère de fermeté et de loyauté qui ne se démentit jamais; nous voudrions, dans l'intérêt de sa gloire, que le temps eût confirmé cette remarque, comme sa conduite à la tête des armées a justifié les espérances que, dès son entrée sous les drapeaux, il avait donné de ses talens et de sa bravoure. Pendant cinq mois que dura cette lutte, Moreau se rendit redoutable aux antagonistes du Parlement: le gouverneur de Rennes donna inutilement des ordres pour qu'on l'arrêtât; il voulait qu'on le prît vivant, et cela fut impossible. Il se montrait cependant tous les jours dans les rues et sur les places publiques, n'ayant souvent qu'une faible escorte; mais sa prudence et son intrépidité lui servaient de sauve-garde.

Vers 1788, il parut changer de système: mais c'est qu'alors les vues du gouvernement se trouvant en harmonie avec les siennes, il crut devoir les seconder dans tout ce qui avait rapport aux changemens introduits dans le mode de convocation des États-généraux. On vit le *général du Parlement* commander, au commencement de 1789, les réunions armées qu'opposèrent aux états de la Province et au Parlement les villes de Rennes et de Nantes. Une confédération de la jeunesse Bretonne s'étant formée à Pontivy, au commencement de 1790, Moreau en fut nommé président; il devint ainsi commandant du premier bataillon de volontaires qui bientôt s'organisa dans le département du Morbihan. Dès ce moment Moreau ne s'occupa plus que d'acquérir ces hautes connaissances qui l'ont fait distinguer parmi les meilleurs tacticiens de l'Europe. Envoyé avec son bataillon à l'armée du Nord, il y apprit les événemens du 10 août 1792, les approuva, et se prononça en faveur de la République, lorsqu'on l'eut décrétée le 22 septembre suivant. Il parut en adopter franchement les principes, mais les excès inséparables d'une grande révolution ne tardèrent point à l'en faire changer; cependant jusqu'au 31 mai 1793, il eut l'art de dissimuler, et parmi les personnes qui l'approchaient, quelques-unes seulement purent s'apercevoir de ce changement. Comme la mort des députés de la Gironde l'affecta beaucoup, il n'accepta qu'avec une extrême répugnance la constitution de 1793, qui fut présentée à l'armée dans le mois de septembre. Cependant son bataillon, qui faisait chaque jour des prodiges sous ses ordres, ayant attiré sur lui l'attention du gouvernement, il fut, dans les derniers mois de cette même année, élevé au grade de général de brigade, puis à celui de général de division le 14 avril 1794. Il dut ce dernier avancement à la recommandation de Pichegru, général en chef de l'armée du Nord. Moreau qui, dans cette campagne, se conduisit d'une manière brillante, se distingua particulièrement à la prise de Menin, qu'il força de se rendre le 30 avril, après un blocus de quatre jours, et devant Ypres, où il entra le 17 juin, après douze jours de tranchée ouverte. Le 29 il enleva Bruges. En juillet il prit Ostende, Nieuport et l'île de Cassandria; le fort de l'Écluse, attaqué par lui, fut forcé de capituler le 26 août. Il est douloureux de penser que, tandis qu'il recueillait des palmes si glorieuses, la tête de son père, accusé de fédéralisme, tombait à Brest sous la hache des proscripteurs.

Moreau continua néanmoins de servir la République, et participa à cette immortelle campagne d'hiver en commandant l'aile droite de l'armée qui, marchant sans crainte sur la surface durcie des lacs et des fleuves, conquit la Hollande. Ce fut lui qui conçut le plan de défense de ce pays, plan dont l'exécution fut confiée aux généraux Daendels et Dumonceau. Nommé après la retraite de Pichegru au commandement des armées du Rhin et de la Moselle, il soutint et accrut dans la campagne de 1796 la réputation que déjà il avait acquise, en forçant dans son camp, près de Franckental, le général Wurmser, qui fut obligé de chercher son salut sous les murs de Manheim. Dans la nuit du 23 au 24 juin, Moreau fit passer le Rhin à l'armée française près de Strasbourg ; une partie des troupes qui se trouvaient dans Kehl s'enfuit en désordre, et l'autre tomba au pouvoir du vainqueur. Il envoya contre l'armée du prince de Condé, que secondaient quelques petits corps autrichiens, le général Férino qui la dispersa en quelques jours. Lui-même marcha contre l'armée autrichienne du Bas-Rhin que commandait l'archiduc Charles.

Après avoir, par de savantes manœuvres, forcé à la retraite les troupes qui occupaient le Brisgau, il attaqua l'archiduc à Rastadt, le 6 juillet, et le força, malgré une résistance opiniâtre, à se retirer sur Ettlingen, où, le 9, il fut de nouveau battu et contraint de se replier et de gagner la forte position de Pfortzheim, où il se croyait inattaquable. Cependant Moreau l'en délogea le 15, et dès ce moment ne cessa de se porter en avant. Dans toutes ces affaires, les généraux des deux nations avaient déployé le plus grand talent et les soldats le plus grand courage. Moreau avait trouvé tous ses généraux divisionnaires dignes de lui, et le brave Desaix, dont un trépas glorieux immortalisa depuis le nom, le seconda d'une manière efficace. L'armée autrichienne qui, malgré ses défaites, ne se repliait que lentement, fut encore battue à Stuttgard, Canstadt, Berg et Ettlingen, les 18, 21 et 22. Des succès aussi brillans rendirent les Français maîtres de tout le cours du Necker, et leur ouvrirent, le 3 août, les portes de Constance.

Cependant l'archiduc Charles, qui ne succombait jamais qu'avec honneur, résolut de faire une nouvelle tentative qui eut d'abord quelques succès. Le 11 août, il attaqua les Français sur toute la ligne, mit les avant-postes en déroute, et repoussa l'aile droite jusqu'à Heydenheim ; mais notre aile gauche, commandée par Desaix, prenait bien sa revanche, tandis que Moreau lui-même, à la tête du corps de réserve, venait réparer l'échec éprouvé par son aile droite. Après dix-sept heures de combat, les deux armées demeurées en présence, paraissaient l'une et l'autre se croire battues. Déjà le général français avait ordonné qu'on fît partir ses équipages ; mais voyant les autrichiens qui commençaient à opérer leur retraite, il donna contre-ordre, et reprit soudain une attitude victorieuse. L'archiduc Charles alla se réunir au général Wartensleben qui se trouvait dans une situation un peu équivoque en présence du général Jourdan. Moreau qui suivit M. de Latour, atteignit l'armée autrichienne près d'Augsbourg, la battit complétement à Fiedberg, et lui fit un grand nombre de prisonniers. L'intention du général était de passer le Danube pour aller secourir Jourdan ; mais ce dernier avait éprouvé la déroute la plus complète ; alors la prudence ordonnait à Moreau de songer lui-même à opérer sa retraite. Il la commença le 11 septembre ; elle fut longue et glorieuse ; il ne se laissa point entamer, et battit plusieurs fois l'ennemi. Au combat de Biberach il le défit complétement, et lui prit des régimens entiers. Ce fut en vain que, pour lui disputer le passage de la Forêt-Noire, l'archiduc Charles avait envoyé plusieurs corps ; ils furent successivement battus par les troupes détachées à cet effet pour être portées en avant. Il passa le Rhin à Huningue et à Brissach, en conservant devant la première de ces places une tête de pont, et le fort de Kehl qui

arrêta les autrichiens pendant deux mois, leur fit perdre beaucoup d'hommes et un temps précieux. La tête du pont d'Huningue que dominaient les batteries autrichiennes, offrit aussi une résistance digne d'être admirée. Les Français qui s'étaient creusés des habitations au sein de la terre, en ne laissant que les hommes nécessaires à la garde des redoutes, semblaient au moment des attaques renouveler la fable des soldats de Cadmus.

Après la reddition de ce poste, le 4 février 1797, Moreau se rendit à Cologne, y réorganisa l'armée de Sambre-et-Meuse, en céda le commandement à Hoche, et revint sur le Haut-Rhin. Il repassa ce fleuve à Gueimbsheim, le 20 avril, en plein jour, en présence d'un armée rangée en bataille. Ce passage qui mit à la disposition des Français le fort de Kehl, un grand nombre de drapeaux, vingt pièces de canon et quatre mille prisonniers, fut regardé comme un des plus beaux faits d'armes de l'armée française. Les succès de Moreau ne se seraient pas arrêtés là si les préliminaires de paix signés à Léoben ne fussent venus en suspendre le cours.

La République triomphait des ennemis du dehors ; elle était dans l'intérieur déchirée par les factions qui s'en disputaient les lambeaux. La réaction avait ensanglanté les départemens et levait partout une tête menaçante ; déjà le royalisme paraissait prêt à ressaisir le pouvoir dont la révolution l'avait dépouillé. Des preuves que Pichegru était l'âme de cette vaste conspiration se trouvaient depuis long-temps dans les mains de Moreau. Elles étaient établies par une correspondance tombée en son pouvoir lors de la prise des fourgons du général Klinglin. Il avait hésité à les faire connaître en raison de l'amitié et de la reconnaissance qui l'attachaient à Pichegru ; mais enfin la République était menacée, le danger était pressant ; la journée du 18 fructidor an 5 (4 septembre 1797), en le neutralisant, venait de l'exposer au grand jour. Moreau se détermina à envoyer au Directoire les pièces qu'il tenait en ses mains. Cette conduite, que les royalistes ne pouvaient approuver, ne le mit pas mieux dans l'esprit des républicains qui suspectaient un peu les causes qui lui avaient fait garder si long-temps le silence sur un objet de cette importance. Au surplus, pour ne point s'écarter des conséquences, il fit arrêter quelques personnes compromises par la correspondance de Pichegru, et adressa une proclamation à l'armée pour l'instruire de la trahison de ce général, que, d'après ces propres expressions, il *n'estimait plus depuis long-temps*. Mandé à Paris par le Directoire, il s'y rendit ; mais les explications qu'il donna n'ayant pas satisfait entièrement le gouvernement, il éprouva des désagrémens qui l'obligèrent à demander sa retraite. Il fut néanmoins réemployé depuis, parce qu'on avait besoin de ses talens.

Nommé inspecteur-général, en 1798, il fit, dans le mois d'avril 1799, partie de la commission établie près du gouvernement pour préparer les plans des opérations militaires. Envoyé à l'armée d'Italie, il y fut témoin des désastres que l'impéritie d'un chef inhabile attira sur elle, et ne put y remédier. Cependant Schérer, ne sachant plus comment s'y prendre, lui remit, avec le commandement, le soin de sauver l'armée. Pour y parvenir, Moreau proposa et fit adopter dans un conseil de guerre l'avis de se retirer sur le Piémont, mais pour cela il fallait éviter avec soin

: tout engagement d'une nature sérieuse avec une armée formidable dont les succès triplaient encore la force. Les Français étaient réduits à vingt-cinq mille hommes qui en avaient en tête quatre-vingt-cinq mille, dont le bouillant Suwarow dirigeait les mouvemens; Moreau n'en mit pas moins son plan à exécution. Il rassembla l'armée derrière l'Adda et manœuvra avec une précision si admirable pour porter sa droite vers les Apennins, qu'il fut bientôt en état d'offrir à Macdonald qui commandait un corps au fond de l'Italie, le moyen de se réunir à la grande armée. Afin de parvenir à ce but, il avait formé un camp retranché entre Alexandrie et Valence, et passa la Bormida après avoir, le 11 mai, battu près de Bassignano 12,000 russes. Attaqué par toutes les forces de Suwarow, il fut obligé de changer la direction de sa marche, et parvint néanmoins à pénétrer dans le pays de Gênes, où sa jonction avec le général Macdonald paraissait assurée si ce dernier n'avait été battu sur la Trébia par Suwarow.

Cet échec, qui empêchait Moreau de reprendre l'offensive, bien qu'il eût tout récemment battu le corps de Bellegarde, le força à se retirer de nouveau dans les Apennins. Sur ces entrefaites, il fut appelé au commandement en chef de l'armée du Rhin, et Joubert vint le remplacer à celle d'Italie. Cette armée, en présence de l'ennemi, était au moment d'en venir à une bataille. Son nouveau général veut laisser à Moreau l'honneur du commandement; celui-ci le refuse, et déclare qu'il combattra sous ses ordres en qualité de simple volontaire. Un pareil trait n'a pas besoin d'éloges. Moreau ne se contenta pas de combattre de sa personne, il aida Joubert de ses conseils, et se trouva à la bataille de Novi où ce jeune et brave général reçut une mort glorieuse; lui-même y courut les plus grands dangers, et eut trois chevaux tués sous lui. Quoique blessé légèrement à l'épaule, il opéra sa retraite avec autant d'habileté que de sang-froid; et s'il n'arracha pas entièrement la victoire aux ennemis, il sut au moins leur en dérober le fruit. Sa conduite, digne d'être admirée, le fit placer dès-lors au rang des premiers capitaines.

Pendant ce temps, le faible gouvernement de la France paraissait tomber en dissolution; les partis qu'il n'avait pas su contenir réagissaient contre lui. Moreau était de retour à Paris. Adoré des soldats, il aurait peut-être pu, avec plus de caractère, jouer dans cette circonstance un grand rôle, mais il avait pour concurrent le vainqueur de l'Italie nouvellement arrivé d'Égypte, et il n'hésita pas un instant à se ranger sous ses drapeaux. Il le servit efficacement dans les journées des 18 et 19 brumaire an 8 (9 et 10 nov. 1799), mais il parut s'en repentir presqu'aussitôt, ce qui occasionna quelque réfroidissement entre le premier consul Bonaparte et lui. Cependant on lui donna bientôt le commandement des armées du Danube et du Rhin. Le nouveau passage de ces deux fleuves, les combats de Moeskirch, d'Engen, de Memmingen, de Biberach, les batailles d'Hoschstedt, de Nedersheim, de Nortlingen, d'Oberhausen et d'Hohenlinden, consolidèrent alors cette gloire immense qui dès le commencement avait brillé d'un si vif éclat.

Moreau, dont les plus grands généraux de l'Allemagne, et même le prince Charles, ne purent suspendre un moment la marche victorieuse, était à vingt-cinq lieues de Vienne quand l'archiduc entama avec lui des négociations pour la paix. Il revint à Paris

où chacun s'empressa de le féliciter sur ses triomphes. Le premier consul lui offrit une paire de pistolets enrichis de diamans, en lui exprimant le regret de ce qu'ils n'offraient pas assez de place pour y graver le nom de toutes ses victoires. Il voulut même, à ce qu'on assure, lui donner sa sœur PAULINE, depuis princesse BORGHÈSE, en mariage. Des circonstances particulières empêchèrent cette union. Moreau épousa une femme qui avait, dit-on, plus d'ambition que lui; et, à laquelle il dut et de fausses démarches dans sa position, et la défection funeste qui rendit plus tard un français étranger à sa patrie, un brave opposé aux drapeaux qu'il avait concouru à illustrer. De faux amis se fiant à cette faiblesse de caractère, à cette mobilité d'opinion qui concourent à le perdre, l'impliquèrent dans une conspiration dont Pichegru et Georges Cadoudal étaient les chefs, et dont la police tenait déjà tous les fils. A peine ces deux chefs étaient-ils arrêtés, que Moreau le fut lui-même en revenant de sa terre de Gros-Bois, le 25 pluviose an 12; l'ordre avait été donné par le grand-juge Regnier, duc de Massa, qui était aussi ministre de la police. Il fut détenu au Temple. On l'accusait d'avoir reçu Pichegru chez lui depuis que ce général avait trahi la cause de la République. Moreau répondait qu'il était l'ami et non le complice de Pichegru, qu'il lui devait sa fortune militaire, et qu'il pouvait lui être sincèrement attaché, sans être pour cela traître à sa patrie et ennemi du gouvernement. Cette dénégation très-vraisemblable ne satisfit ni ses amis ni ses ennemis, et le gouvernement ne la regarda que comme un moyen évasif dont se sert un accusé pour éloigner le soupçon ou affaiblir les préventions défavorables, l'accusation elle-même; il resta sous le poids de cette accusation capitale : d'attentat à la vie du Premier consul, à la sûreté de l'État.

On crut assez généralement que cette conspiration était un acte de la politique de Napoléon, qui à cette époque cherchait à aplanir les difficultés qui se rencontreraient inévitablement lorsqu'il voudrait s'emparer de la puissance suprême comme chef républicain ou comme chef monarchique. Napoléon prépara-t-il les événemens qui précédèrent, ou se borna-t-il à en suivre le cours; c'est ce qu'il est difficile de reconnaître, et surtout d'affirmer aujourd'hui que le flambeau du temps n'a point encore éclairé ces profonds mystères de la politique. Quoi qu'il en soit, Moreau fut mis en jugement, et les débats commencèrent le 9 prairial an 12. Nous allons rapporter sur ce procès quelques détails dont nous garantissons l'authenticité. Les débats relativement au général Moreau ne présentent que le texte développé de l'accusation portée contre lui : il avait reçu chez lui le général Pichegru; celui-ci lui avait fait sinon une confidence entière du projet de conspiration au moins des ouvertures à cet égard, pour connaître quelle serait sa conduite en cas de mort de Bonaparte, et les mesures d'exécution ne furent ralenties et ne devinrent incertaines qu'à raison de l'insistance que mit le général Moreau à ne vouloir pas s'expliquer et à persister à déclarer que le cas arrivant, il prendrait les ordres du sénat : la loi d'alors n'avait pas mis l'absence d'une révélation au nombre des crimes, ni même des délits.

Pendant les débats, Moreau fit publier un mémoire justificatif et le discours qu'il prononça personnellement; ces deux pièces furent supprimées par l'ordre du procureur-général; et les juges n'eurent qu'une édition censurée.

La force-armée de service près la Cour s'était prononcée pour le général, à tel point qu'à son allée et retour au tribunal, elle lui rendait les honneurs militaires; honneurs qu'elle rendit également à Georges Cadoudal.

Ceux qui ont hasardé de faire tenir à Moreau et à Georges Cadoudal des propos inconvenans pendant le débat, n'ont pas assisté aux séances qui furent toutes imposantes.

L'auditoire se prononça hautement contre le réquisitoire public du procureur-général. Son discours prononcé fut entièrement consacré à incriminer le général Moreau. Il oubliait les quarante-quatre autres accusés. Il ne s'en ressouvint qu'au moment où il porta son réquisitoire, car il appela la peine capitale sur tous les accusés en masse, en se dispensant de les nommer, et sans faire attention qu'une femme, au nombre de ces accusés, n'avait pas, pour cause d'exception de grossesse, été présente au débat. Ce réquisitoire fut mal accueilli. Bonaparte sentit tout le danger de ce zèle indiscret, et fit commander au premier substitut de réparer ce tort dans une réplique qu'un plus pressant besoin de clorre les débats a fait contre-mander.

Le vendredi 19 prairial an 12, le gouvernement fit proposer au tribunal d'entrer en délibération immédiatement après les plaidoieries des avocats, que l'on jugea ne devoir tenir qu'une faible partie de la séance. Les juges firent connaître qu'ils n'avaient pas rassemblé les élémens de leur opinion; on leur répondait : que tout était préparé pour laisser ce temps à leur méditation; que chacun d'eux serait dans son cabinet, libre de travailler; qu'on leur ferait avoir individuellement ce qui était convenable à la vie et au repos, et que, quoique retirés de l'audience, ils n'entreraient en délibération qu'autant qu'ils y seraient préparés.

Cette première discussion donna l'idée du caractère que chaque juge devait développer dans la suite. Jusque-là l'on n'avait pu se procurer le moindre indice sur leur opinion. Ils paraissaient éviter avec soin toutes communications, même entre eux.

La Cour criminelle entra en délibération le samedi 20 prairial, à huit heures du matin.

L'ordre de la délibération fut l'objet d'un premier travail: il fut convenu

Que les questions seraient posées par le président, dans l'ordre de l'accusation;

Que le rapporteur aurait le premier la parole pour développer la question et émettre son opinion;

Que, successivement, le président recueillerait l'opinion de chacun, en commençant par le dernier conseiller, dans l'ordre de réception;

Que l'opinion du président serait ainsi la dernière pour le prononcé de l'arrêt;

Qu'il ne serait pas fait de double épreuve dans le cas d'absolution; qu'elle pourrait avoir lieu jusqu'à trois fois, en cas de condamnation, si un seul juge la réclamait.

Sur ce dernier article, il y eut une faible discussion; ce qui donna lieu d'invoquer l'usage des anciennes cours souveraines, où le président, en cas de condamnation, notamment à la peine capitale, prenait trois fois la parole; mais à la seconde et à la troisième fois, il ne revenait aux opinions que vis-à-vis des conseillers qui avaient opiné à la condam-

nation, et jamais à l'égard de ceux qui avaient voté l'acquittement : leurs voix étant irrévocablement comptées.

La délibération suivie individuellement pour chaque accusé, s'est soutenue avec calme relativement au général Moreau. Le président ayant recueilli les voix, il s'en trouva sept pour absoudre, et cinq pour la condamnation à la peine capitale.

Après trois heures d'un délai qui eut lieu par suite d'une discussion très-vive entre le rapporteur et M. le Courbe, la Cour criminelle reprit sa délibération. Pendant cet intervalle, des courriers avaient été expédiés du parquet à Saint-Cloud, où était alors Bonaparte; de grands personnages s'étaient rendus chez le premier président ou chez ceux des magistrats sur lesquels on pouvait compter, pour former une majorité.

Sur la proposition d'un membre qui avait voté la condamnation, le général Moreau fut déclaré à la majorité de neuf voix contre trois, coupable et néanmoins excusable; en conséquence, condamné à deux années d'emprisonnement et solidairement aux frais du procès.

Deux des magistrats qui ont courageusement persisté dans leur opinion, ont été généralement connus par les persécutions dont ils ont été l'objet. MM. Rigault et le Courbe, conseillers amovibles, ont été destitués; le troisième est M. Dameuve, aujourd'hui conseiller en la Cour royale de Paris.

Ce nouvel arrêt s'est facilement opéré au moyen de l'exil du général Moreau, et de la cession de ses propriétés pour acquitter une partie des frais du procès. Le duc d'Otrante a été l'intermédiaire de cet arrangement ultérieur.

Moreau partit pour l'Espagne, d'où il passa, en 1805, aux Etats-Unis, accompagné de sa femme, dont la folle ambition causa tous ses malheurs. S'étant fixé à Baltimore, il y resta jusqu'au moment où les désastres des Français en Russie le ramenèrent en Europe en 1813. Il venait de reconnaître la position de l'armée française, et il avait à peine rendu compte de sa mission à l'empereur Alexandre, que le premier boulet parti de nos batteries l'atteignit devant Dresde le 27 août 1813. Blessé mortellement, il expira le 2 septembre suivant. On rapporte qu'il avait rédigé et fait adopter par les Souverains alliés, le plan de campagne contre les Français en Saxe. Ce qu'il y a de certain, c'est que l'empereur Alexandre l'avait accueilli avec distinction, et qu'il était l'*ami* et le *conseil* de ce prince. La bienveillance et la reconnaissance d'Alexandre se sont reportées sur madame Moreau, gratifiée et pensionnée royalement par l'empereur de toutes les Russies, et nommée maréchale par S. M. Louis XVIII. Cette dame a joui jusqu'à sa mort, arrivée en 1821, des bienfaits constans de ces souverains.

Si les sentimens de Moreau, après les événemens du 31 mai, et si sa mort arrivée en dirigeant des armées étrangères n'ont pas prouvé son dévoûment à une cause pour laquelle il n'avait pas d'abord combattu ostensiblement, et sa coopération aux projets de Pichegru et de Georges Cadoudal, projets qu'il a juridiquement désavoués; si dans ces différentes situations il a cédé à des influences étrangères, il faut plaindre le grand homme que la faiblesse de son caractère a livré à deux partis, quand sa gloire voulait qu'il n'appartînt qu'à un seul.

EDOUARD-ADOLPHE-CASIMIR-JOSEPH MORTIER.

DUC DE TREVISE,

Maréchal et Pair de France,

Chevalier de l'Ordre Royal et Militaire de St Louis

et de la Couronne de Fer,

Grand-Cordon de la Légion d'Honneur,

Né en 1768 à Cateau-Cambresis, Dep.t du Nord.

à Paris, chez l'Auteur, rue de Touraine N.º 6. Faub. St Germain.

LE MARÉCHAL MORTIER,
DUC DE TRÉVISE.

Lorsque l'Europe entière semblait prête à ravager la France, lorsque tous les souverains réunis se disposaient à venger leurs droits méconnus par une poignée de séditieux sur toute une nation, que cette nation elle-même, déjà victime des fomentateurs de ses troubles, se voyait privée de tout soutien et hors d'état de satisfaire aux premiers besoins de ses défenseurs, c'était sans doute offrir à ses concitoyens l'exemple d'un généreux dévouement, que d'aller, sans espoir de récompense, exposer ses jours pour la défense de la patrie. Mais combien la France doit être glorieuse du nombre de ses enfans qui vinrent alors lui offrir le sacrifice de leur vie ! Le jeune Mortier, pénétré du noble enthousiasme de la gloire, fut un de ceux qui, les premiers, donnèrent l'essor à cette brillante jeunesse, et qui devait un jour lui servir de modèle : que son nom vive dans la postérité !

MORTIER (Édouard-Adolphe-Casimir-Joseph), Duc de Trévise, Maréchal et Pair de France, grand-croix des ordres du Christ de Portugal et de la Légion d'honneur, Chevalier de la couronne de Fer, Commandeur de l'ordre royal et militaire de Saint-Louis, etc., etc., né en 1768, au Cateau-Cambresis, département du Nord.

Après avoir reçu une éducation soignée, il fut un des premiers de son département qui vinrent s'enrôler dans les bataillons nationaux à l'époque de leur formation. En 1791 il fut nommé sous-lieutenant de carabiniers, mais il préféra le commandement d'une compagnie dans le premier bataillon des volontaires du département du Nord, créé par M. François Mortier, son oncle, chevalier de l'ordre militaire de Saint-Louis, et ancien brigadier de la gendarmerie de la maison du Roi.

Aux batailles de *Jemmapes*, de *Nerwinde*, de *Pellemberg*, c'est en se battant avec la valeur d'un vieux grenadier que le jeune Mortier s'attira les regards des chefs de l'armée. Au siége du château de *Namur*, il déploya les talens d'un officier distingué, et à *Honscoot* il reçut le grade d'adjudant-général pour récompense de sa conduite au poste d'*Eskelbeeg*.

Lors du blocus de Maubeuge, il fut grièvement blessé en reprenant le village de *Dourlers*, où nous rentrions pour la troisième fois dans cette journée; enfin, à *Fleurus* et au passage de la *Roër*, Mortier fut cité avec le plus grand honneur.

Il faisait partie de la division aux ordres du général Kléber qui, sur la fin de 1794, vint assiéger *Maestricht*. Mortier dirigea, comme chef d'état-major, l'attaque du *fort St.-Pierre*, et le força à capituler. A *Neuwied*, il franchit le Rhin avec le corps aux ordres du général Marceau.

En 1796, le général Lefebvre, qui commandait l'avant-garde de l'armée de Sambre-et-Meuse, lui confia ses avant-postes : ce fut Mortier qui tourna le prince de Wurtemberg qui, d'abord maître de la position d'*Altenkierchen*, fut défait avec une perte de 6000 hommes et de onze pièces de canon. Au nombre des prisonniers se trouvait en entier le régiment de Jordis.

A la bataille de *Friedberg*, il força le passage de la Nidda à la tête des troupes qui lui étaient confiées, et quelques jours après il se couvrit de gloire en culbutant l'ennemi à *Wilnsdorff*. Pendant cette campagne, *Giessen*, *Gemmauden*, *Schweinfurt*, *Rothenbourg* et autres postes importans furent enlevés par lui, et au combat d'*Hierfeld* sa conduite fut au-dessus de tout éloge.

Après le traité de Campo-Formio, le grade de général de brigade lui fut offert comme récompense de ses services; il le refusa, et demanda seulement qu'on lui accordât l'honneur de commander le 23.ᵉ régiment de cavalerie; mais, à l'ouverture de la campagne de 1799, il fut appelé à l'armée du Danube avec le titre de général de brigade pour commander les avant-postes de l'avant-garde; il y obtint de nombreux succès, battit partout l'ennemi, et notamment à *Leptingen* et en avant d'*Offembourg*; il passa ensuite à l'armée d'Helvétie.

Sa division fut seule employée à l'affaire de *Wolischoffen*, et se distingua dans les différens combats qui précédèrent et suivirent la prise de Zurich. Il dirigeait, avec le général Klein, l'attaque de cette ville sur la rive gauche. A *Mutten*, le général Mortier contint seul avec ses troupes peu nombreuses, les efforts du corps d'armée russe commandé par le général Souwarow, et parvint même à s'emparer de sa position et de toute son artillerie. Il poursuivit ensuite les débris de cette armée dans le *Mutten-thal*, occupa *Meltz* et *Sargantz*, et exécuta le mouvement combiné par le général Massena, pour achever l'expulsion de l'ennemi du territoire Helvétique.

Nommé au commandement de la 2.ᵉ division de l'armée du Danube, il ne le conserva que quelques mois, et fut appelé à celui de la 15.ᵉ et 16.ᵉ divisions militaires (Paris), dont il vint prendre possession, d'après un arrêté des Consuls, en mars 1800.

Après la reprise des hostilités avec l'Angleterre, il fut chargé du commandement de l'armée destinée à s'emparer de l'électorat d'Hanovre (en 1803). Cette expédition se termina par la capitulation de l'Elbe, signée sur ce fleuve près d'Altenbourg, par les généraux en chef des deux armées; l'armée anglaise demeura prisonnière, et tout le pays de Hanovre fut déclaré possession française.

De retour à Paris, il reçut des éloges publics du gouvernement, et fut nommé l'un des quatre commandans de la garde des Consuls, et commandant spécial de l'artillerie.

Au mois de mars 1804, il présida le collége électoral du département du Nord; fut élevé à la dignité de maréchal le 19 mai suivant, fut nommé chef de la 2.ᵉ cohorte de la Légion d'honneur, et obtint, en 1805, le cordon rouge et la grand-croix de l'ordre du Christ de Portugal.

Pendant la campagne d'Austerlitz, il descendit, à la tête d'une division de la grande-armée, la rive gauche du Danube, coupa les communications de l'armée russe avec la Moravie, et soutint le fameux combat de *Diernstein*, le plus mémorable et le plus meurtrier de cette campagne, où, avec un corps de 4000 hommes, il combattit l'armée russe, aux ordres de Kutusow, et forte de plus de 30,000 hommes. Les habitans de Cambrai arrêtèrent de lui élever un monument destiné à immortaliser cet événement, mais il refusa positivement cet honneur.

- En septembre 1806, il fut nommé président annuel du collége électoral du Gard, et commanda le 8.e corps de la grande-armée, à la tête duquel il fit mettre bas les armes à toute l'armée hessoise, occupa toutes les places fortes, et entra dans Cassel le 31 octobre. Il entra à *Hambourg* le 19 novembre, bientôt à *Anclam* et vainqueur des Suédois (avril 1807). Il conclut à *Schaltkow*, avec le baron d'Essen, une suspension d'armes, en vertu de laquelle les îles d'*Usedam* et de *Wollin* durent être remises aux garnisons françaises. Dans cette même campagne, à la glorieuse journée de Friedland, il soutint toute la journée, avec le maréchal Oudinot, le choc de l'ennemi, jusqu'à l'arrivée des corps du maréchal Ney et du général Victor.

En 1808, il passa en Espagne et prit *Sarragosse*, de concert avec le duc de Montebello, malgré la plus vigoureuse défense; en février 1809, il força le passage du pont de l'*Arzobispo*, où il prit l'artillerie ennemie; et en novembre, à la bataille d'Occana, où il commandait les 3.e et 5.e corps, il défit l'armée ennemie forte de 80,000 hommes, lui fit 25,000 prisonniers, s'empara de 50 drapeaux et de 50 pièces de canon : uni au général Soult, *Badajoz* lui ouvrit ses portes; et en 1811, on lui dut la victoire de *Gébora*.

Rappelé d'Espagne, il fut envoyé en Russie; là, après avoir pris part aux plus glorieux combats, il fut encore chargé de rester à *Moscow* après le départ de Napoléon, et de faire sauter le *Kremlin*. Cette commission fut exécutée le 28 octobre, à deux heures du matin. La veille de son départ de Moscou, il fit prisonnier le comte Winsegerode qui venait, avec un corps de troupes de *Twer*, pour l'attaquer. Il passa la *Bérésina* sans opposition, pour se porter et appuyer, sur la route de Borisòw, le maréchal Oudinot, engagé avec les divisions russes qui arrivaient pour couper ses communications ; elles y furent battues, et le reste de l'armée passa le fleuve et opéra

sa retraite. Il employa tout son talent à conserver le corps qu'il commandait, et se rendit à Francfort, où il réorganisa la jeune garde dont il eut le commandement en 1813.

Il combattit le 2 mai à *Lutzen*, ensuite à *Dresde*, à *Wachau*, à *Leipsick*, à *Hanau*, et retarda partout les efforts des ennemis de la France. Il partit de Mayence pour Reims avec la vieille garde, et de Reims pour Langres : il eut affaire avec une poignée d'hommes à toute l'armée autrichienne et bavaroise, à Bar-sur-Aube, et ne put être entamé ; enfin il ne cessa de combattre que lorsque tout moyen de résistance fût impossible.

Après avoir donné son adhésion aux actes du Sénat contre Napoléon, il fut nommé commissaire extraordinaire dans la 16.e division (Lille), dont il devint ensuite gouverneur. Créé chevalier de Saint-Louis le 2 juin, et pair de France le 4 du même mois.

Le maréchal Mortier était à Lille lorsque sa majesté Louis XVIII traversa cette ville pour se rendre à Gand. Le duc de Trévise accompagna le Roi jusque hors des glacis, pour imposer aux troupes déjà disposées à la révolte, et ne voulut remettre le commandement de ces troupes, ainsi qu'il en avait reçu l'ordre du Roi, qu'après s'être assuré qu'un convoi de cinq millions en espèces, sous la conduite de M. *Hue*, fût arrivé intact à Tournai, et remis à la disposition de S. M. Il partit ensuite pour la capitale, où il fut créé pair par Napoléon, et chargé de visiter les places frontières de l'est et du nord.

Au retour du Roi il perdit le titre de pair, et fut compris dans l'ordonnance du 24 juillet ; mais il fut nommé, le 10 janvier 1816, gouverneur de la 15.e division (Rouen). Il était membre du conseil de guerre chargé, en 1815, du procès du maréchal Ney, et qui se déclara incompétent.

Nommé député par le département du Nord, en 1816, il le représenta pendant deux sessions, et fut depuis rappelé à la chambre des pairs avec toutes les dignités qu'il avait acquises au prix de son sang versé pour la patrie.

Le maréchal Mortier doit être placé au premier rang des braves dont la France s'honore; il sut, dans tous les temps, allier la sagesse avec la plus rare intrépidité : ami de ses soldats, il savait prévenir leurs besoins, leur obtenir des récompenses méritées, et sa justice ne permit jamais qu'ils s'éloignassent de la plus exacte discipline : chéri de ses compagnons d'armes, ses ennemis même ne peuvent lui refuser leur estime.

LE MARÉCHAL MORTIER,

DUC DE TRÉVISE.

Lorsque l'Europe entière semblait prête à ravager la France, lorsque tous les souverains réunis se disposaient à venger leurs droits méconnus par une poignée de séditieux sur toute une nation, que cette nation elle-même, déjà victime des fomentateurs de ses troubles, se voyait privée de tout soutien et hors d'état de satisfaire aux premiers besoins de ses défenseurs, c'était sans doute offrir à ses concitoyens l'exemple d'un généreux dévoûment, que d'aller, sans espoir de récompense, exposer ses jours pour la défense de la patrie. Mais combien la France doit être glorieuse du nombre de ses enfans qui vinrent alors lui offrir le sacrifice de leur vie ! Le jeune Mortier, pénétré du noble enthousiasme de la gloire, fut un de ceux qui, les premiers, donnèrent l'essor à cette brillante jeunesse, et qui devait un jour lui servir de modèle : que son nom vive dans la postérité !

MORTIER (Édouard-Adolphe-Casimir-Joseph), duc de Trévise, maréchal et pair de France, grand'croix des ordres du Christ de Portugal et de la Légion d'honneur, chevalier de la couronne de Fer, commandeur de l'ordre royal et militaire de Saint-Louis, etc., etc., né le 13 février 1768, au Cateau-Cambresis, département du Nord.

Après avoir reçu une éducation soignée, il fut un des premiers de son département qui vinrent s'enrôler dans les bataillons nationaux à l'époque de leur formation. En 1791, il fut nommé sous-lieutenant de carabiniers, mais il préféra le commandement d'une compagnie dans le premier bataillon des volontaires du département du Nord, organisé par M. François Mortier, son oncle, chevalier de l'ordre militaire de Saint-Louis, et ancien brigadier de gendarmerie de la maison du Roi, et c'est en cette qualité qu'il fit ses premières armes à Quiévrain, où il eut un cheval tué le 30 avril 1792.

Aux batailles de Jemmapes, de Nerwinde, de Pellemberg, c'est en se battant avec la valeur d'un vieux grenadier, que le jeune Mortier s'attira les regards des chefs de l'armée. Au siége du château de Namur, il déploya les talens d'un officier distingué, et à Honscoot, il reçut le grade d'adjudant-général pour récompense de sa conduite à l'affaire d'Eskelberk.

Lors du blocus de Maubeuge, il fut grièvement blessé en reprenant le village de Dourlers, où nous rentrions pour la troisième fois dans cette journée ; enfin, à Fleurus et au passage de la Roër, Mortier fut cité avec le plus grand honneur.

Il faisait partie de la division aux ordres du général Kléber qui, sur la fin de 1794, vint assiéger Maestricht. Mortier était à cette époque chef de l'état-major des troupes formant l'attaque, et contribua à faire capituler le fort Saint-Pierre. A Neuwied, il franchit le Rhin avec le corps aux ordres du général Marceau.

En 1796, le général Lefebvre, qui commandait l'avant-garde de l'armée de Sambre-et-Meuse, lui confia ses avant-postes : ce fut Mortier qui tourna le prince de Wurtemberg qui, d'abord maître de la position d'Altenkierchen, fut défait avec une perte de six mille hommes et de onze pièces de canon. Au nombre des prisonniers se trouvait en entier le régiment de Jordis.

A la bataille de Friedberg, il força le passage de la Nidda, à la tête des troupes qui lui étaient confiées, et quelques jours après il se couvrit de gloire en culbutant l'ennemi à Wilnsdorff. Pendant cette campagne, Giessen, Gemmauden, Schweinfurt, Rothenbourg et autres postes importans furent enlevés par lui ; sa conduite fut au-dessus de tout éloge.

Le général Kléber écrivit au Directoire exécutif, dans son rapport du 16 août 1796, au sujet du passage de Rednitz et du combat d'Hirschaid, l'adjudant-général Mortier, qui remplaça dans le commandement de la cavalerie le général Richepanse (qui venait d'être blessé), donna dans cette journée, au milieu de la mêlée, des preuves d'un grand esprit, de conduite et d'un grand sang-froid ; avec de pareils chefs, un général se dispense de compter le nombre de ses ennemis. (*Extrait du Moniteur, du 20 thermidor an 4.*)

Après le traité de Campo-Formio, le grade de général de brigade lui fut offert comme récompense de ses services ; il le refusa, et demanda seulement qu'on lui accordât l'honneur de commander le 23.e régiment de cavalerie ; mais à l'ouverture de la campagne de 1799, il fut appelé à l'armée du Danube avec le titre de général de brigade, pour commander les avant-postes de l'avant-garde ; il y obtint de nombreux succès, se trouva à l'affaire de Leptingen et à tous les combats qui eurent lieu en avant d'Offenbourg ; il passa ensuite à l'armée d'Helvétie.

Sa division fut seule employée à l'affaire de Wolischoffen, et se distingua particulièrement à la bataille de Zurich. A Mutten, le général Mortier contint seul avec ses troupes peu nombreuses, les efforts du corps d'armée russe commandé par le général Souwarow, et parvint même à s'emparer de sa position et de toute son artillerie. Il poursuivit ensuite les débris de cette armée dans le Mutten-Thal, et exécuta le mouvement combiné par le général Masséna, pour achever l'expulsion de l'ennemi du territoire helvétique.

Nommé au commandement de la 2.e division de l'armée du Danube, il ne le conserva que quelques mois ; et fut appelé à celui des 15.e et 16.e divisions militaires (Paris), dont il vint prendre possession, d'après un arrêté des Consuls, en mars 1800.

Après la reprise des hostilités avec l'Angleterre, il fut chargé du commandement de L'armée destinée à s'emparer de l'électorat d'Hanovre (en 1803.) Cette expédition se termina par la capitulation de l'Elbe, signée sur ce fleuve près d'Altembourg, par les généraux en chef des deux armées ; l'armée hanovrienne demeura prisonnière, et tout le pays de Hanovre fut déclaré possession française.

De retour à Paris, il reçut des éloges publics du gouvernement, et fut nommé l'un des quatre commandans de la garde des Consuls, et commandant spécial de l'artillerie.

Au mois de mars 1804, il présida le collége électoral du département du Nord, fut élevé à la dignité de maréchal le 19 mai suivant; fut nommé chef de la 2.ᵉ cohorte de la Légion d'honneur, et obtint, en 1805, la grand'croix de l'ordre du Christ de Portugal.

Pendant la campagne d'Austerlitz, il descendit, à la tête d'une division de la grande-armée, la rive gauche du Danube, coupa les communications de l'armée russe avec la Moravie, et soutint le fameux combat de Diernstein, le plus mémorable et le plus meurtrier de cette campagne, où, avec un corps de quatre mille hommes, il combattit l'armée russe, aux ordres de Kutusow, et forte de plus de trente mille hommes; les habitans de Cambrai arrêtèrent de lui élever un monument destiné à immortaliser cet événement, mais il refusa positivement un pareil honneur.

En septembre 1806, il fut nommé président annuel du collége électoral du Gard, et commanda le 8. corps de la grande armée, à la tête duquel il fit mettre bas les armes à toute l'armée hessoise, occupa toutes les places fortes de cet électorat, et entra dans Cassel le 31 octobre, prit une seconde fois possession du Hanovre, arriva à Hambourg le 19 novembre, bientôt à Anclam et vainqueur des Suédois (avril 1807), il conclut à Schaltkow, avec le baron d'Essen, commandant l'armée suédoise, une suspension d'armes, à la suite de laquelle les îles d'Usdom et de Wollen furent occupées par les garnisons françaises, le général suédois s'engagea de plus à ne fournir aucun secours, soit en hommes, en munitions de guerre, etc., etc., à la ville de Dantzig alors assiégée par le maréchal Lefebvre, et de s'opposer à toute espèce de débarquement de troupes en guerre avec la France dans la Poméranie suédoise. Dans cette même campagne, à la glorieuse bataille de Friedland, il soutint toute la journée, avec le maréchal Oudinot, le choc de l'ennemi, qui ne put l'entamer, et donna le temps d'arriver aux corps du maréchal Ney et du général Victor, qui ne prirent part à l'action que vers le soir.

En 1808, il passa en Espagne, et prit Sarragosse, de concert avec le duc de Montebello, malgré la plus vigoureuse défense. En février 1809, il força le passage du pont de l'Arzobispo où il prit l'artillerie ennemie; et en novembre, à la bataille d'Occaña, où il commandait les 3.ᵉ et 5.ᵉ corps, il défit l'armée ennemie forte de quatre-vingt mille hommes, lui fit vingt-cinq mille prisonniers, s'empara de cinquante drapeaux et de cinquante pièces de canon : uni au maréchal Soult, Badajoz lui ouvrit ses portes : et, en 1811, on lui dut la victoire de la Gébora.

Rappelé d'Espagne, il fut envoyé en Russie; là, après avoir pris part aux plus glorieux combats, il fut encore chargé de rester à Moscow après le départ de Napoléon, et de faire sauter le Kremlin. Cette commission fut exécutée le 28 octobre, à deux heures du matin. La veille de son départ de Moscow, il fit prisonnier le comte Winsegerode qui venait avec un corps de troupes de Twer pour l'attaquer. Il passa la Bérésina pour se porter et appuyer sur la route de Borisow, le maréchal Oudinot engagé avec les divisions russes qui arrivaient pour couper ses communications; elles y furent battues, et le reste de l'armée passa le fleuve et opéra sa retraite; il employa tout son talent à conserver le corps qu'il commandait, et se rendit à Francfort, où il réorganisa la jeune garde dont il eut le commandement en 1813.

Il combattit, le 2 mai, à Lutzen, Bautzen, ensuite à Dresde, à Wachau, à Leipsick, et retarda par tout les efforts des ennemis de la France. Il partit de Mayence pour Reims avec la vieille garde, et de Reims pour Langres : il eut affaire, avec une poignée d'hommes, à toute l'armée Autrichienne et Wurtembourgeoise à Bar-sur-Aube, et ne put être entamé. Il commanda, pendant la mémorable campagne de 1814, la jeune garde, et prit une part très-active aux affaires de Montmirail, Château-Thierri, Gué à Trême, Craone, Laon et Soudé, où, le 25 mars, dans les plaines de la Champagne, avec le corps du duc de Raguse, ils eurent affaire à toute la cavalerie ennemie que commandait en personne le grand duc Constantin; il se retira sur Provins, et de là à Paris, pour mettre la capitale à couvert, et s'y battit toute la journée du 30 mars; enfin, il ne cessa de combattre que lorsque tout moyen de résistance fut impossible.

Après avoir donné son adhésion aux actes du sénat, après l'abdication de Napoléon, le maréchal Mortier fut au-devant du Roi à Compiègne. Sa Majesté, se rappelant les égards que le maréchal avait eus pour une personne illustre qui était venue prendre les eaux de Pirmont, lorsqu'il commandait en Hanovre, lui dit :

« Monsieur le maréchal, lorsque nous n'étions « pas amis, vous avez eu pour la reine ma femme, « des égards qu'elle ne m'a pas laissé ignorer, et je » m'en souviens aujourd'hui. » (*Extrait du Moniteur du 4 mai 1814.*)

Nommé commissaire extraordinaire dans la 16.ᵉ division (Lille), dont il devint ensuite gouverneur, créé chevalier de Saint-Louis le 2 juin, et pair de France le 4 du même mois.

Le maréchal Mortier était à Lille lorsque Sa Majesté Louis XVIII traversa cette ville pour se rendre à Gand; le duc de Trévise accompagna le roi jusque hors des glacis; ne voulant remettre le commandement de ses troupes, ainsi qu'il en avait reçu l'ordre, qu'après s'être assuré qu'un convoi de cinq millions en espèces, sous la conduite de M. Hue, fût arrivé intact à Tournay, et remis à la disposition de Sa Majesté. Il partit ensuite pour la capitale où il fut créé pair par Napoléon, et chargé de visiter les places frontières de l'Est et du Nord.

Au retour du Roi, il perdit le titre de pair, et fut compris dans l'ordonnance du 24 juillet; mais il fut nommé, le 10 janvier 1816, gouverneur de la 15.ᵉ division (Rouen). Il était membre du conseil de guerre qui fut chargé, en 1815, du procès du maréchal Ney, et qui se déclara incompétent.

Nommé, à l'unanimité, député par le département du Nord, en 1816, il le représenta pendant deux sessions, et fut depuis rappelé à la chambre des pairs.

Le maréchal Mortier doit être placé au premier rang des braves dont la France s'honore; il sut dans tous les temps allier la sagesse avec la plus rare intrépidité. Ami de ses soldats, il savait prévenir leurs besoins, leur obtenir des récompenses méritées, et sa justice ne permit jamais qu'ils s'éloignassent de la plus exacte discipline : chéri de ses compagnons d'armes, ses ennemis mêmes ne peuvent lui refuser leur estime.

NAPOLÉON.

Né le 15 Aout 1769 à Ojaccio. (Corse)

Mort le 5 Mai 1821, à l'Ile S.te Hélène. (Afrique)

A Paris, chez l'Auteur Rue des Francs-Bourgeois S.t Michel, N.o 6. Déposé à la Direction.

NAPOLÉON BONAPARTE.

La mort d'un homme qui a exercé une grande influence sur la destinée des peuples, est un événement qui réveille de nombreux souvenirs, et qui peut fournir matière à d'importantes réflexions : peu de conquérans ont eu une renommée aussi étendue que celle de Napoléon Bonaparte. Le bruit de son nom a rempli l'Europe ;. il a retenti jusqu'aux extrémités de l'Asie. Placé par la force des événemens à la tête d'une grande nation fatiguée d'une longue anarchie; héritier d'une révolution qui avait exalté toutes les passions, bonnes et mauvaises, il s'éleva, autant par l'énergie de sa volonté que par la faiblesse des partis, au pouvoir suprême; et, s'identifiant avec l'indépendance nationale, fit de la France une nation presque sans rivale.

Napoléon eut une foi entière dans la fortune ; il croyait qu'une fatalité insurmontable gouvernait sa destinée. Cette erreur a été commune à plusieurs hommes éminens qui, comme lui, ne laissaient pas assez de chances aux conseils de la sagesse; le fruit de cinquante victoires peut être enlevé par une seule journée malheureuse : Pultawa et Waterloo en sont les preuves les plus solennelles.

Nous pouvons parler librement de Napoléon. Depuis long-temps il était hors de toutes les questions qui s'agitent. Parmi les Français, ce n'est plus de conquêtes qu'il s'agit, mais des établissemens de la liberté constitutionnelle, la plus glorieuse conquête de la civilisation. Napoléon avait produit une forte impression sur l'esprit et l'imagination des hommes; et cela devait être. Un soldat qui, à force de génie, s'élève au-dessus de ses contemporains, qui impose le repos à une société agitée, qui dicte ses lois à des souverains, paraît dans le monde comme un personnage merveilleux; et la terre se tait devant lui.

En donnant une notice sur Napoléon, nous ne ferons qu'esquisser le vaste tableau des actions et des grands événemens qui signalèrent sa carrière publique. Les bornes que nous nous sommes prescrites ne nous permettent pas d'y donner tous les développemens de l'histoire : c'est à celui qui écrira sa vie à s'en emparer, pour les transmettre à la postérité.

Napoléon BONAPARTE naquit à Ajaccio, en Corse, le 15 août 1769. Lorsqu'il eut atteint l'âge où il pouvait recevoir de l'éducation, il fut admis à l'école de Brienne. Il était peu communicatif, et ne formait aucune liaison avec les jeunes gens qui suivaient les mêmes cours que lui. Il aimait la solitude. Ce que l'on prenait pour de la misanthropie n'était que l'effet des réflexions auxquelles il se livrait déjà, et il jetait, pour ainsi dire, les fondemens de sa réputation, en se traçant la route qu'il devait suivre, quoiqu'il fût bien loin de songer à quel dégré d'élévation la fortune et ses talens devaient le porter un jour.

Nommé sous-lieutenant dans le régiment d'artillerie de la Fère, il eût été perdu dans la foule si la révolution ne fût venue pour lui fournir les moyens de donner l'essor à son génie et à ses talens militaires. Au siége de Toulon il fixa sur lui les regards, en donnant les moyens de s'emparer d'une redoute occupée par les Anglais. Les représentans du peuple devinèrent ce qu'il pouvait être. Les grades de chef de bataillon, de général de brigade, furent le prix de ces premiers exploits.

Avant d'être employé au siége de Toulon, il avait servi, sous Kellermann, à l'armée du Rhône. Après la reprise de la place, il avait été envoyé en Corse; mais n'ayant pu remplir l'objet de sa mission, qui était de faire rendre l'île à la république, il revint à Nice, où le conventionnel Beffroi le fit arrêter. Les représentans Alfitte et Saliretti réclamèrent l'élargissement du jeune général, dont les services, disaient-ils, étaient indispensables à l'armée de Piémont. Rendu à la liberté, il va commander l'artillerie de cette armée. On prend Cireilles, le Col-de-Tende, on bat l'ennemi à Caïro. Napoléon veut qu'on suive chaudement les avantages obtenus : s'emparer du camp retranché de Céva, envahir le Piémont, marcher sur l'Italie : telles sont les bases du plan qu'il propose, et que les représentans refusent d'adopter.

Le président du comité militaire, Aubry, le désigne pour l'armée de l'ouest ; mais ne voulant point servir contre des Français, il refuse. Ce président le nomme alors au commandement d'une brigade dans la ligne, il refuse de nouveau, et revient à Paris vivre retiré et mécontent.

M. Pontécoulant succède à Aubry, et attache Napoléon au comité de la guerre. M. Pontécoulant est remplacé, et Napoléon cesse d'être employé.

Las de son repos, il sollicite l'autorisation d'aller servir la Porte contre l'Autriche. On lui confie le commandement de l'artillerie en Hollande. Il va partir ; mais les événemens l'obligent à rester à Paris.

Les sections s'insurgent. La Convention, qu'elles menacent, fait des dispositions militaires. Napoléon, général en second des forces de l'intérieur, sauve la Convention. Le Directoire est créé, et Napoléon est nommé général en chef des troupes de l'intérieur.

Ce fut alors qu'il eut occasion de voir plus souvent madame de Beauharnais ; il rendit hommage à ses qualités, et il l'épousa.

L'Autriche était à la tête de la coalition contre la France. Le directeur Carnot sentit qu'il fallait attaquer sérieusement cette puissance, non sur le Rhin, mais dans ses possessions d'Italie. Ainsi que dans son projet d'invasion, Napoléon l'avait dit en 1794. Il pensa aussi que l'auteur de ce projet était seul capable de l'exécuter, et Napoléon fut nommé général en chef de l'armée d'Italie.

Il arrive à cette armée, qui manquait de tout, la harangue, l'encourage, et, accompagné de tous ces braves qu'il éleva depuis aux plus hautes dignités, il descend les Alpes avec la rapidité d'un torrent. Le Piémont est sa conquête. Il venge les mânes du chevalier de Belle-Isle : Milan, Pavie, les rives du Pô reconnaissent leur vainqueur. La honte de François I.er est effacée, et l'Italie, regardée comme le tombeau des Français, voit s'éclipser toutes les réputations des plus fameux généraux de l'Europe. Arcole, Rivoli, Mantoue, le pont de Lodi, fournissent à nos guerriers une ample moisson de lauriers. Le drapeau français flotte dans les rues de l'ancienne Rome des Césars, devenue la capitale du monde chrétien. D'innombrables trophées décorent bientôt nos temples, nos palais ; les chefs-d'œuvre des arts, dont s'énorgueillit la patrie des Scipions, des Raphaël, des Michel-Ange, viennent sur le char de la victoire embellir, enrichir Paris. La paix la plus douce et la plus précieuse des conquêtes met enfin le comble à notre joie et à nos espérances. Tous ces biens, ouvrage de Napoléon, sont le fruit de son génie.

Il quitta ensuite l'Italie pour se rendre au congrès de Rastadt. Après avoir échangé les ratifications du dernier traité de paix, il revint à Paris. Objet unique de fêtes sans nombre, le peuple se pressait sur son passage et faisait éclater sans contrainte les marques de son admiration pour le héros pacificateur. L'Institut le nomma un de ses membres. Les poètes et les journalistes en firent l'égal d'Alexandre et de César.

Les plus hautes conceptions politiques et guerrières l'occupèrent bientôt, et le gouvernement, guidé par les importantes conceptions de son jeune général, résolut de punir les Beys-Mameloucks, de former une colonie en Égypte, et d'aller plus tard frapper l'Angleterre dans son commerce des Indes.

Une flotte fut équipée, de nombreux transports se réunirent dans les ports de la Méditerranée. Des milliers de braves s'élancèrent à la voix de leur général. Ils ressaisirent leurs armes triomphantes, et s'abandonnèrent aux flots sous la conduite d'un héros.

Après avoir passé les colonnes d'Hercule, aujourd'hui Gibraltar, la flotte approche de Malte qui

avait autrefois triomphé des descendans de Mahomet.
Cette île est sommée de se rendre, ceux qui l'occupent reconnaissent que la résistance serait aussi
inutile qu'impossible, Napoléon lui donne un nouveau gouvernement, et y laisse quelques troupes.

La flotte continue sa route. Tous les élémens
concouraient à favoriser la navigation. On découvre
les côtes de l'Egypte ; les ordres sont donnés pour
le débarquement. Nos soldats marchent sur Alexandrie, qui ose résister : un premier assaut nous en
rend maîtres. Damiette, qui avait vu un roi de France
dans les fers au 12.ᵉ siècle, reçoit la loi des Français
républicains. Ce ne fut plus qu'une suite de victoires
et de succès. L'Egypte entière fut bientôt notre
conquête. Le génie de Napoléon sembla prendre un
nouvel essor dans cette contrée si riche des souvenirs des Sésostris, des Ptolomées. Un seul revers vint affliger le cœur de Napoléon. L'amiral qui
commandait la flotte n'avait pu la faire entrer dans le
port d'Alexandrie, et l'avait ambossée dans la rade
d'Aboukir, malgré l'ordre de Napoléon. Nelson profita de cette faute, nos marins se battirent avec le plus
grand courage ; ils succombèrent néanmoins. La perte
qu'éprouva notre marine fut immense ; elle nuisit
aux succès des opérations de la guerre, et empêcha
notre établissement en Egypte. La désobéissance de
l'amiral Brueys a changé toutes nos destinées. Les
soins qu'entraînaient un pays conquis, ceux qu'il
fallait donner aux besoins de l'armée, le plan des opérations, leur exécution, les découvertes des monumens anciens, ce qui tenait au sciences et aux arts,
n'absorbait pas tellement tous les momens de Bonaparte, qu'il ne tournât quelquefois ses regards vers
la mère-patrie. Il apprit qu'elle était en proie aux
plus cruels déchiremens ; que la faiblesse du Directoire la menaçait d'une anarchie complète et l'entraînait vers sa ruine. Alors, n'écoutant plus que la
voix intérieure qui lui prédisait son avenir, il laissa
son armée sous les ordres d'un chef habile, digne
de le remplacer, et s'abandonnant aux flots sur un

frêle bâtiment, après avoir vu de loin les sommités
des lieux qui l'avaient vu naître, il aborda sur les
côtes de la Provence.

Bientôt on apprit que le vainqueur de l'Italie, le
conquérant de l'Egypte était de retour, on oublia
les maux dont on était accablé, pour ne plus songer
qu'au bonheur que ce retour permettait d'espérer
enfin.

Il existait une lutte entre les différens pouvoirs.
Le gouvernement n'avait point cette unité d'action
si nécessaire dans tous les états. Les factions nui-
saient à l'intérêt général ; les Français souffraient :
il fallait les arracher à ce mal-aise horrible. Napoléon
l'entreprit, et le succès couronna encore ses efforts.
Il devint premier consul, et la France sembla renaître. Toutes les branches de l'administration re-
prirent une nouvelle vigueur ; la religion fut rétablie,
et la morale reprit son empire.

Mais la Vendée était soulevée ; nous avions perdu
l'Italie par l'incurie du gouvernement et l'impéritie
des généraux : le théâtre de notre gloire était devenu
celui de nos défaites. Après avoir soumis la Vendée,
Napoléon voulut reconquérir la paix avec l'Autriche.
Pour y parvenir, il fallait battre ses armées en Italie.
Il réunit cinquante mille soldats à Dijon, les fait
mettre en marche, et arrive avec eux au pied du
mont Saint-Bernard. Le passage du mont s'exécute.
L'ennemi, surpris, battu, n'oppose que de vains efforts à notre courage, et nous entrons dans Milan.
Les Autrichiens ne se rendaient point encore. Napoléon met ses corps en mouvement, et les batailles de
Montebello et de Marengo décident du sort de la
campagne. La suspension d'hostilités signée, la république cisalpine reconstituée, Napoléon revient à
Paris jouir de la reconnaissance nationale.

Peu de temps après son retour, il faillit être victime
d'un attentat inouï. L'explosion de la machine infer-
nale n'eut pourtant d'autre résultat que de révolter
le peuple contre les auteurs de cette tentative coupable. Il s'occupa ensuite du traité de paix avec

l'Empereur et l'empire germanique, conclut avec le Pape une convention qui rendit aux catholiques le libre exercice de leur culte, et consentit le traité d'Amiens avec l'Angleterre. Bientôt il fut nommé premier Consul à vie, fit un traité de paix avec la Sublime Porte, et, une nouvelle conspiration étant venu faire craindre pour la vie du chef de l'Etat, la France lui conféra la souveraineté et le titre d'Empereur.

La paix durait depuis plusieurs années, lorsque l'Autriche se décida, pour la troisième fois, à troubler le repos de l'Europe.

Napoléon apprend que, sans déclaration de guerre préalable, les armées autrichiennes ont pénétré sur le territoire de la Bavière, notre alliée.

Aussitôt nos invincibles phalanges volent sur le Rhin. Ulm tombe en notre pouvoir. Mélas est prisonnier avec toute son armée. Napoléon s'avance sur Vienne, combat, disperse tout ce qui veut s'opposer à sa marche, et la capitale de l'Autriche lui ouvre ses portes. L'Empereur avait demandé des secours à la Prusse et à la Russie; la première ne répondit point à cet appel; la seconde, qui regrettait d'avoir vu Suvarow perdre sa réputation en Italie et en Suisse, envoya une armée en Autriche : les plaines et les marais d'Austerlitz la virent s'anéantir, et l'empereur Alexandre devint heureux de pouvoir obtenir la paix.

La Prusse, qui avait gardé une neutralité pour ainsi dire forcée lorsque nous étions aux prises avec la Russie et l'Autriche, la Prusse, l'année suivante (1806), demande avec arrogance que les troupes françaises restées en Allemagne, repassassent le Rhin sur-le-champ. C'était une provocation à laquelle il fallait répondre avec le canon.

L'armée se rassemble donc, marche, et à la première rencontre un prince de Prusse mord la poussière, la bataille de Jéna voit vaincre et fuir l'armée prussienne; toutes les forteresses se rendent sans coup férir; Berlin ouvre ses portes. Napoléon entre dans cette capitale, et l'épée du Grand-Frédéric devient

sa conquête. Il accorde la paix à la Prusse, et rend à la Pologne le rang qu'elle doit occuper parmi les nations, la Russie avait armé de nouveau pour secourir le roi de Prusse. Vaincu à Eylau, à Friedland, elle demande la paix et l'obtient à Tilsitt. Napoléon donne le titre de roi aux électeurs de Bavière, de Saxe, de Wurtemberg; devient protecteur de la confédération du Rhin et médiateur de la confédération Suisse. L'Espagne, la Hollande, Naples, la Westphalie trouvent des rois dans sa famille. Il place la couronne de fer sur sa tête, et devient l'arbitre et le protecteur de l'Europe.

Le Portugal est conquis; mais l'Espagne, excitée par l'Angleterre, veut secouer le joug, et se révolte: les Anglais y envoient des troupes, on se bat, et les succès et les revers se succèdent.

L'Autriche ne profitant point des leçons de l'expérience, croit que la guerre d'Espagne ne permettra pas à Napoléon de veiller à la défense de son royaume et de donner des secours à ses alliés de la confédération du Rhin : elle organise une puissante armée, et déclare la guerre à la France. Napoléon marche pour repousser cette injuste agression, les batailles d'Essling, de Raab, de Wagram, forçent l'Empereur d'Autriche à demander la paix après avoir vu sa capitale envahie pour la troisième fois.

Il ne suffisait pas à Napoléon d'avoir élevé la France au plus haut dégré de gloire et de puissance, il désirait que la dignité impériale qu'il devait à son génie, à ses hauts faits, à ses victoires, se perpétuât dans sa famille. Son épouse ne pouvait satisfaire ce vœu. Il lui demanda le sacrifice de son amour, de son bonheur, pour assurer celui des Français, qui reposait, disait-il, sur l'exécution de ses projets, et les nœuds qui l'attachaient à Napoléon furent brisés. Il demanda à l'Empereur d'Autriche la main de l'archiduchesse Marie-Louise, et elle devint impératrice des Français. Ce fut l'union de l'héroïsme et de la vertu. Bientôt un fils en fut le gage, et la naissance du roi de Rome combla les vœux de ses augustes parens, en paraissant devoir fixer à jamais les destinées de la France.

. Que restait-il à desirer à Napoléon? la couronne impériale ceignait son front ; il régnait sur 5o millions d'individus ; époux et père, sept rois lui devaient leur couronne. Tous les souverains de l'Europe, excepté celui d'Angleterre, étaient ses alliés ; encore cette exception n'était-elle due qu'à l'Océan.

Napoléon, gâté, ébloui par la fortune dont il avait été constamment le favori, voulut forcer la Russie à maintenir les dispositions du dernier traité. Tout lui paraissait possible avec des Français. En conséquence, il réunit ses forces sur le Niémen, entre en Pologne, et franchit les frontières de la Russie.

Les murs de Smolensk s'écroulent sous le feu de nos batteries ; les Russes fuient, et Moscou voit les Français vainqueurs entrer dans ses murs enflammés.

. Les Russes avaient pris un parti dicté par le désespoir et l'amour de la patrie, ils avaient brûlé leur ancienne capitale pour diminuer d'autant les ressources sur lesquelles l'armée comptait peut-être.

. Napoléon commit une faute irréparable, il séjourna à Moscou , en partit trois semaines trop tard, et l'âpreté du climat fit ce que n'avait pu opérer le canon ennemi : hommes et chevaux périrent de faim et de froid. Le petit nombre de ceux qui échappèrent à ce désastre, donna la mesure du reproche que méritait le chef de cette grande et funeste expédition.

. On rallia sur les bords de la Vistule les débris de cette armée naguère si brillante. Napoléon revint en France. On le revit, l'espoir rentra dans tous les cœurs. Il fit un nouvel appel aux Français et leur parla de gloire. Ce mot avait un tel ascendant sur eux lorsqu'il le prononçait, que bientôt une nouvelle armée se trouva comme par enchantement sur les bords de l'Elbe, pour faire face aux Russes qui s'avançaient. Nos alliés nous étaient restés fidèles, la Prusse seule s'était unie à la Russie. Mais l'Autriche, cédant aux suggestions et à l'or de l'Angleterre, se rangea du côté des Russes. Les Saxons et les Bavarois étaient encore dans nos rangs ; les hostilités commencèrent ; nous fûmes vainqueurs dans plusieurs combats qui se livrèrent en Silésie, la bataille de Dresde fut à notre avantage ; mais à Leipsig, les Saxons et les Bavarois tournèrent leurs armes contre nous. Bernadotte, devenu roi de Suède, oublia qu'il était né français, et fit cause commune avec nos ennemis. Il fallut céder au nombre, et Napoléon se retira sur le Rhin. Les armées ennemies s'avançaient, l'Italie était presque perdue ; Murat à Naples s'était aussi déclaré contre nous. Les Suisses livrèrent passage aux Autrichiens ; les Russes et les Prussiens s'avancèrent vers le Rhin. Les Anglais et les Espagnols, après avoir éprouvé la plus vive résistance, pénétrèrent par Bayonne, et nos frontières furent envahies sur tous les points. Napoléon disputa le terrain pied à pied, battit l'ennemi dans plusieurs rencontres ; il semblait se multiplier, et s'exposait aux plus grands dangers ; mais il n'était pas secondé avec la même énergie par les généraux en chef ; leur étoile semblait pâlir devant ceux qu'ils avaient vaincus tant de fois. Au lieu de couvrir Paris, que les ennemis avaient menacé parce que ce devait être l'objet de toute leur ambition de s'en emparer, Napoléon s'obstina à suivre un corps séparé de la grande-armée, croyant opérer une diversion favorable, et comptant d'ailleurs vainement sur la coopération du corps du duc de Raguse. Les généraux ennemis profitèrent habilement de cette fatale circonstance, marchèrent sur Paris, et le cernèrent avec des forces immenses. On avait négligé de fortifier convenablement Montmartre et d'autres points importans. 22 ou 23,000 hommes de troupes et la garde nationale étaient tout ce que l'on opposa aux troupes alliées ; la défense fut au-dessus de ces faibles moyens ; les ennemis éprouvèrent une perte considérable. Pour épargner à la ville de Paris les horreurs du pillage, on capitula, et les ennemis y entrèrent ! Napoléon apprit cette funeste nouvelle, et marcha sur Fontainebleau, où se réunirent environ 6o ou 8o,000 hommes de sa garde. On voulait s'avancer vers Paris ; mais un gouvernement provisoire s'y était organisé, les souverains alliés y dictaient des lois : ils y avaient déclaré que Napoléon était déchu de tous ses droits à la couronne, et qu'ils ne voulaient plus traiter avec lui ni avec aucun membre de sa famille. Son épouse et son fils avaient quitté Paris, d'après les conseils donnés, et les mesures que l'on avait cru devoir adopter. L'impératrice n'avait cédé que malgré elle : semblable à son illustre aïeule Marie-Thérèse, elle voulut montrer son fils au peuple, à l'armée, et marcher à leur tête au-devant de l'ennemi ; mais elle ne put exécuter ce dessein généreux. On annonça à Napoléon sa déchéance, en lui faisant sentir que son abdication était devenue nécessaire au bonheur et à la tranquillité des peuples qu'il avait juré de rendre heureux. Quoique ce sacrifice fût pénible pour son cœur et blessât son amour-propre, il le fit, et résolut de se rendre à l'île d'Elbe, qui lui fut donnée pour retraite, et dont la souveraineté lui fut assurée avec un revenu convenable.

Après avoir fait ses adieux aux généraux et aux braves qui l'entouraient, il partit avec quelques amis, et quelques vieux soldats compagnons de sa gloire. Arrivé à l'île d'Elbe, il en prit possession ; et paraissant avoir oublié qu'il avait figuré avec gloire sur le vaste théâtre du monde, il ne s'occupa plus que de fortifier les lieux qu'il habitait, et de rendre heureux ceux qui avaient suivi sa fortune. Ses jours s'écoulaient ainsi ; son souvenir vivait encore : quoiqu'on le regardât comme éloigné pour toujours de la scène du monde, lorsqu'au bout d'une année, par suite de mécontentemens qu'il avait éprouvés, et du peu de fidélité qu'on avait mis à tenir des engagemens pris avec lui, il quitta tout à coup l'île d'Elbe avec ses braves, et vint aborder à Cannes, en Provence. Dès qu'on apprit cette nouvelle, elle produisit la plus grande sensation, chacun en tira un augure plus ou moins favorable, d'après son opinion ou ses affections particulières, le gouvernement prit des mesures pour s'opposer à Napoléon et arrêter sa marche. Soit qu'elles fussent ordonnées à contre-temps, ou que d'anciens souvenirs, et l'attachement qu'on lui avait porté, se réveillassent avec plus de force, il ne trouva aucun obstacle sur sa route, et il arriva à Paris sans coup-férir ; pas une goutte de sang ne fut répandue. Les emblèmes qui avaient caractérisé sa puissance reparurent, tout fut rétabli sur le même pied. Les murmures des uns étaient étouffés par les cris de joie des autres. Il ne s'occupa en aucune manière de ce qui s'était passé pendant son absence, aucun individu ne fut recherché ni inquiété pour sa conduite. Il appela les députés de la nation, assembla le Champ-de-Mai pour établir les droits du peuple, d'après des articles additionnels à la constitution qu'il croyait devoir donner à la France : tous furent dans l'attente des événemens qui amèneraient le dénouement de cette grande scène politique.

Les puissances alliées ne virent pas indifféremment le retour de Napoléon et le renversement du gouvernement qu'ils avaient rétabli en France ; ils redoutaient celui qui les avait vaincus tant de fois, qui pouvait les vaincre encore, étant de nouveau à la tête des Français ; et, mûries par les leçons de l'expérience et de l'adversité, elles s'armèrent. Napoléon forma son armée accoutumée à combattre, à braver la mort et les dangers à la vue de son général, et alla prendre position sur nos frontières. L'armée ennemie, composée seulement d'Anglais et de Prussiens, occupait la Belgique : c'était là que devait se terminer cette grande querelle.

Nous fûmes vainqueurs dans la première affaire, rien ne put résister à l'impétuosité française, notre armée s'avança. Les champs de Waterloo furent le théâtre où les Français déployèrent ce que l'héroïsme, le courage, l'intrépidité et le mépris de la vie ont de grand et de sublime ; mais soit que le plan d'attaque eût été mal combiné, que les ordres donnés n'eussent pas été exécutés ponctuellement, qu'il n'y eut pas eu d'ensemble dans les attaques et dans les mouvemens, nous succombâmes avec gloire, sonnant la retraite sur les cadavres de nos ennemis. Le nombre l'emporta : si la valeur eût dû triompher, le front des Français se fut ceint des lauriers de la victoire.

Napoléon revint à Paris, et pouvait dire comme François I.*, après la bataille de Pavie : *Tout est perdu, fors l'honneur.* On rallia les débris de l'armée, et la preuve que l'ennemi avait beaucoup souffert, c'est qu'il n'osa troubler notre retraite, et qu'il nous craignit encore. Les troupes se réunirent sous les murs de la capitale, présentant encore une masse de forces assez imposantes pour rendre l'ennemi circonspect.

Les premiers corps de l'Etat délibérèrent sur le parti qui restait à prendre dans ces circonstances désastreuses. Napoléon réunit son conseil, et il fut résolu qu'il abdiquerait; il le fit en faveur de son fils.

L'armée ennemie s'avançait; elle prit des positions près de Paris. Napoléon, en apprenant celles qu'elles avaient choisies, demanda à se mettre, pour la dernière fois, à la tête des Français certain de les conduire à la victoire. On rejeta sa proposition. Alors il se décida à s'expatrier de nouveau, et à s'embarquer, suivi de quelques amis fidèles. Il se rendit à Rochefort. Il avait l'intention de se rendre aux Etats-Unis; mais comme il était impossible d'échapper à la croisière anglaise, il se livra lui-même à ses ennemis, et monta sur le Bellerophon, accompagné de son grand-maréchal du palais, le général comte Bertrand. Il comptait trouver de la générosité chez les Anglais, et demanda à vivre chez eux en simple particulier. Napoléon s'était trompé : les Anglais le reçurent comme prisonnier, le traitèrent comme tel, et le gouvernement britannique déclara qu'il serait conduit, en cette qualité, à Ste.-Hélène. Napoléon protesta contre cet acte arbitraire; on n'y eut aucun égard. Alors il se résigna à son sort, et s'abandonna à sa destinée. Beaucoup de gens ont pensé, ont même dit hautement que Napoléon eût dû mettre fin lui-même à son existence; ils ont regardé comme une faiblesse l'indifférence avec laquelle il s'était soumis à sa captivité. Nous leur répondrons qu'un homme tel que lui, qui avait été autant au-dessus de ses semblables par son génie, sa gloire et ses talens militaires, que par le degré d'élévation auquel il était parvenu, ne devait point se laisser abattre, ni maîtriser par la force des événemens, il n'y avait point de honte ni d'humiliation pour lui à se voir dans l'esclavage; ce n'était point sa faute si ses ennemis ne savaient juger ni apprécier la grandeur de sa démarche.

En lui annonçant qu'il serait exilé à Sainte-Hélène, on lui laissa la faculté de demander tout ce qui pouvait lui être nécessaire, il le fit, mais avec une sorte de modération. On sait qu'il était plus fastueux pour les autres que pour lui-même; les bienfaits dont il combla des amis, des serviteurs fidèles, et un plus grand nombre d'ingrats, le prouvent assez.

Tout étant disposé pour le départ, les vaisseaux qui devaient le conduire à sa destination mirent à la voile. On dit que lorsqu'il eut perdu de vue les côtes de France, il s'écria, avec expression et attendrissement: *Adieu, terre des braves.* Suivant les rapports, la traversée fut heureuse.

Lorsque Napoléon fût descendu à terre, il y fut reçu avec les honneurs et les égards qui lui étaient dus; il fut pendant quelque temps l'objet de la curiosité des habitans; ils étaient tout étonnés de la simplicité de ses habitudes, de la douceur de ses mœurs, et de sa mise peu recherchée; ils cherchaient dans l'enveloppe le grand homme, celui qui avait rempli l'univers de son nom; son âme, son caractère, ne frappaient pas leurs regards; il n'était pas donné à tout le monde de le deviner : c'est dans les épanchemens de l'amitié, dans ses communications intimes avec ceux qui se sont associés à sa gloire, à son immortalité, par leur dévouement, c'est dans son intérieur que l'on pouvait apprécier Napoléon.

Il eut des défauts sans doute, il a commis des fautes, des erreurs; mais que de grandeur d'âme! que de vertus! les premières font ombre au tableau, les secondes brillent d'un éclat qui ne se ternira jamais : elles lui survivent et l'arrachent à la tombe.

Pendant son séjour à Sainte-Hélène, il lisait, il écrivait, il observait la nature dans ses promenades, il cultivait des fleurs; il songeait à son épouse, à son fils, à ces êtres chéris, objets de ses plus tendres et de ses plus chères affections, qu'il ne devait plus revoir; il les pressait idéalement sur son cœur; et d'après la connaissance que nous pouvons avoir de celui d'un père, surtout de Napoléon, il lui était permis de penser et de dire : « Mon fils ne sera point un homme ordinaire. » Ne pouvant donner des détails sur ses habitudes, nous nous en abstiendrons, pour ne pas livrer nos lecteurs à de fausses conjectures.

Sa santé, qui s'était soutenue pendant long-temps, commença à décliner. Le mal qui le tourmentait, et sous les coups duquel il a succombé, a sans doute fait des progrès plus rapides, par l'effet des contrariétés qu'il éprouvait; car de telle force d'âme qu'il fut pourvu, quelqu'empire qu'il eût sur lui-même, lorsque ses yeux mesuraient l'immensité de l'Océan, il se disait : « Au-delà de cet hémisphère, il est des mortels auxquels je suis encore cher, qui me conservent dans leur souvenir, dont le cœur palpite d'amour et de reconnaissance en prononçant mon nom, en fixant mon image; leurs yeux me donnent une larme..... » et les tiens, Napoléon, en trouvaient pour répondre à cette douce et délicieuse sympathie.

Enfin le mal qui le tourmentait faisant chaque jour de nouveaux progrès, ceux qui l'entouraient, les hommes de l'art qui l'approchaient reconnurent que sa fin était prochaine, sans en connaître parfaitement la cause.

Napoléon voyait la mort, mais sans la desirer ni la craindre; il savait qu'il était soumis à ses lois, que rien ne pouvait l'y soustraire; sa tombe s'entr'ouvrait, et il se disposait à y descendre. Il avait vécu avec gloire, il voulait faire ce dernier pas sans ostentation, sans orgueil; après avoir tracé ses dernières volontés, désigné l'endroit où il desirait que l'on déposât sa dépouille mortelle, il conversa encore avec ses seuls, ses véritables amis; et la voix lui manquant, après avoir prononcé quelques mots sans suite, il expira, et rendit son âme à celui qui l'avait créée, le 5 mai 1821.

Ainsi finit Napoléon Bonaparte ; il fut enterré avec les honneurs militaires, auprès d'une fontaine où souvent il venait se désaltérer, se reposer et prendre ses repas. Nous n'essaierons pas de peindre la douleur et les regrets de ses amis, de ses serviteurs, qui arrosèrent de leurs larmes l'humble et modeste pierre qui le couvre.

Napoléon n'est plus, l'histoire, qui juge sans partialité, avouera qn'il a rendu d'éminens services à l'ordre social; la promulgation des Codes qui nous régissent encore aujourd'hui, malgré les nombreuses imperfections du Code pénal, est un bienfait qui ne sera point perdu pour les générations à venir; une partie de l'Europe s'en est déjà emparée; nous ne parlerons point de cette immense gloire militaire qui n'est pas contestée, ces améliorations de l'administration intérieure, les travaux publics, l'ordre des finances, sont des titres plus durables à l'admiration.

Napoléon Bonaparte n'est plus, la vérité doit s'asseoir sur son tombeau; et ne craignons pas de le dire, le prisonnier de Sainte-Hélène sera toujours compté parmi les grands hommes.

HORACE NELSON,

AMIRAL ANGLAIS.

Naquit dans le Comté de Norfolk, le 29 Septembre 1758.
Mort à la Bataille de Trafalgar, le 21 Octobre 1805.

A Paris, chez l'Auteur, Rue des Francs-Bourgeois St Michel, N.° 6.

L'AMIRAL NELSON.

Palmam qui meruit ferat.

Si un amour sincère pour la patrie, un entier dévoûment à ses intérêts, une vie consacrée à garantir sa sureté et son indépendance; si un caractère franc et ouvert, le courage le plus inébranlable dans les combats, l'humanité et la générosité après la victoire, sont des titres à la gloire et à l'admiration, le héros dont nous allons tracer les exploits, mérite non-seulement l'estime et la reconnaissance de la nation à laquelle il a sacrifié son existence, mais encore les suffrages de ceux mêmes qu'il a combattus; et c'est de lui qu'on peut dire avec justice : *Que celui qui a mérité la palme; la porte.*

NELSON (Horatio), vicomte et baron du Nil, et de Burnham-Thorpe, dans le comté de Norfolk; baron de Kilborough; chevalier de l'ordre du Bain; vice-amiral de l'Escadre-Blanche de la Flotte, et commandant en chef des vaisseaux de S. M. britannique dans la Méditerranée; duc de Bronte en Sicile; chevalier grand'croix de l'Ordre sicilien de Saint-Ferdinand et du Mérite; membre de l'Ordre ottoman du Croissant, et chevalier grand-commandant de l'Ordre de Saint-Joachim : né le 29 septembre 1758, au presbytère de la paroisse de Burnham-Thorpe, dans le comté de Norfolk.

À l'âge de 12 ans, Nelson monta comme volontaire à bord du vaisseau *le Raisonnable*, que commandait alors le capitaine Sakling, son oncle maternel. Le Révérend Nelson, homme très-instruit, avait enseigné à son fils la géométrie, et lui avait montré les principes des mathématiques; le jeune Nelson, doué d'une intelligence au-dessus de son âge, et persuadé que la connaissance de ces sciences lui serait nécessaire pour se distinguer dans la marine, s'y livra avec ardeur. Pendant son premier voyage, il examinait chaque chose avec une extrême curiosité, faisait des questions et réfléchissait sur tout ce qu'il voyait. Son oncle, sous les ordres duquel il était, l'aidait de son expérience, en le guidant dans l'étude particulière qu'il faisait de tout ce qui avait rapport à l'art nautique. Il s'attachait surtout au pilotage : aussi, lorsqu'il fut promu à un grade plus élevé, il se trouvait peu de pilotes plus expérimentés que lui : et c'est peut-être à ce talent précieux qu'il a dû une grande partie de ses succès et de ses triomphes. La construction des vaisseaux lui était parfaitement connue; la marine anglaise doit à son expérience dans cette partie, plusieurs améliorations et des changemens assez considérables. En les faisant d'abord exécuter sur son vaisseau, il en jugeait lui-même les effets, et les communiquait ensuite à l'amirauté, qui était toujours empressée de suivre les avis d'un homme dont elle reconnaissait l'habileté.

Le 4 juin 1773, Nelson s'embarqua sur l'escadre du capitaine Philips, depuis lord Mulgrave, pour une expédition de découvertes vers les pôles du Nord.

Le 10 avril 1777, il fut envoyé à la Jamaïque avec le grade de lieutenant. Le 11 juin 1779, il fut nommé capitaine en second; et, après la guerre d'Amérique, il revint en Angleterre, d'où il partit bientôt avec la frégate la Burée, pour se rendre aux Iles-sous-le-Vent, ayant sous lui S. A. R. le duc de Clarence. En 1793 et 1794, il servit comme capitaine de vaisseau, et montra pendant ces deux campagnes beaucoup d'activité. Il fut employé, en 1795, dans la Méditerranée, comme commodore. En août 1797, il fit une attaque sur les îles Canaries; mais il fut repoussé par les espagnols, perdit du monde, et eut le bras droit emporté.

Il contribua beaucoup à la victoire remportée sur l'escadre espagnole, le 14 février 1799, à la hauteur du Cap Saint-Vincent, par l'amiral Jervis, depuis lord Saint-Vincent. *Le Saint-Joseph* et *le Saint-Nicolas*, vaisseaux d'une force supérieure, amenèrent leur pavillon : Nelson entra, l'épée à la main, dans le premier de ces vaisseaux où se trouva l'amiral espagnol, qui refusa de remettre son épée à aucun autre qu'à lui. Il fut alors nommé chevalier de l'ordre du Bain et contre-amiral; et la ville de Londres lui envoya des lettres de bourgeoisie dans une boîte d'or de cent guinées.

Employé, en 1798, devant Cadix, sous l'amiral Saint-Vincent, ce fut lui que choisit cet amiral pour combattre la flotte qui porta alors Bonaparte et ses troupes en Égypte. Le 9 mai, il partit avec trois vaisseaux et quelques frégates, pour aller reconnaître le port de Toulon; il fut arraché de devant ce port, le 17, par un coup de vent; et les Français en sortirent le 19, pendant qu'il relâchait en Sardaigne. Il se remit en mer le 26, et continua à croiser dans ces parages, ignorant que la flotte française était déjà au large. Comptant la trouver encore à Toulon, il réunit à lui, le 10 juin, tous les vaisseaux qui devaient former son escadre, et reparut le lendemain devant ce port. Désabusé enfin, il se porta vers Messine, où il apprit, le 19, que le général Bonaparte était déjà maître de Malte. Ce fut ce jour même que Bonaparte repartit de cette île pour se rendre en Égypte : ainsi, les deux flottes se trouvèrent en même temps, l'une au nord, l'autre au sud de la Sicile; de même que, quinze jours auparavant, elles s'étaient déjà trouvées séparées, tournant, sans se rencontrer, autour de la Sardaigne. Après trois jours de repos, Nelson quitta Messine le 21 juin, porta droit sur l'Égypte, et y arriva le 28, avant la flotte française, dont la marche était embarrassée par un immense convoi. Instruit qu'elle n'avait pas encore paru devant Alexandrie, il remit à la voile pour aller à sa rencontre; mais, s'étant rejeté vers l'ouest, tandis que l'amiral français Brueys se porta un peu vers le nord, il la manqua encore; et, après une inutile croisière, le 9 juillet, il quitta les eaux de Candie pour aller se ravitailler en Sicile, y arriva le 19, et en repartit le 24.

On a reproché à Nelson, d'avoir croisé près de trois mois dans une mer très-circonscrite, sans rencontrer la flotte française. On prétendait que s'il eût détaché seulement quelques bâtimens légers sur les côtes de la Sardaigne, puis de la Sicile, opposées à celles qu'il observait lui-même, la direction de la flotte française n'aurait pu lui échapper. Enfin que si, au lieu de quitter Alexandrie pour se porter au-devant des français qui y arrivèrent le 1.er juillet, deux jours après son départ, il les y eût attendu, il eût pu les attaquer alors, et peut-être détruire une partie de leur convoi. De tels reproches ne peuvent faire suspecter la bravoure de Nelson : les ordres du cabinet britannique, ou sa propre prudence, lui défendaient sans doute d'attaquer une flotte chargée de soldats d'élite qui avaient montré déjà ce que peut la valeur française, et ayant à leur tête un chef, jusqu'alors invincible, qui ne les avait jamais conduits qu'à la victoire : l'abordage, avec une telle flotte, aurait été terrible, et Nelson aurait répandu du sang anglais, peut-être inutilement versé; il est plus que probable que ni lui, ni le cabinet anglais, n'auraient désiré obtenir une victoire à un tel prix. Il crut donc devoir attendre, pour attaquer la flotte, qu'elle fût réduite à ses seuls marins.

Quoi qu'il en soit, ayant reparu le 1.er août vers les côtes d'Égypte, il se décida à combattre, lorsqu'il sut que l'amiral Brueys était abandonné à lui-même. S'étant aperçu qu'il était mouillé, avec treize vaisseaux, trois frégates et un aviso, dans la rade d'Aboukir, et qu'il avait laissé un peu d'espace entre lui et la terre, il résolut de forcer sa ligne d'embossage. Le 1.er août, à trois heures après midi, il fit passer six de ses vaisseaux entre les six premiers vaisseaux français et le rivage, tandis que les sept autres les attaquèrent en dehors; il les fit en outre couper de leur ligne par un bâtiment destiné à cette manœuvre : ce qui empêcha l'arrière-garde française de prendre part à l'action. Dans cette position, si terrible pour les Français, on se canonna pendant le reste de la journée, pendant toute la nuit, et le combat se soutenait encore le 2, à trois heures du matin : alors les vaisseaux se rapprochèrent jusqu'à la portée du pistolet. L'amiral Brueys, déjà blessé, fut coupé en deux par un boulet; le feu prit à son vaisseau qui sauta, couvrit les deux flottes de ses débris, et fit cesser le feu pendant quelques minutes; il se renouvela bientôt avec le plus grand acharnement. Presque tous les commandans des vaisseaux français furent tués ou blessés; les bâtimens qui se trouvaient entre les deux feux furent forcés de se rendre, après avoir été rasés et désemparés. Le combat néanmoins continua encore le 3 août; *le Timoléon* se brûla, après avoir jeté son équipage à terre; deux vaisseaux seulement s'échappèrent avec deux frégates; tout le reste fut pris ou brûlé : mais les anglais ne purent emmener dans leurs ports que six des neuf vaisseaux dont ils s'étaient emparé.

Cette victoire, l'une des plus sanglantes qu'offre l'histoire maritime, fut reçue en Angleterre avec un enthousiasme sans bornes. Nelson envoya au maire de Londres l'épée du contre-amiral Blanquet, qui avait survécu à ce combat. Le gouvernement anglais lui conféra le titre de baron du Nil, et l'amirauté acheta les vaisseaux pris aux français. Comblé aussi d'honneurs à Naples, il reçut de cette Cour le duché de Fronte en Sicile, et le sénat de Messine lui accorda les droits de citoyen.

Ce combat naval, qui eut un résultat si funeste pour la marine française, fut perdu par la désobéissance de l'amiral Brueys aux ordres positifs de Bonaparte qui, après le débarquement de ses troupes, lui avait commandé de conduire la flotte au mouillage d'Aboukir, d'où elle communiquerait avec Rosette et Alexandrie; et, quant à l'escadre, de la faire entrer dans le vieux port d'Alexandrie, ou, si cela ne se pouvait, de l'envoyer à Corfou. Nelson profita habilement de l'inexécution de ces ordres et de la faute de l'amiral français, qui expia sa désobéissance par une mort glorieuse.

Cette bataille fut mémorable par les faits d'héroïsme et de courage qui immortalisèrent les marins français qui combattirent avec les plus grands désavantages : les anglais eux-mêmes ne purent refuser leur admiration à ceux qu'ils n'avaient vaincus qu'après la plus glorieuse résistance.

Après la bataille d'Aboukir, l'amiral Nelson croisa entre les eaux de la Sicile et de l'Egypte, et intercepta la correspondance de Bonaparte et de toute l'armée française, qui fut livrée à l'impression. Ayant débarqué à Naples, il y fut reçu avec des transports d'enthousiasme. Pendant son séjour dans cette ville,

il rendit encore des services à l'Angleterre, par l'influence qu'il avait sur le ministère napolitain, et au moyen de laquelle il donnait aux décisions de ce gouvernement la direction qui lui convenait. Il força ainsi la reine Caroline à quitter Naples, en lui faisant perdre tout l'ascendant qu'elle avait sur l'esprit du Roi. On voit que Nelson était aussi habile négociateur que marin expérimenté.

De Naples, il se rendit à Vienne et à Hambourg, étant partout accueilli avec le plus grand empressement. Arrivé à Londres, il y reçut des témoignages encore plus éclatans de la reconnaissance publique. En 1802, il se prononça dans la chambre des pairs contre la paix avec la France, et y fit un magnifique éloge de la puissance britannique. En décembre de la même année, il proposa la formation d'une commission pour réformer divers abus dans l'administration de la marine.

Employé de nouveau, il alla bombarder Alger dans les premiers jours d'août 1803, et causa de grands ravages dans cette ville. Le but de cette expédition était d'exiger du Dey une réparation authentique de l'insulte faite à une frégate anglaise dans les parages africains.

La France équipait depuis quelque temps une flotille à Boulogne, et paraissait vouloir tenter une descente en Angleterre. Le 4 août, Nelson se présenta pour la détruire, avec trente vaisseaux et un grand nombre de brûlots, de bombardes et de canonnières; mais il trouva le général Latouche qui l'attendait en avant de la rade, avec des forces à peu près égales. L'action fut engagée, et bientôt la flotille française et les batteries de la côte forcèrent l'amiral anglais à se retirer. Cependant, les 15 et 16 août, il reparut avec soixante-dix voiles, et, toujours fidèle aux manœuvres qu'il avait exécutées à Aboukir, il voulut tenter de détruire d'un seul coup toute l'armée navale qui restait encore à la France. Il croyait pouvoir surprendre le port et la flotte, et avait déjà ordonné l'abordage; mais, malgré sa grande habileté et l'obscurité de la nuit, il fut obligé de rallier à la pointe du jour, après avoir perdu deux cents hommes, tandis que la perte des français fut très-petite.

En 1804, Nelson croisait encore dans la Méditerranée, tentant vainement de s'opposer à la sortie et à la jonction des escadres française et espagnole. En juin 1805, il suivit avec une rapidité extraordinaire, mais inutile, les traces de l'amiral Villeneuve, commandant de la flotte française qui se rendit aux Antilles ; puis, au mois d'août de la même année, il revint à Londres pour conférer avec l'amirauté. Peu de temps après, il quitta l'Angleterre avec des pouvoirs illimités, et alla prendre le commandement de la flotte anglaise devant Cadix, où se trouvaient réunies les escadres de France et d'Espagne, sous les ordres des amiraux Villeneuve et Gravina qui, à leur retour des colonies françaises, avaient essuyé un combat peu décisif de la part de l'amiral Calden.

Les flottes combinées s'étant mises en mer, furent attaquées, le 21 octobre, par la flotte anglaise, près du cap Trafalgar ; et, soit par l'effet de la tempête qui survint pendant le combat, soit par l'habileté des manœuvres de Nelson, elles éprouvèrent, malgré la plus vigoureuse résistance, la défaite la plus complette, dont les annales maritimes fassent mention. Dix-sept vaisseaux furent pris ou détruits, et quatre autres qui s'étaient échappés, sous la conduite de l'amiral Dumanoir, tombèrent peu de jours après entre les mains des Anglais, à la vue de Rochefort. L'amiral Villeneuve fut fait prisonnier, et l'amiral Gravina reçut une blessure dont il mourut. Nelson lui-même, au plus beau moment de sa vie, fut frappé d'un coup mortel. Ce fut un contre-maître français, qui, du haut d'un mât de la Santa-Trinita, le blessa d'un coup de mousquet.

Les approches de la mort n'eurent rien de terrible pour ce grand homme ; accoutumé à la braver depuis long-temps, il savait que c'était le sort auquel le guerrier doit toujours s'attendre ; il n'avait même jamais mis à la mer sans son cercueil, fait avec le haut du mât d'un des vaisseaux qu'il avait commandés,

et qu'il avait toujours dans sa cabane. Pendant sa glorieuse carrière, il avait donné les plus grandes preuves d'intrépidité et de courage ; et, à ses derniers momens, le calme, la résignation qu'il montra, font l'éloge de son caractère et de la force de son âme. Il expirait sur des lauriers, entouré des ennemis qu'il avait vaincus, et des vaisseaux qui devaient être conduits en triomphe dans sa patrie ; les cris de victoire retentissaient à ses oreilles, et faisaient tressaillir son âme : il n'aurait pu lui-même desirer une mort plus glorieuse.

Avant de mourir, il donna de grands éloges à la conduite de l'amiral Cullingwood qui commandait sous lui, et qui le remplaça.

La nouvelle de la mort de l'amiral Nelson causa en Angleterre la plus vive douleur, et ses compatriotes trouvèrent la victoire trop chèrement acquise à un tel prix. Son corps fut transporté sur le vaisseau *le Victory*, où il avait reçu la mort ; et, après avoir été exposé quelques jours à la vénération publique dans l'hôpital de Greenwich, il fut inhumé en grande pompe, à Londres, dans l'église Saint-Paul. On lui éleva un monument qui fut construit avec le produit des souscriptions ouvertes dans toutes les parties des royaumes unis. Ce monument en marbre, et de la plus belle exécution, le représente de grandeur naturelle ; l'Angleterre le montre à un jeune matelot, et semble lui dire : *Voilà le modèle que tu dois imiter !*

Le frère de l'amiral Nelson, qui hérita d'une partie de sa fortune et de ses titres, prit séance à la chambre des pairs le 21 janvier 1806, et y fut accueilli avec des démonstrations de la plus vive satisfaction.

N. FRANÇOIS DE NEUFCHATEAU,
(COMTE,)
Membre de l'Institut de France.

doyen des Académies de Dijon, Marseille, Lyon, Nanci et autres;
des Sociétés d'agriculture de Paris, de Berne, de Florence, de Leipsick,
de Turin, de Munich, etc; Grand-Officier
et Membre du Comité de Consultation de la Légion d'Honneur
Né le 17 avril 1750 à Neufchateau dep.t des Vosges

à Paris chez l'Auteur rue des Francs-Bourgeois N.° 6. F. S. G.

LE COMTE
FRANÇOIS DE NEUFCHATEAU.

Il n'est point de dignités auxquelles on ne puisse parvenir, point de considération à laquelle on n'ait droit de prétendre, avec des talens et une persévérance soutenue à suivre les sentiers de la justice et de l'honneur. Pour ne pas s'en écarter, il faut avoir une rectitude d'idées, un tact, une pénétration qui ne sont pas le partage de tout le monde; heureux ceux à qui la nature a départi ces dons précieux, honorons-les, voyons-les sans jalousie, sans envie, qu'ils nous inspirent seulement une noble émulation, tâchons de les imiter, et félicitons-les de pouvoir être offerts comme modèles.

FRANÇOIS DE NEUFCHATEAU (Nicolas), comte, ex-membre du Directoire exécutif et ex-Ministre de l'intérieur, ancien Sénateur titulaire de la sénatorerie de Bruxelles, membre de l'Institut de France, doyen des Académies de Dijon, Marseille, Lyon, Nancy et autres; des Sociétés d'agriculture de Paris, de Berne, de Florence, de Leipsick, de Turin, de Munich, etc. etc. Grand-officier de la légion d'honneur, né le 17 avril 1750, à Neufchâteau, département des Vosges. Après avoir reçu une éducation distinguée dont il sut profiter, se fit recevoir avocat au parlement, dans un tems où la législation française consistait dans un recueil de coutumes souvent arbitraires ou ridicules, différentes pour chaque province et quelquefois opposées : espèce de code informe et incohérent, empreint du despotisme féodal et monacal, triste fruit de ces tems d'anarchie où nos provinces étaient gouvernées par des Princes qui faisaient trembler les Rois de France dans leur capitale et qui pouvaient être regardés comme autant de petits Monarques. Ces obstacles, loin de le décourager, le portèrent à méditer la jurisprudence et la coutume de son pays, et il publia une histoire du droit commun de Lorraine qui le fit remarquer, et fixa sur lui les regards de nos savans jurisconsultes.

Les Muses eurent aussi son hommage, il fréquenta les sentiers du Parnasse et Apollon le reçut au nombre de ses favoris. Il livra à l'impression un recueil de poésies qui lui acquirent bientôt une certaine réputation et lui valurent le titre d'académicien de Lyon, Marseille, Nanci et Dijon. Il adressa des vers à Voltaire; le vieux patriarche de Ferney les trouva dignes de lui être offerts, et il répondit à leur auteur par des éloges et des encouragemens.

Ses collegues du barreau lui reprochèrent d'avoir uni son sort à une femme qui, aux grâces et aux qualités qui distinguent son sexe, réunissait l'avantage de tenir par les liens du sang à un homme célèbre par ses talens, et ils se donnèrent le tort de le rayer du tableau des avocats. Il se mit avec raison au-dessus de ce coup que lui portaient la sottise, l'ignorance et les préjugés, et acheta la charge de lieutenant-général au présidial de Mirecourt. Il obtint en 1783, la place de procureur-général au Conseil supérieur du Cap à Saint-Domingue.

Après avoir occupé quelque tems cet emploi, il le vendit, se fixa à Paris, et fut accueilli chez un des Princes de la famille royale où ses talens et les agrémens de son esprit le firent paraître avec avantage. En 1789 il embrassa, avec tous les hommes sages qui voulaient le bien, le parti de la révolution et fut arrêté à Toul sur un soupçon vague et dénué de fondement, mis en liberté presqu'aussitôt, il fut nommé en 1790 juge de paix du canton de Richery, ensuite membre du département des Vosges, et enfin, en septembre 1791, député de ce département à la législature qu'il présida le 3 octobre 1791. Il prononça plusieurs discours qui respiraient l'amour de la patrie, et qui prouvaient son attachement aux bons principes. Il ne fit point partie des assemblées qui succédèrent à la législature, mais il fut nommé ministre de la justice, le 6 octobre 1790, il refusa cette place pour ne point être en but à la fureur des partis, et cette modération fait l'éloge de sa sagesse et de sa philantropie. Il donna au théâtre une pièce intitulée *Paméla:* Les fers furent sa récompense et les liens de ses lauriers.

Rendu à la liberté après le 9 thermidor, il fut nommé membre du tribunal de Cassation, puis envoyé en 1795 comme commissaire du Directoire dans le département des Vosges. Les circonstances étaient difficiles, il y développa un grand caractère, de la fermeté. On rendit justice à ses qualités, il fut nommé Ministre de l'intérieur en 1797, et remplaça ensuite Carnot au Directoire. Il fut élu à cette époque membre de l'Institut. Les affaires publiques ne l'empechèrent pas de cultiver les sciences avec succès. Le sort l'ayant fait sortir du Directoire en 1798, il reprit le 17 juin le Ministère de l'Intérieur qu'il ne conserva que jusqu'au 22 juin de l'année suivante. Il faut lui rendre cette justice que, pendant son ministère, les arts, le commerce, l'industrie reçurent de nouveaux encouragemens et les plus heureux résultats furent la récompense de la sollicitude de celui qui avait su mettre en œuvre toutes les ressources de la France.

Appellé au sénat après le 18 brumaire, il présida long-tems ce premier corps de l'état, et lorsqu'il fut chargé de porter la parole en son nom, il le fit toujours avec dignité et avec une éloquence digne de la gloire du nom français. Quelques hommes à qui cette gloire est étrangère, qui ne savent où ne veulent ni l'apprécier, ni la connaître, trouveront de l'exagération dans tout ce qui se rapproche de ces époques mémorables où la France voyait une partie du globe tributaire de la valeur de ses enfans : Admirons, avec un juste orgueil, les nobles cicatrices de nos guerriers, et rappelons-nous leur valeur ! ....

Le comte François de Neufchâteau, envisageant toute les secousses politiques d'après les principes de philosophie qui font la base de son caractère, ne vit dans l'heureux changement qui s'opéra en 1814, qu'un gage assuré du bonheur de la France et adhéra à tous les actes qui pouvaient le consolider, depuis ce tems il en jouit et cultive en paix les sciences et les arts qui firent toujours ses délices.

Il est auteur d'un grand nombre d'ouvrages estimés. Pendant le cours de son ministère, il fit paraître plusieurs mémoires qui respirent l'amour du bien public. Membre de toutes les associations qui offrent un but d'utilité, il a écrit sur l'agriculture, sur les améliorations qu'elle peut obtenir, et sur les avantages que la société peut y retrouver; des vues saines, une connaissance approfondie des hommes et des choses, annoncent un observateur éclairé qui s'exprime avec élégance et précision, et sait parer des charmes du style les sujets les plus arides, ou qui ne pourraient intéresser que des savans, mais il sait trouver des lecteurs dans toutes les classes, les fables, les poésies, les contes échappés à sa plume avec une facilité peu commune sont remarquables par un goût épuré, une délicatesse d'expressions, qui prouvent qu'il a étudié avec fruit les bons modèles anciens et modernes, ses fables font aimer la morale et la présentent sous les formes les plus variées et les plus aimables ; nous n'irons point les comparer à celles de l'inimitable Lafontaine, du bon-homme, l'enfant gâté des grâces et de la nature; mais elles peuvent tenir un rang distingué, après ces chef-d'œuvres ; c'est ainsi qu'écrivaient la Fare, Chaulieu : en badinant avec les Muses, ils avaient du naturel, de l'esprit sans prétention, et ils savaient se prémunir contre le faux brillant qui en impose au premier coup-d'œil, mais qui, avec la réflexion et après un mur examen, n'offre plus que des mots vides de sens, dénués d'harmonie, preuves évidentes d'une malheureuse fécondité.

Ses contes ont ce piquant, ce sel attique, cette gaieté dont les bons modèles fournissent un grand nombre d'exemples, il marche avec succès sur leurs traces, et il supporte souvent la comparaison. On ne nous soupçonnera point de partialité ; M. le comte François de Neufchâteau, ne nous est connu que par sa réputation établie sur des bases aussi solides que durables ; nous ne sommes que les échos de la vérité, et nous avons cru rendre service aux arts et à ceux qui les cultivent, en leur offrant les traits d'un homme aussi recommandable par ses qualités et ses talens dans la carrière politique, que par les charmes de sa société et de son esprit dans la vie privée.

MICHEL NEY,

Duc d'Elchingen, Prince de la Moskowa,
Maréchal et Pair de France, Grand-Croix de la Légion d'Honneur
Chevalier de l'Ordre Royal et Militaire de S.' Louis &. &.

Né le 10 Janvier 1769 à Sarre-Louis, Dép.' de la Moselle,
Mort à Paris, le 7 Décembre 1815.

{ La Gloire est la vie du Héros
Et la Postérité son Juge. }

A Paris, chez l'Auteur, Rue des Francs-Bourgeois, N.° 6 F. S. G. —— Déposé à la Direction.

LE MARÉCHAL NEY.

La gloire est la vie du Héros,
Et la postérité son juge.

NEY (MICHEL), duc d'Elchingen, prince de la Moskowa, maréchal et pair de France, grand'croix de la Légion d'honneur, chevalier de l'ordre royal et militaire de Saint-Louis, etc., etc., né le 10 janvier 1769, à Sarre-Louis, département de la Moselle.

Il entra fort jeune au service comme simple hussard, dans le régiment de Colonel-général ; après avoir passé rapidement par tous les grades inférieurs ; il parvint, en 1794, au grade de capitaine, et fut alors remarqué par le général Kléber qui, reconnaissant en lui de l'intelligence, du courage et des talens militaires ; le fit nommer adjudant-général-chef-d'escadron, l'employa à son état-major, lui confia plusieurs missions et le commandement de plusieurs affaires de partisans, dont il s'acquitta avec beaucoup de bravoure, et qui furent couronnées des plus grands succès.

Surnommé l'*Infatigable* par suite de son étonnante activité, il obtint, en 1795, le commandement de la cavalerie du général Colland, poste qui marquait sa place à l'avant-garde, et lui fournit de nouveaux moyens de se signaler. L'armée se portait alors sur Lahn ; et Ney avait déjà rendus tant de services, que le général en chef demanda pour lui le grade de général de brigade : il ne crut pas encore l'avoir mérité ; il refusa. Depuis cette époque, néanmoins, le nombre de troupes qui fut confié à ses ordres fut le même que s'il eût accepté.

Il se trouva, en 1796, au passage de la Sing : à la tête de nos escadrons, il paralysa les efforts de la cavalerie ennemie qui présentait des forces bien supérieures aux nôtres. Après avoir rendu son nom déjà fameux à la bataille de *Neuwied*, à *Altenkirchen*, il prit *Dierdorf* et *Montaubar*, enleva un grand nombre de prisonniers et de magasins, et repoussa vigoureusement une sortie que fit la garnison d'Ehreinbrestein, qu'il resserra dans ses murs, après lui avoir fait éprouver une perte considérable.

Lorsque l'armée où il combattait eut passé la Lahn, il trouva une nombreuse cavalerie aux ordres du général Kray, rangée en avant de Niedermel ; Ney fut chargé de lui faire quitter cette position : malgré l'infériorité de ses forces, il attaqua avec intrépidité ; quatre fois il s'empara d'Obermel, et fut quatre fois forcé de l'abandonner à l'ennemi ; enfin, une cinquième charge décida du gain de cette affaire ; il se logea dans cet endroit, et y resta vainqueur. Il marcha ensuite sur *Wurtzbourg* : 2000 hommes défendaient cette place ; 100 hommes seulement étaient aux ordres de Ney ; mais, grâces à de savantes manœuvres, il força l'ennemi à capituler en aussi peu de tems, qu'à *Zaill*, après cette action, il sut, avec 400 hommes, culbuter 800 cavaliers.

Près des hauteurs de *Torkeim*, à la tête de l'avant-garde qu'il commandait, il est reçu par un ennemi nombreux qui lui oppose quinze pièces de canon ; il presse cet ennemi, lui enlève ses positions, et l'oblige à s'enfermer dans la ville ; il le suit : arrivé à portée de canon, il somme le gouverneur de capituler ; celui-ci n'ose refuser, et lui livre soixante-dix bouches à feu : il eut, en cette occasion, deux chevaux de tués sous lui, et fut promu au grade de général de brigade sur le champ de bataille.

Pour pénétrer à *Salzbach*, il fallait franchir un bois de six lieues de défilés, nul autre, peut-être, que l'intrépide Ney, n'eut osé tenter ce dangereux passage. Il parvint pourtant ; et malgré que le feu de l'ennemi l'assaillit en tête et en flanc, à vaincre tous les obstacles, à balayer à la baïonnette tout ce qui se trouvait dans ces défilés, et à s'établir dans Salzbach.

En 1797, *à Giessen*, il rencontra l'ennemi qui lui opposa des forces supérieures ; il n'avait avec lui que la cavalerie de son avant-garde : sans attendre son corps d'armée, il attaque, avec un courage qui tient de la témérité, cet ennemi, qu'il fait plier. Mais celui-ci lui opposant sans cesse des troupes fraîches, la nuit survint sans que la victoire se déclarât, et le cheval de Ney s'étant abattu dans un fossé, ce général fut fait prisonnier.

Il fut échangé au commencement de 1799 : il vole aussitôt vers les camps, et c'est lui qui force *Manheim* à recevoir garnison française. A cette époque, malgré ses refus, il fut fait général de division. C'est en cette qualité qu'il prit le commandement de l'armée d'Helvétie ; Masséna obtint des succès, et Ney partagea sa gloire. Quelques jours après, l'ennemi, que des renforts avait enhardi, prit l'offensive, et Ney lui opposa la plus opiniâtre résistance ; il reçut deux blessures en cette occasion, et eut deux chevaux de tués sous lui.

Au mois de septembre 1799, il prit le commandement de l'armée du Rhin en l'absence de Lecourbe, et opéra avec succès plusieurs attaques sur la ligne de Seltz à Mayence : la prise de *Sandhoffen*, de *Francfort*, de *Hochstett*, les passages de la *Nidda* et du *Mein* furent les résultats de ses manœuvres. Au retour de Lecourbe, il dirigea une division de l'aile gauche ; c'est alors qu'il s'avança en Souabe et battit le prince de Schwartzemberg ; mais, rencontré par un gros de troupes que le prince Charles conduisait à Philisbourg, il eut besoin de tous ses talens et de tout son courage pour éviter une défaite à Hauffen. Grièvement blessé auprès de Stuttgard, c'est en vainqueur qu'il entra dans cette ville. Encore convalescent, il célébra son retour à la santé, dans les champs de Moerkirch : 1800 prisonniers furent le fruit de sa victoire.

Il serait trop long d'énumérer ici toutes les affaires dans lesquelles le maréchal Ney s'illustra ; *Kirberg*, le pont de *Kilmentz*, *Ganerfhauffen* et *Hohentinden* furent témoins de ses brillans exploits, et partout il fit preuve d'un courage, d'un sang-froid et d'une intrépidité extraordinaires.

Envoyé en qualité de ministre plénipotentiaire, en Suisse, en 1802, il soumit ce pays à la politique de la France, et lui donna la direction indiquée par ses instructions. Il quitta l'Helvétie en 1803, et vint commander le camp de Montreuil, où il fut élevé à la dignité de maréchal d'empire et décoré du grand cordon de la Légion d'honneur.

La campagne de 1805 s'ouvrit : 30,000 hommes, retranchés sur la montagne d'*Elchingen*, tentent d'arrêter sa marche ; le maréchal Ney s'indigne de leur résistance, et n'ayant que 10,000 hommes à ses ordres, il ne craint pas de livrer un assaut à ce mont redoutable, tout cède à son génie et à son épée, l'ennemi prend la fuite, *Guntzbourg* lui ouvre ses portes, et il court devant Ulm acquérir une nouvelle gloire ; de là il marche sur le Tyrol : *Inspruch*, *Kufstein*, *Schœnitz*, tombent devant lui ; il était maître de tous les défilés, et avait pénétré en Carinthie lorsque la paix vint arrêter le cours de ses triomphes.

En 1806, il prit le commandement du 6.ᵉ corps de l'armée, combattit à *Jena*, et, quelques jours après, prit Magdebourg que 16,000 hommes défendaient. Le 6 décembre il entra à *Torn*, après avoir battu les Prussiens ; à *Lauterbourg* il obtint de nouveaux avantages sur le général Lestocq, qu'il battit près de l'*Urka* ; à *Guttstadt*, à *Deppen*, à *Eylau*, sa bravoure et ses talens assurèrent le succès ; et à

Friedland, c'est lui qui, en emportant cette ville, décida la victoire ; déjà il avait mérité le surnom d'*Infatigable*, il obtint alors le titre de *brave des braves*.

Envoyé de la Pologne en Espagne, il pénétra en Asturie et pacifia la Galicie ; mais, forcé de battre en retraite, il le fit avec tant de talens, que ce fait d'armes est un de ceux qui l'honorent le plus. En 1810, il prit *Ciudad-Rodrigo* ; en 1811, il commanda l'arrière-garde pendant la retraite de l'armée de Portugal, et battit les Anglais à *Pombol*, à *Redinna*, et à *Poz de Haronza*.

Pendant nos trop courts triomphes en Russie, dans cette campagne qui coûta tant de larmes à la France, le maréchal Ney commanda le 3.ᵉ corps et déploya ces rares talens et cette valeur qui l'avait déjà placé au-dessus de tout éloge. Pendant la retraite surtout, il n'est pas un poste, un village, une rivière où il n'ait signalé son courage et sa sollicitude pour le soldat ; jamais il ne prit de repos qu'il n'eut garanti la sécurité de ses troupes ; ici, pendant que les officiers de son armée s'occupent de leur propre sûreté, on le trouve couché sur la neige, une carte à la main, et calculant la direction la plus favorable à sa retraite ; là, dans un pays inconnu, coupé de rivières, de forêts et de montagnes inaccessibles, il lutte contre des nuées de cosaques qui le somment de se rendre, les bat partout et réunit ses corps épars. Jamais les militaires français n'oublieront sa généreuse conduite au passage de la *Bérézina*.

Le souvenir de ses brillantes actions, en 1813 et 1814, à *Lutzen*, *Dresde*, *Leipsick*, *Brienne*, *Craonne*, *Montmirail* et à *Châlons-sur-Marne*, suffirait pour éterniser son nom.

La chute de l'Empereur Napoléon, qui abdiqua sur les sollicitations de ce maréchal, le rendit entièrement libre de ses actions ; il parut bientôt à la cour de Louis XVIII, et reçut de ce Souverain les témoignages d'une haute faveur. Mais Napoléon reparaît, et le maréchal Ney, qui venait de prêter serment entre les mains du Roi, maître d'engager une guerre civile, préfère passer sous les drapeaux du conquérant. Accusé de haute trahison ; après les cent jours, il oppose à la force de ses engagemens celle des circonstances, l'opinion de l'armée et la volonté publique ; vaine défense. Un premier conseil de guerre se déclare incompétent, la cour des Pairs le juge ; et le 7 décembre 1815, il est fusillé par douze vétérans qui, pendant vingt ans, avaient compté ses jours de gloire et partagé ses triomphes.

D. PEDRO DE SOUZA HOLSTEIN,

MARQUIS DE PALMELLA

Plénipotentiaire de Portugal au Congrès de Vienne,
Ministre Secrétaire d'État des Affaires Étrangères.

Né le 8 Mai 1781.

A Paris chez l'Auteur, Rue des Francs Bourgeois St Michel, N.º 6

MARQUIS DE PALMELLA,

MINISTRE DES AFFAIRES ÉTRANGÈRES DE PORTUGAL.

Si l'on examinait à l'époque de leur élévation, la conduite de la plupart des hommes revêtus d'un grand pouvoir, on verrait que, bornant leurs regards au moment présent, ils évitent de les porter sur l'avenir, et qu'occupés de ceux qui les flattent, ils dédaignent ceux qui les jugent. Citoyens dans la vie privée, on dirait qu'ils cessent de l'être quand la faveur du prince les environne. Tel ne fut pas le marquis de Palmella, dont nous allons tracer la notice. Plein de respect et de dévouement pour les droits du trône, il a toujours pensé néanmoins qu'une liberté salutaire et légale pour le peuple en était le principal appui, et ce sont ces principes qu'il s'efforce de faire prévaloir dans les hautes fonctions où ses talents l'ont appelé.

PALMELLA (D. PEDRO DE SOUZA HOLSTEIN, marquis de), grand-croix de l'ordre du Christ, etc., etc., ministre secrétaire d'état, plénipotentiaire de Portugal au congrès de Vienne, né le 8 mai 1781, fit ses études à Rome. Avide de s'instruire, il cultiva avec un égal succès les beaux-arts et les lettres. Il traduisit en français et publia, sous un nom supposé, quelques fragments de Camoëns. A la mort de son père, Alexandre de Palmella, ambassadeur à Rome, le Pape demanda au gouvernement portugais de lui confier ce poste honorable. Il resta chargé d'affaires jusqu'à l'arrivée d'un nouvel ambassadeur. C'est de cette époque que date sa liaison avec madame de Staël : on croit même que lorsqu'elle composa sa *Corinne*, elle eut en vue le marquis de Palmella en traçant le personnage de lord *Nelvil*. Il revint peu de temps après à Lisbonne, et y fut nommé capitaine des gardes. La cour de Portugal étant partie pour le Brésil à l'approche des Français, le marquis de Palmella resta à Lisbonne, et y vécut éloigné des affaires. Ce ne fut qu'après l'évacuation de ce royaume qu'il se rendit à Cadix, au moment où le gouvernement des Cortès venait d'y être établi. Il y parut en qualité de ministre plénipotentiaire de Jean VI, pour faire valoir les droits de la reine de Portugal au trône d'Espagne. En effet, le roi Charles IV, son père, étant prisonnier en France, ainsi que ses frères, Ferdinand VII et l'infant don Carlos, privés de postérité, et, d'un autre côté, l'infant don François ayant été déclaré incapable de ré-

gner, la couronne appartenait de droit à la princesse Charlotte Joachime, reine de Portugal. Le roi de Naples, Ferdinand IV, avait aussi des prétentions ; mais le marquis les fit échouer facilement. Les talents qu'il avait montrés comme diplomate, dans cette circonstance, le firent choisir plus tard pour représenter le Portugal au congrès de Vienne, où il se rendit en qualité de membre du comité général des huit puissances signataires de la paix de Paris, en février 1815. Il y développa l'énergie qui convient au représentant d'une puissance indépendante, à l'occasion des débats qui s'élevèrent sur la traite des nègres, en s'opposant avec force, dans l'intérêt du commerce de son pays, à la motion de lord Castlereagh, qui en provoquait l'abolition immédiate. Au retour de Napoléon, en 1815, il signa la déclaration du 13 mars, et se rendit ensuite en Angleterre pour y remplir les fonctions d'ambassadeur. Il fut depuis nommé secrétaire d'état des affaires étrangères au Brésil. Un arrangement à conclure avec le comte de Fernan-Nunez, ambassadeur espagnol, relativement à l'évacuation de Monte-Video, l'empêcha de prendre possession de ce nouveau poste, et l'amena à Paris en février 1818 ; mais l'objet de cette mission ne fut pas entièrement rempli, et ne l'est pas même encore aujourd'hui. Se trouvant à Lisbonne au moment où la révolution de 1820 éclata à Porto, les commissaires du gouvernement, en l'absence du roi, l'appelèrent au conseil. Il passe pour avoir été le principal rédacteur des deux proclamations qu'ils publièrent à cette époque. Dans la première, la révolte partielle qui venait de s'opérer était qualifiée d'*horrible attentat;* dans la seconde, l'insurrection étant devenue générale, on promettait la convocation des anciennes cortès, et d'autres mesures libérales. Il refusa toutefois de prêter à la constitution à venir le serment qu'on exigeait de la nation portugaise, et qui était conçu en ces termes : « Je jure de reconnaître la constitution que décréteront les Cortès de Portugal, et de lui être fidèle. » Parti peu de temps après pour le Brésil, il débarqua à Bahia, qu'il trouva en fermentation, et où il eut avec les principaux chefs une conférence dont le résultat fut, de leur part, l'engagement d'enchaîner l'effervescence populaire pendant deux ou trois mois, et de la sienne celui d'obtenir du roi certaines réformes et la promesse d'une constitution. M. de Palmella, arrivé à Rio-Janeiro, rendit compte à Jean VI du vœu de ses peuples, et l'engagea fortement à le satisfaire. Ce sage conseil eût prévalu, s'il n'avait éprouvé une violente opposition de la part des autres membres du ministère. Cependant, au moment où la révolution allait éclater à Rio-Janeiro, le marquis fut chargé de présenter au monarque un projet de constitution différent de celui de la métropole, et approprié aux localités ; mais il était trop tard : la révolution s'était opérée. Il quitta alors le ministère, et après divers événements auxquels il ne prit aucune part, il revint à Lisbonne avec le roi. C'est là qu'il reçut, à son arrivée, l'ordre de se retirer dans ses terres, exil honorable, qui n'avait pour cause que son zèle pour l'affermissement du trône et l'établissement d'une sage liberté. Il y demeura jusqu'à la révolution de 1823, qui lui rendit le portefeuille des affaires étrangères. Le royaume était en proie à l'anarchie. M. de Palmella fit de vains efforts pour arrêter les envahissements d'un parti à la tête duquel figuraient d'augustes personnages ; mais toute l'habileté du ministre ne put renverser leurs projets et prévenir le mouvement contre-révolutionnaire dont Lisbonne fut le théâtre au commencement de 1824. Le roi, le marquis de Palmella, tous les autres ministres, furent privés de leur liberté. Ce fut lui qui, dans cette crise, donna au monarque le conseil de se réfugier sur un vaisseau anglais, résolution qu'il fallut dérober aux auteurs du mouvement, et exécuter sous un autre prétexte. Cet événement rappelle l'emprisonnement du duc de Rovigo, ministre de la police, et du préfet de police Pasquier, dont la vie fut pendant quelques heures entre les mains du conspirateur Mallet. Mais l'orgueil national avait été blessé de voir M. de Palmella recourir à une intervention étrangère pour protéger la majesté royale. La reine fut éloignée de la cour, l'infant don Miguel voyagea hors du royaume, et tout rentra dans l'ordre.

Depuis lors, le marquis de Palmella est resté à la tête des affaires. Ses intentions sont pures ; il unit à de vastes connaissances un esprit conciliant, un caractère généreux. Partisan du gouvernement constitutionnel, toute son ambition est de faire jouir le Portugal de tous ses avantages ; mais il éprouve de grands obstacles à ses louables desseins. En attendant qu'il en triomphe, la lithographie, persécutée en Allemagne, se réfugie en Portugal avec l'enseignement mutuel, et tous deux trouvent un puissant protecteur dans ce ministre, ami des découvertes et des institutions utiles.

Quelques biographies lui attribuent une énergique réponse adressée à Napoléon, qui demandait si le peuple portugais consentirait à devenir espagnol. *Non*, répondit-il en mettant la main sur la garde de son épée. Le lendemain, l'empereur, au cercle de la cour, raconta ce fait, et ajouta : M. de Palmella m'a dit hier un *superbe non*. Il y a erreur dans cette citation : jamais le marquis de Palmella n'a vu Napoléon, et l'honneur de la réponse si justement admirée appartient tout entier au comte de Lima, ambassadeur en France à cette époque.

CHARLES OUDINOT,

DUC DE REGGIO,

Maréchal & Pair de France,

Chevalier des Ordres du Roi, Grand'Croix de l'Ordre Royal & Militaire de St. Louis
& de la Légion d'Honneur, Commandeur de l'Ordre de St. Henri de Saxe &c.

Né le 25 Avril 1767, à Bar sur Ornain (Meuse)

A Paris chez l'Editeur, Rue des Francs Bourgeois N°6. F. St Oⁿ.

LE MARÉCHAL OUDINOT,
DUC DE REGGIO.

La bravoure fut regardée chez tous les peuples comme une vertu des âmes supérieures; la Grèce civilisée lui éleva des temples, et celui qui avait versé son sang pour sa patrie, et avait passé sa vie à la défendre, était regardé comme un demi-Dieu, digne de partager l'encens qui fumait sur l'autel des immortels.

Dans les temps modernes, et surtout de nos jours, nous avons vu les exploits de nos guerriers égaler et même surpasser ceux des héros de l'antiquité; nous pouvons en donner pour preuve la vie du brave Oudinot qui peut servir d'exemple comme guerrier et comme citoyen.

OUDINOT (Charles), duc de Reggio, maréchal et pair de France, major-général de la garde royale, gouverneur de la 3.ᵉ division militaire, chevalier des ordres du Roi, grand'croix de l'ordre royal et militaire de Saint-Louis et de la Légion d'honneur, commandeur de l'ordre de Saint-Henri de Saxe, etc., etc., etc.

Né d'une famille honorable, à Bar-sur-Ornain, le 25 avril 1767, Oudinot éprouva, dès sa plus tendre jeunesse, un penchant décidé pour les armes, qui le poussa, à l'âge de seize ans, à s'engager comme simple volontaire dans le régiment de Médoc. Cédant aux instances de son père, qui lui acheta son congé, il quitta le service et se fixa auprès de sa famille. Mais, en 1792, l'enthousiasme qui s'empara de tous les esprits et électrisa tous les Français, ne pouvait manquer de gagner celui dont le cœur ne respirait que l'amour de la patrie et de la gloire, et de le ramener sous les drapeaux pour se consacrer à la défense des frontières de son pays insolemment menacé.

La guerre avec l'Autriche ayant éclaté, le jeune Oudinot fut nommé chef de bataillon des volontaires de la Meuse, et se distingua dans ce nouveau grade, au mois de septembre 1792, non-seulement par la défense du château de Bitche, mais encore par la déroute complète qu'essuyèrent les Prussiens, qu'il poursuivit pendant trois lieues, et auxquels il fit 700 prisonniers. Ces actions héroïques lui valurent le surnom de *brave*, qu'il n'a cessé de mériter, et sa promotion au grade de colonel du régiment de Picardie.

Le 2 juin 1794, le colonel Oudinot, attaqué à la pointe du jour près de Morlauter, par dix mille hommes de troupes ennemies qui étaient parvenues à le séparer de l'armée républicaine, soutint constamment le combat, avec son seul régiment, jusqu'à deux heures de l'après-midi. Alors, entouré tout à coup par six régimens de cavalerie, sommé de se rendre et de mettre bas les armes, il forma ses troupes en carré, se fit jour, à la baïonnette, au travers les escadrons ennemis, et fit sa retraite en bon ordre. Rendu heureusement à ses compagnons d'armes, il reçut les félicitations des chefs qui désespéraient de le revoir, son nom fut donné pour mot d'ordre, et la brillante conduite de son régiment mise à l'ordre du jour de l'armée.

Nommé bientôt général de brigade, ce brave officier reçut, le mois de juillet suivant, l'ordre de marcher sur Trèves dont il s'empara par une manœuvre hardie. Il commanda dans cette ville jusqu'au 15 septembre 1795, qu'il se rendit à l'armée de Rhin et Moselle. Au mois d'octobre de la même année, attaqué, au milieu de la nuit, à Neckerau, et ne pouvant distinguer ses troupes de celles des ennemis, il fut fait prisonnier après avoir reçu cinq coups de sabre. Conduit en Allemagne, il fut échangé au bout de cinq mois, et se hâta de rejoindre l'armée française qui se trouvait à Pforzheim. Il descendit le Danube sur la rive gauche, et s'empara de Nordlingen, de Donawert et de Neubourg.

Au blocus d'Ingolstadt, le général Oudinot donna de nouvelles preuves de bravoure : attaqué par l'armée du général Latour, il soutint le combat, pendant dix heures, contre des forces supérieures, sans se laisser entamer : blessé d'une balle à la cuisse, de trois coups de sabre sur le bras, et d'un autre assez dangereux sur le cou, il fut forcé de se retirer à Ulm, où il ne resta que très-peu de jours; et, sans attendre la guérison de ses nombreuses blessures, il alla rejoindre sa division à Ettenheim, où se voyant vivement attaqué, le bras en écharpe, il charge à la tête du 7.ᵉ des hussards et des 10.ᵉ et 17.ᵉ des dragons, et fait prisonnier un bataillon entier. Il se distingua encore à l'attaque du pont de Manheim. Envoyé bientôt après à l'armée du Danube, il passa le Rhin au gué de Hag, près Verdemberg, combattit à Feldkirch, et au mois d'avril 1796, s'empara de la ville de Constance, défendue par les Autrichiens et par le corps du prince de Condé.

En 1799, promu au grade de général de division, il contribua puissamment à la victoire de Zurich, où il reçut une balle dans la poitrine : nommé chef de l'état-major, il passa ensuite à l'armée d'Italie commandée par Masséna. Lors du siége de Gênes, il eut l'intrépidité de sortir de cette place, et, monté sur un frêle esquif, de traverser deux fois la ligne de la flotte anglaise, pour transmettre au général Suchet les ordres de Masséna. Cette entreprise périlleuse fut couronnée du succès, au grand étonnement des deux armées.

Oudinot continua ses fonctions de chef d'état-major sous les ordres du général Brune. On peut lui attribuer le succès de la fameuse bataille de Mincio : la victoire semblait abandonner nos armes, le centre de notre armée était enfoncé, et l'armée même se trouvait foudroyée par une batterie placée par les autrichiens sur une hauteur : suivi de son état-major, le général Oudinot monte à l'assaut, tue les canonniers sur leurs pièces, jette l'épouvante dans les troupes ennemies, et les force à repasser l'Adige : ce service important fut récompensé par le don d'une des pièces de canons enlevées et d'un sabre d'honneur, qui lui furent offerts par le gouvernement consulaire.

Au mois d'août 1805, Oudinot partit de Boulogne à la tête de dix mille grenadiers qui venaient d'être mis sous ses ordres, et arriva à Vienne le mois suivant. Il marcha aussitôt sur le pont du Danube qui était défendu par cent quatre-vingts pièces de canon et miné, s'élance sans hésiter sur l'artilleur chargé de faire sauter le pont, et lui arrache la mèche qu'il tenait allumée, ses troupes passent aussitôt de l'autre côté du fleuve, et font mettre bas les armes aux troupes autrichiennes. Il se distingua ensuite aux combats de Wertingen, d'Armstetten et de Juntersdorff où il fut encore blessé.

Lors de la guerre avec la Prusse, en 1806, Oudinot s'empara de Berlin, et de là passa en Pologne, où il décida la victoire d'Ostrolenka. Il reçut, à cette époque, le titre de comte avec une dotation d'un million.

En mai 1807, il se rendit à Dantzick pour secourir le maréchal Lefebvre. A la bataille de Friedland, à la tête de ses dix mille grenadiers, il arrêta 80,000 russes, le temps nécessaire pour que le reste de l'armée arrivât, et décida ainsi le gain de la bataille qui amena la paix de Tilsit.

Gouverneur d'Erfurt, en 1808, il fit la campagne d'Autriche avec ses grenadiers, qui formaient l'avant-garde de l'armée, et entra dans Vienne avec son état-major, avant même que la capitulation fût signée.

Les services importans qu'il rendit à la bataille de Wagram, lui valurent le bâton de maréchal et le titre de duc de Reggio. En 1810, il prit possession de la Hollande.

Lors de la campagne de Russie, en 1812, le maréchal Oudinot commanda le 12.ᵉ corps d'armée, et, au combat de la Dwina, culbuta les russes qui avaient déjà passé le fleuve, leur prit seize pièces de canon, et fit un nombre considérable de prisonniers; mais, blessé gravement à l'affaire de Polotsk, il fut obligé de laisser le commandement au général Gouvion Saint-Cyr.

Le duc de Reggio, à peine rétabli lorsqu'il apprit les désastres de l'armée française, partit aussitôt pour Tschassniki, où il reprit le commandement du 12.ᵉ corps qui se trouvait réduit à cinq ou six mille hommes : il dirigea ses troupes sur Borisow pour assurer aux débris de l'armée le passage de la Bérésina; fut attaqué à quelques lieues de là par la divisions Lambert, et la rejeta sur la rive droite de ce fleuve qu'il passa au village de Studzianca sur un pont jeté à la hâte par le chef de l'armée française. Après avoir chargé l'ennemi avec vigueur, il le poursuivit pendant deux heures; mais il fut blessé d'une balle qui lui traversa le corps.

N'ayant pu exécuter l'ordre qui lui fut donné par Napoléon de pénétrer à Berlin, il fut remplacé dans le commandement des corps réunis, par le maréchal Ney, celui-ci ayant éprouvé une perte considérable devant Interbock, fut heureusement secouru par le duc de Reggio, qui, avec quelques bataillons rassemblés à la hâte, protégea la retraite de l'armée et ramena l'artillerie à Torgau. Il se distingua à la funeste bataille de Leipsick, à la tête de deux divisions de la garde impériale, et dirigea la retraite avec un grand talent. Dangereusement malade, il fut forcé de se rendre à Paris : souffrant, il prit cependant encore le commandement d'un corps d'armée, et se distingua aux combats de Brienne, Nangis, Bar et Arcis-sur-Aube.

Napoléon ayant abdiqué, le maréchal Oudinot s'attacha au gouvernement du Roi, qui lui donna le commandement de la vieille garde, devenue garde royale, et se trouvait à Metz lors du retour de l'Empereur de l'île d'Elbe. Il essaya, mais en vain, de faire marcher ses grenadiers contre leur ancien chef.

Le duc de Reggio vécut dans la retraite pendant les cent jours; mais, en 1815, il fut nommé par le Roi commandant de la garde nationale de Paris, et successivement gouverneur de la troisième division militaire, et major-général de la garde royale.

Le maréchal Oudinot a parcouru avec le plus grand éclat la carrière des armes. Toujours exposé aux plus grands dangers, souvent blessé, personne plus que lui n'a mérité le surnom de *brave*, que la postérité lui conservera. Echappé à tant de périls, criblé d'honorables blessures, il paraît immortel : semblable au chêne antique qui souvent frappé de la foudre a pu être entamé, mais non abattu, il élève sa tête vers le ciel, et semble encore braver les orages et les tempêtes.

LE COMTE P. PAJOL,

Général en Chef, Chevalier des Ordres du Mérite Militaire de Bavière
et de Pologne, Grand-Officier de la Légion d'Honneur, Chevalier de l'Ordre
Royal et Militaire de St. Louis &c. &c.

Né le 3 Février 1773, à Besançon Dép.t du Doubs.

A Paris, chez l'Auteur, Rue des Francs-Bourgeois, St. Michel, N.o 6.   Déposé à la Direction

LE GÉNÉRAL EN CHEF PAJOL.

On ne peut s'empêcher, en lisant les actions militaires des Français de nos jours, de reconnaître en eux les descendans de ces anciens chevaliers, dont la bravoure à toute épreuve inspira les récits exagérés des poëtes et des romanciers. Même impétuosité dans l'attaque, même témérité dans le péril, même générosité après la victoire. Tels sont les traits distinctifs qui les caractérisent. Telle est l'hérédité qu'ils se sont transmise d'âge en âge. Nul danger n'arrêtait ceux-là, nulle crainte n'intimide ceux-ci, et si le mépris de la mort fit supposer les premiers invulnérables, on pourrait croire que les seconds possèdent la même vertu en les voyant braver les coups les plus multipliés, les blessures les plus dangereuses.

Parmi ceux qui pourraient rendre cette supposition croyable, le Comte Pajol mérite d'être cité un des premiers parmi les héros modernes. Sa martiale histoire est celle de la vaillance et de la loyauté.

Pajol (Pierre), Comte, Général en chef, commandant les premier et cinquième corps de cavalerie, et l'armée d'observation de la Seine en 1813, 1814 et 1815, chevalier des ordres du Mérite militaire de Bavière et de l'Aigle-Blanc de Pologne, grand-officier de la Légion-d'Honneur, chevalier de l'ordre royal et militaire de Saint-Louis, naquit à Besançon, département du Doubs, le 3 février 1773. Sous-lieutenant au régiment de Saintonge en 1791, il demanda sa retraite à l'époque du licenciement de l'armée de la Loire, après vingt-six ans de service. Il y a donc un quart de siècle à rappeler d'exploits et de gloire.

Une famille distinguée fit donner au jeune Pajol l'éducation la plus brillante. C'est dans le sein de l'université de Besançon qu'il reçut une instruction solide et puisa le goût des bonnes études.

D'abord sous-lieutenant, il monta en une année au grade suivant, dans lequel il fit la première campagne de la révolution. C'était en 1792.

Entré le premier dans Spire, il y reçut un coup de baïonnette qui lui traversa la main gauche.

Dans une sortie qu'il fit à la tête de sa compagnie, lors du siége de Mayence, il enleva une redoute défendue par cent cinquante Hessois qu'il fit prisonniers, après leur avoir pris trois pièces de canon. Dans cette affaire, il eut le bras gauche cassé d'un biscaïen.

Aide-de-camp du général Kléber, il se distingua à la bataille de Tressigny, à celle de Fleurus, où il eut un cheval tué sous lui, au passage de la Roër, au siége de Maëstricht, au passage du Rhin, qu'il franchit le premier à la tête des grenadiers. Sa rare valeur dans l'une de ces importantes affaires lui mérita l'honneur de porter à la convention trente-six drapeaux enlevés par l'armée de Sambre-et-Meuse ; dans une autre, il fut nommé capitaine. Blessé d'une balle au passage de la Lahn, il y eut aussi son cheval tué sous lui. Devant Francfort, l'année suivante, il eut son cheval emporté par un boulet.

Le premier, Pajol chargeant avec le général Tichepanse sur la ligne ennemie, à la bataille d'Altenkirchen, en ramènent trois mille prisonniers et douze pièces de canon : Pajol est fait chef d'escadron sur le champ de bataille.

A la bataille d'Ostracht, il eut un cheval tué sous lui ; la retraite à laquelle fut obligée l'armée fournit à cet officier un nouveau moyen de se distinguer.

Chargeant avec deux escadrons sur l'infanterie ennemie, à la bataille de Leibtengen, en Souabe, il lui fit deux mille prisonniers et lui enleva deux pièces de canon. Le même soir, en se précipitant le premier dans les rangs de la cavalerie ennemie, il eut encore un cheval tué sous lui.

La promotion de Pajol au grade de colonel est un événement militaire fait pour plaire aux braves. A Andelfrigen, en avant de Wintherthur en Suisse, il venait de culbuter quelques escadrons de Barco ; mais, ayant eu son cheval tué sous lui, et forcé à la retraite, il est fait prisonnier. Les hussards du quatrième, qu'il commandait, le délivrèrent ; et, avec un cheval de prise, il charge de nouveau l'ennemi, et lui fait nombre de prisonniers. Masséna, qui se connaissait en homme et en vaillance, le nomme colonel.

Après s'être signalé dans toutes les batailles qui, sur la rive droite du Rhin, illustrèrent la neuvième année républicaine, il termina cette campagne par la charge brillante qu'il fit avec trois cents hussards du 6.ᵉ, sur quatre cents cuirassiers, qu'il sabra en partie et dont il fit le reste prisonnier.

Le nom du colonel Pajol continua de briller dans les campagnes d'Ulm et de Léoben, après lesquelles il fut fait général de brigade. Appelé de cette époque à la grande armée, sa carrière s'y étendit, s'y ennoblit encore.

A la bataille d'Heilsberg, il soutint, avec le troisième régiment de chasseurs, les cinquième et septième régimens de hussards, la charge de toute la cavalerie ennemie, de manière à donner à la nôtre le temps de se rallier, et de retourner à la charge. Dans cette affaire, il eut un cheval tué sous lui.

Après la journée de Friedland, il passa, le premier, la Ror, harcelant toujours l'ennemi, et entra avec lui dans Tilsitt, où il fit beaucoup de prisonniers.

La rupture avec l'Autriche lui fit donner le commandement de toute la ligne sur la frontière de Bohême. Couvrant ainsi la gauche de l'armée, il l'empêcha d'être entamée, et vint prendre position à Ratisbonne, dont on lui confia le commandement. Mais, bientôt, il dut former l'avant-garde de l'armée qui vainquit à Ekmühl, où il eut deux chevaux, l'un blessé, l'autre tué sous lui.

C'est sur le champ de bataille de Ratisbonne que l'Empereur, qui l'avait vu combattre, le nomma commandant de la Légion-d'Honneur.

Débouchant le premier dans les plaines d'Esling, d'où il chassa les troupes légères ennemies, il vint prendre position derrière le Nesselbach. A l'extrême droite de l'armée, ses manœuvres repoussèrent la cavalerie ennemie, chaque fois qu'elle se présenta pour tourner notre ligne. C'est dans une

de ces charges, qu'à la tête du onzième régiment
de chasseurs il reçut celle d'un régiment de dragons autrichiens, qu'il défit. Dans cette charge,
la plus brillante peut-être de la guerre, qui sauva
les parcs, et contribua aux succès de la bataille de
Wagram, le général Pajol eut son cheval tué sous
lui et reçut quelques coups de sabre. Le lendemain
de cette victoire, il balaya tout ce qui se trouvait
sur la Taya, passa le premier cette rivière, et soutint, contre la cavalerie et l'artillerie ennemies, un
combat devenu célèbre sous le nom de Znaïm, et
où il eut un cheval tué sous lui.

Ces hauts faits ne semblent que le prélude d'exploits plus éclatans. Etendus pour le nombre, et
par l'importance, il faut pourtant en resserrer le
récit dans une courte nomenclature. Voici les principaux de ceux qui méritèrent au général Pajol le
grade de général de division.

A la tête des chasseurs du deuxième régiment,
et du neuvième régiment de lanciers polonais, il
passa, le premier, le Niémen, s'empara de Cowno,
où il fait des prisonniers et sabre quelques Cosaques,
vient prendre position à Eré, d'où il chasse l'ennemi, puis à Wilna, où il entre aussitôt que lui.

Détaché sur Ochmiana, il y bat l'avant-garde
russe; s'empare de Minsu et d'Igomen, vient prendre
position à Joachchrisé, où il passe la Bérésina,
après avoir pris à Kaloni le grand parc de l'artillerie de l'aile gauche, et plus de huit cents chevaux.

Il avait masqué à Babrucsch le mouvement du
premier corps de la grande armée, lequel se portait sur Mohilow. C'est dans cette ville qu'il le rejoignit, et passa le Borysthène. Bientôt il s'empara
d'Orcha et de Rassassana.

Le général Pajol signala son commandement de
la première division, en contenant l'ennemi sur la
rive gauche du Niépor, pendant que la grande
armée s'emparait de Smolensk; et en débloquant
Viteps, prêt à être enlevé par un fort parti ennemi.
Après le succès de cette opération, il rejoignit l'armée, la veille même de la bataille de la Moskova.

Placé au centre de l'armée, en avant du corps
du maréchal Ney, il attira sur lui la plus grande
partie de toutes les forces ennemies. Montbrun et
Colaincourt furent tués à ses côtés. Vers la fin de
cette mémorable journée, la cavalerie ennemie,
désespérée, chargeait sur une batterie de trente-six
pièces, dont elle était sur le point de s'emparer,
quand le général Pajol, à la tête des cinquième et
neuvième régimens de hussards, deuxième, onzième
et douzième de chasseurs, s'oppose à cette audace,
l'arrête et la punit, en sabrant cette cavalerie, et
en la forçant à la retraite. Tous leurs généraux et
colonels furent tués ou blessés dans cette charge,
où le général Pajol eut ses habits criblés de balles
et de coups de sabre, et deux chevaux tués sous
lui, l'un par la mitraille, l'autre par un obus, qui
blessa en même-temps le général Subervic. Le lendemain, commandant l'avant-garde, il poursuit
l'ennemi jusqu'à Mojaïck, dont il s'empara; et,
le 9.... au soir, en chargeant sur deux bataillons,
qu'il fait prisonniers, il a le bras droit cassé d'une
balle, et son cheval tué sous lui; ce qui ne l'empêcha pas de suivre l'ennemi jusqu'à Moskow.

Dans la déplorable retraite qui suivit cette aventureuse expédition, le général Pajol, ayant perdu
ses équipages et ses chevaux, fit à pied une route
longue et pénible. Il ne rentra en France qu'avec

les blessés, dont sa grande ame partagea toutes les
souffrances, et auxquels il ménaga un retour moins
désastreux, facilité par l'étude qu'il avait faite des
localités en entrant dans le pays.

A peine son bras est-il guéri, qu'il reparait à la
grande armée, et reprend le premier rang parmi
les braves, aux batailles de Lutzen et de Bautzen.

Chargé, durant l'armistice, du maintien de la
ligne sur la frontière de Bohême, il est attaqué à
l'improviste par l'Autriche, aux forces de laquelle
il oppose, dans une savante retraite, opérée de
Friedberg sur Dresde, autant de prudence que de
courage; et ces deux vertus, fortifiées l'une par
l'autre, garantissent de toute mutilation, de toute
insulte même, son infanterie, sa cavalerie, son artillerie, harcelées cependant, et dans une lutte continuelle, par des forces infiniment supérieures.

A la suite de la bataille de Dresde, il poursuit
l'ennemi jusqu'aux débouchés de la Bohême, et
continue de commander l'avant-garde du Maréchal
Saint-Cyr, d'où l'Empereur le tire, pour lui donner
le commandement en chef du cinquième corps de
cavalerie. C'est à la tête de ce corps, composé de
trois divisions, commandées par les généraux
Millot, Cheritier et Subervie, où se remarquaient
avec admiration quatorze régimens; l'élite de l'armée, venant d'Espagne, que le général Pajol, conduisant tour-à-tour chaque division à la charge,
reçut le contre-choc d'un obus qui, ayant éclaté
dans le poitrail de son cheval, lança en l'air, à plus
de vingt-cinq pieds, ce général, auquel il fractura
le bras gauche et les côtes, et le laissa pour mort;
il fut sauvé par ses aides-de-camp, qui voulurent
d'abord le faire enterrer. Ce coup extraordinaire,
et qui tient du prodige, fit dire à l'Empereur, en
voyant le cheval de ce général : « Si Pajol en
» revient, il ne doit plus mourir. »

Il en revint en effet, et, encore le bras en écharpe,
on lui donna, en janvier 1814, le commandement
de l'armée d'observation de la Seine, à la tête de
laquelle il gagna la bataille de Montereau, pour
laquelle il fut nommé grand-officier de la Légion-
d'Honneur, et où il eut encore un cheval tué sous lui;
mais ce nouveau coup ayant rouvert toutes ses
blessures, il se vit forcé de se retirer à Paris jusqu'à l'époque de l'abdication.

Employé ensuite par le Roi, il commandait le
20 mars 1814, à Orléans, la cavalerie qui s'y
réunissait; et ce ne fut que le 21 qu'il fit prendre
la cocarde nationale à ses troupes, après avoir reçu
l'avis officiel que le Roi avait quitté Paris et la
France, que l'Empereur était arrivé le 20 aux Tuileries; et des instructions de son ministre.

Dans le mois de juin, commandant en chef le
premier corps de cavalerie, il entra le premier
dans Charleroy, combattit à Fleurus; et prit, le 17,
dix pièces de canon aux ennemis, une partie de
leur bagage, et s'empara de Namur.

Après l'affaire de Waterloo, et le licenciement de
l'armée, le général Pajol s'est retiré à Paris.

On peut remarquer que, commandant toujours
les troupes légères, il n'a jamais été surpris. Qu'occupé sans cesse de la plus grande sollicitude pour
ses troupes, il les a toujours ménagées, et est parvenu ainsi à s'assurer leur amour et leur obéissance; enfin, qu'il est un des généraux de l'Europe
qui ait reçu le plus de blessures, et le seul qui ait
eu seize chevaux tués sous lui.

LE GÉNÉRAL EN CHEF PAJOL.

On ne peut s'empêcher, en lisant les actions militaires des Français de nos jours, de reconnaître en eux les descendans de ces anciens chevaliers, dont la bravoure à toute épreuve inspira les récits exagérés des poëtes et des romanciers : même impétuosité dans l'attaque, même témérité dans le péril, même générosité après la victoire : tels sont les traits distinctifs qui les caractérisent, telle est l'hérédité qu'ils se sont transmise d'âge en âge. Nul danger n'arrêtait ceux-là, nulle crainte n'intimide ceux-ci, et si le mépris de la mort fit supposer les premiers invulnérables, on pourrait croire que les seconds possèdent la même vertu en les voyant braver les coups les plus multipliés, les blessures les plus dangereuses.

Parmi ceux qui pourraient rendre cette supposition croyable, le comte Pajol mérite d'être cité un des premiers parmi les héros modernes. Sa martiale histoire est celle de la vaillance et de la loyauté.

PAJOL (Pierre), comte, général en chef, commandant les 1.er et 5.e corps de cavalerie, et l'armée d'observation de la Seine en 1813, 1814 et 1815, chevalier des ordres du Mérite militaire de Bavière et de l'Aigle-Blanc de Pologne, grand-officier de la Légion d'honneur, chevalier de l'ordre royal et militaire de Saint-Louis, naquit à Besançon, département du Doubs, le 3 février 1773. Sous-lieutenant au régiment de Saintonge en 1791, il demanda sa retraite à l'époque du licenciement de l'armée de la Loire, après vingt-six ans de service. Il y a donc un quart de siècle à rappeler d'exploits et de gloire.

Une famille distinguée fit donner au jeune Pajol l'éducation la plus brillante. C'est dans le sein de l'université de Besançon qu'il reçut une instruction solide et puisa le goût des bonnes études.

D'abord sous-lieutenant, il monta en une année au grade suivant, dans lequel il fit la première campagne de la révolution. C'était en 1792.

Entré le premier dans Spire, il y reçut un coup de baïonnette qui lui traversa la main gauche.

Dans une sortie qu'il fit à la tête de sa compagnie lors du siége de Mayence, il enleva une redoute défendue par cent cinquante hessois qu'il fit prisonniers, après leur avoir pris trois pièces de canon. Dans cette affaire, il eut le bras gauche cassé d'un biscaïen.

Aide-de-camp du général Kléber, il se distingua à la bataille de Tressigny, à celle de Fleurus, où il eut un cheval tué sous lui; au passage de la Roër, au siége de Maëstricht, au passage du Rhin, qu'il franchit le premier à la tête des grenadiers. Sa rare valeur dans l'une de ces importantes affaires lui mérita l'honneur de porter à la Convention trente-six drapeaux enlevés par l'armée de Sambre-et-Meuse; dans une autre, il fut nommé capitaine. Blessé d'une balle au passage de la Lahn, il y eut aussi son cheval tué sous lui. Devant Francfort, l'année suivante, il eut son cheval emporté par un boulet.

Le premier, Pajol chargeant avec le général Riche-panse sur la ligne ennemie, à la bataille d'Altenkirchen, en ramènent trois mille prisonniers et douze pièces de canon : Pajol est fait chef d'escadron sur le champ de bataille.

A la bataille d'Ostracht, il eut un cheval tué sous lui; la retraite à laquelle fut obligée l'armée fournit à cet officier un nouveau moyen de se distinguer.

Chargeant avec deux escadrons sur l'infanterie ennemie, à la bataille de Leibtengen, en Souabe, il lui fit deux mille prisonniers, et lui enleva deux pièces de canon. Le même soir, en se précipitant le premier dans les rangs de la cavalerie ennemie, il eut encore un cheval tué sous lui.

La promotion de Pajol au grade de colonel, est un événement militaire fait pour plaire aux braves. A Andelfrigen, en avant de Winthertur en Suisse, il venait de culbuter quelques escadrons de Barco; mais, ayant eu son cheval tué sous lui, et forcé à la retraite, il est fait prisonnier. Les hussards du 4.e, qu'il commandait, le délivrèrent; et, avec un cheval de prise, il charge de nouveau l'ennemi, et lui fait nombre de prisonniers. Masséna, qui se connaissait en homme et en vaillance, le nomme colonel.

Après s'être signalé dans toutes les batailles qui, sur la rive droite du Rhin, illustrèrent la neuvième année républicaine, il termina cette campagne par la charge brillante qu'il fit avec trois cents hussards du 6.e, sur quatre cents cuirassiers qu'il sabra en partie, et dont il fit le reste prisonniers.

Le nom du colonel Pajol continua de briller dans les campagnes d'Ulm et de Léoben, après lesquelles il fut fait général de brigade. Appelé de cette époque à la grande armée, sa carrière s'y étendit, s'y ennoblit encore.

A la bataille d'Heilsberg, il soutint, avec le 3.e régiment de chasseurs, les 5.e et 7.e régimens de hussards, la charge de toute la cavalerie ennemie, de manière à donner à la nôtre le temps de se rallier, et de retourner à la charge. Dans cette affaire, il eut un cheval tué sous lui.

Après la journée de Friédland, il passa, le premier, la Roër, harcelant toujours l'ennemi, et entra avec lui dans Tilsitt, où il fit beaucoup de prisonniers.

La rupture avec l'Autriche lui fit donner le commandement de toute la ligne sur la frontière de Bohême. Couvrant ainsi la gauche de l'armée, il l'empêcha d'être entamée, et vint prendre position à Ratisbonne, dont on lui confia le commandement. Mais bientôt il dut former l'avant-garde de l'armée qui vainquit à Ekmühl, où il eut deux chevaux, l'un blessé, l'autre tué sous lui.

C'est sur le champ de bataille de Ratisbonne que l'Empereur, qui l'avait vu combattre, le nomma commandant de la Légion d'honneur.

Débouchant le premier dans les plaines d'Esling, d'où il chassa les troupes légères ennemies, il vint prendre position derrière le Nesselbach. A l'extrême droite de l'armée, ses manœuvres repoussèrent la cavalerie ennemie, chaque fois qu'elle se présenta pour tourner notre ligne. C'est dans une de ces charges qu'à la tête du onzième régiment de chasseurs il reçut celle d'un régiment de dragons autrichiens, qu'il défit. Dans cette charge, la plus brillante peut-être de la guerre, qui sauva les parcs, et contribua aux succès de la bataille de Wagram, le général Pajol eut son cheval tué sous lui et reçut quelques coups de sabre. Le lendemain de cette victoire, il balaya tout ce qui se trouvait sur la Taya, passa le premier cette rivière, et soutint contre la cavalerie et l'artillerie ennemies, un combat devenu célèbre sous le nom de Znaïm, et où il eut un cheval tué sous lui.

Ces hauts faits ne semblent que le prélude d'exploits plus éclatans : étendus pour le nombre et par l'importance, il faut pourtant en resserrer le récit dans une courte nomenclature. Voici les principaux de ceux qui méritèrent au général Pajol le grade de général de division.

A la tête des chasseurs du deuxième régiment et du neuvième régiment de lanciers polonais, il passa le premier le Niémen, s'empara de Cowno, où il fait des prisonniers et sabre quelques cosaques, vient prendre position à Eré, d'où il chasse l'ennemi, puis à Wilna, où il entre aussitôt que lui.

Détaché sur Ochmiana, il y bat l'avant-garde russe, s'empare de Minsu et d'Igomen, vient prendre position à Joachchrisé, où il passe la Bérésina, après avoir pris à Kaloni le grand parc de l'artillerie de l'aile gauche et plus de huit cents chevaux.

Il avait masqué à Babruesch le mouvement du premier corps de la grande armée, lequel se portait sur Mohilow. C'est dans cette ville qu'il le rejoignit, et passa le Borysthène. Bientôt il s'empara d'Orcha et de Rassassana.

Le général Pajol signala son commandement de la première division en contenant l'ennemi sur la rive gauche du Niéper, pendant que la grande armée s'emparait de Smolensk, et en débloquant Viteps, prêt à être enlevé par un fort parti ennemi. Après le succès de cette opération, il rejoignit l'armée, la veille même de la bataille de la Moskova.

Placé au centre de l'armée, en avant du corps du maréchal Ney, il attira sur lui la plus grande partie de toutes les forces ennemies. Montbrun et Colaincourt furent tués à ses côtés. Vers la fin de cette mémorable journée, la cavalerie ennemie, désespérée, chargeait sur une batterie de trente-six pièces, dont elle était sur le point de s'emparer, quand le général Pajol, à la tête des 5.° et 9.° régimens de hussards, 2.°, 11.° et 12.° de chasseurs, s'oppose à cette audace, l'arrête et la punit, en sabrant cette cavalerie et en la forçant à la retraite. Tous leurs généraux et colonels furent tués ou blessés dans cette charge, où le général Pajol eut ses habits criblés de balles et de coups de sabre, et deux chevaux tués sous lui, l'un par la mitraille, l'autre par un obus, qui blessa en même temps le général Subervie. Le lendemain, commandant l'avant-garde, il poursuit l'ennemi jusqu'à Mojaïck, dont il s'empara, et, le 9..... au soir, en chargeant sur deux bataillons qu'il fait prisonniers, il a le bras droit cassé d'une balle, et son cheval tué sous lui; ce qui ne l'empêcha pas de suivre l'ennemi jusqu'à Moskow.

Dans la déplorable retraite qui suivit cette aventureuse expédition, le général Pajol ayant perdu ses équipages et ses chevaux, fit à pied une route longue et pénible. Il ne rentra en France qu'avec les blessés, dont sa grande âme partagea toutes les souffrances, et auxquels il ménagea un retour moins désastreux, facilité par l'étude qu'il avait faite des localités en entrant dans le pays.

A peine son bras est-il guéri qu'il reparaît à la grande-armée, et reprend le premier rang parmi les braves aux batailles de Lutzen et de Bautzen.

Chargé durant l'armistice du maintien de la ligne sur la frontière de Bohême, il est attaqué à l'improviste par l'Autriche, aux forces de laquelle il oppose, dans une savante retraite, opérée de Friedberg sur Dresde, autant de prudence que de courage ; et ces deux vertus, fortifiées l'une par l'autre, garantissent de toute mutilation, de toute insulte même, son infanterie, sa cavalerie, son artillerie, harcelées cependant, et dans une lutte continuelle, par des forces infiniment supérieures.

A la suite de la bataille de Dresde, il poursuit l'ennemi jusqu'aux débouchés de la Bohême, et continue de commander l'avant-garde du maréchal Saint-Cyr, d'où l'Empereur le tire pour lui donner le commandement en chef du 5.° corps de cavalerie. C'est à la tête de ce corps, composé de trois divisions, commandées par les généraux Millot, Chéritier et Subervie, où se remarquaient avec admiration quatorze régimens, l'élite de l'armée, venant d'Espagne, que le général Pajol, conduisant tour à tour chaque division à la charge, reçut le contrechoc d'un obus qui, ayant éclaté dans le poitrail de son cheval, lança en l'air, à plus de vingt-cinq pieds, ce général, auquel il fractura le bras gauche et les côtes, et le laissa pour mort; il fut sauvé par ses aides-de-camp, qui voulurent d'abord le faire enterrer. Ce coup extraordinaire, et qui tient du prodige, fit dire à l'Empereur, en voyant le cheval de ce général : « *Si Pajol en revient, il ne doit plus mourir.* »

Il en revint en effet, et, encore le bras en écharpe, on lui donna, en janvier 1814, le commandement de l'armée d'observation de la Seine, à la tête de laquelle il gagna la bataille de Montereau, pour laquelle il fut nommé grand-officier de la Légion d'honneur, et où il eut encore un cheval tué sous lui; mais ce nouveau coup ayant rouvert toutes ses blessures, il se vit forcé de se retirer à Paris jusqu'à l'époque de l'abdication.

Employé ensuite par le Roi, il commandait le 20 mars 1814, à Orléans, la cavalerie qui s'y réunissait; et ce ne fut que le 21 qu'il fit prendre la cocarde nationale à ses troupes, après avoir reçu l'avis officiel que le Roi avait quitté Paris et la France, que l'Empereur était arrivé le 20 aux Tuileries, et des instructions de son ministre.

Dans le mois de juin, commandant en chef le premier corps de cavalerie, il entra le premier dans Charleroy, combattit à Fleurus, et prit, le 17, dix pièces de canon aux ennemis, une partie de leur bagage, et s'empara de Namur.

Après l'affaire de Waterloo et le licenciement de l'armée, le général Pajol s'est retiré à Paris.

On peut remarquer que, commandant toujours les troupes légères, il n'a jamais été surpris; qu'occupé sans cesse de la plus grande sollicitude pour ses troupes, il les a toujours ménagées, et est parvenu ainsi à s'assurer leur amour et leur obéissance ; enfin qu'il est un des généraux de l'Europe qui ait reçu le plus de blessures, et le seul qui ait eu seize chevaux tués sous lui.

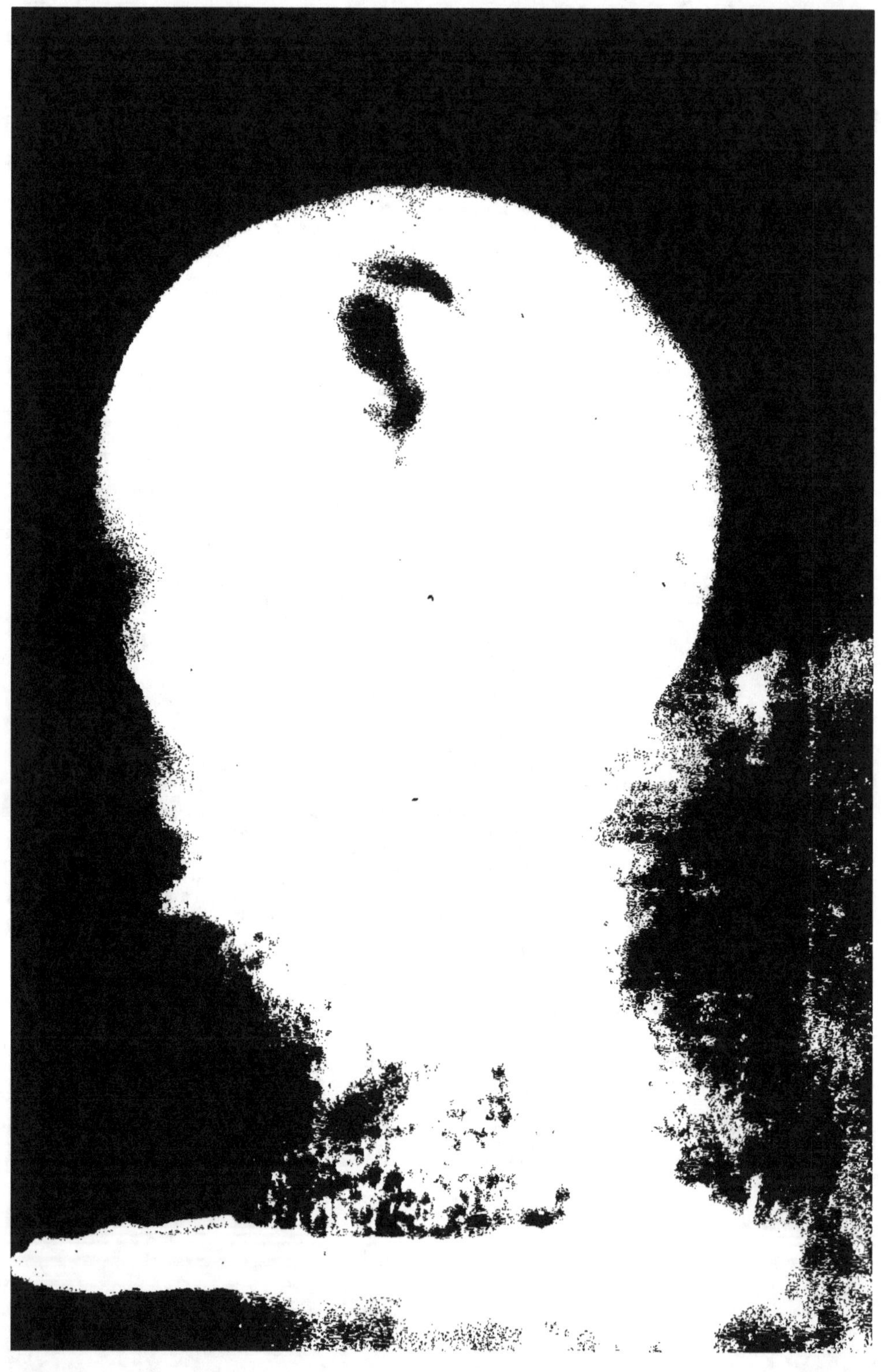

PIE VII.

Souverain Pontife.

Né à Césène dans la Romagne, le 14 Août 1742.

A Paris chez l'Auteur, Rue des Francs Bourgeois St Michel N° 6.

PIE VII,
SOUVERAIN PONTIFE.

Il n'appartient point aux contemporains de juger leurs grands hommes. Raconter leur vie avec une noble indépendance, ne dissimuler ni leurs faiblesses, ni leurs vertus, présenter les faits dans leur véritable jour, telle est la tâche de l'historien, et après lui celle du biographe.

Dans l'histoire de Napoléon est celle du siècle entier; dans l'histoire de Pie VII est la religion au temps des lumières. Par suite d'événemens au-dessus de la prudence humaine, l'une a été liée à l'autre. Le DOMINATEUR était mortel, il est déjà tombé; les faits sont indestructibles; ils doivent rester pour l'instruction mutuelle des princes et des peuples.

Rappelons ici les faits; que l'historien les recueille, les développe et les commente, et que la postérité les juge.

Grégoire - Barnabé CHIARAMONTI, souverain pontife sous le nom de Pie VII, né le 14 août 1742, à Césène, est issu d'une famille d'origine française, des comtes de Chiaramonti, qui forment l'une des branches de la maison de Clermont - Tonnerre, établie depuis un assez grand nombre d'années en Italie. Barnabé Chiaramonti entra à l'âge de 16 ans dans l'ordre des Bénédictins, l'un des ordres qui, en Italie comme en France, produisirent les hommes les plus instruits; sa piété et ses talens oratoires le firent nommer à différentes chaires dans plusieurs abbayes, et ensuite appeler à Parme où il enseigna la philosophie, et à Rome où il enseigna la théologie. Pie VI, né dans la ville même où Barnabé Chiaramonti avait reçu le jour, suivait ses progrès avec une bienveillance particulière, et lui en donna bientôt des preuves, en le nommant successivement abbé et évêque de Tivoli, et, en 1785, cardinal et évêque d'Imola. Par suite des événemens politiques de la France, le gouvernement républicain ayant porté la guerre en Italie, l'évêque d'Imola se chargea d'acquitter, de ses propres revenus, les contributions de guerre dont la ville avait été frappée par les troupes victorieuses, et il se servit utilement, dans l'intérêt de ses compatriotes, de l'ascendant qu'il avait acquis sur les généraux français pour les préserver des suites de la guerre. Devenu citoyen de la république cisalpine, il manifesta, dans ses discours et dans ses écrits, les principes d'une haute philosophie. Il captiva ainsi tous les cœurs; et l'on prétend que ce fut à l'influence des Français qu'il dût son élection au souverain pontificat, sous le nom de *Pie VII*, le 14 mars 1800, par le conclave de Venise. La dignité suprême qu'il venait d'obtenir, sans détruire ses vertus privées, lui fit adopter de nouveaux principes politiques et religieux. Il tonna contre cette philosophie que naguère il avait si noblement professée; et il parut vouloir rendre à la puissance pontificale toute l'influence qu'elle avait jadis exercée sur le monde chrétien. Le chef du gouvernement français, le premier consul Bonaparte, par des motifs que son ambition lui permettait à peine de dissimuler, se proposa de rétablir solennellement le culte en France, et soumit au saint Siége un projet de concordat que S. S., dans un intérêt beaucoup plus grand (celui de l'église), consentit à ratifier, et qu'elle signa, le 15 juillet 1801. Des relations amicales étant enfin établies entre le cabinet des Tuileries et la cour de Rome, S. S. consentit à se rendre en France, pour y sacrer, comme Empereur, celui qui, peu de temps auparavant, se trouvait honoré du titre de simple citoyen. Pie VII partit de Rome le 31 octobre 1804; c'était l'époque la plus rigoureuse de la saison, et le voyage fut extrêmement pénible pour ce vénérable vieillard qui néanmoins arriva heureusement à Paris au commencement de décembre de la même année; Napoléon avait été au-devant de lui jusqu'à Fontainebleau. L'entrée solennelle du souverain de Rome dans la capitale de la France excita vivement l'intérêt, et il n'y eut qu'un sentiment, celui d'un profond respect, pour accueillir un homme recommandable par ses vertus, par son âge et par son haut rang. L'affabilité et la bonté noble et touchante du S. P. lui gagnèrent tous les cœurs, comme elles avaient déjà séduit les conquérans de l'Italie. Le motif principal du voyage de S. S. en France était d'y ouvrir des conférences politiques sur les affaires de l'Eglise; sous ce rapport, ce voyage fut sans résultat. Napoléon évita avec soin de traiter des matières qui devaient avoir une grande influence sur la politique et sur les intérêts de la France. Le 4 avril 1805, le saint Père eut la liberté de partir de Paris; car on ne peut se dissimuler que le vainqueur de tant de rois ne lui avait pas laissé le droit d'en fixer lui-même l'époque. Il fut reçu à Rome avec des transports qui annonçaient autant d'attachement au souverain temporel qu'à l'auguste chef de la religion catholique.

La situation du Saint Père était extrêmement critique, le passage continuel des troupes par l'Italie, l'envahissement du royaume de Naples par les français, les plaintes que l'Empereur ne cessait d'adresser au S. P., sur sa prédilection pour les ennemis de l'empire, donnaient à S. S. les plus vives inquiétudes pour l'avenir; elles augmentèrent encore du moment qu'il eut refusé de reconnaître Joseph Napoléon, frère de l'Empereur, comme roi de Naples, et de fermer ses ports aux vaisseaux anglais.

Cette fermeté de la part d'un vieillard qu'il croyait subjuguer par l'éclat de son nom et la crainte de sa puissance, irrita Napoléon, au point de donner sans retard des ordres au général Miollis pour qu'il pénétrât à Rome, et qu'il occupât militairement cette ville. Pie VII employa, pour soutenir ses droits temporels et venger la majesté pontificale outragée, les armes religieuses de l'excommunication; elles furent impuissantes, et durent aggraver la situation de celui qui en avait fait usage.

Par un décret impérial, l'empereur Napoléon réunit au royaume d'Italie quatre des provinces de l'église romaine, Urbino, Ancone, Macerata et Camerino. Le Pape ranime sans plus de succès les foudres spirituelles, la bulle d'excommunication fournit au redoutable ennemi du Vatican l'occasion d'une violence qu'il n'eût peut-être point osé commettre sans cette nouvelle preuve d'énergie. Par un autre décret du 17 mai 1809, après avoir déclaré Rome ville libre impériale et la seconde de l'empire français, il enjoignit au général Radet de s'emparer de la personne de S. S. et de la conduire à Savone, lieu fixé pour sa résidence.

En vain le palais du Pape avait été mis en état de défense. Le général Radet et un régiment d'infanterie se présentèrent, désarmèrent la garde suisse et brisèrent les portes; le Pape, dans cette extrémité, montra de la dignité et du courage; du moment qu'il aperçut le général français, il prit son

bréviaire, donna la main au cardinal Pacca, et se fit porter dans son fauteuil jusqu'à la voiture qui les attendait dans la rue. La voiture partit sur-le-champ. Ce n'était cependant point en prisonnier d'état que Napoléon traitait S. S.; il avait offert de lui composer une cour, et il lui avait assuré deux millions annuels.

Le Pape resta à Savone jusque vers le mois d'août 1812, qu'il fut transporté à Fontainebleau. Là, Napoléon, voulant mettre fin aux dissentions religieuses, proposa au S. P. un nouveau concordat, et l'engagea d'approuver les nominations qu'il avait faites, et auxquelles, depuis sa captivité à Savone, le S. P. s'était constamment refusé. Le 25 janvier 1813, Pie VII consentit enfin à adopter des arrangemens qui devaient rendre la paix à l'église. Napoléon s'étant hâté de promulguer ce concordat, et de lui donner force de loi, quoiqu'il ne fût qu'en projet, le S. P. révoqua sa sanction, qu'il n'avait donnée que conditionnellement.

Les événemens de 1814, en précipitant du trône l'empereur des Français, rétablirent le Pape dans tous ses droits, et il fit sa rentrée à Rome le 28 mai 1814, sous l'escorte des troupes anglaises et autrichiennes.

Les premiers actes de l'autorité souveraine du Pape furent dignes de sa bonté toute paternelle et de l'expérience que le malheur lui avait donnée. Mais bientôt son administration prit un caractère de fermeté que sa haute prudence, et la grandeur des devoirs qu'il était appelé à remplir jugèrent sans doute nécessaire. Par suite d'une mesure à la fois religieuse et politique, et en vertu d'une bulle du 7 août 1814, il rétablit dans tout l'empire chrétien l'ordre des jésuites; il rétablit aussi le tribunal de l'inquisition à Rome; défendit l'introduction dans ses états des livres philosophiques, et proscrivit les *Francs-Maçons* et les *Carbonari*.

Il ne nous appartient pas, nous l'avons déjà dit, d'expliquer, encore moins de juger ces faits trop au-dessus d'une politique vulgaire.

Disons simplement, mais avec justice, que S. S., comme souverain temporel, eut la volonté à défaut de la force; comme chef de l'Eglise la force à la volonté réunie; comme homme privé des vertus : HONORONS SES VERTUS ET DÉPLORONS SES MALHEURS.

JOSEPH PONIATOWSKI, (LE PRINCE)

Maréchal de France,

Grand-Croix et Chevalier de plusieurs Ordres.

Né le 6 Mai 1770.

Mort en traversant l'Elster, le 19 Octobre 1813.

Il faisait Honneur à l'Homme.

A Paris, chez l'Auteur, Rue des Francs-Bourgeois, N.º 6: F.S.G.   Déposé à la Direction.

LE PRINCE PONIATOWSKI.

L'ÉCLAT de la naissance et du rang, enfans du hasard ou de la fortune, sont très-souvent nécessaires à ceux qui jouissent de ces avantages pour échapper à l'obscurité, surtout lorsque la nature leur a refusé ces qualités brillantes, ces talens qui peuvent fixer sur eux les regards de leurs contemporains, et leur assigner une place au temple de l'immortalité.

Mais lorsqu'on joint a un grand nom une ame plus grande encore, et que tous ces prestiges dont nous venons de parler ne sont que des accessoires qui font ressortir les vertus et l'héroïsme, alors on dit de celui qui fut si avantageusement doté par le sort, voilà un homme réellement digne de commander à ses semblables. Le guerrier célèbre sur la tombe duquel nous allons essayer de jeter quelques fleurs, en est la preuve.

PONIATOWSKI (le prince JOSEPH), ministre de la guerre du grand-duché de Varsovie, maréchal de France, grand'croix de l'ordre de l'aigle Blanc et du mérite militaire de Pologne, grand cordon de la Légion-d'Honneur, etc., etc., naquit le 6 mai 1770, du sang des souverains qui gouvernèrent la Pologne ; il était neveu du dernier roi de cette nation généreuse, autant que brave, dont rien n'a pu altérer le caractère.

Le prince Poniatowski était aussi recommandable par la douceur de ses mœurs, sa bravoure, sa loyauté, sa franchise et ses autres qualités personnelles, que par l'éclat de sa naissance. Aucun genre de gloire ne lui était étranger ; et si on pouvait lui reprocher quelques-unes de ces faiblesses inséparables de l'espèce humaine, elles étaient rachetées chez lui par la noblesse du caractère, la bienfaisance, l'amour le plus vrai de l'humanité ; son ame ardente était animée du plus pur patriotisme, et de l'enthousiasme le plus prononcé pour la liberté.

Il commandait en 1792 l'armée qui devait s'opposer à l'invasion des Russes. Il développa autant de zèle que d'activité dans ces circonstances difficiles; mais obligé de se conformer aux ordres du roi, qui hésitait à prendre un parti pour soustraire la Pologne au joug étranger, il ne put exécuter les plans qu'il avait conçus.

On le jugea d'après les apparences. L'envie, la calomnie élevèrent la voix ; on suspecta ses intentions ; ses ennemis établirent un parallèle entre lui et Kosciusko, et cherchèrent à obscurcir sa gloire.

Le prince Poniatowski, trop grand pour regarder comme un rival celui qu'il estimait comme un ami, un défenseur de la Pologne, lui donna dans toutes les circonstances des preuves de la plus généreuse amitié. Il sut taire et cacher avec le plus grand soin des fautes commises par Kosciusko, fautes très-graves sans doute, puisqu'elles pouvaient compromettre le salut de la patrie. En ne flétrissant point les lauriers de son émule, il en ajoutait de nouveaux à ceux qui couvraient déjà son front.

Il redoubla d'efforts pour repousser les Russes : si le roi se fût livré à ses conseils en se rangeant sous les drapeaux de ses armées, il eût peut-être triomphé du nombre, surmonté les obstacles, et la Pologne n'eût point été rayée du catalogue des nations.

Le roi fut sourd à sa voix, à ses prières; il signa le traité de Turgowitz, et la Pologne fut asservie.

Le prince Poniatowski quitta alors l'armée avec tous les officiers qui étaient, ainsi que lui, distingués par leur patriotisme.

En 1794, lors de l'insurrection, le prince se rangea un des premiers sous les drapeaux de la patrie. Il voulait servir seulement en qualité de volontaire; Kosciusko lui donna le commandement d'une division, et il se distingua en servant son pays.

Varsovie ayant été forcée d'ouvrir ses portes à l'ennemi, il se retira dans ses domaines, ensuite en Autriche, et ne voulut accepter aucunes des distinctions qui lui furent offertes par l'impératrice de Russie, et par Paul Ier son successeur.

Après la paix de Tilsitt, une partie de la Pologne ayant été désignée sous le titre de duché de Varsovie, il retourna dans sa patrie. Nommé ministre de la guerre, il créa une armée comme par enchantement; les Polonais étaient fiers d'obéir à sa voix; il s'adjoignit des généraux, des officiers qui avaient figuré avec gloire dans les rangs de nos invincibles légions; et lorsqu'en 1809 l'Autriche attaqua la Pologne avec une armée de 60,000 hommes, Poniatowski, avec des forces inférieures, n'hésita point à marcher contre eux ; et mettant en usage la tactique française dont ses généraux connaissaient les avantages, il donna l'élan à toute la nation polonaise. Son énergie, son dévouement, ses succès le placèrent au premier rang des guerriers.

Lors de la campagne de Russie, il prit rang dans la grande armée avec les Polonais, et commanda le cinquième corps. Il partagea la gloire et les dangers de cette expédition ; et a l'affaire de Smolensko, il fut chargé de se porter en avant, ayant cette ville à sa gauche, et à sa droite le Borysthène, afin d'établir des batteries pour détruire les ponts, et intercepter les communications de l'armée ennemie entre les deux rives. Il réussit dans cette opération aussi dangereuse que difficile.

La bataille de la Moskowa lui fournit une nouvelle occasion de signaler son courage. Il développa les mêmes talens dans cette retraite désastreuse qui moissonna tant de braves. Nous fûmes vaincus par les élémens. Les glaces du nord pouvaient seules ranger la victoire sous les drapeaux ennemis.

Tandis que la France faisait de nouveaux efforts pour soutenir la lutte sous laquelle elle devait succomber par la défection et la trahison de ses alliés, Poniatowski, toujours fidèle à ses engagemens, sans prendre conseil des évènemens, se préparait à de nouveaux combats, et à joindre des lauriers à ceux qu'il avait moissonnés tant de fois dans les champs de la gloire.

Lors des campagnes de 1812 et 1813 en Saxe, le 8e corps de la grande armée fut sous ses ordres. Son quartier-général était établi dans la Haute-Lusace, entre Gorlitz et Zittau : ce fut là qu'il présenta des cosaques nouvellement organisés au chef de l'armée française, qui les passa en revue, ainsi que les autres régimens qui composaient son corps d'armée.

La franchise de Poniatowski, sa noble conduite, et ses talens militaires, avaient fait une grande et favorable impression sur lui. Aussi, il lui parlait tout autrement qu'à ses autres généraux : *Comment appuyez-vous votre droite?* lui dit-il en

l'examinant avec attention. Le prince, en lui donnant une idée
de sa position, lui prouva qu'elle était bien calculée.

Avant la bataille de Leipsig, Poniatowski était placé avec
son corps d'armée le long de la Pleisse, depuis Connewitz jusqu'à Marakleberg. C'était à l'époque du 15 octobre; il se livra
plusieurs combats auxquels il prit part. Le 16, il soutint avec
tant de bravoure et de fermeté une attaque de l'armée ennemie, dirigée contre le flanc droit de la nôtre, qu'il fut nommé
maréchal de France sur le champ de bataille. La journée du 17
ne fut pas moins glorieuse pour lui : il avait le point le plus
difficile à défendre, mais il justifia pleinement, par un courage
sans bornes, la haute confiance qu'il avait inspirée.

Son petit corps d'infanterie réduit à 5000, et enfin à 2700
hommes, fit des prodiges de valeur. Il avait déjà perdu dans
les affaires précédentes quinze officiers de son état-major. Ce
courage était d'autant plus remarquable dans les Polonais,
qu'en ce moment il ne pouvait plus attendre que le chef de
l'armée polonaise devînt le restaurateur de leur nation.

Enfin le 19 octobre arriva, ce jour funeste qui devait éclairer la fin de la plus belle vie. L'armée française, après avoir
éprouvé des pertes immenses et irréparables dans les plaines
de Leipsig, battait en retraite dans le plus grand désordre.

Le prince Poniatowski formait l'arrière-garde avec son corps
d'armée; il avait reçu l'ordre de défendre pied à pied les faubourgs de Leipsig; chaque maison fut pour lui un rempart
qu'il opposait aux assaillans. Il soutint autant qu'il lui fut possible les efforts d'un ennemi nombreux et encouragé par des
succès. Voyant qu'il ne pouvait songer à suivre la route de
Leipsig qui était encombrée par les fuyards et les bagages de
l'armée française, il prit le parti de se faire jour à travers un
corps ennemi qui bordait les rives de la Pleisse, et dont les
tirailleurs s'avançaient vers lui.

Alors se tournant vers ses officiers, il mit le sabre à la main
en leur disant : *C'est ici, Messieurs, qu'il faut succomber
avec gloire.* Il s'élança au milieu des rangs ennemis suivi de
ceux qui l'accompagnaient, et qui étaient jaloux d'imiter un si
bel exemple.

Il culbuta tout ce qui s'opposait à son passage, et parvint à
traverser la Pleisse avec beaucoup de peine : il avait reçu deux
blessures dans les combats précédens.

Arrivé sur l'autre rive, l'un de ses officiers lui donna un autre cheval, le sien étant tombé de fatigue. Ils avançaient pour
franchir l'Elster, pressés de nouveau par les tirailleurs ennemis.
Cette rivière offrait de grands obstacles à surmonter, ses bords
escarpés et marécageux présentaient des dangers. Mais ne consultant que son courage, et ne voulant pas tomber entre les
mains des ennemis qui s'avançaient de leur côté, il essaya de
passer cette rivière à la nage. Son cheval fougueux ayant voulu
prendre terre, le prince roidit la bride, le cheval le renversant
sous lui, il fut entraîné par le courant et se noya.

Ainsi périt, dit un historien, le guerrier généreux, éternel
objet d'admiration. Après avoir épuisé tous ses efforts pour
défendre sa patrie, il mourut avec gloire en combattant pour
elle.

Quelques jours après un pêcheur retrouva son corps dans
l'Elster. Il avait son grand uniforme de général et ses épau-
lettes enrichies de diamans, et sur lui les bijoux les plus précieux. Plusieurs officiers polonais, faits prisonniers, se trouvèrent là; ils arrosèrent de leurs larmes le corps de leur général, et s'empressèrent d'acheter ses glorieuses dépouilles
pour les remettre à sa famille, ce qui valut au pêcheur une
somme assez considérable.

Ses funérailles furent celles d'un héros : vainqueurs et vaincus, tous les peuples de l'Europe y assistèrent, et oublièrent
leur inimitié pour pleurer sur la tombe de Poniatowski.

Qui plus que les Français doivent le regretter! Ils ne se sou-
viennent qu'avec respect de l'homme qui triompha si long-
temps avec eux. Son nom fera battre le cœur des braves, tant
que la réunion de la vertu et du courage obtiendront le respect
et l'admiration du genre humain.

Pour terminer son éloge d'une manière digne de lui, on
peut lui appliquer ces belles paroles de Montecuculli, en apprenant la mort de Turenne :

Il faisait honneur à l'homme.

L. Guyon, officier d'infanterie.

LE GÉNÉRAL QUIROGA.

A Paris chez l'Auteur, rue des Francs Bourgeois St. Michel. No. 6.   Déposé au Bureau des Estampes

LE GÉNÉRAL QUIROGA.

Les révolutions qui troublent les empires, qui changent les destinées des nations, qui ajoutent à leur bonheur, ou rendent leur condition plus pénible, ces grandes commotions politiques donnent l'essor aux vices et aux vertus, font connaître des héros qui, sans elles, se seraient perdus dans la foule et l'obscurité; elles sont aussi l'écueil des réputations usurpées de ceux qui ne doivent leur élévation qu'à la faveur presque toujours aveugle, ou à leurs richesses. Celui qui fait le sujet de cette notice ne doit sa célébrité qu'à son seul mérite : il est du nombre de ces hommes qui honorent leur patrie en s'honorant eux-mêmes.

Don-Antonio QUIROGA-HYMÉRIA est né à Betancos, en Galice, d'une famille noble et distinguée. Il reçut une éducation soignée, et il est facile de s'apercevoir qu'il en profita; les études qu'il fit développèrent les heureuses dispositions dont l'avait doué la nature, et tout présageait qu'il ne serait pas un homme ordinaire; il alliait au caractère froid et réfléchi des Espagnols, une sorte de vivacité qui lui faisait saisir rapidement, dès sa jeunesse, ce qui s'offrait à son intelligence : parlant et écrivant avec facilité. Il savait se concilier l'estime et l'amitié de ses égaux, même de ses supérieurs : tel était le jeune Quiroga lorsqu'il prit le parti des armes.

Ses premiers pas dans la carrière militaire n'offrirent rien de remarquable; il n'avait qu'un grade inférieur, il se distinguait seulement par son exactitude à remplir ses devoirs et son amour pour la discipline. Il se livrait à l'étude de la tactique; il portait au plus haut degré cet orgueil national qui lui faisait chérir sa patrie, et cette divinité des grandes âmes était l'objet de son culte. Il servit en honneur à l'époque de la première guerre de l'Espagne contre la France. Ce fut surtout lorsque Bonaparte envahit l'Espagne et s'empara du pouvoir suprême, en plaçant la couronne de Charles IV sur la tête de son frère Joseph, que Quiroga développa un grand caractère et des talens militaires qui fixèrent sur lui tous les regards. Pendant toute la guerre qui se fit dans la Péninsule, on le vit toujours où le danger était le plus éminent, où il y avait de la gloire à acquérir.

Ses amis, ses rivaux l'admiraient, et pensaient que si les circonstances le favorisaient, il était destiné à jouer un grand rôle; cependant le colonel Quiroga alliait la modestie aux qualités brillantes qui le distinguaient.

Lorsque Ferdinand VII remonta sur le trône de ses ancêtres et eut recouvré sa couronne, Quiroga se rangea parmi les défenseurs du trône et de la légitimité; on reconnut qu'il sacrifierait sa vie pour la soutenir; mais on fut convaincu encore que son amour pour son Roi était uni dans son âme à celui qu'il portait à sa patrie, et qu'il ne les séparerait jamais l'un de l'autre.

Il ne faut donc pas s'étonner si, avec de tels principes, il fut un des premiers à se montrer l'adversaire de ceux qui, abusant de la faiblesse et de la bonté du Roi, cherchaient à asservir l'Espagne et à ravir au peuple ses droits les plus sacrés et sa liberté. Il se mit donc à la tête de l'armée d'insurrection, et ayant établi son quartier-général dans l'île de Léon, secondé par Riégo et une foule d'autres braves, il adressa de San-Fernando, le 5 janvier 1820, une proclamation aux guerriers qui s'étaient rangés sous ses ordres. Nous n'en donnerons qu'un extrait, il suffira pour montrer que, semblable à César, il savait écrire et combattre, et qu'il faisait passer dans son style l'élévation de son âme. Il leur disait :

« Soldats, placé à votre tête par le choix des officiers de l'armée, je vais vous parler avec la franchise qui doit régner entre des compagnons d'armes.

« Notre Espagne allait se détruire, et votre ruine aurait entraîné celle de la patrie; vos familles seraient restées dans l'esclavage.

« Soldats, nous allons employer pour nous et pour nos frères les armes qui assurèrent notre indépendance contre toute la puissance de Bonaparte. L'entreprise est facile et glorieuse; soyez les dignes fils de la patrie, et méritez ce nom. Je vous recommande l'union et la discipline; j'aurai le plus grand plaisir à récompenser ceux qui se distingueront; cependant, si quelqu'un de vous manquait à son devoir, il apprendra que l'autorité dont on m'a investi ne m'a pas été confiée en vain. Soldats, la victoire nous attend. »

On ne reconnaît point dans ces paroles un chef de parti, un homme qui veut s'emparer de l'autorité: c'est le langage d'un véritable ami de la patrie, d'un sujet fidèle, d'un père qui s'adresse à ses enfans.

Le 7 janvier, il écrivait au Roi :

« L'armée espagnole, dont le sang et les sacrifices inouïs ont rendu à V. M. le trône de ses ancêtres, blessée le jour où V. M. a détruit le Code des lois de la nation, décrété par ses représentans; l'armée désire le conserver. »

Ce langage n'est point celui d'un courtisan, d'un vil flatteur, c'est celui d'un héros, qui veut donner son sang, sa vie, les sacrifier pour sa patrie, pour son souverain; mais qui veut aussi que l'on sache que la vertu et le désintéressement sont les mobiles de son noble dévoûment.

Il voulut encore que la nation espagnole connût ses intentions, et il eut le dessein de réveiller dans son âme cet orgueil national qui distingua toujours les fiers Castillans; il lui adressa donc ce manifeste, digne des plus beaux temps de la Grèce et de Rome; il lui disait:

« Le pays des Pelage, des Alphonse, des Fernand, «des Gonzales, des Cid, était célébre dans le monde; il s'enorgueillissait de la gloire dont le « couvraient ses héros. Les Espagnols se distinguaient « par la profondeur de leur génie et les sentimens « d'honneur qui étaient gravés dans leurs cœurs. « Comment se fait-il que cette nation, jadis la pre- « mière de l'Europe, soit descendue au rang des états « subalternes et insignifians ?

« Peuple d'Espagne, peuple brave, généreux et « grand, unissez-vous à vos enfans, posez les bases « qui constitueront votre prospérité et votre gran- « deur; ne souffrez pas que l'on dise que l'apathie « est votre élément. »

C'est ainsi que s'exprimait Quiroga; il faisait passer dans l'âme de ses compatriotes l'excès de l'énergie nationale qui consumait la sienne. C'est ainsi qu'un héros sait en créer d'autres.

Parlant ensuite aux miliciens, à ces hommes qui allaient quitter leurs chaumières, leurs travaux, le soc de la charrue pour voler aux combats; il se rapprochait d'eux par la simplicité de ses expressions, tout en conservant une sorte d'élévation propre à toucher ces âmes agreste, encore neuves aux émotions de la gloire, mais faciles à enflammer, il leur disait :

« Nous vous attestons que nous n'avons d'autre « objet en vue que d'assurer le bonheur de l'Espagne; « sous la constitution déjà jurée par la nation, nous « ne nous élevons contre la religion de nos ancêtres, « contre les propriétés, ou les droits légitimes du « Roi. »

On reconnaît dans tout ce qui sort de la plume ou de la bouche du général Quiroga, l'ami des principes de la morale et de la vertu. Heureux les peuples qui ont à leur tête de tels hommes pour soutenir, conserver et défendre leurs droits.

Tandis que le général Quiroga, à son quartier-général dans l'île de Léon, à la tête de ses compagnons d'armes, organisait ces grandes mesures qui devaient rendre l'Espagne au bonheur et l'assurer; le général Freyre, à Cadix, suivait une marche contraire. Le 9 mars, il invita le général Quiroga à se rendre dans la ville pour assister aux fêtes qui auraient lieu pour l'acceptation de la constitution. Quiroga, qui suspectait sa bonne foi, envoya des parlementaires, voulant avoir, pour sûreté et garantie de la loyauté du général Freyre, la Cuntadura et le fort de Puntalès. La réponse n'étant pas satisfaisante, il resta dans ses quartiers. Il envoya ensuite vers l'escadre; comme on voulait le traiter en enne-mi, il démasqua deux batteries, et repoussa vigoureusement ses adversaires.

Il mit en liberté les officiers supérieurs détenus par son ordre, et envoya le colonel Infantès vers le Roi, pour l'informer de la conduite de l'armée expéditionnaire.

Enfin Ferdinand VII accepta la constitution, le 9 mars 1820, et cet acte d'adhésion réunit tous les esprits, et les rallia autour du trône.

Par un décret royal, du 25 mars, Quiroga fut nommé maréchal-de-camp : il en était digne, par les services éminens qu'il avait rendus.

Le capitaine-général de la Catalogne, don Joseph Castellao, lui écrivit de Barcelonne, le 18 mars :
« En voyant l'héroïsme de Votre Excellence qui :
« avec une poignée de braves, a sû rendre à cette
« glorieuse nation le patrimoine de sa liberté usur-
« pée, je ne puis m'empêcher de reconnaître dans
« votre personne le Dieu tutélaire de la patrie : vous
« appartenez à la postérité et à l'histoire. Aussi gé-
« néreux que Léonidas, aussi modéré que Washing-
« ton, retenez dans vos mains cette épée victorieuse
« qui nous a sauvé, jusqu'à ce que la liberté conso-
« lidée vous permette de la suspendre, comme un
« trophée illustre au parvis du temple des lois.
« Restaurateur de nos droits; l'Europe vous con-
« temple avec attendrissement, et voit une nation
« régénérée par la vertu d'un seul de ses enfans. »

Que ces éloges sont flatteurs ! La gloire de Quiroga était d'autant plus pure, que pas une goutte de sang n'avait été versée, et que si des larmes avaient coulé, elles étaient d'ivresse et de bonheur.

Le colonel Infantès, envoyé par Quiroga, fut accueilli par le Roi de la manière la plus distinguée.

Le général Quiroga se fit inscrire le 4 avril, dans la 3.° compagnie de la garde nationale de Cadix, voulant montrer à l'Espagne qu'il n'attachait de prix qu'au titre de citoyen. Par suite de cette manière de voir et de penser, il supplia le roi de le dispenser d'accepter le grade de maréchal-de-camp que S. M. lui avait conféré; mais on le refusa; un ordre royal le confirma de nouveau; et le Roi, voulant être le premier soldat de l'armée espagnole, le conserva dans l'état-major attaché à son auguste personne.

Lorsque les Espagnols eurent détruit l'inquisition, cet horrible repaire qui eût fait frissonner et reculer d'horreur même les cannibales, le peuple, dans son enthousiasme, voulait qu'on y établît une place qui portât le nom du libérateur de l'Espagne, Quiroga. Les habitans de Betancos, glorieux de ce que le héros de l'Espagne a reçu le jour dans leurs murs, lui ont écrit pour le féliciter sur sa belle conduite.

Le général Quiroga, heureux du bonheur de ses concitoyens et de sa patrie, trouvant la récompense de ses glorieux travaux dans l'accomplissement du plus saint et du plus sacré des devoirs, étranger à toutes les intrigues, à l'ambition qui tourmente la plupart des hommes, vit comme Cincinnatus, dans une honorable et douce obscurité. Semblable à ce Catinat que la France peut offrir comme un modèle de sagesse et de modestie, on croirait peut-être, en le voyant, qu'il n'a jamais porté une épée.

Tel est l'homme qui sera à jamais l'objet de l'amour et du respect de tous les Espagnols amis de leur patrie.

CLAUDE-AMBROISE-REGNIER,

DUC DE MASSA-DI-CARRARA,

Ancien Grand-Juge Ministre de la Justice,

Grand-Croix de la Légion d'Honneur,

Né le 5 Novembre 1746 à Blamont, Dép.ᵗ de la Meurthe.

à Paris, chez l'Auteur rue des Francs-Bourgeois, N.º 6, F.ᵍ S.ᵗ Germain.

REGNIER,
DUC DE MASSA-CARRARA.

Les talens et les vertus nous arrachent toujours à l'obscurité, et la magistrature peut aussi conduire à la gloire ; les Molé, les d'Aguesseau, les l'Hôpital, en sont la preuve : ils doivent moins leur illustration à la naissance qu'à la manière dont ils exercèrent leurs fonctions dans des temps difficiles, à l'époque des troubles et des guerres civiles qui désolèrent la France. Ces époques sont pour des magistrats ce qu'un revers ou une retraite sont pour un général. C'est dans les circonstances difficiles que se développent et brillent le courage, la fermeté, et le génie.

REGNIER (Claude-Ambroise), duc de Massa-Carrara, député aux états-généraux, membre du conseil des anciens, conseiller-d'état, grand-juge ministre de la justice, grand-cordon de la Légion-d'Honneur, né à Blamont, départem. de la Meurte, le 6 avril 1746.

Il exerçait la profession d'avocat à Nancy à l'époque de la révolution, dont il embrassa la cause, et fut élu, en 1789, député du bailliage de cette ville aux états-généraux. Il s'occupa beaucoup dans les comités d'administration et de judicature ; se montra peu à la tribune, quoique doué de toutes les qualités nécessaires pour y paraître avec avantage ; mais dans différentes séances des comités il s'opposa fortement à des innovations qui lui paraissaient contraires aux principes qui doivent guider des législateurs et des juges chargés de prononcer dans des causes qui peuvent intéresser la vie, la fortune et la réputation des citoyens.

Lors de l'insurrection qui eut lieu à Nancy en 1790, il défendit la municipalité contre les reproches que lui faisait le parti dominant ; il donna des éloges à la conduite de M. de Bouillé, et fut envoyé dans les départemens des Vosges et du Rhin, pour y calmer l'effervescence causée par les événemens du 20 juin 1791.

Pendant le règne de la terreur il vécut dans la retraite, et ne prit aucune part à tout ce qui se passa en France : ne pouvant rien pour calmer les maux qui affligeaient sa patrie, il gémissait en silence, et versait des larmes sur la tombe des malheureuses victimes de ces tems désastreux.

Il fut nommé, en 1795, député du département de la Meurte au conseil des anciens, et s'opposa à diverses mesures qui lui semblaient en opposition avec la dignité du conseil dont il faisait partie. Il en fut successivement secrétaire et président, et y fut réélu en 1799, époque à laquelle il devait en sortir. Il se prononça ensuite contre la faction qui troublait, par son effervescence et ses excès, la tranquillité publique, et appuya ceux qui partageaient son opinion. A l'époque du 18 brumaire, étant lié avec tous ceux qui voulaient changer la face du gouvernement et renverser le directoire, dont l'inhabileté pouvait compromettre la sûreté de l'état, il se réunit, le 7 novembre, chez le président du conseil des anciens, pour y arrêter les mesures définitives et les moyens d'assurer le succès du projet et du décret qui transférait les conseils à Saint-Cloud.

Nommé alors président de la commission intermédiaire, il entra au conseil-d'état, section des finances, après l'organisation de la nouvelle constitution.

Il réunit, le 15 septembre 1802, sous la dénomination de grand-juge, les deux ministères de la justice et de la police générale ; mais, en 1804, il resta seulement chargé du portefeuille de la justice, et conserva le titre de grand-juge. Il fut ensuite nommé grand-officier de la Légion-d'Honneur, puis décoré du cordon rouge le 1er février 1805, et enfin créé duc de Massa-Carrara.

Il conserva le ministère de la justice jusqu'en novembre 1813, que Bonaparte, voulant avoir pour président du corps-législatif un homme qui joignît au dévouement, des connaissances en législation, jeta les yeux sur lui pour cette place. Il le nomma d'abord ministre d'état, puis, deux jours après, président du corps-législatif ; mais les députés ne lui firent pas l'accueil auquel il devait s'attendre.

La dislocation de cette autorité, au 31 décembre 1813, fut le terme de ses dignités ; il cessa d'être titulaire du ministère et de la présidence du corps-législatif. A l'époque du 8 avril 1814, lorsque le gouvernement provisoire s'établit, il ne fut appelé à aucunes fonctions.

Sa santé, affaiblie depuis quelque temps, ne lui

laissait plus assez de forces pour supporter une maladie violente dont il fut attaqué, et il y succomba le 24 juin 1814.

Il emporta dans la tombe les regrets de sa famille, dont il était tendrement aimé, et de ses nombreux amis, qu'il accueillait toujours avec bienveillance. Les grandeurs et les dignités dont il fut revêtu n'avaient rien changé à son caractère ; il jouissait des faveurs de la fortune sans faste et sans orgueil ; et dans l'exercice de ses fonctions il sut toujours concilier l'humanité avec ses devoirs. Ses enfans, héritiers de ses qualités, se sont distingués sous ses auspices dans la carrière administrative. Son fils a successivement rempli les fonctions d'auditeur au conseil-d'état, et de préfet ; connu maintenant sous le titre de duc de Massa, il a mérité d'obtenir la main de la fille d'un de nos premiers capitaines, et de s'allier avec le maréchal duc de Tarente, dont le nom est cité avec distinction dans les fastes de l'honneur et de la gloire.

L. Guyon, *officier d'infanterie.*

RÉGNIER,
DUC DE MASSA-CARRARA.

Les talens et les vertus nous arrachent toujours à l'obscurité, et la magistrature peut aussi conduire à la gloire; les Molé, les d'Aguesseau, les l'Hôpital, en sont la preuve : ils doivent moins leur illustration à la naissance qu'à la manière dont ils exercèrent leurs fonctions dans des temps difficiles, à l'époque des troubles et des guerres civiles qui désolèrent la France. Ces époques sont pour des magistrats ce qu'un revers ou une retraite sont pour un général. C'est dans les circonstances difficiles que se développent et brillent le courage, la fermeté et le génie.

REGNIER (Claude-Ambroise), duc de Massa-Carrara, député aux États-Généraux, membre du Conseil des Anciens, conseiller d'État, grand-juge, ministre de la Justice, grand-cordon de la Légion d'honneur, né à Blamont, département de la Meurthe, le 6 avril 1746.

Il exerçait la profession d'avocat à Nanci, à l'époque de la révolution, dont il embrassa la cause, et fut élu, en 1789, député du bailliage de cette ville aux Etats-Généraux. Il s'occupa beaucoup dans les comités d'administration et de judicature; se montra peu à la tribune, quoique doué de toutes les qualités nécessaires pour y paraître avec avantage; mais, dans différentes séances des comités, il s'opposa fortement à des innovations qui lui paraissaient contraires aux principes qui doivent guider des législateurs et des juges chargés de prononcer dans des causes qui peuvent intéresser la vie, la fortune et la réputation des citoyens.

Lors de l'insurrection qui eut lieu à Nanci en 1790, il défendit la municipalité contre les reproches que lui faisait le parti dominant; il donna des éloges à la conduite de M. de Bouillé, et fut envoyé dans les départemens des Vosges et du Rhin, pour y calmer l'effervescence causée par les événemens du 20 juin 1791.

Pendant le règne de la terreur, il vécut dans la retraite, et ne prit aucune part à tout ce qui se passa en France : ne pouvant rien pour calmer les maux qui affligeaient sa patrie, il gémissait en silence, et versait des larmes sur la tombe des malheureuses victimes de ces temps désastreux.

Il fut nommé, en 1795, député du département de la Meurthe au Conseil des Anciens, et s'opposa à diverses mesures qui lui semblaient en opposition avec la dignité du conseil dont il faisait partie. Il en fut successivement secrétaire et président, et y fut réélu en 1799, époque à laquelle il devait en sortir. Il se prononça ensuite contre la faction qui troublait, par son effervescence et ses excès, la tranquillité publique, et appuya ceux qui partageaient son opinion. A l'époque du 18 brumaire, étant lié avec tous ceux qui voulaient changer la face du gouvernement et renverser le Directoire, dont l'inhabileté pouvait compromettre la sûreté de l'Etat, il se réunit, le 7 novembre, chez le président du Conseil des Anciens, pour y arrêter les mesures définitives et les moyens d'assurer le succès du projet et du décret qui transférait les conseils à Saint-Cloud.

Nommé alors président de la commission intermédiaire, il entra au Conseil d'Etat, section des finances, après l'organisation de la nouvelle constitution.

Il réunit, le 15 septembre 1802, sous la dénomination de grand-juge, les deux ministères de la justice et de la police générale; mais, en 1804, il resta seulement chargé du porte-feuille de la justice, et conserva le titre de grand-juge. Il fut ensuite nommé grand-officier de la Légion d'honneur, puis décoré du cordon rouge le 1.er février 1805, et enfin créé duc de Massa-Carrara.

Il conserva le ministère de la justice jusqu'en novembre 1813, que Bonaparte, voulant avoir pour président du Corps législatif un homme qui joignît au dévouement des connaissances en législation, jeta les yeux sur lui pour cette place. Il le nomma d'abord ministre d'Etat, puis, deux jours après, président du Corps législatif; mais les députés ne lui firent pas l'accueil auquel il devait s'attendre.

La dislocation de cette autorité, au 31 décembre 1815, fut le terme de ses dignités; il cessa d'être titulaire du ministère et de la présidence du Corps législatif. A l'époque du 8 avril 1814, lorsque le gouvernement provisoire s'établit, il ne fut appelé à aucune fonction.

Sa santé affaiblie depuis quelque temps, ne lui laissait plus assez de forces pour supporter une maladie violente dont il fut attaqué, et il y succomba le 24 juin 1814.

Il emporta dans la tombe les regrets de sa famille, dont il était tendrement aimé, et de ses nombreux amis, qu'il accueillait toujours avec bienveillance. Les grandeurs et les dignités dont il fut revêtu n'avaient rien changé à son caractère; il jouissait des faveurs de la fortune sans faste et sans orgueil; et dans l'exercice de ses fonctions, il sut toujours concilier l'humanité avec ses devoirs. Ses enfans, héritiers de ses qualités, se sont distingués sous ses auspices dans la carrière administrative. Son fils a successivement rempli les fonctions d'auditeur au Conseil d'Etat et de préfet : connu maintenant sous le titre de duc de Massa, il a mérité d'obtenir la main de la fille d'un de nos premiers capitaines, et de s'allier avec le maréchal duc de Tarente, dont le nom est cité avec distinction dans les fastes de l'honneur et de la gloire,

N. BARON DE SACKEN,

G.al d'Infanterie au service de S. M. L'Empereur de toutes les Russies
Grand Croix et Chevalier de plusieurs Ordres

à Paris, chez l'Auteur, rue des Francs Bourgeois, N.° 6. F. S. G.

LE GÉNÉRAL SACKEN.

Une guerre de vingt-cinq années, à laquelle toute l'Europe prit part, avait donné un tel essor au courage, nous avait offert tant de militaires distingués par leur bravoure, que cette dernière qualité ne nous parût bientôt plus que secondaire et inséparable du métier des armes. Ce n'était donc plus l'intrépidité seule qui faisait les héros, l'on distinguait, enfin, le bon soldat d'avec le chef prudent, vertueux et brave qui était digne de le commander ; les peuples devenus exigeans, après avoir été témoins des hauts faits de mille généraux célèbres, ne se contentaient plus de voir en eux des hommes qui exposaient généreusement leur vie pour la défense de leur pays, ils ne dispensaient leur admiration qu'à ceux qui, étant hommes de guerre, pouvaient encore être cités comme administrateurs éclairés, diplomates, hommes d'état ; joignant aux connaissances nécessaires aux grands emplois, toutes les vertus qui forment le sage et le bon citoyen. Celui qui, avec de tels talens et de pareils principes, a su mériter l'estime de son souverain et la reconnaissance de sa patrie, peut espérer que ses neveux verront un jour son nom figurer avec éclat dans les fastes de la gloire et qu'ils recevront du souvenir de sa renommée, cette noble impulsion qui doit les conduire à l'imiter. Puissent aussi ces imitateurs se rappeler et conserver, avec le génie de celui dont nous offrons l'image, ces précieuses qualités du cœur, cette aimable sensibilité, cette douce indulgence et cette loyauté qui lui obtint partout le respect et l'amour de ses semblables.

SACKEN (baron de), lieutenant-général au service de Russie, chevalier de Saint-André, grand'croix de Saint-Alexandre-Newski ; de Saint-Georges, de la deuxième classe ; de Saint-Wladimir, de la troisième classe ; de Sainte-Anne, de la première classe ; grand'croix de l'ordre militaire de Marie-Thérèse d'Autriche ; de l'Aigle-noir et de l'Aigle-rouge de Prusse et du Mérite militaire de France, etc.

Dès le principe de ses débuts dans la carrière militaire le baron Sacken fit pressentir, par plusieurs traits de courage, ce qu'il pouvait être un jour. A un grand sang froid, cet officier général sut toujours allier une sage prévoyance et une rare intrépidité, concevoir et exécuter semblaient être deux choses qui lui fussent particulièrement attribuées, et qu'il savait résoudre avec un égal succès.

Entré au service par goût et avec le désir prononcé de se distinguer dans la carrière militaire, il devint bientôt l'un des meilleurs officiers généraux de cavalerie que la Russie ait eu dans les dernières guerres. Il servit d'abord, avec distinction, contre les Turcs et les Polonais. Tour à tour subordonné au feld-maréchal Kaminskoï et au général Souwarof, en 1799, il fut appelé à combattre les Français sous les ordres de ce dernier, malheureusement il fut attaché au premier corps d'armée, et malgré des prodiges de valeur il éprouva une défaite complète près de *Zurich*, fut fait prisonnier et conduit comme tel à *Nancy* où il resta jusqu'à la conclusion de la paix. Accueilli avec empressement par tout ce que cette ville offrait de plus distingué, il conçut, dès-lors, la plus haute estime pour les Français ; d'autres époques prouveront que pendant vingt ans au moins, cette estime ne s'est point démentie.

Il fit, plus tard, toutes les guerres que la Russie eut à soutenir contre la France et la Turquie et donna partout, par sa conduite, la plus haute idée de ses talens et de ses vertus militaires.

A toutes les époques de la vie laborieuse du baron Sacken, on ne peut s'empêcher d'admirer en lui les qualités essentielles du bon général, jointes à celles qui honorent l'ami de l'humanité. Généreux autant que brave, lorsque la victoire couronnait ses actions, ses premiers soins se portaient sur les habitans que les désordres inséparables de la guerre chassaient de leurs habitations et réduisaient souvent au désespoir ; sa philantropie le conduisait alors sous le chaume du pauvre agriculteur, qu'il se plaisait à consoler par ses discours et sa libéralité. Ne connaissant plus d'ennemis après la bataille, sa sollicitude embrassait toutes les victimes du carnage ; le Français blessé ou le prisonnier n'avaient pas moins de part à ses bienfaits que les soldats de sa nation ; il s'informait et s'assurait lui-même, avec une scrupuleuse attention, du traitement qu'éprouvaient ces derniers, et réprimait, toutes les fois qu'il le pouvait, ce qu'il avait de trop rigoureux. Les troupes, sous ses ordres, furent toujours soumises aux principes de la plus exacte discipline, un seul reproche de leur général leur était plus pénible que les punitions sévères qui leur étaient imposées par d'autres chefs ; et pourtant, on connaît la cruauté des réglemens russes, à cet égard.

En 1807, dans les défilés de la grande Pologne, il commandait à l'aile droite de l'armée du général Bénigsen ; son corps de troupe, fort d'environ 20,000 hommes, eut un instant à soutenir les efforts réunis des colonnes françaises, auxquelles il sut opposer la plus glorieuse résistence; mais, depuis plusieurs années, les armées russes n'étaient plus considérées que commes les secondes de l'Europe, et, dans cette circonstance, elles durent encore en acquérir la triste conviction.

Pendant la retraite de Moskou, en 1812, il reçut le commandement d'un corps d'armée avec lequel il était chargé d'observer les Autrichiens, en Pologne, qui ne s'étaient point encore prononcés contre les Français; ils attendaient ou de plus grands désastres, ou que la trahison put seconder leurs desseins.

Le 18 mars 1813, le baron Sacken mit le siège devant la forteresse de *Czenstochow*, située dans le palatinat de Cracovie, sur les bords de la Warte ; et cette ville, que les Suédois assiégèrent en vain en 1657, fut forcée de capituler devant le général Sacken.

Le 14 août, il concourut, avec une partie de son corps, au gain de la bataille de *Katzbach* ; mais, le 20, placé sur les lignes de la *Bober*, il fut attaqué par le maréchal Ney : connaissant tout ce qu'il devait opposer de sagesse et de courage contre un pareil adversaire, il n'épargna rien pour rivaliser de gloire avec lui, cependant, après lui avoir fait acheter chèrement la victoire, il la céda au *brave des braves* et quitta les champs de Works.

Après la bataille de *Bautzen*, il se porta à marche forcée sur l'*Elster*, pour y passer l'Elbe avec les corps d'armée des généraux Yorck et Langeron ; il servit de réserve au premier, pendant qu'il attaquait les Français et concourut encore, avec succès, aux opérations de la bataille de Leipsick et à celles qui la suivirent.

Le 1er. janvier 1814, il passa le Rhin, avec un corps qui faisait partie de l'armée de Silésie et se dirigea sur *Point-à-Mousson*, en suivant, avec de nouveaux avantages, le mouvement des débris de l'armée française. Le 29 du même mois, il prit une part très-active au combat de Brienne; le 1er. février, il attaqua le village de *la Rothière*, défendu avec acharnement par les Français, et finit par s'en emparer. Repoussé à *Montmirail*, malgré son intrépidité et ses excellentes dispositions, il combattit encore, avec le même courage, à *Craonne*, et à *Laon* les 7 et 8 mars suivant.

Si la réputation du général Sacken n'avait été faite avant cette campagne, malheureusement célèbre pour la France, elle aurait suffi pour lui mériter le titre de grand capitaine.

Le goût des armes ne l'a point empêché de se familiariser avec les détails administratifs. Après la capitulation de la ville de Paris, il fut nommé gouverneur militaire de cette ville; ce poste honorable

autant que difficile, lui fut confié par l'empereur Alexandre, juste et digne appréciateur du mérite de ce général. Il conserva cet emploi jusqu'au 2 juin suivant; époque du départ des armées alliées.

Il sut montrer dans ces circonstances, pendant son gouvernement, tout ce que peut être un vainqueur généreux : protecteur de l'ordre, il fit observer à ses troupes la plus sévère discipline, les personnes et les propriétés furent l'objet de sa plus grande sollicitude, il offrit des secours et donna des soins très-attentifs aux établissemens publics, afin qu'ils ne fussent exposés à aucun genre de violence. Il ne craignit pas d'affronter l'espèce d'épidémie qui faisait des ravages dans les hopitaux pour aller offrir de généreux secours à ses compagnons d'arme mutilés, et des consolations à ceux qui périssaient des suites cruelles de cette campagne, il calmait l'amertume de leurs derniers instans et fortifiait leur courage, en leur parlant de la gloire qu'ils s'étaient acquise. Enfin il sut se concilier l'amour de ses troupes par sa bonté, et la reconnaissance des Parisiens par sa modération et la loyauté de son caractère.

Après qu'il eut prouvé par sa conduite tout le desir qu'il avait d'alléger le fardeau de la guerre qui s'appésantissait sur la France, Louis XVIII, desirant offrir à ce digne général une preuve de sa haute estime, lui écrivit la lettre suivante, en lui envoyant son portrait sur une boîte enrichie de diamans :

« Monsieur le Général, sachant apprécier la conduite que vous avez tenue envers ma bonne ville de Paris, et le soin que vous avez pris d'alléger, autant que possible, les fardeaux qu'avaient à supporter mes sujets, je desire vous transmettre ici les témoignages de ma satisfaction et l'assurance de tous mes sentimens pour vous. » *Signé* Louis.

A cette même époque la ville de Paris lui fit hommage d'une épée enrichie de diamans, d'une carabine et d'une paire de pistolets garnis en or, comme des témoignages authentiques de la vénération qu'il sut inspirer dans cette capitale. Il fut aussi créé, par le Roi, grand'croix du mérite militaire de France.

Tant de vertus et de gloire devait nécessairement fixer l'attention de l'empereur Alexandre qui, déjà, lui accordait une entière confiance, mais qui crut devoir lui donner de nouvelles marques de sa gratitude en le nommant commandant en chef du premier corps d'armée, en remplacement du feld-maréchal Barclay de Tolly, mort en 1818.

Le baron Sacken mérite, à tous égards, de figurer parmi les grands hommes du siècle, tant par ses vertus privées que par son courage, ses talens militaires, son zèle et son attachement pour son prince et pour la gloire de sa patrie.

ERNEST-ANTOINE-CHARLES-LOUIS,

DUC REGNANT DE SAXE COBOURG SAALFELD,

Lieutenant G.al au service de S. M. l'Empereur de toutes les Russies
Grand Croix et Chevalier de plusieurs Ordres.

Né le 2 Janvier 1784.

à Paris, chez l'Auteur, rue de Touraine, N.º 5 Faub. S.t Germain.

LE DUC DE SAXE-COBOURG SAALFELD.

Les grandes époques qui suivirent la révolution française et les premiers succès de ses armées, arrachèrent à l'obscurité une foule d'hommes que leur état, dans le monde, semblait éloigner pour jamais des dignités, des honneurs et de la fortune qui, pendant des siècles, avaient été, souvent, les seuls héritages que la noblesse eut conservés de ses illustres ancêtres. Mais ces mêmes époques, qui inspirèrent à tous les peuples une généreuse émulation, ne servirent qu'à mieux faire connaître la valeur ou la timidité, l'énergie ou la faiblesse, les vertus ou les erreurs des princes appelés à régner sur les nations; heureux celui qui sentit alors couler dans ses veines le même sang qui avait animé une longue suite de braves aïeux qui devaient revivre en lui, après lui avoir laissé les plus nobles exemples : Tel est le jeune Prince dont nous allons entretenir le lecteur.

SAXE-COBOURG SAALFELD, (Ernest-Antoine Charles-Louis, Duc régnant de) lieutenant-général au service de S. M. l'Empereur de toutes les Russies, grand-croix des ordres de S¹.-André, de S¹. Alexandre-Newski, de S¹.-Anne de Russie, grand-croix de l'Aigle noir et de l'Aigle rouge de Prusse, et de la couronne verte de Saxe; né le 2 janvier 1784.

A peine âgé de vingt-deux ans, le jeune Duc, au service de Russie, s'était déjà fait remarquer par une bravoure et des talens militaires qui lui avaient obtenu, à la fois, la reconnaissance du Monarque qu'il servait et un rang distingué parmi les officiers de cette grande nation; l'empereur Alexandre l'avait jugé, dès ses premières actions, et le reconnaissait digne de succéder aux princes de sa maison qui, presque tous, ont été célèbres par des qualités essentielles ou brillantes et de la générosité dans les sentimens. Un Écrivain français dit, avec raison, en parlant des Ducs de Saxe : « Cette famille, heureusement née, compte une telle suite de héros, que nuls souverains ne furent jamais plus légitimement appelés à régner par droit de succession. » Cette assertion ne peut souffrir de grandes contradictions lorsqu'on se rappelera Frédéric le *belliqueux*, Frédéric le *magnanime*, et tant d'autres princes de cette maison, placés, par leurs hauts faits ou leur sagesse, à côté des plus dignes souverains qui aient illustré l'Europe. Maurice de Saxe, un des plus grands généraux qu'ait eu la France, était aussi du sang saxon, et joignait la vaillance aux plus aimables qualités du cœur.

Le duc François de Saxe-Cobourg, père du prince Ernest-Frédéric-Antoine, s'était rendu célèbre à la tête des armées Autrichiennes dans la campagne de 1793, et mourut en décembre 1806, laissant après lui trois fils qui lui avaient offert les plus heureuses espérances. Peu après cette époque, l'empereur Napoléon fit mettre le séquestre sur la principauté de Saxe-Cobourg Saalfeld dont l'héritier présomptif, comme nous l'avons déjà fait connaître, se trouvait au service de Russie, ce qui le fit considérer comme ennemi de la France; il n'eut donc aucune part aux traités qui, dans ces tems, établirent le pacte fédératif des états de Saxe avec la France, et qui furent violés, quelques années plus tard, à la bataille de Leipsick.

Accablé du chagrin que lui causait la mort du duc, son père, il ne songea point à la perte de son héritage, et reçut la nouvelle du décret qui l'excluait de ses états, avec le calme d'une âme qui peut s'élever au-dessus des revers, et sait parfois maîtriser les événemens; il n'avait perdu qu'une principauté, mais l'honneur lui restait et il avait les armes à la main. Il ne songea bientôt plus qu'à se rendre digne du nom qu'il portait et de la puissance à laquelle il croyait pourtant, devoir renoncer. La carrière qu'il avait embrassé, par goût et par devoir, malgré ses nombreux écueils, lui parut plus que jamais mériter l'emploi de toutes ses facultés. C'est au milieu des camps qu'il profitait des plus courts instans de repos pour se livrer à l'étude de la tactique militaire; c'est là que, pénétré des principes théoriques de l'art, il savait chaque jour leur appliquer les meilleurs comme les plus judicieux exemples. Naturellement bon, généreux et sachant que les devoirs les plus sacrés d'un chef sont de veiller à la subsistance et au bonheur de ses soldats, sa sollicitude pour eux sut prévenir tous leurs besoins, et on le vit souvent se priver, lui-même, de ce qui pouvait soulager ceux dont l'existence lui était confiée; ce serait à tort qu'on soupçonnerait que cette générosité lui fût suggérée par une vaine ostentation ou par le desir de se faire autant d'amis et de soutiens de ceux qui avaient part à ses bienfaits; il avait une trop juste idée des hommes pour compter beaucoup sur leur reconnaissance, persuadé qu'ils donnent, en général, plus aisément des bornes à leurs gratitudes qu'à leurs souhaits ; le seul amour de l'humanité fut toujours le moteur de ses actions et des soins qu'il prit de ses semblables ; jusqu'au milieu des combats il portait cet attachement pour ses frères d'armes, qui, plus d'une fois, lui fit négliger sa propre renommée pour épargner le sang de ceux à la tête desquels il se trouvait placé : oubliant ses périls, il ne songeait qu'aux leurs.

Pendant la campagne de 1807, il fut chargé de la conduite de plusieurs opérations militaires dans lesquelles il déploya tous les talens et toute la bravoure qui doivent distinguer un officier du plus haut mérite: tout à la fois général et soldat, il ne laissa échapper aucune occasion de signaler sa prudence et son intrépidité, en rappelant, de la manière la plus brillante, les nobles qualités qui avaient illustré ses augustes ayeux. L'issue de cette campagne ne fut point heureuse pour les puissances unies contre la France. Mais nous pouvons affirmer que le duc de Saxe-Cobourg Saalfeld n'eut à se reprocher aucune des fautes ni des faiblesses dont on a pu charger les officiers-généraux de la nation qu'il servait, ces puissances avaient d'ailleurs à combattre une armée enhardie par vingt ans de gloire et de succès, et qu'il n'appartenait qu'à la trahison de vaincre un jour.

Après le congrès de Vienne, le prince de Saxe-Cobourg-Saalfeld passa, ainsi que ses deux frères, au service d'Autriche. Le second de ces trois princes, Ferdinand-Georges-Auguste, de Saxe-Cobourg-Cohary, né en 1785, général au service d'Autriche, est le même qui, lorsque les alliés, en 1815, prirent la résolution de désarmer plusieurs départemens, rendit cinq cents fusils à la garde nationale de Nevers où il commandait : sur les seules représentations du préfet de ce département. Ce prince, ainsi que son aîné, ne cessa de se faire remarquer par sa valeur et son humanité. Le troisième, Léopold-Georges-Chrétien-Frédéric de Saxe-Cobourg, né en 1790, d'abord général-major au service de Russie, accompagna en 1814 les souverains alliés, et devint, en 1816, l'époux de la princesse Charlotte de Galles, héritière présomptive de la couronne d'Angleterre, et fut nommé feld-maréchal de l'armée anglaise.

À l'époque de la première invasion de la France, le prince de Saxe-Cobourg Saalfeld, dont nous esquissons l'histoire, fut chargé du commandement en chef des troupes alliées occupées devant Mayence,

Dans cette campagne, où les souverains coalisés se servirent du prétexte d'abattre l'orgueil d'un usurpateur, en l'expulsant du trône, pour cacher leurs prétentions et la jalousie que leur inspirait la gloire d'un grand peuple ; dans cette campagne, dis-je, où la valeur française fut portée à son comble, et pendant laquelle dix armées ennemies enlevèrent tout à la France, *fors l'honneur*, il commanda également, sous les ordres du prince de Schwartzenberg, le corps de Saxons qui s'était formé dans les environs de Paderborn, et se conduisit, en toutes circonstances, avec le courage, la fermeté et la prudence qu'il avait déjà montrées dans les différentes actions qui avaient fondées sa réputation militaire ; enfin, la campagne de 1815 lui assura pour jamais un rang distingué parmi les généraux braves et expérimentés.

Les événemens qui suivirent les derniers désastres de la France rendirent au prince de Saxe-Cobourg Saalfeld les états dont il avait été privé, non seulement tels qu'ils étaient en 1815, lorsqu'il succéda à son père, mais augmentés bientôt des districts de Grumbach, de Raumholder et de Saint-Wendel, situés dans le département de la Sarre, et cédés par la Prusse, en conséquence des derniers traités. Ce prince fut le premier des souverains coalisés qui décréta que sa part des contributions imposées à la France serait distribuée entre ceux de ses sujets qui avaient soufferts de la présence des armées étrangères.

Rentré dans sa patrie, avec des idées convenables à son siècle et au bonheur de ses sujets, ce prince laborieux dans le cabinet, autant qu'il fut actif et courageux dans les camps, emploie toutes ses veilles à chercher les moyens de cicatriser les plaies qu'une longue suite d'événemens malheureux avait laissées à son pays, et tout porte à croire qu'il saura bientôt rétablir dans ses états cette douce prospérité, ce calme heureux, cette confiance salutaire qui font la gloire des souverains en assurant la félicité des peuples ; à peine âgé de trente-cinq ans, et après quatre années de règne, il recueille déjà une partie des fruits que lui promettent la sagesse et la fermeté des actes émanés de son pouvoir : protecteur de l'opprimé, il est aussi la terreur du coupable, et voudrait ne devoir jamais employer son autorité que pour récompenser, encourager les arts, l'industrie, et ramener l'abondance au sein de sa patrie. Ses sujets, pénétrés de reconnaissance, et voyant dans sa conduite passée la garantie de leur bonheur à venir, bénissent à chaque instant le jour qui l'a ramené parmi eux.

JOZÉ DE SEABRA DA SILVA,

Ministre Secrétaire d'État du Roi Joseph I,
et de la Reine Marie 1re de Portugal.

Né le 1er Novembre 1733. Décédé le 23 Mars 1813.

A Paris chez L'Auteur, Rue des Francs Bourgeois St. Michel N° 6.   Déposé

SEABRA DA SILVA,

MINISTRE DE L'INTÉRIEUR DE PORTUGAL.

DE grands événements n'éclatent dans une contrée que lorsque la nécessité en a été amenée par la position et les besoins de la masse de ses habitants, et lorsque, dans la classe supérieure de la population, les progrès de la culture intellectuelle ont fait naître des hommes capables d'apporter aux institutions sociales les modifications jugées nécessaires. Les mouvements dont le Portugal a été le théâtre attestent que tel est en effet l'état de ce pays. Des hommes distingués s'y sont fait remarquer de nos jours, et parmi eux le personnage dont nous allons retracer la vie mérite une attention particulière.

SEABRA DA SILVA (feu José de) ministre secrétaire d'état du roi Joseph Ier et de la reine Marie Ire de Portugal, grand-croix de l'ordre du Christ, né le 1er novembre 1733, était issu d'une famille distinguée. Il fit ses études à l'université de Coimbre, et y obtint de grands succès. Toutes les sciences furent l'objet de ses études; mais s'étant appliqué particulièrement au droit et à l'économie politique, il y acquit de grandes connaissances, qui lui frayèrent une route aux emplois, et l'élevèrent plus tard à la place éminente de procureur de la couronne. Les fonctions de ce magistrat consistaient à défendre les prérogatives du trône contre les envahissements des différents ordres de l'état.

Le nom de Seabra se trouve lié à celui du marquis de Pombal dans la grande affaire de l'expulsion des jésuites. On sait que c'est sous le ministère de ce dernier qu'ils furent chassés du Portugal. A cette époque, M. de Seabra, qui s'était constamment déclaré contre leurs maximes, publia contre eux un écrit remarquable: cet ouvrage, qui annonçait des connaissances profondes, eut un succès prodigieux. Il fit mieux apprécier encore les services que l'auteur avait rendus, et, donnant la mesure de ceux qu'il pouvait rendre, détermina le roi à le nommer ministre de l'intérieur. Il en exerçait les fonctions lorsque le marquis de Pombal se rendit à Coimbre pour préparer la réforme de l'université de cette ville; mais avant son départ il chargea M. de Seabra de la direction par interim des affaires du royaume. Le talent qu'il déploya dans ces hautes fonctions donna de l'ombrage à son protecteur, qui le fit déporter à Angoxe, dans l'intérieur de l'Afrique. C'est du moins à cette cause qu'on a généralement attribué son exil; et ce qui rend cette opinion vraisemblable, c'est qu'il y resta oublié tant que le marquis de Pombal fut au ministère.

M. de Seabra profita de son long séjour dans cette colonie pour en apprendre la langue. Il sut si bien se faire aimer des habitants, que la vénération qu'ils professaient pour sa personne existait même long-temps après son retour en Europe, et qu'un voyageur digne de foi rapporte avoir vu à Angoxe son portrait sur un autel.

Après la mort de Joseph, Marie le rappela en Portugal, et ne tarda pas à lui confier le ministère de l'intérieur, dont il avait déjà été en possession. Il le conserva jusqu'à la régence de Jean VI, époque à laquelle il en fut dépouillé de nouveau. Il est probable qu'il dut cette seconde disgrâce aux opinions qu'il professa sur les formes à observer pour faire déclarer le prince Régent. Il rentra alors dans la vie privée, et s'aperçut à peine de la défaveur qu'il éprouvait, tant il la supportait avec courage et dignité. La solitude et la culture des lettres le consolèrent de l'ingratitude des hommes et de l'injustice des cours.

Pour répondre à ceux qui ont accusé M. de Seabra d'avoir manqué de reconnaissance envers le marquis de Pombal, on peut citer un trait de sa vie qui honore autant son caractère qu'il fait l'éloge de son cœur. Lorsqu'il était en Afrique, une négresse lui ayant sauvé la vie, il se montra si reconnaissant envers cette femme, qu'à son retour en Europe il l'emmena avec lui, et lui prodigua tous les égards possibles ; il l'admettait à sa table, lors même qu'il recevait des personnes de la première distinction, et se plaisait à raconter cette circonstance de sa vie. On ne peut toutefois se méprendre sur la nature du sentiment qu'elle inspirait à M. de Seabra : cette négresse était d'un physique si désagréable, d'une taille si petite, enfin l'ensemble de sa personne était si repoussant, qu'on ne pouvait supposer à son bienfaiteur d'autres pensées que celles de la reconnaissance.

M. de Seabra mourut le 23 mars 1813, à l'âge de quatre-vingt dix-ans. Il laissa des souvenirs honorables comme magistrat et comme ministre. Ses connaissances en économie politique étaient très étendues. Son ouvrage sur les jésuites fit sensation, et prouva ce dont il était capable s'il se fût adonné à l'art d'écrire. Fort bien placé dans le monde, il racontait avec grâce, esprit et vivacité. Il laissa deux fils : l'un mourut à la bataille de Bussaco, où il commandait un régiment ; l'autre servit également avec distinction dans la guerre contre les Français : il a depuis abandonné la carrière des armes pour s'occuper des sciences naturelles.

LOUIS-PHILIPPE DE SÉGUR,

(COMTE)

Ancien Grand-Maître des Cérémonies de France
Sénateur Grand-Croix des Ordres de l'Aigle d'Or de Wurtemberg,
de St. Joseph de Wurtzbourg et de la Légion d'honneur, &. &.
Né le 10 Septembre 1753 à Paris, Dépt. de la Seine.

Déposé au Bureau des Estampes   A Paris, chez l'Auteur, Rue des Francs Bourgeois, N° 6, Faubg. St. Germain

LE COMTE DE SÉGUR.

Nous avons pu voir, de nos jours, que le mérite d'un grand nombre de Français illustrés dans nos guerres, ne se bornait pas à combattre glorieusement les ennemis de leur patrie. De retour dans leurs foyers, les uns, imitant les nobles délassemens de César, après avoir donné l'exemple d'une bonne tactique, en rédigent les principes théoriques; d'autres, devenus historiens de nos batailles, souffrant encore des blessures qu'ils y ont reçues, transmettent à la postérité les exploits de leurs frères d'armes; d'autres, enfin, marchent sur les pas de Newton, ou s'occupent à faire revivre sur la toile ou dans un bloc de marbre, les sages qui ont honoré l'humanité, ou les guerriers morts au champ d'honneur pour la défense de leur pays. Mais quelle haute idée ne doit-on pas avoir de celui qui, après avoir été bon militaire, devint tour à tour, diplomate distingué, académicien, homme d'Etat; joignant à toutes les connaissances qu'il apporta dans les différens postes qui lui furent confiés, cette aimable aménité, cette gaîté spirituelle et cette loyauté qui distinguent éminemment les enfans de la France. Tant de qualités lui acquèrent l'amour de ses concitoyens, et ses moindres actions sont couronnées par leur reconnaissance.

SÉGUR (Louis-Philippe, comte de), fils aîné du maréchal de ce nom, pair de France, ancien grand-maître des cérémonies, membre de l'Académie française, grand'croix des ordres de la Légion d'honneur, de l'Aigle-d'or de Wurtemberg, de Saint-Joseph et de Wurtzbourg, du Christ de Portugal, chevalier de Saint-Louis, de l'ordre militaire et hospitalier de Saint-Lazare et de Notre-Dame du Mont-Carmel, etc., etc., etc., est né à Paris le 10 septembre 1753.

A peine âgé de seize ans, il fut nommé sous-lieutenant dans Mestre-de-camp cavalerie, et parvint, en 1776, au grade de colonel en second du régiment d'Orléans-dragons; il quitta bientôt ce corps pour commander celui de Soissonnais infanterie, qui était alors en Amérique, et dans lequel il fit les deux dernières campagnes de la guerre américaine sous les ordres de MM. de Rochambeau et de Vioménil. Ces généraux purent attester son courage et les services qu'il rendit alors à l'armée.

De retour en France, en 1783, il prit le commandement d'un régiment de dragons qui, depuis, porta son nom. Peu de tems après, il fut envoyé en Russie en qualité d'ambassadeur du Roi de France, et parvint à faire cesser la froideur qui existait, depuis trente ans, entre le cabinet de Saint-Pétersbourg et celui de Versailles; une pareille médiation exigeait de grands talens et toute la sagacité du comte de Ségur, et plus d'un ministre plénipotentiaire y avait échoué; mais il fit plus encore: en 1787, il conclut, avec cette même cour, un traité de commerce qui assurait à la France seule tous les avantages que les Anglais, jusqu'alors, avaient eu exclusivement.

Jouissant près de Catherine II d'une très-grande faveur: possédant toute sa confiance, il accompagna cette Impératrice dans son célèbre voyage de Crimée, et y acquis de nouveaux droits à sa haute estime. La guerre éclata entre la Porte et la Russie; le comte de Ségur avait fait accepter la médiation de la France pour l'impératrice, et commençait à négocier un traité d'alliance avec l'Empereur des Turcs, quand les premiers événemens de la révolution française le rappelèrent à Paris.

En 1789, il fut élu député suppléant de la noblesse de Paris aux Etats-généraux, et y fut appelé en titre, en 1791, par la mort de M. de Rochechouart; mais il donna aussitôt sa démission. Peu après, le ministère des affaires étrangères lui fut offert, en remplacement de M. de Montmorin; soit qu'en ces tems de crises il craignît d'occuper un poste aussi éminent que dangereux, soit que sa modestie naturelle ne lui donnât pas dans ses talens toute la confiance qu'il devait y avoir, soit enfin qu'il voulût s'éloigner du théâtre des réactions, il refusa cette dignité pour accepter l'ambassade de Rome qui lui fut offerte en même tems. Ayant obtenu, en outre, le grade de maréchal-de-camp, il allait partir pour l'Italie; mais plusieurs différends qui s'élevèrent alors entre le Saint-Siége et la France l'empêchèrent de s'y rendre.

Envoyé par le Roi, en 1792, en qualité d'ambassadeur à la cour de Berlin pour retarder la guerre qui était sur le point d'éclater entre la Prusse et la France, il y réussit malgré de nombreux obstacles.

Il s'était retiré des emplois au moment où Louis XVI avait subi le joug de la faction qui était opposée à son gouvernement, et le comité de sûreté générale, le 10 août de l'année précitée, le fit arrêter comme suspect; il fut bientôt contraint d'abandonner la France, et resta plusieurs années dans l'étranger.

Ses talens littéraires l'avaient déjà fait citer parmi les écrivains distingués de cette époque; plusieurs pièces de théâtre lui avaient acquis de la réputation; entr'autres, Coriolan, que l'impératrice Catherine, à son retour de Crimée, avait fait représenter avec magnificence sur le théâtre de la Cour et qu'elle avait honoré de son suffrage. Ayant perdu tout ce qu'il possédait à Saint-Domingue, ruiné en France, il soutint longtems son père et toute sa famille du produit de ses succès dans la république des lettres; c'est alors qu'un assez grand nombre d'ouvrages très-estimés sortirent de la plume de M. le comte de Ségur et lui donnèrent une des premières places parmi les hommes de goût de notre siècle.

Il ne reparut sur la scène politique qu'après le 18 brumaire. Appelé, peu de tems après, comme député au Corps-législatif par le Sénat-conservateur, il s'y prononça pour la prolongation, à vie, du consulat de Bonaparte et présenta même cette mesure comme le moyen le plus efficace de consolider les nouvelles institutions : il est à remarquer qu'à cette époque, aucun acte de despotisme n'avait entaché la gloire du chef de notre gouvernement; tous les amis de la France avaient cru voir en lui l'homme qui devait mettre un terme aux malheurs de la révolution, celui qui devait lui rendre ce calme tant desiré, qu'une longue suite de calamités rendait alors indispensable et que de bonnes et solides institutions devaient rendre durable; tel était l'espoir qui animait le comte de Ségur quand il se prononça devant nos législateurs; ce serait en vain que la calomnie voudrait obscurcir cette époque de son existence politique, en lui prêtant d'ambitieuses intentions; la vie entière du Comte serait le seul antidote que nous voudrions opposer au poison de l'envie. Celui qui ne craignit point de s'exposer aux horreurs de la misère pour ne point partager les crimes de quelques uns de ses compatriotes qui l'appelaient à les seconder, celui qui subvint, par un travail assidu, à prolonger la vie de sa famille, celui, enfin, qui écrivit ses ouvrages doit être vertueux et de bonne foi.

En 1803, il fut nommé tout à la fois conseiller d'Etat et membre de l'Institut de France, puis, bientôt, pourvu de la charge de grand maître des cérémonies, et décoré du grand cordon de la Légion d'honneur. Chargé, quelquefois, de défendre au Corps-législatif les projets de loi présentés par le Conseil-d'Etat, il y développa des talens et une érudition d'autant plus rares, qu'il parvint presque toujours à persuader l'assemblée de l'utilité des vues qu'il venait de lui proposer.

Le 5 avril 1813, étant appelé au Sénat-conser-

vateur, il fut envoyé, en décembre suivant, dans la 18e. division militaire, comme commissaire extraordinaire, pour y prendre des mesures de salut public et s'assurer de l'exécution des décrets du gouvernement.

Après la première invasion des alliés, au retour du Roi, il fut nommé pair de France, et recouvrit à la cour toute la faveur et la considération que d'anciens services lui avaient justement acquises. Mais au moment où Bonaparte revint de l'île d'Elbe, il fut contraint de reprendre ses fonctions de grand-maître des cérémonies, et siégea dans la chambre des pairs, nouvellement réhabilitée; ce qui le fit comprendre, après les cent jours, dans l'ordonnance du 24 juillet 1815 qui le priva de sa dignité.

Nous ne terminerons pas cette notice sans ajouter aux mérites de ce grand diplomate celui d'avoir communiqué, à un fils digne de lui, le courage et une partie des talens qui le distinguent. Le comte *Paul-Philippe* de SÉGUR, son fils, a su, par sa conduite, sa valeur et ses talens militaires, mériter le grade de maréchal de camp, le titre de commandeur de l'ordre royal de la Légion d'honneur et celui de chevalier de l'ordre royal et militaire de St. Louis : entré de bonne heure au service, il fut distingué par les généraux Magdonald et Moreau dans les campagnes de *Hohenlinden* et des *Grisons*, dont il publia une relation. Parmi de nombreux faits d'armes qui attestent son intrépidité, on cite celui-ci : en 1807, il attaqua avec quatre-vingt chevaux légers polonais, quinze mille Espagnols et vingt pièces de canon retranchés dans les rochers de *Sommo-Siera*, emporta la position et fut rapporté atteint de dix coups de balle. Il fut un de ceux, aussi, qui servirent de témoins à décharge, au maréchal Ney, devant la cour des Pairs.

M. le comte (Philippe) de Ségur, par ordonnance royale de 1816, a été conservé membre de l'Académie française, et rappelé depuis, par le Roi, à la chambre des pairs.

Parmi beaucoup d'ouvrages recommandables à tous égards, le comte de Ségur, en égayant ses loisirs, sut aussi se placer au nombre de nos meilleurs chansonniers; ses opuscules et ses couplets, remplis de ce sel attique et de cette aimable gaîté qui font le charme de ce genre de poésie, sont recherchés de tous les amis de la bonne littérature. Toujours laborieux et rempli du désir de servir son pays par des travaux utiles, il s'est occupé, depuis le retour de S. M., de publier *un abrégé de l'Histoire universelle ancienne et moderne*, qui ne fait pas moins d'honneur à sa grande érudition qu'à la pureté et à l'élégance de son style.

LOUIS GABRIEL SUCHET

(DUC D'ALBUFERA.)

Maréchal et Pair de France,

Comandeur de l'Ordre Royal et Militaire de S.t Louis et de S.t

Henri de Saxe, Chevalier de la Couronne de Fer, Grand Croix de

la Légion d'honneur &c. &c.

Né le 2 Mars 1772 à Lyon Dép.t du Rhône.

C'est Ulysse au Conseil, c'est Achille au Combat.

A Paris, chez l'Auteur Rue des France Bourgeoise, N.º 6, F.S.G.   Déposé à la Direction.

LE MARÉCHAL SUCHET.

Heureux celui à qui la nature a fait don des qualités et des vertus qui sont particulièrement propres au rang où sa destinée l'a placé ; Il ne peut manquer de parvenir au plus haut degré d'illustration, où tendent ses efforts dirigés par le noble emploi de ses facultés : tel est le maréchal Suchet, dans la carrière des armes : doué d'un courage intrépide, il a toujours su y allier cette prudence et cette sagesse qui seules consolident les succès militaires ; et son nom, chéri, respecté de ceux qu'il conduisait à la victoire, était également béni, vénéré chez les vaincus. Une analyse succinte des faits, qui signalèrent son existence militaire et politique, suffira pour le faire connaître.

SUCHET, *Louis Gabriel,* Duc d'Albuféra, Maréchal et pair de France, Grand croix de l'ordre royal de la Légion d'honneur, Commandeur des ordres royaux et militaires de Saint-Louis et de Saint-Henry de Saxe, Chevalier de l'ordre impérial d'Autriche de la couronne de fer, etc.

Né à Lyon, le 2 Mars 1772. Le seul amour de la gloire guida ses premiers pas dans la carrière militaire ; il parcourut rapidement, en 1792, les grades de sous-Lieutenant, Lieutenant, et Capitaine ; fut nommé Chef du 4ᵉ. bataillon de l'Ardèche qui, au siège de Toulon, en 1793, fit prisonnier le général en chef O'hara. Passé à l'armée d'Italie, il assista, en 1794, aux combats de Vado, St. Jacques, et à tous ceux livrés par la légion la Harpe ; en 1795, à la bataille de Loano où, à la tête de son bataillon, il enleva trois drapeaux aux Autrichiens ; en 1796, commandant un bataillon du 18ᵉ. de ligne, dans l'immortelle division Masséna, il prit une part glorieuse aux combats de Cossaria, Dégo, Lody, Borghetto, Rivoli, Castiglione, Lonato, Peschiera, St. Marco, Trente, Bassano, Arcole et Cerea où il fut dangereusement blessé.

Il était à peine rétabli, qu'il fit la belle campagne qui amena le traité de Campo-Formio. A cette époque, le général Masséna le fit partir du champ de bataille à Tarvis, pour porter au Général en chef de l'armée d'Italie, les drapeaux conquis dans cette célèbre journée. Il fut blessé à Neumarkt en Styrie. Sur la fin d'octobre 1797, il fut nommé Chef de brigade sur le champ de bataille ; son régiment fit partie, en 1798, de l'armée renvoyée en Suisse, sous le général Brune. Sa conduite brillante lui valut l'honneur de porter à Paris 25 drapeaux pris à l'ennemi. Il fut alors élevé au grade de Général de brigade. Il se rendit à l'armée d'Italie, comme Chef d'état-major général, sous le général en chef Brune, et ensuite sous le général en chef Joubert, dont il fut l'ami et le compagnon de gloire.

Ce fut alors que se fit remarquer en lui cette activité constante pour l'organisation des corps ; et qu'on distingua surtout ce talent rare d'entraîner les troupes autant par l'exemple, que par le maintien d'une discipline sévère, et par un noble empressement à faire valoir les actions du soldat.

Le Piémont donnait des inquiétudes pour la retraite de l'armée. Le général Joubert reçut ordre de l'occuper, à la fin de 1793. Le Général Suchet prépara cette expédition et, par ses soins, elle fut terminée sans effusion de sang.

Occupé à réorganiser l'armée d'Italie, il se trouva en opposition avec le commissaire du Directoire, chargé de faire passer en France les fonds levés en Italie, tandis qu'ils étaient indispensablement nécessaires pour les différens services. Cette lutte fit rendre un décret inique par lequel il était menacé d'être porté sur la liste des émigrés s'il ne rentrait pas, sous trois jours, en France. Il fallut obéir ; mais le général en chef Joubert, mécontent du rappel injuste de son ami, quitta brusquement le commandement. Dès son arrivée à Paris, Suchet n'eut pas de peine à éclairer le gouvernement, et fut renvoyé à l'armée du Danube, en avril 1799.

Détaché dans les Grisons, et séparé de toute l'armée, pendant six jours, il défendit ses positions de Davos, Bergen, et Splügen ; trompa l'ennemi qui l'entourait, et rejoignit l'armée, par les sources du Rhin, sur le St. Gothard, sans être entamé ; mais il y fut blessé. Après cette honorable expédition, le général en chef Masséna le choisit pour son Chef d'état-major général.

La campagne désastreuse de Scherer terminée, Joubert reprit le commandement de l'armée d'Italie et fit nommer, en juillet 1799 , général de division et son Chef d'état major , Suchet qui alors quitta l'armée du Danube. Après la bataille de Novi , (6 Août) où la France perdit le vaillant Joubert , Suchet , son meilleur ami , continua ses fonctions sous Moreau et Championnet.

Après le 18 brumaire an 8, (Novembre 1799) Masséna fut envoyé en Italie , et Suchet nommé son Lieutenant , en Février 1800. Au premier rang , comme Chef d'état-major général, il commença à s'y placer comme Général d'armée.

A la tête d'un faible corps de 5000 hommes , à peine vêtus; sans magasins, entouré d'un pays pauvre et sans ressource, pour lutter contre 60,000 hommes, commandés par le Général en chef, baron Mélas, le Général Suchet prit une part brillante aux résultats de la campagne de la rivière de Gênes et du Var, (Avril, Mai et Juin 1800 ,) non moins mémorable par les talens , la prévoyance et la prodigieuse activité qu'il y déploya, que par l'inébranlable courage de ses troupes , au milieu des dangers les plus imminens et des privations les plus grandes. Séparé de la droite de l'armée, par la prise de St. Jacques , il lutta pendant trente-huit jours, avec succès, contre le Général Mélas, et défendit, pied à pied , la rivière de Gênes. Les forces et les progrès de l'ennemi l'obligèrent à se retirer derrière le Var, où il se retrancha, et conserva une tête de pont. Les efforts de Mélas et de son lieutenant Elnitz , renouvelés pendant seize jours, et soutenus par une escadre Anglaise, échouèrent contre les dispositions et la valeur des troupes. Par cette défense opiniâtre et savante, il sauva le midi de la France d'une invasion étrangère et désastreuse , et prépara les succès de l'armée de réserve qui franchissait les Alpes, et se portait à Marengo. Dès ce moment, le Général Suchet prit l'offensive ; il avait mis à profit la découverte du télégraphe, employé pour la première fois utilement à la guerre. Deux sections laissées , par lui, aux forts de Ville-Franche et de Montalban , au milieu des Autrichiens, le prévinrent de leur marche rétrograde. Il précipita la sienne par la crête des montagnes, coupa la retraite aux Autrichiens , qui avaient suivis les bords de la mer , et leur enleva, dans cette campagne, trente-trois pièces de canon, six drapeaux et 15 , 000 prisonniers. Gênes affamée avait capitulé. Le Général Suchet , qui l'ignorait et conservait l'espoir de la dégager, traversa, en peu de jours, la rivière de Gênes, rejoignit , en avant de Savone ,

la droite de l'armée , sortie de cette place par une très-honorable convention , et se porta rapidement vers les plaines d'Alexandrie. Sa présence à Aqui contribua à la victoire de Marengo, (Juin 1800) , suivant le rapport de Mélas, qui fut obligé de lui opposer un fort détachement. En vertu de la fameuse convention conclue après cette bataille, il fut chargé de réoccuper Gênes et son territoire, Lucques etc. Le prince de Hohenzollern lui remit Gênes ; il y maintint une discipline sévère, et s'acquit l'estime et la confiance de tous les habitans de cette malheureuse république.

La campagne se rouvrit , en Italie, en 1801 , après six mois d'armistice. Le Général Suchet commandait alors le centre de l'armée, composé de trois divisions, fortes de 18,000 mille hommes. Au passage du Mincio, il secourut et dégagea le général Dupont, et, fit avec lui, 4000 prisonniers, sur le général Bellegarde à Pouzzolo.

Après la paix de Luneville , le Général Suchet fut nommé Inspecteur général d'infanterie. En 1802 et 1803 , il inspecta un grand nombre de régimens dans le midi et l'ouest. En 1804 , il alla commander une division au camp de Boulogne, et fut particulièrement chargé de faire creuser le port de Vimereux. Il fut nommé Grand Officier de la légion d'honneur, et Gouverneur du palais de Lacken , près Bruxelles.

A l'ouverture de la campagne d'Allemagne , en 1805, sa division devint la 1re.du 5e. corps de la grande armée , commandée par le Maréchal , Lannes. Elle se distingua à Ulm et à Hollabrun. A Austerlitz, placée à la gauche, où elle occupait le santon , elle enfonça la droite de l'armée russe , et la sépara du centre. On admira sa marche en échelons, par régiment, comme à l'exercice, sous le feu de 50 pièces de canon. Ce fut après cette bataille, que le Général Suchet reçut le grand cordon de la légion d'honneur.

Dans la campagne de Prusse, en 1806, sa division remporta le premier avantage à Saalfeld ; elle commença l'attaque à Jéna, et contribua au succès de la bataille, par l'habileté de ses manœuvres et par des prodiges de valeur. Elle se signala de nouveau en Pologne, où elle résista, seule, à l'armée russe, au combat de Pultusk. « *J'ai combattu contre une armée entière, écrivit le général Béningsen.* » Elle battit encore les Russes à Ostrolenka. Après la paix de Tilsit, en 1807, le Général Suchet prit des cantonnemens dans la Silésie, et commanda le 5e. corps. La plus grande discipline fut observée par les troupes, et les habitáns en ont conservé un souvenir reconnaissant.

Le 5°. corps, fut fêté à son passage en France, pour se rendre en Espagne, et arriva, en Novembre 1808, sur les Pyrennées. Le Général-Suchet couvrit, avec sa division, le siège de Sarragosse, sur la droite de l'Ebre, où il obtint du succès. En Avril 1809, il fut nommé Général en chef du 3°. corps, devenu armée d'Arragon, et Gouverneur de cette province. Le départ du 5°. corps, la guerre de l'Autriche, et le délabrement d'une armée très-affaiblie, rendirent sa position très-critique. A peine était-il arrivé au commandement, que le général espagnol Blacke se présenta avec 25,000 hommes devant Sarragosse. Les troupes abattues demandaient la retraite; mais Suchet ranima leur courage, les conduisit, à l'ennemi, le battit à Maria, le 14 Juin 1809, lui prit 30 pièces de canon et 4000 hommes, et completta sa défaite, le 18, à Belchite. Ses succès renversèrent les projets des Espagnols, qui voulaient renfermer les Français en Espagne, en se portant sur les Pyrennées. Son administration, sa justice, sa modération, son estime pour les habitans, auxquels il conserva leurs emplois, sa protection particulière pour le clergé, son austérité pour la discipline, ses talens, sa valeur, lui attachèrent les Arragonnais, et lui créèrent des ressources. Son armée devint florissante, et, après une marche sur Valence, en Janvier 1810, ordonnée par le gouvernement de Madrid, elle commença ses mémorables campagnes.

Lérida, l'écueil des grands capitaines, tomba la première en son pouvoir, le 13 Mai, après une victoire complette sur le général Henry O'donel, à Margaleff, le 13 Avril, sous les murs de la place assiégée; l'ennemi y perdit 5,600 hommes. Méquinenza fut forcée de capituler le 8 Juin, Tortose ouvrit ses portes le 2 Janvier 1811, après 13 jours de tranchée ouverte. Le fort San Félipe, au col de Balaguer, fut pris le 9. Tarragone la forte succomba le 28 Juin, après 56 jours de siège ou plutôt d'une continuelle et terrible bataille, en présence et sous le feu de l'escadre anglaise, de ses troupes de débarquement et de l'armée espagnole de Catalogne. Suchet y conquit le bâton de Maréchal de France. La chute de Tarragone fut suivie de la prise de vive force de la redoutable position de Mont-Ferrat.

Le Maréchal Suchet ouvrit en 1811 (Septembre) la campagne de Valence. Les forts de l'antique Sagonte, relevés à grands frais par les Espagnols, l'arrêtèrent. Oropésa fut assiégé et pris. Le 25 octobre la garnison de Sagonte avait repoussé deux assauts, elle continuait d'être battue en brèche; Blacke sortit de Valence avec 30,000 hommes, pour la secourir. Il fut défait totalement à la vue même de Sagonte qui capitula, et donna son nom à cette mémorable bataille : le Maréchal y fut blessé à l'épaule.

Le 26 Décembre, ayant reçu le corps de réserve de la Navarre, et sans attendre les divisions de l'armée de Portugal, il passa le Guadalaviar avec toute son armée, investit Valence le même jour; poussa vivement le siège et le bombardement, et força Blacke et l'armée espagnole à capituler, le 9 janvier 1812. Le 10, les Espagnols, au nombre de 17,500 hommes d'infanterie, et 1800 hommes de cavalerie, se rendirent, et Valence fut occupée. Avant un mois, la place de Péniscola et le fort de Dénia tombèrent en son pouvoir, et complétèrent la conquête du royaume de Valence.

La province de Valence, heureuse par les soins du vainqueur, comme l'était l'Arragon, imita sa soumission, et le Maréchal fut recompensé de sa brillante campagne et de sa noble conduite, par le titre de duc d'Albuféra, et par la mise en possession de ce riche domaine, qui touche à Valence, et sur lequel il avait combattu.

Après divers engagemens victorieux contre le général José O'donell et l'armée Anglo-Espagnole, et après avoir reçu à Valence les armées du centre et du midi, qui s'y rallièrent pour marcher contre l'armée anglaise, le maréchal fit, en Juin 1813, lever le siège de Tarragone, vivement pressé par le général Murray qui lui laissa toute son artillerie. La retraite de l'armée française au-delà des Pyrennées, après la bataille de Victoria, l'obligea à évacuer Valence, le 5 Juillet, dix-huit mois après la reddition de cette ville. Il laissa des garnisons à Dénia, Sagonte, Péniscola, Tortose, Lérida et Méquinenza, approvisionnées pour plus d'un an. En Septembre, il battit lord Bentenck, au col d'Ordal ; à cette époque il fut nommé Colonel général de la garde impériale, en remplacement du duc d'Istrie.

Il occupa, pendant six mois, la Catalogne. Vingt mille hommes lui furent demandés en Janvier et Février 1814 ; il se rapprocha alors des Pyrennées, où il reçut le roi Ferdinand VII, avec l'honorable mission de le conduire à l'armée espagnole.

Il persista, malgré la faiblesse de son armée, réduite à 9000 hommes, à rester en Espagne, pour assurer la rentrée de 18,000 hommes de gar-

nison , et surtout, pour empêcher l'onnemi d'envahir la frontière. Instruit officiellement , le 18 ,
de l'abdication de l'empereur , il fit reconnaître
Louis XVIII, par l'armée , qui fut passée en revue par
S. A. R. le duc d'Angoulême.

Il reçut le commandement en chef de l'armée
du midi ; fut nommé Pair de France, Gouverneur
de la 10e. division militaire, Commandeur de St.
Louis ; et , en Décembre , Gouverneur de la 5e.
division , à Strasbourg. Malgré l'exaltation produite
par les événemens de 1815, il contint les troupes
dans la fidélité au Roi, jusqu'après son départ de
France. Sans ordres ni instructions de ses ministres,
il se rendit à Paris , le 30 Mars.

Il reçut ordre , le 5 Avril , d'aller à Lyon. A
son arrivée , il leva l'état de siège et renvoya les
gardes nationales. Au mois de Mai, il fut nommé
Commandant de l'armée des Alpes, forte de dix
mille hommes seulement. Le 15 Juin, il battit les
Piémontais ; et , quelques jours après, les Autrichiens à Conflans. L'arrivée , à Genève, de la
grande armée autrichienne , forte de plus de
100, 000, hommes, l'obligea à quitter la Savoye ,
et à se replier sur Lyon menacé. Instruit, le 11
Juillet, du retour du Roi à Paris, il obtint pour
Lyon une convention honorable qui, en sauvant
sa ville natale, conserva au Roi pour 10,000,000
de matériel d'artillerie. Le corps municipal et la
chambre de commerce lui exprimèrent la vive reconnaissance des Lyonnais, pour cet éminent service,
et la consignèrent dans les journaux. Le même
jour, 11 Juillet, il envoya trois généraux au Roi ,
pour lui porter la soumission de l'armée , qu'il
commanda jusqu'à son licenciement.

Mullard Del.   Bocourt Sculp.

CH^{LES} MA^{CE} TALLEYRAND-PERIGORD,

PRINCE DE BÉNÉVENT,

Grand-Chambellan Pair de France,

Né à Paris, en 1754.

A Paris, chez l'Auteur, Rue des Francs-Bourgeois, N.° 6, F. S. G. ——— Déposé à la Direction.

TALLEYRAND-PÉRIGORD,

PRINCE DE BÉNÉVENT.

Les grands événemens font naître les grands politiques, ou du moins servent au développement de leurs moyens : l'art de juger des rapports, des intérêts de puissance à puissance, la diplomatie, enfin, offrait, pendant la révolution française, une carrière assez vaste au génie, pour qu'il soit permis d'asseoir aujourd'hui son jugement sur les talens de tel ou tel homme d'État dont l'influence sut agir sur les différentes époques de nos troubles. Il est donc aussi de toute justice de rendre un éclatant hommage à celui qui, ferme et calme au milieu des factions, sut résister aux attaques de la haine et du despotisme; à celui qui, chargé de défendre les plus chers intérêts de sa patrie, sut triompher de l'intrigue des cours, de la jalouse fureur des partis et conquérir des droits que la force de nos armes et de nombreuses victoires n'avaient pu nous garantir.

TALLEYRAND-PÉRIGORD (Charles-Maurice de), ex-évêque d'Autun, député aux États-généraux, membre de l'Institut de France, ministre des relations extérieurés, grand-chambellan, pair de France, grand-cordon de la Légion d'honneur, grand'croix des ordres de Saint-Hubert de Bavière, de la Couronne de Saxe, de Saint-Joseph de Wurtzbourg, de Saint-Léopold d'Autriche, du Soleil de Perse, de l'Aigle-Noir de Prusse, de St.-André de Russie, de la Toison-d'Or d'Espagne, de l'Éléphant de Danemarck et de Saint-Étienne de Hongrie, né à Paris en 1754.

Une charmante figure et beaucoup d'esprit ne purent le soustraire au joug que sa famille crut devoir lui imposer pour cause d'un accident de naissance (1). Il entra donc, contre toute espèce de vocation, au séminaire de St.-Sulpice, en 1770, et, là, rendit tous ses camarades témoins de sa répugnance à embrasser l'état ecclésiastique. Cependant une conception juste et facile, un desir ardent de s'instruire, et la plus heureuse mémoire, lui permirent d'achever d'excellentes études, et de s'affranchir bientôt des devoirs du séminariste pour se dévouer à de plus rigoureux.

Il joua de bonne heure un rôle dans le monde. Ayant obtenu l'évêché d'Autun en 1786, il fut sacré le 4 janvier 1789, et, quelques mois après, élu député du clergé de cette ville aux États-généraux; il fut un des premiers qui se réunirent à la chambre du tiers-état. Déjà il joignait à beaucoup de talens une grande facilité pour le travail, une éloquence persuasive et une parfaite connaissance des choses; il parvint sans peine à imposer par son nom, sa dignité et son exemple; et à entraîner un grand nombre de curés dans la cause de la révolution.

Il provoqua successivement, et sans distinction, l'admission de tous les citoyens aux différens emplois publics, ainsi que la vente des biens du clergé, et obtint, en 1790, les honneurs de la présidence. Ce fut aussi l'évêque d'Autun qui, le 14 juillet de cette année, célébra la messe de la Fédération en présence du Roi et des députés des gardes nationales du royaume, réunis au Champ-de-Mars.

Le 29 décembre suivant, il publia une adresse aux ecclésiastiques pour rendre compte des motifs qui l'avaient engagé à prêter le serment à la constitution, et pour les inviter à suivre son exemple. Il assista ensuite les évêques de Léda et de Babylone dans le sacre des nouveaux évêques constitutionnels, démarche qui lui attira l'improbation de la cour de Rome, consignée dans un monitoire de S. S. Pie VII. Considéré alors comme un des meilleurs spéculateurs de la capitale, et possédant généralement la confiance des gouvernans, il prit aussi une part fort active dans

---

(1) Il était boiteux.

l'administration des finances, qui, à cette époque, était loin de répondre aux besoins qui pesaient sur la France, besoins que l'on crut devoir adoucir en établissant le cours des assignats.

Après la session, il fut envoyé en Angleterre avec M. Chauvelin, afin d'éloigner la guerre et ménager même un traité de commerce entre les deux nations; mais il ne put vaincre le système de tergiversation adopté par le ministère anglais, et demeura dans ce pays après la journée du 10 août 1792. Forcé pourtant d'en sortir en 1794, et n'osant rentrer en France, il se retira aux États-Unis d'Amérique. Revenu en Europe après le 9 thermidor, il sollicita et obtint sa radiation de la liste des émigrés; devint membre de l'Institut; passa, le 16 juillet 1797, au ministère des affaires étrangères, à la place de Charles Lacroix, et acquit dès-lors une grande influence dans le gouvernement. Il donna cependant sa démission un mois après l'installation de Sieyes au Directoire.

M. de Talleyrand-Périgord fut, dit-on, l'un de ceux qui combinèrent la journée du 18 brumaire, ensuite de laquelle Bonaparte le rappela au ministère des relations extérieures; ce qu'il y a de plus certain, c'est qu'il présida depuis aux négociations qui précédèrent les traités de Lunéville et d'Amiens, et obtint du Pape; à la suite du concordat de 1802, un bref qui le rendit à la vie séculière et laïque, en autorisant son mariage avec madame Grant.

Devenu successivement grand chambellan de Napoléon et vice-grand-électeur de l'Empire français, il obtint aussi les décorations de tous les ordres de France et de l'Étranger, et reçut en outre, dans le mois de juin 1806, le titre de prince de Bénévent. Il négocia bientôt la paix de Tilsitt, après laquelle il semblait n'avoir plus rien à desirer et vouloir s'éloigner du centre des affaires politiques. Cependant il jouissait encore de toute son influence : mais, à cette époque, l'ambition de l'empereur Napoléon se dirigea vers l'Espagne, et le prince de Bénévent crut devoir le dissuader d'une entreprise dont il n'avait que trop judicieusement prévu les conséquences; il sentit alors, par l'effet d'une disgrâce complète, combien peu il devait compter sur la reconnaissance du dominateur de l'Europe, et alla réfléchir dans la retraite sur les passions des hommes et l'ingratitude des princes.

Depuis cette époque, jusqu'à la retraite d'Allemagne, en 1813, le prince de Bénévent se tint à l'écart, et ce ne fut qu'au moment où l'ennemi s'approchait de la capitale qu'il reparut avec éclat sur la scène politique, et qu'il contribua puissamment à renverser celui qui lui devait en partie son élévation. Nommé d'abord membre, puis ensuite président du gouvernement provisoire, le 1.er avril 1814, il dirigea toutes les opérations et proposa les mesures qui amenèrent la déchéance de Napoléon et le rétablissement des princes de la maison de Bourbon sur le trône de France; il devint aussi ministre-secrétaire d'Etat des affaires étrangères, après la restauration, et envoyé au congrès de Vienne.

Attaché aux intérêts de S. M. Louis XVIII, lors des événemens de 1815 il ne tint pas à ses sages conseils d'en prévenir les suites désastreuses; enfin, rentré en France à la suite du Roi, lors de son retour de Gand, il eut la présidence du ministère, qu'il céda bientôt à M. le duc de Richelieu.

Il n'est peut-être pas un seul homme dont l'existence politique ait fait autant de jaloux que celle du prince de Talleyrand : le talent de régir à son gré les affaires de l'Etat et de disposer de la volonté du chef, était le moindre reproche qu'on lui adressait lorsque quelqu'événement venait entraver la marche des choses, et rarement on lui rendit la justice de croire aux bienfaits qui résultaient de ses négociations pour la France. L'envie semblait s'acharner à faire suspecter ses meilleures intentions, et cependant, osons-le dire, si dans maintes circonstances on eût adopté ses avis, notre belle patrie compterait encore au nombre de ses défenseurs des légions de braves qui gissent aujourd'hui dans les différentes contrées de l'Espagne, de la Russie et des plaines de Waterloo; mais disons aussi, avec le docte Labruyère, *il y a dans les meilleurs conseils de quoi déplaire : ils ne viennent d'ailleurs que de notre esprit; c'est assez pour être rejetés d'abord par présomption et par humeur, et suivis seulement par nécessité ou par réflexion.* Enfin le prince de Bénévent, digne en tout du rang qu'il occupe, est encore compté parmi les membres du conseil du Roi, avec le titre de ministre d'État et celui de grand chambellan.

LE BARON TERNAUX,

Député de la Seine,

Officier de la Légion d'Honneur, &ᶜᵃ

Né le 22 8ᵇʳᵉ 1763, à Sédan. (Ardennes.)

À Paris, chez l'Auteur, Rue des France-Bourgeois, St Michel, Nᵒ 6.   Déposé.

LE BARON TERNAUX,

DÉPUTÉ DE LA SEINE.

S'il est glorieux de combattre pour la défense de son pays, de le policer par des lois sages, de l'illustrer par ses talens ou par de belles actions, il n'est pas moins honorable de le faire prospérer par le commerce et l'industrie. Ces deux puissans moyens d'union entre les peuples fondent la fortune des états et doivent, sous un gouvernement constitutionnel, jouir d'une considération juste et méritée. Ainsi, l'homme qui, par son application continuelle, par son génie, par le sacrifice de ses veilles, enrichit le sol de son pays de produits étrangers, et contribue au bien être de ses concitoyens, acquiert des droits à l'estime publique et des titres à la reconnaissance nationale. Tel est celui dont nous allons rapidement tracer l'utile carrière.

TERNAUX (Louis-Guillaume), né à Sédan, le 11 octobre 1763, avait 16 ans et achevait à peine ses études, quand son père, lors d'une longue absence, lui confia la direction des affaires de sa maison. Né avec un esprit juste et pénétrant, animé d'un desir ardent de connaître, il dût naturellement s'attacher à découvrir la cause des obstacles que rencontraient encore les progrès de notre industrie manufacturière, à distinguer les erreurs des principes qui doivent servir de guide dans toute opération, et à déduire les théories d'une suite d'essais attentifs. Il ne tarda pas à prouver que son père avait agi sagement en lui confiant, de bonne heure, la direction de ses affaires. Cette marque de la confiance paternelle enflamma son imagination et augmenta encore son ardeur pour ses devoirs. Déjà cette justesse d'idées, ce coup-d'œil étendu, cette supériorité de vues, et surtout ce qu'on pourrait appeler l'instinct du commerce, faisait deviner en lui l'un des premiers manufacturiers de l'Europe, et l'un de ces esprits créateurs, source de prospérité pour leur pays. Ayant rétabli ses relations sur une base fixe et plus large, il s'attacha à étudier les procédés des arts, à les simplifier en les perfectionnant, à y porter le flambeau des sciences et à y appliquer les importantes découvertes qu'elles faisaient chaque jour. Mais ce qui contribua le plus à la fortune qu'il devait faire par la suite, et qui en fut comme le principal fondement, c'était cette singulière aptitude et cet amour particulier du travail qu'il eut dans sa jeunesse; et il est à remarquer que le premier période de la vie renferme d'ordinaire le germe de notre existence sociale.

Tandis que son frère, auquel les liens de l'amitié ne l'unissaient pas moins que ceux du sang, étendait, par de fréquens voyages, les rapports de leur commerce et assurait de nouveaux débouchés à leurs produits, M. Ternaux, élevait par ses perfectionnemens et par l'invention de nouvelles étoffes, l'une des moindres manufactures de Sédan, au rang des plus importantes, et huit métiers que comprenait son établissement furent en peu de temps portés jusqu'à 150.

Avant 1789, la France rivalisait, pour la fabrication des draps, avec les nations qui l'environnaient; mais elle ne sortit des épreuves de la révolution et du régime du papier-monnaie, qu'épuisée et dans une position qui laissait tout à faire pour rappeler ce genre d'industrie. M. Ternaux y porta toute son application, comprit la possibilité de remonter et même de dépasser le niveau qu'avait atteint l'industrie étrangère, et tous ses efforts furent dirigés vers ce but. En peu de temps ses travaux furent couronnés des plus heureux résultats, et ses succès passèrent ses espérances. C'est alors qu'il fit connaître à plusieurs de nos départemens diverses branches d'industrie, qu'il les perfectionna dans beaucoup d'autres et que successivement il forma un grand nombre d'établissemens nouveaux.

Dès l'an 9, la beauté des produits de sa manufacture de Sédan fut particulièrement distinguée à l'exposition nationale.

Celle qu'il a établie à Louviers offre toutes les qualités de draps. De cette ville sortent également les beaux tissus de l'invention de M. Ternaux, connus sous le nom de *Sati drap, Sati vigogne*.

Par ses soins, Reims a vu relever son commerce de petites draperies. Il y a fabriqué avec un entier succès les flanelles, les casimirs, le *duvet de cigne*, que jusque-là nous allions chercher en Angleterre, et des draps légers qui l'emportent aujourd'hui sur ceux d'Allemagne.

C'est à sa persévérance et à ses recherches que nous sommes redevables des étoffes en laines de mérinos acclimatés en France, de celles dites de poils de chèvres et des schals de laine de Vigogne.

Enfin onze de ses fabriques, qui se font remarquer par le fini du travail, par la solidité des teintures, par le choix des nuances, présentent toutes les sortes de draps, et offrent en grand au commerce les tissus les plus beaux qui soient jamais sortis des manufactures françaises qui maintenant ont atteint, en ce genre, le plus haut degré de perfection.

Dès 1806, M. Ternaux était parvenu à imiter parfaitement les tissus que nous tirions de Cachemire, et s'il employait encore des laines de l'Asie, au moins il avait affranchi la France du tribut qu'elle payait à l'industrie étrangère pour leur fabrication.

Les débouchés que le luxe continuait d'ouvrir à ce genre de travail rendaient nécessaire de s'assurer des moyens de le soutenir, indépendant des chances d'une guerre, et de remplacer l'importation du duvet par l'animal même qui le produisait. M. Ternaux était un de ceux qui, par l'étendue de ses relations, devait mieux comprendre ce besoin, et que l'état de sa fortune mettait le plus à portée d'y pourvoir. Il se chargea pour son compte de cette importante et difficile négociation. Cet acte de patriotisme éveilla la sollicitude du gouvernement; M. le duc de Richelieu, alors ministre des affaires étrangères, dont la position personnelle et les honorables souvenirs qu'il a laissés dans la Russie méridionale, ont été d'un si grand secours pour le voyage, sut apprécier le mérite de cette importation, et s'intéressa particulièrement à son succès. Il jugea M. Jaubert digne d'aider de ses talens cette haute entreprise. Le courage et le zèle infatigable de cet orientaliste distingué triomphèrent de tous les obstacles, et 1819 vit un troupeau de chèvres du Thibet franchir un espace immense, traverser les mers et venir enrichir le sol français.

Parmi les nombreuses inventions dues à M. Ternaux, on doit distinguer surtout, à cause de leur importance, les procédés qu'il emploie à Bazancourt pour la filature des laines peignées; l'impression en couleur sur draps et autres étoffes de laines, qu'il exécute à Saint-Ouen, si remarquable par la pureté du dessin et qui l'emporte même sur toute espèce de broché, par la délicatesse des nuances; le modèle d'un lavoir pour les laines fines qu'il offrit le premier à l'industrie.

Le choix des artistes qu'il devait associer à ses travaux n'était pas indifférent pour l'exécution de ses nouvelles idées. Il sentit l'importance de n'employer que les hommes les plus distingués en tous genres, et il les attira autour de lui; car c'est un des privilèges du talent de savoir apprécier et employer celui des autres.

Sous le rapport du commerce il n'a pas déployé moins d'activité que sous celui de la fabrication. Il a formé des établissemens à Gênes, à Livourne, à Naples, à Bordeaux, et dans plusieurs autres villes de l'Europe. La maison de Paris est le centre de ses nombreuses relations; là se concluent la plupart des traités, se font les opérations de banque, s'expédient les ordres, se concertent les directions, et se réunissent toutes les indications sur les besoins du commerce et sur le mouvement à donner aux ateliers.

Tant de travaux et d'aussi honorables succès, dont nous n'avons pu citer qu'une partie, valurent à M. Ternaux des médailles d'or aux expositions de l'an 9, de l'an 10 et de 1806. Il eut obtenu de même, en 1819, plusieurs distinctions, si, membre du Jury, il n'eut regardé comme un devoir de se mettre lui-même hors de concours; mais il trouva la récompense méritée de son désintéressement et des importans services qu'il avait rendus à l'industrie, dans le titre de baron que lui conféra le gouvernement. Il avait reçu précédemment la croix de chevalier de la Légion d'honneur, puis celle d'officier.

Quoique souvent traversé dans ses entreprises par les guerres que la France eut à soutenir, et qui furent pour M. Ternaux la source de pertes considérables; il fut néanmoins plus heureux dans son existence commerciale que dans sa vie politique. Son amour du juste et du vrai lui attira des persécutions.

violentes. Il faisait partie de cette malheureuse commune de Sédan, dont les membres périrent presque tous sur l'échaffaud, victimes de leur respect pour le serment prêté à la constitution de 1790, et il n'échappa que par miracle au sort de ses collègues; mais bientôt après il fut mis hors la loi, pour avoir, dans un discours énergique, provoqué l'arrestation des factieux qui venaient de renverser le trône constitutionnel, et contraint de quitter la France; il se réfugia momentanément en Belgique. Sous l'Empire, M. Ternaux fut s'isoler en ne s'occupant que de son commerce. En 1815, dès qu'il crut pouvoir encore être utile, on le vit réclamer sa part dans la défense de la liberté. Sa conduite au collège électoral de Louviers, sa contenance et ses discours à la tête de la 5.ᵉ légion de la garde nationale de Paris dont il avait été nommé colonel, prouvent que son inaction momentanée était le résultat de ses principes qui sont : de ne jamais servir le gouvernement qu'autant qu'il le voit se diriger dans la voie qui doit conduire à la prospérité publique. Ce furent ces motifs qui lui firent refuser de signer le consulat à vie, l'avénement à l'empire de l'ancien chef du gouvernement, et, enfin, ce fut par fidélité à ses sermens, qu'ayant été nommé par le Roi membre du Conseil général du département de la Seine, en 1814, il crut devoir se retirer le 20 mars dans ses manufactures de la Belgique.

Successivement Président du Conseil général des manufactures, Membre du Conseil général du département de la Seine, du Conseil d'administration de la Société d'encouragement, du Conseil d'administration de l'assurance mutuelle, de la Chambre de commerce de Paris, du Comité cantonal d'instruction publique, du Conservatoire des arts et métiers, du Jury créé par la loi du 28 avril 1816, du Conseil formé pour le développement de l'industrie en France, Commissaire-surveillant de la Caisse d'amortissement. Une dernière récompense l'attendait, que lui méritait son caractère et ses principes bien connus pour la monarchie constitutionnelle non moins que la position élevée où le plaçait son commerce et sa fortune : il la trouva dans la haute confiance dont l'investirent les électeurs de la Seine en lui remettant, en 1817, la défense de leurs droits dans la Chambre des députés. Il s'y fit remarquer par de saines doctrines politiques, par un désintéressement que reconnaissent toutes les opinions, et par une constante modération soutenue d'un profond amour de la liberté. Son seul désir fut le bonheur de sa patrie; sa seule ambition l'estime de ses concitoyens.

Entouré de sa famille, au bonheur de laquelle il s'applique sans cesse, chéri de tout ce qui l'environne, il s'est également honoré par ses qualités privées et par ses vertus publiques.

encore, et que l'on supposait être l'effet de son
alliance avec le brave général Porlier qui avait épousé
sa sœur. Mais il ne tarda pas à être mis en liberté,
et les journaux annoncèrent que son arrestation
n'avait été que le résultat d'une méprise. Il habita
cette capitale jusqu'au moment où le dévouement
intrépide d'un petit nombre de guerriers donna enfin
à l'Espagne un signal auquel elle répondit toute entière (janvier, février et mars 1820). Rappelé dans
sa patrie, le comte de Toréno fut nommé ambassadeur à Berlin, et refusa cette honorable mission,
en alléguant que ses propriétés, ayant souffert de son
long séjour chez l'étranger, exigeaient sa présence :
on assure, toutefois, que sa démission a été refusée
par le Roi, qui se serait borné à lui accorder un congé.

Depuis, il fut de nouveau nommé, à l'unanimité,
député de la province des Asturies, et accepta cette
nomination. La première réunion de cette nouvelle
assemblée eut lieu le 26 juin 1820 : on y organisa les
bureaux, et la séance royale d'ouverture y fut fixée
au 9 juillet suivant. Le Roi y prêta alors solennellement le serment de fidélité aux constitutions de 1812,
entre les mains du président et aux acclamations de
tous les mandataires du peuple : et ainsi fut conclu
le nouveau pacte d'union entre la nation espagnole
et son souverain. A cette occasion, le comte de Toréno
fut nommé membre de la commission chargée de ré-
diger, au nom de l'assemblée, une adresse en réponse
au discours de la couronne.

Dans toutes les délibérations des cortès, il ne cessa
de prendre part aux discussions en faveur des droits
reconquis sur les priviléges de la manière la plus
distinguée et la plus lumineuse; il sut tempérer, par
sa modération et sa sagesse, l'effervescence de quelques députés qui donnaient trop d'importance à des
entreprises isolées, notamment dans l'affaire de la
junte apostolique de Galice.

Ses qualités éminentes le mirent en telle considération aux yeux de ses contemporains, qu'au premier
renouvellement des bureaux (le 9 août), il fut, malgré sa grande jeunesse, admis au nombre des trois
candidats proposés pour la présidence. M. Giraldo
ayant été élu cette fois, le 9 septembre, M. le comte
de Toréno fut de nouveau présenté et choisi par Sa
Majesté pour remplir ces hautes fonctions.

Le talent, la prudence et le jugement éclairé qu'il
avait fait briller dans toutes les discussions d'un grand
intérêt, tant à la tribune que dans l'intérieur des
comités, ne se démentirent point à cette époque de sa
carrière politique; joignant à sa nouvelle dignité celle
de président de la commission des finances, il n'a
pas manqué une seule occasion de défendre la cause
du malheur, avec cette éloquence de l'âme qui entraîne, subjugue et qui obtient toujours sur les bons
cœurs les succès qu'elle espère.

Il eut la satisfaction de concourir au rétablissement
et à l'illustration de la mémoire de son beau-frère le
général Porlier, que l'intrigue et l'esprit de parti aurait voulu ternir par les plus basses calomnies.

M. le comte de Toréno peut être considéré, à l'é-
poque où nous écrivons, comme l'une des premières
lumières de l'Espagne régénérée, et comme l'un
des plus intrépides défenseurs de son indépendance.
Loyal, généreux, et dévoué aux seuls intérêts de sa
patrie, il n'est aucun bien sur la terre qu'il ne sa-
crifiât au bonheur commun de ses concitoyens dont
il est l'espoir; ce qu'il a fait jusqu'à ce jour leur est
un sûr garant de ce qu'il doit faire encore. Toujours
studieux, livré à ses méditations, il semble destiné
au plus brillant avenir; il semble devoir un jour se
placer au premier rang des bienfaiteurs de son pays,
et l'emporter sur les hommes d'état les plus distingués qui aient honoré l'Ibérie.

VICTOR PERRIN,

DUC DE BELLUNE,

Maréchal et Pair de France,

Chevalier des Ordres du Roi, Grand-Croix de la Légion
d'honneur, Commandeur de l'Ordre R^l et Militaire de St Louis,
&c &c.

Né en 1766 à Lamarche (Vosges.)

A Paris, chez l'Auteur, Rue des Francs-Bourgeois, N° 6, F. S. G.   Déposé à la Direction.

écouté, il renonça au commandement de ses troupes, et se retira en Italie, où de nouveau il s'occupa de l'étude des lettres, de l'art de gouverner et de la théorie de la guerre.

C'est après la bataille de *Mondovi*, à l'époque où la Sardaigne venait, par un traité avec Bonaparte, de céder à la France ses principales forteresses en lui ouvrant les portes de l'Italie, que le PRINCE DE PIÉMONT, frère du duc d'Aost, monta sur le trône. Ce prince, naturellement pieux et pacifique, avait long-temps conservé l'espoir de sauver son pays des ravages de la guerre, en conservant une neutralité absolue. Les sacrifices qu'avait exigé la guerre, et ceux qu'il devait faire pour conserver la paix, avaient porté le désordre dans ses finances; et cependant il s'opposait continuellement au plan qui lui était proposé de déclarer un banqueroute des dettes de l'état. Le grand nombre de réformes que les circonstances le forcèrent de faire dans toutes les branches de l'administration, augmentèrent encore le nombre des mécontens. Croyant s'être acquis la bienveillance du directoire, en consentant à dégarnir ses arsenaux, par la vente qu'il lui fit de dix mille fusils au commencement de la campagne 1797, ce prince (Charles Emmanuel) ordonna les poursuites les plus sévères contre les révolutionnaires qui soufflaient en Piémont l'esprit de la révolte; et ces exécutions ne firent qu'accélérer le moment de l'explosion. Un traité d'alliance offensive et défensive fut signé avec la France, qui lui garantit sa couronne, moyennant une promesse qu'il fit de fournir aux armées françaises un corps de dix mille hommes, et de leur laisser un libre passage au travers du Piémont. Pourtant la révolte éclatait de toutes parts dans ses états;

Gênes ayant donné asile à quelques insurgés, il déclara la guerre à la république Ligurienne; le directoire de France intervint après les premiers combats, et Charles Emmanuel, confiné dans sa capitale, fut contraint de recevoir garnison française jusque dans sa citadelle, et de se réfugier en Sardaigne, en février 1799. Enfin, accablé de chagrins, il abdiqua la couronne en faveur du duc d'Aost, Victor Emmanuel, le 4 juin suivant, et se retira à Rome pour se livrer aux exercices de piété, qui firent toujours sa principale consolation.

Depuis cette époque, Victor Emmanuel, roi de Sardaigne, toujours occupé des intérêts du Roi de France, qu'une double alliance unissait à sa famille, ne cessa d'aspirer au retour de l'antique Maison de Bourbon sur le trône de Saint-Louis. Les époques de 1814 lui offrirent enfin l'occasion de signaler son zèle et son attachement pour elle : il fut un des monarques alliés qui se réunirent contre la puissance de Napoléon, et qui replacèrent dans les mains de sa majesté Louis XVIII le sceptre de ses pères.

Après ces événemens, le royaume de Sardaigne reçut un accroissement considérable, par la réunion de Gênes et de tout son territoire aux anciens états de Savoie. Les Génois, considérant alors toute la splendeur et la gloire de cette illustre Maison, se soumirent avec orgueil à un prince qui leur offrit d'abord les plus nobles garanties de leur liberté et de leur indépendance. Ils acquièrent chaque jour de nouvelles assurances que désormais le Souverain ne veut connaître de véritable grandeur que celle qui est inséparable du droit naturel de ses peuples et du bonheur de toute sa nation.

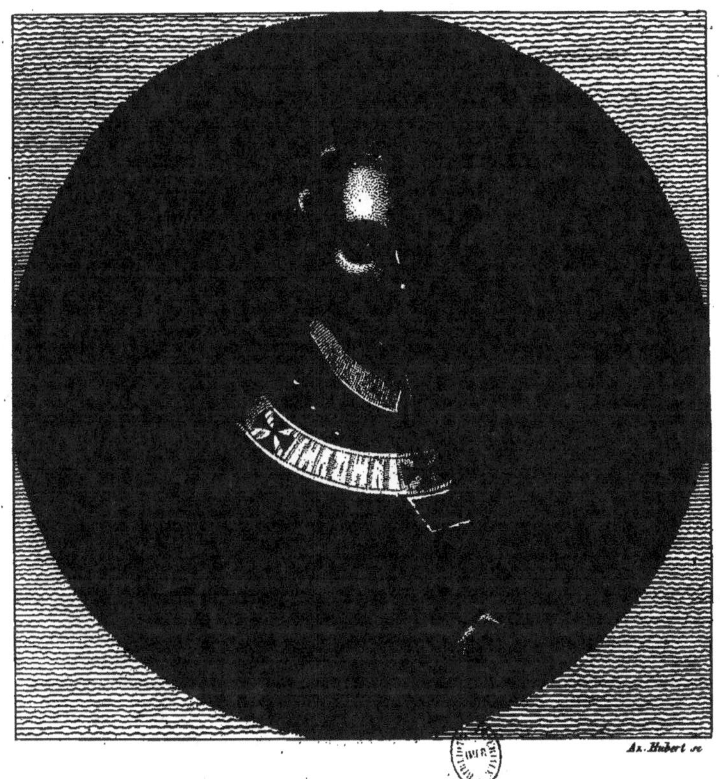

D. F. MANOEL CENACULO DE VILLASBOAS.

ARCHEVÊQUE D'ÉVORA,

Né à Lisbonne en 1724,

Mort à Évora en 1814.

D. F. MANOEL CENACULO DE VILLASBOAS,

ARCHEVÊQUE D'ÉVORA.

FREI MANOEL CENACULO DE VILLASBOAS, né à Lisbonne en 1724, étudia sous les Jésuites, qui, ayant remarqué son application et ses progrès, ainsi qu'un goût décidé pour la vie religieuse, tâchèrent de l'attirer dans leur Société; mais la dévotion de la mère du jeune homme pour l'ordre de Saint-François, le décida à faire ses vœux religieux entre les mains du supérieur des Frères Conventuels du tiers - ordre de la Pénitence, à Lisbonne. L'ardeur avec laquelle il se livra à la littérature classique et aux sciences ecclésiastiques, et une vraie piété, le distinguèrent dès son entrée au couvent. A peine admis aux ordres de la prêtrise, il fut nommé secrétaire de la députation envoyée à Rome pour assister au Chapitre général de son ordre; place qui, le mettant en rapport avec les hommes marquans des différentes congrégations de la capitale du catholicisme, lui procura de la considération et de la célébrité. L'orateur nommé pour faire la clôture du Chapitre étant tombé malade, le jeune *Cenaculo* fut choisi pour le remplacer, quoique le terme pour s'y préparer fût très-court pour un étranger. Cependant il s'en acquitta si bien, que dès lors il gagna l'estime et l'amitié dont le célèbre Ganganelli l'honora pendant son pontificat. Il rapporta de Rome le goût des antiquités et de la paléographie, qu'il cultiva depuis constamment, et qu'il encouragea de tous ses moyens. Devenu prélat de son ordre, il en réforma les écoles, propagea l'étude des langues anciennes, et celle de la langue arabe, qui est si nécessaire pour les sciences et pour les relations du Portugal avec l'Orient. Il profita de la place de grand aumônier de la marine royale pour employer, comme aumôniers des vaisseaux destinés aux voyages de long cours, les sujets qui montraient du goût pour l'étude des langues orientales; et, par ce moyen, il forma de savans orientalistes, tels que les PP. *Souza, Paz* et *Abrantès,* qui se firent un nom bien mérité par des ouvrages sur l'hébreu et l'arabe. Le marquis de Pombal ayant ôté l'enseignement public des mains des Jésuites, pensa très sagement que le vide qu'ils laissaient serait rempli par les Oratoriens, et même par d'autres congrégations, en les appelant à la direction des études. Il confia aux Oratoriens l'enseignement public; il sut profiter des institutions littéraires de *Cenaculo* dans le couvent de Jésus, à Lisbonne, pour réformer d'une manière uniforme la méthode de l'enseignement des sciences ecclésiastiques dans les ordres religieux; et il engagea chacun de ces ordres à fournir des élèves destinés à suivre les cours des langues anciennes : ils devaient recevoir en même temps, dans cette école normale, les principes du droit canon et de la théologie, purgée de la doctrine scolastique et ultramontaine. *Cenaculo* fut choisi pour présider à la réforme des études et de la censure. Conjointement avec le P. *Antonio Pereira,* il rédigea les statuts de l'Université de *Coïmbra,* concernant le cours de théologie. Il en résulta qu'en 1772, époque de la restauration de l'Université, les études ecclésiastiques du clergé régulier se trouvaient en parfaite harmonie avec celles de l'Université, chaque ordre religieux s'étant donné un plan d'études conforme à celui de *Coïmbra.* Le mouvement donné aux esprits vers l'adoption des saines doctrines enleva à un parti, toujours disposé à s'opposer aux innovations avantageuses, sous prétexte de s'opposer aux entreprises de l'irréligion, la seule arme qui lui restât pour entraver le progrès des lumières chez les Portugais; car les attaques auxquelles les lettres furent en butte pendant les premières années du règne de Marie Ire auraient pu leur porter un coup mortel, si les lumières n'eussent pris de la faveur dans la masse de la nation. *Cenaculo,* devenant précepteur du Prince héréditaire et de son frère, le roi régnant, Jean VI, fut nommé à l'évêché de *Beja;* mais, retiré de la cour après la mort du roi Joseph, il alla dans son diocèse, dans la province d'*Alemtejo,* pour ajouter l'exemple aux préceptes qu'il avait consignés dans ses ouvrages. Sa maison devint une académie des sciences ecclésiastiques; il y remplissait à la fois les fonctions de professeur, de pasteur exemplaire, et d'homme de lettres aussi estimable que pieux. Les *Méditations littéraires de l'Évêque,* qu'il composa à *Beja,* retracent la beauté de son ame et l'excellence de ses principes comme prélat et comme citoyen; car il joint à l'onction du style une conformité de sentimens avec l'immortel Fénélon. Il indiqua le premier, dans cet ouvrage, la nécessité de joindre à l'éducation des ecclésiastiques, les principes des sciences physiques et mathématiques, comme compatibles avec leur état de pasteurs et de maîtres du peuple, afin de les délivrer de toute espèce de préjugés et d'erreurs. Ayant recueilli une bibliothèque nombreuse et choisie, il la partagea avec le couvent de Jésus, où il avait fait ses vœux religieux; il enrichit la bibliothèque royale de Lisbonne de manuscrits précieux, de livres rares, et de médailles; il laissa à *Beja,* lorsqu'il fut nommé à l'archevêché d'*Evora,* une bibliothèque ecclésiastique, et toutes les antiquités qui avaient rapport à l'antique *Pax-Julia,* aujourd'hui *Beja.* Son cabinet de curiosités, et la riche collection de livres qu'il avait à *Evora,* furent dévastés lors de la prise de cette ville par les troupes françaises. L'ordre obtenu du général en chef Junot, par M. Geoffroy de Saint-Hilaire, membre de l'Institut, alors en commission littéraire à Lisbonne, pour mettre à l'abri de toute insulte le vénérable prélat et son palais, parvint trop tard au général Loison, dont l'avant-garde, s'étant précipitée dans la cathédrale, remplie de monde, y trouva le pieux archevêque, sur la chaire pontificale, entouré de son Chapitre, suppliant le Ciel en faveur du troupeau qu'il n'avait pas voulu abandonner. Malgré un dévouement aussi signalé, le vénérable pasteur à qui sa patrie doit tant de reconnaissance pour les services qu'il lui a rendus, et pour les lumières qu'il a répandues parmi ses concitoyens, n'a point échappé à la persécution que les troubles civils suscitent si souvent à la vertu la plus pure. Mais la justice du Roi, d'accord avec la vénération publique, confondit ses ennemis, et sauva à la nation l'opprobre de l'ingratitude.

Ce digne prélat ne jouit que peu de temps de l'hommage rendu à ses éminentes vertus; il mourut en 1814, et il emporta le témoignage d'une conscience pure. Il laissa à la postérité le souvenir des efforts et des sacrifices qu'il a constamment faits pour la prospérité de son pays et le bonheur de l'humanité.

Cunctis ille bonis flebilis occidit.

également remarquables dans les annales militaires contemporaines. Le plus heureux succès couronna tant d'efforts et d'exploits : l'indépendance de l'Amérique septentrionale fut reconnue par l'Angleterre. Les noms de Washington, de Francklin, de Lafayette, furent proclamés par la reconnaissance des amis de l'humanité. Un État libre, riche et puissant, fondé sur les bases immuables de la morale et de l'industrie, apparut sur la scène du monde, et annonça une nouvelle ère dans l'existence des nations modernes.

Washington avait déposé le pouvoir suprême pour rentrer dans la classe ordinaire des citoyens; et, sans avoir acquis aucune fortune dans le long exercice du commandement des armées nationales, il refusa les avantages que lui offrait la justice de ses concitoyens. Mais une nouvelle carrière s'ouvrit devant lui, et il la parcourut avec non moins de gloire que la première. Les talens politiques qu'il avait développés, et qui n'avaient pas moins excité l'attention que ses exploits guerriers; les conseils salutaires qu'il avait donnés pour le perfectionnement de la Constitution des États-Unis, le firent appeler, par l'unanimité des suffrages, à la présidence de leur Congrès; et, dans l'exercice de cette importante fonction, il développa toutes les qualités de l'homme d'État profond, de l'excellent administrateur, réunies à l'intégrité et à la douceur que donnent à l'homme public les vertus et les affections morales de l'homme privé. Après avoir, pendant huit années, exercé la suprême magistrature de son pays, il rentra enfin dans la retraite, après laquelle, depuis long-temps, il soupirait; et, après avoir, dans un discours rempli des sentimens les plus nobles et de la sagesse la plus élevée, donné ses derniers conseils à une patrie qu'il avait défendue et gouvernée avec tant de gloire, il retourna dans ses terres, qu'il reprit la douce habitude de cultiver, et où, obligé d'employer des esclaves, il donna envers ces malheureux, que la charité plus sublime des quakers affranchissait dans ce moment au Nouveau Monde, l'exemple d'une douceur paternelle, qui était un premier hommage aux vœux de l'humanité, et se retrouva ainsi au milieu de ses premières affections et de ses souvenirs les plus chers. Du fond de cette retraite, le nom de Washington remplissait le monde civilisé de son éclat; et sa modestie, mélange de réserve et de dignité, sa simplicité, ajoutaient à l'admiration avec laquelle de toutes parts on accourait pour contempler les traits du sage et du héros américain. Ce fut pendant les années qui s'écoulèrent pour lui dans cette honorable solitude, qu'éclatèrent, en France, les orages de sa révolution politique. Il n'est pas besoin de dire que Washington fit des vœux pour ces premiers et nobles élans, dirigés par celui dont il avait guidé les premiers pas dans la carrière du patriotisme et du courage; et qu'il en déplora avec amertume les malheurs et les excès. Sous le gouvernement directorial, une funeste mésintelligence fut sur le point d'allumer la guerre entre la République française et les États-Unis. Washington fut vivement sollicité par le Congrès de se remettre, quoique dans un âge assez avancé, à la tête des armées nationales. C'eût été une singularité remarquable, que de voir le héros de l'indépendance américaine, qui, dans sa jeunesse, avait conduit à la victoire ses légions compatriotes, aidées du secours de la France monarchique, contre la haine et l'ambition de l'Angleterre, redevenu dans sa vieillesse, comme dans ses premières années, l'allié des anciens ennemis de son pays, et marcher avec eux contre la France, devenue républicaine sans encore avoir trouvé le bienfait de la liberté. Le 18 brumaire ayant élevé Bonaparte à la magistrature suprême, les nuages élevés sous le Directoire entre la France et les États-Unis furent promptement dissipés, grâces surtout à la sagesse et à la modération de Washington. Il ne put cependant jouir de cet important et nouveau service qu'il venait de rendre à son pays; car, avant que la conclusion définitive de la paix fût connue, ce grand homme avait cessé d'exister. La douleur le surprit lorsqu'il était au milieu de ses champs : il revint vers sa demeure de Mont-Vernon, et bientôt il se sentit atteint d'un mal mortel. Tous les secours de l'art furent inutiles; son courage, sa résignation, ses sentimens religieux, furent dignes, dans ce dernier moment, d'une vie si parfaite. Washington expira à l'âge de 67 ans. Les honneurs que ses concitoyens rendirent à sa mémoire, la douleur profonde et universelle que la nouvelle de sa mort répandit parmi eux, ne restèrent pas au-dessous de ce que lui devait la reconnaissance publique. L'Europe partagea le deuil de la patrie de Washington : son éloge retentit dans toutes les bouches, et sa perte fut d'autant plus vivement sentie, que c'était dans le moment où la liberté, parmi nous, allait être immolée sur les autels de la gloire, qu'on apprenait la mort de l'illustre citoyen qui, au faîte de la puissance, n'avait voulu d'autre prix de ses travaux et des conceptions de son génie, que le bonheur d'avoir contribué à la félicité de ses concitoyens.

Francklin, Washington et leurs dignes émules, fondèrent une liberté vraie et sage sur les bases de la morale, et sans s'écarter un instant de ses lois les plus sévères. Pour parvenir au bienfait de la liberté, ils n'eurent besoin de faire passer leurs concitoyens, ni par les épreuves sanglantes de l'anarchie, ni par les humiliations d'un brillant despotisme. Ajoutons cependant, la justice le demande, que le mouvement qu'ils dirigeaient était presque unanime dans la nation qu'ils étaient appelés à affranchir de la domination d'un ennemi extérieur, et à faire jouir des avantages d'une organisation sociale perfectionnée ; que ce mouvement n'avait pas, comme d'autres révolutions politiques, à défendre l'intérêt d'une grande masse de la société contre une autre moins considérable, mais qui a contracté l'habitude de regarder comme légitimes des avantages qui ne sont plus en harmonie avec l'intérêt général. Loin de nous de vouloir justifier par-là des excès où les passions et les vengeances n'entrèrent que trop souvent, ou des fautes politiques réprouvées par l'esprit du temps et la voix de la raison ! mais c'est une distinction essentielle, qui ne doit point échapper à des contemporains impartiaux, et qui n'échappera pas à une sévère, mais équitable postérité.

Washington avait une instruction solide, une lecture choisie ; les théories les plus abstraites étaient toujours éclairées, chez lui, par une expérience acquise de bonne heure dans la pratique des affaires les plus graves. Son éloquence était toute en idées, et sa vertu était toute en actions. Son physique était robuste, imposant et majestueux : il avait quelque chose d'extraordinaire, et qui semblait tenir de la nature primitive de ces contrées qui entourent sa patrie aux extrémités de son horizon ; la perfection physique du premier degré de la nature humaine, la perfection intellectuelle et morale de la civilisation la plus accomplie, paraissaient s'être réunies et avoir mis, à l'envi l'une de l'autre, le tribut de leurs avantages dans l'organisation d'un des personnages et d'un des caractères les plus remarquables dont les titres à l'admiration s'augmenteront de plus en plus à mesure que les idées générales du genre humain s'approcheront davantage de la source commune de tout ce qui est juste, vrai et sublime.

B...

LE DUC DE WELLINGTON.

Robert Lefevre Pinxit.

Boutrou Sculpsit.

Déposé à la Direction.

A Paris, chez l'Auteur, Rue des Francs-Bourgeois St Michel, N° 6.

LE DUC DE WELLINGTON.

La nature produit les grands hommes, et les dote des vertus, et des talens qui doivent les illustrer dans la suite. L'éducation les développe et leur apprend quelle est la direction qu'il faut leur donner, l'usage qu'ils en doivent faire. C'est ensuite aux gouvernemens ou aux monarques assez heureux pour les posséder, à savoir les employer, les encourager et les récompenser à propos. Les états libres, ceux ou la constitution n'accorde aux souverains que le droit de faire le bien en maintenant les droits du peuple, sont plus souvent illustrés par le génie, que ces monarchies ou tous les emplois se donnent au rang, fruit de la naissance, où à la faveur, fille de l'intrigue. Louis XIV, qui sut apprécier les Condé, les Turenne, les Luxembourg, les Catinat, les Corneille, les Racine, les Molière, les Boileau, leur doit tout l'éclat dont il brille encore. Notre âge s'énorgueillit de tous ceux qui depuis vingt-cinq ans se sont fait un nom, soit dans les lettres, soit au champ d'honneur, et l'Angleterre est fière de nous opposer un guerrier qui peut rivaliser avec nos héros.

WELLINGTON (Arthur duc de), marquis Douro, de Talaveira, et baron Douro de Wellesley, conseiller de sa majesté britannique en son conseil privé, maréchal de ses armées, colonel du régiment royal des gardes à cheval, chevalier du très-noble et très-illustre ordre de la Jarretière, et chevalier grand'-croix du très-honorable ordre militaire du Bain, prince de Waterloo, duc de Ciudad-Rodrigo, et grand d'Espagne de la première classe, duc de Vittoria, marquis de Torres-Vedras, comte de Vimeira en Portugal, chevalier du très-illustre ordre de la Toison-d'Or, de l'ordre militaire de Saint-Ferdinand d'Espagne, chevalier grand'-croix de l'ordre impérial de Marie-Thérèse, chevalier grand'-croix de l'ordre militaire de Saint-Georges de Russie de la première classe, chevalier grand'-croix de l'ordre royal et militaire de la Tour et de l'Épée de Portugal, chevalier grand'-croix de l'ordre militaire et royal de l'Épée de Suède, grand'-croix de l'ordre du Saint-Esprit, et de la Légion-d'Honneur, etc., etc., etc.

Arthur passa son enfance à Éton, et fut ensuite envoyé en France à l'école militaire d'Angers, il n'y avait point alors d'institution semblable en Angleterre. A dix-huit ans, il reçut sa première commission pour le 41ᵉ régiment. En septembre 1793, il devint lieutenant-colonel du 33ᵉ régiment. Il accompagna lord Moira à Ostende; et dans la désastreuse retraite de Hollande, il se conduisit de manière à mériter l'estime générale. En 1796, il s'était embarqué pour l'Inde; mais la flotte fut repoussée par les tempêtes; son régiment reçut une autre destination, et lui-même se rendit en Irlande. En 1797 lord Mornington fut nommé gouverneur général de l'Inde; dès-lors un vaste champ s'ouvrit au colonel Wellesley; Tippoo déclara la guerre : on lui livra bataille près du village de Mallavelly; sir Arthur s'y distingua ainsi qu'au siège de Seringapatam. Après la prise de cette ville, il fut chargé de la disposition du territoire conquis. C'est à lui que se trouva remis le soin des arrangemens relatifs à l'éloignement de Tippoo, et il trouva le moyen d'unir aux précautions qu'exige la prudence,

les devoirs que l'humanité impose. Il sut mériter la reconnaissance des peuples vaincus. Dans le temps qu'il commandait à Seringapatam, un aventurier, nommé D'Hoondiah-Waugh, voulut opérer une révolution; il était à la tête de 5000 cavaliers. Le colonel Wellesley marcha contre lui avec quatre régimens, le chargea, dispersa sa troupe, et en tua le chef. Le colonel Wellesley fut encore chargé de différentes expéditions dans l'Inde, et se couvrit de gloire. L'histoire de cette mémorable campagne, aussi habilement exécutée que conçue, doit figurer honorablement dans sa vie. A la bataille d'Assye, qu'il gagna sur le Schindiah et le Rajah de Bérar, il eut un cheval tué sous lui; le résultat de cette victoire fut la pacification de ces contrées.

Le général Wellesley commença alors à recueillir une partie des lauriers dont il devait un jour faire une si ample moisson, on éleva un monument à Calcutta en mémoire de la bataille d'Assye, et les habitans de cette ville lui offrirent une épée. En 1805, il revint en Angleterre : il eut le commandement d'une brigade dans l'armée du lord Cathcart, et fut nommé colonel du 78ᵉ régiment. Député à la chambre des communes en 1805; secrétaire du duc de Richemond; lord-lieutenant d'Irlande en 1807. Il fit dans la même année partie de l'expédition dirigée contre Copenhague, et il commanda la seule action importante qui eut lieu à l'armée de lord Cathcart.

Sir Arthur Wellesley était réservé pour des entreprises plus difficiles, une expédition était prête à Cork. Il reçut l'ordre de faire voile pour la Corogne, afin de seconder les opérations des juntes d'Espagne. Mais ayant appris la défaite des Espagnols à Rio-Seco, l'expédition se dirigea sur Porto; et, après avoir fait sa jonction avec le général Spencer, il marcha sur Lisbonne.

Sir Arthur fut étonné de l'enthousiasme des Portugais, et de leur empressement à prendre les armes pour se réunir à lui. Il remporta plusieurs avantages; mais, n'ayant pas de cavalerie, il ne put profiter de la victoire de R lissa. Les généraux Arkland et Anstruther le rejoignirent avec des renforts; il avait protégé leur débarquement. Sir Henry Burrard et sir John Moore, ayant été retardés par les vents contraires, parurent enfin. Après avoir pris terre, ils marchèrent sur Santarem et Mondègo; mais comme les généraux anglais n'étaient pas d'accord, il ne put exécuter les diverses opérations dont il avait arrêté le plan, et dont le succès était assuré d'après la connaissance qu'il avait du pays. Sir Arthur fut rappelé en Angleterre, pour assister aux procédures de la cour d'enquêtes sur la convention de Cintra. Pendant son absence, l'armée anglaise essuya des revers. Sir Arthur Wellesley arriva d'Angleterre avec des renforts; et, le 22 avril 1809, il débarqua à Lisbonne : on reconnaissait un peu tard la faute qu'on avait commise de l'éloigner. Il battit l'ennemi à Porto; et, par une prudente hésitation, il sut paralyser les efforts des Français, et déjouer leurs projets. On blâma sa conduite; mais la suite prouva qu'il avait eu raison d'agir ainsi. Un mouvement qu'il méditait par Castello, Branco, et Plasencia sur le pont d'Almaraz, pouvait avoir les suites les plus avantageuses, si on

trop tard la faute qu'on avait commise en l'éloignant. Revêtu du titre de commandant en chef, il marcha sur le Douro, surprit le maréchal Soult, le 11 mai, à Oporto, et le força à abandonner le Portugal ; puis, revenant sur ses pas, il entra en Espagne et arriva, le 26 juillet, près de Talavera-de-la-Reyna où il soutint les efforts de toute l'armée ennemie. La retraite des français excitait le plus grand enthousiasme en Angleterre : les deux chambres votèrent à sir Arthur des remercimens et une annuité de vingt-mille livres sterling. Le roi l'éleva à la pairie avec le titre de lord vicomte Wellington de Talavera.

De fausses manœuvres exécutées par Cuesta, le forcèrent à passer le Tage ; il prit position pour défendre le passage d'Almayez, et tenir ouverts les défilés de Deleitosa et Xaraicejo. Il s'efforça, mais en vain, de convaincre la junte des conséquences déplorables qui devaient résulter du manque d'union dans les opérations : il se vit alors contraint de se retirer vers le Portugal.

A la fin d'avril, l'ennemi assiégea Ciudad-Rodrigo, et, s'en étant emparé, se prépara à faire le siège d'Almeida. Lord Wellington se posta de manière à profiter de tous les avantages qui pourraient se présenter ; mais, contrarié par les événemens de la guerre, malgré sa prudence reconnue, il ne réussit pas dans ses projets.

Quelques temps après, il obtint un succès décisif à Serra-de-Buasco, et s'empara de Coimbre ; puis se retira dans les lignes de Torres-Védras. Si, à cette époque, l'on eût exécuté les ordres de Lord Wellington, l'ennemi pressé par la famine, aurait été obligé d'évacuer le Portugal. Il ne jugea pas à propos de l'attaquer à Santarem, où il avait pris position ; mais, se doutant qu'il marcherait sur Alentejo, il se tint en garde, et, formant des lignes du Tage à Sétubal, il s'assura des hauteurs d'Almada, d'où l'on pouvait bombarder Lisbonne.

Après la retraite de l'armée ennemie, lord Wellington se rendit sur la Guadiana ; mais, n'ayant pas les moyens de reprendre Badajoz, il revint à Coa ; il défit ensuite les Français à Fuentes d'Onoro, et ils évacuèrent Almeida.

Après cette victoire, lord Wellington se hâta de rejoindre la partie de ses forces qu'il avait mise sous les ordres du maréchal Béresford. Il fit donner des assauts à Badajoz, et fut repoussé avec beaucoup de perte. Quelques temps après, il prit ses cantonnemens d'hiver, il prépara l'attaque de Ciudad-Rodrigo, qu'il emporta d'assaut le 12 février 1812 ; puis parut tout-à-coup devant Badajoz, l'investit pour la seconde fois, le 16 mars, et s'en empara au bout de vingt jours. Afin de reconnaître ses services, les Espagnols le créèrent duc de Ciudad-Rodrigo, et commandant en chef de leurs armées.

En mai, il s'avança de l'Aguéda à Salamanque : l'ennemi vint l'y attaquer ; il le battit et le poursuivit jusqu'à Valladolid. Il marcha ensuite sur Burgos ;

mais faute de moyens, il fit fort heureusement sa retraite sur Ciudad-Rodrigo. Ainsi se termina la campagne de 1812.

L'hiver fut employé aux préparatifs d'une nouvelle campagne. Lord Wellington vint à Cadix ; l'armée française se trouvait à Valladolid. Par une suite de manœuvres savantes, il sut déloger de leurs positions avantageuses les Français affaiblis par le rappel successif de leurs meilleures troupes, les poursuivit sans relâche : et enfin les battit complètement à Vittoria où il leur prit 151 pièces de canon, 415 charriots de munitions, le trésor du roi Joseph, et un nombre considérable de prisonniers. Cette nouvelle victoire lui valut le titre de feld-maréchal, rarement accordé en Angleterre.

Poursuivant ses avantages, il chassa l'ennemi de l'Espagne et arriva sous Toulouse, le 25 mars 1814, à la tête de 70,000 coalisés ; voulant, le 10 avril, déloger 21,000 français d'une position de trois lieues d'étendue, il était partout battu et repoussé, lorsqu'une imprudence du général Taupin mit le trouble parmi les Français qui furent obligés de se replier sur leur seconde ligne. Cette victoire coûta 10,000 hommes à Wellington ; si l'on peut appeler victoire un avantage qui coûta à l'armée coalisée une perte deux fois plus considérable que ne fut celle des Français qui restèrent en présence toute la journée du 11 sans être attaqués. Alors le maréchal Soult, ayant été informé des changemens survenus en France, fit sa retraite en bon ordre.

L'abdication de Napoléon et le retour des Bourbons mirent fin à cette guerre sanglante. Lord Wellington se rendit à Londres où il fut comblé d'honneurs, reçut les titres de marquis de Douro et duc de Wellington ; des sommes immenses d'argent et les remercimens des deux chambres.

Le retour de Napoléon de l'île d'Elbe, ralluma bientôt les feux de la guerre. Lord Wellington établit son quartier-général à Bruxelles. Napoléon, ayant passé la Sambre, attaqua l'armée prussienne, le 5 juin 1815, la battit, et marcha le 17 contre l'armée anglaise. Une lutte sanglante eut lieu, le 18 juin, dans les champs de Waterloo ; la victoire demeura long-temps indécise : à la fin elle semblait favoriser les Français ; lorsque, heureusement pour la gloire de lord Wellington, l'armée prussienne arriva à temps, au lieu de celle de Grouchy auquel, soit trahison soit fatalité, les ordres de l'Empereur ne parvinrent pas. Alors, l'armée française, écrasée par le nombre, succomba honorablement.

Lord Wellington et le maréchal Blucher marchèrent sur Paris où bientôt tous les Souverains alliés se rendirent. La paix fut proclamée, et le trône des Bourbons affermi.

Depuis ce temps, lord Wellington, comblé d'honneurs par tous les Souverains de l'Europe, reçoit la digne récompense des services qu'il leur a rendus.

Le Lieutenant Général

COMTE MICHEL WORONZOW,

Aide de Camp G:l de S. M. l'Empereur de Russie &c:

Né à S.t Pétersbourg, en 1782.

A Paris chez L'Auteur. Rue des Francs Bourgeois, N.º 6. F. S. G.   Déposé.

LE GÉNÉRAL WORONZOW.

La guerre a été de tout temps un des plus funestes fléaux qui aient dévasté la terre; cependant l'opinion publique s'est toujours plu, tout en détestant les malheurs qui en sont la suite, à rendre célèbres les noms des hommes qui se sont illustrés dans cet art meurtrier. Mais, malheureusement pour l'humanité, la plupart de ceux qui ont suivi cette carrière, quoiqu'ils se soient distingués, il est vrai, par de grands talens militaires, ont trop souvent oublié qu'il est une autre gloire, celle d'obtenir l'admiration des vaincus. Nous nous estimons heureux de pouvoir offrir un tableau de la réunion des talens guerriers et des vertus civiques dans le caractère du général dont nous allons esquisser le portrait.

WORONZOW, (Michel , Comte) lieutenant-général, aide-de-camp de S. M. l'Empereur de Russie, fils du comte Simon Woronzow, général d'infanterie et ambassadeur à Londres, neveu du grand-chancelier comte Alexandre Woronzow, et petit-neveu du grand-chancelier comte Michel Woronzow; décoré des ordres de Russie d'Alexandre, St.-George de la 2.ᵉ classe, St.-Wladimir de la première classe, et Sainte-Anne de la première classe; grand'croix de l'ordre royal et militaire de Saint-Louis de France, chevalier du Bain d'Angleterre; des Guelphes de Hanovre; de l'Epée de Suède; de l'Aigle-Rouge de Prusse; et décoré de la petite-croix de Marie-Thérèse d'Autriche : naquit à Saint-Pétersbourg en 1782.

Etant encore fort jeune, il fut envoyé auprès de son père, ambassadeur russe en Angleterre, où il resta pendant plusieurs années; mais à l'avènement d'Alexandre au trône, il retourna en Russie, et embrassa, en 1801, la carrière des armes. En 1804, il alla servir en Géorgie et en Perse, sous le célèbre général prince Lizianoff, qui, victime de la trahison, fut tué par les Persans au siége de Bakou. Après avoir reçu, en Georgie, le rang de capitaine aux gardes, le comte Woronzow retourna à St.-Pétersbourg en 1805, et, la même année, la guerre avec Napoléon ayant été déclarée, il remplit les fonctions de chef d'état-major dans le corps d'armée du général comte Tolstoy (depuis ambassadeur en France), qui vint par mer de Cronstadt, dans la Poméranie suédoise, et marcha en Hanovre et sur les frontières de la Hollande.

Après la bataille d'Austerlitz, le comte Woronzow revint en Russie, et lorsque la guerre éclata de nouveau, en 1806, il fut chargé par l'empereur Alexandre d'une mission auprès du roi de Prusse, qu'il trouva à Grandeuz sur la Vistule, et fut ensuite employé à l'armée du général Benigsen.

Elevé au grade de colonel après la bataille de Pulstuck, il prit part, l'année suivante, aux batailles de Guttstadt, Heilsberg et Friedland. Lors de la conclusion de la paix de Tilsit, ce fut le bataillon que commandait le comte de Woronzow dans le premier régiment des gardes, qui fit, dans cette ville, le service auprès de l'empereur Alexandre.

Revenu à Pétersbourg en 1809, il reçut le commandement du régiment d'infanterie de Narva, qui faisait partie de l'armée de Turquie, sous les ordres du prince Bagratien, et qu'il rejoignit en Bulgarie.

En 1810, le comte Woronzow fit la campagne sous les ordres du général comte Kameusky, et après l'assaut de Basarchick, il fut promu au grade de général-major. Il assista ensuite aux batailles de Shoumala et de Batine, et fut envoyé quelque temps après avec un détachement dans les montagnes appelées *le Petit-Balkau*, où il occupa les villes turques de Plerna, de Lowiza et de Selvi.

Le général Kameuski étant mort en 1811, le comte Woronzow servit sous les ordres du général Kutuzow, et se trouva à la bataille de Ruschuk contre la Porte. Envoyé ensuite au corps d'armée du général Zass, il fit le reste de la campagne dans la petite Valachie autour de Widdin, et dans la Servie, avec les lieutenans du fameux Czerni-George. La campagne de 1811 se prolongea jusqu'au cœur de l'hiver, et une grande partie de l'armée russe étant rappelée au printemps de 1812, pour défendre les frontières de leur pays contre les forces de Napoléon, le comte Woronzow reçut le commandement d'une division de grenadiers à la seconde armée russe commandée par le prince Bagratien, qu'il alla rejoindre à Lucko en Volhynie. Il fut constamment à l'arrière-garde pendant la retraite de cette armée jusqu'à Smolensk, et fut toujours occupé à soutenir le hetman Platoff et ses cosaques.

A la sanglante bataille de Mojaïsk, sa division de grenadiers, qui défendait les redoutes du flanc gauche de l'armée russe, eut à soutenir le premier choc de l'armée française. Cette belle division fut presque totalement anéantie, et le comte Woronzow lui-même fut dangereusement blessé à la cuisse.

Dès qu'il fut guéri de sa blessure, il alla rejoindre l'armée russe, alors postée entre la Bérésina et Wilna. Sa division de grenadiers n'ayant pu être reformée, on lui donna un commandement dans l'armée de l'amiral Tchitchagoff; il enleva bientôt Bromberg, et l'empereur le nomma lieutenant-général, en récompense de l'occupation de Posen. Il établit ensuite le blocus de Custrin et de Magde-bourg, et tenta un coup hardi sur Leipsick, dont l'armistice arrêta les résultats.

A la reprise des hostilités, il servit sous le Prince royal de Suède (Bernadotte), et assista aux batailles de Gross-Béeren, Dennewitz et Leipsick. Il accompagna ensuite, avec un corps russe, le prince royal dans le Holstein, et fit avec lui le blocus de Hambourg.

Après que la paix eut été faite avec le Danemarck, le comte Woronzow fit une marche rapide sur le Rhin, rejoignit le maréchal Blucher en Champagne, et contribua à la prise de Soissons.

Chargé à Craone de couvrir le mouvement de l'armée alliée sur Laon, il résista avec l'arrière-garde qui était sous son commandement aux attaques redoublées de l'armée de Napoléon : ce fut à cette occasion qu'il reçut l'ordre de Saint-George de Russie de la deuxième classe.

A la bataille de Laon, il se trouva à la droite de l'armée alliée; arrivé peu de temps après sous Paris, il commanda la réserve du maréchal Blucher, et fut chargé d'emporter le village de la Villette.

Il eut, à la paix, le commandement de la douzième division d'infanterie cantonnée en Pologne.

Lors de l'évasion de Napoléon de l'île d'Elbe, le comte Woronzow fut un des premiers qui marchèrent contre la France. Par suite des événemens de la guerre et de la seconde abdication de Napoléon, l'occupation militaire de la France ayant été résolue par la Sainte-Alliance, il fut nommé commandant en chef du contingent russe de l'armée d'occupation

sous les ordres du duc de Wellington, et il resta trois ans à Maubeuge, où il établit son quartier-général.

Le caractère du comte Woronzow n'a jamais paru sous des couleurs plus favorables que pendant son séjour dans la ville de Maubeuge. Peu de temps après son arrivée, cette malheureuse ville commença à être soulagée, et des jours de tranquillité succédèrent à de longs désastres.

Le comte de Woronzow se montra non-seulement homme de guerre distingué, mais d'un caractère doux, bienfaisant et charitable. Il maintint une discipline sévère parmi ses troupes, et s'acquit ainsi la confiance des habitans. Ses communications avec les autorités locales furent toujours marquées par la plus grande bienveillance. Les malheureux trouvèrent en lui un bienfaiteur, et ne réclamèrent jamais de secours sans en obtenir.

Pendant ces trois années d'occupation, le commerce de Maubeuge s'est accru, et beaucoup d'habitans ont pu réparer leurs pertes antérieures.

En 1816 et 1817, où le prix du pain s'éleva jusqu'à dix sous la livre, les officiers russes, imitant la générosité de leur commandant, vinrent au secours des malheureux qui, sans eux, n'auraient pu, peut-être, trouver les moyens de subsister.

Le quartier-général du comte Woronzow devenait une espèce de cour où se rendaient les personnages les plus illustres de l'Europe. L'empereur Alexandre, accompagné des grands-ducs de Russie, Constantin et Michel, du prince Charles de Prusse, et de quelques Princes souverains d'Allemagne, visita cette ville en 1818. Tous ces illustres personnages voulurent bien accepter une fête brillante qui leur fut donnée par le comte de Woronzow; le roi de Prusse l'avait visitée un an auparavant.

La même année, le comte Woronzow fut appelé au congrès d'Aix-la-Chapelle, où il reçut des témoignages flatteurs de l'Empereur et des autres Souverains alliés. Nommé, en 1822, ambassadeur de Russie près la Cour de Bavière, cet illustre général continue à jouir de l'estime que lui a mérité son noble caractère.

www.ingramcontent.com/pod-product-compliance
Lightning Source LLC
LaVergne TN
LVHW050142030726
842520LV00002B/279